2015 中国当代文学年鉴

2015年中国文学发展状况
年度文献
文学创作概况
文学理论与批评综述
文学出版与阅读概况
文学活动纪事

中国现代文学馆
中国当代文学年鉴中心 编

百花洲文艺出版社
BAIHUAZHOU LITERATURE AND ART PRESS

目录

文学创作概况

文学理论与批评综述

文学出版与阅读概况

文学活动纪事

2015年中国文学发展状况

2015年中国文学发展状况

中国作家协会创研部

2015年，习近平总书记《在文艺工作座谈会上的讲话》全文正式发表，中共中央通过了《关于繁荣发展社会主义文艺的意见》。中国广大文学工作者深入学习习近平总书记系列重要讲话精神，坚持以人民为中心的创作导向，深入生活，扎根人民，讲述中国故事，唱响中国梦，创作出一大批思想性、艺术性俱佳的优秀作品，文学评论更加活跃，文学领域呈现出欣欣向荣的可喜局面。

一、文学创作

1. 小说与网络文学

2015年9月，《江南三部曲》《这边风景》《生命册》《繁花》《黄雀记》五部作品获得第九届茅盾文学奖，标志了2011到2014年间中国长篇小说创作的辉煌成就。2015年，长篇小说创作延续了这一繁荣态势，佳作频出，硕果累累。

长篇小说呈现出直面现实、思想厚重的特点。周大新的《曲终人在》以“虚拟采访”的形式处理反腐题材，以现实主义的笔调勾画出时代风云下的世道人心。刘庆邦《黑白男女》以死难矿工留下的三个家庭为主线，讲述了灾难过后生活重建的故事，始终贯穿着悲悯、温情和深沉的祝福。王安忆的《匿名》讲述了一个遭受绑架、流落深山者的故事，在“抛离—重返”社会的过程中，小说将主人公思想情感与自我意识的起伏波动刻画得入木三分。孙惠芬《后上塘书》以一个逝去的女性的视角讲述了现代化进程中乡村的伦理之变，并进而呼唤人的现代化。东西《篡改的命》讲述汪家三代人为“进城”所付出的艰辛努力，探讨了“农民进城”这一命题在当下文化语境中的多种可能。张者《桃夭》表现了一群人到中年的知识分子的精神世界，他们的挣扎与突围，映衬着我们时代的精神探索之路。须一瓜《别人》通过一个报社女记者的视角，对医患关系、食品安全等当下社会热点问题，进行了深度的扫描和思考。陶纯《一座营盘》触及军队反腐话题，李燕蓉《出口》探究当下的普遍性精神病症、王华《花村》书写了九十年代以来中国乡村的变迁。

对“本土经验”“中国故事”的书写越来越成为作家的自觉追求。迟子建《群山之巅》构建了一个复杂而神秘的北方小镇，刻画出白山黑水之间的爱恨情仇与人生起落。叶辛《圆圆魂》试图揭示一个动荡时代里个人的心灵世界与归隐之秘。赵玫《矮墙上的艳阳》致力于以梦幻、忧伤的笔意探讨知识者与艺术家的道德、情感与命运。次仁罗布《祭语风中》，讲述了走向现代文明的过程之中，西藏人民经历的历史起伏与生活变迁。陈应松《还魂记》将故事背景放置在荆楚之地，诡谲神奇的地域文化背后，透射出作者直面现实的勇气。严歌苓《护士万红》将镜头对准了过往年代中被遗忘淹没的爱与深情：野战医院里，年轻的护士万红爱上了长期昏迷的英雄连长，哪怕时代变幻、人去楼空，却依然无怨无悔地奉献出全部的青春。何顿《黄埔四期》通过一批军人六十余年的传奇人生，再现了从北伐到改革开放这一段波澜壮阔的历史。周瑄璞《多湾》气魄宏大，在70余年的时间跨度中，讲述了一个家族四代人的命运，描绘出中国近现代历史大潮中，普通人的奋斗之路和精神历程。冉正万《天眼》以文学的笔触，写就了一部黔北农村的社会发展简史。陈永和《一九七九年纪事》以21世纪的视角，重新审视了“文革”结束之后那个百废待兴的时代。袁劲梅的《疯狂的榛子》是一部具有跨时代、跨地域、跨文化意味的小说，抗战时期历史的记忆与现实中的情感相互交错。张好好在《禾木》中使用了第二人称叙述这样特殊的方式，书写了一位身在都市的女孩对祖国西北角那片草原故乡的怀念和重新认知。

深入生活、关注人民的日常生活经验，是2015年长篇小说的显著特征。陈彦《装台》讲述了一群艺术生产活动末端的小人物的故事，他们生活世界中的欢乐与烦恼、热闹与冷清被书写得生动感人。韩东在《欢乐而隐秘》中，以充满活力的狂欢式语言，介入到当下人群的情感关系之中，欢快而略显怪诞的故事背后，寄寓着深沉复杂的人间百味。康赫的《人类学》借助一群年轻人闯荡北京的故事，再现了记忆中的20世纪90年代；在这部实验形式的长篇中，一百多位人物轮番登场，作者在勾勒出颇具典型性的时代精神的同时，也记录下时代生活的细枝末节。张翎在《流年物语》中讲述了大时代里小人物追求、困惑、失落的故事。王凯《瀚海》以诙谐幽默的语言讲述青年人的军营生活，秦巴子《跟踪记》、黄国荣《极地天使》、程青《回声》、龙云《女人红》、刘仁前《残月》、刘春龙《垛上》、尔容《相爱不说再见》等，也都以各自不同的风格和视角，把笔端切入到了人民生活的经验书写之中。

青年作家的长篇写作引人瞩目。弋舟《我们的踟蹰》、盛可以《野蛮生长》、王十月《收脚印的人》、路内《慈悲》、任晓雯《生活，如此而已》、葛亮《北鸢》、杨则纬《于是去旅行》、张怡微《细民盛宴》、王若虚《火锅杀》等，都收获了关注和好评。他们的写作风格鲜明、内容广阔，显示了记录时代、刻画灵魂的勇气和能力，为中国当代文坛注入了新的血液与活力。

中篇小说充分体现出作家对于时代生活和世道人心的勘探与把握。作家们在现实主义精神的烛照下，艺术化地处理繁复驳杂的中国经验，并对当代中国做出反思、批判与超越。荆永鸣《较量》深入现实与体制的肌理，描画医疗体制的种种病象，凸显出变中有常、常中有变的艺术品质与探索勇气。罗伟章的《声音史》将社会的巨大变化通过主人公对“声音”的敏感、寻找与再现勾勒了出来，是写给村庄的一曲挽歌。石一枫的《地球之眼》描绘了一位底层小人物面对物质和精神的双重压力所进行的抉择与反抗，在全球化语境中审视当代中国人生存道德等根本问题。双雪涛在《平原上的摩西》里将新案、陈案以及两者合成的案中案串联起来，草蛇灰线般展开有关“救赎”的叙事，关乎智识，更关乎心性。

爱与信仍旧是永恒的主题。王蒙的《奇葩奇葩处处哀》聚焦晚年丧偶的老年人的生活，人性曲折、人生百味与时代变幻在一个男人与六位女性的交往中展现得绵密幽深。张炜的《寻找鱼王》舒缓灵动，少年的情致谜团和乡野成长的梦想，承载着格物致知的精神，折射出生灵魅力的光晕。阿来《三只虫草》和《蘑菇圈》中，人生况味、人性温暖溢出文字、意蕴隽永，展现出信息时代人类对于科学的向往和对宗教、文化的内省。董立勃《梅子与恰可拜》描写了一位南方女子和一个说着突厥语的土著小伙金子般的承诺与等待，让我们感受到人性的温暖。张策《玉玲珑》、肖建国《活路》、王跃文《蕨草青青》、林白《西北偏北之二三》、老藤《熬鹰》、尤凤伟《风玲》、杨少衡《把硫酸倒进去》、张欣《狐步杀》、哲贵《孤岛》、胡学文《午夜蝴蝶》、刘建东《阅读与欣赏》、尹学芸《士别十年》、杨仕芳《而黎明将至》、陈谦的《无穷镜》以及青年作家姚鄂梅、孙频、陈继明、阿袁、吴君、王姝英、谢络绎等人的新作，也颇受好评。

短篇小说写作蓬勃蓊郁，各具特色，作家们在思想和艺术上孜孜以求，带领读者进入当代人生存境遇和精神世界的各个层面。冯骥才《俗事奇人新篇》18个短篇描绘了天津清末民初的社会变迁、民情风俗、市井百态，地域文化与民间人物浑然一体、相映成趣。叶广芩《鬼子坟》等篇延续了她擅长的家族叙事，通过对安定门外护城河北岸的鬼子坟的钩沉与描写，完成了一个拥有独特审美标志的中国故事。储福金《棋语》系列勾勒各类棋人的众生相，以现实映现棋理，以棋理隐喻人生。麦家《日本佬》关注战后平民的生活遭遇和内心裂痕。残雪《尘埃》描写城市中的尘埃及其行踪和意识活动，荒诞、象征等艺术手法与小说先锋性的思想内涵相得益彰。金仁顺《纪念我的朋友金枝》浓缩了作者对爱情与道德、个人与他人、本真与变异等一系列悖论式难题的思索。陶丽群的《母亲的岛》朴实动人，母亲内心深处的隐痛是小说最不易察觉的地方，也是让人不忍释卷的关键所在。何玉茹《回乡》、刘玉栋《回乡记》、季栋梁《回家》中所透露的“回乡”主题，描写了城乡变奏中的浓郁乡愁。石钟山、曾剑、王凯等描写和平年代普通军人生活的作品感人至深。范小青《碎片》、梁晓声《地锁》、黄蓓佳《万家亲友团》、叶梅《广场舞》、艾克拜尔·米吉提《狗事》、叶兆言《赤脚医生手册》、裘山山《疯迷》、李进祥《讨白》、江洋才让《老灵魂》、田耳《金刚四拿》、张楚《忆秦娥》、李浩《消失在镜子后面的妻子》、徐则臣《摩洛哥王子》、盛可以《小生命》、戴来《表态》、胡性能《孤证》、曹寇《在县城》、王方晨《麒麟》、任乐《棉花匠》、普玄《牙齿》、周李立《透视》、蔡骏《眼泪石》等都是值得关注的佳作。

网络文学主流化趋势更加显露。玄幻、仙侠和都市仍是创作主要类型，现实题材作品受关注度有所上升，网络女性文学由于在影视改编和图书出版方面成绩突出，社会关注度较高。玄幻仙侠类小说逐渐摆脱以往千篇一律的模式，多以现实社会平凡的小青年为亲情、爱情和理想而发奋崛起成篇，符合青少年阅读习惯和价值取向。代表作品有《雪鹰领主》《剑王朝》《巫神纪》《吞天记》《万古仙穹》《御天神帝》等。都市小说呈现多元化创作趋势，代表作品有《天启之门》《黄金渔场》《穿越者》等。历史类作品多以三国和唐宋明清为背景，知名作品有《夜天子》《盛唐风月》《醉卧江山》等。带有明显漫画风格的二次元小说，如《我叫道格是只猫》，在一定程度上代表着年轻一代的审美新倾向。

2. 诗歌

诗歌创作与批评极为活跃。本年度的诗集出版不仅数量上呈现井喷趋势，而且代表了新世纪以来新诗多向度发展的成果。不同代际、不同风格的代表性诗集有欧阳江河《大是大非》、陈超《无端泪涌》、汤养宗《去人间》、臧棣《骑手和豆浆》、侯马《侯马的诗》、杨克《杨克的诗》、雷平阳《天上的日子》、王寅《灰光灯》、蒋一谈《截句》、路也《山中信札》、何向阳《青衿》、邱华栋《光谱》、宇向《女巫师》、余秀华《月光落在左手上》、许立志《新的一天》、刘年《为何生命苍凉如水》、王单单《山冈诗稿》、张定浩《我喜爱一切不彻底的事物》等。诗刊社31届青春诗会诗丛（15本）展示了不同艺术特征青年诗人的写作景观。“草根诗人”大量涌现。以余秀华、郭金牛、老井等为代表，他们的诗歌受众广泛，为重新思考诗人与时代的关系提供了新的观察入口和美学路径。这种自发、原生、真诚、质朴有痛感直接与生命体验相关的命运之诗具有打动人心的情感力量和新现实主义风格，修复了诗人的“社会发声”能力，是接地气的感动写作、灵魂写作。

诗歌传播方式变化巨大。微信平台上不断刷屏的诗歌活动、事件和出版物备受关注。“为你读诗”“睡觉前读首诗”“诗刊社”等微信公众号火热，朋友圈自发推荐各类诗歌，几乎每个城市都有诗歌群体和诗歌刊物，经常举办诗人雅集出版和诗歌朗诵活动。每天都在激增的诗歌微信公号和微信群给诗歌生态带来很大影响，甚至被认为给新诗的传播和生产带来“革命性”影响。在碎片化、电子化和APP移动临屏阅读语境下诗歌写作、阅读和批评实现了即时性、交互性和日常化、大众化。诗歌回暖，成为本年度文坛热议话题。诗歌重新回到社会生活中来，回到人们的日常生活，一个重要原因是微信、微博等新媒体传播平台的兴起，降低了诗歌写作门槛。新媒体这种掌上阅读方式，使写诗突然成为80后、90后的一种时尚，写出来的作品亦可迅速得到广泛传播。

3. 散文

2015年散文创作呈现出丰富、多样的面貌。在语言风格、内容题材上都有不同程度的创新和突破。

王蒙《斯文济世　天下归仁》精辟分析了孔子学说的各方面内涵，肯定了孔子学说的精神价值对中华文化的贡献，也诚恳地提出孔子学说在今天的局限性。余秋雨《中华文化为何长寿》提出了中华文化强大生命力的八大原因，内容驳杂，涵盖极广。张胜友《百转岁月　万里江山——客家，华夏文明的守护者》从客家传承中华文明的角度，探讨文明守护这一文化大题。南帆散文集《泥土去哪了》探讨科技的发展对人们精神世界的影响，对人类文明的发展走向提出警示。王巨才《大地漫笔》、许淇《驼铃叮咚——赤壁羊楼洞欧亚茶驼古道》、刘华散文集《我们的假面》、赵柏田散文集《南华录》、李骏虎散文集《受伤的文明》、吴昕孺《一张纸的前世今生》、鹿锋《会说话的石头》、沈荣均的《魏晋时光》等分别从不同的切面对中华文化进行了审视。

作家的个人感悟能够带给读者有益的启迪和深刻的共鸣。铁凝《幽灵之船——现实生活与创作灵感》以多年写作的心得和思考，把“灵感”这么一个难以捉摸的写作“要件”具象化。贾平凹《解读中国故事》以自身写作经验提出真正的中国故事不是作家自己想出来的，而是真正融入到中国普通民众的日常生活中创作出来的。今年是抗日战争胜利70周年，作家用手中的笔讲述自己的亲历，表达对那段历史的思考。张抗抗《赵一曼归来》、熊育群《旧年的血泪》、许俊文《父亲的黄昏》等记述父辈在战争中的经历，书写今日对战争的感受和对英雄的缅怀。

对生活的诗意书写是散文创作的一大特色。李冰散文集《留给回忆》记述了与季羡林、马识途、杨绛等交往的贤人旧事，展现了中国当代知识分子的风范。韩小蕙的《言者谆谆》，不仅记述了张中行晚年的言行思考，而且融入了作者本人对当代文化的独立识见。刘醒龙散文集《抱着父亲回故乡》以深情笔墨回望记忆中的故乡，记述生活中的真情。铁扬散文集《母亲的大碗》、乔叶散文集《走神》、魏平散文集《时光里的珍珠》、葛水平的《服饰的活性和通达》等发现日常生活中的艺术因子；鲍尔吉·原野的《村庄里》、安宁的《走亲戚》、钟翔的散文集《故土情》、陈喜儒的《黑土地的记忆》、谢宗玉的《涂满阳光的村事》、刘梅花的《吴茱萸和辛夷们》、陈霁的《夺补河两岸》等记述今日乡村的自然风物和人情世故；胡亚才《水的血脉》以回族家族为主线，展现中原地区回民族的信仰与刚毅，朱鸿的《不能想的父亲》、阎晶明的《一个人和一种命运的逝去》、蔡崇达的《母亲的房子》、陈原的《去了高原的兄弟》等以人物为描绘对象，表达的是最真挚的情感；董桥的《养字》、胡竹峰的《墨迹》、耿占春的《隐形书写》、李琦的《发呆》、王祥夫的《清坐》、王族的《歌声与微笑》等表达艺术滋养生活的情致；简平散文集《在云端》、李晓君《敞开的私人生活》、周晓枫《禽兽》、韩浩月《饥饿是种深刻的记忆》等分享个人感悟；邓友梅《我走过的道路》、南丁散文集《半凋零》、梅洁《迁徙的故乡》、丁帆《那年我的朝内大街166号》、宁肯《一个人的道路——我的自述》、杨沐《老母土》、杨庆祥《80后，怎么办》等均以个人记忆的书写填补历史的光谱；孙郁《图像里的俄国》、董强《为什么是莫迪亚诺》、沈坚《赫尔辛基有这么一座雕像》等则打开了一道通往其他国家文化的文本通道。

4. 报告文学

在迎接中国人民抗日战争暨世界反法西斯战争胜利七十周年之际，涌现出了一批优秀的报告文学作品。这些创作已经进入到一个深化的阶段。这些新变化似乎预示着一种不同于以往抗战题材创作观念、视野和审美风范的“新抗战文学”正在崛起。王树增《抗日战争》，从全民族抗战的视角出发，全景式地记述八年全面抗战中的主要战役战斗。何建明《拉贝先生》以详尽的实录与细致的文笔记述了一个德国人在南京大屠杀时期的命运与抉择。张雅文的《与魔鬼博弈——留给未来的思考》人物刻画尤为用力，形象大多栩栩如生。徐锦庚的《台儿庄涅槃》描写了台儿庄这座抗战英雄城市的涅槃重生历程。王龙的《刺刀书写的谎言——侵华战争中的日本“笔部队”真相》以九个曾经狂热地参与战争宣传的日本作家作为叙事对象和主角，揭开了日本鲜为人知的“笔部队”内幕。蒋巍等的《血色国魂》则以抗日战争期间我国阵亡的将领作为作品主角，是一部建立在纸上的纪念碑。丁晓平的《另一半二战史：1945・大国博弈》聚焦二战中几次最重要的国际会议，揭开鲜为人知的二战过程中的外交战。程雪莉的《寻找平山团》讲述了从河北平山县走出由成千上万名战士组成的抗日“平山团”的独特故事。杨义堂的《抗战救护队》反映了中国红字会救护总队在抗战时期参与伤员救护保障工作的史实。李延国、李庆华的《根据地》提醒我们不要忘了根据地的历史贡献，尤其不能忘却和丢弃根据地所沉淀下来的宝贵经验和制胜法宝。

中华民族渴望再铸辉煌，重现古老文明的荣光是我们这个时代的主旋律。在这一征程上发生的中国故事、积累的中国经验，尤其值得报告文学书写。“中国历史文化名人传”2015

年推出了由缪俊杰、董乃斌、郑彦英、伍立杨等作传的20种历史文化名人传记。黄传会《中国海军：1949—1955》记录了“海军初创时期”的中国海军不畏艰难和勇往直前的精神。杨黎光《横琴——对一个新三十年改革样本的五年观察与分析》对珠海新兴开发热土横琴岛进行的动情描述，提供了改革往何处去、中国往何处去的新思考。沙志亮《中国航母舵手——辽宁舰纪实》、许晨《第四极——中国“蛟龙号”挑战深海》、陈新《嫦娥揽月》分别聚焦中国高新科技发展前沿领域的标志性事物或事件，反映中国硬实力的新进展。曹岩、马泰泉等长篇报告文学《极度威胁》全面反映中国援非医疗队在参与塞拉利昂抗击埃博拉疫情过程中艰苦卓绝的工作及成就，张扬了人道主义和国际主义精神，彰显了中国负责任大国形象。中国梦的抒写离不开她的创造者和实践者。那些追梦者的身影自然成为报告文学着力捕捉的对象。蒋巍的《国之盾——鲜为人知的中国警察故事》聚焦公安战线的英烈和英模，张子影的《追日之舞》关注第三代战机试飞员，杨秀丽《永不褪色——“南京路上好八连”纪实》表现好八连传统的传承与延续，王鸿鹏《生命线上的奇迹》追述金沙江畔人民为建设大型水电站作出巨大历史贡献的动人事迹。杨莉《断裂带上的断裂》反映各方面积极参与云南鲁甸抗震救灾的感人场景。高艳国、赵方新《“中国梁”传奇——农民梁希森的梦想三部曲》，讲述了山东农民梁希森如何在改革时代借助自己的智慧和勤劳实现财富积累和共富梦想的生动故事。曾德强《脚上有路》讲述了一个农家子弟从街头修脚工起步成长为腰缠万贯的企业家的传奇。

对社会热点焦点的反映与描写是报告文学的长处和优势所在。弋舟《我在这世上太孤独》真实呈现农村空巢老人或悲苦或凄凉的生存处境，引发人们对于农村留守群体的关注与思考。韩生学《中国“失独”家庭调查》唤起人们对失独家庭的关注。朱晓军《“乌坎事件”调查》反映农村基层政权建设中存在的问题。李青松《薇甘菊》关注我国的“生物安全”问题。周芳《重症监护室——ICU手记》警示人们珍爱生命、珍视亲情。那些正在涌现或茁壮成长的新鲜事物也是作家们关注的焦点，如朱晓军对于快递物流业迅猛发展的描述《快递中国》，吕铮深入一线采写的中国公安部门海外缉逃行动的《猎狐行动》。

传记方面，除了出现“微传记”外，长篇传记依旧保持了热写、热读的势头。程树榛专注于描写自己的《坎坷人生路》，以一种平和宁静的心态看待往事和历史，表达对于人生岁月的感恩与铭记。何建明《李光耀的中国遗产》关注苏州工业园区历史，记述了中国与新加坡合作历史的一段耀眼篇章。余艳对于页岩油气研究专家的传记《何继善：追梦密码》突出主人公“人活一口气、为争一口气”的人生。徐风书写紫砂艺术大师顾景舟的传记《布衣壶宗》，引人进入历史的文化深思，李向东、王增如《丁玲传》在试图解开一代女作家的心灵密码上有所掘进。

国民记忆抒写是近年来报告文学创作的一个热点。雷达在《作家》上的专栏，以及《时代文学》陆续刊发的邓友梅、胡平、叶梅等的追忆作品，与汪兆骞关于自己编辑生涯的追忆《羁旅文学，看到的风景》都有独特的价值。此类作品大多既有历史记忆功能，亦是集体意识乃至国家记忆、国家历史的重要组成。

5. 儿童文学

2015年被称为“儿童文学大年”。推进儿童文学的繁荣发展得到了党中央的高度重视和全社会的热切期待。中央领导多次批示，中宣部、中国作协、新闻出版广电总局等多部门合作，制订了“满足少年儿童阅读需要，繁荣儿童文学创作”工作方案，由此开展了一系列活动和举措，让儿童文学作家和出版社备受鼓舞，创作热情高涨。另一方面，儿童文学创作本身对实现由数量和销量为主导的发展模式向以品质为主导“转型”意识更加强烈，创作实绩更加突出。

名家陆续推出新作，青年作家创作成果丰硕。小说有金波的《婷婷的树》、曹文轩的《火印》、张之路的《弯弯的辛夷花》、薛涛的《白银河》、史雷的《将军胡同》、徐玲的《全世界请原谅我》、陈晖的《我的名字叫豆豆》、彭学军的《森林里的小火车》、殷健灵的《不一样的暑假》等。作家出版社推出囊括沈石溪、曹文轩、常新港、张之路在内的当代尔童文学四大天王经典小说集，颇受好评。童话有汤素兰的长篇童话《笨狼与小红帽》、萧袤的长篇童话《茧屋》、汤汤的童话集《一只小鸡去天国》、孙玉虎的短篇童话《遇见空空如也》、湘莲子的长篇童话《蓝三色水珠》、小河丁丁的长篇童话《水獭男孩》、麦子的中篇童话《大熊的女儿》等。梅子涵的散文集《绿光芒》、王勇英的幻想小说《巫师的传人》、郑春华的系列低幼故事《小饼干和围裙妈妈》、李姗姗的儿童诗集《太阳小时候是个男孩》、格日勒其木格·黑鹤的动物小说《母兔》、《狼谷炊烟》等也受到关注。一些非儿童文学作家也出版了儿童文学新作，张炜、阿来时有新作，赵丽宏小说《渔童》、马原童话《湾格花原》、虹影小说《里娅传奇》、刘玉栋小说《泥孩子》等，丰富了儿童文学的星空。系列丛书的出版相当抢眼，“十大青年金作家丛书”第二辑，出版了十位青年作家的选集；陕西“小橘灯”系列图书出版了第一批13部作品，包括安武林的《月亮花》、孙雨婷的《寻找消失的古国》等；“烽火燎原”系列抗战题材原创少年小说首批8部作品，包括张品成《水巷口》、肖显志《天火》、牧铃《少年战俘营》、汪玥含《大地歌声》、王巨成《看你们往哪里跑》、毛芦芦《如菊如月》等。随着刘慈欣的科幻小说《三体》获得世界科幻大会颁发的雨果奖最佳长篇小说奖以及刘宇坤、陈楸帆、宝树的新作问世，中国原创科幻文学也得到了前所未有的关注。

加强儿童文学批评成为共识。中国作协与中宣部合作召开全国儿童文学创作出版座谈会。与会者形成共识，儿童文学经过“黄金十年”发展后，如何实现儿童文学由重“量”到重“质”的跃升，需要作家和出版社的共同努力，也需要“大读者”和“小读者”的广泛参与。中国作协创研部与《人民日报》文艺部合作，开办“繁荣儿童文学大家谈”专栏，发表了高洪波、李敬泽、金波、张之路、曹文轩、秦文君、李学谦、徐德霞、方卫平、朱自强等14位儿童文学作家、评论家和出版人的文章，从创作、批评、出版三方面，对当下儿童文学现状进行梳理、把脉。中国作协还组织召开了关于儿童文学系列化问题研讨会，与中宣部出版局合作，举办了儿童文学作家编辑研修班。理论评论方面，韩进《童心密码——为孩子选择文学》；王泉根《中国儿童文学概论》等世界儿童文学研究丛书；方卫平主编的《童年的栖居——儿童文学卷》，这些探索将为我国儿童文学进一步发展提供坚实的理论基础。

儿童文学绘本快速发展，出版数量激增，质量上升，阅读需求增大，成为儿童文学的一大亮点。梅子涵和满涛的《麻雀》、秦文君和刘洵、弯弯、徐晓璇的《秦文君温暖绘本》系列、白冰和江显英的《换妈妈》、彭懿和九儿的《不要和青蛙跳绳》、保冬妮和陈波的《幸运的米拉》“安全教育绘本”、黑眯的《辫子》、亚东和麦克小奎的《跑跑镇》等都是优秀的绘本新作；信宜原创图画书系列今年继续推出了一批优美的绘本，比如麦子的《棉婆婆睡不着》等；蒲蒲兰绘本馆今年推出了朱自强和朱成梁的《会说话的手》等新作。商晓娜还专为一年级小学生量身创作了注音版幼年小说等。

二、文学理论评论

2015年10月14日，习近平总书记《在文艺工作座谈会上的讲话》全文发表，讲话深刻阐述了文艺和文艺工作的重大使命，科学回答了文艺繁荣发展的一系列重大问题，丰富和发展了马克思主义文艺观和社会主义文艺理论，提升了我们对新时期文艺工作的规律性认识，是当前和今后一个时期我国文艺事业发展进步的纲领性文献，是中国特色社会主义文学事业发展繁荣的行动指南。中共中央政治局会议审议通过《中共中央关于繁荣发展社会主义文艺的意见》，对落实讲话精神，繁荣发展社会主义文艺提出了6项25条意见，成为当前今后推动文艺工作的基本指针和切实措施。围绕习总书记讲话，文艺界与理论界的学习与贯彻是深入的，钱小芊《结合文学创作展开文学批评》、吉狄马加《坚持以人民为中心的创作导向是新的历史条件下党的文艺政策立足点》、李敬泽《“两个重要”：文艺地位和作用的再认识》、董学文《道路已经开通，航向已经指明》、张政文《如何掌握文艺话语权》、曹卫东《文艺评论的新常态、新使命、新视野》等从不同角度论述了对于习总书记文艺工作座谈会讲话精神的理解。由作家出版社结集出版的《文学的使命与担当》集中了文学界对于习总书记讲话精神的学习体会。

理论上的深入与思潮的研究、现象的把握呈现出相对跃升的趋势。张炯《论文学的思想倾向性》反驳了反理性、反思想的种种倾向，强调文学艺术要有思想倾向性，重新阐明了思想寓于形象，论述了英雄形象塑造的重大思想意义；王元骧《关于美学文艺学中“实践”的概念》

试图厘清美学文艺学中对于“实践”认识上的混乱，将认识论范畴的“主观”与“客观”所导致的“二元对立”倾向按“主体“与“客体”解释，其从实践分化而来又通过实践回归统一的观点，颇具新意；张江等在《人民日报》发表《中国精神是文艺之魂》《展现中华审美风范》《文艺是民族精神的引擎》《文艺要与时代同频共振》《文艺是精神的火炬》系列对话，就当前文学发展中的热点现象、重要问题展开探讨辨析，直面当下现状，大胆言说问题，表现出强烈的使命感和责任感。

为纪念中国人民抗日战争胜利70周年，中国作协创研部与《文艺报》合作，推出“抗战文学巡礼”专栏，系统回顾、总结和评价自1931年“九一八”事变以来的我国抗战题材的文学创作，深入探讨其历史、社会、美学意义与价值。霍俊明《抗战诗歌：思想的胜利 美学的胜利》、肖惊鸿《人民，是抗战电影的灵魂》、纳杨《抗战文学的发展与开拓》、李朝全《“新抗战文学”正在崛起》等系列文章，对于促进抗战作品书写不断走向深化，推出真正的传世精品，起到了有益的推动作用。近几年引人注目的抗战文学作品也获得了更加深入的研究。贺绍俊《突破从”打扫战场”开始》对何顿《来生再见》和范稳《吾血吾土》的解读，比较了这两部小说的叙事视角和逻辑走向，进而深入地挖掘出小说在特殊的抗战历史背景下所进行的可贵的探索。

以纪念“先锋文学”为契机，集中讨论本土性话题 。批评界对30年来先锋文学的回顾和反思成为本年度文学批评的一个重要部分，产生了一大批有分量的文学批评成果。陈晓明《先锋派的历史、常态化与当下的可能性》、南帆《先锋文学的多重影像》、洪治纲《先锋文学与形式主义的迷障》等文章，对先锋文学的肯定获得了高度共识。除了对先锋精神的肯定之外，值得注意的是，关于中国文学和文化的本土性话题得到了进一步强化。本土性本来并不是一个新鲜的命题，无论是在30年前还是在当下，文学如何立足本土、如何保持自己的主体性和文学自觉等问题，一直是文学批评中的常被关注的问题。 只是当回顾先锋文学的艺术遗产时，评论家们除了讨论现代主义命题，还更自觉地关注于本土性问题，包括先锋派和世界文学、先锋派所处的历史、先锋文学对乡土文学的影响等，这说明，纪念先锋文学30周年不仅是为了重新确认先锋文学的历史地位，更是为了当下的文学批评和文学创作。贾平凹的新作《老生》在对传统资源的借用上受到评论家的广泛注意，谢有顺《乡土的哀歌——关于〈老生〉及贾平凹的乡土文学精神》、陈思《“新方志”书写——贾平凹长篇新作〈老生〉论》等论文均致力于挖掘和褒扬其中的本土性资源及其特殊内涵。

不仅如此，在网络文学、以刘慈欣为代表的科幻文学等批评热点问题上，本土性话题也是一个共同的思考和研究方向。黄发有《网络空间的本土文学传统》称，网络文学的发展与突破，要重视从本土文学资源中吸取营养，并以创造性的化用将其转换为源头活水。要实现这样的目标，写手们就不能满足于扮演搬运工，仅仅把古典元素作为一种粉饰的外衣和提味的调料。

立足本土表达中国，为介入文学现场搭建新的理论评论平台。中国作协主办的中国文学博鳌论坛在海南琼海举行，论坛的主题是“世界文学视野中的中国文学与中国精神”。铁凝谈到，越是面向世界，就越要自觉地扎根中国。文学创作与理论创作是一个相互砥砺、相生相长的过程。作家和评论家在对话的过程中，一定会对如何生动有力地向世界表达中国人的经验、阐明中国人的梦想获得更加清晰的认识、更辽阔的想象，推动中国文学在纷繁复杂的世界视野中，不断绽放中国精神的璀璨光芒。钱小芊指出，博鳌论坛这一形式是为了构建文学批评平台。这个平台可以集聚文学评论力量，发挥文学评论对创作和阅读的引导作用，改善文学生态，推动文学繁荣发展。论坛由中国作协创研部承办，海南省作作协协办，南帆、周大新等60多位作家评论家出席参与讨论，中国文学博鳌论坛被称为新世纪作家与评论家“围炉夜话”式的深度研讨与思想交流的学术平台。

围绕新世纪十五年来的文学发展，中国作协创研部、中国当代文学研究会、吉林作协以及中国作协—上海交大当代中国文学与文化研究基地，分别召开学术研讨会，集聚评论家力量从不同侧面对十五年来的文学成绩与创作得失进行深入研究，着眼推进文学的进一步发展。中国作协文学理论批评委员会主办的“青年批评家系列研讨”，分别以文学批评的中国视野、“一带一路”视野中的中国文学、内在性与精神叙事等为主题，集结了一批70、80后的青年评论家介入当代创作与评论，“中国作家北大论坛”由创研部和大学联合主办，邀请了刘慈欣、东西等和大学生进行交流。交流对话的形式让作家、评论家和年轻的读者一起来到中国思想的前沿，共同推进文学观念的更新。

文学译介研究，包括海外中国当代文学研究，近年已成为学界的热点话题。随着批评的国际视野进一步打开，相关的论著也从量的增加向质的提高的方向发展，特别是有关译介和传播效果的问题受到较多关注。这一方面呼应着“中国文学走出去”、提高国家文化软实力的国家战略。一方面也是文学发展实际所要求的理论总结。比如王宁《诺贝尔文学奖、世界文学与中国当代文学》、孙立盎《陕西当代文学的世界性因素研究》、过婧、刘云虹《中国文学对外译介中的异质性问题》、褚云侠《在重构与创设中走向世界——格非小说的海外传播与接受》、冯强《现代性、传统与全球化：欧美语境中的于坚诗歌海外传播》等，不再仅仅满足于对海外出版和学界的一般情况梳理，或是对译本的简单比对，而是从中国学者的立场出发，对文学译介的历史和现状展开一定的反思和批判。只有进入这样深层次的对话和交流，才是我们所期待的充满对话和思辨的批评佳作。

结语

2015年的中国文学，为讲好中国故事、传播好中国声音、弘扬好中国精神做出了积极的贡献。中国梦激励着广大作家，伟大的时代、伟大的人民召唤着中国的文学。在习近平总书记《在文艺工作座谈会上的讲话》的指引下，中国作家、评论家和广大文学工作者将以更加充沛的激情，深入生活，扎根人民，与人民同心，与时代同行，创作出更多更好的精品力作，为中华民族的伟大复兴提供强劲的精神能量！

2015年12月

年度文献

在文艺工作座谈会上的讲话

2014年10月15日

习近平

今天，这里群英荟萃、少长咸集，既有德高望重的老作家、老艺术家，也有崭露头角的文艺新秀，有些同志过去就很熟悉，有些是初次见面。见到大家很高兴。

文艺事业是党和人民的重要事业，文艺战线是党和人民的重要战线。长期以来，广大文艺工作者致力于文艺创作、表演、研究、传播，在各自领域辛勤耕耘、服务人民，取得了显著成绩，作出了重要贡献。在大家共同努力下，我国文艺园地百花竞放、硕果累累，呈现出繁荣发展的生动景象。借此机会，我向大家表示衷心的感谢，向全国文艺工作者致以诚挚的问候！

今天召开这个座谈会，我早有考虑，直到现在才有机会，主要是想听听大家的意见和建议，同大家一起分析现状、交流思想，共商我国文艺繁荣发展大计。刚才，几位同志的发言都很好，有思想，有见地，听了很受启发。下面，我讲5个问题，同大家一起讨论。

第一个问题：实现中华民族伟大复兴需要中华文化繁荣兴盛

为什么要高度重视文艺和文艺工作？这个问题，首先要放在我国和世界发展大势中来审视。我说过，实现中华民族伟大复兴，是近代以来中国人民最伟大的梦想。今天，我们比历史上任何时期都更接近中华民族伟大复兴的目标，比历史上任何时期都更有信心、有能力实现这个目标。而实现这个目标，必须高度重视和充分发挥文艺和文艺工作者的重要作用。

文化是民族生存和发展的重要力量。人类社会每一次跃进，人类文明每一次升华，无不伴随着文化的历史性进步。中华民族有着5000多年的文明史，近代以前中国一直是世界强国之一。在几千年的历史流变中，中华民族从来不是一帆风顺的，遇到了无数艰难困苦，但我们都挺过来、走过来了，其中一个很重要的原因就是世世代代的中华儿女培育和发展了独具特色、博大精深的中华文化，为中华民族克服困难、生生不息提供了强大精神支撑。

德国哲学家雅斯贝尔斯在《历史的起源与目标》一书中写道，公元前800年至公元前200年是人类文明的“轴心时代”，是人类文明精神的重大突破时期，当时古代希腊、古代中国、古代印度等文明都产生了伟大的思想家，他们提出的思想原则塑造了不同文化传统，并一直影响着人类生活。这段话讲得很深刻，很有洞察力。古往今来，中华民族之所以在世界有地位、有影响，不是靠穷兵黩武，不是靠对外扩张，而是靠中华文化的强大感召力和吸引力。我们的先人早就认识到“远人不服，则修文德以来之”的道理。阐释中华民族禀赋、中华民族特点、中华民族精神，以德服人、以文化人是其中很重要的一个方面。

历史和现实都表明，人类文明是由世界各国各民族共同创造的。我出访所到之处，最陶醉的是各国各民族人民创造的文明成果。世界文明瑰宝比比皆是，这里我举几个国家、几个民族的例子。古希腊产生了对人类文明影响深远的神话、寓言、雕塑、建筑艺术，埃斯库罗斯、索福克勒斯、欧里庇得斯、阿里斯托芬的悲剧和喜剧是希腊艺术的经典之作。俄罗斯有普希金、果戈理、莱蒙托夫、屠格涅夫、陀思妥耶夫斯基、涅克拉索夫、车尔尼雪夫斯基、托尔斯泰、契诃夫、高尔基、肖洛霍夫、柴可夫斯基、里姆斯基—科萨科夫、拉赫玛尼诺夫、列宾等大师。法国有拉伯雷、拉封丹、莫里哀、司汤达、巴尔扎克、雨果、大仲马、小仲马、莫泊桑、罗曼·罗兰、萨特、加缪、米勒、马奈、德加、塞尚、莫奈、罗丹、柏辽兹、比才、德彪西等大师。英国有乔叟、弥尔顿、拜伦、雪莱、济慈、狄更斯、哈代、萧伯纳、透纳等大师。德国有莱辛、歌德、席勒、海涅、巴赫、贝多芬、舒曼、瓦格纳、勃拉姆斯等大师。美国有霍桑、朗费罗、斯托夫人、惠特曼、马克·吐温、德莱赛、杰克·伦敦、海明威等大师。我最近访问了印度，印度人民也是具有非凡文艺创造活力的，大约公元前1000年前后就形成了《梨俱吠陀》、《阿达婆吠陀》、《娑摩吠陀》、《夜柔吠陀》四种本集，法显、玄奘取经时，印度的诗歌、舞蹈、绘画、宗教建筑和雕塑就达到了很高的水平，泰戈尔更是产生了世界性的影响。我国就更多了，从老子、孔子、庄子、孟子、屈原、王羲之、李白、杜甫、苏轼、辛弃疾、关汉卿、曹雪芹，到“鲁郭茅巴老曹”（鲁迅、郭沫若、茅盾、巴金、老舍、曹禺），到聂耳、冼星海、梅兰芳、齐白石、徐悲鸿，从诗经、楚辞到汉赋、唐诗、宋词、元曲以及明清小说，从《格萨尔王传》、《玛纳斯》到《江格尔》史诗，从五四时期新文化运动、新中国成立到改革开放的今天，产生了灿若星辰的文艺大师，留下了浩如烟海的文艺精品，不仅为中华民族提供了丰厚滋养，而且为世界文明贡献了华彩篇章。

历史和现实都证明，中华民族有着强大的文化创造力。每到重大历史关头，文化都能感国运之变化、立时代之潮头、发时代之先声，为亿万人民、为伟大祖国鼓与呼。中华文化既坚守本根又不断与时俱进，使中华民族保持了坚定的民族自信和强大的修复能力，培育了共同的情感和价值、共同的理想和精神。

没有中华文化繁荣兴盛，就没有中华民族伟大复兴。一个民族的复兴需要强大的物质力量，也需要强大的精神力量。没有先进文化的积极引领，没有人民精神世界的极大丰富，没有民族精神力量的不断增强，一个国家、一个民族不可能屹立于世界民族之林。

文艺是时代前进的号角，最能代表一个时代的风貌，最能引领一个时代的风气。“文变染乎世情，兴废系乎时序。”在欧洲文艺复兴运动中，但丁、彼特拉克、薄伽丘、达·芬奇、拉斐尔、米开朗琪罗、蒙田、塞万提斯、莎士比亚等文艺巨人，发出了新时代的啼声，开启了人们的心灵。在谈到文艺复兴运动时，恩格斯说，这“是一个需要巨人而且产生了巨人——在思维能力、热情和性格方面，在多才多艺和学识渊博方面的巨人的时代”。在我国发展史上，包括文艺在内的文化发展同样与中华民族发展紧紧联系在一起。先秦时期，我国出现了百家争鸣的兴盛局面，开创了我国古代文化的一个鼎盛期。20世纪初，在五四新文化运动中，发端于文艺领域的创新风潮对社会变革产生了重大影响，成为全民族思想解放运动的重要引擎。

现在，全党全国各族人民正按照党的十八大确立的奋斗目标和党的十八届三中全会提出的改革任务，一步一步把中国特色社会主义事业向前推进。实现“两个一百年”奋斗目标、实现中华民族伟大复兴的中国梦是长期而艰巨的伟大事业。伟大事业需要伟大精神。实现这个伟大事业，文艺的作用不可替代，文艺工作者大有可为。广大文艺工作者要从这样的高度认识文艺的地位和作用，认识自己所担负的历史使命和责任。

鲁迅先生说，要改造国人的精神世界，首推文艺。举精神之旗、立精神支柱、建精神家园，都离不开文艺。当高楼大厦在我国大地上遍地林立时，中华民族精神的大厦也应该巍然耸立。我国作家艺术家应该成为时代风气的先觉者、先行者、先倡者，通过更多有筋骨、有道德、有温度的文艺作品，书写和记录人民的伟大实践、时代的进步要求，彰显信仰之美、崇高之美，弘扬中国精神、凝聚中国力量，鼓舞全国各族人民朝气蓬勃迈向未来。

第二个问题：创作无愧于时代的优秀作品

“文章合为时而著，歌诗合为事而作。”衡量一个时代的文艺成就最终要看作品。推动文艺繁荣发展，最根本的是要创作生产出无愧于我们这个伟大民族、伟大时代的优秀作品。没有优秀作品，其他事情搞得再热闹、再花哨，那也只是表面文章，是不能真正深入人民精神世界的，是不能触及人的灵魂、引起人民思想共鸣的。文艺工作者应该牢记，创作是自己的中心任务，作品是自己的立身之本，要静下心来、精益求精搞创作，把最好的精神食粮奉献给人民。

优秀文艺作品反映着一个国家、一个民族的文化创造能力和水平。吸引、引导、启迪人们必须有好的作品，推动中华文化走出去也必须有好的作品。所以，我们必须把创作生产优秀作品作为文艺工作的中心环节，努力创作生产更多传播当代中国价值观念、体现中华文化精神、反映中国人审美追求，思想性、艺术性、观赏性有机统一的优秀作品，形成“龙文百斛鼎，笔力可独扛”之势。优秀作品并不拘于一格、不形于一态、不定于一尊，既要有阳春白雪、也要有下里巴人，既要顶天立地、也要铺天盖地。只要有正能量、有感染力，能够温润心灵、启迪心智，传得开、留得下，为人民群众所喜爱，这就是优秀作品。

文艺深深融入人民生活，事业和生活、顺境和逆境、梦想和期望、爱和恨、存在和死亡，人类生活的一切方面，都可以在文艺作品中找到启迪。文艺对年轻人吸引力最大，影响也最大。我年轻时读了不少文学作品，涉猎了当时能找到的各种书籍，不仅其中许多精彩章节、隽永文字至今记忆犹新，而且从中悟出了不少生活真谛。文艺也是不同国家和民族相互了解和沟通的最好方式。去年3月，我访问俄罗斯，在同俄罗斯汉学家座谈时就说到，我读过很多俄罗斯作家的作品，如年轻时读了车尔尼雪夫斯基的《怎么办？》后，在我心中引起了很大的震动。今年3月访问法国期间，我谈了法国文艺对我的影响，因为我们党老一代领导人中很多到法国求过学，所以我年轻时对法国文艺抱有浓厚兴趣。在德国，我讲了自己读《浮士德》的故事。那时候，我在陕北农村插队，听说一个知青有《浮士德》这本书，就走了30里路去借这本书，后来他又走了30里路来取回这本书。我为什么要对外国人讲这些？就是因为文艺是世界语言，谈文艺，其实就是谈社会、谈人生，最容易相互理解、沟通心灵。

改革开放以来，我国文艺创作迎来了新的春天，产生了大量脍炙人口的优秀作品。同时，也不能否认，在文艺创作方面，也存在着有数量缺质量、有“高原”缺“高峰”的现象，存在着抄袭模仿、千篇一律的问题，存在着机械化生产、快餐式消费的问题。在有些作品中，有的调侃崇高、扭曲经典、颠覆历史，丑化人民群众和英雄人物；有的是非不分、善恶不辨、以丑为美，过度渲染社会阴暗面；有的搜奇猎艳、一味媚俗、低级趣味，把作品当作追逐利益的“摇钱树”，当作感官刺激的“摇头丸”；有的胡编乱写、粗制滥造、牵强附会，制造了一些文化“垃圾”；有的追求奢华、过度包装、炫富摆阔，形式大于内容；还有的热衷于所谓“为艺术而艺术”，只写一己悲欢、杯水风波，脱离大众、脱离现实。凡此种种都警示我们，文艺不能在市场经济大潮中迷失方向，不能在为什么人的问题上发生偏差，否则文艺就没有生命力。

我同几位艺术家交谈过，问当前文艺最突出的问题是什么，他们不约而同地说了两个字：浮躁。一些人觉得，为一部作品反复打磨，不能及时兑换成实用价值，或者说不能及时兑换成人民币，不值得，也不划算。这样的态度，不仅会误导创作，而且会使低俗作品大行其道，造成劣币驱逐良币现象。人类文艺发展史表明，急功近利，竭泽而渔，粗制滥造，不仅是对文艺的一种伤害，也是对社会精神生活的一种伤害。低俗不是通俗，欲望不代表希望，单纯感官娱乐不等于精神快乐。文艺要赢得人民认可，花拳绣腿不行，投机取巧不行，沽名钓誉不行，自我炒作不行，“大花轿，人抬人”也不行。

精品之所以“精”，就在于其思想精深、艺术精湛、制作精良。“充实之谓美，充实而有光辉之谓大。”古往今来，文艺巨制无不是厚积薄发的结晶，文艺魅力无不是内在充实的显现。凡是传世之作、千古名篇，必然是笃定恒心、倾注心血的作品。福楼拜说，写《包法利夫人》“有一页就写了5天”，“客店这一节也许得写3个月”。曹雪芹写《红楼梦》“披阅十载，增删五次”。正是有了这种孜孜以求、精益求精的精神，好的文艺作品才能打造出来。

“取法于上，仅得为中；取法于中，故为其下。”有容乃大、无欲则刚，淡泊明志、宁静致远。大凡伟大的作家艺术家，都有一个渐进、渐悟、渐成的过程。文艺工作者要志存高远，就要有“望尽天涯路”的追求，耐得住“昨夜西风凋碧树”的清冷和“独上高楼”的寂寞，即便是“衣带渐宽”也“终不悔”，即便是“人憔悴”也心甘情愿，最后达到“众里寻他千百度”，“蓦然回首，那人却在，灯火阑珊处”的领悟。

“诗文随世运，无日不趋新。”创新是文艺的生命。文艺创作中出现的一些问题，同创新能力不足很有关系。刘勰在《文心雕龙》中就多处讲到，作家诗人要随着时代生活创新，以自己的艺术个性进行创新。唐代书法家李邕说：“似我者俗，学我者死。”宋代诗人黄庭坚说：“随人作计终后人，自成一家始逼真。”文艺创作是观念和手段相结合、内容和形式相融合的深度创新，是各种艺术要素和技术要素的集成，是胸怀和创意的对接。要把创新精神贯穿文艺创作生产全过程，增强文艺原创能力。要坚持百花齐放、百家争鸣的方针，发扬学术民主、艺术民主，营造积极健康、宽松和谐的氛围，提倡不同观点和学派充分讨论，提倡体裁、题材、形式、手段充分发展，推动观念、内容、风格、流派切磋互鉴。我国少数民族能歌善舞，长期以来形成了多姿多彩的文艺成果，这是我国文艺的瑰宝，要保护好、发展好，让它们在祖国文艺百花园中绽放出更加绚丽的光彩。

繁荣文艺创作、推动文艺创新，必须有大批德艺双馨的文艺名家。要把文艺队伍建设摆在更加突出的重要位置，努力造就一批有影响的各领域文艺领军人物，建设一支宏大的文艺人才队伍。文艺是给人以价值引导、精神引领、审美启迪的，艺术家自身的思想水平、业务水平、道德水平是根本。文艺工作者要自觉坚守艺术理想，不断提高学养、涵养、修养，加强思想积累、知识储备、文化修养、艺术训练，努力做到“笼天地于形内，挫万物于笔端”。除了要有好的专业素养之外，还要有高尚的人格修为，有“铁肩担道义”的社会责任感。在发展社会主义市场经济条件下，还要处理好义利关系，认真严肃地考虑作品的社会效果，讲品位，重艺德，为历史存正气，为世人弘美德，为自身留清名，努力以高尚的职业操守、良好的社会形象、文质兼美的优秀作品赢得人民喜爱和欢迎。

互联网技术和新媒体改变了文艺形态，催生了一大批新的文艺类型，也带来文艺观念和文艺实践的深刻变化。由于文字数码化、书籍图像化、阅读网络化等发展，文艺乃至社会文化面临着重大变革。要适应形势发展，抓好网络文艺创作生产，加强正面引导力度。近些年来，民营文化工作室、民营文化经纪机构、网络文艺社群等新的文艺组织大量涌现，网络作家、签约作家、自由撰稿人、独立制片人、独立演员歌手、自由美术工作者等新的文艺群体十分活跃。这些人中很有可能产生文艺名家，古今中外很多文艺名家都是从社会和人民中产生的。我们要扩大工作覆盖面，延伸联系手臂，用全新的眼光看待他们，用全新的政策和方法团结、吸引他们，引导他们成为繁荣社会主义文艺的有生力量。

第三个问题：坚持以人民为中心的创作导向

社会主义文艺，从本质上讲，就是人民的文艺。毛泽东同志在延安文艺座谈会上指出：“为什么人的问题，是一个根本的问题，原则的问题。”邓小平同志说：“我们的文艺属于人民”，“人民是文艺工作者的母亲”。江泽民同志要求广大文艺工作者“在人民的历史创造中进行艺术的创造，在人民的进步中造就艺术的进步”。胡锦涛同志强调：“只有把人民放在心中最高位置，永远同人民在一起，坚持以人民为中心的创作导向，艺术之树才能常青。”

人民既是历史的创造者、也是历史的见证者，既是历史的“剧中人”、也是历史的“剧作者”。文艺要反映好人民心声，就要坚持为人民服务、为社会主义服务这个根本方向。这是党对文艺战线提出的一项基本要求，也是决定我国文艺事业前途命运的关键。只有牢固树立马克思主义文艺观，真正做到了以人民为中心，文艺才能发挥最大正能量。以人民为中心，就是要把满足人民精神文化需求作为文艺和文艺工作的出发点和落脚点，把人民作为文艺表现的主体，把人民作为文艺审美的鉴赏家和评判者，把为人民服务作为文艺工作者的天职。

第一，人民需要文艺。人民的需求是多方面的。满足人民日益增长的物质需求，必须抓好经济社会建设，增加社会的物质财富。满足人民日益增长的精神文化需求，必须抓好文化建设，增加社会的精神文化财富。物质需求是第一位的，吃上饭是最主要的，所以说“民以食为天”。但是，这并不是说人民对精神文化生活的需求就是可有可无的，人类社会与动物界的最大区别就是人是有精神需求的，人民对精神文化生活的需求时时刻刻都存在。

随着人民生活水平不断提高，人民对包括文艺作品在内的文化产品的质量、品位、风格等的要求也更高了。文学、戏剧、电影、电视、音乐、舞蹈、美术、摄影、书法、曲艺、杂技以及民间文艺、群众文艺等各领域都要跟上时代发展、把握人民需求，以充沛的激情、生动的笔触、优美的旋律、感人的形象创作生产出人民喜闻乐见的优秀作品，让人民精神文化生活不断迈上新台阶。

还有，国际社会对中国的关注度越来越高，他们想了解中国，想知道中国人的世界观、人生观、价值观，想知道中国人对自然、对世界、对历史、对未来的看法，想知道中国人的喜怒哀乐，想知道中国历史传承、风俗习惯、民族特性，等等。这些光靠正规的新闻发布、官方介绍是远远不够的，靠外国民众来中国亲自了解、亲身感受是很有限的。而文艺是最好的交流方式，在这方面可以发挥不可替代的作用，一部小说，一篇散文，一首诗，一幅画，一张照片，一部电影，一部电视剧，一曲音乐，都能给外国人了解中国提供一个独特的视角，都能以各自的魅力去吸引人、感染人、打动人。京剧、民乐、书法、国画等都是我国文化瑰宝，都是外国人了解中国的重要途径。文艺工作者要讲好中国故事、传播好中国声音、阐发中国精神、展现中国风貌，让外国民众通过欣赏中国作家艺术家的作品来深化对中国的认识、增进对中国的了解。要向世界宣传推介我国优秀文化艺术，让国外民众在审美过程中感受魅力，加深对中华文化的认识和理解。

第二，文艺需要人民。人民是文艺创作的源头活水，一旦离开人民，文艺就会变成无根的浮萍、无病的呻吟、无魂的躯壳。列宁说：“艺术是属于人民的。它必须在广大劳动群众的底层有其最深厚的根基。它必须为这些群众所了解和爱好。它必须结合这些群众的感情、思想和意志，并提高他们。它必须在群众中间唤起艺术家，并使他们得到发展。”人民生活中本来就存在着文学艺术原料的矿藏，人民生活是一切文学艺术取之不尽、用之不竭的创作源泉。

人民的需要是文艺存在的根本价值所在。能不能搞出优秀作品，最根本的决定于是否能为人民抒写、为人民抒情、为人民抒怀。一切轰动当时、传之后世的文艺作品，反映的都是时代要求和人民心声。我国久传不息的名篇佳作都充满着对人民命运的悲悯、对人民悲欢的关切，以精湛的艺术彰显了深厚的人民情怀。《古诗源》收集的反映远古狩猎活动的《弹歌》，《诗经》中反映农夫艰辛劳作的《七月》、反映士兵征战生活的《采薇》、反映青年爱情生活的《关雎》，探索宇宙奥秘的《天问》、反映游牧生活的《敕勒歌》、歌颂女性英姿的《木兰诗》等，都是从人民生活中产生的。屈原的“长太息以掩涕兮，哀民生之多艰”，杜甫的“安得广厦千万间，大庇天下寒士俱欢颜”、“朱门酒肉臭，路有冻死骨”，李绅的“谁知盘中餐，粒粒皆辛苦”，郑板桥的“些小吾曹州县吏，一枝一叶总关情”，等等，也都是深刻反映人民心声的作品和佳句。世界上最早的文学作品《吉尔伽美什》史诗，反映了两河流域上古人民探求自然规律和生死奥秘的心境和情感。《荷马史诗》赞美了人民勇敢、正义、无私、勤劳等品质。《神曲》、《十日谈》、《巨人传》等作品的主要内容是反对中世纪的禁欲主义、蒙昧主义，反映人民对精神解放的热切期待。因此，文艺只有植根现实生活、紧跟时代潮流，才能发展繁荣；只有顺应人民意愿、反映人民关切，才能充满活力。

人民不是抽象的符号，而是一个一个具体的人，有血有肉，有情感，有爱恨，有梦想，也有内心的冲突和挣扎。不能以自己的个人感受代替人民的感受，而是要虚心向人民学习、向生活学习，从人民的伟大实践和丰富多彩的生活中汲取营养，不断进行生活和艺术的积累，不断进行美的发现和美的创造。要始终把人民的冷暖、人民的幸福放在心中，把人民的喜怒哀乐倾注在自己的笔端，讴歌奋斗人生，刻画最美人物，坚定人们对美好生活的憧憬和信心。

说到这里，我就想起了一件事情。1982年，我到河北正定县去工作前夕，一些熟人来为我送行，其中就有八一厂的作家、编剧王愿坚。他对我说，你到农村去，要像柳青那样，深入到农民群众中去，同农民群众打成一片。柳青为了深入农民生活，1952年曾经任陕西长安县县委副书记，后来辞去了县委副书记职务、保留常委职务，并定居在那儿的皇甫村，蹲点14年，集中精力创作《创业史》。因为他对陕西关中农民生活有深入了解，所以笔下的人物才那样栩栩如生。柳青熟知乡亲们的喜怒哀乐，中央出台一项涉及农村农民的政策，他脑子里立即就能想象出农民群众是高兴还是不高兴。

第三，文艺要热爱人民。有没有感情，对谁有感情，决定着文艺创作的命运。如果不爱人民，那就谈不上为人民创作。鲁迅就对人民充满了热爱，表露他这一心迹最有名的诗句就是“横眉冷对千夫指，俯首甘为孺子牛”。我在河北正定工作时结识的作家贾大山，也是一位热爱人民的作家。他去世后，我写了一篇文章悼念他。他给我印象最深的就是忧国忧民情怀，“处江湖之远则忧其君”。文艺工作者要想有成就，就必须自觉与人民同呼吸、共命运、心连心，欢乐着人民的欢乐，忧患着人民的忧患，做人民的孺子牛。这是唯一正确的道路，也是作家艺术家最大的幸福。

热爱人民不是一句口号，要有深刻的理性认识和具体的实践行动。对人民，要爱得真挚、爱得彻底、爱得持久，就要深深懂得人民是历史创造者的道理，深入群众、深入生活，诚心诚意做人民的小学生。我讲要深入生活，有些同志人是下去了，但只是走马观花、蜻蜓点水，并没有带着心，并没有动真情。要解决好“为了谁、依靠谁、我是谁”这个问题，拆除“心”的围墙，不仅要“身入”，更要“心入”、“情入”。

文艺的一切创新，归根到底都直接或间接来源于人民。“世事洞明皆学问，人情练达即文章。”艺术可以放飞想象的翅膀，但一定要脚踩坚实的大地。文艺创作方法有一百条、一千条，但最根本、最关键、最牢靠的办法是扎根人民、扎根生活。曹雪芹如果没对当时的社会生活做过全景式的观察和显微镜式的剖析，就不可能完成《红楼梦》这种百科全书式巨著的写作。鲁迅如果不熟悉辛亥革命前后底层民众的处境和心情，就不可能塑造出祥林嫂、闰土、阿Q、孔乙己等那些栩栩如生的人物。

关在象牙塔里不会有持久的文艺灵感和创作激情。有一位苏联诗人形容作家坐在屋里挖空心思写不出东西的窘态是“把手指甲都绞出了水来”。我们要走进生活深处，在人民中体悟生活本质、吃透生活底蕴。只有把生活咀嚼透了，完全消化了，才能变成深刻的情节和动人的形象，创作出来的作品才能激荡人心。正所谓“闭门觅句非诗法，只是征行自有诗”。一切创作技巧和手段最终都是为内容服务的，都是为了更鲜明、更独特、更透彻地说人说事说理。背离了这个原则，技巧和手段就毫无价值了，甚至还会产生负面效应。

当然，生活中并非到处都是莺歌燕舞、花团锦簇，社会上还有许多不尽如人意之处、还存在一些丑恶现象。对这些现象不是不要反映，而是要解决好如何反映的问题。古人云，“乐而不淫，哀而不伤”，“发乎情，止乎礼义”。文艺创作如果只是单纯记述现状、原始展示丑恶，而没有对光明的歌颂、对理想的抒发、对道德的引导，就不能鼓舞人民前进。应该用现实主义精神和浪漫主义情怀观照现实生活，用光明驱散黑暗，用美善战胜丑恶，让人们看到美好、看到希望、看到梦想就在前方。

一部好的作品，应该是经得起人民评价、专家评价、市场检验的作品，应该是把社会效益放在首位，同时也应该是社会效益和经济效益相统一的作品。在发展社会主义市场经济的条件下，许多文化产品要通过市场实现价值，当然不能完全不考虑经济效益。然而，同社会效益相比，经济效益是第二位的，当两个效益、两种价值发生矛盾时，经济效益要服从社会效益，市场价值要服从社会价值。文艺不能当市场的奴隶，不要沾满了铜臭气。优秀的文艺作品，最好是既能在思想上、艺术上取得成功，又能在市场上受到欢迎。要坚守文艺的审美理想、保持文艺的独立价值，合理设置反映市场接受程度的发行量、收视率、点击率、票房收入等量化指标，既不能忽视和否定这些指标，又不能把这些指标绝对化，被市场牵着鼻子走。

有的同志说，天是世界的天，地是中国的地，只有眼睛向着人类最先进的方面注目，同时真诚直面当下中国人的生存现实，我们才能为人类提供中国经验，我们的文艺才能为世界贡献特殊的声响和色彩。说的是有道理的。中华民族5000多年的文明进步，近代以来中国人民争取民族独立、人民解放的浴血斗争，中国共产党领导人民进行的革命、建设、改革的伟大历程，古老中国的深刻变化和13亿中国人民极为丰富的生产生活，为文艺创作提供了极为肥沃的土壤，值得写的东西太多了。只要我们与人民同在，就一定能从祖国大地母亲那里获得无穷的力量。

第四个问题：中国精神是社会主义文艺的灵魂

这段时间，我集中强调了培育和践行社会主义核心价值观问题。今年2月，中央政治局专门就培育和弘扬社会主义核心价值观进行集体学习，我作了讲话，对全社会提了要求。五四青年节，我到北京大学去，对大学师生讲了这个问题。5月底，我在上海考察工作时，对领导干部弘扬和践行社会主义核心价值观提了要求。六一儿童节前夕，我在北京海淀区民族小学同师生们座谈时讲了这个问题。6月上旬，我在两院院士大会上对院士们也提了这方面要求。9月教师节前一天，我到北京师范大学同师生座谈，再次强调了这个问题。今天，我也要对文艺界提出这方面要求，因为文艺在培育和弘扬社会主义核心价值观方面具有独特作用。

每个时代都有每个时代的精神。我曾经讲过，实现中国梦必须走中国道路、弘扬中国精神、凝聚中国力量。核心价值观是一个民族赖以维系的精神纽带，是一个国家共同的思想道德基础。如果没有共同的核心价值观，一个民族、一个国家就会魂无定所、行无依归。为什么中华民族能够在几千年的历史长河中生生不息、薪火相传、顽强发展呢？很重要的一个原因就是中华民族有一脉相承的精神追求、精神特质、精神脉络。

改革开放以来，我国经济发展很快，人民生活水平提高也很快。同时，我国社会正处在思想大活跃、观念大碰撞、文化大交融的时代，出现了不少问题。其中比较突出的一个问题就是一些人价值观缺失，观念没有善恶，行为没有底线，什么违反党纪国法的事情都敢干，什么缺德的勾当都敢做，没有国家观念、集体观念、家庭观念，不讲对错，不问是非，不知美丑，不辨香臭，浑浑噩噩，穷奢极欲。现在社会上出现的种种问题病根都在这里。这方面的问题如果得不到有效解决，改革开放和社会主义现代化建设就难以顺利推进。

我们始终强调，两个文明都搞好才是中国特色社会主义。邓小平同志早就告诫我们：风气如果坏下去，经济搞成功又有什么意义？会在另一方面变质！因此，我们要在全社会大力弘扬和践行社会主义核心价值观，使之像空气一样无处不在、无时不有，成为全体人民的共同价值追求，成为我们生而为中国人的独特精神支柱，成为百姓日用而不觉的行为准则。要号召全社会行动起来，通过教育引导、舆论宣传、文化熏陶、实践养成、制度保障等，使社会主义核心价值观内化为人们的精神追求、外化为人们的自觉行动。

文艺是铸造灵魂的工程，文艺工作者是灵魂的工程师。好的文艺作品就应该像蓝天上的阳光、春季里的清风一样，能够启迪思想、温润心灵、陶冶人生，能够扫除颓废萎靡之风。“凡作传世之文者，必先有可以传世之心。”广大文艺工作者要高扬社会主义核心价值观的旗帜，充分认识肩上的责任，把社会主义核心价值观生动活泼、活灵活现地体现在文艺创作之中，用栩栩如生的作品形象告诉人们什么是应该肯定和赞扬的，什么是必须反对和否定的，做到春风化雨、润物无声。同时，文艺界知名人士很多，社会影响力不小，大家不仅要在文艺创作上追求卓越，而且要在思想道德修养上追求卓越，更应身体力行践行社会主义核心价值观，努力做到言为士则、行为世范。

在社会主义核心价值观中，最深层、最根本、最永恒的是爱国主义。爱国主义是常写常新的主题。拥有家国情怀的作品，最能感召中华儿女团结奋斗。范仲淹的“先天下之忧而忧，后天下之乐而乐”，陆游的“王师北定中原日，家祭无忘告乃翁”、“位卑未敢忘忧国”、“夜阑卧听风吹雨，铁马冰河入梦来”，文天祥的“人生自古谁无死，留取丹心照汗青”，林则徐的“苟利国家生死以，岂因祸福避趋之”，岳飞的《满江红》，方志敏的《可爱的中国》，等等，都以全部热情为祖国放歌抒怀。我们当代文艺更要把爱国主义作为文艺创作的主旋律，引导人民树立和坚持正确的历史观、民族观、国家观、文化观，增强做中国人的骨气和底气。

追求真善美是文艺的永恒价值。艺术的最高境界就是让人动心，让人们的灵魂经受洗礼，让人们发现自然的美、生活的美、心灵的美。一首短短的《游子吟》之所以流传千年，就在于它生动讴歌了伟大的母爱。苏东坡称赞韩愈“文起八代之衰，而道济天下之溺”，讲的是从司马迁之后到韩愈，算起来文章衰弱了八代。韩愈的文章起来了，凭什么呢？就是“道”，就是文以载道。我们要通过文艺作品传递真善美，传递向上向善的价值观，引导人们增强道德判断力和道德荣誉感，向往和追求讲道德、尊道德、守道德的生活。只要中华民族一代接着一代追求真善美的道德境界，我们的民族就永远健康向上、永远充满希望。

文艺创作不仅要有当代生活的底蕴，而且要有文化传统的血脉。“求木之长者，必固其根本；欲流之远者，必浚其泉源。”中华优秀传统文化是中华民族的精神命脉，是涵养社会主义核心价值观的重要源泉，也是我们在世界文化激荡中站稳脚跟的坚实根基。增强文化自觉和文化自信，是坚定道路自信、理论自信、制度自信的题中应有之义。如果“以洋为尊”、“以洋为美”、“唯洋是从”，把作品在国外获奖作为最高追求，跟在别人后面亦步亦趋、东施效颦，热衷于“去思想化”、“去价值化”、“去历史化”、“去中国化”、“去主流化”那一套，绝对是没有前途的！事实上，外国人也跑到我们这里寻找素材、寻找灵感，好莱坞拍摄的《功夫熊猫》、《花木兰》等影片不就是取材于我们的文化资源吗？

中华民族在长期实践中培育和形成了独特的思想理念和道德规范，有崇仁爱、重民本、守诚信、讲辩证、尚和合、求大同等思想，有自强不息、敬业乐群、扶正扬善、扶危济困、见义勇为、孝老爱亲等传统美德。中华优秀传统文化中很多思想理念和道德规范，不论过去还是现在，都有其永不褪色的价值。我们要结合新的时代条件传承和弘扬中华优秀传统文化，传承和弘扬中华美学精神。中华美学讲求托物言志、寓理于情，讲求言简意赅、凝练节制，讲求形神兼备、意境深远，强调知、情、意、行相统一。我们要坚守中华文化立场、传承中华文化基因，展现中华审美风范。

传承中华文化，绝不是简单复古，也不是盲目排外，而是古为今用、洋为中用，辩证取舍、推陈出新，摒弃消极因素，继承积极思想，“以古人之规矩，开自己之生面”，实现中华文化的创造性转化和创新性发展。

当然，我们强调弘扬社会主义核心价值观，继承和发扬中华民族优秀传统文化，坚持和弘扬中国精神，并不排斥学习借鉴世界优秀文化成果。我们社会主义文艺要繁荣发展起来，必须认真学习借鉴世界各国人民创造的优秀文艺。只有坚持洋为中用、开拓创新，做到中西合璧、融会贯通，我国文艺才能更好发展繁荣起来。其实，现代以来，我国文艺和世界文艺的交流互鉴就一直在进行着。白话文、芭蕾舞、管弦乐、油画、电影、话剧、现代小说、现代诗歌等都是借鉴国外又进行民族创造的成果。鲁迅等进步作家当年就大量翻译介绍国外进步文学作品。新中国成立后，我们学习借鉴苏联文艺，如普列汉诺夫的艺术理论、斯坦尼斯拉夫斯基表演体系，苏联的芭蕾舞、电影等，苏联著名舞蹈家乌兰诺娃以及一些苏联著名演员、导演当年都来过中国访问。这种学习借鉴对建国初期我国社会主义文艺发展起到了促进作用。改革开放之后，我国文艺对世界文艺的学习借鉴就更广泛了。现在，情况也一样，很多艺术形式是国外兴起的，如说唱表演、街舞等，但只要人民群众喜欢，我们就要用，并赋予其健康向上的内容。

当今世界是开放的世界，艺术也要在国际市场上竞争，没有竞争就没有生命力。比如电影领域，经过市场竞争，国外影片并没有把我们的国产影片打垮，反而刺激了国产影片提高质量和水平，在市场竞争中发展起来了，具有了更强的竞争力。

第五个问题：加强和改进党对文艺工作的领导

党的领导是社会主义文艺发展的根本保证。党的根本宗旨是全心全意为人民服务，文艺的根本宗旨也是为人民创作。把握了这个立足点，党和文艺的关系就能得到正确处理，就能准确把握党性和人民性的关系、政治立场和创作自由的关系。

加强和改进党对文艺工作的领导，要把握住两条：一是要紧紧依靠广大文艺工作者，二是要尊重和遵循文艺规律。各级党委要从建设社会主义文化强国的高度，增强文化自觉和文化自信，把文艺工作纳入重要议事日程，贯彻好党的文艺方针政策，把握文艺发展正确方向。要选好配强文艺单位领导班子，把那些德才兼备、能同文艺工作者打成一片的干部放到文艺工作领导岗位上来。要尊重文艺工作者的创作个性和创造性劳动，政治上充分信任，创作上热情支持，营造有利于文艺创作的良好环境。要诚心诚意同文艺工作者交朋友，关心他们的工作和生活，倾听他们心声和心愿。要重视文艺阵地建设和管理，坚持守土有责，绝不给有害的文艺作品提供传播渠道。各级宣传文化部门要在党委领导下，切实加强对文艺工作的指导和扶持，加强对文艺工作者的引导和团结，为推动文艺繁荣发展作出积极贡献。文联、作协要充分发挥优势，加强行业服务、行业管理、行业自律，真正成为文艺工作者之家。

现在，文艺工作的对象、方式、手段、机制出现了许多新情况、新特点，文艺创作生产的格局、人民群众的审美要求发生了很大变化，文艺产品传播方式和群众接受欣赏习惯发生了很大变化。对传统文艺创作生产和传播，我们有一套相对成熟的体制机制和管理措施，而对新的文艺形态，我们还缺乏有效的管理方式方法。这方面，我们必须跟上节拍，下功夫研究解决。要通过深化改革、完善政策、健全体制，形成不断出精品、出人才的生动局面。

要高度重视和切实加强文艺评论工作。文艺批评是文艺创作的一面镜子、一剂良药，是引导创作、多出精品、提高审美、引领风尚的重要力量。文艺批评要的就是批评，不能都是表扬甚至庸俗吹捧、阿谀奉承，不能套用西方理论来剪裁中国人的审美，更不能用简单的商业标准取代艺术标准，把文艺作品完全等同于普通商品，信奉“红包厚度等于评论高度”。文艺批评褒贬甄别功能弱化，缺乏战斗力、说服力，不利于文艺健康发展。

真理越辩越明。一点批评精神都没有，都是表扬和自我表扬、吹捧和自我吹捧、造势和自我造势相结合，那就不是文艺批评了！金无足赤、人无完人，天下哪有十全十美的东西呢？良药苦口利于病，忠言逆耳利于行。有了真正的批评，我们的文艺作品才能越来越好。文艺批评就要褒优贬劣、激浊扬清，像鲁迅所说的那样，批评家要做“剜烂苹果”的工作，“把烂的剜掉，把好的留下来吃”。不能因为彼此是朋友，低头不见抬头见，抹不开面子，就不敢批评。作家艺术家要敢于面对批评自己作品短处的批评家，以敬重之心待之，乐于接受批评。要以马克思主义文艺理论为指导，继承创新中国古代文艺批评理论优秀遗产，批判借鉴现代西方文艺理论，打磨好批评这把“利器”，把好文艺批评的方向盘，运用历史的、人民的、艺术的、美学的观点评判和鉴赏作品，在艺术质量和水平上敢于实事求是，对各种不良文艺作品、现象、思潮敢于表明态度，在大是大非问题上敢于表明立场，倡导说真话、讲道理，营造开展文艺批评的良好氛围。

同志们！“等闲识得东风面，万紫千红总是春。”党中央对文艺工作和文艺工作者寄予厚望。希望文艺战线和广大文艺工作者不辜负时代召唤、不辜负人民期待，创造出更好更多的文艺精品，为推动文化大发展大繁荣、建设社会主义文化强国作出新的更大的贡献！

中共中央关于繁荣发展社会主义文艺的意见

2015年10月3日

为深入贯彻党的十八大和十八届三中、四中全会精神，认真落实习近平总书记在文艺工作座谈会上的重要讲话精神，繁荣发展社会主义文艺，提出如下意见。

一、做好文艺工作的重大意义和指导思想

1. 充分认识文艺工作的重要作用。文艺是民族精神的火炬，是时代前进的号角，最能代表一个民族的风貌，最能引领一个时代的风气。文艺事业是党和人民事业的重要组成部分。我们党历来高度重视文艺工作，在革命、建设、改革各个时期，充分运用文艺引领时代风尚、鼓舞人民前进、推动社会进步。实现中华民族伟大复兴，离不开中华文化繁荣兴盛，离不开文艺事业繁荣发展。举精神旗帜、立精神支柱、建精神家园，是当代中国文艺的崇高使命。弘扬中国精神、传播中国价值、凝聚中国力量，是文艺工作者的神圣职责。

2. 准确把握文艺工作面临的形势。当前，我国文艺创作生产活跃，内容形式丰富，风格手法多样，涌现了一大批人民喜爱的优秀作品，呈现出百花竞放、蓬勃发展的生动景象。广大文艺工作者辛勤耕耘、服务人民，取得了显著成绩，作出了重要贡献。随着改革开放和社会主义现代化建设深入推进，我国经济社会发展取得巨大成就，现代科学技术日新月异，对外交流交往不断加深，国际地位显著提升，人民精神文化需求日益增长，为文艺发展提供了坚实基础、内在动力、广阔空间。同时，意识形态领域形势十分复杂，巩固思想文化阵地、维护国家文化安全的任务更加紧迫；在思想活跃、观念碰撞、文化交融的背景下，文艺领域还存在价值扭曲、浮躁粗俗、娱乐至上、唯市场化等问题，价值引领的任务艰巨迫切；文艺创作生产存在有数量缺质量、有“高原”缺“高峰”，抄袭模仿、千篇一律、粗制滥造等问题，推出精品力作

的任务依然繁重；文艺评论存在“缺席”、“缺位”现象，对优秀作品推介不够，对不良现象批评乏力，文艺评论辨善恶、鉴美丑、促繁荣的作用有待强化。文艺环境、业态、格局深刻调整，创作、传播、消费深刻变化，新的文艺组织和文艺群体大量出现，引导、管理、服务的体制机制、手段方法亟须改革创新。

3. 文艺工作的指导思想和方针原则。高举中国特色社会主义伟大旗帜，以马克思列宁主义、毛泽东思想、邓小平理论、“三个代表”重要思想、科学发展观为指导，深入学习贯彻习近平总书记系列重要讲话精神，紧紧围绕全面建成小康社会、全面深化改革、全面依法治国、全面从严治党的战略布局，深入贯彻党的十八大和十八届三中、四中全会精神，坚持社会主义先进文化前进方向，全面贯彻“二为”方向和“双百”方针，紧紧依靠广大文艺工作者，坚持以人民为中心，以社会主义核心价值观为引领，以中国精神为灵魂，以中国梦为时代主题，以中华优秀传统文化为根脉，以创新为动力，以创作生产优秀作品为中心环节，深入实践、深入生活、深入群众，推出更多无愧于民族、无愧于时代的文艺精品，不断满足人民精神文化需求，建设社会主义文化强国，为实现“两个一百年”奋斗目标、实现中华民族伟大复兴的中国梦提供强大的价值引导力、文化凝聚力、精神推动力。

二、坚持以人民为中心的创作导向

4. 为人民抒写、为人民抒情。社会主义文艺本质上是人民的文艺，人民的需要是文艺存在的根本价值。解决好“为了谁、依靠谁、我是谁”的问题，牢固树立人民是历史创造者的观点，自觉以最广大人民为服务对象和表现主体，在人民生产生活中进行美的发现和美的创造。生动展现人民创造历史的伟大进程，用现实主义精神和浪漫主义情怀观照现实生活，歌颂光明、抒发理想，鞭挞丑恶、抵制低俗，给人民信心和力量。紧跟时代发展，把握人民对文艺作品质量、品位、风格等的期盼，创作生产更多人民喜闻乐见的优秀作品，推动人民精神文化生活不断迈上新台阶。

5. 深入生活、扎根人民。生活是文艺创作的源头活水，人民是文艺工作者的衣食父母。大力倡导文艺工作者深入生活、扎根人民，虚心向人民学习、向实践学习，不断进行生活的积累和艺术的提炼。制定支持文艺工作者长期深入生活的经济政策，健全长效保障机制，为他们蹲点生活、挂职锻炼、采风创作提供必要的工作条件和成果展示平台。完善激励机制，把深入生活纳入文艺单位目标管理和领导班子业绩考核，作为文艺工作者业务考核、职称评定、表彰奖励的重要依据。发挥知名作家艺术家的带头作用，使深入生活、扎根人民在文艺界蔚然成风。

6. 面向基层、服务群众。坚持重心下移，把各种文艺惠民措施纳入公共文化服务体系建设规划，推行菜单式服务，以实效为标准，提升质量和水平。创新形式、持续开展“文化进万家”、“送欢乐下基层”、“心连心”、文化艺术志愿服务、农村电影放映、全民阅读等活动，深入推进服务农民、服务基层文化建设先进集体创建活动。组织实施基层群众文化建设工程，发挥农家书屋、社区书屋效用，落实乡镇文化站职能，在编制总量内健全社区文化中心专兼职岗位，落实国家规定的工资待遇政策。促进“送文化”与群众需求有效对接，加大政府对面向基层文艺产品和服务的购买力度。建立“结对子、种文化”工作机制，组织专业文艺工作者到基层教、学、帮、带。实施农村中小学艺术教育计划，鼓励艺术院校毕业生到农村中小学任教。

7. 激发人民创造活力、繁荣群众文艺。充分尊重人民群众的主体地位和首创精神，使蕴藏于群众中的创造活力充分迸发。制定繁荣群众文艺发展规划，健全群众文艺工作网络，发挥好基层文联、作协、文化馆（站）、群艺馆在群众文艺创作中的引领作用，壮大民间文艺力量。完善群众文艺扶持机制，扶持引导业余文艺社团、民营剧团、演出队、老年大学以及青少年文艺群体、网络文艺社群、社区和企业文艺骨干、乡土文化能人等广泛开展创作活动，创新载体形式，展示群众文艺创作优秀成果。提高社区文化、村镇文化、企业文化、校园文化、军营文化、网络文化建设水平，培育积极健康、多姿多彩的文化形态，引导群众在参与中自我表现、自我教育、自我服务。普及文艺知识，培养文艺爱好，提高全民文化素养。鼓励群众文艺与旅游、体育等相关产业相结合。

8. 建立经得起人民检验的评价标准。评价文艺作品，要以最广大人民的根本利益为出发点和落脚点，坚持把社会效益放在首位，努力实现社会效益和经济效益、社会价值和市场价值相统一，绝不让文艺成为市场的奴隶。建立健全反映文艺作品质量的综合评价体系，完善影视剧、文艺演出、美术和文艺类出版物等创作生产出版的立项、采购、评审标准，完善文艺作品推介传播等环节的评估标准，把票房收入、收视率、收听率、点击率、发行量等量化指标，与专家评价和群众认可统一起来，推动文艺健康发展。把服务群众和引领群众结合起来，既满足人民多样化精神文化需求，又加强引导、克服浮躁，讲品位、讲格调，坚决抵制趋利媚俗之风。

三、让中国精神成为社会主义文艺的灵魂

9. 聚焦中国梦的时代主题。实现中华民族伟大复兴的中国梦，是当代文艺创作的鲜明主题。深入开展中国梦主题文艺创作活动，生动反映改革开放和社会主义现代化建设的伟大实践，全面展示中国特色社会主义发展前景，着力书写人们寻梦的理想和追梦的奋斗，汇聚起同心共筑中国梦的强大精神力量。不断丰富拓展中国梦的表现内容，既讲好国家民族宏大故事，又讲好百姓身边日常故事，用生动的艺术形象和叙事体现中国梦的丰富内涵，见人、见事、见

精神。

10. 培育和弘扬社会主义核心价值观。社会主义核心价值观是中国精神的集中体现和时代表达。坚持以社会主义核心价值观引领文艺创作生产，实现核心价值观的全方位贯穿、深层次融入，通过精彩的故事、鲜活的语言、丰满的形象，使核心价值观生动活泼、活灵活现地体现在文艺作品中，潜移默化、滋养人心，让人们在文化熏陶中感悟认同社会主流价值。运用各种形式，艺术展现党史国史上的重大事件、重要人物，让光辉业绩、革命传统一代一代传承光大。大力支持文艺单位和作家艺术家从社会生活、当代人物中挖掘题材，讴歌真善美，贬斥假恶丑，彰显信仰之美、崇高之美，引导人们向往和追求讲道德、尊道德、守道德的生活。文学、艺术、电影、出版等方面的基金、资金，重点支持传递向上向善价值观的青少年文艺创作和推广。

11. 唱响爱国主义主旋律。爱国主义是中国精神最深层、最根本的内容，也是文艺创作的永恒追求。坚持唯物史观，不管历史条件发生任何变化，凡是为中华民族作出历史贡献的英雄，都应得到尊敬、受到颂扬，被人民记忆、由文艺书写。组织和支持爱国主义题材文艺创作，大力讴歌民族英雄，倾诉家国情怀，弘扬集体主义精神，不断增强做中国人的骨气和底气。正确反映中华民族五千多年文明史、中国人民近代以来斗争史、中国共产党奋斗史、中华人民共和国发展史、当代中国改革开放史，生动反映各族人民维护祖国统一、海外儿女心向祖国的心路历程。旗帜鲜明反对历史虚无主义，抵制否定中华文明、破坏民族团结、歪曲党史国史、诋毁国家形象、丑化人民群众的言论和行为，反对以洋为尊、唯洋是从，引导人民树立和坚持正确的历史观、民族观、国家观、文化观，不断增强中国特色社会主义道路自信、理论自信、制度自信。拓展爱国主义题材的表现空间，不断丰富形式、创新手法，增强艺术魅力。充分运用重要纪念日、民族传统节日等时间节点，集中展映展播展示群众喜爱的爱国主义优秀作品，开展丰富多彩的群众性文化活动。

12. 传承和弘扬中华优秀传统文化。中华优秀传统文化是中华民族的精神命脉，是我们屹立于世界文化之林的坚实根基。坚守中华文化立场，坚持古为今用、推陈出新，秉持客观科学礼敬的态度，努力实现创造性转化和创新性发展。弃其糟粕、取其精华，从传统文化中提炼符合当今时代需要的思想理念、道德规范、价值追求，赋予新意、创新形式，进行艺术转化和提升，创作更多具有中华文化底色、鲜明中国精神的文艺作品。实施中华文化传承工程，通过国民教育、民间传承、礼仪规范、政策引导和舆论宣传、文艺创作等各个方面，传承中华文化基因。做好古籍整理、经典出版、义理阐释、社会普及工作。加强对中华诗词、音乐舞蹈、书法绘画、曲艺杂技和历史文化纪录片、动画片、出版物等的扶持。发展民族民间艺术，保护和发掘我国少数民族文艺成果及资源，保护和传承非物质文化遗产。实施地方戏曲振兴计划，做好京剧“像音像”工作，挖掘整理优秀传统剧目，推进数字化保存和传播。推进基层国有文艺院团排练演出场所建设，政府采购戏曲项目，提供公共文化服务，推进戏曲进校园。扶持中华文化基因校园传承工作，建设一批中华优秀传统文化教育基地。

四、创作无愧于时代的优秀作品

13. 把创作优秀作品作为中心环节。牢固树立精品意识，推出更多思想精深、艺术精湛、制作精良，体现时代文化成就、代表国家文化形象的文艺精品。组织实施中国当代文学艺术创作工程，科学编制现实题材、爱国主义题材、重大革命和历史题材、青少年题材等专项创作规划，优化创作生产平台，重点支持文学、影视剧、戏剧、音乐、美术等创作。提高组织化程度，集中力量、集聚资源，推出一批有筋骨、有道德、有温度、艺术震撼力强的大作力作，努力形成文艺创作生产的“高峰”。中央和地方设立文艺创作专项资金或基金，加大对创作生产的投入，加强对评论、宣传和推广的保障。发挥精神文明建设“五个一工程”等的示范导向作用，加大评奖成果的宣传展示。办好媒体文艺栏目节目，实施中国文艺原创精品出版项目。

14. 把创新精神贯穿创作生产全过程。坚持思想性、艺术性相统一，坚持内容为王、创意制胜，提高文艺原创能力，在探索中突破超越，在融合中出新出彩，着力增强文艺作品的吸引力、感染力。重点扶持文学、剧本、作曲等原创性、基础性环节，注重富有个性化的创造，避免过多过滥的重复改编。把继承创新和交流借鉴统一起来，深入挖掘和提炼优秀传统文化中的有益思想艺术价值，积极吸收各国优秀文化成果，使文艺更加符合时代进步潮流，更好引领社会风尚。推动文艺与新技术、新业态、新模式、新媒体有机融合，以数字化技术为先导，积极推动文艺创作生产方式的变革和进步，丰富创作手段，拓展艺术空间，不断增强艺术表现力、核心竞争力。

15. 高度重视和切实加强文艺理论和评论工作。坚持以马克思主义为指导，继承中国传统文艺理论评论优秀遗产，批判借鉴外国文艺理论，研究梳理、弘扬创新中华美学精神，推动美德、美学、美文相结合，展现当代中国审美风范。实施马克思主义文艺理论与评论建设工程，深入研究中国特色社会主义文艺理论，编好用好马克思主义文艺理论教材，把马克思主义中国化最新成果贯穿到课堂教学和文艺评论实践各环节。扶持重点文艺评论力量，发挥好各级文艺评论组织、研究机构、高等学校的积极作用。办好重点文艺评论报刊、网站和栏目，丰富表达形式，拓展传播途径。坚持运用历史的、人民的、艺术的、美学的观点评判和鉴赏作品，褒优贬劣、激浊扬清。

16. 大力发展网络文艺。网络文艺充满活力，发展潜力巨大。坚持“重在建设和发展、管理、引导并重”的方针，实施网络文艺精品创作和传播计划，鼓励推出优秀网络原创作品，推动网络文学、网络音乐、网络剧、微电影、网络演出、网络动漫等新兴文艺类型繁荣有序发展，促进传统文艺与网络文艺创新性融合，鼓励作家艺术家积极运用网络创作传播优秀作品。

充分发挥新媒体的独特优势，把握传播规律，加强重点文艺网站建设，善于运用微博、微信、移动客户端等载体，促进优秀作品多渠道传输、多平台展示、多终端推送。加强内容管理，创新管理方式，规范传播秩序，让正能量引领网络文艺发展。

17. 加强文艺阵地建设。进一步加强领导、加强规划、加大投入，充分发挥报纸、期刊、电台、电视台、网络媒体、图书音像电子出版物的积极作用，建好用好剧场、电影院、文化馆（站）、群艺馆、美术馆、工人文化宫、文化广场、基层综合性文化服务中心等各类文艺阵地。因地制宜、因时制宜，采用群众喜闻乐见的方式，举办各种展映展播展演展览和品读鉴赏传唱活动，让优秀文艺作品走进基层群众特别是广大青少年。切实增强政治意识、责任意识、阵地意识，按照谁主管谁负责和属地管理原则，加强对各类文艺阵地的管理，做到守土有责、守土负责、守土尽责，绝不给错误文艺思潮和不良文艺作品提供传播渠道。

18. 推动优秀文艺作品走出去。运用文艺形式讲好中国故事、展示中国魅力，是树立当代中国良好形象、提升国家文化软实力的重要战略任务。深入挖掘博大精深的传统文化、多姿多彩的民族文化、昂扬向上的红色文化、充满生机的当代文化，创作生产符合对外传播规律、易于让国外受众接受的优秀作品，不断增强中国文艺的吸引力感召力。加强统筹指导，完善协调机制，把实施丝绸之路文化项目、丝绸之路影视桥、丝路书香等项目纳入国家“一带一路”战略，制定文化交流合作专项计划。实施中国当代作品翻译工程，遴选具有代表性的中国当代文艺作品，进行多语种翻译、出版、播映、展示。充分利用国内和国际、政府和民间多种对外交流渠道和活动平台，把文艺走出去纳入人文交流机制，向世界推介我国优秀文艺作品。

五、建设德艺双馨的文艺队伍

19. 加强思想道德建设。文艺工作者是灵魂的工程师，必须把思想道德建设放在首位。深化马克思主义文艺观学习教育，引导文艺工作者成为党的文艺方针政策的拥护者、践行者，成为时代风气的先行者、先倡者。深化社会主义核心价值观学习教育，引导文艺工作者打牢世界观、人生观、价值观的根底，明确是非、善恶、美丑的界限，摒弃低俗、庸俗、媚俗现象，弘扬公德良序，树立新风正气。组织开展“做人民喜爱的文艺工作者”活动，引导文艺工作者牢记文化担当和社会责任，不断提高学养、涵养、修养。广泛开展职业道德职业精神教育，引导文艺工作者自觉遵守《中国文艺工作者职业道德公约》，处理好义利关系，反对拜金主义、享乐主义、极端个人主义，秉持职业操守，树立良好形象。

20. 培养造就文艺领军人物和高素质文艺人才。着眼于培养大批有影响的各领域文艺领军人物，造就大批人民喜爱的名家大师和民族文化代表人物，深入实施文化名家暨“四个一批”人才工程，进一步加大文艺名家资助扶持、宣传推介力度，实施好国家“千人计划”、“万人计划”文化艺术人才项目，加大国内文化艺术领军人才和青年拔尖人才培养支持力度。加强马克思主义文艺理论评论队伍建设，实施文艺理论评论队伍培养计划。做好各类文艺人才培训工作，实施基层文化队伍培训计划、民族地区文艺人才培养计划。加强和改进专业艺术教育工作，优化专业结构，提高教学质量。落实重大文化项目首席专家制度，完善文艺人才职称职务评聘措施和办法，支持特殊专业艺术人才的学历、职称认定。

21. 做好新的文艺组织和文艺群体工作。新的文艺组织和文艺群体已经成为文化艺术领域的有生力量。要扩大工作覆盖面，延伸联系手臂，完善工作机制，创新组织方式，做好团结、引导、服务工作，发挥好新的文艺组织和文艺群体在繁荣发展社会主义文艺中的积极作用。各级宣传、文化、新闻出版广电部门和文联、作协，要在项目申报、教育培训、展演展示、评比奖励等方面创造条件，在发展会员、职称评定等方面提供便利。文化园区、新的文艺群体聚居区所在县（区）以及街道、乡镇党委和政府要切实加强管理和服务。

六、加强和改进党对文艺工作的领导

22. 党的领导是文艺繁荣发展的根本保证。各级党委要从建设社会主义文化强国、提升党的执政能力的战略高度，增强文化自觉和文化自信，准确把握党性和人民性、政治立场和创作自由的关系，把文艺工作纳入重要议事日程，加强宏观指导，把好文艺方向，提高创作生产的组织化程度，防止把文艺创作生产完全交由市场调节的倾向。各级政府要把文艺事业纳入经济社会发展总体规划，纳入考核评价体系，落实中央支持文艺发展的政策，制定本地支持文艺发展具体措施，不断加大文艺事业投入力度。各级党委宣传部门要发挥统筹指导作用，充分调动各方面力量做好文艺工作，形成党委统一领导，宣传部门牵头抓总，文化、教育、新闻出版广电、文联、作协等部门和团体协同推进，社会各方面积极参与的文艺工作新格局。选优配强文艺单位领导班子，把那些德才兼备、熟悉文艺工作规律、能同文艺工作者打成一片的干部充实到领导岗位上来。推动文艺界廉政建设，加强纪律，反对腐败，改进作风。

23. 营造繁荣发展文艺的良好环境。尊重文艺人才，尊重文艺创造，落实国家荣誉制度，对成就卓著的文艺工作者授予国家荣誉称号。加大对优秀文艺人才、文艺作品的宣传力度，使优秀作家艺术家专业上有权威、社会上受尊重。做好中青年德艺双馨文艺工作者评选表彰工作。大力支持文艺工作者干事创业，诚心诚意同他们交朋友、为他们办实事。改革和完善有利于文艺繁荣发展的酬劳和奖励办法。尊重和遵循文艺规律，发扬学术民主和艺术民主，提倡不同观点和学派充分讨论，提倡题材、体裁、形式、手段充分发展，推动观念、内容、风格、流派积极创新，形成创新精神和创造活力竞相迸发、文艺精品和文艺人才不断涌现的生动局面。

24. 不断深化改革、完善体制机制。贯彻落实全面深化改革的要求，扎实推进文化事业单位改革，建立健全有利于出作品、出人才的体制机制。发挥骨干文化企业和小微文化企业等各种市场主体作用，运用市场机制，调动作家艺术家积极性，推动多出优秀作品。落实和完善对文化单位的配套改革政策，支持他们做大做强，助推文化产业成为支柱性产业。进一步完善各项文艺扶持政策，加大对国有文艺院团改革发展的扶持，加大对文学艺术重点报刊、重点网络文学网站的扶持。把面向基层的公益性文化活动、重大文艺项目纳入公共财政预算。用好各类专项资金和基金，把握方向，突出重点，向弘扬中国梦、弘扬社会主义核心价值观、弘扬中华优秀传统文化等方面的文艺创作倾斜。坚持政府引导和市场调节两轮驱动，创新资金投入方式，健全政府采购、项目补贴、贷款贴息、捐资激励等制度，落实公益性捐赠税前扣除等措施，鼓励和引导社会力量参与文艺创作生产和公益性文化活动，逐步建立健全文艺创作生产资助体系。加强各级各类学校艺术教育，推动学校与社会艺术教育资源和设施共建共享，提高青少年的艺术素养。修订、制定促进和保障文艺繁荣发展的法律法规。依法管理文化市场，深化文化市场综合行政执法改革，加强文化市场执法，深入开展“扫黄打非”，进一步提高依法行政水平。加强知识产权保护，维护文艺工作者和文艺机构合法权益。加强和改进文艺评奖管理，严格评奖标准，既看作品也重人品，切实提高评奖公信力和影响力。

25. 充分发挥文联、作协等人民团体作用。文联、作协是党和政府联系广大文艺工作者的桥梁和纽带。各级党委和政府要加大对文联、作协的支持保障力度，切实支持其履行团结引导、联络协调、服务管理、自律维权职能，在行业建设中发挥主导作用。文联、作协要改革创新、增强活力，改进工作机制和方法手段，改进工作作风，避免机关化、脱离群众现象，真正成为文艺工作者之家，更好地团结凝聚广大文艺工作者，充分调动一切积极因素，为繁荣发展社会主义文艺、建设社会主义文化强国作贡献。

（新华社北京10月19日电）

用文学的光芒照亮中华民族的精神世界

刘奇葆

党中央高度重视文学艺术工作。去年习近平总书记主持召开文艺工作座谈会并发表重要讲话，进一步明确了文艺繁荣发展的方针原则、目标任务和时代要求，给人以方向、给人以信心、给人以力量，具有里程碑意义。最近，中央将印发《关于繁荣发展社会主义文艺的意见》，对做好当前和今后一个时期的文艺工作作出全面部署，对繁荣文学创作提出明确要求。近年来，我国文学园地百花竞放、充满活力，特别是涌现了一大批有分量有高度、思想性艺术性俱佳的长篇小说，构成了蔚为大观的文学画卷。最近评选揭晓的第九届茅盾文学奖，就是对近年我国长篇小说创作的一次集中检阅。评奖得到社会广泛公认，是文学界贯彻习近平总书记文艺工作座谈会重要讲话精神的具体成果。我国文艺事业正处于需求旺盛的发展时期，文学创作也进入了一个繁荣发展的黄金期。

一、坚定对文学价值的信念是作家最可贵的品质

大凡卓有成就的作家都有一个共同的特点，就是无论身处生活的顺境逆境，还是处于创作的高峰低谷，都始终秉持文学信念，胸怀一颗对文学的赤子之心，不轻言放弃、不随波逐流。茅盾先生一生颠沛流离，却始终没有放下手中的笔。在动荡的年代，他先后流亡武汉、上海、日本，辗转香港、新疆、延安等地，写出了《子夜》《林家铺子》《春蚕》《霜叶红似二月花》等力作。路遥肝病到了晚期时，依然没有放弃写作，忍受病痛折磨，呕心沥血地完成了《平凡的世界》最后一卷。正是因为对文学的热爱和坚守，才诞生了这些文学经典。

文学是一个民族的心灵。当我们看待一个国家和民族的精神气质和思想创造时，目光总会

首先落到文学身上。那些文学大师闪耀着思想和智慧的光芒，是本民族最好的精神标识，就像巴尔扎克、雨果对于法国，歌德、海涅对于德国，莎士比亚、拜伦对于英国，普希金、托尔斯泰对于俄罗斯的意义。我国文学史上，屈原、陶渊明、李白、杜甫、苏轼、曹雪芹等一个个文学巨匠，代表了中华民族的精神高度。千百年来，这些名家大师奉献了不计其数的文学经典，让人们在文学的海洋里得到了精神的滋养、思想的启迪和奋进的动力。

当然，今天的社会环境、文学环境与以前大不相同，当年报刊上发表一篇小说、一首诗歌，就会收到成麻袋的读者来信，这样的年代已经成为历史。现在，文化市场日益繁荣、文化产品日益多样，人们的文化选择更加多元。在各种因素作用下，文学创作遇到了一定困难，作家也产生了一些困惑。应当看到，不管时代如何变化、文化样式如何演进，文学对文艺创作的基础作用、对文化发展的引领作用、对社会人心的涵育作用，什么时候都不会改变。任何看轻文学、唱衰文学都是肤浅的、短视的，正如王蒙先生所说，“不要相信文学式微的谣言”。费孝通先生在他的晚年著作《中国文化的重建》一书中，呼吁树立文化自觉。他提出，“在新一页人类文化发展史上，应该有中华民族实现文化自觉的恢弘篇章”。广大作家要树立文化自信、保持文化自觉，坚持“二为”方向和“双百”方针，以社会主义核心价值观为引领，坚守对文学价值的信念，坚定文学创作的信心，在市场大潮中保持定力，在名利浮躁面前不忘初心，创作出更多有筋骨、有道德、有温度的优秀作品，用文学的光芒照亮中华民族的精神世界。

二、反映时代进程、讲好中国故事是当代文学的重要使命

茅盾文学奖已经走过30多年的历程，九届共评出40多部优秀长篇小说，其中贯穿着一条鲜明的主线，就是高扬现实主义精神。像改革题材的《冬天里的春天》《沉重的翅膀》，农村题材的《许茂和他的女儿们》《平凡的世界》，民族题材的《穆斯林的葬礼》《额尔古纳河右岸》，军事题材的《历史的天空》《英雄时代》，至今仍引起广大读者的强烈共鸣，岁月的灰尘从未掩饰这些作品的光芒。这些作家作品，与时代同步、与人民同心，关注社会生活、记录时代风云，充分彰显了现实主义精神的力量。

今天，我们正处在一个伟大的时代。习近平总书记提出实现中华民族伟大复兴的中国梦，13亿中国人正在为实现“两个一百年”奋斗目标、过上更加美好的生活而不懈奋斗，这是人类发展史上亘古未有的大事件。如果忽略了这一点，文学不仅会错过成就辉煌的最佳机会，也会辜负这个伟大的时代。现在的中国，发展步伐之快前所未有，变化之大难以想象，每天都有说不尽的故事，国家的故事、社会的故事、个人的故事，震撼人心、跌宕曲折、精彩纷呈，这为当代文学创作提供了无比丰富的素材。一些作家和评论家反映，现在文学创作反映现实生活的精品力作不多，反映改革开放波澜壮阔历史进程的传世之作更少。我们应当有这样的历史担当，自觉站在时

代的高处，观照当下的火热实践，展现人们寻梦的理想，讴歌人们追梦的奋斗，弘扬社会主流价值，把当代中国的精彩故事讲出来、讲精彩，把当代中国人的精神写出来、传下去。

中国故事，折射着国家民族的历史命运和发展变化，更浓缩着中国人的独特经历和情感。讲好中国故事，关键是讲好中国人的故事，塑造传之久远的典型形象。鲁迅先生刻画的阿Q、老舍先生塑造的骆驼祥子、赵树理先生笔下的小二黑、柳青先生提炼的梁生宝，这些人物形象都栩栩如生，令人回味无穷、难以忘怀。在改革开放的大潮中，涌现出了许多具有时代特点的新人，改革先锋、科技奇才、商业强人，还有各行各业追梦圆梦的普通劳动者，他们是这个时代最生动的标志性符号。如何表现好、塑造好时代新人，这是一个具有挑战性的文学课题。我们应当下功夫去了解、去提炼，塑造更多生动鲜明、饱满立体的时代新人形象。英雄是一个国家、一个民族的精神坐标，在文学里应当得到正确的、突出的表现。时下，有一股调侃、诋毁英雄的歪风，人民群众对此意见很大。在文学创作中，应该对英雄心怀崇敬，用最好的文字讲好英雄的故事，把英雄的形象立起来，成为中国故事里最闪亮的主人公。上个世纪30年代，范文澜先生创作了《大丈夫：范文澜说英雄》，唤起了全社会对民族英雄的崇敬之情。我们要像范文澜先生那样，让那些英雄人物成为人们心目中的大丈夫，让他们在历史的天空中熠熠生辉。

三、文学创作最根本的方法是扎根人民、扎根生活

习近平总书记指出，文艺创作方法有一百条、一千条，但最根本、最关键、最牢靠的办法是扎根人民、扎根生活。应当看到，人民是历史大舞台的真正主角，生活是文学创作的源头活水。只要文学存在，人民与文学、生活与文学的关系问题就永不过时。去年以来，文艺界开展“深入生活、扎根人民”主题实践活动，广大作家艺术家积极参与、热情投入，在深入生活、了解生活中增进了与群众的感情、丰富了创作的灵感，取得了很好的效果。

“闭门觅句非诗法，只是征行自有诗。”只有牢固树立以人民为中心的创作导向，切实解决好“为了谁、依靠谁、我是谁”的问题，自觉以最广大人民为服务对象和表现主体，才能写出大作、力作、传世之作。我们要真正沉下心来、扑下身子，把双脚踩在大地上，深耕生活沃土，提炼生活真味，在人民的生产生活中进行美的发现和美的创造，使文学创作更有底气、更接地气、更有生活温度。

深入生活、扎根人民，还有一个如何看待和把握生活的问题。真正的文学，应该向上、向善，充满着活得更好、更光明、更美丽的力量，即使是悲剧创作也是如此。如果只是单纯记述现状、原始展示丑恶，过度渲染社会阴暗面，就不能鼓舞人民前进。文学要源于生活、高于生活，用现实主义精神和浪漫主义情怀观照现实，更加全面准确地把握社会生活的本来面目，与时代前进的脚步合拍、与人心向背合拍，让人们看到美好、看到希望、看到梦想就在前方。

四、在继承借鉴创新的基础上提升文学的创造力

今年是《新青年》杂志创刊100周年。《新青年》的创办，拉开了新文化运动的序幕。以“鲁郭茅巴老曹”为代表的一批思想进步、才华横溢的优秀作家，学贯中西、革故鼎新，站在新文化运动的前列，用白话文表达新思想、新道德，创作出一大批经典之作，拓展了中国文学的领域，丰富了中华文化的美学表达，提升了中华民族的文化创造力。

继承、借鉴、创新是文学创作的生命力所在。中华优秀传统文化是当代中国文学的底色，是文学创作想象力的不竭源泉和深厚土壤。我们要坚守中华文化立场，深扎本土、不忘本根，继承中华美学精神，汲取古典文学精华，赋予当代文学新的时代内涵，使中国文学拥有自己独特的面孔，始终保持中国精神、中国风格、中国气派。强调继承传统，并不是要排斥吸收借鉴世界优秀文学成果，中国当代文学是以开放包容的胸怀面向世界的。改革开放以来，中外文化交流互鉴越来越频繁，一大批外国优秀作家作品被翻译介绍到中国，对当代作家的创作影响很大，促进了当代文学的发展繁荣。要在尊重传统、保持底色的基础上，积极吸收国外优秀文化成果，借鉴文学创作的新鲜经验，丰富发展我国文学创作的理念、样式和手法，增强当代文学的创造活力。

语言文字体现一个民族的智慧。文学是语言的艺术，对于传承发展母语、提升民族创造力具有重要作用。托尔斯泰、巴尔扎克、曹雪芹等中外文学巨匠，都对丰富母语作出了重要贡献。我们打开《红楼梦》，就好像打开了一座民族语言文字的宝库。鲁迅先生的作品为什么经久不衰，除了思想性以外，还在于极富特色的语言，他的语言凝练质朴、犀利深刻，具有强大的艺术张力和穿透力。在当代作家中，汪曾祺的小说、散文篇幅大都不长，但文字简洁优美，语言筋道、充满灵性。金庸先生的武侠小说，不仅故事情节引人入胜，语言也非常有特点，文白兼用、雅俗共赏，体现了深厚的传统文化底蕴。有不少人反映，现在有些作品的语言比较粗糙，缺少中国语言文字的气韵、美感、味道，艺术呈现、艺术魅力不足。这有快餐文化盛行、创作心态浮躁的问题，也有作家自身文字功力不足的问题。我们应当有母语自信，以名家为范、向先贤看齐，在锤炼文字上下更大功夫，努力成为语言大师，创作出更多文质兼美的精品力作，为提升母语表现力、创造力作出贡献。

文学评奖是坚持导向、引领创作，推出精品、激励队伍的重要手段。茅盾文学奖是我国长篇小说最高奖项，在国内外有着广泛影响，近年来在评奖方面做了一些改革，实践证明是有成效的。要进一步规范和改进文学评奖工作，把真正优秀的作品和作家评选出来，提高公信力和权威性。要加强对获奖作品的评论和研讨，让读者更好地了解这些优秀作品。

（本文摘自刘奇葆同志2015年9月29日在与第九届茅盾文学奖获奖作家座谈时的讲话，原载《求是》2015年第20期）

大力弘扬现实主义文学创作

钱小芊

在文艺创作上，现实主义不仅是一种创作方法，也是一种创作精神。习近平总书记在文艺工作座谈会上的重要讲话中指出，文艺创作应该用现实主义精神和浪漫主义情怀观照现实生活，用光明驱散黑暗，用美善战胜丑恶，让人们看到美好、看到希望、看到梦想就在前方。这一论述从根本上揭示了文艺作品与现实的关系，指导着文艺创作如何看待现实、如何反映现实。有没有现实主义精神，对于中国文学艺术的整体面貌关系重大。广大文艺工作者应该感国运变化、立时代潮头，以更多优秀的现实主义作品汇成当代文艺创作主流，弘扬中国精神，凝聚中国力量，助力中国梦的实现。

弘扬现实主义文学创作是时代的客观要求

中国文学有着悠久的现实主义的优良传统。尤其是毛泽东《在延安文艺座谈会上的讲话》发表以来，无数作家走向广阔社会现实，扎根中国大地，通过对普通民众经验与情感的表达，揭示社会发展规律，以理想远景的召唤，给人以启迪和鼓舞。改革开放以来，广大作家与祖国共命运，与人民共呼吸，与时代共前进，描绘着人民生活的宏伟画卷，谱写了记录社会进步的史诗。在新的历史条件下，如何继续弘扬现实主义创作精神、促进现实主义文学创作已成为重大课题。特别是随着文学创作的多元化态势逐渐形成，现实主义文学创作如何寻求新的突破，更加鲜明地反映现实生活，书写时代风貌，贴近人民心怀，让现实主义真正成为创作主流，已关系到中国当代文学的发展前途。

大力弘扬现实主义文学创作，是时代发展的要求。文学是时代的镜子。现实主义文学侧重于如实地、客观地反映现实生活，忠实地表现时代精神。歌德在谈到创作与时代精神的关系时曾说："一切倒退和衰亡的时代都是主观的，与此相反，一切前进上升的时代都有一种客观的倾向。”“一切健康的努力都是由内心世界转向外在世界，像你所看到的一切伟大的时代都是努力前进的，都是具有客观性格的。”中国正在经历的巨大发展、巨大变革，使我们比历史上任何时候都更接近中华民族伟大复兴的目标。这样一个伟大的时代也必然要求文学创作以现实主义的客观精神真实反映现实，用浪漫主义的理想情怀照亮现实。在这个伟大的历史进程中，大力弘扬现实主义创作，需要作家艺术家以现实主义精神描绘当代社会生活，讲述新的中国故事，创造新的伟大史诗，以与时代进程同步的姿态，为我们这个时代的发展进步提供价值引导和精神推动，站在历史与未来的高度，认真观察与描摹日常生活细节，全面把握和洞察现实世界，以深刻的思想穿透力，清醒分析时代特征，进行艺术提炼和概括，弘扬真善美，抨击假恶丑。因此，这既是一个重要的文化战略，也是文学自身发展的需要。

大力弘扬现实主义文学创作，是坚持以人民为中心的创作导向的要求。现实主义创作的本质，就是与人民保持密切联系，从群众中来，到群众中去，写人民，为人民写，写给人民看。唯物史观认为，人民是历史的创造者，是文学创作的源头活水。文学所反映的现实生活广阔不广阔，深刻不深刻，主要看它反映人民群众现实生活的广度和深度，描绘人民创造历史、改造世界的社会实践的深度和广度。曾有一度，现实主义受到过质疑，被视为陈旧过时的创作道路，一些现实主义的基本原则也遇到过责难。这一思潮在一定程度上导致了现实主义精神的弱化，在总体上，我们的文学创作规模很大，但与新时期初期文学创作获得广泛社会赞誉的景象相比，当前在群众中颇具影响的作品不多。这既有人们文化生活方式的多元化等原因，更主要的是文学创作疏离现实、逃避现实的倾向所导致的。有些作品纯粹“私人化”，成为孤芳自赏的对象；有些作品与现实若即若离，无关痛痒；有些作品一味炫弄技巧，冲淡了严肃的现实内容；有些作品无力认识和把握现实，只能对现实做简单的描摹。这些现象的存在，造成了群众对一些作品的疏远，也造成了文学创作的“边缘化”。今天，现实主义文学大规模回归，依然呈现为当代文学无法忽视的主流，是因为人民群众终究是文学社会价值的最终评判者，能不能为群众喜闻乐见，也最终取决于能否为人民抒写、为人民抒情、为人民抒怀。事实证明，贴近现实、直面人生的作品更为人民群众广泛欢迎。习近平总书记说，一旦离开人民，文艺就会变成无根的浮萍、无病的呻吟、无魂的躯壳。在新的时代条件下，文学创作只有坚持现实主义创作原则，着力表现人民群众奋发进取的前进步伐，反映人民群众的喜怒哀乐，通过具体作品展现时代精神，才能赢得人民群众的衷心欢迎，获得蓬勃的艺术生命力。这是文学繁荣发展的必由之路。

大力弘扬现实主义文学创作，是推动当代文学艺术发展的要求。要解决有数量缺质量、有“高原”缺“高峰”等问题，需要我们的广大作家脚踏实地，从现实的中国经验出发进行艺术创造，而不是以简单模仿中外经典代替创新。中国经验来源于中国的现实，这是一个正经历着数千年未有之变局、发生日新月异的变化、具有强大精神品格的伟大现实。同时，又是多层次多样态、充满着纷繁复杂和曲折艰难的伟大现实。13亿多人口的社会主义国家，在全球化环境下进行着民族复兴的伟大探索，是人类历史上前所未有的伟大实践。今天的现实比任何文艺作品都来得生动，因为现实已远远走在文艺创作的前面。处在这个时代的作家是幸运的，因为这个时代绝不缺乏伟大的题材；处在这个时代的作家又是任务艰巨的，因为伟大的表达需要准确把握这个全新的时代。坚持现实主义精神，必须站在历史与未来的高度，深入把握和洞察现实世界，以深刻的思想穿透力，清醒分析时代特征，进行强大的艺术提炼与概括，告诉人们如何看待生活、如何创造生活。这也是习近平总书记在讲话中指出文艺创作应该用现实主义精神和浪漫主义情怀“观照”现实生活的深意。作家只有树立成为大思想家的雄心，既努力向生活学习，也努力以人类最先进的文化资源武装自己，才能做到透辟地把握时代和现实，创作出无愧于这个时代的作品，推动当代文学从“高原”走向“高峰”。

大力弘扬现实主义文学创作，是优化当前文学生态与格局的要求。倡导现实主义创作，并不是排斥其他创作方法和其他艺术流派，而是要在充分尊重作家创作自由的前提下，加强引导，积极提倡，在多样化中形成现实主义创作的主流。我们应该清醒地看到，在当前文学生态与格局中，现实主义创作面临着各种挑战。特别是在消费文化、大众文化与流行文化日益盛行的情况下，坚持现实主义精神、发展严肃文学依然是严峻的任务。我们也应该清醒认识到，一个沉溺于消遣娱乐的民族是没有前途的，文学应当培育刚健有为的民族精神。在新形势下，尤其需要强化现实主义创作的主流引领作用，强调文艺的认识教育审美功能，张扬文艺创作的精神品格与艺术品格，这样才能将以娱乐消遣为目的的大众文化和流行通俗文艺限制在合理范围，优化文艺创作的生态与格局。因此，应当鼓励作家积极关注社会人生，在喧嚣浮躁的氛围中沉静下来，以更加严肃沉稳的态度拥抱生活、投入创作，切实以现实主义精神繁荣文学，创造真正有价值的人类文化财富，实现当代文学创作的新的辉煌。

为弘扬现实主义文学创作创造有利条件

大力弘扬现实主义创作，需要作家协会积极发挥专业团体的职能作用，尊重和遵循文艺规律，推动现实主义文学创作的健康发展。

探索和完善帮助作家深入现实生活的多种机制。近年来，中国作协不断完善深入生活项目，陆续组织作家参加了“重走长征路”、“走进红色岁月”、“少数民族作家走基层”等活动，完善作家挂职锻炼机制及网络作家、自由撰稿人深入生活的办法。今后，中国作协还将继续探索和不断丰富帮助作家深入现实生活的形式，积极完善作家深入生活的长效机制，建立健全定点深入生活制度，把作家深入生活同“结对子、种文化”、“文化进万家”、“送欢乐下基层”、“心连心”、“全民阅读”等活动结合起来，做到常态化制度化。鼓励知名作家带头下基层，带头参加志愿服务，以挂职锻炼、双向交流等方式，发挥示范表率作用，鼓励更多作家投入现实主义文学创作。

探索和完善重点项目扶持的多种机制。一是把完善重点作品项目扶持机制作为促进多出精品的重要措施。借助重点专项、重点题材规划、重点资助等形式，加大对现实题材创作的支持，重点鼓励积极反映现实生活的优秀选题，吸引有实力有锐气的作家热情关注当下生活，积极投身现实主义创作。二是要加强对创作规划的调控。当前，我们的文艺创作在题材上不同程度地存在轻现实、重历史，轻农村、重城市等问题，作家协会要加大对农村题材、工业题材、少儿题材等现实题材在创作规划立项上的倾斜和扶持力度，逐步扩大对文学生产的宏观调控。同时，加大对网络作家和自由撰稿人的工作覆盖，加强团结、引导和扶持，通过重点作品扶持工程的示范作用，吸引网络作家更多尝试现实主义创作。

活跃评论，营造现实主义文学创作的良好氛围。文学批评是引导创作、引领风尚的特殊力量。我们大力倡导作家认真学习马克思主义文艺理论和习近平总书记在文艺工作座谈会上的重要讲话，以历史唯物主义和辩证唯物主义的科学理论为指导，坚持马克思主义历史观文艺观，增强作家艺术家坚持现实主义创作的自觉性坚定性。积极宣传柳青、赵树理、周立波等深入生活、扎根人民的事迹，弘扬他们所表现出的强烈的现实主义精神，继承现实主义传统，进行新的时代创新。认真总结新时期以来广大作家坚定走现实主义道路的历程，引导和推动开创现实主义文学创作的新局面。对优秀现实主义作品要积极组织开展研讨和评论，帮助广大作家进一步增强文艺创作的社会责任感。

加强理论建设，为现实主义文学创作提供理论支撑。重视组织对现实主义文学理论的研究，以理论为先导、为支撑，对现实主义文学创作经验进行系统总结，影响和引导现实主义文学创作。充分发挥各级作协、社科机构、高校科研人员的积极性，切实推进现实主义文学理论建设，出一批新成果。发挥专业报刊优势，并借助新媒体，推出一批有理论深度和影响力的论文，探索现实主义美学原则，使现实主义文学创作方法建立在坚固的理论基础上。同时积极做好文艺评奖评选工作，发挥其重要的导向作用，为现实主义文学创作的经典化打好基础。积极搭桥促成优秀现实主义文学作品的影视改编，使现实主义创作在更多领域开花结果。

（原载《求是》2015年第20期）

结合文学创作展开文学批评

钱小芊

去年10月15日，习近平总书记在文艺工作座谈会上发表了重要讲话，明确了新形势下文艺繁荣发展的方针原则、目标任务和时代要求，是指导我国文艺和文艺工作的强大思想武器与行动指南。习近平总书记在讲话中指出，文艺批评是文艺创作的一面镜子、一剂良药，是引导创作、多出精品、提升审美、引领风尚的重要力量，要高度重视和切实加强文艺评论工作。为了加强和改进文学评论工作，我们结合文学创作展开文学批评，从多方面作出努力，刚刚落下帷幕的中国文学博鳌论坛就是其中之一。

文学评论要介入文学现场

文学评论应在借鉴吸纳人类丰富经验的同时，更多地关注中国经验、中国传统、中国现实。在文学评论和文学创作中，要防止和克服“以洋为尊”、“唯洋是从”的问题，因为这不是一种科学的态度。对外来文学、外来文化的借鉴，要采取研究梳理、批判扬弃的态度，既不盲目排外，也不盲目崇外，这样才能真正做到古为今用、洋为中用，辩证取舍、推陈出新，从而实现中华文化的创造性转化和创新性发展。

当前，我国文学创作生产活跃，内容形式丰富，风格手法多样，涌现了一大批群众喜爱的优秀作品，呈现出百花竞放、蓬勃发展的生动景象。与此同时，我们也应认识到，文学具有意识形态属性，在思想活跃、观念碰撞、文化交融的背景下，巩固思想文化阵地、维护国家文化安全的形势更加严峻，文学领域还存在着唯市场化的问题、粗制滥造的问题，文学评论也存在着“缺席”“缺位”的现象。文学创作与文学评论如何面对社会变革下的文学环境、业态、格局和传播方式的深刻变化，如何把握我国快速发展变化的社会生活，在世界视野下，如何从中国实际出发，增强文化自觉，尊重和把握文学创作发展特点与规律，艺术地呈现、书写和表达这一时代深层的民族精神，是需要我们静下心来深入思索和研究的课题。

文学评论在加强理论建构的同时，也要积极介入文学现场，充分发挥对文学创作的推动作用。文学评论包括文学批评和文学理论研究两个方面。在重视基础性文学理论研究的同时，应当高度重视文学批评。文学批评要的就是批评，不能都是表扬和吹捧，不能套用西方理论来剪裁中国人的审美，不能用商业标准取代艺术标准。文学批评应该“及物”“中的”，褒优贬劣、激浊扬清，评论家也要走出书斋，深入生活，面对中国当代变革中的新鲜经验，自觉以马克思主义文艺理论为指导，从中国文学发展实际出发，运用历史的、人民的、艺术的、美学的观点评判和鉴赏作品，在艺术质量和水平的评判上敢于实事求是，对各种不良文艺作品、现象、思潮敢于表明态度，在大是大非问题上敢于表明立场，说真话、讲道理，把好文艺批评的方向盘。

在世界视野下推进文学发展

对于如何在世界视野下推进中国文学发展、大力弘扬中国精神，批评家和作家提出了许多建设性的意见，对我们应有启发：

第一，改革开放以来，中国巨大的社会变革创造了丰富的中国经验，也带给中国文学取之不竭的创作矿藏。在新的历史条件下，中国文学应当立足本土，更好地认识中国和表达中国。生活是创作的源泉，当下中国正面临千年未遇之大变局，改革开放和社会主义现代化建设的伟大实践、经济的持续快速发展、社会的巨大进步、思想的空前活跃、文化的不断创新，都为文学创作提供了极为丰富的资源。中国这片土地上的发展变革、人们的生活状况、人们寻梦追梦的奋斗过程，理应成为并正在成为作家们关注和描写的主要对象。与此同时，这种形象化、艺术化的认识、反映和表达，必须建立在中国作家和评论家对中国国情的深入了解和深刻把握之上，无论是创作还是评论，都不能脱离中国的国情，都必须从中国的实际出发，这样的创作才能是有根之木、有源之水，这样的评论才能言之有物、言之有据、言之有理，这样的文学才能常葆生机与活力。

第二，在全球化背景下，在世界文学格局中，中国文学应当坚持自己的个性和品格，保持自己的主体性，不断增强文化自觉与文化自信。中华民族在漫长的历史进程中创造了五千多年绵延不断的文明。它既带给了我们骄傲与自豪，让我们充满自信，也是我们今天生存发展之根本。中华优秀传统文化是中华民族的精神命脉，也是我们在世界文化激荡中站稳脚跟的坚实根基。增强文化自觉与文化自信，是坚定道路自信、理论自信、制度自信的题中应有之义。在全球化进程不断加剧的今天，我们尤其要强调和重视本民族的文化之根、传统之基，自觉树立文学创作的本土意识，把中国文学的根深深扎进中华文化的丰沃土壤之中。

第三，中国作家的文学创作应当大力弘扬中华美学精神，积极回应和激活传统资源。改革开放以来，文学界在创新上汲取了不少外来的文化经验，许多作家的作品体现了外来文化经验创造性的转化。但不可否认的是，我们在不同程度上仍存在着忽略和忽视对中华传统美学精神、文化艺术资源的传承延续与发展的问题。大家知道，中华民族在长期实践中培育和形成了独特的崇仁爱、重民本、守诚信、讲辩证、尚和合、求大同等思想，以及自强不息、敬业乐群、扶正扬善、扶危济困、见义勇为、孝老爱亲等传统美德。这些思想理念和道德规范，不论过去还是现在，都具有永不褪色的价值。中华美学讲求托物言志、寓理于情，讲求言简意赅、凝练节制，讲求形神兼备、意境深远，强调知、情、意、行相统一。这些文化的“基因”与精神的“能量”，都需要我们作家、评论家去深入研究体会，并在新的历史条件下自觉地传承和弘扬。坚守中华文化立场、传续中华文化基因，展现中华审美风范，是中国当代文学创作者的一份神圣文化责任。

第四，文学在民族精神和文化认同的建设中具有旗帜性、支柱性、家园性、引领性，中国文学应当在实现中华民族伟大复兴中国梦的进程中切实发挥精神引领和价值支撑的作用。作为一个民族文化和文明核心组成部分的文学，理当自觉承担起引领民族精神向前发展的光荣使命，用文学的光芒照亮中华民族的精神世界。中国精神是中国文学的灵魂。文学作品如果抽去了内在的精气神，就会变成一堆文字的躯壳。只有躯壳而没有灵魂的文学，是不可能打动读者灵魂的。当代中国文学要在讲好国家民族的宏大故事、讲好百姓身边的日常故事上下工夫，要通过精彩的故事、鲜活的语言、丰满的形象，讴歌真善美，贬斥假恶丑，彰显信仰之美、崇高之美，使社会主义核心价值观能够通过艺术的表达而真正地引领风尚、滋养人心。

开创批评新平台

我们倡导围绕重大的文学主题，展开评论和创作的互动交流，说真话，讲道理，形成作家和评论家“围炉夜话”、促膝谈心、推心置腹、坦诚相见的良好气氛。一方面有力增强理论批评的现场性、有效性，另一方面开阔视野、激发灵感，推动文学发展顺应时代变化，不断开拓创新。

从这个角度出发，我们努力开创多种批评平台，以更好地研究新形势下如何团结作家，集聚文学评论力量，发挥文学评论对创作和阅读的引导作用，改善文学生态，推动文学繁荣发展。首届中国文学博鳌论坛开了个好头，我们将继续办好中国文学博鳌论坛，要以马克思主义文艺观和中国特色社会主义理论体系为指导，深入学习贯彻习近平总书记系列重要讲话精神，针对文学领域倾向性、趋势性、全局性的创作和理论批评问题展开深入研讨，提出对策建议，引导创作，引领思潮，影响和引导社会阅读鉴赏。

中国文学是中国文化的重要组成部分，在众多文艺门类中具有基础地位。站在新的历史起点上，中国如何向世界贡献出代表我们中华民族精神的当代文学，是摆在我们面前的一项光荣而艰巨的任务。我想，首先要立足中国，面向世界，在固本浚源的基础上，积极借鉴汲取世界优秀文化成果，有了这样的态度和胸怀，中国文学必将迎来更加美好的、辉煌的未来。

《文学的使命与担当——学习习近平总书记文艺工作座谈会重要讲话精神的理论和实践》序

钱小芊

在习近平总书记亲自主持召开文艺工作座谈会并发表重要讲话一周年之际，我们编选了《文学的使命与担当》这本书。同72年前毛泽东在延安文艺座谈会上的讲话一样，作为马克思主义文艺理论发展史上的光辉文献，习近平总书记的讲话内涵十分丰富，论述十分精辟，既高屋建瓴，又娓娓道来，既是“全面论”、“二点论”，又是“重点论”，深刻阐述了文艺和文艺工作的重大使命，科学回答了事关文艺繁荣发展的一系列重大问题，丰富和发展了马克思主义文艺观和社会主义文艺理论，提升了我们对新时期文艺工作的规律性认识，是当前和今后一个时期我国文艺事业发展进步的纲领性文献，中国特色社会主义文学事业发展繁荣的行动指南。

中国特色社会主义文艺是构筑中华民族伟大复兴中国梦的重要基石，是塑造中华民族优良品格的催化剂。在文艺的各门类中，文学以其特殊的审美形式始终发挥基础性作用，在一定意义上成为其他文艺门类的“母体”。因此，文学事业的发展繁荣也必将带动整个文艺乃至文化事业的进步，文学环境的风清气正必将营造文艺之花盛放的良好氛围。中国作家协会作为党和政府联系广大作家、文学工作者的桥梁和纽带，作为繁荣文学事业、加强社会主义精神文明建设的重要社会力量，必须始终不渝地坚持和贯彻党的文艺理论、文艺方针，必须深入学习贯彻习近平总书记在文艺工作座谈会重要讲话精神，这是贯穿中国作协工作的一条红线。

习近平总书记文艺工作座谈会重要讲话发表后，广大作家和文学工作者为讲话精神所鼓舞、所感奋。中国作家协会及时组织文学界的学习讨论，一手抓深入学习领会精神实质，一手抓工作的贯彻落实，不断把对讲话精神的学习贯彻推向深入；各省市区作协和行业作协也以多种形式开展了学习教育活动。一年来，我们高兴地看到，在习近平总书记讲话精神的鼓舞和指引下，文学界出现了许多可喜的重大变化。广大作家和文学工作者坚持以人民为中心的创作导向更加坚定，“深入生活，扎根人民”正在成为风气，弘扬社会主义核心价值观的信念不断增强，为时代放歌、为人民立言，努力创作无愧于时代的优秀作品的责任感、使命感进一步树立，推动我国文学事业繁荣发展、出作品出人才的氛围更加浓厚，各级党委、政府对文学事业和作家队伍更加重视，中国文学迎来了一个明媚的春天。这本《文学的使命与担当——学习习近平总书记文艺工作座谈会重要讲话精神的理论和实践》，是全国各地方作协学习贯彻习近平总书记重要讲话精神的理论思考和实践结晶。其中，既有对习近平总书记重要讲话精神的努力研究，又有对具体文学地位作用和规律特点的深入把握；既有对文学生产等内部环节的探析，又有对影响文学作品发展外部因素的探究。尽管其中或有其不完善、不周严之处，但这种态度及做法是应予肯定的。

文艺是民族精神的火炬，是时代前进的号角。实现中华民族伟大复兴，离不开中华文化繁荣兴盛，离不开文艺事业繁荣发展。时间和实践都将证明，习近平总书记文艺工作座谈会重要讲话精神关乎中华民族伟大复兴，关乎中国人民精神安居，关乎团结引导广大文艺工作者为实现中国梦提供强大的文化力量。正因为如此，学习贯彻总书记文艺工作座谈会重要讲话精神是一项长期的重要任务。

各级作协组织在把广大作家紧紧地团结在党的周围、繁荣发展中国特色社会主义文学中担负着重要职责。作协的同志们要及时准确地向文学界传达党的声音，引导广大作家和文学工作者坚定不移地走中国特色社会主义文学之路；积极创造条件，帮助广大作家创作出传播当代中国价值观念、体现中华文化精神、反映中国人审美追求，思想性、艺术性、可读性有机统一的优秀作品；要引导广大作家不辜负人类灵魂工程师这一崇高荣誉，努力成为具有高尚职业操守、良好社会形象、德艺双馨的名家大师；要积极营造有利于作家不断成长的环境，促进形成一支年龄结构合理、专业素质过硬、创作风格多姿多彩的作家队伍，以持久不懈的创造力书写我们伟大的时代和伟大的人民，不断满足人民群众精神文化需求，建设社会主义文化强国。

我们完全有理由相信，在习近平总书记文艺工作座谈会讲话重要精神的指引下，中国特色社会主义文艺事业必将迎来更加灿烂辉煌的明天。

在中国作协八届五次全委会上的工作报告

2015年3月26日

钱小芊

各位委员、同志们：

现在，我受中国作协书记处委托向全委会报告工作，请予审议。

一、关于2014年主要工作

2014年是我国文学艺术事业发展史上具有标志性意义的重要一年。习近平总书记亲自主持召开文艺工作座谈会并发表重要讲话，讲话明确指出了文艺与文艺工作在实现中华民族伟大复兴中的地位和作用，系统阐释了中国特色社会主义文艺论，充分反映了党中央对文艺工作的高度重视和对文艺工作者的殷切期望，我国文学事业迎来了繁荣发展的黄金期。在以习近平同志为总书记的党中央坚强领导和中宣部的直接指导下，中国作协及各团体会员认真履行联络协调服务职能，团结引导广大作家和文学工作者，积极推动我国文学事业繁荣发展，各项工作取得新进展。

（一）认真学习贯彻习近平总书记在文艺工作座谈会上的重要讲话精神，牢牢把握文学发展的正确方向。中国作协把学习贯彻习总书记在文艺工作座谈会上重要讲话精神作为当前和今后一个时期文学界最重要、最紧迫的政治任务，及时向各团体会员和直属单位发出通知，组织召开机关和直属单位领导班子专题学习会、中国作协第八届主席团第六次扩大会议。在原原本本传达学习习总书记重要讲话的基础上，结合文学界特点和作协工作实际，坚持问题导向，深入查找不足，剖析原因，研究明确了文学界深入学习贯彻讲话精神的思路、要求。各团体会员坚持学用结合、知行统一，注重用讲话精神统领作协工作，在实践中不断深化对讲话精神的理解把握和贯彻落实。

（二）采取多种形式组织作家深入生活，广泛开展主题采风活动。中国作协召开了“深入生活、扎根人民”主题实践活动工作会议，研究落实刘奇葆同志关于在文艺界开展“深入生活、扎根人民”主题实践活动的工作要求，交流作家深入生活、挂职锻炼的经验和体会，对文学界开展主题实践活动进一步进行动员部署。各团体会员认真落实中宣部电视电话会议要求和中国作协工作会议的安排，广泛开展了“深入生活、扎根人民”主题实践活动，组织作家挂职锻炼，建立与完善定点深入生活制度、作家联系点制度，推动专业作家建立联系点、联系户等，创建与扶持现实题材创作基地和“深入生活、扎根人民”原创项目题材库，开展重大题材、重点工程、重要典型等系列主题采风，形式多样、各具特色。一大批作家纷纷走出书斋，走向基层。中国作协还组织作家开展“梦圆南水北调”等主题采访采风活动，组建两支采访小分队深入川藏、青藏公路沿线地区采访创作。

（三）大力弘扬和践行社会主义核心价值观，努力催生精品力作。召开文学界培育和践行社会主义核心价值观座谈会，组织著名作家、评论家发出《文学工作者践行社会主义核心价值观倡议书》，号召文学界努力做社会主义核心价值观的培育者、弘扬者、践行者。积极参与由中宣部牵头发起的“中国梦”主题创作活动，动员广大作家包括网络作家开展以“中国梦”为主题的文学创作，讲述中国故事。组织开展“中国梦”创作选题调研，了解“中国梦”主题的长篇小说、报告文学创作情况，有针对性地进行扶持。在重点作品扶持工程中，设立“中国梦”主题和“抗日战争胜利70周年”题材专项，对110个选题进行重点扶持。与《人民日报》联合举办“中国故事”征文活动。中国作协和各团体会员所属报刊社网都推出了“中国梦”主题的文学版面，开展了相关创作征文活动。解放军总政宣传部组织推出了一批以“中国梦·强军梦·我的梦”为主题的优秀作品。

（四）努力改进文学评论和评奖，充分发挥对文学创作的引导作用。加强对创作思想和文学思潮的研究，不定期召开文学情况分析会，努力把握当前文学创作态势。组织了中国梦与文学创作、文学陕军再出发、重建批评伦理研讨会和《贾大山文学作品全集》出版座谈会等，采取多种措施加强文学理论评论，推介优秀作家作品。组织编辑发布2013年度《中国文学发展状况》和《中国当代文学年鉴》。在第六届鲁迅文学奖评选中，强调弘扬社会主义核心价值观，重点关注讲述中国故事、表现中华民族伟大复兴中国梦的优秀作品。在近年评奖改革的基础上，修改完善《鲁迅文学奖评奖条例》，认真组织评奖活动。评奖委员会经过多轮筛选，最终以公开实名投票方式，从1359部参评作品中，评选出7个门类的获奖作品34篇（部）。在中国现代文学馆隆重举行了颁奖典礼。

（五）加强与网络作家的联系，积极引导网络文学健康发展。去年上半年，党组书记处同志分别带队到全国14个省市及有关单位，就网络作家现状开展专题调研，与469名网络作家进行了各种形式的接触交流。为深化网络文学理论研究，与《人民日报》合作开设“网络文学再认识”笔谈专栏，约请专家撰写理论文章。与人民日报文艺部、光明日报文艺部、全国网络文学重点园地工作联席会议合作，召开首届全国网络文学理论研讨会，探讨建立网络文学评价体系，并出版论文集《网络文学评价体系虚实谈》。浙江、上海作协先后成立了省级网络作家协会，探索团结服务引导网络作家的新途径。

（六）扎实做好文学人才培训工作，不断拓展鲁院培训领域和规模。办班数量和覆盖面创造了多个新高。全年共举办23个班，培训学员896人，并首次举办了为期两个月的公安作家、报告文学作家、网络作家高研班。在各地作协（文联）的支持配合下，举办了8期少数民族文学创作培训班，共培训来自39个少数民族的作家390名。举办了第七期网络作家培训班，与多地作协合办了中青年作家班，在深圳举办了香港作家培训班等。在培训中，始终将思想教育和方向引领放在首位，帮助学员端正创作方向、拓宽眼界胸襟、更新创作观念、加强品行修养、强化文学训练、提升综合素质。

（七）继续推进少数民族文学发展工程，不断增强吸引力和影响力。2014年是实施少数民族文学发展工程的第二年，我们召开了中国少数民族文学发展工程首批成果发布会，展出工程首批成果4个系列55册图书，并向内蒙古、西藏、新疆、青海及国家图书馆等赠送图书。继续扎扎实实地抓好少数民族文学重点作品扶持、少数民族文学翻译专项、少数民族文学出版专项、少数民族文学理论批评等，全年共扶持和翻译作品145部。

（八）深入开展对外文学交流，持续推动中国文学“走出去”。去年中国作协共接待外国和港澳台地区来访团组17个、152人次；派出代表团组25个、148人次。铁凝主席接待了来访的泰国诗琳通公主、韩国文化旅游观光部副部长、葡萄牙政府文化国务秘书、法兰西学士院终身秘书等外国政要。配合中央外交战略，积极拓展对外文学交流，安排作家团访问奥地利、法国、阿尔及利亚、突尼斯、印度、塞尔维亚和克罗地亚。组织开展法国作家访华交流、第三次中法文学论坛等纪念中法建交50周年系列活动。配合中蒙建交60周年编选出版《中蒙文学作品选集》。利用北京国际图书博览会之际，举办中俄文学论坛。努力推动中国文学对外译介工作，落实中宣部牵头组织的中国当代作品翻译工程资助项目和中国当代少数民族文学翻译工程，加强对外翻译项目资金的申报和管理工作。成功举办了第三次汉学家文学翻译国际研讨会，组织与会作家翻译家进行深入交流。进一步加强与港澳台文学交流工作。

（九）切实加强自身建设，努力建设学习型服务型和谐作协。以党的群众路线教育实践活动整改落实为抓手，严格按照中央规定和要求，对照《中国作协党的群众路线教育实践活动整改落实方案》《中国作协党的群众路线教育实践活动专项整治方案》《中国作协党的群众路线教育实践活动制度建设计划》，逐一落实整改举措，不断巩固教育实践活动和作风建设的成果。截至去年底，原定37项整改任务中30项中短期整改任务和2项专项治理任务已全部完成，5项长期整改任务将继续抓好落实。中央第25督导组和作协机关干部职工对此给予充分肯定。

根据中央关于文化体制改革的总体部署，积极稳妥地推进中国作家出版集团及所属单位的体制改革。分步骤完成中国作家杂志社、小说选刊杂志社、长篇小说选刊杂志社、环球企业家杂志社的转企改制。不断增强作家出版社的市场竞争力，积极探索整合发展机制、形成竞争合力、更好适应市场需求和数字化出版趋势的新思路新办法。

积极为作家服务，切实维护作家权益。努力开展作家权益保障工作，探索推进网络维权。举办中国作协作家维权工作培训班，建立“作家维权工作联络网”，开展普法宣传教育。对作家维权的热点问题开展调研，形成《关于提高稿酬个税起征点的建议》等5个提案建议。强化日常维权服务，关注并参与重大的作家维权事件。努力做好3个创作之家服务工作，充分发挥广泛联系作家的作用。

回顾总结2014年工作，我们清醒地认识到，用习近平总书记对文学事业的指示精神对照，用建设社会主义文化强国的目标衡量，与广大作家和文学工作者的期待相比，作协工作还存在一些不足。一是在广泛团结和紧密联系各方面各领域作家，特别是联系新的文学组织、新的文学群体及文学爱好者方面，还需要进一步改进和加强相关工作。二是组织引导作家深入生活工作还不够扎实，形式还不够丰富多样，效果也有待进一步增强。三是引导和催生文学精品的办法举措还不多，有“高原”缺“高峰”的现象还需要努力予以改变。四是作协工作与文学发展的形势相比还有诸多不相适应的地方，机关领导班子建设和干部队伍建设需要进一步切实加强，为广大作家服务的水平和作风需要进一步改善改进，对文学报刊社网的发展需要进一步予以支持。

二、关于2015年重点工作任务

2015年是全面建成小康社会的攻坚之年、全面深化改革的关键之年、全面推进依法治国的开局之年、全面从严治党的强化之年，也是全面完成“十二五”规划的收官之年。我们要站在全局高度、着眼大局来思考和谋划中国作协2015年的工作。要高举中国特色社会主义伟大旗帜，以深入学习贯彻习近平总书记在文艺工作座谈会上的重要讲话精神为主线，围绕“四个全面”的战略布局，积极引导广大作家和文学工作者深入生活、扎根人民，服务大局、创作精品。牢固树立全心全意为作家服务理念，不断拓宽联系作家、团结作家的新途径，大力加强机关作风建设，进一步增强作协的吸引力凝聚力引导力，推动社会主义文学事业大发展大繁荣。

《中国作协2015年工作要点》已印发给大家，请各位审议。我在这里对几项重点工作任务作一些强调和说明。

（一）继续深入学习贯彻习近平总书记在文艺工作座谈会上的重要讲话精神

习近平总书记在文艺工作座谈会上的重要讲话运用马克思主义立场观点方法，集中回答了什么是中国特色社会主义文艺和怎样繁荣发展中国特色社会主义文艺的根本问题，廓清了人们思想认识上的迷雾和文艺实践中的困惑，把全党全社会对于文艺问题的认识提升到了一个新境界、新水平。我们必须把深入学习贯彻讲话精神作为首要政治任务，作为贯穿全年工作的主题，自觉用讲话精神统领作协工作、团结作家队伍、引领文学创作。

要进一步加强对学习讲话精神的组织引导。根据文学界特点制订学习培训计划，着力在丰富学习形式、领会精神实质、提升学习效果上下工夫。要采取作家座谈会、专题报告会、短期培训班及作品研讨会等多种形式，引导广大作家真学、真懂、真信、真用。今年上半年，中国作协党组书记处成员将分赴全国各地，就各地各行业作协学习贯彻讲话精神的情况进行一次专题调研，总结学习贯彻讲话精神的经验，加强各地各行业作协之间的相互交流。

要紧密联系文学创作和作协工作实际贯彻落实讲话精神。树立问题意识，强化问题导向，在落实上做文章。继续着力对当前文学领域存在的心态浮躁、疏离现实、价值观缺失、低俗庸俗媚俗、盲目迎合市场、文学批评缺位失真等问题进行梳理分析，一个问题一个问题、一个方面一个方面地采取改进或加强的举措，力争取得较为明显的成效，把文学界学习贯彻讲话精神进一步引向深入。

（二）扎实开展“深入生活、扎根人民”主题实践活动

生活是创作的唯一源泉，人民是生活和历史创造的主体，文学创作的生命在于保持同生活和人民的血肉联系。要按照中央统一部署，把扎实开展“深入生活、扎根人民”主题实践活动作为全年工作的重中之重，精心组织、着力创新，密切跟踪、力求实效。

要探索建立新的历史条件下作家深入生活、扎根人民的有效途径，形成机制，修订完善《中国作家协会关于作家定点深入生活的暂行办法》和《中国作家协会作家定点深入生活工作条例》。采取多种举措，鼓励广大作家积极参与主题实践活动，倡导作家深入基层、深入生活，努力做到“身入”、“心入”、“情入”。引导和鼓励广大作家满怀激情地表现中国人民创造历史的伟大实践，艺术地描绘中国特色社会主义事业的辉煌成就，自觉担当起用文学弘扬中国精神、中国力量，为实现中国梦提供文化支撑的神圣职责。

要进一步扩大定点深入生活规模，建立定点深入生活作家跟踪回访制度。全年定点深入生活作家名额增至100人左右，吸引知名作家及网络作家参加。及时总结作家定点深入生活的成功经验，努力探索定点深入生活与创作需要对接的有效途径。建立深入生活作家联系网络，跟踪了解其后续创作及作品发表、出版、获奖和社会反响等一系列情况。

与此同时，要注意充分发挥创作基地作用，将创作基地与“结对子、种文化”工作结合起来，重视对基层作家、文学爱好者的发掘和培养。倡导作家根据本人创作需要自行建立联系点、联系户，使之成为体验生活、了解社情民意的窗口。认真组织“丝路文学之旅”、“南水北调”、“重走川藏线和青藏线”、“科技创新报国70年”等多种主题的采访采风小分队。

（三）努力探索催生精品力作的方法途径

精品代表着一个时代的文学成就，推出更多文学精品是时代的呼唤，是人民的期待。要自

觉遵循文学创作规律和精品生产规律。对精品创作，既要有紧迫感，又要假以时日，使之瓜熟蒂落、水到渠成。要引导作家力戒浮躁心态，进一步强化精品意识，向经典看齐、以名家为范，精益求精、用心打磨，不断提高创作质量。作协要切实做好服务和引导，通过多种形式和途径，调动优势资源向现实题材、重点项目倾斜，大力营造出精品、攀高峰的氛围，为催生精品力作提供条件、创造环境。

精心组织第九届茅盾文学奖评奖活动。文学评奖是文学创作的风向标，也是引导精品创作的指挥棒。茅盾文学奖是国内外有重要影响的文学奖项，第九届评奖工作必将为全国文学界和社会各界所关注。要在总结第八届茅盾文学奖评奖经验的基础上，广泛听取各方面意见，认真抓好第九届茅盾文学奖评奖工作和颁奖活动。进一步修订《评奖条例》，突出精品导向，注重读者公论，完善评奖机制，确保评奖活动公开、公平、公正，增强茅盾文学奖的透明度、权威性和公信力。积极开展获奖作品研讨，充分运用现代传媒手段，扩大获奖作品的社会影响力，使优秀文学作品进一步走向社会、走近大众。

不断完善重点作品扶持机制。认真做好2015年度重点作品选题征集、评审工作。增强扶持效果，调整扶持专题，适当减少数量，努力提高质量。重视扶持爱国主义题材、现实题材及军事题材的创作，设立“中国梦”主题和“深入生活、扎根人民”主题实践活动等专项。中国作家出版集团及所属报刊社网要充分发挥园地作用和标杆作用，注重推出精品力作和新人新作，继续实施《中国历史文化名人传》大型丛书工程，认真做好审稿编辑出版工作，坚持高标准、严要求，加快出版进度。

继续实施少数民族文学创作工程。全年扶持100部左右少数民族作家重点作品，注重扶持“中国梦”、“一带一路”、“抗日战争胜利70周年”、“红军长征胜利80周年”等题材的创作。编辑出版《新时期中国少数民族文学作品选集》及年度《中国少数民族文学翻译作品选粹》《中国当代文学作品选粹（少数民族语文卷）》，加强少数民族文学对外翻译工作，召开少数民族文学论坛，选编出版理论批评专著。认真办好《民族文学》杂志汉文版和5种少数民族文字版，并依托《民族文学》杂志举办多民族作家改稿班和笔会。

认真抓好纪念抗日战争胜利70周年相关主题题材的文学创作和相关活动。《中国作家》杂志设立“纪念中国人民抗日战争暨世界反法西斯战争胜利70周年”专栏，《民族文学》出版“纪念中国人民抗日战争暨世界反法西斯战争胜利70周年”专辑，作家出版社组织出版“纪念中国人民抗日战争暨世界反法西斯战争胜利70周年”原创长篇小说丛书。组织抗战题材作品研讨和海峡两岸抗战题材文学交流活动，举办抗战文学专题展览。

（四）高度重视和切实加强文学评论

文学创作的繁荣发展离不开文学理论和文学评论的指引。要组织作家评论家认真学习马克思主义文艺理论，运用马克思主义立场观点方法分析文学现象、评价作家作品，用历史的、人民的、艺术的、美学的观点评判鉴赏作品，增强批评精神，在真诚的批评和充分的说理中褒优贬劣、激浊扬清。

要增强文学批评的战斗力说服力。建立健全文学作品包括网络文学作品的评价标准，积极构建符合中国当代文艺实践的价值体系、理论体系和话语体系。营造开展文学批评的良好氛围，加强对创作的评论和引导。规范各类文学研讨会的举办，抬高门槛，提高质量，完善研讨作品的审读机制。认真遴选作家作品，精心组织研讨。在作家创作过程中，在作品创作后期或“半成品”时，请知名评论家和资深编辑集体会诊，提出修改意见，帮助提高完善，精打细磨，切实发挥批评在催生精品中的独特作用。

要壮大文学评论人才队伍。加强文学理论批评委员会建设，努力创造条件，充分发挥其作用。注重培养中青年评论家，完善中国现代文学馆客座研究员机制，团结延揽文学理论评论人才。主席团、全委会及书记处不定期分析研讨文学思潮和创作动态，继续加强与有关研究机构、高等院校、媒体、图书馆等合作，整合并发挥文学评论各方面力量的积极作用。

要进一步巩固文学评论阵地。继续发挥创研部和《文艺报》、中国作家网、作家在线在文学理论评论方面的优势，组织对重大文学问题和创作现象进行评析引导。注重发挥《人民文学》《诗刊》《民族文学》《中国作家》《小说选刊》在开展文学批评中的积极作用，帮助指导各地各行业作协办好文学评论杂志和文学期刊批评栏目。强化中国现代文学馆学术研究建设，发挥中国当代文学年鉴中心和中国现代文学馆学术委员会、客座研究员的作用。办好《中国现代文学研究丛刊》，编纂出版《中国当代文学年鉴》。继续开展各文学门类创作情况的跟踪研究和年度盘点，及时向社会发布年度中国文学发展状况蓝皮书。积极参与“全民阅读”、“书香中国”等活动，大力营造浓郁的社会文化氛围。

（五）积极开展对外及对港澳台文学交流

开展对外及对港澳台文学交流是增强中华文学活力、扩大中华文学国际影响力的重要途径，对于提升国家形象、提高中国文化软实力具有重要意义。我们要以更强的责任感和主动性做好这方面工作，不断提升文学交流的规模、层次和效果。

精心组织举办中外文学论坛，努力传播中国声音。牵头组织办好第三届中韩日三国文学论坛，出版《中韩日作品集》《中韩日三国文学论坛论文集》，在中国现代文学馆举办三国文学论坛专题展览。编辑出版以“讲好中国故事”为主题的中外文学论坛和汉学家文学翻译研讨会论文集。举办第三次中国—澳大利亚文学论坛，巩固发展中澳两国文学交流机制化成果。办好国家新闻出版广电总局“纽约书展·中国主宾国”作家交流活动。

多渠道力推中国当代文学精品“走出去”，向世界讲好中国故事。积极参与中宣部牵头组织的中国当代作品翻译工程，进一步做好中国少数民族文学对外翻译工作，逐步建立海外汉学家文学翻译家数据库，加强对已资助项目的跟踪服务。倾力打造“翻译工作坊”，进一步密切与各国翻译家的联系和交流，积极有效地开展中国文学对外译介工作。

继续深化与港澳台及海外华文作家的交流，提升中华文化的影响力。通过互访、举办文学论坛、开展作家作品研讨、举办作家研修班等活动，加强与港澳台地区及海外华文作家的联系和沟通，促进中华文化繁荣发展。

（六）努力加强和改进作协服务工作

作家协会是作家之家，为作家服务是作协的天职。要深入学习贯彻《中共中央关于加强和改进党的群团工作的意见》，紧密联系作协工作实际，深入开展作协工作的调查研究，制订贯彻落实《意见》的有关制度和实施方案，进一步明晰作协的职能定位，适应社会发展变化，健全组织制度，创新工作机制，弥补作协工作的短板和不足，不断增强作协的吸引力、凝聚力和引导力，把广大作家和文学工作者紧紧团结在党的周围。工作重心要进一步向基层倾斜，加强工作联系和工作指导，积极支持各地各行业作协开展工作。

着力抓好作家联络和培训工作。加强对新的文学组织、新的文学群体的关注和研究。积极创新思路、开阔视野，建立渠道、健全体制，延伸手臂、加强联络。重视团结联系青年作家、体制外作家和新的文学组织、新的文学群体中的代表性人物，真心诚意地与他们交朋友，关心他们的创作、工作和生活。继续发挥全国网络文学重点园地工作联席会议的作用，积极筹建全国性网络作家协会，倡导条件成熟的地方成立网络文学创作委员会或网络作家协会。不断创新发展会员、联络会员的机制，使会员发展标准和吸纳机制与文学发展现状相适应。充分发挥鲁院培训基地作用，精心举办中青年作家、文学评论、文学编辑高研班和6个少数民族文学创作培训班、第八期网络作家培训班、西南六省区市青年作家培训班，与各地作协和行业作协联办各类中青年作家培训班。

不断增加服务内容及手段。积极做好版权普法和维护作家权益工作。举办中国作协著作权普法培训班、“作家维权联络网”工作经验交流会。加强信息网络传播权问题的研究。积极开展版权的宣传、普及和培训工作，继续研究作家作品的数字化版权问题。创新普法宣传手段，加强与司法、版权行政部门及版权学术机构、维权组织、专业法律服务组织的联系和合作，借助更多的社会力量开展维权工作。做好杭州、北戴河、雾灵山3个创作之家会员休假创作的服务工作，完善管理，进一步提高服务水平。

逐步推动中国作家出版集团转型升级。研究明晰集团职能定位，进一步理顺集团与所属报刊社网的关系，探索适应文学出版事业发展需要的管理体制。进一步发挥集团统筹作用，推动所属报刊社网资产优化整合，形成合力，寻找新的产业增长点。坚持以作家原创内容为核心，巩固扩大传统出版优势，积极发展数字出版、传播和阅读，探索网上售书和版权贸易。

抓好作协领导班子和干部队伍建设。切实加强中国作协各级领导班子思想建设、组织建设、作风建设、制度建设和党风廉政建设，继续抓好党的群众路线教育实践活动各项整改措施的落实。中国作协主席团和党组书记处同志带头贯彻执行中央八项规定，做到令行禁止，形成防止和克服“四风”问题的长效机制，加强调查研究，切实转变工作作风，全心全意为作家服务。要在作协机关不断营造热爱文学、熟悉作家的氛围，教育引导干部职工进一步增强服务作家的自觉性和做好工作的主动性。要吸引各类优秀人才充实作协干部队伍，树立以工作实绩为主的用人导向，加强培养，严格要求，努力造就一支政治可靠、作风过硬、业务精湛、作家信赖的文学工作者队伍。

各位委员、同志们！伟大的时代呼唤伟大的文学。党和政府对文学事业和作协工作高度重视，对广大作家寄予殷切期望。我们要用更加辉煌的文学成就回报日新月异的时代，回报创造历史的人民。让我们在以习近平同志为总书记的党中央坚强领导下，更广泛更紧密地团结广大作家和文学工作者，致力于繁荣发展中国特色社会主义文学事业，勇于担当、扎实工作，为实现“两个一百年”奋斗目标和中华民族伟大复兴的中国梦作出新贡献！

汇聚实现『中国梦』的文学力量

钱小芊

去年10月15日，习近平总书记亲自主持召开了文艺工作座谈会。在与作家艺术家的座谈中，总书记谈到了作家柳青扎根农村14年，体验农民生活，进行文学创作的事迹，高度赞扬了柳青自觉地深入生活、扎根人民、倾听群众心声，与人民同甘共苦的精神，鼓励广大作家艺术家到人民群众中去、到火热的生活中去，“虚心向人民学习、向生活学习，从人民的伟大实践和丰富多彩的生活中汲取营养，不断进行生活和艺术的积累，不断进行美的发现和美的创造”。习近平总书记对柳青精神的充分肯定和高度赞扬，为广大作家的创作树立了榜样，指明了方向。

柳青的一生，是满怀对国家民族的责任感投身火热生活和革命实践的一生。他的《创业史》，生动描绘了我国农业社会主义改造进程中风起云涌的时代风貌，展现了我国社会主义建设波澜壮阔的历史画卷，不但有着经典的现实品格和史诗意义，也有着卓越的艺术高度和思想深度，在中国现当代文学史上具有重要的里程碑意义。

柳青的一生，是与人民群众同呼吸共命运的一生，他一生都把文学事业作为人民的事业，描绘人民群众的生活场景，书写人民群众的伟大实践，讴歌人民群众的精神品质。在与皇甫村群众生活的日日夜夜里，他与农民们同吃同住同劳动，常常一道下地耕锄、一起开会聊天、一口锅里吃饭、一个炕上睡觉，从骨血里感受农民的生活、农民的情感、农民的命运和农民的精神。他不但要求自己终生在农村群众中生活、工作、学习，而且要求死后也要埋在生前和他在一起的群众的坟墓里。正因为对人民群众有如此深厚的文学情感，他才有可能提出“在群众中生活、创作、政治艺术学习，三者扭成一股，没有搞不好的”；正因为他对农村生活有着深入了解，他才有可能在《创业史》中为我们奉献了梁生宝、梁三老汉等一批鲜活的人物形象，才能驾轻就熟地写活农村人、写透农村事、写好中国大地上的农村。

去年以来，在习近平总书记文艺工作座谈会重要讲话精神鼓舞下，中国作家协会以多种形式开展了“深入生活、扎根人民”主题实践活动。开展“深入生活、扎根人民”主题实践活动，就是要大力倡导和积极推动广大作家到改革开放最前沿、经济建设第一线、社会生活最基层去，深入观察生活、正确反映生活，在生活中汲取营养，坚持以人民为中心的创作导向，讴歌人民群众火热生活中向上向善的力量，讴歌我们国家正在经历的巨大历史变迁，讴歌我们民族正在经历的伟大复兴，从而担负起文学作为时代前进的号角、代表时代的风貌、引领时代的风气的作用。学习和弘扬柳青精神，对于我们正在广泛深入开展的“深入生活、扎根人民”主题实践活动，具有非常重要的启示意义。

我们学习和弘扬柳青精神，首先要学习和弘扬柳青对人民群众的文学情感。人民是文学创作的源头活水，作家要有文学成就，就必须自觉地与人民同呼吸、共命运、心连心，从中去获得创作灵感和创作力量。只有真正深入到人民群众中去，融入人民群众的生活，感知人民群众的冷暖，学习人民群众的品质，吸取人民群众的营养，在人民群众中体悟生活本质、吃透生活底蕴，才能创作出受到人民群众喜爱的作品。

其次，我们要学习和弘扬柳青对人民群众的文学责任。这个责任就是要积极投身到人民群众的伟大实践和丰富多彩的生活中去，与时代同行，为时代立传。柳青说过：“作家的倾向，是在生活中决定的，作家的风格，是在生活中形成的。”深入生活、贴近社会、反映时代，不只是创作方式方法的问题，更是作家对国家和人民、对社会和时代的责任问题。一个对国家和人民、社会和时代有责任感的作家，他的作品自然会对国家和人民有爱，会对社会和时代有担当，他的作品就会追求如习近平总书记所要求的“有筋骨、有道德、有温度”。

第三，我们要学习和弘扬柳青对人民群众的文学坚守。柳青说：“文学是愚人的事业”，“文学创作以六十年为一个单元”。这体现了柳青对文学的景仰、忠诚与敬畏，体现了柳青对文学孜孜不倦的追求和坚守。柳青曾遭遇坎坷和磨难，却从没有磨掉他追求文学的信念。他身患多种疾病，却从没有击垮他朝圣文学的精神。他对名利的淡泊和对文学的坚守，成就了轰动当时、传之后世的《创业史》。在充满各种诱惑的当下，我们要学习柳青耐得住寂寞、守得住清贫，咬定青山不放松，衣带渐宽终不悔，志存高远，创作出更多思想精深、艺术精湛、制作精良的文学作品来。

我们正处在一个波澜壮阔的伟大时代，时代和人民需要广大作家像柳青那样俯下身去、沉下心来，植根现实生活、倾听时代足音，顺应历史潮流、反映人民关切。我们感到高兴的是，在柳青的家乡陕西，陕西省委宣传部和陕西省作协一直站在时代的前沿和文学的高度，大力倡导学习和弘扬柳青精神。我们相信，柳青精神将不断激励更多的作家深入生活、扎根人民，走与时代与人民相结合的文学创作道路，我国文学界将会涌现出更多有作为的作家，会出现更多反映时代、反映生活的优秀文学作品，从而汇聚起更加强大的实现民族复兴中国梦的文化力量与文学力量。

奉献无愧于民族无愧于时代的儿童文学作品

铁凝

来自全国的作家、评论家和出版界的朋友相聚北京，共同探讨如何进一步推动儿童文学的繁荣发展，这是儿童文学界的一件大事，也是中国文学界的大事。我谨代表中国作家协会向大家表示热烈的欢迎！向全国各地的儿童文学工作者致以诚挚的问候和崇高的敬意！

在我的记忆中，由中宣部和中国作协共同召开关于儿童文学的全国性会议，这是第一次，由创作到出版到评论，覆盖了儿童文学生产传播过程的全国性会议，也是第一次。召开这样一个会议，意义重大，这是新形势下儿童文学创作出版工作的集结号，必将有力地推动我国儿童文学的繁荣发展。

党的十八大以来，以习近平同志为总书记的党中央高度重视和关怀少年儿童健康成长。习近平总书记多次强调，少年儿童是祖国的未来，是中华民族的希望。他要求全社会都要关心少年儿童成长，支持少年儿童工作。为少年儿童提供良好的社会环境，为他们的学习成长创造更好的条件。中央领导同志多次就儿童文学、少儿阅读和出版作出重要批示，要求我们切实采取措施，繁荣儿童文学创作出版，满足少年儿童阅读需要。

去年10月15日，习近平总书记在文艺工作座谈会上发表重要讲话，这是新的历史起点上指导中国社会主义文艺繁荣发展的纲领性文献。总书记的讲话不是专门针对儿童文学的，但是，为了这次会议，我把总书记的讲话重新学习了一遍，我感到，通篇都对儿童文学有很强的针对性。总书记说：文艺是铸造灵魂的工程，文艺工作者是灵魂的工程师，好的文艺作品就应该像蓝天上的阳光、春季里的清风一样，能够启迪思想、温润心灵、陶冶人生。他要求广大文艺工作者要高扬社会主义核心价值观的旗帜，充分认识肩上的责任，把社会主义核心价值观生动活泼、活灵活现地体现在文艺创作之中，用栩栩如生的作品形象告诉人们什么是应该肯定和赞扬的，什么是必须反对和否定的，做到春风化雨、润物无声。

我想，在座的同志们都会强烈地感到，这些话就是对着我们说的。少年儿童的健康成长关系到祖国的未来，广大少年儿童、广大的家长和老师迫切地需要更多更好的精神食粮，全国儿童文学工作者肩负着重大的责任和使命。我们的这次会议，就是要认真贯彻落实习近平总书记系列重要讲话精神和在文艺工作座谈会上的重要讲话精神，将中国梦的时代主题、弘扬社会主义核心价值观的根本要求贯穿融入到儿童文学创作、评论和出版中去，进一步提高儿童文学的思想艺术水准，创作出版更多无愧于民族、无愧于时代的优秀作品。

改革开放以来，特别是新世纪以来，伴随着中国特色社会主义建设的伟大进程，中国社会发生了巨大变化，人口和家庭的结构、生活的观念和形态、审美的情趣和媒介也都发生了深刻的变化。这些变化为儿童文学出版带来了前所未有的机遇，为儿童文学创作提供了无限广阔的空间。儿童文学作家大批涌现，呈现出老中青少“四世同堂”的喜人景象，他们用手中的笔，描绘这个伟大的时代，讲述中国式童年和中国式成长，表现少年儿童多彩的生活和美好的心灵，创作出大量优秀的儿童文学作品，滋养和丰富着少年儿童的精神世界，真正起到了“树人”、“立人”的作用。同时，一批有代表性的儿童文学作家陆续走出国门，中国儿童文学正以鲜明的中国特色、中国气派、中国风格，日益成为世界儿童文学中最具生长活力的重要力量。

儿童文学事业取得的辉煌成就，是作家、评论家、编辑家、出版人等广大儿童文学工作者共同努力的结果。今天在座的诸位，都是各自领域的优秀代表，都为儿童文学事业的发展付出了辛劳、做出了贡献。在此，我以一个作家同行的身份，向你们表示由衷的敬意！

儿童文学是中国社会主义文学事业的重要组成部分，中国作家协会历来高度重视儿童文学工作，多年来一直在努力探索如何有效地引导创作，推动儿童文学事业的发展。在此，我向大家报告一下我们已经做的、正在做和将要做的工作。

首先是，充分发挥儿童文学委员会的作用。儿童文学委员会是中国作协下设的专门委员会之一，集合了一批在儿童文学界有代表性、有影响的作家评论家。除了日常性地参与主办各种研讨活动，儿委会每年都要举办一次年会，有针对性地设定主题、引导创作。比如，2012年的主题是倡导“阳光写作”，2013年的主题是儿童文学如何表现“中国式童年”，2014年的主题是儿童文学作家的天职与责任。以儿委会年会为基础，中国作协定期召开全国儿童文学创作座谈会，总结儿童文学创作成就，探讨儿童文学的走向与前景，总结经验、制定措施，不断改进工作。儿委会是中国作协各专门委员会中最活跃、最有成效的一个委员会，已经形成了一套比较成熟的机制，是团结作家、引导创作的有效平台。在新形势下，儿委会的工作要进一步加强，要更加紧密地联系广大作家评论家，与社会各界特别是出版界合作，在加强理论评论、培育文学新人、引导社会阅读等方面发挥更大的作用。

第二是，充分发挥文学评奖的作用。中国作协从1986年起设立全国优秀儿童文学奖，现在，它是和茅盾文学奖、鲁迅文学奖、全国少数民族文学创作“骏马奖”并列的国家级文学奖，是中国儿童文学的最高荣誉。至今共有196部（篇）儿童文学作品获奖，包括小说、诗歌、散文、童话、寓言、科幻文学、幼儿文学和理论评论等。今天在座的作家许多都是获奖者。最近一次的第九届评奖是在2013年进行的，我们根据中央领导同志改进文艺评奖的指示精神和中宣部的部署，对评奖程序和规则进行了较大幅度的调整和规范，评奖的结果得到了儿童文学界的广泛认可。我记得第九届评奖结果出来之后，我把获奖作品找来读了一遍，我的印象非常深刻，感觉眼前一亮，作为一个以儿童文学写作开始文学生涯的作者，我看到今天的中国儿童文学有这么多好作品，达到了很高的思想和艺术水平；同时，获奖者中绝大部分是不太熟悉的、陌生的名字，这表明我们的儿童文学创作队伍新人辈出、不断壮大。评奖是为了激励创作，也是为了引导创作和阅读，下一届全国优秀儿童文学奖的评选将在后年，也就是2017年进行，我们将在总结经验的基础上，坚持公开、公平、公正的原则，维护和提高全国优秀儿童文学奖的权威性和公信力，真正把最优秀的作品推荐给可爱的孩子们。

第三是，进一步加强儿童文学创作队伍建设。儿童文学创作取得了很大成就，儿童文学创作队伍不断壮大。但是，我们必须看到，相对于少年儿童不断增长、不断提高，日益丰富多彩的精神文化需求，好作品还不够多，现有的儿童文学创作队伍还远远不能满足需求。中国作协一直注意把富有才华、创作活跃的儿童文学作家吸纳到会员队伍中来。到目前为止，中国作协会员中已有263位儿童文学作家，但我想这个数字其实是不多的。采取各种措施，大力加强儿童文学创作队伍的建设，特别是加强对青年作家的培训和支持，这是我们当前和今后一个时期的重点工作。鲁迅文学院举办过专门的儿童文学作家高研班；今年9月，中宣部、中国作协将共同举办以青年作家、评论家和编辑为对象的儿童文学专题研修班。在中国作协的重点作品扶持工程中，专门设置了儿童文学类别，每年都有多个儿童文学创作选题获得扶持。我们采取定点深入生活等多种方式，组织儿童文学作家深入生活、扎根人民，到改革开放和社会主义现代化建设第一线、到少儿生活的现场去体验生活，积累素材。我们还积极推动儿童文学作家与国外及台港澳作家的交流，前几天在上海，我们组织召开了两岸青年儿童文学创作座谈会，邀请了七位台湾作家与大陆作家、评论家深入交流。出精品，首先是要出人才，中国作协愿与各有关方面合作，积极采取措施，向儿童文学作家提供多方面的支持，特别是推动青年儿童文学作家的成长。

第四是，进一步加强儿童文学理论评论工作。儿童文学的市场越是繁荣、儿童文学的样态越是丰富多变，就越需要加强理论评论工作，在纷纭复杂的市场现象和创作趋向中激浊扬清，坚守儿童文学的社会价值和艺术品格。我们在《文艺报》设立了“儿童文学评论”版和“少儿文艺”专刊，定期发表儿童文学评论。今年，中国作协创研部与《人民日报》文艺部合作，开办了“繁荣儿童文学大家谈”专栏，组织一批知名儿童文学作家、评论家和出版人，梳理和讨论儿童文学创作出版的现状及问题。中国作协创研部和儿委会近期还召开了儿童文学“系列化”现象和问题研讨会，针对突出问题，展开坦诚的批评，做出诚恳的提醒，引起了一定反响。我们也清醒地认识到，相对于儿童文学创作的活跃、面对着广大的儿童文学读者，理论评论工作还处于相对滞后的状态，我们有一支优秀的儿童文学理论评论队伍，但人数还不够多，儿童文学理论评论的阵地和平台还很薄弱，这些问题都亟须在今后的工作中逐步加以解决。

总之，为儿童文学作家服务，促进中国儿童文学的繁荣发展，这是中国作家协会的光荣职责。我们将继续努力探索在新形势下改进和加强儿童文学工作的新办法、新途径。也诚恳地希望，与会的同志们向我们提出意见和建议。

我国现有4亿多少年儿童，拥有世界上规模最大的儿童文学市场，从父母到孩子，从学校到家庭，对儿童文学阅读都有着旺盛的需求，中国的儿童文学正处于一个迅猛发展的黄金机遇期。但机遇也是挑战，需求也是考验，习近平总书记在文艺工作座谈会上的重要讲话中指出，文艺创作存在着有数量缺质量、有“高原”缺“高峰”的现象，存在着抄袭模仿、千篇一律的问题，存在着机械化生产、快餐式消费的问题，这些问题在儿童文学领域也都有不同程度的表现。在新的历史条件下，儿童文学如何体现中国精神，弘扬社会主义核心价值观，塑造美好心灵？面对市场的诱惑，儿童文学如何坚持把社会价值放在首位，力戒浮躁，精益求精？面对时代的巨大变革，儿童文学作家如何深入少年儿童生活，讲述中国故事？面对广大少年儿童的热切期待和人们生活方式、文学传播方式的变化，儿童文学如何锐意创新，切实提高原创能力？儿童文学评论如何坚持“说真话、讲道理”，旗帜鲜明地反对庸俗、低俗现象，更好地引导创作和阅读？这些都是摆在每一位儿童文学工作者面前的迫切课题，需要我们深入思考并切实做出回答。

在这里，我想与同志们交流几点我的粗浅认识。

首先，儿童文学工作者要牢固树立责任意识和担当精神。当下社会和文化中普遍存在着浮躁情绪，儿童文学有没有呢？我看也不必讳言，肯定是有的，在有些时候、有些问题上表现得还比较突出。习近平总书记严肃地提醒我们，文艺不要沾满了铜臭气。我想，儿童文学尤其不能沾染铜臭气。有巨大的市场需求，这是好事，我们的儿童文学作家因此获得了个人事业发展的广阔空间，但决不能因此降低写作的思想和艺术标准，急功近利，粗制滥造，更不能走向庸俗、低俗和单纯的感官娱乐。把社会价值、社会效益放在首位，这需要社会各方面共同努力，针对少儿读物的特殊属性，建设良性的市场环境和文化生态，防止劣币驱逐良币。但同时，也需要我们每个人从自己做起，我们在写每一本书、出每一本书的时候，首先要问问自己，愿不愿意拿给自己的孩子看，愿不愿意拿给亲戚朋友的孩子看？如果它是精神食粮的话，那么它到底有没有营养？

“五四”新文化运动中，现代儿童文学的先驱者们开始自觉地为儿童写作，他们的初心是为了“树人”、“立人”，是为了国家、民族的未来。现代文学时期和新中国成立以后，儿童文学事业始终坚持鲜明的社会价值和教育功能，我们在座的所有人，都会深刻地记起我们童年和少年时读过的那些书，那些书潜移默化地影响和塑造着我们，教给我们做正直的人、善良的人、有益于国家民族和社会的人。我想，无论时代如何变化，中国儿童文学的这份“初心”、这个传统决不能丢。“人生的扣子从一开始就要扣好”，而孩子们在精神上最初的扣子能不能扣好，这是家长的责任，是学校的责任，也是儿童文学工作者的责任。如果说作家是灵魂工程师，那么儿童文学作家所负责的就是灵魂的基础工程，是心灵的根基和底色。所以，儿童文学当然有娱乐功能、市场价值，但是，它的教育功能、社会价值在任何时候都是根本的、第一位的。每一个儿童文学工作者都要把弘扬社会主义核心价值观作为儿童文学的根本要求，牢固地树立责任意识和担当精神，对每一个孩子的未来负责、对祖国的未来负责。

其次，儿童文学作家需要深入生活。深入生活的问题，过去在儿童文学中似乎谈得不多，好像是一些同行觉得，少年儿童的生活比较简单、没有很复杂的社会内容。但是我认为，深入生活恰恰是当前儿童文学面临的一个迫切问题。比如我们谈起儿童文学时，习惯上常常把对象限定为小孩子，但实际上，中国儿童文学的对象界定是从零岁到十八岁，既包括小孩子也包括进入青春期的大孩子。如果我们到书店里看看，就会发现，青春文学已经成为一个很重要的图书品类，这些书是给大孩子们看的，而这些书的作者主要也都是与读者年龄相近的同代人。在座有很多出版界的朋友，我想，这种青春期的精神需求主要由同代人满足的情况在世界各国都是比较罕见的。那么，我们也可以反过来想一下，三十岁、四十岁、五十岁的作家能不能写出让青春期的孩子们觉得贴心的作品呢？我想，一个重要的困难，是我们可能确实对这些孩子不了解，生活形态在急剧变化，人的经验在快速折旧，这些大孩子是怎样生活的，他们心里在想什么，他们的父母都常常不了解，我们这些作家就更不了解了。

——这仅仅是一个例子，由此，我们可以认识到儿童文学作家深入生活的必要性。我们的社会正经历着巨大的变革，这种变革也必然会影响到、深入到少年儿童的生活形态和心灵世界。例如近年来，很多作家关注到农村留守儿童问题，推出了一批反映留守儿童生活的优秀作品，这些作品不是只凭想象得来的，而是深入农家，与孩子朝夕相处、与老人倾心长谈的结果。作家们不仅从中获得了创作的素材，更重要的是，与人民群众建立了忧乐与共的深厚感情。

正如毛泽东同志所说，对文艺工作者来说，了解人熟悉人的工作是第一位的工作。从零岁到十八岁，孩子们的生活和心灵都是有待打开、有待探索的丰富世界，这个世界不像我们想象的那样幼稚简单，而是有着自己的密码、自己的逻辑，在成长中不断延伸、不断变化。只有真正走入孩子们的内心，熟悉孩子们的语言，才能写出孩子们愿意读、喜欢读的文学作品。正是在这个意义上，深入生活对儿童文学作家来说，同样是一门必不可少的功课。

第三，要大力加强儿童文学评论，这是由儿童文学的特殊属性所决定的。一个成年人，他读什么书当然需要包括评论在内的文化机制的引导，但他应该有能力据此做出自己的判断和选择。而社会和家庭对未成年人的阅读负有更大的责任。这种责任首先就体现在价值观上，就要像习近平总书记说的那样，明确“什么是应该肯定和赞扬的，什么是必须反对和否定的”。这种责任不能仅仅依靠家长和老师，因为他们的信息是不对称的，很难要求一个家长或老师在浩如烟海的书籍中准确地选择出好书，这就需要建立起一套关于儿童文学的健全有效的评价机制，从思想上艺术上较为准确地向社会提出建议、指导阅读。正是在这个意义上，儿童文学的评论家们承担着更大的责任，儿童文学的评论工作亟待进一步加强。

当然，理论评论工作的另一个重要功能是推动观念变革、支持艺术创新、引领创作风尚。不管是面对社会，还是面对作家或出版社，批评家们都应该坚持思想性、艺术性和儿童性相结合的标准，说真话、讲道理，还要敢判断、敢批评，实事求是、褒优贬劣。决不能把文学作品等同于普通商品，更不能把一部送到孩子们手中的书的评价变成做广告、变成利益交换。良好的批评氛围，需要批评家们的努力，也需要作家和出版社的理解和支持。我想，我们大家能认识到，没有公正无私的、负责任的文学批评，没有不同观点的充分讨论、充分争鸣，就不可能有中国儿童文学的发展繁荣。

实现中华民族伟大复兴的中国梦，需要一代又一代中国人的不懈奋斗，少年儿童身上寄托着祖国的未来、民族的希望，儿童文学工作者使命光荣，责任重大。作为大家的文学同行，我热切地期待儿童文学作家、评论家和出版家，认真贯彻落实习近平总书记系列重要讲话精神和在全国文艺工作座谈会上的重要讲话精神，不辱使命，精益求精，创作出版更多更好的儿童文学作品，奉献给我们的孩子、奉献给我们的时代！

（本文系作者2015年7月9日在全国儿童文学创作出版座谈会上的讲话）

更自觉地参与中华民族精神家园的维护和建构

铁凝

本次论坛的主题是“世界视野中的中国文学与中国精神”。这是一个历史的命题，也是一个全新的现实命题。说它是历史的，是因为，自1840年以来，古老的中华文明经历着数千年未有之大变革，我们必须在新的世界图景中认识自己，何为中国、何为中国文学、何为中国精神，这一系列的问题携带着民族盛衰、国家兴亡的重量横亘在中国人面前，一代又一代的先贤以情感、思想与实践作出自己的回答；这些回答并未消失在历史的烟云中，恰恰相反，它们层层累积起来，从某种程度上提醒、指引和推动着我们今天对这些问题的解答。另一方面，它又是全新的命题，它深深植根于我们所处的当下时代。中国从未像现在这样接近于实现中华民族伟大复兴的目标，中国的发展正在改变着世界的格局，在世界大势之下重新认识中国，有力地阐发我们的特质和责任，进一步确认我们的核心价值和梦想，这是时代的迫切要求。在这个时代，每一个中国的写作者都会感到，整个世界正在以前所未有的体量与速度向你奔涌而来，站在这样的历史节点上，我们每个人——无论是作家，还是批评家和学者，甚至包括每个读者，都必须思考，中国文学和中国精神之于世界究竟意味着什么，这关系到中国文学在新的历史条件下如何塑造自己，也关系到世界如何看待中国文学，关系到中国的文学家们如何为丰富人类的精神生活作出贡献。

去年10月15日，习近平总书记在文艺工作座谈会上的重要讲话中对这一问题有深入的阐述。他说：“每个时代都有每个时代的精神。实现中国梦必须走中国道路、弘扬中国精神、凝聚中国力量。核心价值观是一个民族赖以维系的精神纽带，是一个国家共同的思想道德基础。如果没有共同的核心价值观，一个民族、一个国家就会魂无定所、行无依归。为什么中华民族能够在几千年的历史长河中生生不息、薪火相传、顽强发展呢？很重要的一个原因就是中华民族有一脉相承的精神追求、精神特质、精神脉络。”习近平总书记的讲话为我们今天思考这个问题打开了新的视野。今天，众多作家和批评家云集于此，我期待着倾听各位在这一问题上的思考与见解。就我个人来说，“世界视野下的中国文学和中国精神”这一议题不仅是理论性的，更是一个活生生的创作问题。

世界与中国本来就是一对互为彼此、互相说明的概念。可以说，我们如何认识和界定世界，某种程度上决定了今天我们对于中国的历史、现实和未来的理解；同样的，我们对于中国的认识，也决定了我们对于世界的想象。文学的根本精神是让人们的心灵相通，在这个时代，中国人出现在世界的各个角落，以各种形式参与着各国人民的生活；同样的，世界也越来越深入地参与着我们的生活。因此，我们尤其需要敞开胸怀，与世界各国人民对话，吸收和借鉴世界上一切优秀的、富于创造性的文化成果，在与世界各国的作家学者的交流中扩展我们的思想。同时，在这种对话中，我们也要自信地与世界各国的读者分享对中国的历史和现实的理解，分享中国文化的光芒和中国经验的丰盛，分享我们对人类共同生活的希冀和梦想。只有如此，中国文学才有可能全面参与到世界文学的建构中去；也只有如此，文学才有可能带领我们，穿越分隔着人们的千山万水，唤起人们共同的人性，沟通不同文化背景的人们的情感，不断丰富我们关于世界、关于自身的认识和想象。

越是面向世界，就越要自觉地扎根中国。一个作家，为自己的土地和人民写作，就是为人类写作。当今时代，世界范围内文化的交流、碰撞和交融是如此频繁，以至于它不再是一个个的个别事件，而是我们日复一日的日常经验的一部分，在这种情况下，一个人有可能陷入幻觉，有可能不知不觉地在精神上飞翔于世界，却落不到具体的中国生活和中国经验之上，有可能失去从中国的传统和现实中勘察真实、发现真理的能力。因此，世界视野中的中国文学和中国精神，这个议题也是为了提醒我们，世界的存在最终不是让我们变成无家可归的人，而是让我们更深切地体认我们的家，更自觉地参与中华民族精神家园的维护和建构。莫言获得诺贝尔文学奖、刘慈欣以《三体》获雨果奖最佳长篇小说奖，最近，格非的《江南三部曲》、王蒙的《这边风景》、李佩甫的《生命册》、金宇澄的《繁花》和苏童的《黄雀记》获得第九届茅盾文学奖……这些都证明，那些满怀文化自觉，深深扎根于中国大地的作家，广阔的世界在他们面前次第展开。

文学创作与理论评论是一个互相砥砺、相生相长的过程。习近平总书记在文艺工作座谈会上，希望作家和评论家多一些“围炉夜话”，这也是我们举办博鳌论坛的根本目的，就是希望为作家和评论家们提供一个交流、切磋的场合，创造活跃的思想氛围。此刻，北方已是寒冬，而海南犹是盛夏，无论是在会场，还是在海边漫步，作家和评论家们在对话的过程中，一定会对如何生动有力地向世界表达中国人的经验、阐明中国人的梦想获得更清晰的认识、更辽阔的想象。我相信，在我们大家持续不懈的努力下，中国文学一定会在纷繁复杂的世界视野中，不断绽放中国精神的璀璨光芒！

（本文系作者2015年11月10日在中国文学博鳌论坛上的致辞摘要）

先贤前辈严肃深长的召唤和激励

2015年7月8日

铁凝

同志们，朋友们：

78年前的7月7日，在卢沟桥边，宛平城下，中国军民在血与火中和侵略者进行殊死的搏斗。在这最危险的时刻，中华民族以我们的血肉筑起新的长城，开始了艰苦卓绝、气壮山河的八年抗战，最终取得了胜利。今天，我们在中国现代文学馆举行“血肉筑起的长城——抗战中的文学”展览开幕式，我谨代表中国作家协会，向在八年抗战中与人民战斗在一起的作家们表示最深切的怀念，对今天在场和不在场的参加过抗战的文学界的老战士、老作家表示最崇高的敬意和最诚挚的祝福！

抗日战争的伟大胜利不仅是军事和政治的胜利，也是民族精神的伟大胜利。在生死存亡的考验面前，古老的中华民族焕发出如黄河咆哮如太行矗立般的精神力量。在这场全民族的抗战中，中国的广大作家始终与人民同呼吸、共命运，表现出空前的团结和坚忍不拔、英勇无畏的战斗精神。他们走向战场、走向战斗的军民中间，用小说、诗歌、散文杂文、报告文学、通讯特写、歌词、戏剧等形式，鼓舞着民族的魂魄、激励着民众的斗志。他们中有的直接就是战士，在血雨腥风中冲锋陷阵，而在战士们中间，也涌现出了众多作家和诗人。在这场伟大的全民族抗战中，笔就是枪、就是旗帜、就是号角，在中国文学的历史上，作家和诗人的声音从来没有像这样广泛地深入到战壕、田间、街头，深入到最广大民众的心中。抗战中的文学是中华民族新的精神和文化长城上不可或缺的坚强堡垒，抗日战争的伟大胜利凝聚着全民族的牺牲和奋斗，也包含着中国作家们的激情和奉献。

今天，我们走进为纪念中国人民抗日战争胜利70周年举办的“抗战中的文学”展览，这将是一次激动人心的特殊旅程。在这里，我们回到烽火连天的岁月，回到松花江上，回到太行山上，回到奔腾咆哮的黄河岸边，注视着前辈们坚毅的面容，重温着这些书、这些火热的文字，由此我们触摸着一个个高贵的灵魂，他们把生命献给了自己的土地和人民，他们有着不同的背景和经历，有着不同的文学观念和创作追求，但是，在国家兴亡、民族大义面前，他们都振袂而起，决然前行，义无反顾地投身于抗日救亡的洪流，他们敏锐地感受着一个民族在精神上的觉醒和奋起，满怀热情地用他们的文字传达出中华民族的怒吼和战叫、尊严和意志。我想，来到这个展览的每个人，都会领受一次爱国主义的精神洗礼，都会深刻地感受到把我们所有的人、把整个中华民族从精神上紧紧连结在一起的信念和力量。而对今天的作家们来说，先贤前辈的风范和业绩更是严肃深长的召唤和激励，召唤着我们走向时代、扎根人民，激励着我们将个人的创作融入中华民族伟大复兴的宏伟事业中去。

习近平总书记在文艺工作座谈会上的重要讲话中指出：“历史和现实都证明，中华民族有着强大的文化创造力，每到历史重大关头，文化都能感国运之变化、立时代之潮头、发时代之先声，为亿万人民、为伟大祖国鼓与呼。”抗战中的文学，正是这样无愧于时代的文学。那些光荣的名字，那些激昂悲壮的篇章，已经永远铭刻在中华民族的集体记忆之中，成为恒久不磨的精神财富。抗日战争的壮阔历史，中国人民惊天地、泣鬼神的英雄业绩，已经成为代代相传的中国故事，它孕育出了群峰耸峙的壮美作品，它也召唤着现在和今后的作家，继续书写这部宏伟的民族史诗。

今天，中华民族正站在新的历史起点上，我们比历史上任何时期都更接近中华民族伟大复兴的目标。纪念抗战胜利，缅怀先烈和前辈，回望抗战文学，必将推动中国广大文学工作者更深切地体会我们肩负的责任和使命，成为时代风气的先觉者、先行者、先倡者，以更多有筋骨、有道德、有温度的作品，书写和记录人民的伟大实践、时代的进步要求，弘扬中国精神，凝聚中国力量，在以习近平同志为总书记的党中央领导下，为实现伟大的中国梦做出新的贡献！

谢谢大家！

（本文系作者在“血肉筑起的长城——抗战中的文学”展览开幕式上的讲话）

以文学动人心弦

铁凝

我们从初夏的北京一路飞行，来到万里之遥的波哥大，这里一样是从春到夏的温暖时节。地理距离的遥远让我觉得哥伦比亚远得有美感——也许距离产生美。在今天的论坛现场，和陌生的朋友相遇，却没有心理距离的遥远，因为中国和哥伦比亚两国的作家、艺术家、文化学者在这里相聚，举行中哥文学研讨会，介绍两国的文化和文学，探讨增进中哥以及中拉人文交流，我和在座的中国同行们虽是初到，却因这共同的愿望，和对文学的共同热爱而感到如遇老相识一般的近。今天，欣逢中国国务院总理李克强先生访问哥伦比亚，李克强总理和桑托斯总统亲临会场，这充分体现了两国领导人对文化事业的高度重视，对两国文化交流的积极支持。在昨天的欢迎晚宴上，桑托斯总统和李克强总理在热情、真挚的讲话中都提到诺贝尔文学奖获得者、中国作家莫言，李克强总理还特别讲到莫言在上世纪80年代初读加西亚·马尔克斯时的强烈感受，这些都让在场的中国作家深受感动。我们有理由相信，中哥两国在文化领域的交流将会开启一个新的时期。

中国和哥伦比亚都有着悠久的历史和独特的文化。绵延5000年的中华文明，包容兼蓄，世代相传，铸就了世界东方中华民族勤劳勇敢的文化身份。在拉丁美洲，古代印第安人文明经历了漫长的发展时期，形成了玛雅文明、阿兹特克文明和印加文明，延宕至今造就了独特的拉美文化。在丰盛的文化滋养下发展起来的文学艺术，生动记载着我们各自国家的历史变迁。

在中国，从第一部诗歌总集《诗经》开始，有文字记载的中国文学经历了三千多年的发展历史。杰出的作家诗人灿若星河，传世的文学经典浩如烟海。中华人民共和国成立以来，特别是中国改革开放30多年来，中国文学进入了繁荣发展的黄金时期。文学思潮十分活跃，一大批作家创作能量的迸发一度被评论家形容为“井喷”。网络时代，文学传播的便捷丰富，激发出更多人的写作热情。各门类文学作品的出版数量剧增，现在，中国每年出版的纸质长篇小说达数千部，诗歌、散文、报告文学和文学评论等其它文学作品的出版也大幅增加。网络文学异军突起。据不完全统计，中国每年发布的网络长篇文学作品10万部以上。青年作家不断成长，网络作家、自由撰稿人等新的文学群体应运而生，中国作家队伍的结构发生了巨大变化，老中青几代作家共同焕发着各自独特的光彩。

中国政府十分重视文化事业的发展进步，以有效措施大力支持文学创作。其中一个重要标志，就是支持中国多民族文学的共同发展。中国是56个民族共同组成的大家庭，现在，55个少数民族都有自己的作家。中国政府鼓励和支持少数民族作家用自己的母语进行创作，保护传承民族语言文字。中国作协办有多种少数民族文字的文学杂志。

改革开放的中国令世界瞩目，中国文学同样是面向世界的文学。中国古代圣贤孔子说，“三人行，必有我师焉”，这是历代中国人乐意秉持的问学精神，更是一种优雅的修身态度。我们重视学习和借鉴世界各国的文学创作经验和成果，世界各国、各语种的文学经典和最新作品大都被翻译成中文介绍给中国读者。中国作家和读者有多种机会了解包括拉丁美洲文学在内的世界文学发展潮流。

拉丁美洲文学广受中国读者喜爱，拉美文学也对中国作家的创作产生了重要影响。哥伦比亚著名作家加西亚·马尔克斯的《百年孤独》，就是在中国最具持久影响力的文学名著之一，其中译本在中国30年常销不衰。马尔克斯曾说：“哥伦比亚人有与生俱来的两大天性：富有创造性和奋发向上的精神。”马尔克斯的文学带给世人那倔强的自信和惊世骇俗的艺术力量，让我们再次想起那句名言：你想了解一个民族吗？那就去读它的文学吧。我们知道，在今天的哥伦比亚，还有很多才华不凡的优秀作家，他们以文学发出的声音正在让世界凝神聆听。

朋友们，中国作家协会是中国各民族作家自愿组成的专业性人民团体，目前拥有1万多名个人会员。我们积极开展对外文学交流与合作，近些年来同世界各国作家往来互动更为广泛。在中国，有不少专门从事拉美文学研究、译介的学者，为我们进行深入广泛的交流奠定了坚实而广阔的基础。一些更为年轻的学者、翻译家的崛起和加入，为这样的交流带来新鲜的活力。我想，文化应该是一所教导谦逊的学校，它教导我们如何理解自己并且有能力欣赏他者。尊重文化的多样性更凸显出其不可忽略的价值。文学若能在其间呈现出跨越历史、地理、风俗、心理的隔膜，呼唤人类心意相通、和谐、进步的魅力，那将是写作者的幸运和荣光。

我愿在此倡议：让我们共同努力，规划开展中国与哥伦比亚以及拉美各国文学作品互译，将各自最新的优秀文学作品介绍给对方的读者，增进人民之间的相互了解；推动两国和中拉作家间的互访，举办形式多样的文学活动，勘探生活，互相借鉴，共同感受文学带给不同国家、地区人民的智慧和欢愉！

最后，祝中国与哥伦比亚和拉美各国的文化文学交流不断发展！祝各位朋友万事如意！

（本文系作者2015年5月22日在中国–拉丁美洲人文交流研讨会上的致辞）

幽灵之船——现实生活与创作灵感

铁凝

当我们三国作家在北京相聚时，我发现从第一届文学论坛到第三届，已经将近八年。时间像刀子一样——这个对时间快而厉害的形容来自中国一位彝族作家。我个人觉得，一个文学论坛从无到有，八年间从一届办到三届，在这个浮躁的时代，实属难能可贵。首尔的汉江文学之夜，北九州的女中学生们纯朴的书法舞蹈表演，还有那些让三国作家那么开心的“二次会”，真的让人难忘。

八年之间，几位曾经积极参加论坛的作家、诗人不幸离我们而去，日本作家井上厦先生、辻井乔先生，中国诗人雷抒雁先生、韩作荣先生。我愿借此庄重的机会，向他们表达怀念之情。

今天，我相信靠了我们大家共同的诚意和努力，第三届中韩日三国文学论坛应该会有新的收获。

我的演讲选择了“如何寻找创作中的灵感”。

开始，我觉得这是一个好题目：“如何寻找创作中的灵感”。甚至在写出“灵感”这个词的时候，就仿佛灵感已经带着机灵劲儿飘落在我头上。每一个以文学为生的人，都不会推辞灵感的眷顾，当我们的写作陷入走投无路时，我们常常会本能地祈盼灵感降临。

可是，我又觉得今天我们讨论的这个题目，它其实并不容易讨论。因为展开讨论的是作家和作家之间，而不是作家和文学爱好者之间。对于后者，我们可以介绍所谓“写作经验”，而作家对如何寻找创作中的灵感并不陌生，且每个人都各有心得。迟迟不能与灵感相遇的愁苦，在艰难的跋涉中灵感突然光顾的狂喜，以及由灵感催生出的“文思如泉涌”之酣畅状态，我们一定都体验过这其中的千般滋味。我们会心一笑，更愿意把这件事看做只可意会难以言传，或者用中国人惯常的一种形容叫做冷暖自知。

是否还需要讨论呢?

我对这个题目产生畏难情绪，越来越找不到表达的灵感。

索性先离开这个题目。

一次，友人邀我在北京国家大剧院听瓦格纳的歌剧《漂泊的荷兰人》。这是瓦格纳艺术开始走向成熟的第一部代表作。剧情并不复杂：一艘永不靠岸的幽灵之船，一段注定漂泊的命运之旅，一场大自然的暴雨和主人公精神风暴的杂糅，一对不无偏执的寻找真爱的绝望男女，这里有阴郁迷幻的色彩，有人声与管弦乐的完美融合，有洞察世界痛苦的深邃哲学命题。有介绍说，瓦格纳创作这部歌剧的灵感来自于北欧“鬼船”——也就是幽灵之船的传说。

灵感来了。

传说一个荷兰人受到鬼神诅咒，咒他永远在船上漂泊，每七年才能靠一次岸，唯有真爱才能结束他这没有穷尽的海上流浪。后来荷兰人终于被真爱所拯救。这传说带有人类对真善美的本能追寻，瓦格纳却在他的歌剧里注入了更为深刻和悲怆的震撼力量。或者可以说，瓦格纳借用了这条“鬼船”，表达了他在一个时期对世界和生死的丰满情感，这部歌剧的歌词，也全部由瓦格纳写就。剧中凄惶而厌世的荷兰人站在他那破烂的船头祈求死亡：“没有死亡，没有墓地，不能靠岸，没有家，这是人生最残酷的惩罚。”他曾经多次去撞礁石，不死；他曾经遇见海盗要他们把他杀死，海盗却被他吓跑……于是他又咆哮：假如人类必须繁衍，就必须有人死亡！却原来，不死也是恐怖的。当一个被七年的海浪颠簸欲碎的水手向上苍求死时，我们才悚然而悟生的苦痛，转而感叹：舞台下的我们，幸而还生得安稳。那饰演荷兰人的男中低音歌者沉郁里夹杂着狂热的“死亡气息”，使观众不能不为瓦格纳理性而又浪漫的巨大才华所折服。

后来才知道，瓦格纳本人就在旅行中遭遇过危险的海上风浪。那时他没有写出《漂泊的荷兰人》。瓦格纳优雅而出众的艺术才情，也没有促他在海上遇险之后立即动笔，虽然，我们完全可以想象，一场亲历的海上风险，被瓦格纳快速写成作品其实不难。可是，显然他还需要媒介或说灵感，需要一根叫做灵感的火柴，点燃深藏在他内心的所有和创造有关的储备。北欧的“鬼船”激发了他的灵感，也许“鬼船”就是灵感。瓦格纳借来了“鬼船”，他的《漂泊的荷兰人》又远远超出“鬼船”传说的内涵。那个北欧传说的结局是真爱能够使人结束漂泊，而瓦格纳却让女主人公在最后，为了向荷兰水手表明她的义无反顾的真爱，干脆纵身跳了海。这样，真爱又消失了，荷兰水手悲怆的漂泊又开始了——瓦格纳让我们看到人生的无助，忠诚和爱的软弱。

关于灵感，《现代汉语词典》这样表述：“在文学、艺术、科学、技术等活动中，由于艰苦学习、长期实践、不断积累经验和知识而突然产生的富有创造性的思路。”瓦格纳的“鬼船”灵感始于他的海上风险之后。由此我们也可以发现，灵感虽然如此轻灵，但支撑它存在的，是作者笨拙而长久的内心积累，就这个意义而言，灵感是笨的。

灵感又是讨喜的，它的“近在咫尺，远在天边”的“突然”感是上苍给艺术家珍贵的馈赠，如同神灵之光，刹那间照亮浑沌的海面。所有艺术家都体验过灵感降临时内心的喜悦或说小得意。路边一棵折断的牛蒡草让托尔斯泰写出了《哈泽·穆拉特》；一只婴儿的粉嫩光滑的脚后跟让契诃夫突然找到描写一个脑满肠肥的官员的办法，他写那人粉红色的下巴好似婴儿的脚后跟。婴儿粉嫩的脚后跟长在婴儿脚上是多么可爱，但若长在一个脑满肠肥的官员脸上也许就令人生厌了。这样的比喻使我至今难忘。我本人也曾体会过灵感光顾的快乐。某个深夜，我在梦中被一个绝妙的句子惊醒——灵感来了。我生怕这句子随着梦醒而溜走，急忙起身找出纸笔记下。然而，当我早晨醒来，阅读我那半夜写下的句子时，才发现那句子其实非常平庸。原来我们有时也有可能完全误会灵感，同时也误会了我们自己。当然，我也有真正被灵感照耀的时候。我在写作长篇小说《无雨之城》时，很久都为找不到如何描写开头而发愁。某天中午，我站在窗前，无意中看见一个放学回家的小女孩，一路踢着一只高跟鞋走进院子大门。这个快乐地踢着一只被遗弃的旧鞋的女孩子激发了我的灵感，因为这情景正符合我那部长篇小说的气质。一部长篇小说的开头几乎奠定整部作品的风格。

十几年前我在韩国曾读到报纸上一则故事：一个年轻人的自行车坏了，他想扔掉再买辆新车。祖父对他说，你应该学着修一修自行车。年轻人对祖父说，如今谁还会自己修自行车啊。祖父说，如果你的什么东西坏了都是一扔了事，那么有一天你的脑子坏了你也要把脑子扔了吗？灵魂出了事你也要把灵魂一扔？这个朴素的故事引发我写了短篇小说《蝴蝶发笑》，我觉得那位韩国祖父和晚辈的对话其实涉及现代人如何唤醒处理自身种种难处的能力，还有对进步或者是退化的困窘和疑惑。“一次性”的时代已经到来了吗？一次性的器物给现代生活带来的所有方便不言自明：一次性筷子，一次性牙刷，一次性纸杯，一次性水笔……而文学的本质是要抵抗生活中诸多的“一次性”的，所以，在前两届三国文学论坛上，才有了那么多充满人情味的、生动、火热的“二次会”吧？就我粗浅的体会，很多“二次会”里有着动人心弦的生活滋味，有着暂时摘掉面具的真性情，也有对“刀子一样的时间”的耐心挽留。

2002年春天，我在东京受到盛开的樱花的“袭击”。我之所以用了“袭击”这个词，是因为樱花的确震撼了我。她不是我想象中的柔软的烟云，她的壮观呈现出一种明丽而干脆的决绝，一种不惧死亡、亦有超常隐忍之力的懔然。我在这样的“袭击”中迎接灵感的到来，我找到了常常被形容成“花”的女性，尤其是亚洲女性身上所格外突出的特质。

灵感是一种唤醒，是对作家胸中沉睡的富矿的打开，如同那艘“鬼船”突然闯入瓦格纳终日不安的心灵之海，唤醒他，助他一刻不能再等地进入酣畅的创造状态。我们真正要做的倒是要常问自己：您心中有富矿吗？

我不禁想要话题回到开始：我们为什么要在这个亿万信息都唾手可得的时代讨论文学灵感呢？就因为获取信息——特别是各色八卦信息太过容易了吧？就因为这些无需想象、不必殚精竭虑、更不惧文字简陋的“社会情报”对文学可能的淹没和蹂躏吧？就因为一条网络信息中的社会影响，有时能够轻易覆盖一部长篇小说的容量吧？就因为时代的诸多不耐烦和作家自身诸多不耐烦的顽强干扰吧？若果真如此，那便是文学的失败。当一个信息社会自信而响亮地踏上经济高速公路时，写作者在拥抱取之不尽的写作资源时，更应该有能力留神文学的险情。我以为，这是我们在今天让“灵感”走上演讲台的原因之一。

我们到底要如何寻找创作的灵感呢？如同信息不是智慧，智慧不等于灵感，灵感亦无法捏造。正好像人不能揪着自己的头发飞升。也许，寻找就是不寻找。等待就是不等待。期盼就是不期盼。要得到灵感就要先忘掉灵感。这其实是一种积极的“遗忘”，当我们把全部的情感、智慧和敏锐的观察力，把对生活不疲倦的热情，投向对人生世相的追问和对生命的诚实体察时，灵感才会不期而至。我们享受这稀缺的美妙，如果创作过程本身就焕发着某种神秘魅力，这即是其中之一吧。而这魅力的呈现，无一例外地基于作家大量日常的朴素甚至是枯燥的劳动。

（本文系作者在第三届中韩日东亚文学论坛上的演讲稿）

与民族共命运 与人民同呼吸

铁凝

70年前，和平的阳光再次普照大地，中国人民在经历十四年的苦难、战斗和牺牲之后，终于赢得了抗日战争的胜利。这山河重光的日子，从此永载史册，昭示着中华民族对正义、和平与人民的庄严信念。刚刚过去的9月3日，在天安门广场，习近平总书记发表重要讲话，深刻揭示了这一伟大胜利的重大意义，表达了中华民族铭记历史、缅怀先烈、珍爱和平、开创未来的坚定决心。无论在电视机前，还是身在广场，每一个中国人都强烈地感觉到把我们从根本上、从血液里团结在一起的力量，我们从前辈们气壮山河的业绩中，深刻地体认到我们共同的命运和坚定不移的方向。

在这样的时刻，全体中国人民都在向老兵庄严致敬。今天，首都文学界举行座谈会，纪念中国人民抗日战争暨世界反法西斯战争胜利70周年，首先要向以笔为枪的老兵们致敬。我谨代表中国作家协会，向在血与火的考验中与人民战斗在一起的前辈作家表示最崇高的敬意！向参加过抗战的文学界的老战士、老作家表示最深切的祝福！

抗日战争是中华民族最危险的时刻，更是中华民族凤凰涅槃、浴火重生的时刻，正如习近平总书记指出的，“中华儿女不屈不挠、浴血奋战，彻底打败了日本军国主义侵略者，捍卫了中华民族五千多年发展的文明成果，捍卫了人类和平事业，铸就了战争史上的奇观、中华民族的壮举”。中国人民抗日战争胜利，是近代以来中国抗击外敌入侵的第一次完全胜利，这一伟大胜利，彻底粉碎了日本军国主义殖民奴役中国的图谋，洗刷了近代以来中国抗击外来侵略屡战屡败的民族耻辱，重新确立了中国在世界上的大国地位，开辟了中华民族伟大复兴的光明前景。

回顾这段悲壮辉煌的历史，我们骄傲地看到，中国的作家始终与人民同呼吸、共命运，中国的文学始终表达着民族的心声。在中国现代文学馆，正在举办“抗战中的文学”展览，看完这个展览，我们都会强烈地感到，在这里，文学是血泪和悲怆，是怒吼和战叫，是土地和自由，是不屈的意志和不灭的精神，是民族新生的号角。文学不是历史的脚注，它就是创造历史的壮阔斗争的一部分，是团结人民、教育人民、打击敌人、消灭敌人的精神武器。那个时代的文学，由此获得了永不磨灭的荣光。

在民族危亡的关头，中国的广大作家和文艺工作者表现出空前的团结，不论是解放区、根据地的作家还是国统区、沦陷区的作家，不论在前线还是在后方，“作为时代号角，反映现实的文学艺术，更其不能例外地要为祖国的抗战服务”，这成为了几乎所有作家的共同信念。他们满怀对祖国母亲的深情，满怀对独立与自由、和平与光明的向往，写下了难以计数的小说、诗歌、散文、歌词、特写、报告文学、戏剧，有力地鼓舞着中国人民的抗日斗志。正如艾青在《火把》一诗中所写的：“我们来了/举着火把/高呼着/用霹雳的巨响/惊醒沉睡的世界。”从松花江上到太行山上，从咆哮的黄河到四世同堂的北平，当时和后世的人们从文学中听到了时代精神的鼓荡，感受到全民族以至每个人的觉醒和奋起。

抗战中的文学是人民的文学。“文章下乡，文章入伍”，在中国文学的历史上，文学从来没有像在抗战中那样，深入到街头、田间和战壕，深入到最广大民众的心头。“文艺必须为普通老百姓所接受”，成为几乎所有作家发自内心的共同追求。在那如火如荼的年代，在国难深重的关头，对作家们来说，文学“不可能是自我表现，不可能是唯美的追求，更不可能是消遣、娱乐以至追求名利的工具”，而是“射向敌人的子弹”，“是捧向人民的鲜花”。抗战中作家们对文学的价值和功能的再认识，对文学的人民性的体认，对文学的民族化、大众化所做的卓越探索，为中国文学的发展开辟了新的广阔道路。

在抗战最为艰苦的时期，毛泽东同志发表了《在延安文艺座谈会上的讲话》，科学地总结了五四以来，特别是抗战以来革命和进步文艺事业的丰富经验，旗帜鲜明地指出了文艺为人民服务的方向。在《讲话》精神鼓舞下，广大作家更加自觉地走向民众，深深地扎根在人民群众中间，与人民群众血肉相连、心心相印，他们由此获得文学创作的不竭源泉，也由此抵达了文学的高贵与不朽。几十年后，孙犁先生回首往事，无限感慨：“皇天后土，我们那时不是为了追求衣食，也不是为了追求荣华富贵才工作的。”“那是艰难困苦的青春，风雨跋涉的青春，但也是曾经有所作为，激励奋发的青春。”这些衣衫褴褛然而精神高昂的人们，在民族的兴亡、人民的悲欢中获得力量，他们的文学是与祖国同在的文学。今天，重读这些融入了作家的激情与行动、凝结着作家的生命温度的作品，我们为我们的前辈有如此无愧于时代的巨大建树而自豪。

抗日战争的胜利，是军事和政治的胜利，也是民族精神的胜利。在中国人民抗日战争的壮阔进程中，形成了伟大的抗战精神，中国人民向世界展示了天下兴亡、匹夫有责的爱国情怀，视死如归、宁死不屈的民族气节，不畏强暴、血战到底的英雄气概，百折不挠、坚忍不拔的必胜信念。抗战中的文学就是抗战精神的丰碑，它已经成为我们民族记忆中永不熄灭的火炬，照亮着一代又一代中国人的心灵和道路。硝烟散尽，时光流逝，但我们永远不会忘记那些为国捐躯的先烈，永远不会忘记用他们的笔高举着民族精神旗帜的作家。当我们在这里纪念70年前的伟大胜利的时候，我想，我们每个人心中都会感到沉重的责任和使命，70年过去，抗战历史和抗战精神依然像山一样矗立在我们面前，抗战还远没有写完，抗战的文学如同群山连绵，一直有更高的一座山在召唤着我们。时代发生了天翻地覆的剧变，但正是在这种剧变中，伟大的抗战精神如同一面永世长新的镜鉴，让我们深刻地认识到我们是如何走来的，我们必须向哪里走去。抗日战争是伟大的中国故事，是壮丽的民族史诗，中国的作家负有神圣的责任，让这史诗不断生长，长久流传，让伟大的抗战精神成为中国精神的钙与铁，在一代又一代中国人的心中生生不息。

同志们，朋友们，习近平总书记在文艺工作座谈会上的重要讲话中指出："历史和现实都证明，中华民族有着强大的文化创造力，每到历史重大关头，文化都能感国运之变化、立时代之潮头、发时代之先声，为亿万人民、为伟大祖国鼓与呼。"现在，中华民族正站在新的历史起点上，抗日战争中的无数先烈梦寐以求、牺牲奉献的伟大理想正在我们的前方展开，中国广大作家必将继承和发扬抗战文学的光荣传统，与民族共命运，与人民同呼吸，以我们的笔记录这个伟大的时代，高举理想的旗帜，弘扬中国精神，在以习近平同志为总书记的党中央领导下，为实现中华民族伟大复兴中国梦而不懈奋斗！

（本文系作者2015年9月6日在首都文学界"纪念中国人民抗日战争暨世界反法西斯战争胜利70周年"座谈会上的讲话）

文学创作概况

致密物质集中营与远处的灯火

——2015年长篇小说的几个关键词

项 静

布鲁姆在《如何读，为什么读》一书中认为：“在某些方面，读一部长篇小说与读莎士比亚或读一首抒情诗不应有太大差别。最重要的是你是谁——既然你无法让自己不阅读。”你是谁可能是一个无法让自己不阅读的人必须要回答的问题，阅读至少给出一个通往自己的可能。他接着说，“由于我们大多数人还怀着一些明确的期待，因此在阅读长篇小说时会出现一种差别，我们想在小说中遇见如果不是我们的朋友和我们自己，也是某种可辨识的社会现实，不管是当代的还是历史的社会现实”。在“你是谁”这种摇曳不定的问题和长篇小说之间我们终于找到一个宽松的相对稳定的物质中介——可辨识的社会现实。

故事共同体

当代的大部分小说都踟蹰在现实主义主义广阔的平原上，由此可以辨识的社会现实几乎不言自明的属性。迟子建的《群山之巅》再次回到了自己钟情的雪国小镇，生活于其间的凡人们孜孜矻矻，命运浮沉，爱恨情仇、欢笑和眼泪盘结在一起，白雪皑皑的家园底色都压不住那些跳跃欢欣悲欢离合的故事，在欲望的原力推动下，世界毕竟告别了平静。不论故事发生在如何边远之地，以及经历几番曲折变形，都没有离开那熟悉的新闻媒体制造的“故事共同体”，比如大学生活中因为妒忌而萌生的投毒案，小偷入室偷窃引发的官场地震，少女为金钱出卖初夜，抗战老兵得不到公正对待，军队的腐败、人托顶替、虚假的道德模范、亲子换肾等等。这部小说在迟子建的创作中大概也算是一个转折，在那个独属自己的造梦地界中，析出的却是一个又一个熟悉的类似新闻事件，连道德价值观都是一个近似于漂浮在大众媒体中喧哗的声音，这并不是作家的问题，而是时代之殇。迟子建说：“一个飞速变化着的时代，它所产生的故事，可以说是用卷扬机输送出来的，量大，新鲜，高频率，持之不休。我在故乡积累的文学素材，与我见过的'逃兵'和耳闻的'英雄'传说融合，形成了《群山之巅》的主体风貌。"迟子建立意于撰写"爱与痛的命运交响曲，罪恶与赎罪的灵魂独白"，在故事的起伏沉降中的确营造了这一情感构型，但不得不说在一个个熟悉的故事中，沉痛和悲壮，灵魂的挣扎与救赎都是低于预期的，反而有用力过度之嫌。迟子建这位有个人风格的作家能够让人信服的地方，或者说她抵抗新闻故事共同体的方式在于她独特的故事和细节能力，《群山之巅》之中辛七杂身上那叠加上魔幻与传奇色彩的气息，开启的是一个不寻常的世界，给我们一个生灵复活，语义丰赡的形象，他用太阳火点燃烟斗，有股子不寻常的芳香，"那面凹透镜在他身上，像他雇佣的长工，被吆来喝去，尽兴使唤着……他身上那股挥之不去的血腥气让畜生闻风而动，他不吃弱小无力的家禽，对它们下嘴太残忍，所以龙盏镇的鸡鸭鹅是不在乎他的"。再比如小说中殡仪馆理容师李素贞与执行死刑的警察安平的相爱，源于共同的与死人有关的工作，"一经相握，如遇知音，彼此不愿撒手"。这种故事细节背后的心灵之音邈远而幽深，超出了故事本身的界限。

新闻与小说，这是一个陈旧的话题，从司汤达、巴尔扎克、托尔斯泰、福楼拜都有过著名的先例，迄今一直是作家寻找素材的方式，但故事共同体的出现，宣告了一个事实：我们的写作将要面对无法逃脱的即时新闻时事的大幕布，也建立了一种竞争关系，来验证小说的合法性。言及故事共同体，近年来颇受关注的余华的《第七天》（新闻串烧）、方方《涂自强的个人悲伤》（底层青年进城受教育后无路可走的故事），以及今年周大新的《曲终人在》、陶纯的《一座营盘》（军队反腐话题）、东西的长篇《篡改的命》（穷人为改变命运把孩子丢到富人门口，农民工讨薪的故事，替人蹲监，高考名字被人顶替入学等等）、艾伟的《南方》（一个因孩子患病被骗而杀人的案子）等等，都是属于这个范畴。当然每一个小说家都在用自己的方式穿越简单的新闻原型故事，并在各种需要自证合理性的接口做实建牢，在故事所指引或者启动的链条上，达到小说应该具有的审美。也有已经完全舍弃故事给予我们的暗示，另寻一路的，那个熟悉的故事不过是一个幌子，比如王安忆的《匿名》。这部小说也是一部受到真事故事启发而写的，一个人被劫掠到原始洪荒中去。但这部小说的立异之处在于，新闻故事只不过是个引子，它几乎抛弃了新闻故事发展的可能性脉络，众多生活的表象比如爱情、寻找、救赎、欲望的主题。它开启了一个偈语的世界，一个人在城市里从有到无（失踪），在山坳里从无到有（再生），然后在回去的路上戛然死去。在一个能量守恒的世界上，它没有死去，永远也不会死。从城市到乡村，一个人被各自截取了一部分，放生在两个空间，在两个空间里泛起与生命相关的各种气息。

《匿名》里的失踪者被抛在原始洪荒中，真是一个具有太多隐喻意义的情节。被遮住眼睛，走入黑暗，失去部分记忆和语言能力，离开熟悉之地，从一种文明堕入另一种文明。躬身自我，除了万物，剩下的唯有自己，哲学时刻来临，一切都在更新，包括活着的概念，在喧闹、日常的世界中抽身而出，脱离利害关系之后，开始对造就自身生存的物质环境平静相对，面对它的肌理和纵深，隐而不显的规则，它们成为生活的必要和活着的确证，同时也逆转了世界发展的规律，被遗弃的成为新的，新的成为旧的。《匿名》好像是对人类的一个警示，也是一次社会发展和成长的戏仿。这个失踪者回家的故事一直是被搁浅的，没有谁在此执着过，重要的是遇到的那些人和他们的人生，就像山坳里的花鸟树木，悬崖峭壁，都在另一种文明的映照之下，显得庄重显赫。王安忆对这个类似化外之地和一段借来的时光是格外珍重的，她从最细微具体的部分写起，蔓延到不可阻抑的高潮来临。那些来历不明，去向也不明的人，懵懂在教化之外，文明的罅隙里。只能靠言语碰过来碰过去，从偶然中碰出火花，点燃光明，照亮周围。从一个字一个字的说话，到两个字，到成语，到典籍《尔雅》《广韵》《本草别录》《礼记・礼运》，到闲暇中无穷无尽的字谜游戏，语言的缓慢进展借着他们被呈现出来。而另一方面则是小说壅塞和止步不前的哲学化、偈语化倾向，一般小说中视为畏途和风险的地方，《匿名》却给予了无限的空间，把一部《辞海》当做生活的道具，把人名地名数字作为说话谈论的对象，因着教书和人物的缺陷，文字语言成为九丈世界里一个非常重要的生存方式，所问非所答，从此处移向彼处，越过了生活的逻辑，陷在一种混沌深渊的精神逻辑里。好像是模拟人类在精神暗夜里寻索的过程，擦亮黑暗的道路漫长而无尽头。《匿名》其实是借用了失踪者的故事来讨论人们的在世状态，那些隐藏在时光里的自我和人类痕迹重新被唤醒。《匿名》的封闭、遽然、沉溺的激情和勇气，好像是作家重新焕发了青春，要跟这个世界谈谈心，关于生死，我们的来处和去处。

今天讲故事的人的困境在于媒体环境制造的经验的同质化，故事共同体的出现，使得许多故事没有再次被传达的价值。本雅明说，小说与故事的不同之处在于它必须依赖书本，小说诞生于孤独的个人，他无法再以举例说明自己最关心的事情来表达自己，没有人给他提忠告，他也无法给别人忠告，在生命的饱满状态之中，并通过对这一状态的再现，小说显示了生者深沉的迷惑。故事也可以在书本中找到，但形式的来源并不是印刷品。它不是诞生于孤独的个人，而是来自生活在社群中、有着可以传递的经验的人。在这个意义上，《群山之巅》中的故事可能是回归社群意义上的"故事"，而《匿名》是回归孤独的个人。而我们可以确定的是，"公认的适合于创造性想象的文学出路，在于用本身并不新奇的情节诱发出个人的模式和当代意蕴"。

底层

底层这个概念的提出与中国思想界在1990年代的转折和分野有关，现代化和市场经济的发展，让另一种文化记忆——社会主义的文化记忆（对底层人民幸福的许诺）凸显，这种发展模式使得弱势群体无法加入市场经济的马拉松跑道，甚至可能被永远抛离在跑道之外。底层研究是上世纪末兴起的一个复杂的研究领域，涉及底层写作、底层研究及知识分子的责任，还有更大方面的中国农民问题、全球性的现代性等问题。底层文学正是基于这个社会文化背景而被提出的，是2004年以来一个重要的文学概念，也是文艺思想界一个引起纷争、较为活跃的话题。李云雷有一个描述，“在内容上，它主要描写底层生活中的人与事；在形式上，它以现实主义为主，但并不排斥艺术上的创新与探索；在写作态度上，它是一种严肃认真的艺术创造，对现实持一种反思、批判的态度，对底层有着同情与悲悯之心，但背后可以有不同的思想资源；在传统上，它主要继承了20世纪左翼文学与民主主义、自由主义文学的传统，但又融入了新的思想与新的创造”。底层文学的出现也受到不少诟病，比如不注重作品的艺术性，复活文学工具性论，以描写苦难为时髦、时尚等，但这个概念本身的确焕发了许多作家的创作，并指向一种有活力的写作方式，一种与深切的关怀和批判为精神旨归的写作。至于这些作品的好坏，是另一个问题。

陈应松一直被归在底层写作的作家中，虽然他的创作有更丰富和深刻的面向，文学概念与作家联系紧密，往往会牺牲具体的丰富性。长篇小说《还魂记》（刊于《钟山》2015年第5期）讲述一个远离家乡的罪犯，通过做线人获得减刑，在马上要出监狱之际，被同狱的仇人报复，制造上吊的假象，掩进疵纱堆里，用疵纱壅住。死者的灵魂回到故乡，他的魂触到养生地，于是还魂现身，“我死了，才回来。”“我想哭。二十年。我的心突然悬空。很空虚。就像饿。就像趁我昏睡之际掏出了我的五脏六腑。我很空。”这部小说具有舞台制造的那种造梦效果，悲壮而喑哑，以一种重新生养之姿，实现了时间空间上的还原，一个悬空的人回到大地，一个死去的人再生，重新丰赡和填补生命的过程。这部小说展示出故乡的倾颓、道德的沦丧、环境的败坏，“继承了《楚辞》的文学精神，楚地的人情风俗、音乐歌舞在《还魂记》中都有其流风余绪，恶的横行、丑的肆虐、善的委屈、美的毁损都有其独特的文学表现，兼具浪漫主义、象征主义和现实主义的特质（贾梦玮语）”。

东西《篡改的命》以直白、哀切的口吻，讲述了三代人进城的故事，自新中国成立以来到今天，形象化地重述了农村人改变命运之难，与文学作品中经常出现的进城青年形象相比，这一家人的故事特别悲壮，汪槐、汪长尺父子都有通过招工、考学进城改变命运的机会，也具备个人条件，但社会的不公，让他们望城兴叹，只能屈从命运的安排。他们所遭遇的重伤、讨薪、替人蹲监、跳楼等略显夸张、巧合的事件，都是我们在现实中经常遭遇的。如此情势之下，他们的生活选择无不是被动和畸形的。当汪家第三代出生后，汪长尺不想让他们的命运在儿子身上继续，于是他代为选择了一个富裕的不会生孩子的城里人，他处心积虑地让自己的孩子一步一步走进这个家庭。这个有点狗血的电视剧套路式写作，但无论如何，也正是我们这个躁竞社会的一面哈哈镜。刘庆邦的小说大部分都是关于“煤窑”这个黑白世界的，《黑白男女》的开端即是塌方事件，一群男人葬身矿井，这是一个从世界上生硬挖掘出来的片段，由于他们的“黑”色，造就了工伤矿工家属这个群体，女人们在背负灾难之后，还要继续生活。

陈彦《装台》甫一出现，就收获众多好评，在今天的创作中实属不易。小说的故事非常简单，反反复复的装台，一场接着一场，主人公顺子和他的兄弟们累得像狗一样，生活的残酷一点也不比其他小说少，他遭受女儿的嫌弃，女人们陆续生离死别，总之所有体面点的人生都离得自己很远，可是还要硬着头皮继续被赋予的命运。“底层与贫困，往往相链接，有时人生只要有一种叫温暖的东西，即使身在底层，处身贫困，也会有一种恬适存在。最可怕的是，处身底层，容身的河床处处尖利、兀峭、冰冷，无以附着，再加上贫病与其他一些生命进行装备的胡乱组装，有时连亲人也不再相亲，儿女都羞于伦常了，更遑论其他。问题是很多东西他们都无法改变，即使苦苦奋斗，他们的能力、他们的境遇，也不可能使他们突然抖起来、阔起来、炫起来，继而让他人搭台，自己也上去唱一出体面的大戏。”小说最吸引人的是里面的人物没有姿态，只是“一五一十地活着，并且是反反复复，甚至带着一种轮回样态地活着，这种活法的生命意义，我们还需要有更加接近生存真实的眼光去发现，去认同”。这部小说的不同就在于，道德是被搁置的，穷人窘迫的世界动辄就与金钱、爱相遇，是“利益”的一部分，但小说里面没有一个完全的反面人物，每一个人都有自己的语境和命运，就像小说中经常出现的蚂蚁形象一样，纷纷扬扬地簇拥在一起，为吃喝忙碌，托举着比自己身体重几倍的东西忙碌着，有条不紊地行进着。这些人的生存和意义，不是我们妄敢施加“同情”或者“审视”的，它可能就是人类活着的本相，至此作家的功绩之一就在于它终于抽空了那些端着“底层”的作家的架子。

一个概念的活力在于它所针对的对象和语境，也在于对这个概念的某种逃离。生活刺激着我们的既有的文学观念，文学概念生产对自己的反抗和不满，在多项刺激联动中，才有可能产生文学的新意和活力。

危机修辞

安敏成说“所有的现实主义小说都是通过维护一种与现实的特权关系来获得其权威性的。在现实主义模式的所有样本中都留有运作的痕迹。每一部新作都有权重构这一诉求，由此显示它对现实的独特把握”。我们这个时代的一个情绪症状即是焦虑，焦虑来自于小说与现实之间特权关系的丧失，另外还来自于现实中，个人与历史，与现实失去了那种拳拳之心的深情。与此对应的是1980–1990年代他们所共同经历的社会现实和个人成长以及一代知识分子们的精神生活历程，作为他们主要依靠的历史背景和思想来源，落差感由此而生。于是，精神困境、中年危机几乎成为青年作家长篇写作的一个主要动力，危机成为一个极为普遍的叙事修辞。

2015年的电影《我的少女时代》《港囧》《夏洛特烦恼》等大众通俗电影，都在集体“中年危机”，危机的背景其实大同小异：现实的怯懦，屈从于平庸机械化的生活，失去反抗的勇气和重新开始的信心（《我的少女时代》）；对未酬的理想念念不忘，对金钱社会的厌倦（《港囧》）；处于社会的底层，无力冲破平凡琐碎生活，又心存不甘（《夏洛特烦恼》）。三部电影无一例外都给出了“青春乌托邦”的出路，寻找初恋接续那个没完成的艺术和爱情“理想”，从记忆中重返校园时代获得年轻时的勇气，甚至是用穿越的方式重新过一次“成功人士”的生活。青春乌托邦结束之后，都是鸡汤式的回归家庭，温情脉脉的寻常人间才是正道。危机修辞在电影里不可能获得深刻的揭示，却是整体社会文化氛围的互为证实和影响暗示。昆德拉对欧洲小说在现代主义最后阶段的趋向有一个精辟的概况：“在欧洲，是推至极端的平凡琐事，在暗淡的背景中所作的暗淡的矫揉造作的分析；欧洲之外，是最例外的巧合的积累，色彩之上的色彩。但是这两种现代主义都有威胁性：欧洲暗淡基调的厌烦；欧洲之外美景的单调。” 今天中国的小说，作为孤独个人的一项事业，也难脱单调的威胁，所以危机修辞频繁的出现既是现实性的，也是艺术形式带来的。

张怡微的《细民盛宴》以父亲预约的家族饭局开端，以自己给父亲做饭结尾，从父亲喧闹的大家庭生活一次次回到“我”，我是他们的观察者，而非同路人，无法分享那个群体的情感和秘密、尴尬，却又难解难分，依然要被叫去告别，聚会吃饭，体会血脉之撕扯。“我”在家庭的缝隙中走出来，按照生活赐予的给养自己去建筑一个世界，却又连连失败。细民的盛宴其实也就是细民们内心的摆设，父母离异，家族嫌隙中的爱与恨，最后引出了一段抒情，是对自己通篇侧身旁观和自怜的反省和成长。林森的长篇小说在年轻一代作家中都属上乘，他提供了一个相对宏大的社会视野和陌生化的文学意象，家族和个人两条脉络所切入的是地方性知识和当代问题，《暖若春风》正是一个当代青年与故乡的精神拉锯战的写照，在现代生活与外来冲击的创伤性体验与不知所终的困惑，以及蕴藉在生活内部的顽强生命力。张怡微和林森的困惑和个人成长，系于家族和地方的坐标上，有一份实和深。而其他的危机叙事可能更侧重时代和时代中的自己。

张者的《桃夭》就是一副心灵危机者们的群像，小说从中年律师邓冰的离婚说起，讲述了一群曾心怀文学热忱的法学专业大学生，人到中年，1980年代的浪漫诗情理想已所剩无多，各有所成又若有所失，处于事业与心理的多变期，他们遭逢了接踵而至的荒诞和报应，虽然一地鸡毛的琐事日常，却因为他们的身世而被连接到一个更大的链条上，“在整个80年代，大学生都是天之骄子，是宝贝，这宝贝就像一个美丽的青花瓷器，这瓷器是那么光彩照人，又是那么脆弱，就在80年代即将过去的1989年，一夜之间这瓷器一不留神被打碎了，碎的是那样彻底，无法修复，我们都成了碎片”。马拉《未完成的肖像》写一个艺术家群落的生活，艺术家王树和老那行为艺术般的人生，伴随着名利狂热与爱情追逐，就像王树对自己的总结，“我整天沉溺于各种幻想，我想造船，失败。我又造了一所房子，它不是我想要的。我在写一个故事，我叫它《苑城故事》，它不会写完。我还在画一幅画，肖像，也没有画完。我的一生，从来都是半途而废。我养了一条狗，我叫它西卡，我给他讲了我所有的故事，它也许听懂了，也许没有，谁知道呢。我还写过一篇小说，我会把它作为附件，作为一个不完整的人的完整点缀”。他们总是在面对不完整的生活，没有什么坚持，在虚浮的环境中随遇而安，跟艺术调情似的生活着，隐隐耸动着的是生活之恸。王十月《收脚印的人》奉献了一次自我审判的时间旅行。通过“收脚印”回到过去，是一部“成功者”对往昔罪过的“心灵史与忏悔录”，讲述了一个到深圳东莞一带闯荡生活逐渐成为小说家的年轻人，因早年迫使一打工妹坠河致死，心灵因承受巨大压力而患上抑郁症，如今为救赎自己的灵魂，设局欲将曾一起参与过追捕的另外两名“治安队”员毒死，结果却被其中一名已当上公安局长的“队员”识破而捉拿归案。《收脚印的人》没有指向历史，而是指向自己，把内心的罪恶、懦弱、羞愧一一裸露出来，“这不是他一个人的记忆，而是一代人的疼痛，正是这一代人血淋淋的心酸经历铸就起了中国经济高速发展的人口红利”。

作家的危机修辞基本上都在时代、社会、自我之间摆渡跋涉，有深有浅，而弋舟在当代中国推至极端的平凡琐事中，被无限的婚姻爱情叙事污染的世界中，的确有一种殊异性，并且确立了一个面向历史的叙事基点，像开启了的雷达一样在寻找暗淡基调的来踪去脉。在《刘晓东》这部中篇小说集里，所处理的问题与张者类似，经历过那个时代、现已步入中年的人们，往往把此后社会的败坏和人的颓丧推给那场风雨，“那年夏天似乎可以成为我们这代人任何行止的理由”。长篇《我们的踟蹰》其实也是在这个脉络里的推进，人物的设置上也有某种精神上的重合，“踟蹰”即犹豫、质疑，书中的女主人公李选、男上司张立均和儿时同学、现在的画家曾铖，几个已经经历过生活、工作、家庭的男人和女人，在各自经历了人间的沧桑之后，彼此相遇，面对现实，爱还是不爱？我们无法在其中找到《颐和园》中那种颓废、罔顾利害的气质，在现实挤压的情况下，相爱的缝隙或可能已经被挤压得少之又少，借着小说中人物之口讲出的是，“踟蹰也是一种古典情调，今天的使君们哪里还用得着这么麻烦，女孩子们个个都争先恐后的，即使你这位使君内心古典，她们也不会给你踟蹰的机会”。我们不能确定弋舟借着小说人物所作出的一代人的自我清理和审视是否准确，毕竟这一代人走过的路和精神基点的复杂性也是有目共睹，但我们的确看到了有对话对象的小说带来的活力和深度。

周嘉宁的《密林中》是一部书写文艺青年的小说，可以看作是一部文艺青年的小历史（新世纪以来的文艺青年生态），也是一个群体灵魂的描摹。而在新世纪十几年的回忆中，作用于一个写作者的内心的东西，也都极度凝练收缩，对于一个以文学为日常生活，孤立、敏感、任性、又羞怯又勇敢的文艺青年来说，太容易被辨识的文化符号、太过于虚假的意象、太承蒙关照的爱都是不消领受的。群体性地关注写作，聚会见面，互相衡量，彼此争吵和较量，寻找那种未被程式化无法命名更接近心灵的东西，同时又在寻找和失望中消耗着年轻的生命，而最终是不断地自我反思和厌弃。《密林中》最可贵的可能就是这种对虚假和非切身之感的不断舍弃，在时间和个人的成长中，曾经的热情也会变成陈旧和虚假的形式，小说中的人们对空间和人群，没有愿意抛洒的爱和物我之间的感情。即使有，也没有人与物直接的对接，是通过文学，他们索爱于语言、影像，而不是任何外在于这些的东西，虽然最终的目的地依然是质实的生活。周嘉宁写了一段文艺青年逝去的时光，并且在小说中完成终结，敏感的心灵和寻找的焦虑给人一种枯瘦和寒怆感，让人禁不住怀念另一个时代的荣光，那个时代，人们把居住之地看得重要而有意义，人们热烈地拥抱宏大词汇，这的确是另一个时代的声息，而且不足以证明前一个时代的“虚假”，前一个时代是确凿存在，也是今天的忧思所面对的对象。

所有路的尽头、踟蹰、密林中、未完成的肖像等等，都是一种精神形象，也是一种带有隐喻色彩的词汇，这大概是今年小说叙事中的一个收获，以小说的方式为一代人的精神生活命名。命名的危险在于遮蔽其他的精神可能性，也会制造一种确如所言的幻觉。尤其是当小说的主人公们都是文艺工作者，或者就是小说家的时候，这也大概是一个征兆吧。作家们踌躇着回到了“自己”的经验，如果说，底层文学在直面生命不能承受之“重”的话，这些小说都在讨论生命不能承受的“轻”，也是青年作家们最接近自己的叙事。

历史小说

书写面对经验的疏离、社会弱势群体的生活、青年一代的精神困境，以及个人艰难的成长，满满都是灰色的底色，也是现世的存在感，不是审视现实，而是面对存在，人困返回故乡，返诸历史，大概也是常态。所有我们讲述的故事，在被公众围困、期待的视野里，一部作品要一开始就在较大的社会范围里与广泛的公众有所沟通、感应，获得理解，乃至受到欢迎，需要有反复的“陈词滥调”或“老生常谈”，就像“公共场所”的意义一样，也就是法国作家娜塔莉·萨洛特所说“大家碰头会面的地方”。在当代长篇小说所勉力掷下的幕布上，可以称得上大家碰头会面的地方，有笼统的建国三十年包括“反右”、“大跃进”、“文革”、知识分子上山下乡等，而其中又以“文革”为中心可以辐射和扩展到自晚清以来到改革开放各个历史阶段，几乎成为百年历史的中心。近年来1980年代又成为另外一个备受文学关注的时间段，以其切近的针对性和复杂性成为我们重新想象未来的一个时空；而象征性的古代，也是近期中国崛起的主体性召唤下，当代长篇小说回溯和呈现历史的时间形象之一。历史好像是我们唯一的救赎和避风港，这个先锋文学曾经冲锋陷阵之地，现在几乎成了叙事天然的回归之地。

今年是纪念反法西斯战争胜利七十周年，出现了一大批战争题材的作品，何顿的《黄埔四期》无论从切入角度还是雄浑的表现形式上在抗战题材文学中都有自己的可取之处。何顿选择了黄埔四期的几位国民党学员作为切入历史的角度，在抗日到改革开放的漫长历史中，身世沉浮，荣辱跌宕，时势、政治、信念和个人的生活哲学、性格在庞大的背景上涂抹每个人的轨迹。小说的上半部分在个人命运、家国离散荡气回肠之余，我们能看到历史的车轮，它雄壮无情地碾过，也展示了历史发展的必然趋势，既有一个民族的精英们英勇奋战、流血牺牲的抗日背影，也写出了军队的相互倾轧、排斥异己，争功诿过的腐败，领袖的刚愎自用、排斥异己、独断专行。而下半部则侧重于这一群人与大历史稍远的“个人故事”，在解放战争中顺应历史潮流，率部和平起义，以及新中国成立后他们在政治运动中所经历的种种人生悲欢，在历史的幽微之处看到个人的命运和选择。葛亮《北鸢》也关涉到一部分抗战历史，但抗战始终是一个遥远的背景，决定着故事的发展和人物的命运，但又几乎无声无色。这部小说有一种独特的韵味，以男女主人公的两个世家为经纬，来历、日常、人情、变故一一讲述，始自20世纪20年代的世家衰败史，缓慢地呈现。卢文笙家这一边，父母一辈本是富贵而不骄矜，也称得上勤勉用心，但始终抵挡不住家庭势力一步一步没落，人丁不旺，命运多舛，最后只剩下一个捡来的孩子。冯家因为几次分家而伤筋动骨，家中子弟又缺陶朱之才，无心将老太爷苦心经营的事业发扬。洋货行和钱庄竟都慢慢地盘出去了。换成了现钱，自然是大置房产，或是在襄城八县到处买地。虽然家大业大，也逐渐转为守势。历史大势中，主人公卢文笙与没落士绅家族冯家三小姐仁桢相遇相知，在乱世中结缘。葛亮一定是对这种古旧的家世和风物充满了别样的感情，世家子弟的做派都给足了表现空间，大家族的故事，每一个枝节都那样细慢精心。战争是没落世家的最后一击，子弟们流落在野，也为那些家族的叛逆者和新生代们准备了舞台。

袁劲梅《疯狂的榛子》宽泛的意义上也与抗战主题有关，小说有一个漫长的引子，有一个寻根的外壳。居住在美国的华人喇叭和宁照夫妇，有着不可思议的包办的婚姻，蛮不讲理的妻子和隐忍多年的丈夫，一对怨偶只是作为国内像多米诺骨牌一样故事情节的序曲，《战事信札》这一资料的引入，则正式揭开一段隐秘的“家族”历史和抗战往事。信札提供了小说的叙事线索，又是那一段中美飞虎队联合抗战的战事回顾，更隐藏着一对青年男女异于常人的战地爱情故事，以及一段耐人寻味的家族故事。小说线索庞杂，家庭、信仰、爱情、友情等等，从战争的各个角度都设置了可靠的见证人，不断地回溯这一段历史，试图给那个造成众人伤亡，也造就了各种战后心灵问题的大历史一个终结。人生的故事已经走到了下一代，“浪榛子”系列们，寄寓着快乐、隆重、跳跃，展翅翱翔，写在空中的诗，他们爱着、活着、原谅着，把正义作为新的目标。与《疯狂的榛子》类似，陈永和的《一九七九年纪事》，小说以一位华侨海外归来，故乡的三坊七巷面临翻修，曾经熟悉的世界崭新而沉重，在一个纸条的刺激下重访往事。纸条是1979年12月15日写的，夹在20世纪70年代出版的《外国文艺》之萨特的《肮脏的手》这一页上，“萨特/神经病院/梅娘，芳表姐，儒谨……”这个小说的解谜之路就在言辞模糊的纸条上开始的，历史被解读成一个谜语，一个剥洋葱的过程，家族的丢失之物被找到，历史的谜团被解开，残酷的人性被展示。这部多年以后重返1979年的小说，以限制性视角来书写一个沉重的话题，故事主要发生地精神病院、火葬场，故事眼花缭乱，诡异而复杂，但最后都能绕回到自己的逻辑上来，比如和解、宽容、理解，各得其所，各得其安。不是为了清算爱恨情仇，而是个人的成长和社会发展的纪念，也是发掘和铭记这个复杂的民族继续向前的根基，之所以把时间点定在1979年，大概也就在于此吧，于混乱中整理自己，孕育希望和成长。李杭育的《公猪案》以青芝坞地界上不同历史阶段的三组来福/旺财的人畜关系，呈现了三个（现在、“文革”时期、太平天国运动时期）何其迥异又何其相似的时代荒诞和人物命运，以寓言解构现实，小说在现实和历史之间不断切换，刺激着不断固定化的历史真相，也质证着今天的现实。

冉正万《天眼》也是选择了史诗式样的写作方式，小说的故事发生地是一个叫燕毛顶的地方，一个悬崖之上的几乎与世隔绝的村庄，“革命”打破了这个村庄的自治和宁静，被迫进入“大历史”，悲剧的基调由此奠定，故事以陈绍种父亲去世开始，陈绍种被人骗诱戴上地主的帽子从此经受各种折磨和蹂躏，甚至还被其他村镇借去批斗，三弟陈绍轮、二弟陈绍冒相继去世，在一个家族极具黑色幽默色彩的起伏命运中，窥见历史和现实的荒谬与悲凉。周瑄璞《多湾》其实也是一部家族史，季瓷这个坚强勤劳聪明的女人，以一己之力应对家庭的危机和厄运，从出嫁到再嫁，到维持生计，维护亲朋的世界，到最后开枝散叶，四处生根，一个北方女人平凡而伟大的史诗雏形就出来了。这部长篇有一种浪漫的基调，“人和事如此稠密，心和梦这样空旷”（施战军语）。在这部中国平民奋斗史，中原民间风俗史活化在其中，亲切平实的方言让这个世界活泼灵动。路内的《慈悲》又是一部工厂生活的小说，只不过这部小说是以父辈为主角的，水生是共和国的同龄人，父母都死在饥荒年月，他寄养在叔叔家，受过教育进入苯酚厂，他尊师学艺，娶了师傅不能生育的女儿，在工厂内见证了内部的阶级斗争的历史，经历了倾轧和官僚腐败，告密、阴谋、帮派几乎是这个空间的魅影。他从一个积极进步的工人变成混日子的老年人，一生都在为生存而努力，最后自身革命，在国营工厂的末路时代另谋出路。老一代工人陆续故去，一个时代也在欲望的舞蹈中结束，又遇到了新的问题。

近年来历史小说的写作是比较繁盛的，我们对历史的胃口已经越来越大，动辄百年史诗，仿佛只有在如此漫长的时段中，才可以打捞到今天的来处，毕竟一切历史都是当代史。每一代人都处在这种言说的焦虑中，生怕自己会缺席对历史发言的机会。先锋文学一个重要的支脉就是历史小说，如何叙述历史？为什么叙述历史始终是必须面对的问题。历史是我们对话的重要对象，重述历史是我们重要的写作行为，作家们选择了时间、地点、角度等等，还有许多思想准备需要做，比如大量的历史小说中，几乎都有一个“文革”的魅影和改革开放故事的一般认识版本，我们怎样讲述这段历史才能避免精致的流水账和重复性的一般演绎？这是重新回到历史叙事必须给出回答的一个问题。

最后，我个人比较喜欢四本不太像小说的小说，孙智正的《南方》、康赫的《人类史》、次仁罗布的《祭语风中》、王莫之的《现代变奏曲》，它们的存在是对现存小说形式一定程度的僭越。《南方》就像一个发育迟缓的少年回忆录，细细碎碎的小镇乡村生活，少年们缓慢的成长，小说里那些细密堆积起来的文字，没有华光溢彩和晴天朗日，每一天都结实而周详，从燕子呢喃到广场上的闲言，他们用肉身感触到的一切好像都没有遗漏，他们就只是在生活里的拥塞里逢着空隙往前走动，我们的生活就是这样，没有必然绕成的故事，只有和时间的对峙。方言在这里，就只是一个证人的形象，不是艺术特色，也不是创新。王莫之的《现代变奏曲》里有小众的打口碟历史，地下乐队的生活史，郊区新楼盘里的青年亚文化群的生活，没有故作的姿态，于细碎与平凡之中，可以窥见另外一个“上海”。次仁罗布的《祭语风中》讲小人物在重大的历史进程中个体命运的起伏和喜怒哀乐，但这部小说侧重传统文化怎样抚慰人心、给予精神宁静，把人在世界里历练心智的过程作为主角是民族文化给小说艺术的回赠。《人类学》是一个个片段，是一个作家最大限度的自言自语，这部小说让我想起皮兰德娄“我必须毫无保留地相信人间的万千表象”这句话，小说中有一段议论很能说明这部小说的好：“这些希腊人，他们懂得活着的艺术！因此有必要勇敢地在表面、在褶皱处、在表层停下来，崇拜表象，相信形体、音调、话语以及整个表象的国度！希腊人很浅，这一浅来自于深。”

上述这四部长篇很难说达到了怎样的高度，但的确有一种美学“冒犯”的味道，其他的大部分小说从内容到形式都保持着与经典的延续性，“这种延续性也许有一天会再次催生足以跟这些经典匹敌的作品。也许一些生机勃勃的新人物会消失在延续性中，如同往常一样。但是仍将有重复的乐趣，使得文明传统保持鲜活的乐趣” 。《人类史》里有一句诗：“一团致密的物质集中营般的黑暗/远处的灯火。”可能是一个不恰当的对比，但这几部小说对于为数众多其他长篇小说来说，可能就是远处的灯火，微弱而规划着异域的界限。2015年过去了，文学作品即刻进入残酷的历史的选择机制，唯有写作不息。

密林中的小径和迷途

——2015年长篇小说阅读札记

方 岩

一

每年的年底有关长篇小说的各种榜单纷纷出炉，上榜的作品未必值得谈论，落榜的作品也乏善可陈。年复一年的数量繁荣，依然难掩心不在焉的写作和敷衍了事的批评。同往年一样，2015年的长篇小说依然是在声嘶力竭的叫好声中乱象丛生。因此，在我看来，与其全景式的泛泛而谈，倒不如细读部分文本，提出与长篇小说相关的若干具体问题，由此，我们方能细致辨析这个文体的病象和症结，或许还能找到保持这个文体尊严的某些要素或新质。

二

关于2015年的长篇小说，我准备从路内与周嘉宁的一场对话谈起。这一年，他们分别出版了长篇小说新作。这两位优秀的作家相对疏离于当下文坛的喧嚣与浮躁，因此，他们的对话也少了一些逢场作戏的陈词滥调，多了一些与文学观念、技艺相关的真问题的谈论。在这次对话中，路内说："我其实非常羡慕你写小说的这样一个状态。我曾经用过一个词来讲一个作家的自我照亮、通过自我反射世界，这个词叫心解，即用心去解释。"路内谈论的虽然是周嘉宁的长篇小说《密林中》，然而在我看来，"心解"其实是重提个人经验的重要性，这事实上是对近年来长篇小说基本品格缺失的提醒：在这个价值观、审美趣味日益趋同的时代，如何重建个人经验与世界的关系；如何重申个人经验之于"虚构"（长篇小说）的合法性。《密林中》也正是这些问题上凸显了自身的意义。

《密林中》是一部出色的作家精神自传。这部作品的卓越之处表现在两个方面：一方面，周嘉宁执着于个人经验的反复书写，但是这种反复并不表现为具体情境中的某种情绪的凝视和放大，或者说，并不表现为在具体情绪中的沉溺和封闭。周嘉宁不断“反复”的是关于文学观念、关于写作实践的思考和调整，以及这些言行与自身生活状态、精神历程相互影响的过程。因此，这些绵密、繁复的个人经验实际上始终保持了流动性、开放性、探索性，只不过是以一种朴拙甚至滞重的形式表现出来。以这种形式表现出的叙事进程倒是非常符合一个有追求的作家极其缓慢、艰难甚至可能倒退、停滞的成长过程；另一方面，虽说历史进程、社会文化构成等宏大因素确实不是周嘉宁的关注重点，然而我们依然能清晰地辨认出上述因素对其写作及其所要处理的经验形态的影响。如QQ、MSN等即时交流工具的聊天内容取代传统意义上的对话描写，论坛成为小说中人物交流、事件发生的主要场所等，触及的都是信息传播的方式、人际交流方式/伦理、情感表达方式、认知世界的视角/价值观等方面的变化，在根本上则是关于具体历史情境的“总体特征”的感性认知。这在小说的物质层面表现为叙述语言、文体思维与社会文化构成的相互影响；在精神层面则表现为个人经验与历史进程中某个代际群体精神症候、生存图景的普遍性的关系。

著名学者张新颖看重的亦是《密林中》的上述特点：“（她）似乎一直深陷在她这一代人的经验里面，这一代人的经验当然首先是个人的经验，想象和虚构也是基于这样的经验。读她的文字，会强烈地感受到文字和个人之间的关系。这种关系，才是写作发生、进行和持续的理由。”可见，《密林中》的意义，不仅在于它如何出色地将个人经验视角中的世界图景铺陈在一部长篇小说中，即如评论家行超所总结的那样：“‘个人’即是‘世界’”；而且在于，它的存在将近年长篇小说创作中一个很严重的病相映照出来。如张新颖所指出的那样：“我之所以要提出这一点，是因为有大量的写作，我们看不到和写作者之间有什么关系，看不到写作的必要性和启动点。倒不是说作品里面要有‘我’，而是说，写作者和写作之间，不能不有或显或隐的连接，哪怕你写的是外星球。”事实上，这样的病例很容易在2015年的长篇小说中找到。

具体而言，我们反复谈论《密林中》无非出于以下几个原因：首先，侧重“个人经验”的书写并不必然保证作品的成功，然而“个人经验”却关乎文学的本质。所以，当我们认为《密林中》是近年来长篇小说佳作之一时，在广泛意义上指的是，这部小说捍卫了个人面对世界发言的权利，哪怕这声音是微弱的，私密的，甚至是排斥的。从微观层面，它重申的是主体在虚构疆域的霸权、中心位置，无论作者关心的是何种层面的问题，所有的经验都必须经由“主体”的重构。其次，这本是一个常识问题，并无多少玄奥和深刻的道理。只是因为近年来的长篇小说的整体颓势，它又重新成为一个不得不谈的问题。如果说，当代文学史曾发生过大规模的个人经验的消失和主体的退场，在很大程度上是意识形态规训的结果。那么新世纪以来长篇小说中“主体的消逝”，却是一个主动撤退的结果。

在余华的《第七天》之后，“小说新闻化”已经成为当下长篇小说的顽疾。在《第七天》引起争议之后的两年，东西的《篡改的命》在2015年的文坛上收获了诸多的赞誉。这是否意味着当代文坛已经默认小说确实需要社会新闻来拯救，而这并不会损毁小说这种文体的肌质，甚至会认为这是小说文体的新突破?

《篡改的命》共七章，每个章节都用了一个时下流行的词汇作为标题，如“屌丝”“拼爹”等，这些词汇清浅直白地宣示着每个章节的叙事内容与读者所熟知的社会现象的对应关系，以及作者的价值取向与大众关于这些社会现象的基本态度之间的同构关系。小说的内容也并不复杂：农民的后代汪长尺在高考录取时被官二代冒名顶替，命运从此被篡改。汪长尺的一生始终徘徊于社会的最底层，期间经历了迫于生计为富人子弟顶罪、工伤与“跳楼”式索赔、妻子卖淫等，最后他把孩子送给了一家有钱人，希望孩子的命运就此被“篡改”。无疑，这是一个控诉权力与资本掌控社会、阶层流动固化的故事。在创作动机、故事内容、情感取向、价值判断等方面，我们都无法挑剔其无比正确的政治正确性。只是就一部小说的阅读反应而言，我们只是心照不宣地看到一个又一个社会新闻如何巧合而戏剧性地叠加在同一个人身上。如果说，《第七天》里设置了一个“鬼魂”来收集、讲述各类社会不公的新闻，那么《篡改的命》无非是设置了一个人物来充当这些事件的受害人。这两部小说分别代表了当下“小说新闻化”的两种典型。

作家迫不及待地把新闻素材加以戏剧化处理，迅速进入公共领域，无非是试图证明在各种媒介/话语相互竞争、多元共生的时代里，文学作为一种重要的媒介/话语，依然保持了它充沛、积极的政治参与和社会关怀的品格。从这个角度来说，作家的道德追求和政治诉求确实无可厚非。但是这种描述却掩盖了一些问题的实质。首先，作家作为公民个体的社会政治参与，与以文学的形式参与历史进程和社会建构，两者之间存在关联却终归是两个层面的问题。作家若为凸显自身的政治/道德诉求，而把小说处理成类似于新闻的同质性话语，他动摇的是文学本身的合法性，从写作伦理的角度而言，这本身就是不道德的。不可否认，当下中国的经验复杂性远远超出我们日常经验范围之外，甚至很多匪夷所思的事件会倒逼作家反省自己的想象力。然而这都不足以构成模糊“现实”与“虚构”、“小说”与“新闻”之间基本界限的理由。抛开更为复杂的理论描述，如果把文学仅仅视为一种话语类型，当它与其他话语类型共同面对同一种事物时，它需要在其他话语类型相互竞争相互补充的关系中，提供另外的可能性。这可能是我们关于文学最基本的要求。比如，在反思极权的问题上，我们既需要以赛亚·柏林的思辨，也需要乔治·奥威尔的想象力。其次，“小说新闻化”的现象往往出自名家之手，而这些作品也会毫无悬念地在文学场域中获得赞誉。发生这种现象的症结并不复杂：这种现象的发生本身就是作家们控诉的权力和资本在文学场域运作的结果。具体而言，这些作家凭借早些年的优秀作品树立了自身在文坛的地位和声誉，文化象征资本的原始积累便得以完成。以小说的形式谈论社会热点，既能在公共领域树立作家高尚的道德形象，也是写作迅速被大众关注的便捷途径。于是，我们看到，一方面是粗糙的作品在文化象征资本的运作下熠熠生辉，一方面是作家沉寂数年后重返文坛中心使得文化象征资本又得到以扩张。这是一个反复循环的过程，也是当下文坛的典型病象之一种。每年年底的各类文学排行榜包括各类大大小小的文学评奖是推广优秀作品的方式，还是作家文化象征资本影响力排行榜，这确实是个问题。

新闻之于小说的诱惑力像是一种病毒，它在2015年感染了更多的作家，甚至会产生新的病毒形态。刘庆邦的《黑白女人》便是一个例子。《黑白女人》讲述的是矿难家属如何重建生活的故事。这是一个极具挑战性的话题，因为它既涉及国家制度、政府职能运作，又涉及世态、人情。然而，刘庆邦最终把这个极具话题性的故事处理成了主流媒体报道“灾后重建”的长篇新闻通讯。整部小说像是关于受难者家属日常生活的流水账，这或许只事关作者描述经验时的才情和技巧。但是角色功能的设置却直接关乎作者的价值观。至少在《黑白女人》中，我们看到主流媒体处理灾情报道时的叙述框架及其背后的意识形态对其创作的影响。或许灾变之后的生活重建意味回归日常，但是这种日常毕竟是巨大灾变后的日常，所以，这日常的另一面或许就是危机四伏。这既是世态常情，也是叙事的可能性和不确定性。但是两个角色的出现彻底将这个故事拉回到主流新闻的腔调。这两个角色分别是工会主席和一位矿工的遗孀，后者还曾是一位教师。前者总是及时处理了受害者家属的现实困难，而后者则现身说法经常帮助其他遗孀进行心理疏导。不难看出，这两个角色分别对应了新闻报道中“政府高度重视”和“热心群众”/“民间力量”，这些让“灾后重建”焕发出昂扬的乐观主义基调；具体到文本内部，这两个角色则可以消弭任何层次的情节冲突，从而让叙事牢牢地限定在政治安全的边界之内。由此引发的问题是，在长篇小说结构和角色设置与主流新闻报道模式高度相似的情况下，刘庆邦复述这个“家属情绪稳定”的故事意欲何为？

如果更年轻的作家传染上这种病毒，是一件多少令人失望的事情。盛慧的《闯广东》封面上写着一行字：“这不是一个人的奋斗故事，而是一代人的烈火青春，堪称当代版的《平凡的世界》。”这样的题目和推荐语都在表明，这部小说定位于讲述在时代大潮中个人奋斗终获成功的励志故事。我并不反对长篇小说故事类型的多样性。这行为本身是值得敬佩的，毕竟，在这样一个时代里，书写光明和理想确实是一个有难度的尝试。而事实证明，盛慧确实没有实现推荐语里所标榜的高度。或许我们已经习惯雷同的经历在不同的打工者身上发生，甚至是具体情境、故事情节、人物关系都那么相像。我们甚至可以忽略新闻素材对这些故事的干扰，去寻求更为值得讨论的现象。然而结果却是，个人奋斗的成功不是因为体制所提供的正常上升渠道，或者说并非来自制度的保障，而是来自上层社会的赏识和慧眼识珠，这个阶层恰恰又是与造成打工者们苦难的制度是一种共谋关系。这样类型的励志故事难免令人不安地想起那些前现代的道德说教故事，个人努力总会获得神赐或贵人相助。这样的价值观所试图消除的是，现代社会中个体与制度复杂的互动关系，以及个体在现实语境中清醒的自由意志。简而言之，“个人奋斗”是一个现代性的故事，而非个人言行自我完善的道德故事。如果年轻的作者秉持如此陈旧的价值观去书写这个时代的挫败与光荣，我们很难想象理想主义在当下重新扎根的可能性。

在与“小说新闻化”有关的小说中，话题大多集中于阶层、权力、资本、制度等层面，它们是当下中国结构性、体制性矛盾最重要的表征。它们并非遥不可及的抽象概念，而是切切实实地构成了我们当下生存最基本的语境，渗透在日常生活的细节中，与我们的生存焦虑和不安全感、我们的言行、价值形态变化有着直接而又千丝万缕的联系。因而，这些庞然大物在小说中也未必非要直接体现为官员、富豪等符号，它们对普通人的冲击也并不总是表现为泾渭分明的阶层对立，或赤裸裸的压迫和暴力。所以，对于无法避而不谈的问题，最重要的便是如何在“虚构”中更好地谈论它。王十月的《收脚印的人》或许能给我们带来一些启发。

如小说题记写的那样：“依然，此书献给被遮蔽的过往。”王十月想讨论的是盛世背后的原始积累，歌舞升平面纱下的历史真实，大到经济繁荣小到个人成功的源头和历程。简单说来，这是一部追述/审判资本、权力原罪的小说。它在形式、内容、细节等方面的出色表现，让这个看似并不新鲜的话题重新散发出深刻的意义。

小说的叙述者是一位作家，他需要在一场司法鉴定中通过讲诉自己的经历来证明自己并非是精神病患者，而这场司法鉴定的举办目的却是为了证明他确实是患者。限制性的自叙视角和“悬疑”的叙事效果，便构成了小说叙事结构的第一个层次。

在具体的叙述过程中，作家同时又在不断强调自己是个“收脚印的人”。“收脚印”的说法来自作家故乡楚地的传说。据说将死之人会在死前的一段时间里，每到入睡之后，灵魂便飘荡至人生经历中的某些具体场景中去捡拾自己的脚印。于是，全知全能的叙事视角和荒诞魔幻的叙事效果，又构成了小说叙事结构的第二层次。

两个层次的结合，使得叙事者能够从容地在现实/虚构、过去/未来、全知/未知/限制中自由切换；如果同时考虑到这是一场自证清醒的自述，叙事者还能根据叙事需要随时插入其他类型的话语，如抒情、思辨、议论等，甚至可以毫无障碍引入作家访谈、新闻材料、网络语言等。由此，一段可能冗长、平淡的自叙便显得具有开放性、可读性。

小说的主要内容以作家自叙自己从打工者到作家的成长经历为主。得益于叙述结构的开放性和自由度，在自述经历的同时，那些与他的经历有关的其他人物及其经历也从容不迫地进入叙述视野，这些人大多是自己当年的工友，有的已经消失（死亡，失踪，失联），有的依然如故，有的则完成身份转变（官员，商人）。于是，这个以个人经历为主的叙事其纵深度和视野均得到极大的扩展，从时间上来说，个人经历与一个群体/阶层的分化联系在一起，从空间上来说，个人经历又与各个群体/阶层的生活产生交集。需要提醒的是，这份自述的人生经历中的某些重要的转折点，本身就是改革开放进程中某些重要政策调整的结果。由此，个人经验、群体经历、阶层分化都与具体的历史进程产生关联，这些经验在叙述形式的带动下在文本中形成了紧张的互动关系。因而，王十月所试图实现的写作诉求，最终都落实在复杂、具体的经验上。

最后，我想强调的是，个人自述中的身份转变这个问题。身份转变其实是世俗意义上的成功。这个过程其实便是从制度的受害者到制度的共谋者的过程，这个过程也是权力、资本缓慢滋生的过程。从叙事的角度来，“成功学”的叙事是一种限制性视角叙事，它遮蔽隐藏了部分历史的真实，而“收脚印”所具备的全职全能视角则是一种祛蔽、还原的过程，正如我们在文本中经常能够看到，“收脚印的人”的灵魂飘荡在具体情境的上空，事件的细节尽收眼底。事实上，这不仅是一个回溯、描述历史真实的过程，也是把自身拉回历史深处进行自我反思、自我审判的过程。尤其是后者，把自我重新放置回具体的情景中，实际上呈现的是一种与历史同谋的状态，由此，所有的宏大批判和控诉都落实在坚实的自我批评自我批判基础之上。而构成自我批判内容的正是那些内容饱满、细节充沛的个人经验。也正是因为这一点，使得《收脚印的人》成为同类作品中少有的清醒、深刻之作。

三

《收脚印的人》所呈现的气势和态度，令我再次想起文章开头的那场对话。周嘉宁对路内说：“这里说到一个坚定的自我。但是我的坚定性又始终存活于自我质疑……我觉得比如像路内身上，肯定会有自我质疑，但也有很强烈的自信，这个自信是‘我很牛，我要把世界都灭了’的想法，也往往是在男性身上比较容易出现的想法……所以我其实非常羡慕，你在深刻地自我怀疑同时，还拥有想要击溃世界的自信，自信和自我质疑结合在一起，对我来说是一种迷人的特质……”其实，如何写/写什么倒未必与性别相关，只不过王十月、路内这样的作家确实有着强烈的为世界命名、为时代赋行的冲动，他们主动把自己抛进世界的旋涡中搏斗、沉浮，与周嘉宁等人的“小世界”式的映照和反射相比，代表了长篇小说的另外一个方向。

路内在2015发表的长篇小说叫《慈悲》。小说写的是一个国营化工厂的兴衰和工人命运的沉浮。路内笔下这种工厂带有典型的“工厂办社会”的计划经济特征，这样的国营的工厂其实上是个麻雀虽小五脏俱全的微型社会。社会变革、国家政策的调整等宏大历史进程在此类工厂发展上表现得尤其明显。所以，当路内写下“前进化工厂”（一个典型的计划经济时代、社会主义遗产式的名字）在“文革”、改革开放、严打、投机倒把、国企改制、市场经济、私营企业兴起等大大小小的时代风潮中光荣与衰败以及工人们的命运流转时，实际上，呈现的是历史表情的变化和身不由己被历史裹挟的人们的精神、心态和日常的变动。简而言之，人与历史复杂纠缠的状态和细节在小说里得到了呈现，也正是这一点使得路内的创作在当代文坛显示出极高的辨识度，这也使得如《慈悲》这类的长篇小说实现了帕慕克所言的“小说博物馆”的意义：“小说也构成了一种内容丰富且有感染力的档案——有关人类的共同情感，我们对普通事物的感知，我们的姿态、谈吐、立场……因为小说家对此进行了观察并且细心地在作品中加以记录……小说则观察并保存了同一时期日常生活的组成部分，如意象、物品、交谈、气味、故事、信仰、感知，等等。”

路内其实有着更大的企图，“慈悲”这个题目表明他大概是想写一部与信仰有关的小说。小说中人物聚合离散的命运和一些细节确实也弥漫着大开大合的悲天悯人的情绪。比如，小说中多次出现的“祭炉”情节和结尾处关于真假寺庙和真假和尚的讨论，都彰显着路内试图用某些精神资源来整合历史纷繁、现实离乱的良苦用心。“祭炉”源自古老的手工艺传统，它传达的是对技艺与人的关系的尊重和敬仰，对应的是文本中现代化工业流水线上的操作工；“和尚”与“寺庙”则涉及更为强势的宗教观的问题，对应于文本中那些尘世间的罪恶、怨恨和伤害。只是这些都是在古老中国几千年时间里形成的精神资源和世界观，面对于当下中国而言几乎是突然降临、多少还有被动意味的现代性、后现代性经验，这是否会显得突兀？可能是个值得商榷的问题。

然而这个问题并不影响《慈悲》依然是一部优秀的长篇小说。在我看来，它的卓越之处还在于，它让有难度、有智力的写作重新回到当下的长篇小说中来。这是一部靠对话推动叙事的小说。路内把与历史背景的相关信息和推进故事进展的要素合理地化约进对话，由此保证了故事的连贯性和叙事的节奏感。这种冒险但是颇有成效的做法自然带来了良好的阅读反馈。对于那些偏爱故事情节的读者而言，能获得阅读上的愉悦感；而对于那些不仅仅满足于故事性的读者而言，则需要携带自身的知识储备和价值观念与对话中的那些重要信息，进行相互质疑和相互补充。在小说阅读中难以获得智力反馈和知识训练恰恰是当下长篇小说小说创作中的又一个病象。

关于长篇小说的“智力”和“难度”要涉及很多更为具体的讨论。作家在文本中凸显的价值观念或者说信仰能否有效地整合那些被叙述的经验，亦是比较重要的问题之一。换而言之，小说中事件所呈现的价值取向与作者所试图传达的观念是否贴合，它考验的是作者命名世界的能力。在我看来，韩东的《欢乐而隐秘》和葛亮的《北鸢》在这个方面存在着不足之处。

《收获》在官方微博上推介韩东的这部最新小说时评价道：“在小说摧枯拉朽的语言背后，暗含了某些关于宗教哲学的探讨，因果报应，死生轮回。荒诞的故事由狂欢式的笔调予以呈现，带来一场欢乐而隐秘的阅读体验。” 事实上，这个故事呈现的形态非常单薄：所谓“荒诞”无非是一个三流影视女演员（林果儿）与亿万富翁（齐林）的情感纠葛，其中还夹杂着林果儿与游手好闲的前男友（张军）的分分合合；所谓“宗教哲学探讨”也无非是作为叙事者/禁欲者/旁观者，同时也是林果儿的“男闺蜜”秦冬冬以佛法来谈论、解释这些纠葛。韩东大概是觉得，小说中这些有着充足的物质保障、无基本的生存焦虑的人，是能为宗教/信仰扎根提供可能性的，这倒是像“仓廪实而知礼节，衣食足而知荣辱”的现代翻版。问题在于，韩东所描绘的中产阶级精神生活与其宣扬的佛教观念始终存在着巨大的鸿沟。小说里有个细节：秦冬冬告诉林果儿那些未来得及出生的婴儿也是有灵魂的，叫“婴灵”；林果儿在第七次堕胎之后开车去寺庙赎罪的路上撞在一棵樱花树上，树上飘下七片花瓣落在车子上，这被林果儿视为“婴灵”显灵，因为“樱”与“婴”同音。按照佛教的理念，堕胎即为杀生，但是在韩东笔下，中产阶级的杀生却在婴灵、樱花的修辞中，完美地演绎了赎罪、诗意与禅韵的融会贯通。小说的结尾，齐林车祸身亡后，林果儿找到张军受孕，她认为怀上的孩子是齐林的转世投胎，然后为了孩子的身份问题，她又嫁给了秦冬冬。这便是小说的题记为何是：“谨以此文献给齐林、王果儿和我儿子以及他父亲。”或许这里有超出我们经验把握之外的深意，毕竟这一切都在秦冬冬“佛法无边”的议论中得到了合理解释。简而言之，韩东关心的是信仰/宗教拯救当下的可能性，但是他的故事呈现的却是另外的形态，即中产阶级如何通过“消费”宗教/信仰换来自身道德净化。于是，故事的价值形态反过来收编了韩东的写作动机，反而使得韩东的写作行为更像是为某种生活方式开脱、辩护、灌输价值。我在这里无意区分阶层的价值形态的高低，只是认为，韩东的这部长篇多少暴露了当下写作伦理中的一个症候，即中产阶级的文化幼稚病。

当下中国经验的复杂性是中产阶级的文化幼稚病滋生的土壤。面对现实情境的失语和关于未来的不确定性和不安全感，使得他们试图寻找一劳永逸的济世良方，于是宗教成为顺手可得的精神资源。然而因为缺乏关于切身生存问题的细微体察，很多关于宗教的谈论都像是模糊历史真实的策略性叙述。至少在当下的中国，宗教问题正日益演变为阶层问题，它正越来越多地表现为某部分群体的文化品位、社会身份以及慈善手段，愈发远离普度众生、信仰重建的宗教初衷。

中产阶级的文化幼稚病的另一个体现，便是在历史虚构中凭吊风雨飘摇、人世飘零。《北鸢》便是中产阶级在历史虚无中自我感伤的典型样本。这样的小说通常有着大致趋同的情节架构：高门大户在晚清以来的历史中多舛、曲折的命运轨迹。故事中或许还有几分历史真实作为背景，然而几乎所有的革命、爱情与历史都围绕着世家的爱恨情仇、生死离别展开。放眼望去，豪门弟子的身影遍布20世纪中国历史的每个关口和角落——一言以蔽之，豪门恩怨几乎与20世纪中国历史形成了同构关系。在历史虚构中寄托情怀，本是写作常态，只是有些情怀却是时代病的反映。中产阶级的现实处境，以及把这种处境投射进历史虚构和文化想象中所带来的虚无主义，是两个层面的问题。简单说来，在当下中国的现实语境，中产阶级其实是徒有其表的孱弱的存在，他们既构不成保持社会平衡的力量，也无保障自身安稳的可能，要么成为权贵的帮忙与帮闲实现阶层上升，要么在社会冲突中成为矛盾的转嫁物和替代品，迅速沦落为底层。所以他们只能在历史的虚构中聊以自慰，一方面，豪门衰败、礼乐崩坏折射的是中产阶级在现实语境中的不安全感和关于未来的悲观展望；另一方面，世家弟子在时代风云际会中纵横捭阖成为历史的主角，这种历史想象掩盖的是他们在现实中的无力和无能。对于中产阶级的现实焦虑，我抱有理解和同情。但是我们若承认写作是一种权利，特别是在当下的中国，它所包含的微弱的申诉和抵抗的权利还有存在的必要性；那么，过分沉溺于写作带来的自我满足、自我安慰和自我封闭，特别是切断历史想象、历史虚构与现实体察隐秘的互动关系，则等于宣布放弃权利。而这权利正是包括葛亮在内的中产阶级们在这个时代还剩余的、屈指可数的言说渠道之一，这里包含了微茫的机会和希望。

四

关于作家与世界相处的方式，路内还曾谈到："这个全世界是什么？可能就是所谓的文学所映照出来的世界吧。但是即使是这样一个世界，其中有一部分仍然牢牢掌握在那些僧侣型的作家手里，那些东西是不会流失出去的。征服型的作家永远只能征服他所征服的那一半，但是地球的另一半仍在黑暗之中，他甚至无法认知出来。" 我想，王安忆大概就是属于这种僧侣型的作家，她们掠过世事繁华的表象，执着于世界深处的或幽暗或澄明的秘密。"文学的神秘性，情感的神秘性" 抽丝剥茧般在这类作家作品中得到了细致的呈现。

《匿名》发表的时候，王安忆说朋友鼓励她"要有勇气写一部不好看的东西"。是否"好看"在很大程度上取决于读者的个人喜欢，难以定论。但是绵密的细节纹理、复杂抽象的命题和简约冷峻的语言，确实让王安忆以"匿名"的方式写出了一部无法通过其写作脉络来辨识的作品。

就情节本身而言，这个故事基本架构非常简单：一个被错认而遭到绑架的人被抛弃于与世隔绝的深山独自生活一段时间后，被人发现并开始重建对俗世日常的认知。于是前部叫《归去》，后半部叫《来兮》。这种描述显然大大简化了王安忆在叙事上的野心。事实上，王安忆无意叙述一个可能会被类型化或者说有鲜明主题的故事。但是在叙事的过程，她又让故事不断向各种类型或主题发出暧昧的召唤。在这个过程中她不断唤醒读者某种阅读记忆和阅读期待，却又在不断地挫败、消解它们。具体说来，小说的开头充满悬疑，似乎要展开探案推理的故事模式；在家人找寻的过程中，展开的却是世情冷暖、人间百态、三教九流、芸芸众生的浮世景象，像是世情小说的缓缓铺展；被绑架的人在幽闭的空间里辨识外面动静，听着两帮人在为是否绑架对了人而争吵，在江湖黑话中辨识信息时，总让人感觉一个惊心动魄的黑帮故事将要发生；及至这个被错认的人被遗弃在深山里时，时间停止，万物静谧。一个失忆的人，忘记自身身份、历史和教化的人，与一个天地蛮荒的原始空间相遇，人与万物彼此打量，时间流转只是日升月落的循环。这样的故事氛围难免令人想起1980年代的那些"寻根"故事；后来这个"匿名"的人被人发现，送进了小镇的敬老院。这个小镇民风颟顸而朴素，奉行一套未被现代社会熏染的处世原则和人际关系，而与这个人日常交往的都是些畸零的人，如丧失劳动能力的老人、患有白化病的少年、先天心脏有病的儿童、黑帮大哥等等，此时的故事在写实意义上有些像与现代主流文明保持距离的边地风情小说，在隐喻意义上又有些像与主流社会有些隔绝的边缘群体的故事。这些近似某个类型或主题的叙事往往是展开不久又转向别处。对于读者而言，阅读的期待与失落交替进行。我想，这正是王安忆在叙事上的“霸道”和高明之处：为了避免这个故事被可能的主题和类型收编，她故意布置了这个“匿名”的叙事迷宫。读者在一次次阅读受挫后，只能依靠王安忆所指引的思考方向。如陈思和所言：“这个作家就变成了一个上帝。”

王安忆一边苦心营造着叙事的迷局，一边又强势地掌控叙事的走向，这一切源于她所要实现的叙事意图，如其所言：“以往的写作偏写实，是对客观事物的描绘，人物言行，故事走向，大多体现了小说本身的逻辑。《匿名》却试图阐释语言、教育、文明、时间这些抽象概念，跟以前不是一个路数的。这种复杂思辨的书写，又必须找到具象载体，对小说本身负荷提出了很大挑战，简直是一场冒险。”很显然，王安忆试图用长篇小说的形式来讨论抽象的命题，而这种尝试不仅与读者关于小说的共识相抵触，而且对于王安忆本人而言也是一种巨大的挑战。所以王安忆需要利用既有类型 / 主题的小说惯常叙事形式来引导读者逐步进入她的抽象叙事，同时她也需要通过对具体经验的描摹渐渐完成写作思路的铺展和转变。我们可以以《匿名》的上半部《归去》为例，继续谈论王安忆在叙事形式上的匠心之处。《归去》的内容分两部分展开，一部分是家人寻找失踪者并逐步放弃的过程，一部分是失踪者在被绑架、转运的过程中逐步丧失对外界信息的辨析能力并最终被抛掷于人迹罕至的深山老林里生存的过程。在叙事刚展开的时候，两个部分的内容交替进行、彼此映照。在这个阶段，既是现代世俗文明逐步展开的过程，也是失踪者逐步远离的这个现代世俗文明的过程。事实上，这个现代文明的逐步展开还有更为长远的叙事意义，即为后来建立起的原始、野蛮的环境提供参照与铺垫。在失踪者刚被带入山林时，王安忆的叙事发生了微妙的变化，她开始逐步减少了第一个部分内容的叙事容量，而渐渐加大了第二个部分的叙事容量。叙事比重和频率微妙变化的过程，其实就是失踪者逐步忘却历史、身份、知识、记忆的过程，而这些无一不是现代文明的标记。所以《归去》的结尾写到家属去警署注销失踪者的户籍时，有关现代世俗场景就完全在文本中消失了，而原始、野蛮山林及其隐喻“世界”开始统治了文本和叙事。至此王安忆方能愈发从容地在一个迥异的“世界”中展开思辨和讨论，就像王安忆自己也承认的那样：“写到后面我得心应手了不少。”坦率地说，这确实是一个朴拙然而却颇具成效的叙述过程，正是通过对类型 / 主题小说叙事模式和阅读期待的利用，王安忆有效地把读者的思考引向了自身的叙事意图，而且借助微妙的叙事结构的调整和大量的铺垫，她也平稳地实现了从具体经验的描摹到“抽象的审美之旅”写作方式的转变。

“王安忆的小说越来越抽象，几乎摆脱了文学故事的元素，与其说是讲述故事还不如说是在议论故事。”陈思和非常精辟地评价了这部小说最终呈现的文本形态。甚至可以说，王安忆煞费苦心地处理叙事形式，就是为了能够通过这个文本实现或剥丝抽茧、拂尘见金或大开大合、信马由缰的自由“议论”。传统现实主义中的“议论”大多表现为关于具体情节的评价，而这种评价又完全受制于作者试图灌输的价值观，在极端上甚至表现为把叙事降格为观点的例证。王安忆的“议论”则溢出了这个范畴，这些“议论”更像是细节铺展中微弱的停顿，是关于细节的注释和补充。因此，在我看来，这种“议论”的功能更像是细节、叙事的丰富，是一种以想象力支撑的抽象思辨形式。

若在整体上把《匿名》视为一场思辨，便会发现它是一部依靠想象力来成全抽象思辨的叙事。首先，王安忆“处心积虑”地引导读者见证了，我们熟悉的一切是如何渐渐烟消云散的。她让我们清晰看到一个人摆脱历史、社会、语言、记忆以及身份、具体的生存环境——这些让一个人成为一个独特个体的建构性因素——的过程，并让我们心悦诚服地相信一个具有鲜明特征的人“退化”为只具备生理特征和生存本能的人是可能的。用具体的事件来展示这个过程固然必要，但是将具体、偶然的事件变得对读者具有说服力、引导性，则需要依凭强大的想象力所制造的迷惑性、欺骗性。其次，当这个只具备生物性特征的人，两手空空、“赤裸裸”地走进那个只依靠自然法则运行的世界时，王安忆念兹在兹的关于“语言、教育、文明、时间这些抽象概念”的讨论和思辨才有了可能。具体而言，王安忆设置的情境中“人”是自然法则的一个构成部分，或者说自然之一种，从这个角度来说，他与其他自然、生物并无本质的区别。只有当“人”与周围的自然、周围的世界相互识别、命名时，“人”才有了区别于其他自然的可能。换而言之，在这个情境中，王安忆试图重新演绎“人”的起源过程，即从“人”藏匿于“自然”，到“人”区别于“自然”这一过程。严格说来，只有到了后面那个阶段，上述那些抽象概念才有了可以依凭的具体材料，因为这些抽象概念的起源、发展无一不与“人”从生物性向社会性、历史性转变的过程相关。因此，在这个过程中，王安忆需要调动想象力提供细节、描述具体进程，由此那些抽象概念的讨论才能落实在具体经验上。尽管，考古发现可能为这个过程提供一些实证性知识，但是在具体的语境中重建、演绎具有说服力的、鲜活的具体经验，则是需要非凡的想象力的。

因此，这一切都使得《匿名》像是一场精细设计而又充满想象力的封闭性实验。她预设了前提，设置好参数，搭建了情境，全神贯注地观察记录实验对象的种种情况，做出猜测、判断，并试图引起其他人讨论参与的兴趣。所以在我看来，与其在知识的意义上去计较那些抽象辩题的对错和方向，倒不如说王安忆在试探我们目前的知识、理论关于人、历史、社会等方面的认知边界，她使用的工具便是想象力，想象力越过认知极限的地方便是一片“匿名”的区域，而这个区域可能藏匿着新的智慧、真理和秘密。这也是何以王安忆会强调“耐心点，坚持看完下半部”的原因？因为，在后半部《来兮》中那个实验对象走出了极端的情境、慢慢恢复了对周遭世界的感知后，王安忆的叙述也越来越接近读者熟悉的经验范围。这个时候，王安忆的实验已取得成效并接近尾声，她也不再需要以最大程度地试炼、冲撞甚至是瓦解现有认知及其承载的想象力为代价了，毕竟她最需要的是把这个实验成果带回现有的文明、以可以理解的方式呈现出来。简而言之，王安忆以其出色的叙事实验试炼了长篇小说的可能性，虽说《匿名》所呈现的种种可能性是不可复制的，但是却为当下长篇小说江河日下的颓势挽回了尊严。

如果说王安忆执着于世界深处那些秘密、那些掌控世界运行的抽象规则，那么迟子建则更倾心从相反的方向，以感性的方式去描绘这个世界的神秘。《群山之巅》里有一系列身份特殊的人物，如手艺精湛的屠夫，预知生死以刻石碑为生的奇女子，专司枪决死刑犯的法警，小镇殡仪馆的入殓师。这些与生死相关的职业并没有带给读者一种源自陌生的惊悚感，在小镇外部日益喧嚣的现代文明的映照下，反倒让人感觉他们所构成的小镇生活代表了一种朴素、恒常的价值秩序。迟子建笔下世界的"神秘"，并不源自未知和恐惧，而是关于"失落"和"消失"的挽歌。迟子建怀念的是类似于小国寡民的社会形态：朴素、鲜明的伦理观，简单、安稳的社会交往，敬畏万物、人神通灵的萨满世界。小说展现的正是这样的一种社会形态被侵蚀的过程，如小说所陈述的那样"他强奸了安雪儿，等于把龙盏镇的神话给破了"。所以，屠夫之子强奸了法警的女儿（通灵奇女子）就不仅仅是道德事件/刑事案件了，而是成了世界秘密消失的隐喻。于是，缉凶的过程也就成了还原、追溯、展开秘密消失过程的叙事。小镇的历史起源在缉凶的过程中缓缓铺展，与此同时环绕着小镇历史的宏大的社会进程与小镇产生了愈发频繁的互动关系，于是革命、历史、经济等种种现代性庞然大物开始以各种方式、自外而内地改变着小镇的种种面貌。所以，在迟子建看来，世界的秘密总是与一种独特而又和谐自洽的传统、伦理和生活方式，只是在来势汹汹现代性大潮面前这一切都将淹没于同质化的现象之中。

五

作家与这个世界的关系就像周嘉宁《密林中》中的那个意象，每个作家都在孤独地探索描述这个世界的可能性，如同在密林中穿行，脚下的路可能是小径也可能是迷途，但是只有走到最后才能确定这一切是否可能。这个世界的秘密对于何顿来说，是那些掩盖在废墟下的足迹和小径。《黄埔四期》叙述的是国民党军队在抗日战争主战场上的故事，以及这些抗日功臣在新中国成立后的命运遭遇。何顿以其非凡的耐心清理出一条血迹斑斑的来路。捡拾路上的遗骸，召唤空中的游魂，并非只是为了凭吊和申冤。安置好身后历史鬼魅，方有辨识路在何方的可能。然而父辈们所参与的激荡的历史，对于生长于平庸时代的年轻作家而言，更像是一种压迫与嘲讽。林森的《暖若春风》便是这样一部长篇，现实的平凡与琐碎在关于大历史的反复诉说下愈发显得凋敝、暗淡。小说的结尾，主人公扔掉挂在客厅墙上的曾出身于黄埔军校的曾祖父的画像和诗词，整部小说的叙述基调也从抑郁的氛围转向了"暖若春风"的开朗。很显然，面对风雨激荡的大历史，不同代际作家的基本态度分野便呈现出来，至少在林森看来，摆脱历史的重负，把大历史祛魅，方能较为从容摸索前往的道路。

事实表明，身处于小时代的年轻作家们确实更关注大历史维度之外的日常经验。张怡微的《细民盛宴》围绕一场场家宴展开普通市民家庭的龃龉和亲情。这是一个颇费心思而又具中国特色的叙事结构，即饭桌与人情。在张怡微细腻的叙事中，一幅死水微澜般的庸常生活场景浮现出来。任晓雯的《生活，如此而已》的基本情节非常简单，即一个有着童年阴影和自卑心理的女孩如何在成年以后过上自毁、毁人的生活。在沉溺于不自知的庸常生活中任“恶”生“恶”，任晓雯展现的是一幅消沉无望的人生精神图景，或许这也是现实的常态之一种。《我们的踟蹰》展示的是另外一种现实图景。作者弋舟是个惯常在历史维度中呈现个人经验的作家。这一次，他取消了历史维度讲述了一个犹犹豫豫、欲说还休的中年人的爱情故事。陈再见的《六歌》则在历史和日常之外讲述了一段奇闻。这个故事涉及了六件命案，当初曾各自以中篇的形式发表过。将这六个故事并列时，便会发现各自成篇的故事中的人物、线索、内容在相互补白、相互提醒，最终构成了线索交错、情节紧张而又有完整性的悬疑故事。这个故事涉及黑帮、贩毒、畸恋等，既有话题性又有可读性。总而言之，这些都是2015年可圈可点的长篇小说。然而这些小说在整体上所呈现的精神委顿的状态却也是当代文坛的一种现象。或许是因为现实过于黏滞、沉重，而未来又充满种种令人不安的不确定性，于是精神向度很容易在无物之阵中消磨、沉沦。问题不在于小说该不该书写碎片化的情绪、琐碎的经验或一己的悲欢，而是在于这些经验与周围世界的关系是否也一并得到或多或少的呈现。我想，这涉及小说在现世存在的基本理由：“在被哲学遗弃、被成百上千种科学专业分化了的现代世界中，小说成为我们最后一个可以将人类生活视为一个整体的观察站。”当下的中国长篇小说确实存在一种倾向：“现实是没有任何廉耻感地重复着，然而思想，面对现实的重复，最后总是缄默不语”，这里的“思想”并不仅仅是指那些高深的、以体系形式表现出来的知识形态，重要的是那些被描述的具体经验所包含的与周遭世界对话的潜能。不如此，我们将丧失为小说辩护的基本理由。

2015年长篇小说：“中国故事”的多维想象

李 壮

2015年是长篇小说发表出版的大年。若从总体层面加以概括，这些作品多是在“中国故事”“中国讲述”的总体框架下寻找各自的有效形式，或呈现为语言风格的自觉，或聚焦于经验视野的拓展，或体现在形式结构的突破革新以及传统资源的创造性化用。这些文本，有的关注当代生活的中心经验，针对敏感话题展开言说；有的在时空的边缘地带不断挖掘，关注历史的角落、地缘文化的角落和人性的角落。许多作者追求形式风格的突破与新变，同时一种回归传统的趋势也已轮廓初显：这里的“传统”，既包括现代以来的现实主义“新传统”，也包括更为悠久的中国古典叙事“老传统”。中心与边缘、突进与洄游、新传统与老传统……2015年的长篇小说正以各自的方式，为“中国故事”这一当下文学的“想象共同体”雕刻着不同维度的侧面。

针对热点话题发声

长久以来，社会都在呼唤文学对当下生活的回应与共鸣。如果说类型文学因其对人类基本价值（如邪不压正）的确认和世俗生活幻想（如“霸道总裁爱上我”）的满足而填补了地铁车厢里破碎而真空的时间，那么传统意义上的纯文学，则被期待着触碰现实生活中那些充满疑难与痛苦的领域。通过叙事与展示的仪式，大大小小的问题和焦虑将从纯粹私人经验的领域被释放到公众阅读视野之中，激起共鸣或引发讨论。如何针对社会热点问题发声，已经成为当下小说写作最为迫切的焦虑之一。

这是东西《篡改的命》受到关注的重要原因。小说讲述了一个新世纪版的“进城”故事，在一种充满荒诞感和悲剧色彩的叙述中，主人公汪长尺仿佛每迈出一步都会踩响一颗地雷，而这每一颗地雷，又都隐隐绰绰地带着当下生活中那些最怪诞又最典型的新闻事件的影子。高考顶替、民工讨薪、失足妇女、“二代”焦虑……《篡改的命》触及的，是这个时代城乡话题之中那些最酸楚最尖锐的话题。但这部小说并不是简单的“新闻串烧”或“权力控诉”，而是让一个经济或道德层面上的苦情故事，最终触及了文化伦理领域的诸多悖论。汪长尺和绝大多数淳朴的底层人民一样，只不过是想生活得好一点。这一人物的复杂性在于，他面临的问题既不是“如何好”、也不是“为什么我好不了”，而是“我到底好了还是没好”。汪长尺最终选择了一种“认贼作父”的方式来改变家族命运：他把自己唯一的儿子，送给了曾迫害自己的富家仇人。汪长尺的儿子终于变成了“另一种人”，一个他曾经痛恨的富二代，“命”的困境在形式上达成了一个解决。但这种解决的带来了更大的困惑：儿子承载的到底是谁的命？汪家究竟是胜利还是失败了？这背后是一种文化伦理的剧烈转换。乡土文明里血缘的人、家族的人，如今被马克思意义上“社会关系总和”的人所取代，并陷入了权力与资本的重重围剿。汪长尺胜利了，但终究又失败了；他最后不是掉进了河里，而是掉进了两个时代、两种逻辑断裂所产生的深渊。这里显示出的时代命题是比较深刻的，它写出了乡土社会在今天如何被釜底抽薪。

《篡改的命》不是一部孤立的作品，它的背后有无数试图直面现实、尖锐发问的文学作品的影子。从新文学诞生初期的“问题小说”，一直到近年来引发热议的《涂自强的个人悲伤》《章某某》《地球之眼》等等，大约都可归入此类。这类小说的长处在于直接、犀利、穿透力十足，但往往激愤刚猛有余、细腻丰富欠缺。《篡改的命》将重心落在了复杂的“血缘”问题上，显然是在努力克服这类写作“直”与“硬”的痼疾。从中我们或许能看到一些趋势性的苗头：在这个社会问题日渐凸显的年代，直面问题的作品会不断出现，它们将不断增加自己的复杂性，在问题意识的有效性之外，兼顾美学效果的两全。

逼迫着汪长尺的，不再是物质的短缺，而是精神层面的压力：当“命”被牢牢钉死在社会那板结的底层上，个人奋斗的尊严根本无从谈起。刘庆邦的《黑白男女》走的则是相反相成的路数：在矿难这一敏感话题之下，小说讲述的却是物质性肉身毁灭之后，遇难矿工的亲人们怎样重建精神世界。在高压反腐的大背景下，陶纯的《一座营盘》将目光转向了军队反腐话题，显示出了话题捕捉的敏锐性和过人的创作勇气。张者的《桃夭》则关注知识分子的中年困境：曾经满怀理想主义的青年，如何在生活的重压打磨之下变成了压抑焦虑的中年人，这之中又藏有多少不甘和厌倦。张者的写作，为中国现当代文学中“智识者”的人物长廊补充了新的形象、表情与时代内涵。须一瓜的《别人》对医患关系、食品安全等当下社会热点问题进行了一次扫描和思考，但这种扫描不是就事论事的生硬介入，而是诉诸一个报社女记者的视角——如今，文学进行“社会性观察”的合理性已基本不再成为问题，剩下的问题就是，这种观察如何同文本达成美学上、艺术上的统一，换言之，就是如何找到一种寄寓社会关怀的有机形式。周大新的《曲终人在》亦是如此：作者把小说主线故事用“虚拟采访”这种颇为新鲜的形式悬吊起来，借助“采访笔记”视角灵活、出入自由的特点，将“官场腐败”“政治生态”等外在社会性话题和人物内心的情感挣扎结合在一起，“内外兼修”地勾画出了世道人心。

关注时空的边缘地带

小说写作的原意之一，便是探索那些人迹罕至的时空角落、唤醒世俗生活中被遮蔽和遗忘的经验。在这个意义上，任何文学作品中出现“第一次”的痕迹，都会使我们感到惊喜和鼓舞。次仁罗布的《祭语风中》，被称为“第一部藏族作家讲述西藏近五十年历史变迁的长篇小说”。作者自1959年西藏贵族叛乱写起，西藏民主改革、对印自卫反击战、“文革”乃至改革开放等重大历史事件都被纳入叙事之中，遥远的历史记忆和边疆的神奇风景构筑起这部小说的独特魅力。但这部小说的精彩并未局限于此，它真正的灵魂在于生动鲜活又感情充沛的西藏民间生活书写——变幻的历史风云，最终折射在酥油茶的一次次倾注、老朋友的一次次重逢、人物被生活不断摧易的外貌身形和历经苦难却终生不改的精神光芒之上。随着人物的命运一次次抬升又跌落，高歌猛进的历史潮流中，一曲浅唱低吟的深沉复调始终萦绕耳际，那便是命运的无常和人世的悲悯。与此同时，作者又借无常之事写出了有常之情、因悲悯之心体悟于救赎之道。这是文学的力量所在，也正同小说中浓郁的宗教氛围相得益彰。

《祭语风中》的文本离析出三个时空层次。对过去数十年生活的回忆架构起故事主体，现实时间中主人公与转世的希惟仁波齐的对话起到了对大历史背景的梳理注释作用；穿插其中的古代密藏大师米拉日巴悟道修行的故事，则与小说主人公晋美旺扎的精神跋涉之旅遥相呼应。与之类似的，是袁劲梅的《疯狂的榛子》。这部小说同样在多重时空里自由穿梭。通过一本母亲留下的《战事信札》，炮火冲天的抗日战场、特殊年代里的劳改农场与全球化时代寂静空旷的北美安大略湖之间建立起一种神秘的联结，飞虎队飞行员、情窦初开的痴心少女、政治风波中的知识分子与新一代年轻人俊秀纯真的面庞之间，也产生了一系列梦幻般的重影。巨大的时空跨度和各自起伏的故事使这部小说隐隐有一种“世事如烟”的感觉，但有两条始终不断的线索却将文本拉回到强烈的现实感中，那就是穿越时空的深情，以及历史创伤的平复。

《疯狂的榛子》在两代母女不同的人生曲线之间寻找隐秘的关联，其内在的趋势是“动”；严歌苓《护士万红》则关乎“静”，讲述了一份亦真亦幻的感情，是怎样抵挡住时光流传和世间变幻的淘洗冲击，始终保持着如一的姿态。这部小说又名《床畔》，一剪静坐床畔深情凝望的侧影，似乎是这部小说最贴切的诠释：野战医院里，年轻的护士万红爱上了长期昏迷的英雄连长，哪怕时代变幻、人去楼空、自己也垂暮老去，却依然无怨无悔地守护在病床侧畔。这部小说中，严歌苓将镜头对准了过往年代中被遗忘的爱与深情，同时以近乎极端的方式展示出爱的执拗与孤独。即便已成“植物人”的英雄无法对自己的爱恋产生一丝回应，即使这场倾慕只不过是自我内心想象的一场投影，这一切仍然足以让主人公抛弃外面世界的喧哗纷扰，怀抱着一种“无望之望”守护着爱人，也守护着时光中渐渐褪色的自己。

何顿的《黄埔四期》通过一批军校毕业生六十余年的传奇人生，再现了中国从北伐到改革开放这一段恢宏壮丽的历史，其阳气刚猛、庄严虔敬的风格，也为当下中国文坛增添了一抹相对稀缺的色彩。周瑄璞的《多湾》气魄宏大，在70余年的时间跨度中，讲述了一个家族四代人的命运，描绘出中国近现代历史大潮中，普通人的奋斗之路和精神历程。冉正万的《天眼》书写了一部黔北农村的社会发展简史，陈永和《一九七九年纪事》则以当下视角重新审视了“文革”结束之后那个百废待兴的时代。

向历史身后的车辙内捕捉远去的轰鸣、在记忆深处拾取遗落的珍珠，这是2015年许多长篇小说的创作取向，也是中国当代文学由来已久的优良传统。同时也有这样一些作家，其兴趣不是沿时光之河逆流而上，而是在空间的层面上，向那些偏远生僻的所在不断打开。迟子建在《群山之巅》中，构建了一个复杂而神秘的北方小镇。白山黑水之间的爱恨情仇，在诸多个性十足又颇显神秘的小人物身上演绎得刻骨铭心。这些被现代生活甩出视野之外的人和故事，带给我们新奇强烈的审美体验，他们身上流露出的人性情感本能，却又是我们内心深处畅行无阻的通用密码。张好好的《禾木》在第二人称叙述这样特殊的方式之中，抒发了一位身在都市的女孩对地处祖国西北角那片草原故乡的怀念；她对草原的重新认知，也能够激起都市中人对自己生活的体悟与反省。

艺术形式的多向度探索

如前文所说，如今许多小说家，正试着将目光放宽、飘荡开去，对现代文明边缘世界的隐秘空间加以探寻。在这一点上，王安忆的《匿名》或许是2015年最典型的作品之一。主人公在一场阴差阳错的绑架之中失去了记忆并被弃置深山，在失去了对现代文明的意识之后，蛮荒山野间那些充满灵气的草木山川却忽然向他的内心敞开，随之而进入读者视野的，是乡野村落里那些传奇的故事和精灵般的人物。然而，《匿名》一书更引人注目的，是其独特的语言风格和形式特征。王安忆在书中使用了一种浓度极高又捉摸不定的语言，整部小说的文字如同漫过河堤的洪水，有力、恣肆、不可规训，其强烈而自足的美学风格淹没了清晰具体的文字逻辑，具有一种梦呓般的气质。同时，大量“非小说”的元素被纳入文本。小说中常常有形而上的哲思片段直接介入，人物感觉、内心和潜意识层面的活动也被无限放大，传统小说所注重的“情节”却退居为相对次要之物——《匿名》的叙事在多数时间里是片段化与散点式的，不同于传统的“讲”和“叙”，本书更像是在“观”和“感”。小说的主体，其实就是主人公“从头认知自然”与“重新接触人类”的故事，它关乎对万物的审视和自我的觉醒。这其实是文学的“原教旨”，它使《匿名》散发出某种“元写作”式的象征意味。在实验精神渐趋退潮的今天，《匿名》显示出少见的探索勇气，令人印象深刻。

同样在形式上敢于突破的，还有陈应松的《还魂记》。“好巫鬼、重淫祀”的荆楚文化，衬托起小说中满目疮痍的乡土世界；人性的残忍与生活的荒废使整个故事散发出死亡的气息，阴沉的黑色构成了作品的主体色调。小说采用了一种“亡灵叙述”，主人公在被害垂死之际灵魂出窍，以“半鬼魂半肉身”的状态重新介入到残破故乡的当下生活中。与之相应，小说在表现方式上也采取了“半梦半醒”的方式：现实书写与超现实笔触杂糅共存、场景切换节奏诡异、怪异的人物和惊悚的意象层出不穷，这一切使《还魂记》萦绕有一种噩梦的气质。小说的分节短促无规律，不同叙事单元间常出现骤然的断裂，故事被大胆拆解直至如机器零件般散落满地……在《还魂记》中，陈应松似乎有意要挑战长篇小说的传统形式，这种胆气过人的冒犯之举，带来了小说形式变革的新动力。

就体量和架构而言，康赫的《人类学》无疑是2015年的一部鸿篇巨制。作者用130余万字的惊人篇幅，编织起上百人纠缠交错的复杂关系网，并选择了“交谈”作为叙事结构推进的具体方式：人与空间的交谈、人与他人的交谈、人与自我的交谈。恣肆的内心独白、自由的意识流动、被反复拉伸延宕的叙事，都如毛细血管般重重缠绕着作者对90年代北京生活最细枝末节的描写。这一切都使《人类学》呈现出鲜明的实验色彩。

重返现实主义与古典传统

在一个美学标准多元化的时代，写作者的探索不是集体乘坐的单向列车，而是拥有各自不同的游动方向。有人向前突进，便有人反身洄游。回返传统，是2015年长篇小说创作的另一重显著图景。这一“传统”，既包括“小传统”，即汉语新文学百年发展中逐步确立起来的经典写作方式（如现实主义）；也包括“大传统”，即中国古典文学的丰饶资源。

从纯粹私人经验的耽溺里抽身而出，重新展开小说写作对社会生活的触碰——新作《欢乐而隐秘》，被称为韩东的一次“中年变法”。这部小说中，韩东将目光放回到人与人的关系之中，并对诸多社会症候性的精神命题加以关注。人性的怪诞与生活的复杂，在其中都得到了相应的体现；欢乐又略带荒唐的文字风格依然独特，但整体而言，《欢乐而隐秘》其实在向现实主义小说的常规形态逐渐靠拢。与《欢乐而隐秘》大致同类的，是其他诸多书写平凡人物社会生活的小说，现实主义的风格烙印在这类作品身上往往鲜明。再如曹文轩《火印》、黄国荣《极地天使》、王松《燃烧的月亮》等反法西斯战争题材小说，介入历史的角度和方式各有新奇不同之处，总体上也都采用了现实主义的处理方式。

重拾现实主义的同时，中国传统叙事的诸多特征，也已经广泛渗入到当下长篇小说的创作之中，具体表现在故事传奇性的加强、因果宿命色彩的凸显、“轮回重复”等民间叙事模式的化用等诸多方面。东西《篡改的命》触及的虽是最具当下性的话题，但在形式和结构上，却隐约带有中国古典小说（如传奇、话本）的影子。小说显示出对故事本身的强调，情节线索清晰、叙事结构紧凑，大量使用巧合、轮回等古典小说经典元素，投射出汉语叙事作品更悠久传统的影子。李杭育《公猪案》借助相似的要素，把三个时空的故事捏合在一起，彼此穿插、互为投射，颇有几分“花开两朵，各表一枝”的味道。弋舟《我们的踟蹰》对传统文学资源的化用则是内在性的：小说借用了汉乐府《陌上桑》中“使君从南来，五马立踟蹰”的故事，使之与当代都市中一场纠结暧昧的三角感情形成了互文。

值得特别留意的是陈彦的《装台》。就外在形式而言，这是一部典型的现实主义作品，同时其内在的美学韵味，又深得中国古典文化神髓。小说书写了艺术产业链末端装台工人群体的酸甜苦辣，其开阔的生活视野、真切的细节描绘、生动扎实的语言风格以及人道主义的情感关怀，使《装台》被评论家称为当下“现实主义长篇小说的重要收获”。主人公刁顺子每日奔忙在尘世的烦恼与喜悦之中。那内忧外患、鸡飞狗跳的生活，令他手忙脚乱却也自得其乐。然而这“幸福的烦恼”毕竟脆弱，刁顺子竭力想要保住的一切，终究还是在一次又一次的变故中轰然垮塌了。除夕之夜，当刁顺子失魂落魄地坐在人走茶凉的屋檐下，听见街上传来喜庆的鞭炮声，一种浩大而深远的“空”忽然弥散开来。《装台》很“轻”，有一种表情活泼的喜剧感；同时也“重”，充满了人世的悲悯情怀。它写出了世俗生活的“热闹”，更写出了热闹背后永恒的“冷清”——在此意义上，《装台》是在一个当代故事中，复活了中国古典美学中那些最迷人的品质。

在传统与创新的话题上，青年作家孙智正的《南方》（艾伟的同名作品因为出版于2014年末，在此暂不讨论）显得颇为特殊：这部小说形似最典型的现实主义，书写了一群浙北少年最真实的青春期生活；但作者将其推向极端，整部小说几乎是无数经验素材的拼贴排列，近乎于一刀不剪的长镜头。这反而使这部作品充满了先锋甚至挑战的意味。这种悖论式的奇异效果，显示出青年作家身上的可能性。70后、80后的青年小说家，在2015年多有长篇佳作问世。任晓雯的《生活，如此而已》及弋舟的《我们的踟蹰》都是十万字左右的精巧小长篇，与篇幅之“精”相谐的是艺术之“精”：或文字精雅，或情思精致。这类小长篇将完整故事收纳在节制简约的形式之内，能够准确捕捉到现代人内心中的许多隐秘情绪，具有轻盈、敏锐的特点，其中或许隐藏有当下长篇小说创作某些新的可能。路内《慈悲》、盛可以《野蛮生长》、葛亮《北鸢》、张怡微《细民盛宴》等作品，则显示了青年作家自身创作风格的继续延展。前文提到过的《多湾》出自70后作家周瑄璞之手，也具有特殊的意义：无法处理更广更大的题材内容，一直是青年作家被诟病的弱点之一；这部横跨四代人的小说一朝问世，则显示出青年作家处理大话题、大历史、大篇幅的勇气和野心。就2015年的创作实绩来说，它只是诸多佳作中的一部；但在作家代际成长的更辽阔视野中，其意义显然不止于此。

审美经验的重新梳理与多样开掘

——2015年中篇小说创作综述

王 迅

对2015年中篇小说做出精准翔实的描述，并给出总览性质的宏观评析，恐怕是件困难的事。或许，正是这种难以概述的多元化创作态势，潜伏着中篇小说创作的某种生机，尽管这种迹象还不那么明显，但在审美形态多元化的意义上见证了中篇文体的健康生长。说实话，与往年相比，2015年中篇小说创作并无惊人的变化，尽管由于政治文化气候的嬗变和大众关注焦点的转移，贪腐题材小说数量锐减，校园青春叙事也不如往年繁荣，但从创作主体对社会底层生态的关注、对人心向度的多维透视，以及叙述方式的多样探索等层面来看，可以说，这一年中篇小说创作不存在基因突变，基本上还是在近年来既有的审美轨道上平稳前行。基于小说所关注的对象以及创作主体的审美气质和美学追求的差异，本文从以下八个方面对2015中篇小说创作态势进行简要梳理、归纳和评述，以期在中篇小说艺术流变中管窥创作优劣及其可能性。

现实主义批判的深化

2014年中篇小说的现实主义书写多聚焦热点问题，近距离观照当下官场百态与贪腐现象，故事编得奇巧生动，新闻性强，信息量大，颇能博得大众阅读热情，但问题是现实何以如此，很少作品对此进行深刻反思，更遑论能触及人性的深层脉象了。或者说，从如何把握和解析当下冒出的新现象、新问题的角度来看，关于热点问题的文学表达在姿态上还不够沉稳，思考上还有待深入。换言之，面对热气腾腾的现实，作家应该抱以“热”题“冷”写的态度，着力探察现象背后的隐秘机制和事物的内部结构。鲁迅所说的“揭出病根”，“引起疗救的注意”，本是现实主义创作题中应有之义。而当前现实主义小说创作，似乎未来得及沉潜和细究，往往满足于种种“症状”的呈现，而未意识到找寻“病根”的重要性。简单地说，找寻“病根”就是对“国民性”的观察和研究。在这个意义上，荆永鸣的《较量》和晓风的《回归》对现行体制下人性复杂性的揭示，显示出中篇小说现实主义批判的深化。

医疗行业的腐败现象，读者早已见惯不惊。从《较量》的叙述看，作者没有把主要精力放在难度系数较低的商业语境下医疗行业不正之风的现象性描述，而是将批判锋芒探入到人物灵魂深处，照亮那些常被遮蔽的人性黑洞，并由此进入对体制弊端的反思。小说讲述一家医院两个业务骨干从友好到交恶的过程。钟志林和谈生都是医术精湛的专家，但志向殊异。老院长原本让钟志林接班，不料遭到谢绝。钟志林立志做纯粹的高精尖知识分子，因而到手的提升机会也弃之不顾，年届五十还要前往美国深造。而谈生则是实利主义者，担任院长后推行崇尚实利原则的医疗“改革”，并暗中从药品市场获取暴利。对这种丧尽天良的做派，具有良好职业操守的钟志林当然无法容忍。围绕患者王二甲的逃单事件，两者矛盾迅速升级。这种矛盾关系到职业道德能否坚守的原则问题和医疗知识分子人道主义立场。面对谈生的倒行逆施，钟志林决心与之战斗，这种斗争在方式上是透明的、磊落的，显出知识分子的刚正气度。在频频上访屡访屡败的局面下，作为精神病专家，钟志林自己精神出现异常，终于住进医院。两种人格在一动一静的交锋中终于落幕，结局极富讽刺意味。作者怀着悲悯情怀呈现了两种人格的交锋，以声东击西的方式隐喻人性的险恶与体制的漏洞。

晓风的《回归》同样把视点投向知识分子与官僚体制的纠缠，而与《较量》情节路线相反，小说开端是主人公薛鹏举从大学校长岗位上退下来，接着讲述他告别特权回归平民生活所遭遇的不适与尴尬。由于身份的转化，看问题的角度也发生了由俯视到平视的位移，薛鹏举发现很多在位时所忽略的日常生存死角，其中不乏自责，同时也深感世俗人心的势利。面对浸染世风的学生、出言不逊的同行和故意延时的司机，深谙中西哲学精髓的薛鹏举感叹今不如昔，世风不振。然而，薛鹏举并非不懂风月，而在知识分子气质上兼容传统与现代。从他与李薇那不敢越雷池一步的精神恋爱，我们看到，一方面是作为男人的欲望和冲动，另一方面是以理制欲的传统文人操守。可贵的是，作者没有把这个人物塑造为清心寡欲的夫子，而是恰当地展现其作为现代知识分子的情感需求。从思考向度看，《较量》与《回归》中主人公作为高度文化化的知识精英，犹如一面镜子，照见了世俗人性的林林总总，从民族文化根部折射出我们这个时代的精神病象。

在批判现实方面，2014年贪腐叙事多是现象的罗列和展示，很少从根基上探寻导致贪腐问题的生成机制。这种倾向在本年度有所扭转。石一枫《地球之眼》、杨少衡《把硫酸倒进去》都把视点对准官二代，前者通过现代科技背景下人物悲剧命运，深度透视人性扭曲背后的巨大陷阱；后者从两个官员免职后又复职的过程，展现“大树”倒后受其庇荫的干部坚持正义迎面而上的姿态，同时，又从秦健前后态度的变化侧面抨击了权力崇拜心理，并通过“化验”人性人品的角度反思当前在干部任用上过于随意粗暴的流弊。曹军庆《云端之上》对网络时代大学生精神世界的呈现，切中时弊，让人揪心。陈集益《人皮鼓》对原始资本积累中隐藏的罪恶给以有力鞭笞，那些死里逃生的场景，那种人性扭曲的可怖，再次刷新了关于底层的想象。林白《西北偏北之二三》以旅人视角打量西部生存现实,有些触目惊心。梁晓声《复仇的蚊子》、鬼金《碑与城》主体上是现实主义的，但在艺术上有新的尝试。无论是前者的超现实、魔幻手法，还是后者对话剧艺术的征引，都服从于深度揭示现实阴暗和惨淡人生的审美考虑。

少年叙事的多重维度

少年叙事是2015年中篇小说较为突出的品种，张炜《寻找鱼王》和阿来《三只虫草》尤其抢眼，就思想艺术上所达到的高度而言，应当说是近年来少年题材创作中所少有的。必须指出，这里所说的少年叙事，并非那种仅仅以儿童视角讲述的小说，而且审美对象也是以少年为主体的。从维熙《雪娃之歌》、东紫《红领巾》和周李立《火山》皆属此类。这些作品对少年心理有深入的开掘，又能以小见大，辐射到成人社会乃至整个时代的精神面向，成为2015年中篇小说创作的一大亮点。

张炜小说一向有很强的虚构性和幻想色彩，那种野生的灵性化作鬼魅神秘的叙述，铸就了一种惹人神往又不乏现实关怀的格调。作为儿童叙事的《寻找鱼王》同样以充沛的诗性见长。这部小说讲述少年“我”寻找鱼王并学习捕鱼手艺的故事。鱼王中的“旱手”和“水手”，以及作为中国几千年宗法制社会最高权势象征的“族长”，这些神秘人物及其后代的爱情故事，与“我”对他们的想象、寻觅和交往同样具有传奇色彩，构成作品诗性空间的审美生长点。小说主体是“我”对两个鱼王后代的寻访。新一代“旱手”和“水手”之间，虽有铭心之爱，却未能结合，分隔终老。那种爱之深恨之切超乎想象。这种爱恨情仇缘于宗法制规约下父辈争当鱼王的个体欲望。在叙述方式上，尽管作品以儿童视角进入叙事，不乏幼稚单纯之相，但却能以轻载重，格局大气。它以人类对自然的欲望开启叙事，收尾于人类对自我的反观和反省。作者以“我”跟随女鱼王在水底深处发现的巨大无比的鱼作为真正“鱼王”的象征，警示人类一切行为皆以大自然的生态平衡为前提，同时也指出在大自然面前人与人之间倾轧争斗的狭隘可笑。

相对于张炜的诗性叙述，阿来的《三只虫草》将笔墨落到现实的大地上，以少年单纯美好的愿望反衬出污浊败坏的社会世相。虫草是产于青藏高原的名贵中草药。小说通过虫草的寻找和销售，以藏族少年桑吉的视角窥探官员、僧侣面对虫草的种种心态，由此延伸到宗教与牧民的关系、藏族群众日常生态、官员腐败现象以及农村教育现状等问题。随着叙事的推进，社会粗鄙的现实逐步粉碎和瓦解了童真少年关于三只虫草的美好怀想。我们看到，三只虫草包裹着少年真挚热烈的情感，承载了他对姐姐、表哥和老师所许下的心愿。而这种美好的情愫与这三只虫草在官场被策划、收送、贿赂的命运之间，构成强烈的反讽效果。小说不仅结构精妙，在人物心理开掘上也颇见功力。桑吉天真、勤劳、善良，富有爱心，不谙世事却又勇敢无畏，应当说，如此丰满鲜活的少年形象在当代小说中并不多见。东紫《红领巾》同样以儿童视角打量现实，但小说不以情节取胜，而以小Q与父母之间的对话，以及对话中父母无言以对的窘迫之境，既敞亮出少年对世界充满疑惑的心理暗区，又在不经意间隐现出当下急剧恶化的道德世风。笔锋锐利，运思精巧。

从维熙《雪娃之歌》讲述两个少年心灵成长的故事。作者把背景置放在解放战争时期的冀东乡村，以破谜的方式拨露出特殊年代少年由调皮任性到痛彻忏悔的心路历程。作者以双线结构故事，借助“逼宫”事件激活了少年探问谜底的心灵活泉。一方面，出于无知促成大错而后觉醒的灵灵，幼小内心经历的风暴照见了历史的诡谲。另一方面，灵灵与闵济生的早恋、“和尚”对灵灵的依恋，以及那由欢快悠然到忧伤怆然的心理变化，构成小说饶有趣味的情感线，让我们感受到战争年代中国少年纯真的美好感情。周李立的《火山》以文亮与父母的离别与重聚及其对父母的想象，透露出父母俱在却如同孤儿的被遗弃感，以及由此造成的阴郁情绪和畸形心态。“火山”是少年对亲情热切渴望的象征，而火山终未爆发又暴露出亲情的脆弱。如果说从维熙笔下的灵灵和“和尚”历经心灵的洗礼，以作别童梦的姿态奔向光明的未来，那么，文亮的未来并不明朗，他的天空依然氤氲着浓重的阴影。小说以亲情空缺下的少年想象，细致呈示出少年对远在日本的父母那既依恋又痛恨、既向往又逃离的复杂心态。

中年诗学的初步贯彻

2015年中篇小说作者很多都是70后作家，而他们年龄都在四十上下，还未彻底或者刚刚步入中年的门槛，而在他们的叙事中，那种中年迫近的危机感，那种灰色的压抑情绪和人生的颓败感，却是暴露无遗。他们的小说以一种漂泊的气质、一种精神重压下的灰色情绪，构筑这一代作家的中年叙事诗学。这是创作主体对客观历史语境和自我生存状态做出敏感反应的一种写作方式和审美姿态。小说的主人公都已步入中年，此段人生，对他们来说，一切还未尘埃落定，充满了各种可能。如果仅此而言，30岁上下的80后甚至90后也未尝不是如此。正是那种传统意义上中年稳定状态的代际预期，以及由此产生的关于对70年代生人的那种想象与现实的反差，让我们注意到70后小说中人物的非常态性。

陈仓近年来以“进城”系列备受关注，而《墓园里的春天》则属于“进城”系列的后续书写，又是“扎根”系列的开篇之作。他的视点不再是城市化进城中人性的变更以及城市与乡村的冲突，而是投向混迹于都市中的农民子弟，如何站稳脚跟，如何抵御身份的尴尬，等等，用他的话说，就是“如何重新建造一个故乡”，这是作者颇为关切的问题。农村人如何在城市“扎根”，与40多年前知青如何扎根乡土，是一个问题的两个方面。但总归来说，两种异质人群要在对方的领地扎根，实属不易。小说中胡总编跳楼自杀，在主人公陈元心中产生不小震动，而最急切的问题是，这个昔日顶头上司的安葬竟成了问题。小说以此暗示喧嚣都市中灵魂的无处安放。面对报社的萧条和人事的变故，陈元茫然中在一座墓园重新找到工作，但女友及家人显然难以接受。作者多次描写陈元遇到烦心事的反应：总会不由自主地转圈子。象征意味很明显，那是一种无根生存的焦虑感。鬼金《薄悲有时》同样表达了这种漂泊的中年心境。主人公李元懋人至中年，婚姻告北，前途惨淡，那是情感危机的中年，是孤独落魄的中年。而在逆境中，那种文艺青年的幻想气质不曾泯灭，他一度沉迷在某种形而上的幻觉里。这种幻觉是他选择逃离现实的精神支撑。但如何逃离，出路何在？他显然不清楚。所以，逃离的结果是被“无形的引力抓回来”。回来后发现，荒诞的世界依旧荒诞。这种荒诞之境是遏制诗性追求的最大敌手，这种存在之境的对立注定了无处着陆的命运。小说多次提到，李元懋的书无处存放，这显然是对诗性无处寄生的绝妙隐喻。

与上述男性叙事相对，鲁敏的《坠落美学》和贺小晴的《一个人的瞄准与射击》则以女性的笔致呈现中年女性的精神坠落与人老色衰的焦虑，那种自我毁灭的悲剧感，那种面对小三如临大敌的压迫感，与男性70后作家小说中那种压抑黯淡的灰色情绪，无疑具有同构性。此种充溢着压抑感和灰色情绪的叙述，不免让人想起郁达夫小说中的“多余人”和“零余者”，可以看作郁达夫传统在当代叙事中的回响。正是那种挥之不去的灰色情绪，在我看来，恰是70后作家中年叙事的精神标志。它不同于鲁迅、余华和残雪等作家小说中所贯穿的那种黑暗情绪，很大程度上在于，70后作家生长在相对平和的环境中，他们内心似乎还不足以承受那种颠覆性的自我审判。与80后作家小说中常见的忧伤和叛逆相比，70后小说那种人到中年的溃败感，似乎又显得更沉重，更五味杂陈。从作者与人物的关系来看，小说主人公的灰色生存与70后作家人到中年的创作焦虑之间，存在某种意义上的互文性。他们游离在社会边缘，又不乏突出困境的冲动，于是陷入一种尴尬和焦虑的状态。这个意义上，关于边缘人的想象，何尝不是当代文学格局中70后作家生存处境的自况？与五六十年代出生的作家相比，70后作家的创作在诸多层面都凸显出某种非常态性。当然，这种中年诗学只是70后作家自我表达的初步尝试，那种无根的焦虑感和灰色压抑的情绪，其精神纹理还有待进一步梳理，其背后的历史文化根源更有待细察和追究。

时间视阈中的人性变奏

海德格尔认为，时间是一切存在领会的境域。事实上，从时间视界探究“存在”，也是小说叙事的重要策略。某种意义上说，小说是时间的艺术，是对时间之谜的探索。但这里，我并不想讨论时序、时频、时距和时长等叙述技法问题，也不谈时间的线性或立体等本体特征，而是从时间与存在的关系的角度，探讨人类心理和情感如何在时间作用下发生变异，以及这种变异所带来的现实灾难和精神困厄。从这个角度来看，在小说领域，时间并非空洞的抽象概念，而是关乎社会，关乎人自身的文化问题。尹学芸《士别十年》、李宏伟《假时间聚会》、薛忆沩《一九九九年十二月三十一日》（以下简称《一》）《二零零九年十二月三十一日》（以下简称《二》）等，从标题看，这些作品特别倚重时间的结构，在时间视阈中辨析人性结构。于是，作者别具匠心地截取某个便于揭示人性嬗变的时段，在特定的历史断面展开叙事。而从这个断面，我们看到的，不仅是某个时代表面上的时间更迭，更是人性和情感的嬗变，是经由时间发酵的心灵史。

时间改变一切。这句话看似平常，却沉重无比。《士别十年》应验了它的残酷性。作者借助十年前后人事对比开辟思考向度：一个人是如何被改造成了另一个人的。士别十年，真当刮目相看？在尹学芸眼里，这个成语显然有更复杂的内涵。小说双线同构关系的设置以及关于时间的隐喻，迸发出强劲的现实穿透力。郭缨子曾是民俗研究所职员，“见不得任何形式主义，眼里容不得一粒沙子”。当时的副主任苏了群对热爱诗歌的郭缨子欣赏有加，这是因为两人志趣相投。苏了群撰写象征社会良知的杂文，表现出愤世嫉俗的个性。难以想象，十年之后，在新单位担任办公室主任的郭缨子发生脱胎换骨的变化，前后判若两人。她善于察言观色，在官场应酬中八面玲珑。此时的苏了群已当上主任，不过，对此作者没有过多正面描述，而是通过郭缨子的继任者陈单果的自杀，暗示苏了群与当年玩弄女性的季主任乃一丘之貉。锋芒收敛、棱角磨平的背后，是诗性的溃败与沉沦，而触目惊心的精神蜕变所指向的批判意味，不言而喻。

与《士别十年》相比，《假时间聚会》更凸显叙事的虚构性和游戏化，是一部解构主义色彩浓厚的小说。二十年后的同学聚会颇显诡异，按照召集人方块的意思，每人都戴着面具，私下不能透露个人信息，完全是斩断过去的相逢，是面向此刻的述说。作者将真与假、虚与实等范畴揉碎并纳入叙事，以迷醉在“此刻”的想象，逐层剥离时间的外壳，击穿那些关于青春“记忆”的面纱。小说在叙述上间或以第二人称讲述，而这个“你”却是不确定的，有时是王深的分身，有时是方块的分身。这个叙述者的功能是通过拍摄这次聚会，拼接和复现那曾经的美好记忆。这种煞费苦心的叙事结构和叙述方式关乎着方块的内心隐秘，当年王深与方块、方块与孙亦之间互相爱慕，因为两两偷欢又心生芥蒂，此后三人形同陌路。而方块在弥留之际，想借助假面聚会弥补遗憾。当着知道底细对详情却一片模糊的同学，说出心中多年企盼的事，也算是在众人想象中与孙亦在一起了。现实中的幸福在他眼中是那么庸常和不可靠，以至他要虚构出幸福的结局，植入众人的记忆中，因为“现实敌不过记忆”。王深亦然。然而，翻看那些铭刻青春记忆的照片，他再也无法串起“一条完整的链子”。小说随着叙述者“你”进入王深的身体，在王深深度游离的精神恍惚中结束。因此，作者通过不厌其烦的记忆拼贴，以及这种拼贴的无效，传达出人生陷入庸常中年后的一种深切的虚无感。

关于时间与存在的想象，薛忆沩的叙事属于另一路数。与《士别十年》相比，《一》《二》同样以十年作为断面开启叙事，而薛忆沩的叙事是一种更具本体论意味的时间审美。他不只是把时间看作故事进行和人物生存的客观条件，而似乎更强调时间的精确性。作者选取年末最后一天作为想象的端点，而这个端点与人物及故事走向之间有着纠缠不清的关联。如果说《士别十年》侧重从机关日常生活考察人性裂变的踪迹，那么，《一》《二》等作品则从家庭伦理或两性关系揭示人心的动向。无论是前者妻子的失踪，还是后者“我”的回归，已不是个体的行动，而蕴含着强烈的象征意味，那是一份难以找回的情怀，一种远去的诗性价值。穿过时间的重重迷雾，是“末日”逼近的清醒，而这清醒中又透着绝端的虚无感。这个意义上，毋宁说，薛忆沩所追求的时间美学是一种“末日”美学，一种生存困境的寓言化表达。

交叉地带的魅惑

对错、是非、真假、虚实，以及精神与物质、合法与非法等二元对立的思维方式，常常是解释现象和分析问题的重要范畴。而很多时候，现实中情况并非这样明晰可辨，而是处于暧昧状态，处在难解难分的纠缠和扭结中。小说家的任务，往往就是在那些交叉地带和隐蔽的缝隙中开辟出某种想象空间，去呈现人性的鬼魅和世相的纷杂，以及技术理性所无法解决的两难问题。某种意义上，这也是昆德拉所提出的“存在”之一种，有待小说去发现、去照亮。

王祥夫《交界处》关注大学生就业问题，但作者没有把主要精力放在这个群体寻找工作的过程及其种种艰难曲折的描述，而是去追踪那种在精神重压下如何走向险途的心理流变。作者提出了人人都可能面临的“交界处”的问题，那是是与非、对与错的分界线，那是真与假、虚与实的临界点，跨出这一点，则意味着人生险途的序幕就此拉开。主人公林加春欲以大学毕业作为界点，立志自立自强，然而没有想到不能发挥所长，干起了以身体为资本的街头男模表演。这已颇具讽刺意味了。他想与同学合伙开办电脑公司却无力凑够资金。更棘手的是，父亲急需钱动手术，而女老板尽管看好他，也想帮他渡过难关，却以肉体交易为条件。作者写出了主人公的犹豫，不堕落何以尽孝？这是林加春的难题，其实，是否也可以这样反问，为了尽孝，即使堕落又何错之有？结尾未点明，一切却尽在不言中。从这个人物，可以见出方方笔下涂自强的影子，作为对知识经济时代的反知识世风的批判，林加春就是涂自强的另一个分身。

王棵《我不叫刘晓腊》同样如此，是与非、真与假看似小说要辨析的命题，而从深层看，则是磨砺人性的利器，是见证人性底色的镜子。小说主人公刘晓娜是进城务工新住民，她随做送水工的丈夫进城，在红帽子巷经营小杂货铺。小说围绕杂货铺前的一场“车祸”展开推理叙事，而随着真假难辨、疑窦重重的案情推析中，人性的拷问也步步逼近。起初刘晓娜断定车主林谨是肇事者，极力维护受害者老太太的权益，而当发现林谨陷入困局的家境后又变得纠结万分，毕竟她并未亲眼目击车祸的发生。至此，老太太是否真被林谨开车所撞，似乎并不那么重要，重要的是，小说借助刘晓娜的自我反省和自我否定，那种复杂的人性获得细致深入的揭示。尤凤伟《风铃》同样讲述一起案件的追踪与调查，但与刘晓娜不同，主人公杜师傅首先是知情者，经过代律师的点拨，他明知自己掌握着破案的关键信息（风铃丁零零的声响），在警方再三盘问下却守口如瓶，甚至被拘留也在所不惜。因为他的逻辑是，绑匪不但是错绑了他，且未伤及真正要绑之人，况且绑匪说及接二连三的不幸家事，老伴死了，儿子残废，儿媳跑了，孙子得了怪病，要花一大笔钱治疗，不得已才行此下策，还发誓不再犯。如果说《交界处》的主人公困惑于堕落与失父之间，那么，绑匪则是在犯法与丧孙之间选择。这是法与情的交界处，孰是孰非从古至今都争论不休。这种纠结萦绕在杜师傅的内心，最终让他做出情胜于法的抉择。可谁能想到，常老头再次被绑，由于心脏病突发被吓死了，而绑匪却是那个在监狱与杜师傅套近乎的打工仔。这对杜师傅来说，无疑是一记响亮的耳光。

与上述三篇不同，余一鸣《风雨送春归》在精神与物质的交界处展开想象，呈现出物欲追逐途中人生的无奈与尴尬。小说从两条线展开，一是王一花的人生经历，一是志高跟郑明月学艺。王一花物质上充裕之后无所事事，似是“多余人”的角色，而内心却对“非物质”或精神事物（送春）充满崇敬。王一花误入传销公司，并非为了财富，如果说起初是出于对顾小虎的同情，那么尔后进入角色发展下线还是送春师傅郑明月的个人魅力所致。小说写了她与郑明月的三次相遇，其中两次是送春途中，一次是传销会上，但显然是作为送春师傅的人格魅力征服了她。而郑明月则不同，他先是送春师傅，后做传销导师，接着是躲避风头，隐匿乡下重操旧业。从对财富的非法追逐到重返略显萧条的送春队伍，郑明月看似被迫演绎了从被物欲裹挟到回归精神的人生轮回，然而，经过物欲熏染之后，他已无法彻底回到民间艺术的纯粹，在他看来，“艺术的生命在于挣钱”，这种世界观与王一花对他的预期存在不小的距离，由此，经历物欲的膨胀后，他已不能回归那个原初的自我，而这与标题的命意构成强烈的反讽。

“闯入者”：伦理想象的起点

每篇小说开启叙事的起因都不同，但有一点可以肯定，就是某种平衡被打破了，否则，故事无法往下走。就打破平衡的方式，可从叙事学上归纳出不同的叙事模式。就叙事模式来看，2015年部分中篇可归纳为“闯入者”系列，当然，闯入者形象并非新品种，果戈里小说中的流浪汉，屠格列夫小说中的“新人”，均属此类。就2015年中篇而言，闯入者的叙事功能和审美内涵，并不像俄国小说中流浪汉和“新人”那样给生活带来新气象，而是麻烦制造者，不但是打破平衡开启叙事的因素，还是小说关于伦理想象的起点。

胡学文《闯入者》以“闯入者”为题，以示闯入者角色的重要性。小说中闯入者的扮演者是一个前往深圳寻女的母亲，她固执地认定叫方全的男子（叙述者“我”）是其女儿的男朋友，并要求告诉女儿的下落。而“我”根本就不认识这个女人，更无从知晓其女的情况。小说从这个闯入者的反常写起，她不仅用审视和挑剔的眼光打量“我”，还反客为主，做饭，搞卫生，把凌乱的住处整理得井井有条。这些反常举动皆基于“我”与其女的关系，而“我”却一无所知。无奈，“我”和女友温燕只能与这个女人共处一室。其实，这是颇有难度的叙事。如何处理三者之间的关系，无疑是对作者的极大考验。而胡学文善于从伦理关系中打开关口，给叙事得以维持提供源源不断的能量。如果通过警方协调让女人出局，让“我”和温燕的生活恢复到从前，这显然便于解决问题，但胡学文想尽办法让这个人物留在“我”的居室，因为他深知，如果就此亮出女人的身份，叙事便无法深入展开。焦点就在，这个闯入者究竟是谁？叙事由此推演开来。女人的闯入使“我”的生活全乱套了。三者之间争吵不断，恶语相向，甚至发生肢体摩擦，矛盾不断升级。警方介入也无济于事。作者的高明之处在于，他不仅把女性之间、母亲与女儿，甚至更宽泛些，人与人之间的伦理问题处理得极有分寸，更重要的，是把这个闯入者预设为温燕患失忆症的母亲，就这样，一切便迎刃而解。

与《闯入者》不同，王秀梅《浮世音》中闯入者是父亲，作为桥梁专家的父亲，从工程局退休赋闲在家，看似回归家族队伍，但这并不妨碍我们将他看成事实上的闯入者。在母亲、“我”、姐姐、姐夫，以及孙辈眼中，这个人物简直就是异类，他与家人邻里格格不入，想法和行动都十足怪异，而且不能忍受丝毫的噪音，挖空心思在露台建造隔音小屋。就此而言，父亲的形象如同麦家《暗算》中的破译天才陈二湖，在专业领域，这些天才虽然创造奇迹，而一旦见于日常便脆弱不堪。如果说麦家以日常中的低能反衬天才的非常态性，那么，王秀梅则以绘图、舞场等细节的描绘，把这个人物上升到诗化层次。父亲在天花板上绘制一幅巨大的天窗，一座凌空飞架的桥从墙脚冒出直到顶棚，消失于天窗边缘，没有来路与去路，这幅画成了父亲失踪的象征。很显然，王秀梅不像胡学文那样为人物关系的设置而处心积虑，而欲以诗性飘逸的叙述打动读者。正如“我”姐所说，父亲有着“浓烈的浪漫主义情怀”。父亲“不翼而飞”，是否作为一种诗性人格的象征，表达作者对世俗喧嚣的某种否定？小说最后借女疯子之口道破天机：“你爸踩着大桥，去了天上。”不能不承认，作者在家庭伦理视阈中打开了极为丰饶的想象空间，颇能激起读者脱离庸俗奔向诗意的意愿。

同样是由闯入者所激荡出的伦理想象，如果说《浮世音》所提供的伦理经验围绕着两种人格展开，那么，姚鄂梅《傍晚的尖叫》则是从女性自身出发，牵扯出理不清道不明的伦理纠缠，通过闯入者的讲述，老年女性的觉醒意识和危机意识跃然纸上，同时，那种夫妻以及两辈人之间的信任危机也冒出端倪。李月峰《我是你的小苹果》和阿袁《上耶》也属此类作品。这组“闯入者”系列让我们看到，闯入者的功能不仅是剧中人的扮演者，更是伦理想象的起点和推动者。然而，那种充满纠结的人伦关系背后，似乎缺少了某种形而上的追问。其实，那种外来者的异质性与世俗中的日常性之间，通常能碰撞出鲜活的人伦经验。而伦理想象的展开又意味着对人与人、人与社会之间某种本相的逼近，从而使主题上升到人本哲学的高度。

京味重现

老舍《四世同堂》的出版标志着京味小说创作的高峰。新时期以来，邓友梅、刘心武等创作的京味文化小说，不同于汪曾祺的风俗画小说，也殊异于刘绍棠的京郊乡土小说，而是接续了老舍京味小说的传统。他们着力于开掘民族文化心理，刻绘市井气息浓厚的民俗生活画卷，同时不忘渗入时代精神，从市井众生相中折射出历史的面影。稍后王朔小说的京味发生变异，以“顽主”的调侃趣味取代老北京典雅的民风民俗，推动京味小说审美趣味的多样展开。以此为参照，本年度中篇小说京味叙事同样有不俗的表现，既有对老舍京味叙事传统的继承，又能看出新时期之初京味小说的审美元素。

叶广芩《扶桑馆》内含丰厚的历史文化底蕴，可谓同类题材小说中的上品。从题旨看，北京胡同市井民俗风味并非小说叙述的兴奋点，而只是充当作者分析民族文化心理结构的环境依托。就此而言，叶广芩的叙事以文化心理开掘见长，与自老舍以来的京味市井叙事一脉相承。唐先生是作者着力塑造的人物。这个人物让人想起邓友梅《那五》中坚守节义、重然诺轻躯体的聂小轩。与聂小轩市井艺人身份相比，唐先生虽贵为日本大亨的乘龙快婿，但与日本侵略者不共戴天的民族气节使他毅然回国，甘愿流落市井以“打小鼓儿”收破烂为生，在“四清”运动中也免不了遭受批判。然而，在政治动荡的冲击下，那自谦、内敛、低调、平和的性格，以及学养深厚却不显山露水的精神品格，支撑着他完好保存着顽童七格格曾变卖的物件，并在多年后物归原主。而这些物件中，任何一件若被查出都足以让他不得翻身。唐先生不仅为人本分，还熟知礼节。“礼数”描写是京味小说的重要特征。北京人将礼数看成“生活的艺术”。唐先生走街串巷，逢什么人说什么话，规矩礼路都深得要领。就此而言，唐先生与《四世同堂》中祁老人当属同一人物脉系。小说结尾，收到退回旧物后的“我”感叹道：“您真是先生，大先生！”“先生”在这里已不只是礼貌称谓，而是一种感佩之心和敬仰之情的流露，此刻，一个人情练达又能恪守本分的知识分子形象在读者心中伟岸起来。

肖复兴《丁香结》同样是写北京大院里的故事，时间跨度上也是叙述者从年幼到老年，作为见证者讲述往事，但叙述者主观情绪要比《扶桑馆》更显在，更强烈，属于怀旧一途。肖复兴的叙事以沧桑感取胜。首先是人生的无常。连先生曾是银行行长，新中国成立后失业，靠着先前置下的大院厢房出租生活，接着连先生、连太太等相继过世，小连太太与连家大姐相依为命，连家衰败之势由此可见。其次，丁香作为爱情的象征贯穿全篇，连先生与小连太太那神秘的感情，连家大姐与黄家老六恋爱，两对恋人要么不圆满，要么感情破裂，大伤元气，一种神秘的宿命感笼罩其间。最后是大院的历史更迭。由于政治动荡，连家大院历经岁月沧桑，数易其主，如今面临拆迁。而大院周围的街道和街心花园一如从前，目睹此情此景，那种物是人非之慨在叙述者心中油然而生。而在丁香弥漫的夜色中，与初恋女友的偶然相逢，更让“我”百感交集。作者以散文化的笔致讲述一连串人生世事的无常，由此生出无限感慨，使叙事洋溢出浓重的抒情意味。

常小琥是地道的北京人，自然熟悉北京风物人情，但《收山》出自如此年轻的80后作者之手，还是让我深感意外。那地道的京字京韵，那老道的世情描写，多少超乎了我们对80后叙事能力的预期。小说讲述的是70年代末到90年代的北京饭庄勤行景观，由此推及民间绝技如何传承和传承中人的问题。葛清凭借独创的技艺和配方，树起了宫廷烤鸭的招牌。老字号烤鸭店万唐居师傅杨越钧花高价请来葛清，且赋予他特权。从人物命名可看出，葛清身怀绝技，自恃清高。涉外考评中葛清与政府的对立，凸显了烤鸭技艺的独创性与一体化考评标准的内在矛盾，而这种矛盾促使葛清内心的恶念不断滋长，便有了后来放火烧店的极端行为。万唐居总厨杨越钧有如老舍《茶馆》中的王老板，里外场面都应付自如。他将“我”打入葛清的烤鸭房，名为打杂，实则打探烹饪宫廷烤鸭的绝活。而“我”夹在葛清与杨越钧之间，左右为难，但还是不负众望，终以诚心打动了曾遭徒弟背叛的葛清，习得绝技。作者从传统技艺生存所面对的现实困境出发，以传统艺人内心的畸变及其命运照见时代的变迁。这种叙事路径颇有《茶馆》的格局和神韵，而将传统文化的传承与命运置放于时代变迁的坐标上进行思考，这在青年作家中是少有的。常小琥的创作可堪期待。这个意义上是否可以说，京味小说，又见传人？

实验探索的多样展开

关于“先锋文学”的纪念活动是2015年文艺理论界的热点，很多杂志开辟专栏对1985年文学“新潮”进行回顾、梳理和反思。我以为，在当下小说普遍重故事而轻精神的写作背景下，这些活动不仅仅是一种仪式上的祭奠，更是一次适时的召唤和呼喊。阐发形式实验在当年对抗历史的革命性意义，并检视这种缺乏现实根基的形式舞蹈所暗藏的审美误区，必然再次激发作家叙事探索的热情,推动小说实验在新的层次上迈进。从美学上看，如上所述，本年度写实类型一如既往地占据中篇创作主流，而致力于形式探索的中篇小说并不多见。但就某些篇什来看，对“有意味的形式”的探求依然在多样的向度上展开，一定程度上呈示出创作主体的审美意愿和抱负，构成本年度中篇叙事的异样风景。

《两个戴墨镜的男人》是鬼子沉寂七年后推出的又一部力作。鬼子的叙事在90年代初便浸染着“先锋小说”的遗风流韵，后来的转向是他深谙先锋派暗疾之后作出的审美选择。还原故事而非消解故事，切近底层现实而抵御背离现实的“形式的空转”，这便是自《被雨淋湿的河》以来鬼子在追求的“逆向写作”。而依我所见，这部小说之所以发表后没有获得应有的关注，是因为作品显见的“编”的印象暗合了“先锋小说”技术实验的审美定势，由此在读者心中酿就出一次审美的误会。然而，技术过剩的表面印象不会妨碍细心的专业读者的有效进入。鬼子想说的是，小说原本就是编出来的，形式上的实验并非作家的罪过，关键是这种形式是否是“有意味的形式”。一方面，这部作品昭示出小说的来源问题，以及小说之所以为小说的艺术逻辑。另一方面，作者没有为“编”而“编”，而是一种看似形式主义实则内含着严峻的现实主义精神的叙事。鬼子通过显在的编故事的形式切入草根生命的生存现实，以此呈现卑微生命在苦难面前何以挣扎的过程。这种叙述以逼近文本的形式创造和逼近人本的悲悯情怀，与新世纪底层叙事的意识形态阐释模式相区分，同时也证明了先锋写作的另一种可能。

阿乙《乡村派出所》写法上平易、朴素，酷似传统小说，但却传达出西方荒诞派小说的审美意蕴。小说由六个小人物的故事聚合而成。“一个没有侦破的案子”中，警方为工厂寻找被盗窃的轮胎，不但没有找到，大吃大喝的费用远远超出轮胎的价钱，最后以赵警长自己掏钱买了只旧轮胎作结，而保卫科长却说那就是丢失的轮胎！而这种批判与卡夫卡小说给出的荒诞意蕴何其相似。后面五个故事以漫不经心的叙述，展示出各种层面的荒诞性。“在流放地”写人性的怪诞，“敌敌畏”写命运的吊诡，“小卖部大侠”写精神的荒诞，“国际影响”写事件本身的荒诞，而“面子”则是写荒诞心理。同样，陈家桥《局外人》和孙频《抚摸》则显出一种生存的荒诞感，是存在主义哲学的艺术化阐释。

与上述突入现实的叙事探索不同，邱华栋《楼兰三叠》和阿贝尔《鹿耳韭》则将笔触伸向历史纵深处，在历史的缝隙中逼视人性的诡异和政治暴力压抑下的精神现实，检讨和反思人与时间、人与自然互相纠缠的关系。前者以三个不同年代的叙述者讲述楼兰古国的历史之谜。作为有历史担当的国王，楼兰王龙比以亲历者口吻讲述古城如何淹没于战争硝烟的过程，而西方探险家斯文·赫定的考古行动和文人的探访，则是为了抵达某种文化存在的真相，而真相终究难以抵达。小说揭示了人类面对政治暴力的脆弱，以及迷失在浩瀚时间长河中的困局。同样是关于时间与存在的辨析，《鹿耳韭》更为驳杂，它与孙甘露小说趣味有些接近。作者将语言上升到小说的本体地位，“语言不再是小说的工具，而是小说本身”。所以，小说中那些神秘化的描写和不确定的面向，正是他反叛现实主义反映论的表征。而《小说选刊》转载凸显形式感的《鹿耳韭》，以示褒奖和赞许，表明主流期刊对先锋探索小说创作还是充满期待的。

2015年中篇小说还有不少值得一提的创作面向，比如，田耳《范老板的枪》、胡学文《一曲终了》在潜伏的戏剧性伦理框架内挑战叙事的极限；王传宏《逃离》、邱华栋《墨脱》等关于逃离与回归的思考；娜彧《司马鸿的政治生涯》、麦家《军中一盘棋》、杨映川《闭上眼睛》、徐贵祥《识字班》等作品中那荒诞与反讽的人生况味；鲁敏《坠落美学》、杨红《最远的是爱情》、叶辛《情何以堪》、荆歌《珠光宝气》等关于两性情感的多元想象，等等，都不乏可圈可点之处。另外，中篇叙事长篇化态势日趋明显，俨然构成一股挑战叙述耐心的创作潮流，蒋峰《翻案》和阿贝尔《鹿耳韭》都在六万字以上，陈谦《无穷镜》、石一枫《地球之眼》、阿来《蘑菇圈》、黄孝阳《众生》等作品，都是八万字左右的长中篇，张炜《寻找鱼王》和张欣《狐步杀》甚至接近十万字的篇幅。无论如何，这种现象值得关注和探究。长篇化的叙事走向显示出中篇与长篇之间的文体界限不再那么明晰，至少在篇幅上越来越难以做出有效的区分。它将对传统小说文体理论构成挑战，由此引发重新界定中篇小说文体的讨论。

经验之维

——2015年中篇小说读记

聂 梦

哲学家认为，经验是认识的基础。而在小说家这里，经验的形貌显然更感性，更丰饶。对于这些或天真或感伤的人来说，经验是生命的支撑，是个体生活中现实感的来源，是一切灵感与想象的飓风之眼。2015年的中篇小说，数量繁多，情态各异，却都在不同维度上勘探着经验的生长与可能。讨论开始前，先要摒除一些成见，或者说是习以为常：经验不能简单地等同于经历、体验、印象或反省，后者构成的合集无法填满经验的外延。如果我们谈论起经验如同顺嘴说出一个语气词一样容易，那么它作为独立概念的价值与精义定会受到损害。

物质的壳

经验存在于心灵与外部世界无穷尽的联系当中。这些联系纵横交错，形成运动的物质的壳，回应了是否真实、是否诚恳、是否值得信赖等诸多疑问。但由于关涉心灵，“思”被引入进来，各种联系必然要有一个内化的过程。因此，即便面对同一份喧嚣，人们还是各怀各的心事，各有各的表情。

沉寂四年之后，张欣携一曲《狐步杀》（《北京文学》2015年第8期）归来。这篇小说最大的好处，并不在于提供了多么精妙的故事，尽管它已经获得的赞誉大多都源于此。反倒是一些不太刻意的细部，比如物质细节，比如人物设定，因凝结着复杂丰沛的现代都市经验，而透露出作者的高明，彰显着文本强劲的独立性。这些细部如此贴切，有时甚至贴切到令人生疑，疑惑它们究竟是不是出自一位生于1950年代作家的手笔。活动在故事里的人，大部分是地道的都市土著，即便有来处也已经模糊。他们自如地生活在茶餐厅、山本耀司、古籍善本、交响乐和暗物质中间。随着狐步舞曲的行进，曾被许多都市文本（传统文学领域）所忽视或者有意回避的物质细节得到凸显，并得以放大。在都市经验中，值得称道的物质细节，与炫耀或取宠无关。它们往往不动声色地构成景深，扎实地参与到都市的诸多面向与层次中来。当人物设定让惯常的想象失效，当警察既有可能深透老辣、尽忠职守，又有可能家世优渥、腔调十足时，小说的复杂性才有机会更加充分地展开，叙述话语才能从空中降落到地面，无需转译，可亲可感。

让一个在北京打拼的外地人变身成为名医，在医疗体制的病象中浮沉，实在是一件困难的事。这件困难的事，荆永鸣不但做到了，而且做得漂亮。小说《较量》（《人民文学》2015年第10期）标识了拓延经验领地的辛劳与卓绩，被看成是荆永鸣的转身之作。作者一锄一镐地开疆扩土，视阈从脚下的北京"房东""邻居""候鸟""时间"，延伸向更开阔的世情和更深微的肌理。荆永鸣坦言，写作时他不得不时而放下人物和故事，埋头扎进一窍不通的医学术语和病症病例里，时而比量称重，以防"恶补"成果变成阅读障碍，影响小说的不易言表。用心至此，并非执意要戳中哪些职业或时代的隐痛。主任医师钟志林与院长谈生斗争了一辈子，其间固然有改革病症、医道操守、尊严损毁、权利压制等贯穿，但作者真正属意的，恐怕还是曲终人散后的失意与无奈。这种微苦的意味，因为有了一以贯之的充沛元气做支撑而呈现出一种达观的神态。

看与被看，是人类存在的主题，也是文学的主题。工具理性如何打破古老天然的两个一组的关系，让原本以人为主体的视觉经验的哲学寓言从故事变成传说、传说变成神话？原有经验一旦被新因素横亘破坏，又当如何拼接、如何重组？《无穷镜》和《地球之眼》中的反思，或可帮助我们略知一二。陈谦在《无穷镜》（《人民文学》2015年第1期）中设置了两个令人不安的物象：镜与眼。镜子与镜子相对时，左右两侧同时压来重重窥探，仿佛拉康镜像理论的逆向版本：整体性形式被不可计数的映象撕裂，主体陷入确认—动摇的循环之中。同样引发恐慌的还有眼睛。人类善辨的眼睛这一次躲藏在镜头和互联网背后，从这边看去一切尽在掌控，另一边则是玻璃房子里的如坐针毡。哪一秒的思绪将被截图，继而泛滥在何处的终端之上？类似的问题让人不寒而栗，无法可想。遥望未行之路，《无穷镜》写出了人屡遭怀疑的意志和抉择。《地球之眼》（《十月》2015年第3期）满怀诚意和善意，从看与被看的角度讨论道德。小人物面对物质精神双重压力的反抗，以及传统的、久经考验的现实主义原则，都是石一枫执意坚持的。这种坚持最终走向了胜利。"地球之眼"是情节推进的工具，是关于窥探和掌控的隐喻，最后反过来又成为道德制胜的法宝，实在不失为一种讽刺。在三位色调各异的人物身上，我们既能看到自己的影子，又能读出喟叹和警示。假设，安小男在地球这端，借助"地球之眼"横跨大洋，瞭望到远在硅谷的姗映的困惑，又或者旅居海外的陈谦，通过裸眼3D技术，读取了石一枫笔下北京青年生活的五味杂陈，不知这些人又会作何感想，生发出怎样新的经验来。

精神地理

有这样一种小说，它们来自时间或空间的远方。因为够远，文字里沁出了古典的味道，依稀勾勒出人本来的样子，也因为够远，仿佛回到了时间无关紧要的时代。时间一旦被放逐，空间便凸显出来，凝结着漫长人类经验的故事便有了栖居地，有了故乡。这个故乡可以是真实的地点，也可以是一种熟识踏实的形式，甚至语调。历史、传统、信仰、世代相传的智慧和族群精神于此处凝结、沉淀并诉诸实践，在精神地理的纵深与丰厚中，经验自由延绵。

桑吉大约是2015年中篇小说贡献出的最美好的形象。人类的良善品性和人生的丰盛韵味同时集中在他小小的身躯里，这种善好因为有了智识之境的召唤，而萌发出新鲜、冲决、面向未来的强大力量。桑吉来自一个朴素的诗歌时代、手工劳作的时代、灵魂眼睛和身体相互协调的时代，一个时间无限充裕、智慧可以予人忠告、讲故事的艺术和口口相传的经验孕育其中的时代。从逃学挖虫草开始，他做出了一个又一个选择。这些选择中蕴藏着人类对未知的渴望、异质文化的交融以及信仰与启蒙的共生。他如同是一个提示，一个起点，关于人的一切都返回到他这里，重新开始，再度出发。阿来表示，《三只虫草》（《人民文学》2015年第2期），包括《蘑菇圈》（《收获》2015年第3期）是长篇之间的调剂和休息，是“从青藏高原上出产的，被今天的消费社会强烈需求的物产入手的小说”。现在看来，这两篇小说显然都比预设走得更远。

大山深处的石头房子里，有个孩子立志要成为鱼王。同样是出门远游、拜师学艺的段落，到了张炜这里却格外灵动活泼，舒缓有致。《寻找鱼王》（《人民文学》2015年第6期）讲述了一个富有仪式感和传统意味的成长故事。两位师傅、包括爸爸妈妈都以自己的方式诠释着爱与美、敬畏与谦卑、信义与持守。长者们的经验帮助“我”获得前行的力量，而当“我”垂垂老矣时，又将自己的故事讲述给别人听，如此往复，时间和自然当中指引人生的恒常之理就这样一代又一代地传承下去。

《梅子与恰可拜》（《小说月报》原创版2015年第1期）中，一位南方女子和一个说着突厥语的土著小伙，与他们金子般的承诺和等待，共同生长在天山北边，额尔齐斯河与伊犁河之间，准噶尔盆地的荒野戈壁上。董立勃一向擅长讲故事，他的文字粗中有细，酣畅淋漓，小说的完成度和语感舒适度都十分到位。在他看来，写出这样的作品再自然不过——身后的牧场与村庄，多少年来守护着无数类似的情节，也守护着善良忠诚，相亲互爱，奉献牺牲。这是作者沉醉文学、热爱写作的源头基始。

他者与唤醒

总有一部分经验是隐性的。它们被意志与表象的世界所遮蔽，潜行在记忆里，无法预测何时何地会被唤醒。这种记忆类似于普鲁斯特在追忆似水年华时动用到的非意愿记忆，需要特定的他者来激发、重启。在与他者的对照中，各种勘察、试探与辩驳令时机渐趋成熟。只有当沉睡的经验被触动、被确认并陡然蓬勃起来，当不同的经验之间因他者而建立起错综复杂的置换联系时，人们才能在一次又一次的回溯中实现自身的完整。

《奇葩奇葩处处哀》（《上海文学》2015年第4期）是王蒙先生“耄耋之年五味俱全的时鲜新作”。围绕老年丧偶、谈情论嫁的主题，小说中所有的人物都处于雄辩或者试图雄辩的状态，语言的速度与力量在这里得到了充分的体现。对于沈卓然来说，六位女子是他者，六位女子又彼此互为他者，于是旧的经验被唤醒，新的经验迅速萌生，荒谬、愕然、振奋、呆痴、无厘头、缘木求鱼、感激涕零等一众状况和情绪在小说中扭打争夺，令雄辩的复调现场热烈无比，饱满到爆炸。当然，一同爆炸的还有作者惊人的生命力和创造力。小说将近五万字，每个字都如同感应丰富的触须，无比自信兴味冲冲地伸向空间、时间、性别的纠结激荡和众生时代风景。之所以耄耋之年还在“冒泡儿”，皆因“热爱依旧，情思依旧，兴味依然，咏叹依然”。

刘建东说，师傅一词于他而言，有着一个被埋没、被发现、被重新认识的过程。离开工厂十六年后，当他用文学的形式再度演绎“师傅”时，突然意识到这个曾经只关涉意义责任的高大上词汇，竟可以如此和蔼、温情和复杂。因此，我们回过头再看《阅读与欣赏》（《人民文学》2015年第3期）里风姿绰约行为大胆的女师傅冯茎衣，如何塑造和为何塑造这一不同于以往的师傅形象，也就成为了两个同等重要的问题。这一回合中，担任触发经验的他者角色的，是文学本身。小说的语调也耐人寻味。除了作者一贯的沉默、退避之外，还增添了几分谨慎、低微，以及固执。这与刚走上工作岗位的徒弟身份相吻合，或许，一并吻合的还有遭遇他者、局面洞开后的微妙的写作心境。总而言之，《阅读与欣赏》仅仅是个开始。一个好的开始相当于邀请，提醒着人们佳境渐近。

中年诗人赖最锋和屡遭伤害的女服务员翘儿，很难说究竟是谁闯进了谁的生活。在《西北偏北之二三》（林白《收获》2015年第4期）遍布的不确定性当中，唯一确定的是，倘若没有动身去额济纳，遇到某些人和事，赖最锋的诗句恐怕早已窒息在他湿塌塌的人生里。小说结尾的出行有双向救赎的意思，翘儿可能找到抛弃她的妈妈，诗人可能寻回些丢失已久的冒失疯癫。

不可复制性

如果将经验定义为“与根据权威或传统或习惯被接受的东西相对”，下面这些文本在安排话语和缄默、讲述细节、揭示秘密的过程中，有意识地呈现了经验的自觉、自主、独特和不可复制。它们与世界所构成的对话关系，在一定程度上生发出关于文学新质的思考。

《平原上的摩西》（《收获》2015年第2期）写救赎，处理的是罪案和重逢，灵魂受难，是强大意志与无可遁逃的生活间的角逐抗衡。与救赎紧密相联的，并非人间烟火，而是不知尽头的等待与匮乏，这种悲剧性两难使得故事的走向、人物的进出、叙述节奏以及语言都伴有一种收缩的、干燥的力量，有如大兵压境一般，审慎，决绝，压抑，沉重。小说采用“环型链式”结构，在封闭的循环中完成叙事。不同人物的讲述联结成密实的网，每一条灰线最后都回转过来，指向身边的意料之外与情理之中。内容与形式构成的不可摧毁的统一体，最大限度地保留了小说的发现，增加了小说不可抵抗的说服力。依照博尔赫斯所说，当创造者雄心勃勃试图按真实比例描画一张世界地图时，最终出现的将是自己的脸。那么，《平原上的摩西》所映现出的，则是青年作家双雪涛写作的天赋，智慧，和笔端所能拓展的不可估量的小说空间。

在三星堆遗址中，埋藏着拥有纵目、巨耳的青铜面具，也埋藏着古蜀文化对于超越人类自身的力量最直观最强烈的向往。三千年后，四川作家罗伟章的《声音史》（《十月》2015年第1期）里，这种合于天地的状态余音未绝，主人公杨浪虽小如草芥却天赋异禀，他的耳朵无限延展，将万物的声音收于心中，最后在嘴唇上开花结果。小说以杨浪为载体，从声音的角度叙写乡村的离散变迁。但因为继承了纵深的文化基因，世事更迭与古老神秘的历史形成呼应，若有似无间，小说的丰富面向被渐次揭开。

当荒诞本身不再新鲜，如何表现荒诞便成为了考验小说家的又一难题。胡学文选择在城市边缘人最正常有序的生活中安插荒诞，让小说把生活撕开一个口子，体悟尘埃之痛（《午夜蝴蝶》，《江南》2015年第3期）。田耳笔下范老板的荒诞则带有明显的青春期余温，想象的个人化的精神特质让他从千千万万的老板中脱颖而出，透着喜剧之王般的自嘲与无奈（《范老板的枪》，《广西文学》2015年第1期）。

将目光从文本表现上移开，2015年，一批中短篇小说集的出现也为我们提供了十分重要的文学经验。它们是颜歌的《平乐镇伤心故事集》，赵松的《抚顺故事集》，赵志明的《万物停止生长时》，袁凌的《我们的命是这么土》，纳兰妙殊的《黑糖匣》，等等。这些集子绕开期刊发表、选载、获奖、出版的传统路数，绝大多数作品未经发表便集结问世。通常围绕一个主题，由若干短制簇拥而成，本文之间互文互释，最终形成一个结构整饬的整体性言说。事实上，这一文学现象在此之前已渐露端倪，但于2015年得到了较为集中的体现。它预示着小说生产发表机制的旧有秩序正在悄然发生变化。当小说的生产、流通与消费等环节均有新的因素加入进来时，势必要对写作本身，包括批评在内，构成难以估量的影响。

倾听『孤独之声』

——2015年短篇小说综述

马 兵

弗兰克·奥康纳在他著名的关于短篇小说的讲座《孤独之声》中提醒过世人，只将短篇小说与简洁画等号是一种“本质性的错误”，短篇小说的意义在于它负载了那些“没有说出来的话”——那些底层的边缘的沉默者的声音。奥康纳指出，长短篇小说之间有着意识形态般的结构差异，前者是一面反映一个社会主流人生情状的镜子，而后者则是发自社会边缘的“孤独之声”。此外，在长篇沙文主义观念的笼罩之下，执着于短篇小说的写作者本身发出的其实也是一种“孤独之声”。

如果把年度短篇小说创作的风尚视作风向标，敏感的读者可以借此发现潮流的涌动，那2015年显然不是一个合适的年份，在我们试图提炼和整合这一年度短篇小说的情况时，发现找不到特别恰当的具有统摄意义的词汇，诸如乡村/都市、当下/过去、严肃/戏谑、现实/浪漫、滞重/轻逸等这些我们习惯的二分法的切入角度都不难寻到对应的作品，但这个对应与2014年或2013年相比并未提供太多新质。换言之，2015年短篇小说延续了一种惯性，有让人眼前一亮的佳作，各代际的作家有较为平稳的发挥，对短篇小说文体的敬畏感也在慢慢地修复，但整体上酝酿审美新变的内力并不充沛，在小说技艺与精神畛域的突破上也显得较为平常。不过，这种波澜不惊也许是短篇小说的常态——1991年诺贝尔文学奖得主、南非女作家纳丁·戈迪默对于短篇小说有一个比喻：在世界各地的文学发展史上，短篇小说在所有现代文学样式中的地位颇像个不大为父母关爱的孩子，经常被人遗忘却总能健康成长。在当下的文体格局中，短篇的突围确实要比中长篇更艰难，也更需要创作者自身的定力。从这个意义上讲，2015年度的短篇小说还是切实参与了新世纪文学的演进，也为未来文学质变的发生做了必要的量的累积。

“纪念”文学的超越

2015年是富有纪念意义的一年，首先它是世界反法西斯战争胜利70周年，其次就新时期文学而言，它还是1985先锋浪潮30周年的纪念年份。不少刊物都推出了相关的专号或专栏，抗战叙事和先锋叙事也因此成为2015年短篇小说重要的书写向度。

在参与宏大历史、描写壮阔的时代方面，短篇小说也许先天有着文体的劣势，但这反而促使了用心的作家独辟蹊径，在某一特别的切入点上持续发力。某种意义上，短篇小说诉诸的阅读效应好比点燃一枚爆竹，阅读的过程仿佛引信的燃烧，短暂而迅捷，随后的爆响和由其引动的内心的回声才是更重要的。对于书写抗战而言，短篇小说容量的承载度决定了它不可能全景化地呈现历史，因此找到这声爆响及其回声至关重要。在这点上，麦家的《日本佬》、南翔的《特工》、裴指海的《士兵与蚯蚓》等作不约而同地把视线拉远，重心不再是硝烟弥漫的战场，而是经历了战争洗礼的人在抗战胜利后漫长的岁月里无法卸脱的阴影，换言之，它们对于抗战的纪念并未停留在胜利民族盛大的狂欢上，而是更深在地写出了战争对人心难以修复的摧残和各种始料未及的伤害，整体显示出从“抗战”文学向“反战”文学的某种跃升。

《日本佬》里的父亲德贵因为日军侵华时被鬼子抓去做过挑夫，会几句日本话而被村里的人戏称为“日本佬”。到“文革”时期，政治审查的风头渐紧，父亲给日本人做挑夫的经历成为自己阶级身份的隐患，后来更是被人揭发曾救过一个落水的日本儿童，父亲因此被打成了“反革命”和“坏分子”，性情刚烈的爷爷觉得屈辱服毒而死。小说通过一个孩子的视角展现了民族气节和恻隐之心在一个变异的时代里如何成为势不两立的对峙，战争种下的仇恨又如何不断发酵成民族内部甚至是家庭内部的撕裂力量，这些对于今天的读者依然有着深刻的警示意义。

南翔在《特工》中塑造的那位令人尊敬的大舅，命运和“日本佬”庶几相似。他放弃银行的职位，投身抗战的烽火，做了一名共产党的特工。“皖南事变”时因遭到国民党审查被迫发表脱党声明以掩护身份，这却恰恰成了后来政治严苛时代他无法解释清楚的“污点”，从而备受折磨。小说中曾帮大舅从日本人那里脱身的维持会长“在抗战胜利之际，被国民党以通敌罪名，匆匆审讯之后枪毙”；另一位清华的高才生、服务于八路军无线电技术部门的熊大缜因被怀疑为特务而遭冀中军区锄奸队的战士粗暴砸死，直到几十年后才获平反。从这些人物身上，作者焦灼地质询着以战争之名行使“粗暴正义”的正当性，也真切地把战争中卑微的人的命运还原出来，对历史之阴翳和战争本身不义一面的反思达到了相当的高度。小说中，表哥追问“我”与大舅的对谈有哪些内容可以写进“历史的教科书”，“我”的回答是“真正重要的讯息都进不了历史教科书”，而文学恰恰应该容留这些被宏大的历史叙事掩盖或遗忘的讯息。

裴指海的《士兵与蚯蚓》是又一篇反思战争中的“粗暴正义”、诘问人性的小说。八路军某独立团女兵李菊红因为被一名厌战的日本士兵释放而遭到组织怀疑，在反复审问无果后还是被决议处决，奉命执行执行任务的保密股长在最后关头出于良知，放了女兵生路。小说中女兵感叹想做一只蚯蚓，而那名厌战的日本士兵也想做一条蚯蚓，藏进泥土里，谁也找不到。正如天地不仁以万物为刍狗，战争的不仁也把人逼迫到低贱的尘埃里。别尔嘉耶夫在讨论战争的本性时曾谈到，“人的生存不是为着战争，战争的生存却是为着人”，然而“当国家和民族的强盛被奉为最高价值，即被视为比人更具有价值时，战争的准则就已确定”。在战争的准则和人之间，股长站在了柔弱如蝼蚁蚯蚓的人的一边，在那一刻，人性的善意洞穿了战争的铁幕。

中国文学界2015年的另一项盛事是纪念30年前那场狂飙突进的先锋文学运动，当时运动的参与者如今大都已成文坛的旗帜人物，他们对于后来者尤其是70后的一辈有着重要的示范意义，在文学阅读的趣味上更是形成一种笼罩性的影响。在2015年，一批新锐的作者不约而同地以短篇小说致敬经典，表达自己对先锋文学的私人纪念，也为我们考察先锋这一词汇在不同时代语境中内涵与外延的变化提供了样本。

“你向来是那种循规蹈矩的作家，你坚信一加一等于二，并这样运算了一辈子。你根本不知道这世界另外的那些面目。”这是王秀梅的《见识冰块的下午》中作家王伟对另一位作家朋友的话。加西亚·马尔克斯关于冰块的预叙在这篇小说中以被郑重“命名”的方式再度登场，并开启它咒语般的魔力。小说里的王伟是马尔克斯的私淑弟子，在和搭便车的女人的对谈中，他不断用超验和玄学来对抗叙述者基于经验之谈的理解，并配合女人的叙述在槐花洲的真实和幻魅中来回穿行。如果这场旅行发生在三十年前，它一定会令读者感到迷惑，不过，毕竟现在的我们早已经见识过“冰块”，对真假虚实无缝切换的叙述也不再陌生。因此，小说里在旅行中被频繁提及的“时间”与“死亡”，反而如行旅中的界碑一样具有了过于清晰的指示意义：这不是一篇关于槐花洲的小说，而是借槐花洲向经典叙述的内核或者说向经典叙述本身致敬的小说。

第代着冬的《加西亚·马尔克斯死了》是又一篇以马尔克斯为由头的小说。“多年后，当她坐在窗明几净的宽大房间里梳理过往岁月，仍然很难相信，自己为何有足够的勇气，去爱国家里参加他们的聚会。”就像小说中的这个叙述的段落一样，作者近乎刻意地把马尔克斯和他的作品镶嵌在故事中，并使得两个痴情的单恋者不无俗套的爱情故事额外具有了一抹文学的光晕,芷兰和在结尾才正式出现的卡车司机的儿子则仿佛是《霍乱时期的爱情》里的阿里萨和费尔明娜的化身，他们对爱的等待也带着“苦巴旦杏的气味”。

《黄昏里的男孩》是余华1990年代的短篇名作，而对这个世界的荒诞有着敏锐感知的陈集益在2015年以同样的题目，写下自己关于暴力的理解。六个来自吴庄的偷树孩子被山庙村的人抓住，饱受囚禁和虐待，而山庙村的偷树人也曾被吴庄人抓住凌虐甚至折磨至死，于是暴力的种子借着复仇的意志不断发酵。就在孩子们倍感恐惧的时候，一场突如其来的泥石流冲垮了山庙乡。小说不断渲染山庙村那座破败庙宇里骇人的神像，还有神像威严的眼神给予孩子们的心理威慑。最后的灾祸是神灵的诅咒还是人性暴力的征象，小说并未点明，也正留下供读者沉潜回味的空间。陈集益坦陈自己受惠于余华，这篇小说鲜明的表现主义气质也的确闪烁着余华前期小说的那种锋芒。考虑到余华本人在新世纪的转向，尤其是他的暴力书写开始更多地带有及物性因而与他曾经标榜的“虚伪的作品”拉开距离，陈集益的这种致敬方式就更凸显其执拗的一面，他笔下的男孩和他们的恐惧虽然假托了两个村庄的恩怨，但其间关于暴力的呈现和思考却是本质层面的，有着强大的隐喻力。

陈鹏近年致力倡导先锋写作，不但见于他主编的刊物，也见于他本人的创作。他的《苏童来了》是一篇颇有趣的小说，一如题目所示，1980年代的先锋代表人物成为小说情节关键的推动力。小说通篇布满后设的技巧，将苏童某年到云南活动的事实与虚构的叙事融在一起，将致敬当年的文学英雄与致青春同步并行，在不无伤感的追怀里巧妙地容留先锋文学的基本“装置”：多线叙事、空白和残缺、一面被讲述一面被拆解的故事、无明确因果链的死亡，此外，还借人物之口给读者普及了一番当年先锋潮起的来龙去脉，可见作者对先锋文学的拳拳之心。

在2015年致敬前人的名单上，我们还可以列出朱山坡的《旅途》，它有点像余华的《十八岁出门远行》，一个独自出门的孩子遭到了外围世界的言语暴力，不过结尾处父亲的出现解救了少年的困境，也扭转了小说之前凛冽的风向。再比如蔡骏的《眼泪石》和徐则臣的《摩洛哥王子》，这两个小说情节和风格截然不一，但都有一种童话般的质地，让人想起王尔德著名的《快乐王子》。还有阿乙的《亡命鸳鸯》，它让我们跨界地联想到阿瑟·佩恩的电影《邦尼和克莱德》。此外，还有值得读者致敬的残雪，她的短篇新作《菜贩易致行》，写了一个进城菜贩的成长史，依旧混合着暴力、谜魅，各种不可解的暗黑的悬疑。三十多年来，她也许是唯一的矢志不渝地沿着当年道路而不轻易改变的行走者。

当然，致敬经典未必一定要跟在经典之作后亦步亦趋，对于先锋写作而言尤其如此，就像弗雷德里克·R.卡尔说的，“每一个先锋都是一颗用于自杀的炸弹”，因为“一旦被现在所融会，它就失去了自身的价值”。对于今天的先锋写作者而言，当年最让人着迷的先锋作家的写作姿态和时代的紧张关系已经和解了，当先锋文学不但被文学史经典化，甚至成为纯文学最为倚重的文学资源和可资标榜的象征资本时，要“再度先锋”，就非常有必要从被审美和意识形态体制化的新常态里激活先锋文学作为体制的异质性存在的基因。从这个层面来说，弋舟的《平行》、李浩的《消失在镜子后面的妻子》、曹寇的《在县城》、赵志明的《村庄落了一场大雪》、瓦当的《织女牛郎》、魏思孝的《废物》等具有鲜明的异质锋芒的小说也是在以自己的方式致敬先锋。

新时代“零余者”的自证

新文学的草创时期，在俄罗斯文学“多余的人”文学形象的启发之下，以郁达夫的《沉沦》《茑萝行》、成仿吾的《一个流浪人的新年》等为代表的现代小说塑造了一批中国的青年“零余者”形象，他们无论在物质还是精神上都处于困窘失衡的状态，在与现实的紧张对峙中最终收缩为疏离时代甚至是自绝于时代的悲剧人物。如果允许我们比附一下的话，在2015年的短篇小说中，我们看到了一些新的“零余者”，他们在这个全球化的时代进退失据，既不能适应资本掌控的市场逻辑，又无法抗拒这种强大逻辑对自我身份的征用；既不愿沉陷在被操纵的机械性的快适伦理之中，又找不到锚定自己情感的真正归属；他们有的犬儒，有的沉默，有的找寻，有的离去，来路依稀而前途未卜。

他们有不同的名字。在马笑泉笔下，他们被称为“荒芜者”。小说《荒芜者》探讨的正是一群对生活和事业都不再抱任何期待的人，以及他们在都市生活的碾压之下罹患的情感匮乏和职业枯竭症。叙事者的身份是一位报社的编辑，在三十岁之后他渐渐对一切失去了兴趣，在抑郁和讽世之间，他选择以“荒芜”命名。在遇到另一位女“荒芜症”患者后，他发现隐藏在生活中的荒芜者是为数不少的存在。荒芜者们开始组织自发的聚会，他们中有副局长，有民营企业家，有银行高管，当聚会引来安全部门的注意时，那个上门调查的警察在最后确认自己找到了合适的组织。小说中的“荒芜症”有点类似萨拉马戈笔下的“失明症”，任何阶层和身份的人都可能是它寄居的对象，只是它不具备传染性，它根植在人性的倦怠之中，又被这个匆促的快节奏的时代激活，即便在健康的人那里也未必不隐伏“荒芜”的病灶。

周嘉宁的《你是浪子，别泊岸》中的小元是外人眼中的“浪子”和“流浪儿”，因为她的经历在“所有人的经验之外”。小说中互文性地提到了霍桑的小说《维克菲尔德》，里面的维克菲尔德先生是一个以隐匿自我的方式抗拒被庸常生活同化的零余者，他不明所以地离家出走，二十多年来隐居在自家附近。小元和她的父亲身上都有维克菲尔德的气质，小元的多年漂泊和一直“生活在别处”的状态，与她父亲在“持续而稳定的不快乐”中出于“庄严的责任心”而认真的生活，实则是一体两面的——如果说生活之岸本身也代表着一种日常化的体制力量，有其“自来的残忍”，别人安之若素，他们则对自己被预设的人生有敏感的不适。某种程度上，小元比她的父亲走得更远一些，她认真而倔强地在孤独和亲情间小心翼翼地协调自我，虽然她并没有考虑清楚自己是拒绝了世界还是被世界拒绝。

储福金的《棋语·靠》以棋语为隐喻，写了一个想要与不相关的人生保持距离，守住心性却不可得的人。小说中的张好行，下围棋喜欢“靠”住对手，贴身肉搏，为人却谦和淡然，与世无争。可是周遭变换的世界却偏偏要缠靠住他：“文革”中，因为下棋的同伴议论伟大副统帅，他莫名其妙地被关押调查；“文革”后，他因为会修理小电器而与颜姓女人产生了让人烦恼的绯闻；结了婚，妻子想收养一个孩子，为了妻子这个心愿，对人生本无所求的张好行送上了性命。正是树欲静而风不止，张好行无论如何超然物外，都不可避免地被“生活的实”如影随形地缠上。

同样充满隐喻色彩的还有邓一光的《与世界之窗的距离》，小说写了四个都市边缘人的搭伴婚礼。在盛大的婚礼现场上，作为主角的他们仿如局外人，“在来宾中面无表情地游走”，听着客人们高谈阔论那些“生活在城市里的人们关心的话题”，并且更深地感受到：“人们只是感到孤独，借他人的热流驱散恐惧。”婚礼的地点是天鹅堡，据说这里的建设以意大利某小镇为蓝本，它携带着投资者看中的强蛮的文化附加值，把赤裸裸的商业行为偷换成异国风情的生活观念。天鹅堡的一湖之隔就是大名鼎鼎的“世界之窗”，它代表人类占领城市的欲望，本质上又是一个赝品充斥的仿像。就这样，被构造的消费观和虚拟的景观剥夺了现实生活的魅力，使得现实相形见绌。小说以“与世界之窗的距离”为题、以对婚礼的描述为中心的用意，也许就在告诉我们，在都市里日渐变成行为艺术的婚礼流程不也是一个幸福生活的仿像吗？四个年轻人以遵守游戏规则的方式嘲弄了规则，他们从自己的婚礼上逃逸出去，更深地拒绝了这个仿像丛生的世界，心里响起让人心碎的歌：“我们在这里，我们会一直在一起，守住我们的初始之心。”

房伟的《巨灵》塑造了一个有些另类的零余者：肥仔楚文杰因为肥胖的身躯，也因为父亲的早逝和母亲的抛弃而变成了一个靠出租房屋养活自己的宅男，他在色情电影和玄幻小说中过着饕餮又自足的生活，直到按摩女欢欢出现。欢欢改变了他的日常节奏，甚至让他有投入生活的念想，然而在一次偶然中他撞破欢欢另有所爱，绝望的胖子引刀砍向自己，在幻灭的最后仿佛看到他最喜欢的威风凛凛的巨灵神从天而降。这是部重口味的小说，情节上说不上新鲜，但它借肥仔肉体的巨大和对巨灵神的崇拜，在胖仔的灵与肉之间建立了一种巧妙的关联，投射出一个被世界抛掷的人深在的焦虑和对自我的虚幻拯救。

我们都知道加缪曾经把《局外人》的主题概括为一句话：“在我们的社会里，任何在母亲下葬时不哭的人都有被判死刑的危险。”零余者形象最大的意义也许就和局外人一样，他们意识到人和生活的分离，意识到“世界本身所具有的、使人的理解成为不可能的那种厚度和陌生性”，但并不打算随顺地和这个世界达成默契，他们的荒芜、漂泊，抑或死亡也因此都成为时代另类的自证。

故事的德性

对于今天从事短篇创作的写作者而言，“小说在故事终结处开始”的观念几乎已经成为常识。不过，讲故事毕竟是小说区别于其他文体的优势所在，因此，“故事终结”并非一定要在文本里放逐故事，而更是指在容留故事这一美德的前提下，破除闭路性的因果链条和线性逻辑，使得其具有更开放和包容的空间，而未必一定像莫泊桑或欧·亨利那样，用巧夺天工、精心剪裁和精妙的包袱来讲述一个头尾完整的事件——如果故事中有一杆猎枪悬在墙上，它未必一定要在结束时放响，它的枪口也未必指向故事中的人，而是指向故事的每一个阅读者。故事是否开放、是否有洞穿文本的能力与小说讲故事的方式和结构有很大的关系。

2015年以故事命名出版或发表的作品集就有赵松的《抚顺故事集》、颜歌的《平乐镇伤心故事集》、宝树的《时间狂想故事集》等，此外，朱岳的《说部之乱》、冯骥才的《俗世奇人新篇》等也是由一个个的故事组成。

《抚顺故事集》是在读书界引起较大反响的一部作品，早在几年前，这部书就在网络上被不少读者传播阅读，它在2015年度的正式出版并备受关注，与其说是一个文学话题，毋宁说更是一桩关乎文化记忆的事件。不过，这部小说集对文学本身而言，也自有价值。赵松用散文体的笔法和人物志的方式勾勒出抚顺这座东北老工业城市三十多年来沧桑的人事物理，仿如中国版的“小城畸人”，散点透视却出色地链接起一个大的变革时代和被其裹挟的几代人的命运，小说接续起了《果园城记》《矮凳桥风情》《吉陵春秋》这样一条重要的小说谱系，对人物有同情之理解，也有练达之批判，它是对某种近于格式化的城市记忆书写的反动。《平乐镇伤心故事集》有类似的一面，颜歌多年致力于“平乐镇”的书写，这座小镇以她的故乡郫县为原型又被其飞扬的想象力不断建构，不过近来她更愿意以方言讲述小镇居民那些具有现实况味的故事，无论是被“奥数”梦挑起的父母虚幻的虚荣（《奥数班1995》），还是在茶社里晚景凄凉的老人的喟叹（《三一茶社》），这些都显示了作者对现实经验的倚重，与她出道时热衷的“架空”叙事形成了有趣的对照。如果说《抚顺故事集》和《平乐镇伤心故事集》来自于记忆和现实的辩证，那么《说部之乱》则来自于想象和智性的辩证，一个个像博尔赫斯的小说一样闪烁着奇诡光芒的短故事，让人脑洞大开，有时又目瞪口呆，它们野蛮的活力印证了朱岳的小说观念：小说不是某种价值和意义的必然载体，而是帮助人类“体会世界作为谜的一面”，这种探索是对现代汉语小说非常有益的补充。

有一种流行的观点，以为短篇小说受制于篇幅只能写人生故事的横断面。其实未必如此，前人不少伟大的短篇，比如《孔乙己》依然可以在短小的篇幅中纵向地写出一个人的命运，还有命运的跌宕感。短小说的纵向当然不可能像长篇那样铺陈或巨细靡遗，讲究形式感的作家也许会通过用叙事时间兑换本事时间的手法，来获取这种叙事的纵深；而看重叙事日常性的作家则会通过剪裁和舍弃，保留最具情境性的断面，然后在几个断面中建立人生线索的勾连，或者在一个断面的切片里建立情感回溯或后延的暗道，让故事在文本之外获取绵延的生命感。2015年，在这一点上给人留下较深刻印象的短篇小说有王蒙的《仉仉》、刘心武的《土茉莉》、黄蓓佳的《长夜暗行》和普玄的《牙齿》等。

王蒙和刘心武两位老当益壮。《仉仉》在质地上有点类似王蒙三十年前那一系列非常有影响力的“东方意识流”小说，《土茉莉》也遥指当年的“伤痕”叙事，不过二者都更有一份人至老境所赋予的从心所欲不逾矩的洒脱。《仉仉》从某外国语学院教授李文采跟外国文学的机缘写起，在他对同学仉仉混合着爱慕与知己之感的回忆里，反思政治运动的急风暴雨中人性的高贵与卑污，以及个人无法掌控的前途和命运。跨越半个多世纪的爱情、文学之遇，交织着忠贞与背叛、迷惑与同情、忏悔与遗憾，还有在垂暮之年对所有问题的了悟，这一切繁而不乱地被统摄于人物的意识之中，辅以一种可在内心与物外自由出入的叙述视点，它们在文本中协作建立的不但是历史时空的跨度，更是内在的心理跨度。《土茉莉》用两位中学老师从“反右”到“文革”再到新时期的交往、反目与彼此记挂，再一次指向政治挂帅的荒谬年代里那些被侮辱和损害的信念、友情和善良，以及几乎无法修补的倾圯的人性。小说里的数学老师和美术老师本都是痴迷于自己专业、无心他物的人，却在“文革”中迫于压力而彼此攻讦，此后再没有和解，他们日复一日地在混杂着惭愧和愧疚、嫉恨和怨怼的情绪中彼此密切关注着对方，最后数学老师的潦草而死所带给美术老师的震撼与悖谬的人生感喟，正象征了三十余年来镂刻在那代人身上且时时隐隐作痛的那道伤痕。

《长夜暗行》是一篇典型的以若干切片勾连人生、以横写纵的短篇小说。大魏三十年的社会阅历和情感档案被李玎、林娟、范金花、西贝拉等几个女性串联起来，与此同时，他由故乡到海南再到澳洲的行旅也相对完整地投射了改革开放三十年来一代人的人生轨迹。作为一个新移民的形象，小说并未在大魏的失根与原乡这样习见的身份焦虑上用力，而是从性这一看似轻逸的角度切入，将大魏在婚恋中的性无能和由此激发的人生进取心对照起来，他在正常的情感状态中的无力和在异族女性面前的雄起戏剧化地放大了他生命的暗点，而“长夜暗行”或者说这种朝向自我出发点的努力，又让人看到这个男人对情感和命运韧性坚持的另面。

普玄的《牙齿》写了一个钢铁厂老板的个人奋斗史，而这个奋斗史也是他用拔掉的牙齿征服女人的情史。牙齿成为朱南挂对付经商路上遇到的各种沟坎的撬杆，也在累积着日后工厂崩盘时被女人追讨的能量。小说本身是闭合的，情节的逻辑线也很清晰，其人生纵向感是通过撬牙这个不断“重复”的情节来建立的，而撬牙本身又具有怪诞的艺术性，它在进一步塑造故事性的同时也促使读者去思考牙齿这个故事之核与人物命运沉浮间的隐秘和隐喻。

归来者、守土者与大时代的背面

曾有评论者统计过，2013年以“回乡”为题的短篇小说多达十余篇，这或许因为对故乡的返回，“显示了一种深刻的思维构型与心理需要”，“它关乎个体的记忆与历史，成为现代人自我追溯识别、认同赋值及统一调谐的核心”。在2015年，这一现象依然延续着，余一鸣的《稻草人》、田耳的《金刚四拿》、刘玉栋的《回乡记》、黄咏梅的《病鱼》、甫跃辉的《乱雪》、陈再见的《回县城》、蔡东的《布衣之诗》……未必一定以“回乡”命名，但都隐含着一种归来者的视角及思考。只是新世纪乡土社会本质性的解纽和转型之下，故土对于人们情感抚慰或焦虑纾解的功能急剧衰减，不但不能帮助那些城市的归来者追溯到确证的身份，反而额外赋予他们新的挫败感。返乡者的身份不少都被设计为知识分子，但是回到故乡的他们再也不是“盗火”而归的普罗米修斯，面对当下的乡土，原乡/启蒙的二元视角也早已失效。

《稻草人》和《金刚四拿》是两篇可以参照对读的小说，前者关注的是农村的空巢老人，后者的主人公是由城返乡的乡村青年，但着力点还在农村的老人身上，二者哀恸与忧戚的调性是一样的。《稻草人》里的中学校长雷风景清明返乡，同族的副乡长雷风光想让他劝说在山上老村居住的奶奶下山，雷风景却发现奶奶在山上编织了一个又一个的稻草人，复现了她记忆的乡村世界，其中有他逝去了的独子禾禾和初恋的女友小静。老村的亡灵仿佛被奶奶用稻草人招魂，在独自一人居住的山屋里，她灌注了一个村落的生息和尊严。而雷风景在儿子死后，和妻子一起早已成为另一种被掏空灵魂的稻草人。逝者仿若再生，而生者如丧精魂，两种稻草人，折射失独家庭与空巢化的乡村之痛，无论立意还是笔法，都相当见功力。田耳的《金刚四拿》说的是罗家垭有民俗，村人死后要精选八大壮汉抬棺，是为八大金刚。青年罗四拿外出打工浪荡多年，回到故乡，在大爹的葬礼上指挥村里几乎仅有的老弱病残的男人上阵抬棺，组成十六金刚。这篇小说在语言上有着田耳一贯的劲道和幽默，但在骨子里却处处弥散着苍凉之气，四拿城市打拼的溃败在村人的回忆里影影绰绰地拼凑出他破碎的拉斯蒂涅之梦，而在做金刚的行当上找到的自信则更反衬当下农村的荒芜，一句“今天你不抬人家，明天也没人抬你”几乎道尽了一切。

刘玉栋《回乡记》里家一遭遇的是另一种乡村之惑。家一的身份是某行业报纸主编，老父在村里被撞，期望他回来能讨个公道，他却发现自己的能耐根本不能摆平乡间的新权贵，宗族的血缘与道德凝聚力在崛起的资本面前不值一提。“回乡”在这里再一次成为知识分子无力救赎自我的梦魇，或者说焦虑的放大器，因此，小说中家一的回乡经验有着寓言性的概括力，它不但指向乡村的病态，其实也指向城市生活的病态和人性的病态。陈再见的《回县城》描写了一个“深漂”在高房价压力之下不得不带着妻儿回老家的故事。在深圳，主人公感到生活“成了一张黑色的浊气的让人厌恶而想逃离的画面”；而在县城，他又被迫要“一边藏起自己的窘迫一边又制造出某种虚伪的光环”。小说并未停留在“逃离北上广”，而是进一步观察青年人逃离后的精神困境。这种困境，用黄咏梅《病鱼》中的说法，表现为归乡者需要处处倒“空间差”，处处协调分裂的身份。《病鱼》是一篇有着复杂况味的关于两代人命运的小说，其隐线且不论，主线中的“我”在外摸爬滚打成就一番事业，只是所谓的“优越感”之下是遭遇婚姻打击的劫后余生。满崽作为故乡守望者的形象，在巨大的人生变故之后堕落为吸毒盗窃的社会流民。再次相逢时满崽如儿时亲切地唤“我”小妹，而“我”却早已不复当年率真。“我”的“伪”和满崽的“真”构成了某种镜像的呼应。

蔡东的《布衣之诗》处理的也是一个归乡又失乡的题材。小说最打动读者的不是孟九渊和父亲再无乡可归，也不是因与邻居纠纷而意外致人死亡后的自我救赎，而是赵婵在单位领到的“最佳委屈奖”和被她撕成碎屑的证书，是九渊和赵婵夫妇两人招待客人因为一包纸巾触发的沮丧，是故乡河边安静的孤雁，是旧家院中的疣鼻天鹅，是白居易的“嗟君两不如，三十在布衣”。失乡如涟漪一般，一层层荡开，关涉起城乡失衡、拆迁、都市浮生者的落定和情感危机等一系列与我们常人痛痒相关的问题。

归乡者之外，还有尴尬的守土者。付秀莹的《定风波》、马金莲的《一抹晚霞》、安昌河《欢乐的芬达》都试图通过对守土者的塑造挽住故乡或故家最后的一抹温暖。只是《定风波》里的团聚不能凭善良和义气从资金周转的窘境里脱困，而弟弟的欠款不还更是在家族伦理的内里给他冷冷的一击；《一抹晚霞》里的回族老人夫妇虔敬地坚持礼拜的仪式，也近乎仪式般地守着走空了的老宅；《欢乐的芬达》在强拆的故事外壳之下，描述来福旺老人对旧宅和故人执拗的情感，终以玉石俱焚的方式成全自己生命的诺言。日渐凋敝变异的乡村不可避免地成为依托城镇化进程推动的大国崛起的注脚，批评者当然可以苛责上述小说应对现实的无力，但它们可贵地站在时代的背面，站在了弱势的一方，其立场本身是关情的，而非去历史化的。

因爱之名的“非常”与“常”

爱情依旧是文学常写常新的话题。有意思的是，2015年让人印象深刻的关于爱情的短篇小说，其人物多具有一种“痴气”或执拗，尤其是在女作家笔下，爱情混合着某种阴郁的欲念或者固执的坚持，像鲁敏的《坠落美学》、陈谦的《我是欧文太太》、林白的《汉阳的蝴蝶》、周洁茹的《离婚》、盛可以的《小生命》、夏烁的《蓼湖饭店》、文珍的《觑红尘》、金仁顺的《纪念我的朋友金枝》、祁媛的《美丽的高楼》、于一爽的《死亡总是发生在一切之前》、张慧雯的《夜色》等都是如此，其中《坠落美学》《我是欧文太太》和《纪念我的朋友金枝》都出现了让人始料未及的暴力或者干脆就是死亡，这样的处理固然是以某种刻意的方式增益了小说的情节，但好在并非仅仅是解决情节危机的方便设计，它们是爱情在极端状态下被嫉妒和情欲催生的不可控因素，是人性幽暗和盲动一面面对“无穷无尽的恶意之洋” 的过度防卫。此外，作者在讲述这些非常态超强度的故事时，都试图在以叙事的控制规避其主旨向猎奇化倒去。比如陈谦的《我是欧文太太》，小说读来令人疑窦丛生，丹文怎么变成了欧文太太，她的前夫是否是她所杀，小说并未有坐实的暗示，不过丹文这个敢爱敢恨的形象却非常鲜活地在文本中建立起来。与之相似的是《汉阳的蝴蝶》，小说也是大量留白，王劲风和刘铁阳、刘铁阳和刘铁阳的小姨、李小榴和王劲风，几组关系小说全都语焉不详，只让读者觉得大学时的懵懂情事在二三十年后再去看，似乎渺不可寻又似乎坚贞无比。

男作家笔下也有非常态的爱情，较有代表性的是张楚的《略知她一二》和葛亮的《不见》，前者写的是大三男生和宿管阿姨的不伦之恋，小说对少年混合着恋母意识的病态情欲表现得细腻又有野气，不过故事整体上并无新意，或许也正因此，作者才在“非常”上用力，阿姨冰箱里放着不明死去女儿心脏的细节让人惊诧，又让人想到迟子建的《世界上所有的夜晚》。《不见》从大龄剩女杜雨洁的交友入手，以推理小说的笔法展开了一个被侮辱与损害者变态式的复仇故事。葛亮用张爱玲《茉莉香片》中性格也有些扭曲变态的聂传庆来给小说中的变态男命名，显然有致敬的成分。不过，跟张爱玲“反传奇”“反高潮”的艺术观念相反，《不见》中的聂传庆绑架市长女儿并囚禁为性奴等情节却分明溢露着传奇式的趣味。

张爱玲说过：“既然是个写小说的，就只能尽量表现小说里人物的力，不能代替他们创造出力来。而且我相信，他们虽然不过是软弱的凡人，不及英雄的有力，但正是这些凡人比英雄更能代表这时代的总量。” 耽溺于非同寻常的故事表现，有时未免就要为人设“力”，反而少了对平凡人生悉心体会和咂摸的情味。

2015年对常态爱情的书写也有不错的作品。谈瀛洲的《我们是怎么错过那些男人的》讲的是都市白领剩女的情感创伤，无论是叙述者“我”被闺蜜的男友所爱而引发的对爱情和友情的双重顾虑，抑或是蕾为了吸引上司而故意与平庸的男同事拍拖的算计连带的一系列误会和耽搁，其实都算不得新鲜，但这篇小说依然颇吸引人。这与小说采用对话体有关，从题目上也不难看出作者致敬卡佛的《当我们谈论爱情时我们在谈论什么》的意思，全篇由叙述者“我”与友人“蕾”的对谈串起两个人各自的爱情往事，对谈不但可以唤起读者更多的参与感，而两个对谈者也是彼此互为镜像的关系，再者也映照剩女问题的普遍症候。

斯继东的《西凉》讲的也是剩女的故事，女孩饭粒正在“错过那些男人们”的情感畏途上，无论是卡卡、田一楷，还是被人介绍相见的壮实男人，他们都无法给予饭粒所需要的安稳和妥帖，她养的猫和鱼也在放大她孤单却找不到声援的处境。于是，那个善良又热情的快递小伙便成了她对情感的某种寄托，而小伙的故乡西凉也因此成为饭粒漂泊之心的牵记。小说对女孩饭粒的情感之困从多个角度切入，钢琴老师和叫拖鞋的猫，还有结尾那个启瓶器的小细节，都让人印象深刻，显出了作者在闲笔里藏力的本事。与之类似的还有邱华栋的《降落》，这篇小说同样观照都市白领女性的爱情隐痛，也采用了双线的结构。薛媛的男友是客机飞行员方强，她在一次旅行意外中结识了户外摄影师沈皓然，并隐隐萌生对后者的好感。仅从故事的层面来看，这个小说与感时尚类杂志刊载的小说几乎没什么区别，但是作者还是赋予了这个有些流俗的题材深入人心的效果。小说中，方强和沈皓然两个男性对于薛媛而言，都意味着一种“在远方”的生活，不过前者是物理距离而后者是心理距离。小说也给予两个男人等量的篇幅，并细细刻画了薛媛与他俩分别在一起时心里波荡起的微妙的情感涟漪，经过一番斟酌与尝试，薛媛回到方强身边答应了他的求婚，让爱情平稳地“降落”到婚姻的跑道里。

东君的《某年某月某先生》里也写到一个都市白领与一个摄影家的不期而遇：一个以为罹患绝症的女DJ在一座山中邂逅了一位带着亡妻骨灰盒旅行的摄影家，他们相处一个月后，各自带着对生命和情感的领悟作别。某日，某先生在一个禅修班遇到了女DJ，听她讲述了这个故事，然后像第一个故事一样，女DJ不辞而别。正像题目所暗示的，这个小说隐含着一种恍惚和不确定，虽然其主旨我们大致可以感受，对远方和生活在别处的向往，或者在返璞归真中克服生命本然的孤独。小说中两个相似又彼此缠绕的“艳遇”故事都带出远远超越身体沉溺抑或欢愉的关乎生命玄思的指向。

卡佛曾悲观地说过：“我开始写东西的时候，期望值很低。在这个国家里，选择当一个短篇小说家或一个诗人，基本就等于让自己生活在阴影里，不会有人注意。”他也曾自信地说过：“普通但准确的语言，去写普通的事物，并赋予这些普通的事物以广阔而惊人的力量，这是可以做到的。写一句表面上看起来无伤大雅的寒暄，并随之传递给读者冷彻骨髓的寒意，这是可以做到的。” 这是属于短篇小说的孤独和尊严。希望这篇挂一漏万的综述可以帮助读者倾听孤独者尊严的心声。

文学传统与时代潮流

——2015年短篇小说现场

程天翔

2015年，长篇小说和中篇小说尚能有所作为，而短篇小说的写作与阅读逐渐向小众化、圈子化倾斜。一部优秀的短篇作品，最后往往只能在少数专业人士内部传播，无法产生实际的社会效应。这可以归结于“长篇沙文主义”对短篇的垄断和“奴役”、新媒体对传统刊物的冲击以及短篇创作带来的经济效益微薄等，却无法掩盖短篇小说自身文体意识弱化、艺术手段创新不足和传播方式匮乏的真相。五四新文化运动以来，短篇小说曾经是我们认知世界的重要渠道。特别是当社会进入剧烈转折时期，短篇小说的变化常常成为开启文艺思潮的钥匙。而在今时今日，如何树立短篇小说的文体自觉，加强短篇小说对精神坐标的构筑，在吸收传统资源的基础上对小说的内容与形式推陈出新，探索当下新媒体的传播途径，构成了未来对作家的重要挑战。必须承认的是，在当前短篇并不红火的环境下，作家群体依然显露出旺盛的创作精力，对短篇小说进行了积极而富有成效的探索。这其中，青年作家充当了短篇写作的主力军，张楚、盛可以、徐则臣、蒋一谈、朱山坡、李浩、鲁敏、余一鸣、弋舟、张惠雯、乔叶、金仁顺、王凯、曾剑、蔡骏、周李立、郑小驴、孙频、甫跃辉等人的创作日臻精妙，格局渐成；而刘心武、冯骥才、叶兆言、刘庆邦、王祥夫、范小青等老作家也不断推出新作，表现出对短篇艺术的坚守。这些作家的作品，或是以承继传统小说资源为核心，对体现人文魅性的文学形式进行再创造（先锋主义，荒诞主义，古典主义）；或是突出对人物心理、情感的开掘，书写历史情韵和个人记忆；或是强调小说的故事性，用现实主义笔法展现时代与人民的生活图景；或是致力于艺术性（实验性）的拓新，如对叙事结构的精心打磨、对艺术形式精致化的追求等；或是积极顺应时代所赋予的文学主题，军事文学（抗战小说）、类型小说（科幻、悬疑、官场）等领域实现了长足进步，反映出2015年短篇创作的总体风貌和趋势。从题材上看，乡土文学进一步衰微，城市文学成为创作潮流，二者在题材比重上的失衡关系凸现了中国城镇化的快速进程。因此，我们看到今年的短篇小说充盈着各种社区生活、职场生活、城市家庭生活，出轨记、买房记、拆迁记、进城记、打工记……都与城市人的生活息息相关。在“写什么”的问题上，作家们表现出高度的一致性，一窝蜂地转向城市题材创作，而忽略了个体创作本身的审美特性。从文学史的角度观照，那些既在潮流之中，又与潮流保持了一定距离、“既能敏锐感应时代思潮，又能在文体上独出机杼”（雷达）的创作才更有可能打造出精品。反观当下的一些作品，多是直白地、不加修饰地展现社会世相与日常经验，人人争先创作城镇生活的“浮世绘”，生活表象下更隐秘的空间被搁置，现代主义、后现代主义鲜有人问津。评论家孟繁华点评今年的短篇时指出，作家对“城市的文化经验还没有建立起来，都是在瞎子摸象，东一下西一下，城市里最深层的东西大家都急赤白脸去捞，但谁也没捞着”。这一段话意指明确，城市文学的发展尚需时日。

2015年，传统文学期刊仍是短篇小说发布的重要平台。这些刊物对短篇小说的推动基本与往年持平，像《人民文学》推出的《新浪潮》与《海外女作家》栏目，侧重于对青年作家、女性作家的发掘。《作家》的《金短篇》系列和《作品》的《实力短篇》栏目，不太注重作者名气，而以文本作为考量标准。其他诸如《收获》《十月》《花城》《中国作家》《当代》《文艺报》等报刊，或开设短篇小辑和短篇评论栏目，或以短篇为头题，做了很多工作。《小说选刊》《小说月报》《中华文学选刊》等选刊对优秀短篇的筛选推介也是贡献颇多。在大型活动方面，《作家》杂志社于今年六月份在长春举办了中国短篇小说论坛。阎连科、范小青、叶兆言、刘庆邦、施战军、张清华、林那北、东西、金仁顺等作家评论家就“短篇小说创作现状与问题”进行了研讨。文学报刊，作家、评论家不可谓不努力，但是优秀短篇小说家还是很难为广大群众所熟知，优秀作品还是很难更广泛地传播出去。短篇走出沉寂的环境，从圈内繁荣转向圈外繁荣，分享新闻的荣耀，成为一件不可能达成的事情。一些媒体和个人热衷抹黑文学，声称文学已死，强调文学的娱乐性和游戏性。甚至有人戏言，最好的短篇小说是在《南方周末》上。的确，今日之文学，已经很难高于文学了，生活本身的传奇和荒诞，有时超过了作家的想象。“传奇不是文学，只是故事。”加缪对文学与新闻的本质作出区分，我想问题的症结恐怕还在于作家本身。更多时候，我们习惯于用作品复述生活，而对生活的丰富性、复杂性、可能性缺乏表达与探索，对现实和精神细节难以作出精深雕刻。此外，文学的传播机制也亟待开拓。现在还有一个趋向，手机段子、微信、网贴和新闻写作正悄然取代文学叙事的传统功能，这背后的受众群体数量，是传统出版单位无法比拟的。文字经过手机传播已达到惊人的阅读量。信息大爆炸时代传统作家人人自危，我倒是从中看到了机会。短篇体量小，与现实对接密切，符合现代人快速化的阅读习惯。今年以来，不少知名作家陆续通过微信发布了自己的中短篇作品（期刊发表之后），这个趋势仍在扩大。如果作家愿意摒弃偏见，尝试接近传统媒体以外的媒介，也许会有意想不到的收获。

回到2015年的短篇小说现场，作品的数量可观，呈上升势头。小说家对传统文学资源的传承和另辟蹊径、中国故事、中国精神的讲述、文本类型化、经典化的探索令人印象深刻。以下罗列的作品，仅代表个人对今年度短篇小说的观察，难免挂一漏万，具体优秀作品还需要读者自己去寻索。

一、文学传统的承继和发展

中国丰富的文学资源赋予了短篇小说虚实相糅的艺术质素。“实”是小说的故事，是直观呈示给读者的外壳。而“虚”指向精神、想象等层面，是彰显小说内部艺术空间之核。可以说，对“虚”的追求，构筑了短篇小说的特色传统。从蒲松龄的《聊斋志异》，到五四时期鲁迅、郁达夫等人的作品，借由对魅象、虚无、迷梦的渲染，书写人性真实和心灵疑难，并确立了小说的诗性空间。新时期以来，超验叙事、古典主义、先锋小说、实验小说的出现，其实质就是对传统的一种承继和拓展。这些作品利用独特的经验和视角尝试与畸变的现实社会沟通对话，以神性之光照映荒诞人生，表现人性积压已久的焦虑、茫然和挣扎，体现出作家重建小说人文魅性和诗学传统的文化自觉。

《庐山隐士》（作家出版社2015年第6月出版）是蒋一谈在短篇小说想象和叙事上的新探索，全书由二十多篇几十字到几千字不等的小说组成。他把这些小说定义为超短篇小说，强调作品的寓言和童话特性，力图通过“人物在现实和幻念之间的那种游离状态”为小说注入诗歌的灵魂。近年来蒋一谈的创作在吸收传统资源的基础上又富于开拓性，这种新颖的尝试也为目前黯淡的短篇小说出版市场刮来一场新风。

冯骥才的《俗世奇人新篇》（《收获》2015年第4期）是对其小说集《俗世奇人》的一个补充，作品借鉴了唐传奇这一类笔记体小说创作手法，彰显了对文学传统的致敬和回归。小说凝练传神地塑造了十八位形象各异的津门人物，重点表现“俗”的地域性（津地市井文化）和“奇”的独特性（人物传奇），以现代意识关照传统文化，营造出浓郁的天津风情和民族特色。冯骥才的系列文化小说源自传统文学资源，但这种旧式写作在当前的短篇创作中却发散着新的况味，这印证了某位作家曾经说过的一句话：“作家的新，有时候就在于他的旧。明天来临，昨天不会结束。”

情感、婚姻题材在今年的短篇中占据很大比重，但多是表现都市生活中猜疑、冷漠、绝情的倾向。刘心武的《煤球李子》（《人民文学》2015年第2期）对这种无情无义的情感书写作出有力回应。小说的男女主人公少年时便彼此倾心，后来历经社会动荡，天各一方，直到晚年时才有了重逢之机。垂垂老矣的“煤球李子”闯进老年公寓被当成老流氓，见到“煤球李子”后，“老太太”的“心灵深处喷涌出一种极乐，一瞬间仿佛飞速穿越过自己的一生，所有经历过的一切都化成青烟，只有现在身旁的人是实在的”。小说没有什么新意，唯文字动人，情感动人，文学抛开技巧恢复本来面目恰恰更能获取读者认可。作品结尾，“在古老的胡同的一隅，在那老年公寓的单间，两位名不见经传的古稀老人之间，生命的电光火石正在迸发出瑰丽的诗画，历史对他们会忽略不计，于是我们懂得，许多永恒价值的存在，是在历史之外”。这段精炼的文字，是刘心武对人生哲学的最佳解读。

同样写情感，陶立群的《母亲的岛》（《野草》2015年第1期）也是一篇佳作。小说中的“母亲”是一位被拐卖来的“妇女”，在异地他乡为人妻母后，生活的磨砺似乎抹杀了“母亲”的隐痛和思乡之念，因为“允许出去的女人往往是来婆家已十多年，儿女一群，死心了，想走也走不了”。在她五十岁之时，开始用行动来铺垫自己出走的决心。先是搬到一个小岛独居，后来尝试独立卖菜、种菜。从这些行为中，我们看到了“母亲”内心女性意识的觉醒。小说的巧妙在于，它并没有将罪恶矛头指向拐卖妇女的家庭，在母亲反抗、出走的过程中，还穿插着温暖、善意的亲情。“母亲的岛”在小说中具有象征意味，它寄托了一个女人全部的情感秘密。

李浩的《消失在镜子后面的妻子》（《作家》2015年第5期）也写“出走”，妻子莫名“消失在镜子后面”，“我”虽然有所牵挂，但在行为上却无动于衷。因为工作上的琐事和宅在家里打游戏可以继续支撑“我”的生活。我和妻子的处境就这样尴尬的对立而又无可奈何。在对超验的迷魅现象的描写中，作者试图用一面镜子反映生活的裂隙以及现代人的精神困境，小说因而颇具荒诞、黑色的味道。李浩的先锋主义创作不太侧重作品的实验性，而将人物幽微的内心世界与当下现实的流弊结合起来，既有艺术张力，又不失社会性。

曹军庆的《时光证言》（《十月》2015年第6期）中也有对“镜子”这一物象的描写。两个女人在一个权力人物的葬礼上出现、相遇，“两人都知道，各自是对方的镜子。镜子有好镜子，也有让人讨厌的镜子，恨不得一见到就砸碎”。在这里，镜子是一种象征，里面积聚着人心的丑恶、荒寒和执迷不悟。她们之间的对话将故事引向更多复杂悬疑的隐情，借亡故男人的生前事迹折射出畸形、变态的时代症结。小说在结构和艺术表现上可谓独运匠心，情节设置巧妙不落俗套，而诸如“她的头发、牙齿都在地上，她捡起它们，上面沾满污泥浊水”等惊悚式描写，又把镜头对准人性深处的污秽与挣扎。此外，小说还隐含着对腐败问题的控诉。

在80后写作者当中，草白对人物生存状态的怀疑式解读、对复杂现实的批判反思精神，合成了其小说较为独特的基因。她的《惘然记》（《文学港》2015年第1期）是一篇阴气森森的虐心之作，故事由一场老同学的久别重逢开始，在聚会的包房，“我要求在边上再摆一副餐具”，并且用“浅豇豆红套淡绿”这种描写流露出自己“幽渺无边的心事”。接下来，这场老友相见随着“我”对历史真相的反复追问，进入一种哀伤滞重的氛围。“你还记得她吗？”当年“她”因他而死，生者代表死者“采访”另一位生者，体现了“我”对爱情与生命的形而上思索，由此放大了爱情的虚无以及死亡对人的吸噬效应。在阅读过程中有一个强烈的感觉：两个人物对谈的场景之外，那个“她”一身绿衣，始终湿淋淋地立侧旁听，令人不寒而栗。作者对小说艺术架构的能力于此可见一斑。

戴来的《表态》（《人民文学》2015年第1期）写人性在都市生活中的迷失。我是一个“自觉地把被子抱到客厅沙发上去睡的人，一个第二天要看女朋友脸色”的人。这天，“我”看到了一张寻人启事，被寻找者是一个老头，奇怪的是，张贴这张寻人启事的主人恰恰是老头自己。暗夜之中“我”和老头的相遇、对话，似乎映衬出各自处境的孤独和凄凉。当生活的格局被打破，存在感变得虚微，成为了“我”无法言说的心病。时代所赋予人的心灵挣扎，有时候就体现在这种无法“表态”的挫败感之中。

文非的《百羊图》（《特区文学》2015年第12期）以羊喻人，以人写羊，其实质直指金钱、权利对人的异化，对黑暗的社会现实进行揭露和挞伐。小说巧妙地将“我”“老板”“养羊人”和权势者的关系勾连起来：“我”为了生存不得不讨好“老板”，“老板”为了生意不得不讨好权势者“老爷子”。为了博得“老爷子”开心，“我”和“养羊人”费尽心机，导演了一场人羊大战的闹剧。结尾，“养羊人”的“额头血迹斑斑，毛皮被对手挑破”，“养羊人”的妻子则陷入疯狂，“那张狭长的脸因愤怒而变得扭曲，因扭曲而变得更加丑陋”。为了保护老爷子，我“失去魂魄的躯壳如同离开了枪膛的子弹，像已经抡起了羊鞭的女人射了出去”。小说中“妖魔化的人”和“人格化的羊”明显吸取了《聊斋》的魔幻手法，为小说注入了荒诞元素，使得阅读者的心情也跟着一阵阵紧绷。

张楚的小说叙事以绵密、冷静、诗意见长。他对病态社会和人物向内深微的开掘，某种程度上让人联想起五四作家郁达夫的作品。他的《略知她一二》（《江南》2015年第1期），在氛围营造、心理刻画和性描写上接近郁达夫的《沉沦》《春风沉醉的晚上》等作品。只不过，张楚更为大胆，他将一个畸形恋爱故事放置于校园环境中，“我”稀里糊涂与一位比自己大得多的宿管阿姨发生了关系，双方产生情感纠葛。年龄、身份上的不对等易令人主观上产生嫌恶之感，但张楚以对人物性格、情感的塑造又将这场丑陋阴暗的畸恋变为可能，甚至洋溢着忧伤唯美。小说没有沉溺于感情波澜的宣泄，而是把人性与现实背景密切结合，勾勒底层人物的生存图景。结尾处，“阿姨”冰冻女儿心脏一节制造出一个巨大反差，作者的关切、“阿姨”的痛楚得以淋漓尽致展现。

李晁的《遇见》（《作家》2015年第8期）同样流淌着郁达夫作品的气息。小说记叙了“他”和“她”年少时同住一间屋子，“卧室就是一通间，只是中间被拦腰切断，隔着一层书本后的竹席子，表面用报纸糊住”。起先他们用敲“墙壁”的方式交流心事，直到“墙壁”破出一个洞，他们在这个秘密通道中彼此了解，“他用一根拇指刮过她的脸廓，额头、眉弓、鼻梁，落到唇上”，“再次伸过手去，摸到的是她的身体，赤裸裸的”，生出不可名状的情愫，达成心灵的契合。在郁达夫《水样的春愁》中，少年郁达夫对赵家小姐的情感，“轻薄的邪念，明显的表示，一点儿也没有，但不晓得怎样一股满足，深沉，陶醉的感觉，竟同四周的月光一样，包满了我的全身”。在对经典文本的学习上，李晁的这种“小叙事”同样可以发散出迷人的艺术特质。

钟求是的《星子》（《人民文学》2015年第9期）探讨人的生死问题，具备某种“玄学”味道。身患绝症的“他”来到一个村庄，“用一用这里的空气”，看书、散步、睡觉，打算平静地过完人生。村中的“老孙头”也是个怪人，他曾经病入膏肓，后来做了一场梦，将寿衣天天穿在身上，身体竟然好了起来。在“老孙头”神秘的指引下，“他”为自己买下一口棺材睡在里面，并在村民们的帮助下为自己举行了一场预演式的葬礼。在这个过程中，“他”沉重而压抑的内心逐渐趋向宁静，对生命有了新的透悟。小说虽然描写死和葬礼，传达的却是超越生死的人生况味。在自然世界，人和其它物种一样，都将经历生老病死的考验。生命个体又是极其渺小而脆弱的，乐观而豁达地面对人生，是走出死亡阴影的唯一出路。

2015年，对文学传统（经典）的择取和拓新构成了多数小说家的创作核心。除了上述作品，鲁敏的《坠落美学》表达美人迟暮的悲切和情感的丑恶；邱华栋的《降落》（《小说界》2015年第6期）用现代手法记叙一位空姐无处“降落”的心灵秘史；朱庆和的《没有思绪的狂野》（《青春》2015年第11期）以对生活的片段式叙述呈现整个人生图景；张惠雯的《华屋》（《花城》2015年第6期）着笔于人物内心的落寞和苍凉，展示移民生活的尴尬困顿；金仁顺的《纪念我的朋友金枝》（《人民文学》2015年第9期）对人物形象饱满立体的塑造、胡性能的《孤证》（《人民文学》2015年第7期）对意识流创作手法的绝妙运用、周李立的《往返》对意境的诗意性营造等等，都给人留下了很深的印象。

二、讲述中国故事的方式

2014年中央文艺工作座谈会上，“中国故事”的概念首次被国家最高领导人提及，在全国文艺界、特别是文学界产生了广泛而深刻的影响。讲述中国故事，提供中国经验，弘扬中国精神，展现中国风貌，成为当下文学创作的澎湃浪潮。具体到文体中，小说无疑承担了“讲故事”的重要功能，一个民族的形象、精神、文化，需要小说家通过作品来呈现。因此，如何理解中国故事的核心内涵，如何讲好中国故事，如何把中国故事向世界传播出去，是摆在小说家眼前的首要问题。事实上中国故事并不是一个新话题，古代的经典作品自不消说，在当代作家群体中，莫言、陈忠实、贾平凹、铁凝、刘震云、张炜等人的创作植根于中国乡土，在讲述乡村中国和20世纪中国历史等方面取得了非凡成就。他们的作品深刻演绎中国乡村文明进入现代历史遭遇的剧烈变异和新生，为世界文学输送了独特的中国经验。可以说，关于中国故事的讲述从未停步。如今的中国故事面临着全新的时代环境，以往作家积累起来的叙述经验、表现手法已基本失效；当下中国现实的复杂性、丰富性可谓空前，对于作家创作而言选择面也更大。所以，讲述中国故事的难度在于如何讲述当下正在进行的故事和将要发生的故事，编排好整个时代发展进行曲。中国故事可以是展现国家宏阔历史进程的大故事，也可以是表现中国人民个体生存境遇的小故事。长篇小说在记录时代变迁、家族兴衰、道德塌陷、人伦激变等宏大题材上具有天然优势，而短篇小说通过截取个人及小群体的生活状貌、精神世界，同样能够凝聚中国人丰富而独特的经验与情感，讲好中国故事。一个国家和民族的真正强盛，需要丰满厚重的思想文化作为有力支撑。文学不仅记录时代的发展，还参与时代的精神建构。作家只有把创作和中华民族几千年来凝练而成的精神遗产相结合，方能筑牢中国文学的魂魄，提升中国故事的高度和厚度，从而自信地将具有中国气派的精品力作传送到世界各地。2015年，短篇小说在讲述中国故事的道路上快速行进，好作品不少，但也存在一些问题。一些作家热衷于描写日常经验，在视野的拓展上力所难及，作品只注重个人感受，思想性上表现匮乏。这种“在形式上对生活做正面强攻的、不做变化的、现实主义的写作手法使得现在的小说遇到了一个巨大的困境，写得都像报告文学，像非虚构”（孟繁华）。一些中青年作家尚未从前人作品的影响中走出来，形成自己独有的创作风格，艺术表现手法较为单一。此外，一些作家认为中国故事和中国经验就是讲述苦难和眼泪，一味渲染这些消极情绪，把小说写成新闻报道的复制体，缺少对现实生活的丰富体察，缺少乐观向上的创作心态，作品格局不免降低。这些问题当为小说家所警示。

2015年，一些作家表现出浓厚的“历史情结”，对似水流年展开温情书写，成为短篇小说讲述中国故事的一种方式。梁晓声的《地锁》（《十月》2015年第2期）以知识分子与普通工人之间的矛盾冲突和微妙关系为线索，折射出时代的沧桑剧变；叶兆言的《赤脚医生手册》（《作家》2015年第4期）记录了几个发小的纯真友谊和各自的人生际遇；刘庆邦的《婆媳》（《作家》2015年第4期）讲述了困难年代中一对婆媳相处的动人故事；储福金的《棋语·靠》（《作家》2015年第10期）从围棋的角度探讨人生哲学，反映时代的变迁和个体人物的命运遭际；叶广芩的《鬼子坟》（《人民文学》2015年第6期）钩沉老北京的前世今生，弥散出独特的美学气韵。

进入新世纪后,越来越多的小说家将笔触伸向社会底层,反映这一群体在社会转型时期的生存与精神窘境，具有强烈的现实性和批判精神。底层叙事构成了当下讲述中国故事的一个重要向度。

徐则臣的《摩洛哥王子》（《长江文艺》2015年第9期）延续了他的北漂题材写作。“我”和行健、米萝是以在地铁上发小广告为生的年轻人。在遇到卖艺者王枫后，我们为他的音乐所吸引，内心产生关于理想的冲动，希望和王枫组建一支叫“摩洛哥王子”的乐队。“小花”是一位被拐卖的女孩，每日被“爸爸”派到地铁上行乞。出于良心和道德的拷问，王枫准备帮助“小花”寻找自己的故乡。经历种种波折之后，王枫终于找到“小花”的家人，却被当做人贩子扭送到派出所。王枫失踪后，组建“摩洛哥王子”乐队的梦想也就此落空。令人吃惊的是，“小花”重新出现在地铁里，这次带她乞讨的是她的亲生父亲。小说充分揭露了社会的残酷无情以及底层群体的艰辛处境，但这些小人物身上积极、阳光的一面，又使作品的况味哀而不伤、留存着对生活的希望。

与徐则臣作品中流露出的乐观温情不同，朱山坡的《推销员》（《雨花》2015年第3期）借一个推销员的死折射人与人之间的极度冷漠。农村打工者想在城市立足，却被城里人看不起，二者的对立反映出出当下社会泾渭分明的阶级结构。为了推销老板的诗歌集完成业绩，年纪轻轻的推销员低三下四地“骚扰”女业主，换来的是尊严遭到一次次践踏。推销员的固执和女业主的不近人情最终导致了推销员的悲剧性结局。小说中，旁观者“我”、推销员和女业主的关系是当下病态现实的缩影，它对我们反思人性向善、构建和谐社会秩序有着重要启示。

杨凤喜的《玄关》（《都市》2015年第8期）意在表达两处“玄妙的机关”。主人公买下一套有“玄关”的房子，收获了与妻子生活的稳定，然而购房款却是来自父亲车祸的死亡赔偿金。父亲的死莫名其妙，似乎隐藏着碰瓷的真相，这是第一层玄机；在装修过程中我意外发现玄关的装修人竟是车祸肇事者的“父亲”，这戏剧的一幕对前面的情节作出呼应、释疑，碰撞出耀眼的艺术火花。农村文明和城市文明的巨大隔阂造成了父子之间的无法沟通，艰难的生存环境、物质对人性的戕害，以及车祸给另一个家庭带来经济与道德的沉重负担，是这篇小说所要揭示的问题之核。一切“为了我们的孩子”——面对失语的父辈，我们是否也要在心灵上对他们作出最深切的内疚和忏悔?

盛可以的《小生命》（《收获》2015年第1期）表现出作者塑造人物的深厚功力。“姐姐”的意外怀孕引发了两个家庭之间的碰撞，人物轮番登场，故事一波三折，“母亲”的忍让，“父亲”的沉默，小姨的“强势”，“那小子”的油滑，以及“姐姐”思想上的升华转变，都在有限的篇幅里得到充分展示。这是一篇不需要解读的“生活小品”，它的日常性是每一个普通人生活中都可能经历到的，是典型的“中国故事”。生动鲜明的人物形象凝聚了故事的喜剧氛围，在众多“苦大仇深”的作品中，盛可以的这篇小说堪称当下讲述中国故事的写作范例。

手机作为新时代的科技产物，为人们带来生活便利的同时，也生出一些弊端。范小青的《关机总比开机快》（《中国作家》2015年第1期）记叙了现代人过分依赖手机而形成的人情冷漠现象。在作品中，手机仿佛成为了我们身上某个重要的器官，失去对它的控制就会造成一场病态的连锁反应，令人啼笑皆非。小说从理性角度梳理了传统与流行的关系，体现出对当下浮躁社会的入微观察。

现实主义创作手法是讲述中国故事的“重型武器”，优秀现实题材作品除了对生活作直观的呈现以外，还要意有所指，发挥文学揭露现实、批判现实的艺术功能。老藤的《无雨辽西》（《中国铁路文艺》2015年第1期）通过一场救灾行动，生动展现了在中国特色官场逻辑影响下，国家政策与乡镇一级难以对接的尴尬局面。“南处长”深谙官场哲学的做派为机关青年带来恶劣影响，官本位思想必然对日后的官场生态带来持续恶化。黄跃华的《咤叫的乌鸦》（《雨花》2015年第四期）直面民间非法借贷与黑恶势力恶意干扰民营企业、民营企业资金链断裂、难以为继等现实问题，深刻表现出人性之恶和普通百姓面对恶的无力感。乔叶的《煮饺子千万不能破》（《青年作家》2015年第10期）以散文化笔法阐释中国式生活经验，表现出亲人之间的浓浓爱意。艾克拜尔·米吉提的《狗事》（《中国作家》2015年第6期）则把中国故事搬到国外，借一只狗的遭遇讲述了中国人在美国体制下生存的尴尬经历。王方晨的《麒麟》（《作品》2015年第9期）由谙熟的乡村书写转向城市题材，刻画了现代文明挤压之下人性的迷失。邢庆杰的《讨债记》有种赵树理式的阅读快感，小说追求"短平快"风格，在有限的篇幅内将农民狡黠、可爱、质朴的性格神韵刻画出来，与诙谐的故事情节互为照应。

《纽约客》杂志在评价爱尔兰作家托宾的作品时写道："漂泊他乡，就会在故土与他乡都成为异乡人。"而在中国作家眼中，故乡是人精神上的避难所。随着经济发展和国家城镇化的推进，故乡的风土人情已经渐离我们远去，在每一位游子心中留下了撕裂的伤口。一个地方的消失并不可怕，但一个人精神世界中故乡的消失，则是一场灾难。在2015年的短篇小说中，以"回乡"为主题的小说就多达十余篇。刘玉栋的《回乡记》（《北京文学》2015年第6期）揭示了返乡者面对故乡的一种空洞和失语，无话可说的流毒正从城市向农村悄然转移，人心的隔离、人性的冷漠正是这场病变的内因。何玉茹的《回乡》（《人民文学》2015年第9期）记录两个知青故地重游的经历，抒发着特殊年代背景下一代人的浓浓乡愁。季栋梁的《回家》（《长城》2015年第6期）述说漂泊一族在城市夹缝中生存的艰辛历程，这些既不能回家又无法融入城市生活的边缘者，返乡之旅也就变成了灼心之旅。

三、类型文学与严肃文学的身份切换

文学界关于类型文学的讨论由来已久，一个基本共识是不能将类型文学单纯地看作通俗文学。例如军事文学作为类型文学的重要分支，因其本身的政治意识形态和现实主义的文学传统，呈现出类型化叙事与纯文学创作"相互交织缠绕的含混而暧昧"的特征。例如金庸的武侠小说，即使定义为类型文学，也很难遮掩其在艺术性和文化性上的巨大光芒。类型文学更多地与日常生活和文化消费紧密相关，很多时候更被大众所接受，体现了当下文学和文化格局结构性上的变化。虽然少数类型文学强调作品的娱乐性和游戏性，却并不能消解类型文学对文学性的追求以及"去类型化"的努力。2015年的短篇，部分小说的类型化和类型小说的经典化趋势给人印象深刻，这从侧面反映出作者在创作选择上的复杂性。

军事文学在今年抗战胜利七十周年的大背景下绽发出勃勃生机，一批抗战小说密集亮相，浓墨重彩地再现七十年前那场中华民族历史上最重要的战争，对战争的残暴本相、战争中人性的撕裂与崩溃进行书写，讴歌了中华儿女面对强敌不屈不挠的英雄气概与民族精神。在这些作品中，除了对正面战场的直观描写和采取仰视角度塑造抗日英雄形象之外，还有很多以其他形式再现抗战历史的创作尝试，昭示了中国抗战小说在创作视野和审美风范等方面进入到一个全新阶段。

赵大河的《浮生一日》（《人民文学》2015年第10期）在结构上采用两条时间线索，一条为“我”与友人到滇西采访，结识了抗战老兵“唐诺”；另一条则把时间回放到几十年前青年“唐诺”的生活经历，两条线索同时行进，互为映衬，表现出电影的美学质感。小说对正面战场没有过多描写，而是把视角切入主人公的爱情、生活等方面，“唐诺”战后去了印度，与总督的女儿相识相恋。两人在众声反对下私奔到孟买，并生下了一个女儿。后来家乡发来电报，“母丧速归”，“唐诺”在匆促中返回云南，却被当作特务抓进监狱，从此再也没有与家人相见。作品对抗战老兵形象的塑造，不在英雄与武力，而是人性、人格的魅力，这为我们认识历史、了解抗战英雄的心灵史开启一个新的视角。

萧笛的《冰河》（《作品》2015年第9期）记录一场女性人生悲剧。“玲姑”年轻时参加过抗日游击队，因为来“那个”影响打仗，她听信战友王小丫的话，在月事来临时赤脚站在冰河上，“冰水还能让那个回去”。后来她受了伤，没有跟上队伍，另外八位姐妹遭遇了日军围攻，“手拉手投了江”。光复后“玲姑”回到家乡嫁人，因为身体受到极大损害生不了孩子，被婆家赶出家门。亲人的厌弃、村邻的闲话以及姐妹的分离让她心里背负上沉重的压力，身体也因“风寒内侵、郁结不散、邪毒内蕴，结凝于乳”而病入膏肓，生无可恋的“玲姑”在一个寒夜投身于冰河。小说以克制的语言展现了“玲姑”的悲惨人生，从侧面表现了战争的残酷及其对人心灵的毒害，字字带血，令人不忍卒读。

刘跃清的《我的战友李克勤》（《西南军事文学》2015年第3期）借一位国民党被俘战士在成为解放军一员后思想、作风的转变，彰显出国民党失却人心、共产党夺取最终胜利的必然性。“李克勤”曾经两次被俘，认为自己性命不保，没想到解放军对他进行劝说后就把他放了。第三次被擒后，李克勤加入了解放军。开始时李克勤认为解放军对他是“小恩小惠”，为的是“上战场让他冲在前面挡子弹”。在部队政委的鼓励和感化下，李克勤逐渐端正了态度，并在生活上收敛了在国民党部队时养成的坏毛病，和战友结下深厚友谊。“李克勤”最终用牺牲回报了部队，被评为“战斗英雄”。小说对解放军战士的日常生活和情感心理进行了多方面展示，没有流于政治批判和单纯的主旋律渗透，因而充满真实性、趣味性和可读性。

今年其它军事题材的短篇小说，主要是表现和平年代下普通军人的情感与生活。石钟山的《一兵一狗一座山》（《解放军文艺》2015年第11期）描述的是一位尽忠职守的“老兵”形象。“老兵”因为任务安排，独对空山，只有一只狗伴其左右，八年间只下山两次，一次定亲，一次成亲。每晚与电信排女兵短暂而重复的通话，成为了他寂寞兵旅生涯中唯一的亮色。小说呈现了军人刚毅外表下柔软、丰富的内心世界，在诗意的叙述中，“一兵一狗一座山”像是一幅肃穆庄严的简笔画呈现在读者面前。曾剑的《向大海》（《解放军文艺》2015年第12期）着笔于军人心理轨迹、心理根源的挖掘和展示，对平凡而伟大的戍边战士予以讴歌，并以

“老人”这一象征形象表达了中国军人与祖国海疆生死相守的浪漫情怀。王凯的《划痕》则把新时代下的阶层意识搬到军营，通过对新兵贫富差距的对比和个人经历的描写，抨击了当下部队中存在的人情现象和腐败现象。

科幻小说对“两个世界、两种文化、两种认知范式”之间的碰撞而进行戏剧化书写，并以“高度凝练的具体形象来传递抽象的生存经验”，从而使文学产生陌生感和想象力，吸引了大量读者。随着刘慈欣的《三体》获得国际科幻作品大奖“雨果奖”，中国科幻小说的发展也进入快速发展期。在今年各类文学刊物中，科幻小说的表现引人侧目。《人民文学》在第七期中一口气发表了三篇科幻小说：刘宇坤的《人在旅途》、陈楸帆的《巴鳞》和宝树的《坠入黑暗》，表现出“国刊”在选题上的视野和襟怀。《人在旅途》采用非虚构的形式讲述了一场时空错位的跨太平洋之旅，刘宇坤以“文字的平凡与情节中神秘力量之间发生的张力，让读者有距离地观看到奇迹”。《巴鳞》中的“巴鳞”是作者想象出来的类人而非人的族类，它会“模仿人类的动作，惟妙惟肖，一丝不差，因此成为人类的玩偶”。主人公在成人之后想要了解“巴鳞”的内心，点出了作品的叙事主题，即我们如何通过理解自己来理解他者。小说中关于人性、宇宙的洞见，拓展了我们对世界的想象空间。《坠入黑暗》体现了宝树鲜明的创作风格。在描写“宇宙的宏伟和星际战争的辽阔”“世界无限的广阔，人类自身无限的渺小”等方面，他的创作更为接近刘慈欣的作品。小说用“末日”“人工智能”及“幸存者”等基本元素打造了一篇经典模式的科幻作品，行文间充斥着戏谑与反讽，折射出对我们当下时代的反思。

在今年的官场短篇中，杨少衡的《你没事吧》（《湖南文学》2015年第6期）堪称佳作。“大限将至”的“市长”不停调侃、戏谑“副市长”，反复询问下属“你没事吧”，隐约透露出“市长”的忏悔之心。小说以强烈的在场感对国家反腐局势下部分官员的道德状态和微妙心理予以讽刺，文笔克制、老到，体现了杨少衡对这一类题材精深的把握能力。艾玛的《有什么事在我身边发生》（《上海文学》2015年第5期）是一篇别致的反腐小说。“钟局长”背叛了自己的职责和家庭，留下一堆难以破解的秘密。作者没有正面描写“钟局长”的腐败情态，而是对“钟局长”妻子隐秘、褶皱、曲折的心理展开剖视与挖掘，以此呈现出腐败给人带来的惶惑而恐惧的处境。

胡雪梅的《心灵诊所》（《星火》2015年第1期）则是一篇反映职场的小说。报社开设的“心灵诊所”栏目将世界万象包容进来，精神病、自杀者，出于各种动机的未名人物纷至沓来，众声喧哗，集体描绘出时代的浮躁面目。

近年来，蔡骏的类型化创作被打上了史蒂芬·金式的标签，其作品总能在繁复趋同的中国小说文本中脱颖而出。《舌尖上的一夜》（《人民文学》2015年第2期）以荒诞与悬疑的笔法塑造了一位“美食家”的传奇人生。主人公“杜俊”对“美食”有着近乎疯狂的迷恋，不惜花费重金到世界各地寻找美食。这导致他味蕾分裂，大脑皮层衰退，必须要吃到从未尝试的美味才能保持舌尖的功能。在一艘神秘的游艇上，他品尝到了三道菜，即人手做成的“美人掌”、耳朵做成的“窗笼记”和舌头做成的“舌尖”，遂此欲罢不能，身体与精神状态都进入了衰退。但丁在《神曲》里对罪恶进行了排序，即七宗罪。其中第二罪“暴食”，说的就是“浪费食物或是过度放纵食欲”。小说中“杜俊”“吃了太多不该吃的东西，说了太多不该说的话”，终致一命呜呼。小说借由对这些诡秘场景与氛围的营造、对恐怖食物极端反差式的描写，表现了作者对人性黑暗的深刻反思。“吃人”的一幕恰与鲁迅的《狂人日记》精神暗合，彰显出蔡骏在作品经典化道路上的不懈追求。

关照现实　追问灵魂

——2015年短篇小说创作观察

崔庆蕾　张元珂

一直以来，由于文体容量的限制，更注重技巧和结构的短篇小说在现实存在感上与中长篇小说无法相提并论，其职责也通常被限定为展现生活的某个断面或者人性的某个或闪亮或幽暗的瞬间，更为庞大的现实题材或者历史题材往往都交予后两者进行处理和表现。然而，在2015年的短篇小说创作中，这种边界正在逐渐变得模糊，作为小说文体“轻骑兵”和“先锋队”的短篇小说正在悄悄越过既有边界，向着更为恢弘和纵深的现实领地迈进，面对当下复杂而多变的现代中国，短篇小说创作在如何讲述中国故事、传递现实经验、展现时代人物精神图景上进行了卓有成效的探索，现实性和时代感越来越强烈。而从数量角度考察，也是延续了近些年来一直持续的良好态势，产出较高，老中青几代作者齐头并的年龄结构，更让人感觉到这种繁荣局面背后生产基础的扎实、深厚。

一、都市/乡村：对立与融合

在当下中国，随着现代化进程的推进，都市与乡村正在逐渐融合，成为一个共同体，然而这种融合的过程并不是畅通无阻的，而是伴随了不同生活方式和生存信仰碰撞的阵痛。在本年度短篇小说创作中，作者们既有对这两个原本意蕴丰厚的独立空间的书写，也有对这种转型期内部阵痛的关注。

付秀莹《道是梨花不是》从日常生活入手，再次为我们展现了现代乡村内部的一些极为细密的纹理和隐藏在角落里的一些情绪和秘密。小说着力刻绘年轻女性爱梨的内心世界，通过爱梨与婆婆、小姨、丈夫、闺蜜构建的关系网络和情感网络展现乡村复杂的人际关系，作为一个新过门的媳妇，爱梨既享受着婆婆对她宝贝般的侍奉，又要谨慎地处理向来复杂的婆媳关系，而在与小姨翠台、闺蜜梅等人时好时坏、忽远忽近的关系上，可以看出当下乡村结构中人与人之间距离与关系的多变。在一定程度上，乡村比城市更注重仪式，生活更有仪式感，在小说中我们看到人们生活在各种仪式里，不管是两代人的关系还是“吃酒席”这样的风俗习惯都强烈地透出乡村的仪式感，但在时下的环境里，类似的仪式感正在逐渐消失，乡村的固有秩序正在松动，爱梨对生活说不出的不满和苦闷体现了新一代人乡村人自我意识的萌动和觉醒，而这背后正是乡村现代化大步推进所带来的变化。

刘玉栋的《回乡记》是一篇现实感极强的小说，同时又具有强烈的形而上的意义指向。每个人都有一个故乡。这个故乡不仅是空间意义上的实指，也是精神意义上的所在。作家与其故乡（精神原乡）必然有着千丝万缕的联系，而体验方式、感知视角的不同让作家笔下的故乡形象表现得千姿百态、多种多样。作家对故乡的体验方式简单来说无非三种：身心在场式，即一位作家一生都没有离开故乡，身体和心灵始终是合二为一的；身心分离式，即一位作家由于种种原因而长时间地游走他乡，直接导致了一种“身在他乡，而心在故乡”的精神状态，用宁夏作家季栋梁的话说，就是“我是乡下放进城里的风筝，飘来飘去已经二十多年，线绳还系在老家的房梁上”。还有一种就是，身心游走式，即由于诸多不可控的因素，使得身体和心灵各自游走，没有固定的依托点。这类作家往往有多个故乡，但最终也没有固定的精神皈依处，身心一并处于浮游状态，因而，其创作对“精神原乡”意义上的“故乡”的认知与表达不是很强烈。《回乡记》中的“我”对故乡的态度应该介于后两种之间，即“我”对故乡怀着一种非常复杂的情感——想回去，是因为那是生命的诞生地，有着割舍不断的血缘和记忆；不想回去，是因为那里早已面目全非、人伦不再。同是一个族里的后生，驾摩托车撞伤了“我”父亲，非但死不认账，还动不动以武力相威胁。作为前辈的父亲再也不能依靠传统道德、老幼秩序来解决这件事情。他不但要忍受肉体上的疼痛，还要承受小辈对前辈不敬所导致的精神上的伤害。对于父亲来说，后者造成的伤害尤甚。“我”为解决这件事而回乡，但实践证明，我的到来无足轻重。为了维护父亲的自尊，“我”先后请求村支书、三明出面，方在表面上给父亲做了一个交代。很显然，面对这样一种局面，我也无能为力。“我就这么说话，咋了？有啥牛逼的？不就是在省里编个破报纸吗？我再说一遍，说不是我撞的就不是我撞的。惹我急了，我弄死他们全家！”当伦常颠覆，村痞当道，除了给父亲以善意的欺骗，然后愤然逃离，“我”还能有什么方式呢？想象中的故乡是温柔的、美好的，萦绕心间的是美丽的乡愁；现实的故乡是粗鄙的、落后的，挥之不去的是无以言说的愤慨。对我来说，“逃离”故乡，必然是一代代知识分子的宿命。

苏兰朵《小麦经过的夏天》讲述两个农村小女孩一起经过的一个夏天，小说中这个夏天无疑是静谧而安宁的，北方农村的优雅自如、丰饶多姿构成了一幅背景画，两个孩子友爱地牵手走在这画面之上。然而这个夏天又注定了是惊心动魄的，因为生活的不幸流淌在每个人的心里，悲伤的气息不安地在阳光下四处漫溢。小麦波折的身世、秀枝被毁灭的情感、铃儿姥姥被时间和距离隔断的亲情，都散发出一种哀伤的气息，悲伤仿佛一股潜流，隐匿在生活平静的表层之下，与平和的表象构成了一种紧张的对峙。正是在这样一种关系下，两个小女孩的人生交集只有短短的一个夏天，小麦的消失或者出走终止了一切，徒留下一段回忆。小说中年龄相仿的两个小女孩构成互为映照的关系，虽然年龄相仿，两人的心理和性格却差异巨大，铃儿身上有着与自己实际年龄相对应的天真与明净，有开朗的性格和包容的爱心，但小麦这一形象却是灰色的，她性格古怪，心情阴郁，内心充满恶念，这一切都与她的身世和家庭有关，被抛弃的命运与失和的家庭让她的生活失去了阳光，进而使得她形成了古怪的性格。小麦的形象具有典型的“被损害者”的特征，她内心的扭曲让她失去了正常人生应有的光泽，文本中，作者对于小麦内心的刻画和呈现准确而到位，将一个内心受到伤害的小女孩形象清晰刻画出来。然而，作者并没有站在道德的高地进行谴责或者声讨，而是非常客观地予以呈现并给予了深深的同情和理解。在一定意义上，性格即命运，小麦的结局必然也是灰暗和悲剧的，但作者开放式的结尾显然蕴含了某种悲悯和同情，愿一切曾受到伤害的生灵都有重新愈合的机缘。

在城市（都市）文学方面，对于“城市病”的呈现和都市男女情感复杂状态的描摹依然是常见的主题，也是都市文学的两个重要叙述方向。

邱华栋《心霾》以一个都市中身处中产阶层的中年男人为人物核心，以中年男人的婚外情经历为故事中心，呈现了都市中一个群体带有普遍性症候的迷茫和困顿。很多时候，“中”意味着中立、中庸、无立场，也可能意味着含混、迷茫甚至失重。小说中对人物核心的这种身份和年龄设置显然是富有深意的。一个在世俗标准上非常成功的男人，却有着隐秘而怪异的内心世界，充足的财富和温暖的家庭无法安放他的身心，反而使他迷恋于婚外情所带来的感官刺激，这也是现代大都市高度繁华表象下隐藏的病症之一种。主人公汪峰在谢芳的步步紧逼中惊慌失措，他看不清对方的真实意图，感觉女人的内心像城市的雾霾一样“霾化”了，甚至生出几分人心不古的嗟叹，而实际上，他自身何尝不是也“霾化”了呢，他游走在家庭和情人之间，在温暖的家庭之外寻求心理刺激和性欲的满足，丧失了基本的道德准则。他不仅看不清女人的内心，也看不清自己的内心了。他失去了向上的追求，遗失了曾经简单明净、积极向上的那个年轻的自己。小说中，汪峰的心霾由猎艳的故事引出，但这可能只是心霾产生方式的路径之一种，在雾霾重重的大都市，不是所有人都有汪峰这样的地位和财富，不是所有人都有这样的猎艳经历，但笼罩在每个人心头的霾并不少，在现代都市中，纯真的心灵和情感早已消隐在影影绰绰的物象里，真假莫辨，是非含混。

曹寇《在县城》将故事的舞台设置在一个小县城里，两对恋人，外加一个后来者，彼此来往和情感错综交杂。王奎和高敏，张亮和李芜，都是恋人关系，所不同的是，前者具有无可置疑的合法性，后者因为是已婚男人和“小三”关系而遭受双方父母的责备和监视。这五个人的到来以及在这短暂时间里的交集，较为充分地诠释了“爱”“人性”“日常”在青年人群体中的存在状态。书写现代社会中青年男女情感故事，构成了当下青年写作的一个主流，特别是聚焦小资小情、阿猫阿狗的内容更是司空见惯。而这篇小说不落窠臼，反其道而行之，将两对青年男女的“爱情”放在一起集中呈现，超出了寻常而进入更深的领域。什么是爱情？爱情何为？这是这个短篇引以为深思的主题。王奎和高敏的感情渐趋淡薄，再怎么呵护、培养，也难回当初，最后散伙几乎成为一种心照不宣的默契；张亮和李芫相处八年，可谓爱至深处，但一当张亮离婚成果而终或自由时，爱情在婚姻前面却戛然而止。摆在青年人面前的“爱”依然扑朔迷离，难以捉摸，用文中李芫的话说，“那只有天知道了”。

黄咏梅的《证据》塑造了虚拟空间中的“大V”形象。律师大维（即“大V”谐音）周旋于各大媒体间，以“公知”示人，不但以其光鲜的外表获得了沈笛的芳心和盲从般的折服，也以表面的正义形象赢得了其在圈内的话语权。然而，这一切不过是其假面的托词，他在媒体上的形象都是其刻意营造、修饰的结果。当那条与“林照案”有关的微博截图被网友无限放大、传播时，这一“正义、光鲜形象”便瞬间倒塌。黄咏梅将笔触深入当今最热点的微博空间里，通过对一对所谓“成功人士”情感和家庭生活的讲述，揭示了当下一部分人的存在本质，戳中了这个时代的滑稽、荒唐而又沉重之处。沈笛的生活和形象也让人似曾相识，多有感触。她嫁给了自己心仪的男人，并真正过上了衣食无忧、出入体面的生活，表面上看，作为“全职太太”的她可谓风光满面、此生无求了。可这一切也是一种表面的现象，她不过是其丈夫的“附属物”。她的活动空间和生活自由是被严格限制的，不但丈夫的一切言行、活动不让其干涉，即便自己的生活习惯也受制于丈夫的意志。置身于这样一个自闭、处处受约束的环境中，她能幸福吗？于此看，沈笛的梦是一种隐喻，那“从小孔钻出来，浑身伤，挂着萤光，游到沈笛的床边”的蓝鲨不就是她的化身吗？因此，蓝鲨之于鱼缸，正如沈笛之于这个新家，两者具有某种统一的象征意义的。

邓一光《停下来是件不容易的事》围绕“王小建情史”所展开的一系列故事都具有现实的针对性。那些由“她”定期群发的信息，看似扰乱了公司里的工作秩序，然而背后却因其与公司职员王小建的关联而引起全体职员心理的躁动。他们枯燥、单一的工作和生活似乎因此而有了一点“起色”，乃至对这样的信息有了心理上的依赖。这些夹杂着窥视心态和谈资行为的群体事件正好显示了当代都市白领们生活的逼仄和精神的空虚。朱炎炎对王小建的暗恋以及破产，她企图寻找并接近“她”以及结果证明无迹可寻，则具有更宽泛而深刻的主题意义，即文末所言：“所有通道中的遭遇都是危险的，正如走近任何一个生命都是危险的一样，那些生命是安静的，不为人所识，你永远也别想捉住它们，或者相反，它们是躁狂的，你走近它们，但它们已经不在那儿了，它们在别的地方，你不知道的地方，仍然不为人所知。”这不仅仅是朱炎炎脑海里一晃而过的念想，放之于人、事、物彼此的关联网中，似也适用。

相比于对乡村田园挽歌式的书写和对都市病的悲悯关照，对于二者融合过程中精神和心灵阵痛的呈现更令人揪心和难以释怀。

甫跃辉《乱雪》着力刻画了一个沧桑的父亲形象，一个被苦难和悲伤吞没了的农民父亲形象，这是新世纪环境下一个典型的农民父亲的境遇，具有典型性和普遍性。小说中，父亲的坚韧与隐忍、吃苦耐劳与保守愚昧等传统特征在人物身上有着鲜明体现，同时，作者又赋予这一经典小说人物形象以新的内涵和故事。在新的社会语境下，“父亲们”的境遇其实更加艰难、更加悲剧。面对多年来引以为傲的儿子，逐步步入老年的父亲的感情是复杂的，犹如门外的风中乱雪，捋不清道不明，他既希望亲近儿子、享受儿子带给他的荣耀，又害怕靠近儿子、满足不了儿子的经济需求，这种矛盾的感情从儿子考上大学即开始了。这一矛盾背后隐藏的是中国社会贫富差距的加大、城乡差异的加深，他一直试图能多给儿子提供一些生活上的支援，甚至不惜为此牺牲女儿的利益，但对他而言城与乡的鸿沟实在太深，根本无法逾越，所以他的后半生始终被困囿于这种痛苦的矛盾中无法解脱。可悲的是，已经融入城市的儿子已完全被城市异化，不仅衣装穿戴完全城市化，连基本的道德情感也一同被融掉了，他不顾一切的索取客观上也索走了父母的命，让人看到城市化背景下人性的异化和道德的沦丧。乱雪之乱不仅在门外的寒风中，也在一个饱经沧桑的父亲的心里，在一个个远离现代都市的乡村院落里。

叶弥《公民的兵法》在一定程度上也是呈现了乡村与都市的某种对抗和错位，小说以一个大学教师与邻居的交流交往为故事主线，通过对两家人之间种种摩擦的叙述展现了人与人之间看似近在咫尺却遥不可及的距离。小说中，大学教师无疑是现代知识分子的代表，她的谦让、友善、和气散发着人性之美的光芒，也凸显了新一代知识分子自我素养的提升，而新来的邻居则无疑在表征着一种落后的、愚昧的、丑陋的人性特征，虽然作者贯之以“兵法”之称，这种“兵法”无疑是具有讽刺意味的，小说中这种兵法不仅被邻居运用自如，同时也被大学教师的母亲使用的十分纯熟，兵法不仅用来对外（邻居）“杀敌”，也被其运用在家庭内部，用在与自己的儿媳甚至女儿身上，由此可见，这种兵法的使用者甚广，而且运用范围颇大，从这个意义上，小说本身小小的故事有了表征宽广日常生活的巨大能量和意义。

二、成长的困境与变异的观念

在物质化浪潮奔涌的今天，青年人的成长显然面临着更加严峻的考验，而青春期的重要内容之一爱情，在新爱情观的主导下，也让青年期的青年人徒增了许多迷茫和伤痛，物质占有的不足不仅让成长变得艰难，也让爱情遥远得如镜花水月。

在高度物质化的现代社会，精神世界的贫瘠和物质世界的丰富构成了一种紧张的对峙，越是富有的可能越贫穷，越是贫穷的可能也越富有，金仁顺的《纪念我的朋友金枝》从一个侧面切入了这个庞大的现代性主题。小说的两个主要女性人物恰恰是这两种形态的代表：聂盈盈的白富美特征是物质富有的代表，金枝平凡的外表和普通的家境则构成了另外一极，两个人都爱上了风流倜傥、一表人才的学霸级人物袁哲，面对这个各方面都无可挑剔的“唐僧”，两个人都伸出了爱情之手，然而爱与爱并不相同，方式各异，内涵更是有天壤之别。聂盈盈的爱泼辣、直接，注重形式，金枝的爱表面直白实则隐晦、含蓄，如地底运行的岩浆，炽热却不外露，她以各种诡异的表达方式掩盖着内心的爱也表达着内心的爱。表面看去，袁哲与聂盈盈郎才女貌，天生般配，而真正的爱却在金枝那里，不幸的是，经历诸多磨难，这份爱也无法修成正果。在小说中，金枝充满苦涩味道的爱与聂盈盈流于形式、浮于表象的爱形成了鲜明的对比，然而如此真诚、打动人心的爱却也无法摆渡当事人抵达幸福的彼岸，这是现实的残酷、也是青春的残酷。这篇小说一方面通过对人物身份和性格的设置表征了现代社会的某些社会性特征，同时也以精彩的叙述和精致的结构营构出悠长浓郁的悲剧感，直抵人心，令人感喟。

周李立《透视》展现了青年人在青春期的迷茫状态。透视一词原本是一个绘画方面的理论术语，在这个将主要舞台放置在艺术区的小说中，这个词汇的运用十分切合小说的整体氛围，但很显然它的意义不再局限于艺术范畴，而是进入了更为浩大的人生哲学的领地。尤其是对于这几个在人生的迷宫中受到伤害或者感到迷茫的小说人物而言，如何透视眼前的人生是一个亟待破解的生活命题。娜娜的人生充满虚幻感，虽然作者蜻蜓点水地不停暗示读者她是一个有故事的人，甚至是经历丰富的人，但这些经历没有让娜娜的人生丰厚起来，反而愈加混乱和虚无，同样充满虚幻感的还有乔远，这个年轻的画家，在艺术和生活中都迷了路，他甚至都分辨不出自己作品的优劣来了。老关倒是充满了写实感，丰富的人生历练，悲剧的命运现实、沧桑的心灵图景，让他自己像一个被岁月风刀雕刻过的艺术品，每一个动作和话语仿佛都隐藏着一些让人好奇的秘密，即便这样，迷茫感仍然笼罩了他，那颗为命运所伤的心灵实实在在地消沉了、冷漠了。对于中国人来说，2008年，是一个洋溢着喧嚣和喜气的年份，史无前例的奥运会的举行给这个国家涂上一层又一层的光环，然而，欢乐只是部分性的、区域性的，在另外的阶层、另外的区域，还有一群生活的失意者，他们为命运所困，被现实所伤，正在苦苦寻找生命的出口。

于一爽《十年》同样是一篇青春小说，关照青年人的情感状态。“十年”既是物理意义上的时间，也是精神意义上的时间。“我”和刘天在十年间的若近若离以及沉潜于心间的无法释然、无处皈依的情感，再次呈现了青春与成长主题现实指向的复杂和丰富多元。那些自由、美好的过往，似乎总与错过、感伤相伴，即使十年后，它们在“我”的回忆中依然历历在目、清晰如昨，可时过境迁，一切皆变得不如人愿了。如果说求学时期的相遇与分离，由于懵懂而不甚明了“爱”之深意及责任，或出于自负而不加珍惜彼时感觉及存在，总还能给青春往事以一个可堪解释的理由；然而，当踏入社会，多年后的这次再相逢，终因对方生理上的障碍戛然终止了“我”的一段秘不可宣的情感之路。爱的萌芽与展开，总是伴随生理的躁动与隐忍。一般而言，性爱是见证友情向爱情转变的重要标志之一，但是，现实中的男女之爱往往因众多的不可控因素而最终引发精神之痛苦或心理之困。刘天的遭遇，“我”的无奈，不仅仅是个案，也还有更为宽广的指涉意义。于此，这篇小说聚焦友情与爱情的模糊地带，既揭示了青春的感伤、成长的无以把握，也触及了生活与生存中的悖论主题。

房伟《巨灵》讲述边缘人的边缘化故事。小说中的楚文杰只能算是生活中的边缘人物。痴胖、自闭、自卑、缺爱、沉迷网游、迷恋A片、耽于幻想，离不开奥特曼，把吃饭当成头等大事，沉淀于扭曲的性爱……这一切都使得这一人物的言行举止和精神状态显得极其另类。与现实世界近于隔绝，与他人断绝往来，加之心智的不成熟，那么，他所承受的生活和释压的方法，就必然近于极端了。被周遭所遗弃，他也抛弃周遭，他所能自由支配的只能是一己的灵肉。他在与欢欢的一次次性爱中以血淋淋的自残获得了身心的快感，他在想象（日记）中以偏执的暴力和血腥的杀戮达成了个体焦虑在彼岸世界中的压力释放和精神满足，从而在现实与虚幻两个世界中暂且获得了某种存在感。他与这个世界的相处时时处处充满了内在的紧张和无序，其死亡的悲剧就是必然的了。楚文杰之死也应只能算是边缘事件。如何讲述这样一个边缘人物的边缘故事，则是一个事关艺术效果有无和强弱的大问题。从具体的实践来看，小说整体采用第三人称全知视角叙述，从而呈现楚文杰之死的大致轮廓，而局部又借助热力公司退休职工高卫东、警官周长书、欢欢的限定视角叙述，从而深入这一事件的细部。这就最终使得这一扑朔迷离的事件一步步清晰起来。这样的讲述赋予小说以故事性，以细节串联起情节又分明继承着传统侦探小说的一些因素，其实践可谓可圈可点。

三、探险与冒险：可贵的探索与尝试

在当下，现实主义传统正在被恢复和高扬，直观表达现实生活的作品和叙事风格被推崇，但是仍有一部分人的创作充满了探索和冒险的精神，在叙事方式和表现技巧上孜孜以求，不懈努力，我把这类小说称之为“探索型小说”。这方面河北的李浩和深圳的青年作家王威廉都有不错的文本推出。

李浩《夸夸其谈的人》的虚构性和技巧性很强，哲理性、思想性醒目地矗立在小说文本中央。作品大量的篇幅都在叙述主人公沙尔·贝洛所讲述的故事，故事非常科幻，不仅小说中的人物不信，文本外的读者也不会相信，小说内的人物来听他夸夸其谈是为了获得一些乐趣，而读者们来听作者夸夸其谈是为了获得某种启示。李浩把这种启示或者说谜底放在文本的末尾、故事的背后，这个一直夸夸其谈的人其实是为了掩饰和抵消自己内心的痛苦，其因女儿夭折而带来的内心痛苦与他的夸夸其谈一样无比浓厚，压得他有些喘不过气来，他的夸夸其谈不过是其内心痛苦外泄的一种表现方式而已，这是小说在意义层面的追求。在形式上，作者用几个故事拼贴起了文本，但是在我看来，这些故事都仅仅是一种策略，是为呈现某种思想和主题而做的一种铺垫和衬托，思想性并不蕴含于这些故事中，而是通过讲述这些带有奇幻特征的故事行为本身来塑造主人公和引出主题，这显然是作者的刻意设置和新的叙述冒险。

王威廉《绊脚石》是一篇对话体小说，主体部分由两人对话构成，通篇结构简单明晰，情节亦无太多曲折起伏之处。小说的精彩之处在于两人对话中所散发出的具有哲理性和思辨性的形而上意味和内涵。一老一少在火车上偶然相遇，通常情况下，在这样的环境中，陌生感和距离感会让人与人之间的对话流于形式，缺乏意义，但两人的对话却在简单的客套之后快速进入深层，虽然各自讲述的都是普通的家族故事，但由于家族本身勾连着历史，这种关联使得两人的对话不再停留于生活的表层，而是延伸到了历史和哲学层面。毫无疑问，小说中的绊脚石是有着丰富的象征意义的，它其实也是两人都够将话语的触角伸入思想深层的内在推动力，因为两个人的内心里都有一个绊脚石，都有一个待解的心结。绊脚石象征着一段历史、一抔苦难、一份纠结、一种记忆，对待绊脚石态度在某种程度上就是对待历史、对待人生的态度，智慧的苏奶奶在漫长的时光里参透了历史和人生的秘密，知晓了该如何安放那块内心的绊脚石，在两人的对话中，黎晓宽内心的"绊脚石"也被移开、被释放了。对于黎晓宽而言，虽然这次成功的搭讪与想象中的艳遇差之千里，但于他人生的启发却是深刻而深远的。可以说小说文本所透露出的哲学意味使小说几乎脱离了故事本身，进入到了一个意蕴深厚的形而上境界。

四、知识分子和他们的时代

在市场化、商业化日趋发达的当下，知识分子正在面临现实和精神的双重困境，边缘化是这一群体面临的共同难题，在这种形势下，知识分子自身也发生了某些分化和变异，有一些微妙而复杂的情绪在暗中生长，关注这一群体的内心世界也是短篇小说创作的重要维度之一。

刘庆邦《只告诉你一个人》讲述新的"编辑部的故事"，小说脉络清晰，有铺垫，有转承，有高潮，有呼应。第一段交代春游中的"人性化"的内涵，第二、三、四段讲述单位职工对春游中的所谓"人性化"内涵的不同理解及反应，第五段为转承段，直接开启下文内容。第六段直至文末，详细讲述了一个编辑室里几个编辑之间的故事。小说就是这样一环一环地切进故事，进入人物的心理世界，从而将一个不是秘密的"秘密"故事讲述得一波三折，有声有色。"只告诉你一个人"，这是齐国良的话。他肯定不只和秦风说过。当然，这既可当是其释解苦闷的一种方式，也可以看作是其积极与领导套近乎从而企图获得升迁机遇的方式。但是，当秦风把这一"秘密"转述给妻子，当社长和总编也得知这一"秘密"，那最后也终将成为人们闲暇时谈资的话柄；当齐国良出差嫖娼被警察抓到，并被通知所在单位时，一切所谓"秘密"不过是一种笑料罢了。这一切似在说明，当今时代，人与人之间哪还有什么秘密和隐私？秦风和齐国良之间是上下级关系，后者对前者的利益诉求本是一种秘而不宣的契约，然而结果却是众人皆知。潘雯和齐国良之间是平等的同事关系，彼此之间原本应和谐相处，但结果却是剑拔弩张。一个小小的编辑室，仅仅四男三女，其彼此关系竟然也搞得如此神秘、复杂、紧张。这也是当今时代的人际镜像。

周瑄璞《人民艺术家》以一次司空见惯的研讨会为素材，细致描写了此过程中各色人物的言行、心态，其对世道人心的反映和描摹，确实击中了当下时代镜像的命脉。小说中的“人民艺术家”这一称谓多少带有一点政治色彩。在特定年代，一位文艺工作者，一旦被追认为“人民艺术家”，他所负载的荣誉、地位会在那个时期达成顶峰。但当时过境迁，后代人如何看待，那实在是不可预期的。小说中的“史香云”有过辉煌，她在掌声与鲜花中享受过“人民艺术家”的荣耀，但退休后，这一光环逐渐消隐。在研讨会上，她被当作众多出场者中的普通一员，发言权还险些被剥夺。他超过时间限制，遂引来一些人的非议。尽管在饭空依然引来记者采访和戏迷眷顾，但这些也不足以引领其回归那个巅峰时代，反而因此而耽误吃饭、坐车，甚至遭受别人的埋怨。别人都有专车接送，该走的都走了，餐厅只留下她一人。当过往的光环消隐，对于她来说，转变角色，回归平常，自然生活，才是人生之正道。

五、历史叙事：依托或建构

尽管容量有限，难以有足够的空间展现历史的波澜壮阔，但是作者们对历史的兴趣和建构历史空间的愿望并不输于长篇作者，在本年度的作品中，直面历史或者借助于历史空间进行叙事的作品也有许多佳作涌现。

江洋才让《老灵魂》所涉及的历史背景是真实而又有据可考的。作者在《创作谈》中说：“……吐蕃到了松赞干布时期灭除苏毗叛乱，兼并羊同，降服诸多部落，实力得到空前的提升。吐蕃的疆域，已由初期的雅隆悉补野部为中心的“三茹”，扩大为“五茹”，增加的“五茹”之一就是“孙波茹”。而值得关注的是，一场信仰变革的风暴也在吐蕃每个民众的头脑里刮起。从印度传来的佛教作为外来文化与吐蕃本土的既有文化苯教展开博弈。历史的基本演绎法从来都是扑朔迷离……”然而，在文学中，历史与现实从来就是水乳交融、不分彼此的，所谓“历史”不过是某种精神或命运的当代阐释。《老灵魂》以虚构方式“复原了一段过去的时光”，而其真正的意图是要在“慈悲”“信仰”“忏悔”等方面达成对那段历史的认知、体验和追问。因此，小说的主题是繁复多义的。有关杀戮与忏悔，有关阴谋与抗争，有关背叛与忠诚，有关灵魂的拷问与现世的诉求，都在死者对生者的对话中得到淋漓尽致地呈现。小说中的索男塔次作为千户们的家奴，身份卑微，没有自由，他被主人任意驱遣，追杀逃兵，除掉秋拉嘎，然而伴随而来的无奈感、负罪感从未消失。当卓波被杀，女信使被害，我也死于猎头刀下，在杀与被杀的背后，历史的面容宛然清晰映现，佛教、苯教两种文化的博弈却也多么地触目惊心。讨厌战争，讨厌杀戮，宣扬慈悲与宽容，这是包括“我”、逃兵、秋拉嘎在内的反抗者所共同渴望的，但历史的残忍就在于，这样的理想和行动与由“千户”“猎头”们把持的律法秩序发生了巨大冲突。冲突中不能自主生命的人，陷入意识形态陷阱的人，生命悲剧就不可避免地发生了。小说采用魔幻笔法，以逝者眼光介入历史，从而赋予叙述以极大的自由，大大拓展了小说的精神空间。采用回溯方式，以具体场景、事件为重点，则赋予叙述以真实而鲜活的现实感。

叶兆言《失踪的女大学生》讲述了以祖母、姑姑、表姐和骊山小雅为代表的四代大学生的情感（婚姻）历程，揭示了四个时代各个不同的爱情观、价值观、生活观。祖母是深受新文化运动影响的新式知识女性，但新与旧的精神烙印依然混杂一起；姑姑接受过大学教育，适逢乱世，不以年龄论，以“优秀”“有出息”作为嫁人的标准，婚后倒也生活平常、淡然；表姐念过哈军工，但生逢“文革”，实则学无所成，恋爱，结婚，分配工作，和那个时代大部分人的生活轨迹并无二致；骊山小雅是网络媒体时代的大学生，观念开放，行事更加自由，她与“海边的大叔”约会，玩失踪，更是代表了当今女大学生在婚恋观上的时代印记。这四代女大学生的婚恋观，不但呈现了四个时代的社会风气、婚恋观念，也将过去一个多世纪来的历史变迁勾连了起来。小说不足万字，却涵盖了如此宽广的内容，足见作者深厚的艺术概括力。应该说，这样的写作是富有难度的。从艺术构思上看，这篇小说颇具长篇架构，时间从民国一直延续到当下，以几个人物的生命轨迹为核心，以几个生活片段将历史与现实加以组接，从而从点到面、从局部到整体地反映出了人物在特定历史阶段的生命历程和历史风云。此外，这篇小说也颇具非虚构特征，谨严的纪实与灵活的虚构交融一起，舒缓的叙述与朴实的文风互为表里，细细咀嚼，却也见出“短篇”这种文体的独特韵味。

冯骥才的短篇小说以塑造个性鲜明的人物、讲述好看的故事、呈现独特地域文化风貌著称。《俗事奇人新篇》就是这样一组短篇小说的合集。初刊时有十八篇，每篇独立成篇，描写一个人物，讲述一个故事，且皆为出现于老天津卫的奇人异事。人物要么是冷脸、马二这样的乡土怪客，要么是燕子李三、黄莲圣母这样的民间英雄，要么是俞六、神医王十二、甄一口这样的市井奇人，要么是龙袍郑这样的传奇名人……他们或是手艺独绝，或是言行怪异，或是身手不凡，或是行事标新立异……这些形形色色的人物和新颖别致的故事，一下子就带领我们回到了清末民初天津卫的民间社会。这些小说也再一次引领我们重温了中国小说悠久的叙事传统，整体风格颇具古典话本小说风范。线索清晰，情节精彩，给读者以阅读兴趣；长于细节描写，且精准到位；市井方言、口语的运用极富韵味；文字极其简洁，叙述老道，很多时候，三言两语即可将人物外貌、言行、情态活灵活现地表现出来。

麦家《日本佬》将笔触聚焦抗战后一个家庭的日常生活，深刻揭示了战时境遇给他们造成的心灵创伤。战争影响何其绵长，从发生那一天起，就深入国人灵魂深处。普通老百姓的生存智慧，国家民族的尊严，以及个体的精神创伤，交杂一起，长久而深入地影响着事件亲历者们的生活和心理。“我”父亲因给日本宪兵队做过事而接受审查。多少年来，他一直为摆脱“日本佬”的称呼而四处求证，正当他为摆脱这一名号纠缠而奔走相告时，却因当年救过日本人的孩子这一事而被化为“黑五类”。爷爷因经受不住此种耻辱的煎熬而喝农药自杀。这些事件发生的必然与偶然，不仅显现了特定年代波诡云谲的历史风云，也使得这一幕幕人生悲剧具有了极为震撼的艺术效果。正如作者所言：“好的文学作品的涵盖面就是照天照地，可以照亮你的身体和心灵。”《日本佬》烛照历史境遇遭遇困难的寻常百姓的生活，以反思姿态重审历史之于当下现实的意义，这样的写作意义深远。此外，小说的叙述者为一个小孩。儿童视角赋予叙述以感染力。“我”心目中的父亲和爷爷，其早年脾气火爆、好强势能，与后来的背负精神负重、脆弱不堪，形成鲜明的对比，并由此凸显了生命的奇诡与复杂。

六、“旧瓶装新酒”：颠覆观念与打开意义

除了上述几种类型外，还有一些作品“旧瓶装新酒”，在常见的叙事主题上写出了新的精神意蕴，给人耳目一新之感，在这方面张楚、朱山坡、蔡东、王方晨为我们带来了新篇佳作。

张楚的小说《忆秦娥》以词牌为名，乍看过去文题之间仿佛隔着一段相当远的距离，通读正文，才发现题目恰是小说的点睛之笔，不仅没有表面上所呈现的那种距离感，反而有深度融为一体的精妙感。忆秦娥，忆树香，秦娥梦断秦楼月，树香断梦在北京，梦虽断却隔不住梦翩翩，在坐上从北京回云落的火车时，树香的爱情就被永远地尘封到心底了，从此暗无天日，与现实隔绝，但这份爱情从未彻底死亡，经历岁月的冲刷、拍打、淘洗，一直倔强地生长在她的心底，被拆散的一对鸳鸯各自在苦难之河里跋涉了一生，多年前的美好记忆却从未忘却。箫声咽、笛声幽，树香的爱情是一曲回环曲折的悲歌，与牛奶商的爱情观构成了鲜明的对照，这种对照不仅是个体性的、也是时代性的，两代人，两个时代，并不遥远的时间距离，真挚的爱情已变得如此遥不可及。在这种追怀的情绪中，作者的叙述充满悲伤，尽管与牛奶商的对话一次次将我们拉回熟悉的现实，对“秦娥”爱情的追述才是读者真正追逐的线索，“秦娥”本身形成了巨大的磁场，吸引着我们不由自主地回到过去，这磁场所散发的正是爱情的魅力。

朱山坡的《推销员》塑造了一个崭新的推销员的形象。在现如今的时代，推销员往往是一个被人们所厌弃的角色，这个行业也通常被大众所歧视，这种情况主要跟推销行为的内容有关，在最初推销的内容一般是保险、楼盘、化妆品等等一类的东西，而推销员除了有三寸不烂之舌外，往往还有一种死缠烂打的本领，所以，推销成了一种含有贬义的词汇和行当。然而，在朱山坡笔下，推销员却被寄予强大的正能量，从推销的内容到推销的方式都有了崭新的东西，这个推销诗集的推销员是一个年轻、真诚又勇敢的孩子，尽管文化水平不高，套路式的推销语言中偶尔露出一些无知，但他是真诚的，诚信的，他希望用自己的执着和努力敲开一扇扇充满警惕的大门，他几乎就要成功了，却在最后关头倒下了。跟“我”住同一楼层的对面住户

里的女人，用一种歧视性的态度扼杀了青年人的希望甚至是生命，她居住在城市的富人区，精神却极度贫乏，小说最后，母亲的出现将一种纯朴的品质升华，在母亲与中年女人短暂而简单的对话中，我们不仅感受到两种身份的对比，更感受到两种精神的对峙，作者通过对人物身份与内涵的反转，重重敲响了警示之钟，在整个社会走向现代化的大道上，人文精神的匮乏可能并不只在某些偏远的乡村，而是在被寄予了厚望的城市丛林之中。

蔡东《布衣之诗》是一篇十分精致的小说，融叙事与抒情为一体，写实与写意为一炉。小说主线似乎是一场多年前具体又模糊的纠纷，时隔多年，这一事件的影响并未消除，反而一直倔强地生长在与之相关的人物的内心里。父亲的失忆，儿子的纠结都将悬念层层引出，随着叙述的展开，聚拢在文本中的迷雾也越来越多，直至最后揭开谜底，从叙事角度来讲，这是一个完整、精彩、成功的故事。然而，我以为这篇小说的独特之处显然不在故事上，而是在叙述过程中作者所营构出的一种感伤而诗意的氛围里，在那些曲折故事的缝隙中。作者在叙述中并没有将笔力完全倾注于情节的推进，而是在推进中着力呈现人物的精神图景，着力呈现人物的内心世界，含蓄地引出了众多可供想象飞驰的路径和空间。小说中的父子两人除了内心有一桩隐秘的陈年往事之外，如何面对两座城也是小说着力探索的一个重要话题和力图引领的精神向度，遥远的留州与现实的都市显然构成了一种紧张关系，回不去的过去与令人不安的现在让小说中的人物处于一种心灵无依的漂泊状态。“嗟君两不如，三十在布衣”，小说借助于一场纠纷，将核心人物内心的复杂面貌勾勒出来，营造出一种颓废和哀婉的诗意氛围。小说整体是开放的，言有尽而意无穷，可面向现实和精神的多个向度，这正是该篇作品的精彩和精妙之处。

王方晨《麒麟》结构设置颇具匠心，从一个女人的视角来写一个男人的世界，从情感的角度来间接呈现政治性的社会景观。表面来看，小说着重描述白齐格与小州隐秘而复杂的爱情，两人深陷爱情的泥淖，情感的纠结与心理的挣扎被作者写得细致入微，其实白齐格只是作者关注现实的一个视角和支点，爱情叙述也只是线索之一，小说真正的人物核心是小州这个走上仕途的年轻人，而真正要讲述的故事也是政治性的反腐运动，两个线索，两重结构。在文本中，与对白齐格的直接呈现和主动描述不同，小州一直是一个被描述的对象，作者精心刻绘白齐格的形象细节，却有意模糊了小州这个人物的形象，其主要意图是将小州处理成一个当下在仕途中急于行进的年轻人的代表，他的入仕、为官直至最后的毁灭都具有象征性，是当前反腐风暴猛烈背景下官场生态的一种代表和象征，这里细节体现出作者在设计上的独具匠心。在结尾处，白齐格的爱情和小州的仕途一起落空了，这种落空具有必然性，其背后推动力是作者有意搁置和留白的社会现实。可以说，在谋篇布局上，作者匠心独运，用一个极为巧妙的视角和一个个精致的细节有力地切入了庞大的现实，使文本不仅具有小说的美感，也具有社会学的意义。

以上短篇小说文本仅仅是在笔者阅读视野范围内的数量有限的作品，是2015年短篇小说创作整体的一部分、一个侧影，但正所谓窥一斑而见全豹，我们由此可以看出短篇小说创作在过去一年中所呈现出的基本艺术风貌，对现实生活的全面介入，对于时代精神的多维呈现、对于生存困境的执着追问、对于人性深度的探幽自省，均在作品中有较好的体现，这些都是本年度短篇小说创作中的积极因子，是值得肯定的。与此同时，我们也应注意到短篇小说文本内外所存在的一些问题和困境。如新媒体时代短篇小说的阅读与传播不足的问题，题材同质化、脸谱化、技巧结构探索力度不足等问题，实际上都在制约着短篇小说的创作和发展，这些困境有待于接下来的创作者和从业者来一一化解，也因此，我们更加期待接下来的短篇小说创作。

2015年中国新诗

霍俊明

一年来备受关注的是微信平台上不断刷屏的诗歌活动、事件、奖项（一年来各种诗歌奖项达百种以上）、诗歌节和出版物。每天都在激增的诗歌微信公号和微信群给诗歌生态带来一定影响，甚至被认为给新诗的“民主”带来“革命性”影响。在碎片化、电子化和APP移动临屏阅读语境下即时、交互的诗歌写作、阅读和批评实现了即时性、交互性和日常化、大众化。由此诗歌在公众中的地位和形象有所改变——诗歌回暖，诗歌升温，诗歌繁荣，诗歌重新回到社会中来，诗人与读者之间的距离被空前拉近。在诗歌“活动”已达高峰期的时候应对以上的诗歌判断应做出审慎分析。

传媒话语膨胀时代的微信平台因为取消了审查和筛选、甄别机制在一定程度上推动了诗歌多元化发展的同时也使诗歌进入到失范状态，随之也降低了写作与发表的难度。微信的点击量、转载率使得诗歌生态的圈子性、功利化和消费性特征愈益明显，并对诗歌的观念、功能、形态和评价标准都产生影响。就当下诗歌来看写作者的表达欲被空前刺激，“自由”“民主”写作的冲动正在成为新一轮神话。在强调“汉语”“本土经验”以及“大国写作”的吁求下诗人对“本土现实”的关注成为写作的内驱力。当下对“诗人与现实”“诗歌与生活”问题的热度不减的争议仍在持续。而软绵甜腻心灵鸡汤式的日常小感受、身体官能体验的欣快症、新闻化的现实仿写以及肤浅煽情的“美文”写作大有流行趋势，“以丑为美”“搜奇列怪”“新闻标题党”的不良态势已经出现。与此同时写作者的“社会公信力”“个人辨识度”正在降低，而诗人的自我修养能力、现实介入能力、文体创造能力以及个人化的历史想象能力明显不足。新媒体话语一定程度上使私人经验僭越本土经验，小抒情取代宏大叙事，“口语”沦为“口水”，“个体写作”导向“平庸”和“碎片化”，“自由”“开放”导向“自恋”和“自闭”。全媒体时代的诗歌写作空间如此开放，而每个人的写作格局和精神世界如此狭仄，每个写作者都在关心自我却缺乏“关怀”，每个人都热衷于发言表态却罕见真正与时代和现实进行对话的震撼人心的代表性文本。

与诗歌“媒体化”“大众化”和“非专业化”相应是以余秀华、郭金牛、老井等为代表的“草根诗人”的大量涌现，“草根”诗歌群体构成诗歌新生态。“草根诗人”为重新思考诗人与时代的关系提供了新的观察入口和美学路径。针对“草根诗人”现象，中国作协创研部和诗歌委员会召开“草根诗人”现象与诗歌新生态研讨会，及时把脉，在肯定其写作特点和意义的同时准确分析其中存在的问题和值得进一步疏导的写作方向，进而对大众化诗歌写作潮流的健康发展起到了推动作用。《文艺报》以“聚焦‘草根诗人’现象探讨当下诗歌新生态”为专题展开讨论与争鸣。这一自发的写作现象和现实观照的潮流不只是“为人民抒写”“为人民抒情”“为人民抒怀”而真正做到了“人民抒写”“人民抒情”“人民抒怀”。这种自发、原生、真诚、质朴有痛感直接与生命体验相关的命运之诗具有打动人心的情感力量和新现实主义风格。“草根诗人”重建了诗歌与生活的有效关系，修复了诗人的“社会发声”能力，是接地气的感动写作、灵魂写作。“草根诗歌”也有其局限性，对现实和自我的认识深度不够，在处理现实题材和个体经验时有明显道德化倾向，缺乏美学上的创造力。

新诗自诞生至今已近百年，从草创、实验、探索到建设、开拓，历经众多诗人艰苦努力取得了辉煌成就，部分作品经历时间检验已成为经典。但中国新诗在发展过程中存在着颇多争议且仍未解决的诗学问题，这都需要梳理、辨析和反思。在新诗百年即将到来之际中国作协诗歌委员会与江苏省作协联合主办“中国新诗百年论坛”，一年来已完成“新诗自身传统构建及其不足”“百年新诗公共性”“新诗空间与地方性”“新诗现代性”“新诗与古典传统”“本土与西方对话”“新诗批评与阐释的迷思”“新诗的美学建构”“语言自觉与现代汉诗发展”等9场专题讨论。北京大学新诗研究院与首都师范大学中国诗歌研究中心联合举办纪念新诗诞生百年新诗形式建设学术研讨会，旨在立足百年新诗创作与探索经验，固化新诗形式探索成果与梳理诗体流变。回溯百年新诗的历史脉络、时代状貌和美学趋向，及时梳理新诗的现状，强化新诗的合法性依据和文体自信力成为本年度诗丛、诗集、诗选出版的内在要求，如《中国新诗百年志》《百年诗歌大系》《百年新诗卷》《新诗百年纪念专号》《标准诗丛》第二辑、《中国好诗》第一季、《新陆诗丛》《中国最美白话诗》《1991年以来的中国诗歌》《中国诗歌三百首》以及诗刊社“中国好诗歌”的评选。对新诗百年的总结还体现为不同省份和地区带有“地方性”特征的“经典化”打造，如《中国当代民间诗歌地理》《福建百年百诗人诗选》《力的前奏——四川新诗99年99家99首》《四川新世纪诗选》《山东新世纪诗选》《在河以北——燕赵七子诗选》《河北新世纪青年诗典》“燕赵青年诗丛”“新江西诗派诗丛”，此外还有“彝族地域诗歌写作群体”“闽派诗歌”“京津冀诗歌联盟”“中原诗歌高峰论坛”“北京青年诗会”“中国地方主义诗群大展”等地方性诗歌的强化与造势。

2015年适逢中国人民抗日战争暨世界反法西斯战争胜利70周年，无论是相关诗选（如周良沛编选的《抗战诗钞》）、诗歌专号，还是从学理的角度予以历史性的梳理和总结文章（中国作协创研部与《文艺报》合作的《抗战诗歌作品巡礼：“思想的胜利”“美学的胜利”》）都再次证明诗歌的现实主义精神和家国情怀历久弥坚的思想膂力。

诗歌批评要做到“说真话，讲道理”，而聚集于媒体平台上的往往是没有底线的恶评或追捧，缺乏学理和建设性，由此要进一步端正批评风气，倡导建设性的理论争鸣。在推进诗歌批评进行争鸣方面《诗刊》下半月刊推出的《锐评》《同期声》栏目具有一定代表性。《锐评》以正方和反方两个互补的差异性声音对青年诗人创作进行批评，做到创作和批评的相互促进。《同期声》则以80后青年诗人和批评家为主体对每一期“双子星”推出的两个青年诗人的创作进行具有针对性的讨论与批评，力争做到直言不讳、有的放矢、大胆质疑、公开争鸣。2015年的诗歌批评除了持续关注诗歌的“草根写作”和底层经验、梳理诗歌的现实抒写以及新媒体对诗歌影响的热点话题之外，新诗研究成果的一大亮点是“新诗话”丛书（陈超《诗野游牧》、于坚《为世界文身》、赵毅衡《断无不可解之理》、耿占春《退藏于密》、沈奇《无核之云》）的推出，“新诗话”这一特殊的批评方式以新方法拓展了新诗研究的空间。

为了一种文体的尊严
——基于2015年的散文阅读

艾翔

中国向有“诗文传统”，“文”与“诗”一样具有大宗地位，或许由于后置视角，今人写文学史相较韵文仍侧重散文。作为叛逆者的新文化运动影响至今，俨然已成为另一乃至更为重要的传统，其中散文更是蔚为可观，鲁迅在《小品文的危机》中如此判断：“到五四运动的时候，才又来了一个展开，散文小品的成功，几乎在小说戏曲和诗歌之上。”无论在延安时期、五六十年代、八十年代以至九十年代的散文热潮，这一文体从未淡出视线。然而其自身危机也在加深，或者说是自身尊严的不确定甚或流失，许多人将散文视作小说和诗歌的辅助文体，裁减余料，孤芳自赏。如此境况下更需要对那些优秀的散文作品展开阅读，无论是抒写自然、回顾历史还是亲顾生活、观察社会，以及保存思想光芒的精品，体味作为文体的独立性。

自然：我们如何欣赏

王族是一个能让散文立起来的作家，他很好继承了1990年代散文发展的成绩，又融入了自己的特色，增进了散文作为一种独立文体的内在理据。《判断者说》（《人民文学》2015年第2期）分为三篇六部分，分别以“马”“树”“河流”为集结，各分为“说法”和“事实”两部分。王族是个颇具文体意识的作家，客观而言《判断者说》在文体上不乏探索意识，但落实上不如《上帝之鞭》妥帖彻底，三篇的前半部分“说法”应该呈现“想象中的边疆”，以区别“事实”中作者观察体验的“实景领土”，但多少混杂了一些后者的内容使结构不是很明晰。即使如此，这次文体探索仍然具有重要意义，用形式本身获得的内容性含量，在边疆日益被“风景化”的时候，一位作家挺身而出用“事实”来匡正“说法”，破除根深蒂固的修辞性想象，呈现事物的真实面貌。然而这一具有鲜明地域性的行为指向的却是文学的一般性目标：消除人与人之间的芥蒂，促进彼此的情感交流。并且，这里的“人们”之间并无族别的等级差距，意图实现真正的平等交流。

除了思想和观念上的继承和更迭，王族在具体技巧上也有自己的想法。如果说周涛一代散文作家将更多叙事性因素加入纯粹抒情的传统散文而获得了巨大推进，那么王族这里则再将描写性因素大量注入带有叙事的大散文样式。几乎运用了绝大部分描写形式，正是王族散文同其他散文不同的地方：描写不是点缀，而几乎是作者不可自拔的沉迷。描写性因素的大量并入后，王族散文呈现出一种特殊的低视角、慢节奏、生活化的状貌，如同一部长镜头纪录片。开创大散文的周涛气吞万里如虎的气势令万字甚至数万字的天书根本不具有任何模仿的可能，王族扬长避短地接过大散文的接力棒，用内在的精巧构思让散文不失大气的同时获得了灵活的篇幅，长度不再成为负担，大散文有了赓续的可能。从这一点来说，王族是继承者，也是变革者。

其另作《状态》（《散文》2015年第4期）由22篇小短章构成，其实整篇《状态》涉及的描写对象并不多，仅树就占了9篇，其他还有鸟巢、云彩、院落、石头、积水、飞鸟、老鼠、羊群，拼贴起来基本可以还原出一个完整的作者写作时四围的环境，分开又各自独立。作为一个喜好民族和历史的大散文作家，王族这种小短制也很出彩，这是作家丰富性的极好体现。这种短章连缀的形式并不新鲜，不少散文作品都很好利用了自身“散”的特点，但区别于一般短章多以小事件叙述或纯粹形而上思辨为主，《状态》回到了原初意义上纯粹抒情性的性灵小品，叙事和思辨因素被极大地弱化或者隐藏，描述功能的文字本身构建起的美感是作者追求的首要目标。美感的获得，一方面靠观察，一方面靠巧思。王族的这类写作不是寄托于禅意，完全是凭借文字对美感的梳理达到阅读的欣然快感，在操纵着大历史大叙事之余，也有能力和兴趣观看这些微小的主题，散发着对生活的浓浓眷恋。《状态》让我们看到了不依附于宏大叙事的文学自身的充沛美感。

相比完全人造的城市，传统乡村是更接近自然的地方，但如今的乡村正在经历向城市附庸转变的过程，在这种背景下李敬泽到了菜籽沟，贾平凹回了条子沟。李敬泽在《有机村庄与点灯》（《文汇报·笔会》2015年11月4日）借用钱穆对罗马及中华文化的比喻和佛经对微小事物的命名，思考菜籽沟的存在乃至整个当下乡村的生存，提出中华文明之光不能仅仅凭借北上广这样的巨灯，更要重燃千万菜籽沟这样的芥子灯，他看中的是个体的集合之力，虽然微小“看不清意义”，但重于实践，文化的问题被归结到了文学的问题，却并不神化文人，而是推崇切实落在土地上的文人。作者正是这样，阅读甚广，却娓娓道来，知识服务于普通人的福祉，而不是身份的标榜。贾平凹的《条子沟》（《美文》2015年第11期）更像一篇短小说，简短有力描摹了这个山沟里的小村庄的短暂历史，从回忆而出直至当下，有人对自然的索取，人与人之间的心计，到后来被强力推平大部分村庄，人群散失，鸟兽回归，但仍有人坚守在曾经的残椽断瓦下。作者用技巧成熟而不露痕迹的语言，保持着平淡的表情，包裹着内在丰富的情感。其实，文学的悲悯已同自然紧密关联。

关于自然的写作我们听到最多的呼声是“回归自然”，蒋蓝《豹典》（《人民文学》2015年第2期）算是反其道而行。文章开宗明义，将豹放置在同“天子之龙”和“王道之虎”相对的老庄一系东方哲学的范畴里思考，坦言“本文中涉及的豹乃人文之豹”。于是从说文解字入手，观察豹的观念史，当然作为散文仅有史的纵深，并不在意史的脉络，从《列子》《庄子》《梦溪笔谈》《文心雕龙》《太平广记》《飞豹行》、吴伯箫、李渔到德勒兹、艾伦·图灵、里尔克、马努埃尔·卡多瓦-里奥斯、劳伦斯、王尔德、普鲁斯特、柯莱特，文章穿插包抄，纵横捭阖，写得自信大气又典雅蕴藏，甚是漂亮，应该是文学精英性的回归。近年“底层写作”的声势浩大和对下层民生的社会学、政治学关注，似乎又形成了某种回潮，关于“普通人”尤其“下层人”的叙述获得了更多合法性和专业批评的关注，但或许业已形成了对另一传统的遮蔽。文学精英性的传统一直是一股强大的历史脉络，即使关注民众也依然带有这一特质，更不必说文人间的酬赠唱和、楹联对句、回文诗、同音文等等。《豹典》抛开了那些恢弘的社会、政治、民生、经济，回归文人趣味，同时“知识”也摆脱了“启蒙”的重负，恢复了生动、活泼的另一面，也就是体味文学内在、自在的内核。

历史：我们如何深入

无论是将散文作为小说、诗歌的边角料容器，或是一个独立的问题郑重对待，呈现出的态度多以严肃为主，或激愤、或凛然、或温和、或深情、或静穆。曾经引领大散文潮流、高谈阔论“文化”“民族”“历史”的周涛拿出《散文五题》（《西部》2015年第10期），以放弃宏大叙述的低姿态示人，也许使人惊异，但如果放在1980年代中后程长诗《山岳山岳丛林丛林》的个体战争意识和1990年代肇始长篇散文《游牧长城》的平民立场的脉络里则是顺理成章。五题并未溢出周涛一向关注的领域，也并未改变一贯的处理方式。《牧人和农夫》与《可怜的牧羊人》表达作者平等、达观的精神底色，对城乡隔阂、等级的不可逾越透露出不满。以此为基础，《林场有个狐子脸》表现底层的智慧与干练，《1958：菊花台》表现民汉跨语言的和睦，《1966：黄长征》表现宏大叙事下的青春记忆，这三题将前两题的轻松诙谐更深入地发挥运用，面对历史不再是焦躁的心态，而是从容笑对，不仅是一种人生境界，也是一种更自由的介入历史的态度，拉开了距离，又未尝不是贴近了距离。

周涛洒脱的天性令其散文呈现出更全然的笑的历史观，如果放宽尺度诙谐也在别处现身。程树榛《祸从天降——非常时期的非常故事》（《钟山》2015年第2期）回忆剧本《钢铁巨人》在“文革”时期遭受批判的经历，淡然陈述和愤愤不平之余，不乏轻松的语调，调侃批判者和批判运动，甚至戏拟脸谱化的语言和简单化的逻辑。王朔开创了一种完全不同于伤痕文学的历史书写法，但其技法或未获得充分的改造和继承，笑能够消解意义，也容易滑向虚无，其写作方式值得探索。

李小飞《关于评书的一些回忆》（《散文》2015年第5期）记述童年怀抱收音机听评书的点滴，谈到的评书艺术家不多，但有饱满的细节和包括各自风格的详尽品评。霓虹闪烁、机器穿行的高度现代化的今天，很多带有最美好记忆的事物都伴以“落后”之名被残忍淘汰。在这种时代背景下，作者越是神采飞扬，就越让人感到时代变迁带给旧时代居者的无奈和落寞。

王威廉《榄核听星海》（《散文》2015年第7期）记录了一次聆听《黄河大合唱》的体验。作为一个热爱交响乐的青年，与他的同龄人一样，西方经验在自己的成长过程中扮演了很重要的角色，“革命历史”虽不虚幻但也极少近触。作者对《黄河大合唱》的态度一开始就是严肃的，全身心投入。重要的是“翻译”过程，将音符转述为具体的画面，其实也是一种合作和认同行为，通过一次观看和聆听，将自己的个体生命融入了历史之中，避免了一己之私的小情怀泛滥。让人感动的不仅是音乐本身，也有作者的姿态。

记人散文是另一种深入历史的形式。宋安娜《重读〈曲终集〉》（《散文》2015年第7期）具有一种独特的内在丰富性，定位是关于孙犁的纪念文章，由于作者曾经是孙犁在《天津日报》的下属和同事，故此具备史料价值，这种价值直接体现在孙犁晚年文字生涯尤其是心态的呈现。文章也可视为钩沉式的学术随笔，通过亲身经历和相关探寻，考证历史和版本问题，对部分研究者关于孙犁“晚年幻灭感”的判断提供自己分析。

刘丽朵《意难平》（《散文》2015年第7期）没有以一般历史随笔的全知视角叙述，分别采取苏青和王林渡两人的内视角，深入体察人物的复杂内心。也没有太多的情感介入，注重还原历史情境，对人物的际遇不是同情，而是一种面对沧桑的喟叹。辛茜《金黄色块：昌耀》（《散文》2015年第5期）没有刻意渲染昌耀的特殊贡献或者西部经历，而是将“孤独”作为体味普通人的昌耀的关键词。通过生活小事重建昌耀人性的而不是神性的一面。

今年是抗战胜利70周年，铭记历史是最大的感恩，也会深刻影响我们当下的生活。朱和风的《抗战老兵》（《收获》2015年第1期）采取了独特的叙述方式，文章采用两种字体，用以区分正副文本。副文本用第三人称叙述作为老兵简介，正文本用老兵的第一人称回忆抗战经历。童玉才老人回忆了战争末期对胜利的喜悦和对内战的拒斥，以及从惧怕死亡到集体荣誉感的情感转变的内心过程；罗正达老人回忆战争初期因伤致残转入后方休养，表达了战斗的苦难，和独立品性和铮铮硬气；胡景炜老人回忆战争结束参加受降仪式，内心升腾起民族自豪感，体现了反侵略战争对内部民族认同的巨大促进作用。三个不同角度以点带面勾勒出了战争和人的发展变化，独具匠心。

祝勇《叩问靖国神社》（《天涯》2015年第4期）没有主流的“受害者意识”，用冷静的反思剖析日本的精神状态。文章以游记的形式开头，通过观察靖国神社的建筑样式和陈列内容，过渡到理性分析。在作者看来，靖国神社不仅仅是个历史遗存，更是一个强大的国家意识形态生产机器。自然每个现代国家都会维护自己的意识形态用于对内对外稳定政权之用，但作者以为日本的特殊之处在于，靖国神社供奉的军人自甲午后多出自对外战争，宣传便形成了一个从罪行到荣耀的翻转，扭曲的历史观由此确立，并且通过对死亡意义的追加和相关活动强化日本人的战争热情。靖国神社的负面作用并不仅仅是对过去的指认，也是指向未来的预设危险。最后作者还指出靖国神社对我们的作用，即视之为物化的历史耻辱柱，实现对其的反向“利用”。关于历史，我们需要做的不只是自发的控诉和一厢情愿地强制对方反思，反思同样应该发生在我们自身，而对历史的关注永远都是为了我们所希望的更好的未来。

生活：我们如何感知

散文是最日常、最平民的精英文学样式，正因为低姿态造成了相对的高门槛，不少散文因为过于“日常”成为令人不胜其烦的琐细，但过于高蹈则会难以亲近，周晓枫于此游刃有余。《初洗如婴》（《人民文学》2015年第10期）写家族遗传的阿兹海默症，虽然是第三人称叙述，其中的饱含深情和坦诚自然，加上作者娴熟的叙述技巧，并无距离感。同时其内蕴丰富，《初洗如婴》触及的正是“遗忘”这一时代表征。周晓枫直呈“去历史”的严重后果，即“个人”存在受到威胁；“她”时常会迷失自我，与自己相关的家庭关系、生活环境乃至自己的习惯爱好都飞离开去，没有“历史”确认的“个体”便不是一个成型的“个体”，只能是一个毫无依据的“新鲜体验”。作者无意摆弄一些辉煌大词，仅仅通过个人体认便将“去历史”的问题尖锐地摆在眼前：能否维系一种“有尊严的晚年”，能否维持“用一生时间慢慢积累的亲人和敌人”。

作为一种家族病症，阿兹海默本身也获得了“历史的”观照。20世纪文学惯以“家族”的世代延续作为民族历史的隐喻，不过作者更着意当下，时代差异的分析也蕴含在了行文之中。“爷爷”的遗忘源于醉酒和脑血栓，属于“偶然事件”；父亲或许带有遗传因素，但更主要也是因为“长期责任感缺乏造成”，同样属于外因后诱。主人公则疑心自己的遗忘源于十五岁一次难以名状的事故后的多次麻醉，甚至与家族遗传关系不大。这就意味着这一代人的“脱历史”有全新的特征和表现形式，是一种很大程度上自身内生的品质，并且因为遗忘牵涉到另一大时代病症——抑郁，症状的显现可能会比前两代人更提前、更严重。

主人公的态度是复杂的，缘此她更看重写作，让自己的生命轨迹通过文字这一物质形态固定下来，其实是一种主动的历史叙述行为，用历史为个体确立每一个坐标。作为积极的行动者、抵抗者和讲述者，文学、历史、个体三者获得了紧密关联，因此也更贴近三者的本义。当然，作者也并不是历史上那些决绝的角斗士，在坚持行动之余怀抱宽容的心态。但这种顺从是积极的顺从，主动选择孩童状态：“她”寻找出童年捉迷藏的经历，面对小伙伴们的消失，时间和空间都变得陌生，但童年的“她”并未失去寻找的勇气。不是“革命年代”厮杀的豪情，更不是当下流行的BOBO族的无所凭借的逍遥洒脱，也不是甘愿“遗忘”和“抑郁”，内外的回应也是同时寻找过去的经验和新的路径。文章的结尾，是叙述的完成，也是情绪的整备，配色是淡淡的哀婉和渐浓的悲怆，主色调仍是积极乐观：“决斗的枪声尚未响起，命运的刺客还在途中。”

文人雅趣本来就是散文表达的重要一翼，学者散文正是在这样的脉络上的一种存在。南帆《草书的表情》（《美文》2015年第5期）充沛的底气来自于作者对书法史和书法品鉴的丰厚积累，然而文章顾盼生姿，又绝不仅仅是一篇赏析文字。“龙飞凤舞是得意。银钩铁划是倔强。循规蹈矩有些方巾气。花团锦簇流露的是轻佻的脂粉气。”作者是将书法和人格齐一而论的，书法体现人格，也塑造人格，反过来对书法的追求也就是对人格的追求。文章还特意谈出对“文人字”的洞见，不苛求严格的书法门径，打破规约，自成一体。书法观其实就是文学观，都是用来积极地修身养性的途径，一个潇洒恣肆、不拘小节的人格主体跃然纸上。

当下之人写作散文这类较为自由的体裁，由于较少技术性限制和内在规约，很自然地运动当下的心境和方式展开文字。王祥夫的《清座》（《散文》2015年第5期）包含五小篇，《清座》写一杯清茶读书、待客、赏花，一派“无丝竹之乱耳”：“清座宜布衣布鞋，茶宜热，人客宜少，两三人足矣，写这篇小文字的时候，外边正下着雪，说到雪，这是今年第三场，真是好雪，是真心真意，慢慢慢慢地下来，不觉天地皆白。”《长衫》行程将半才说到自己一个朋友穿长衫，从容不迫，潇洒自如。但作者并不是民国范的脑残粉，而是恶作剧般悠悠调侃一句“长衫的毛病就在于一时里急忽然需要去厕所解大手，却不知该怎么蹲下”。一幅闲谈的架势，王祥夫的这些短小的美文生动还原了旧时文人的雅趣，弥漫着一股浓郁的韵味，自有一种闲适怡然的乐趣和意境。

阎连科曾在《发现小说》中提到了一个“二周传统”，其实用在散文领域更有意义，不过相比鲁迅的传统，周作人作为一个传统似乎显得较为寡淡。斯尔然在《深圳特区报》开设专栏，篇篇精短漂亮的小品文。同一般的闲适意境和悠然笔调，同一般的少时忆念和江南故乡，同一般的古书典籍和风俗民谚，同一般的花鸟鱼虫和小吃美味，语言有古意，却是最通俗的白话，不由让人以为出现了小品文的中兴。不过相比周作人的老态，斯尔然其实更贴近她的博士论文选题苏轼，虽然是饱读诗书涉猎甚广，也时常旁征博引，但却不落入迂腐文人的“掉书袋”。她不是崔莺莺而是俏皮爽朗的春香，字里行间有一种少女特有的调皮，既不庸俗，也不扭捏。她出入典籍、掌故，讲求凤头、猪肚、豹尾的文章法，却并不自得，不俾倪众生，当然也没有视角低垂，而是平视着文人骚客、贩夫走卒，这些有故事的人都能同时与柴米油盐和经史子集建立关联，无贵贱之别。当“文章”这个词被白话化后，斯尔然让这个词恢复了古意，并且连带起了两种看似矛盾的观感：“做文章”，以及“自然流露”。

社会：我们如何凝视

从边缘西部的哈密远迁南方发达工业城市东莞的丁燕，体验到的是现代化工业生产带来的造城运动的反面。参照《子夜》开篇隐喻传统中国衰落的黄昏，《看得见东江的出租屋》（《清明》2015年第2期）中东莞的凌晨并非朝气蓬勃之始，反复多次将居住地的尖利、怪诞、突兀和家乡的舒适、安逸、自在强迫症似的映出对比。相比古典意趣中的思乡，作者的东莞情绪有一道鲜明的现代印痕。关于乡土的认同在共产党领导的革命中逐渐被粉碎，建立起统一的民族和国家的认同，内部的分野实现了最大程度的弥合，提倡革命者四海为家，甚至对“边疆”“基层”“异地”等处所产生出“第二家乡”的感情，也就没有寄居感。这种状态最初的松动大约出现在1970年代中后期部分待返乡的大城市知青中，但真正的瓦解应该在1990年代尤其是新世纪后大规模的西方式城市化进程中。

光怪陆离的大城市创造着惊人的财富，吸引着大量外来者加入，但城市本身却不再“友好”，通过划分身份等级——无论是政治的、经济的或是社会的标准——定量分配友好度，所以“凌晨”“出租屋”恰好是城市弃子内心感受的绝佳象征。行文向后，逼仄阴暗的生存环境造就了居住其间的人敏感的内心，慢慢习惯了寄居地的生活，有趣的是随着“故乡”的消失，“我”也渐渐消失，或者说饱满的“个体”在弥散，敏感脆弱空洞的“自我”用猫眼似的目光打量着其他人。当然，同甫跃辉小说中同样来自边地寄居大都市的失败者不同，丁燕的笔下并没有失败感，“我”消失得更为彻底。甫跃辉小说中的人物都在寄居的城市投射了大量感情，希望同城市建立紧密的联系，直到被伤害，但丁燕散文里的叙述者并没有说明自己对现代化都市情感依赖的需求，只是一过客身份出现在这一空间，最后出租屋见证了各种来来去去，自己也确实最终拉着行李搬走，不投入情感也就没有明显的挫伤，这种情绪状态也很有代表性。丁燕在真实呈现了下层人的生活状态时，也剖开了现代都市温情脉脉的乌托邦外壳。

南子《我目睹了美感从一个村庄消失》（《清明》2015年第2期）表现着新疆文学特有的脉络，她把周涛、王族、丁燕等人种种视角统筹起来，站在新疆的土地上面向整个中国说话，谈论无比宏大的“现代化”问题。南子站在一个时代的路口四处张望，图瓦人的禾木村是当下中国偏远欠发达地区的凝缩，图瓦人原有的生活模式并不让作者感到美好，希望更为舒适，但“现代”以旅游的方式切入，外来者带来的除了非主观意愿的部分改善，更多是以“旁观”的角度赏玩嬉闹，引入的“现代”更多是人心逐利的“市场观念”。这提供了一个矛盾的视角，不是仇视发达的乡愁，也不是轻蔑落后的发展论调。因为禾木村是整个中国欠发达地区的象征，作者心里记挂着村落便是记挂着整个民族，并且是贫弱而不是业已富足的那些人。

一个时代反映在每个人眼中，受到各自身份、境遇、知识结构等因素的影响，各有差异，但同时也会有一个大致相仿的基本轮廓。马秀峰《一个青年矿工的八十年代副本》（《美文》

2015年第3期）基于自己的特殊经历，描绘了八九十年代之交普通工人的日常喜怒哀乐，展示了一个同精英视角完全不同的社会转型期。对作者这样的矿工而言，写作成了改变身份的唯一途径，如果说下矿井潜藏着死亡的威胁，那么写作则具有了一种挣脱死亡的救赎原力，这样看来，谈论“底层写作”不只具有认识价值，不只能够丰富我们的既有表达空间：当我们衣着整洁地优雅谈论着这种写作对我们文学现状和精神结构具有什么样的意义时，作为“动态”而非“状态”的“底层写作”是被屏蔽掉了很多内涵的。

艾光辉《南疆画册》（《绿洲》2015年第2期）作为待出版的《走进刀郎》一书的节选，有所侧重地真实记录了在新疆南部乡村一年的驻村经历，有记人、记事、记物，也有历史、传说、回忆，俯仰天地，纵横古今，夹叙夹议，不拘一格。文章可贵之处在于，未因作者明显可见的城市生活经验而令乡村生活经验受到抵制，未因作者明显可见的汉族文化身份意识而令穆斯林文化遭遇排斥。作者写的是自己的驻村生活，但回应的正是多元共存的新疆文化；作者凭借的是自己的往昔记忆，但映衬的正是1970年代的农民中国和改革开放以来的市场中国。私语同公论、自我同他者不是非此即彼的无视，也不是隔岸观火的漠视，而是彼此论证、热切拥抱的通融。虽然有个体和集体的显著分野，但分野是以并立的形式出现的，并非九十年代以后二者表现出的决然对立、有你无我。如果说1950–1970年代的知识分子通过“改造”或“塑造”呈现出集体性优先甚至压制个体性从而形成了强大民族凝聚力，那么八十年代知识分子在获得“个体自觉”“自我启蒙”后并未彻底清除或暗中潜回的集体意识让他们获得了更多丰富性，这种丰富性正是1990年代以后的社会思潮中的空缺部分。

在这种思维模式下，可见的是这代人处理复杂社会问题的真诚和努力。除了主动搭建桥梁进行沟通，更多的是将对方作为一个拥有同等尊严和主体性的文化形态进行学习和探索，主动摒弃汉族中心主义，并将行走和静思结合。考察叶尔羌汗国墓园指出“新疆的伊斯兰教也是被本土化的伊斯兰教”；考察艾提尕尔清真寺，对比基督教建筑风格指出伊斯兰教的意识中并不因为尊神而矮化人，相反因为反对偶像崇拜，没有神（像）对人的压迫感，令人身处清真寺感到放松、祥和。尊重和学习，并不以放弃自身主体性为代价，作者的走读中处处彰显着知识分子的精英意识，作为别一种“中间物”主动向各种人讲述自己理解的伊斯兰文化：既不神秘，更非恐怖，乃是一种同其他人类精神信仰和意识形态能够互相沟通的智慧结晶。如此，1980年代知识分子的精英意识不但在时间上同1950–1970年代有所关联，也在空间上同主张行动哲学的伊斯兰教有所交流。

思想：我们如何栖身

张承志的散文自1980年代末以来一直是旗帜性、标高性的存在，一方面同其诗意的语言及广阔的视野分不开，另一方面更重要在于他的思考总是站立在殖民主义、弱小民族解放斗争历史的世界史角度。《芒比》（《上海文学》2015年第5期）可视为《西马龙，西马龙》的背景叙述和后续，在1970年代插队的内蒙古草原偶遇异国歌曲《芒比》，之后就接上了《西马龙》考察古巴的经历。1970年的中国知青运动、1895年的古巴第二次独立战争、1959年的古巴革命战争甚至写作时的2014年美国古巴恢复外交关系这样的宏大叙述就通过个人的小历史关联起来了。同作者契合的是，这首歌也是将革命、信仰、牺牲、自由这样的大概念与个体的爱情进行接洽，完成了个人化的历史叙事。可以说，《芒比》比《西马龙》更接近艺术，更贴近本土，更有一种纵横之气和现实寄托，《西马龙》则可视为《芒比》的坚硬内核。

作为一个“不精通教义的学者不是好的全能艺术家”，张承志对音乐格外着迷，尤其是冈林信康、鲍勃·迪伦、琼·贝茨为代表的民谣和《雅拉马》《芒比》等西语革命歌曲。《歌手和游击队员一样》（《十月》2015年第3期）做了梳理：蒙古歌《恋阙与胡琴》《有名的小马》、日本民谣之神冈林信康《我们大家所盼望的》、阿根廷歌手莱昂·杰科、打工歌手孙恒及维吾尔歌手何力。文尾道明青睐原因：“没有以正义为核心的艺术，最终不过是一些垃圾——中国大量的伪诗人即是如此。”“但是缺乏艺术的正义，从来难做韧性的坚持。”然后郑重其事地宣称：“其实歌手和游击队员一样——不仅危险，而且必须不断地拿出新的作品。”这是对《芒比》《音乐履历》乃至《黑骏马》《金牧场》等一系列作品的总结，也传达了正义的艺术存在的价值。

当中国寻求外部经验及形式上的接纳，则需要“世界”概念，当中国不再为“世界”所焦虑，则需要“中国”概念。西川《从写作的角度试谈中国想象之基本问题》（《十月》2015年第4期，获当年“十月文学奖”）的出现或许意味着中国将进入新阶段。外语系出身、从容出入外国文化的诗人翻译家身份不仅是策略性的，使作者能以世界格局的高度、比较文化的优势看待“中国”“西方”“西方的中国”和“中国的西方”这些如同绕口令的根本性概念。如作者观察，今国人对现实国情的评价、对文学标准的把握都有一种概念化、潮流化的趋向。作者用以破除种种认识装置的武器库包括：日常逻辑、语言模式、地理环境、生产方式、人口同生活方式、历史逻辑，对准的是“China”和“Chinatown”代表的认知方式和知识积累。作为一个汉语写作者，促动一个惯于从日常生活出发的作者思考这样宏观的问题，恐怕是有感于既有的中国想象样式同中文书写之间形成了阻塞，所以作者始终都是日常生活的姿态，诚恳可靠地清障开拓，使人看到文学在当下成为“经国大业，不朽盛事”的可能。当然，即使一天“坏中国”书写同坏中国想象的必然关联被拆除，“坏中国”书写是否就坐稳了王座，“好中国”书写是否还有可能，仍是有意思的话题。

当下中国的青年问题一样关键。杨庆祥在《80后，怎么办？》（《十月》2015年第2期）中将80后的生存困境归结到1980年代“潘晓讨论”的历史起点之下，分明是在讨论横亘三十年一以贯之的青年问题。分析的过程就是解决的过程：摒弃对去历史的郭敬明的沉溺，拒绝对过分策略性抵抗的“韩寒”的顶礼，击碎小资产阶级的温情美梦，回归历史中积极的个人主义，通过自我启蒙、自我改造重新实现小资产阶级的主体意识，并在教育下层民众的过程中实现精神上的相互砥砺，从而实现个体与群体、历史和现实的活生生的关联，真正参与历史进程，才能脱离失败之境，过上有尊严的生活。现在来看，小资趣味已经极大程度地泛化，或者说形成了一种虹吸效应。另一方面中产或小资这一群体已经可以凝聚成一个临时性的松散群体，却具有极大的盲目性，缺乏独立意见，因此问题的提出格外引人注目。抛却文本的社会指向，作者也是在进行一次写作实验，探索文学研究和文学批评的边界，也是挽救弥留之际的文学批评，让批评重回公众视野。

除了对国际生存环境和当下现状的思考，对既往的反省也值得关注。作为一种共识，西安虽然地处西部却是中原文明的有机组成部分，汉唐延续共同作为西安城市文化积淀。张未民《“去”西安：呈现真实的中国史》（《光明日报》2015年10月30日）将两个“长安”与“西安”皆做陌生化处理，以差异推演出这个西部都城的历史文化意义。东都洛阳作为地理中央虽具舆论优势和正统性，但很大程度上丧失了“西”定都对解决边疆问题的能力。正因为西周、秦、汉相继西定都，西部的“中国化”才得以完成，同时秦咸阳和汉长安的城市建造蕴含了“大一统”文化真正奠基的过程，唐长安很大程度是对汉长安的追溯。元明改称“西安”意味着“中国化”的关键转移到了江南和北境，以及中华文化圈中心的东移，“西安”之“西”成为东方中心既寄希望又稍感不安的“观看”，其实作者梳理出的这种意识一直延续至今，整个西部都在“被观看”，西安既是东部用于安抚西部的派出领袖，也是令东部总悬“安抚”之心的中华文化边缘地带的部落首领。作者提出“去”西安的宏愿：“去除以东视西的浮表，拒绝中国时空中被动之西的强加。”重新激活西之活力，也是拓展对中华文化的理解空间，对今后的发现也大有裨益。

一年之中的散文作品不在少数，上述篇目只是其中一部分。不乏佳作，并不意味着散文创作达到了怎么样的高度，事实上有为数不少的散文写作者尚不明晰散文是什么、如何操作，甚至喋喋不休的陈词滥调并非罕见。尤其是《人民文学》打出“非虚构”品牌后，一方面激发了文学的内在活力，另一方面却也随兼并整合带来了残忍的分流紧缩。以当年为例，金宇澄《火鸟：时光对照录》（《收获》2015年第5期）、梁鸿《云下吴镇》专栏（《上海文学》）、弋舟《我在这世上太孤独》（《美文》2015年第3期）、李村《政学之间》专栏（《钟山》）等作品无论在结构的探索、语言的表达、情感的把握还是思想的深度等方面都堪称上品，但因为归属了“非虚构”而大大削弱了其对散文可能有的促动，也降低了散文的关注度，甚至会动摇九十年代积累起来的散文技法。若不怕危言耸听，大可说此诚危急存亡之秋也，散文之路更加漫漫修远。好在有一些作者不以“散文作家”称号为耻，孜孜不倦地不懈努力，我们也能看到不囿名限力推“大散文”的《美文》、大胆开辟注重思想性栏目《思想者说》的《十月》等期刊热衷此道，没有理由不对散文尊严的树立寄予信心。

思考、比较、展望

——2015年散文创作扫描

纳杨

2015年散文创作呈现出更加丰富、多样的面貌。各种类型、各种题材、各种风格的散文作品满足着不同读者群的阅读需求。散文所能提供的阅读审美享受和精神滋养，在今天高速发展的现代社会里特别需要。这可能也是近年来散文类图书销量快速上升的主要原因。在全民写作热潮下，散文创作首当其冲地得到了大范围地扩张，在形式上、语言风格上、内容题材上都有不同程度的创新和突破。特别是新散文、轻散文的出现和畅销，甚至影响到了散文的发展走向。今年一部《80后，怎么办？》在各个年龄层读者中都产生了较大影响。作者杨庆祥作为年轻学者，一方面有着年轻一代极具现代感的思维方式，一方面又有着传统理论学养，感性与理性较好地结合，使这部书被称为“最真诚、最痛切的反思之书”。这种思考型作品，应该是散文写作中哲理散文的一种，但其思考方式和语言方式上都带来了新的变化。传统意义上的散文，仍以文学期刊为主要阵地。对期刊上发表的散文作品的通读考量，可以反映当下散文创作的动态，发现散文创作中的倾向和问题。总体来看，除却基本的语言和形式的外在因素，散文作品的高下最终还是体现在作者的学识、修养和眼界等内在因素上。

多角度展现作家对文化的思考

今年有几篇讲述中华文化的文章值得关注。在大力提倡中国梦的大背景下，文化对国家形象的塑造、对人民精神品格的树立所起到的特殊而有效的作用被充分认识和肯定。加上近年来文学走出去步伐大大加快，国内文学界对外交流活动明显曾多，作家们对中华文化的思考和阐述，对今天的人们认识和传承传统文化中的精髓，从而形成中华民族在现代世界格局中所应有的形象的精神源流，有着特殊的价值。王蒙的《斯文济世天下归仁》精辟分析了孔子学说的各方面内涵，肯定了其精神价值对中华文化的贡献，也诚恳地提出其在今天的局限性。文章谈到了一个很重要的话题，就是我们今天如何对待中华文化传统。今天提出“以德治国”与“依法治国”相结合，是一种正确对待传统文化的态度。余秋雨在《中华文化为何长寿》一文中，以三十年对中华文化的系统探索，提出了中华文化得以留存至今，并且仍有强大生命力的八大原因，内容驳杂，涵盖极广，提供了一个全面的、学术性的、略带感性的文学文本。

还有一些作品从一个切面对中华文化进行审视。彭学明的《千年土司王朝的不朽诉说》写历经800多年的湘西土司王朝的发展历程，在惊叹祖先的智慧与勇气的同时，也展现了中华民族大融合的历史潮流，今天的中华民族是许许多多个民族以生命为重、以大局为重、以国家为重的奉献和宽容、勤劳和创造赢得的。许淇的《驼铃叮咚——赤壁羊楼洞欧亚茶驼古道》回望连接内地、草原和欧亚各国的茶驼古道，在不长的篇幅里，带我们领略了古道的热闹与闲适，感受到商业文化与牧业文化的碰撞与融合，更体会到长江黄河为什么被尊为中华民族的母亲河，历史与今天气息相通，源远流长。刘华的散文集《我们的假面》以“我”的行走、思考带领我们走近江西傩文化，把这一古老又新鲜的传统戏曲滋养下的中国乡村的基调呈现给今天的读者。吴昕孺的《一张纸的前世今生》对人们生活中很重要却又普通到不被察觉的物品——纸展开联想，重温蔡伦发明造纸术以及造纸术在世界上传播的历史，更提出今天科技发展背景下，纸的一些用途正在被取代，这一在人类发展进程中曾起到重要作用的物品，明天会面对怎样的命运？某种程度上，纸的前世今生折射出的是人们生活的变化。鹿锋的《会说话的石头》从泰山石刻写出中国书法和篆刻的魅力，沈荣均的《魏晋时光》从魏晋名士的风骨展示中国传统文化的另一面。南帆的散文集《泥土去哪了》以理论思维观照现实生活的变迁，把考察眼光聚焦改变人们生活的最大因素——科技，探讨科技的发展对人们精神世界的影响，也是对人类文明的发展走向提出反向思维的警示。这样一个严肃的话题，以文学的方式表达，更容易深入人心，引起思索。

随着中外文化交流的日益频繁和深入，一些思考中西文化相通相异的作品值得关注。铁凝在第三届中日韩三国文学论坛上的演讲《幽灵之船——现实生活与创作灵感》以多年写作的心得和思考，把“灵感”这么一个所有写作者都可遇而不可求的写作“要件”具象化，讲述了自己写作中灵感出现的几个瞬间，让我们切肤体会到写作的难与不难，体会到写作的枯燥与乐趣。相信这是全世界作家相同的感受。贾平凹的《解读中国故事》以自身写作经验提出，真正的中国故事不是作家自己想出来的，而是真正融入到中国普通民众的日常生活中，创作出来的艺术品。在中国文学走出去的热潮中，这样的中国故事才更有力量和意义。李骏虎的散文集《受伤的文明》从青年的角度，抒写对人类文明的思考，中西文化比较的心得，对中国传统文化在今天如何延续提出了自己的看法。

还有一些介绍国外文化文学的作品给我们打开了一道通往其他国家文化的文本通道。孙郁的《图像里的俄国》写鲁迅收集的俄国版画，以及俄国大革命以来的绘画作品、插画等图像资料中展示出的大革命后俄国在政治、文化上的流变，分析这些图像里的俄国对鲁迅产生的影响。董强的《为什么是莫迪亚诺》带领我们欣赏了2014年法国文学的重要作品，介绍了法国文学发展的情况，特别分析了法国当代作家作品经典化的制度设计及做法、经验，有一定借鉴意义。沈坚的《赫尔辛基有这么一座雕像》从一座雕像牵出俄国与芬兰的历史恩怨，反映出芬兰文化中的一些特质。

回望历史、书写当下都是为了更美好的明天

今年是纪念抗日战争暨世界反法西斯战争胜利70周年。作家用手中的笔讲述历史，表达对那段历史的思考，为读者提供了多方位了解那段历史的途径。熊育群的《旧年的血泪》揭开关于长沙会战的种种记忆，从突遭屠杀的老百姓到战场上浴血奋战的国军将士，描绘出这场战役的全景。同时，作者也在思考，为什么日本人如此凶残？日本人对那场战争的态度到底是什么？通过搜寻相关资料和与日本人交流，尝试在日本民族的文化里寻找答案。陈喜儒的《黑土地的记忆》侧重日军占领东三省后的种种行径，比如在伪满洲国实行鸦片毒化、强制推行日语等政策，从身体到心灵奴化中国老百姓；成立“兴农合作社”和“协和会”掠夺农产品、统治中国百姓、镇压反抗，还创造了语言怪胎“协和语”。正像作者在文中写到：“日本已战败投降，但他们的罪恶，已经刻在历史的耻辱柱上，无法轻易拭去。”许俊文的《父亲的黄昏》重点不是直接写那场战争，而是写身为普通农民的父亲在亲眼见证十七位新四军战士在守护村庄的战斗中牺牲，并一直坚持守护这十七座烈士坟茔的经历，其中映照出的人们对烈士的漠然，其实是对战争伤痛的疏远，值得我们反思。一部《浴血的墨迹——中国抗战散文选》既收录了鲁迅、茅盾、巴金、老舍、沈从文等现代文学名家关于抗日战争的散文作品，也收录了铁凝、王充闾、赵玫等当代作家纪念抗战的作品。这部散文集把现当代作家的作品集中在一起，不仅提供了一个感受那场战争的较全面的文本，更能让年轻一代看到祖辈和父辈两代人对那场战争的表述，为思考应如何纪念那场战争提供一种侧面参考。

乡村书写是散文创作的一大主题，在记述今日乡村的自然风物和人情世故的同时，也写出了乡村的变与不变。乡村，仍是中国人精神的根基。鲍尔吉·原野的《村庄里》给乡村生活中的场景或物件画了一幅幅素描，水井、母亲手里的针、马灯、磨刀人……这些正是构成今日乡村的一块块拼图。梅洁的《迁徙的故乡》写自己的家乡丹江口库区拆迁中，乡亲们的种种不舍，他们要告别的不仅是一个村庄，更是一种生活方式，一种熟悉的心境。王巨才的《草原，恩重如山的摇篮》写出了草原与牧民的生生相息，相互影响。这样一种人与自然和谐共处的精神，对今天提倡的可持续发展很有启示性意义。安宁的《走亲戚》、钟翔的散文集《故土

情》、陈霁的《夺补河两岸》等，从不同侧面描绘着乡村的面貌。

人物散文以人物为描绘对象，表达的是最真挚的情感。亲情、友情、爱情，这些人与人之间最珍贵的情感，永远在我们心头，但只有在一些特定的时刻才会勾起回忆，形成文字。阎晶明的《一个人和一种命运的逝去》怀念导师黎风先生，一位人生充满曲折而内心平静的学者；朱鸿的《不能想的父亲》、李云迪的《最温暖的一片阳光》、蔡崇达的《母亲的房子》写自己所理解的父母；陈原的《去了高原的兄弟》记述一位朋友与西藏高原的不解之缘。

对生活的诗意书写是散文创作的一大特色。铁扬的散文集《母亲的大碗》、乔叶的散文集《走神》、魏平的散文集《时光里的珍珠》、葛水平的《服饰的活性和通达》等通过细致的观察和精心的体味，发现生活中的艺术因子，写出生命的温暖和价值。董桥的《养字》、胡竹峰的《墨迹》、耿占春的《隐形书写》、李琦的《发呆》、王祥夫的《清坐》、王族的《歌声与微笑》、尔容的《爱东湖的第一百零一个理由》等表达艺术滋养生活的情致。简平的散文集《在云端》、李晓君的《敞开的私人生活》、罗伟章的《发现自己——写给儿子的信》、周晓枫的《禽兽》、韩浩月的《饥饿是种深刻的记忆》等分享个人感悟，真诚而透彻，感人至深，引人深思。

还有一类作品书写个人记忆，也写出了一代人的生活况味。杨沐的《老母土》写祖母、母亲以及自己三代女性的生活遭际，从各种资料中拼凑起祖母的形象的过程，也是理解母亲的过程，是一种寻根式的写作。南丁的《下营》回忆作者一家人在下营村下乡的一段生活。那本是受到不公正对待的生活，却因作者对土地的亲近、对生活的热爱而留下的是美好而有益的记忆，更感动于乡亲王衍昭这样质朴善良的农民朋友的关爱和帮助。邓友梅的《我走过的道路》和丁帆的《那年我的朝内大街166号》可以看到老一辈作家的养成，那些散发着热情与才华、勤奋与谦逊的作家的故事，能让人学到很多。宁肯的《一个人的道路——我的自述》写自己的童年与成长，与写作的渊源，可以看到新一代作家的成长轨迹。

理论评论的发展对创作具有积极意义

今年有几篇关于散文写作的理论评论文章值得关注。陈剑晖的《“非虚构写作”与散文的审美性》探讨“非虚构写作”潮流对散文创作的影响，一方面肯定了“非虚构写作”既淡化了以往报告文学作品过于意识形态化、新闻报道化和人物故事过于程式化的弊端，又匡正了近年来散文写作中愈演愈烈的“自说自话”、背向现实的个人化写作倾向，对文学创作有积极意义；另一方面，与传统散文写作相比，“非虚构写作”也存在散文性的不足或审美性的淡薄。由此，文章强调，散文的本质应是兼具审美与纪实两个维度，并且应有文体规范。傅书华的《呼唤客体散文的写作》提出散文写作似乎陷入了一种瓶颈，样式单调，题材趋同，缺乏独特的审美力量，其根源是散文作者同外部世界的沟通出了问题。“客体散文”就是让作品的魂、神、气、形、体，贴近大千世界中写作的对象，并因为对象不同，写出不同的作品。这样的写作，不是用作者原有的或者预设的态度和观念来形塑、评判自己所写的对象，而是去熟悉、去了解并在情感上亲近时代新出现的创作对象，从对象中汲取营养，重新构建自身，且又在重新构建自身中，形成对自身和描写对象更为深刻的再现。何向阳在一次演讲中也提出，通过个人的文字把物质的、景观的世界变成人格层面的、完整的、凝聚的体现就是散文理想实现的过程，作家要在时代的和声中找到属于自己的个性表达。

漫长的新旧交替
——2015年非虚构文学综述

黄德海

一

自《人民文学》2010年开辟《非虚构》栏目以来，非虚构文学便在中国风行开来。不用说几乎是现象级的梁鸿《中国在梁庄》《出梁庄记》，即便是书写历史风云舒卷的阿来《瞻对：两百年康巴传奇》，相对另类的李爽《爽》，引人忧思的《词典：南方工业生活》，清丽可人的李娟《羊道》，都能引起人们特别的阅读感受，各杂志也开辟出与非虚构相关的栏目，如《收获》的《说吧记忆》、《当代》的《往事》和《纪事》、《花城》的《家族记忆》、《读库》和《时尚先生》里的各类文章等等。及至2015年下半年，该年度的诺贝尔文学奖，颁给了以非虚构为写作重心的斯维拉娜·亚历塞维奇（Svetlana Alexievich）。因为诺奖的震荡波，中国早已有之，于今为盛的非虚构文学，又掀起了一轮热潮。

没有一个固定年份的起讫，会让事物截然二分，因此，在开始2015年的非虚构综述之前，让我们先回到2014年。这年7月，袁凌《我的九十九次死亡》出版。在这本记述作者经历的九十九次死亡的书里，写有各种各样人的死亡，老死、病死、横死、处死……从孩提开始，死亡就悄悄来临，“这像是一种暗中的挑选……出天花、汤火关、落树、蛇咬、瘟（溺）死、掉魂，都是挑选的手段，命运像是一副巨大的筛篮，只有那些躲过了筛眼，留在筛子里面的孩子能够存活”。不只是人，还有树的死，熊的死，狗的死，各种动植飞潜的死，各类物品的消失……树犹如此，人何以堪。或许是因为对死的郑重，这本书有显而易见的抒情气息，仿佛面对命运的、有分寸的叹息，重了，怕惊扰了逝者，轻了，又不能达成安慰。

不过，生与死的界限，在这本书里也没那么明显，所有的死者，在此之前都是生者，他们有自己的喜怒哀乐，跟所有生者的喜怒哀乐一起，构成了一个完整的世界；而那些更早逝去的人，也化为鬼神，庇佑或干扰着这个他们曾经生活其间的人世。姨爹是镇鬼的，可在他死之前一年，“经常对姨婆说他看见鬼，一辈子他镇了好多鬼，都来报仇。开始他还能靠法术对付，可是老了，到了年底，就不行了，姨婆守在床边，除了姨爹啥也没望见，可是姨爹说床上除了他，还有满床的鬼”。鬼神究竟有没有，谁也不知道，所以孔子有“敬鬼神而远之”的态度。作者呢，也不置可否，或许“走运的人、火眼高的人，鬼就不敢来冲犯；不走运的人，火眼低的人，鬼就找上了。一般人年轻的时候火眼都高，所以老年人给年轻人说鬼，没有几个相信的，要等到他们自己老了，就和鬼神的世界渐渐亲了。六七十岁的老人，其实已经有一半活在鬼界了”。

这鬼神的世界稍一扩展，我们看到的，就几乎是一个因果牵连的世界。外婆老了，幺舅很冷漠，后来竟用橘子噎死了之。外婆过世之后，“幺舅接连遭了两次灾星：一是他得了伤寒，倒床一个多月；二是有一晚上，他在外婆原来住的房子里睡觉，加了火门窗关得死死的，结果煤气中毒了，口吐白沫，弄到卫生院好容易救转来。这两件事情发生以后，幺舅爷到外婆墓门前去了一趟，烧纸，恳求外婆保佑”。然而，幺舅终于没能免于责罚，他去跑摩的，“两辆大车一上一下，他在拐弯的时候超车，抵到了两辆车中间，夹得极死”。这样鬼神参与、报应不爽的事，在这本书里所在多有。只是，读过后我们或许会明白，鬼神存在可以不论，但对鬼神的存在相信与否，对因果牵连的相信与否，在在影响着活人的世界。

其实也未必全劳鬼神，摊开看人的一生，差不多也是一次因果之链的循环。安爷爷出身地主，没有野心，雕章刻字，赖以存身。一个贫农姑娘看了她写的春联，主动要求嫁给她，也就有了幸福，有了儿女。不幸她早早离世，安爷爷拉扯大儿女，由儿子陪同，去了西安，“待在碑林里，费掉三张门票。他终于看到了两本书上的草字，还有更多字帖的来处”。安爷爷去世后，我去跟刻碑的王恒利了解他们的交谊，“王恒利却忽然哭起来了，说袁仁安还有这么个孙子，想着访问他的事情，将来写下来”，也算得了安慰。仿佛都不是大不了的事情，不过是平淡的一生吧，却也略有波澜，在乱世里，能经受幸福，获得过满足。在人与人密集的关系缝隙里，在斗争如火如荼的时代，安爷爷算是逃过了厄运，避免了极度的不幸。如果说因果，这平淡换来的近乎幸福，也可以算是因果给予的报偿了。

如此以来，即或有忤逆，乡村的生活，也近乎安稳了，却并不是。在这里，人情薄如纸，人命如草芥，那些尘肺患者，那山洪中的少女，街上的疯子，被枪毙的小偷，棚屋里的幼女，吃观音土胀死的乡亲，溺死在粪池的婴儿，被掐死的孩子，被生父强奸的女儿，被塞在便槽里的普法青年……都提示着我们，这不是无论魏晋的桃源，书里写的，更常见的是旧秩序的崩塌，那些参与了人世生活的鬼神和因果，也差不多是旧秩序的残留，并不是新体系的产物，甚而至于对现实的关心，也浸染着作者的笔，内里的心疼，慢慢渗透出来。这一点，从袁凌2015年新写的几篇文章里，可以看得更加明显。除《被叫走的母亲》还有对旧秩序的叹惋，此外的作品，不管是《他吸完最后一瓶氧气，没有等到新年》《在悲痛最深邃处寻找宁静》，还是《矿工雪夜逃生记》《一个现代隐士的偶然死亡》，甚而至于《上访一辈子的美丽女人》，都是对新体系建立中被遗漏者的命运的忧虑、无奈，甚至痛惜。

对消亡和即将消亡的一切的怀念，对新体系建设中个体命运的担忧，是很多作品的主题，如马宏杰的《最后的耍猴人》，如申赋渔的《匠人》。《最后的耍猴人》深入一个个具体的耍猴人身边，关注他们的辛苦与坚韧，也对他们遭遇的不公深怀同情，把一个即将消失的群体，用文字呈现出来。《匠人》则具有明显的哀婉气息，书里写到的瓦匠、篾匠、豆腐匠、扎灯匠、木匠、剃头匠、修锅匠、雕匠、花匠、铁匠、杂匠、裁衣、教书匠、称匠、织布匠，或者已经消失，或者行将消失，或者早就失去了这个名称的本来意义，变成了新体系的一环，流水线的一角，不再有手艺人那种自足的质感。作者写这本书，仿佛也是为了怀念："那些不复存在的匠人们的脸，一次次地出现，一次次地把我拉回到那个已经消失了的年代。"

那个消失的年代，也有人与神鬼的相处之道，也有因果之链。"新房开工了，上梁时要有人唱吉祥话。这吉祥话是说给神灵听的。歌要唱得好，要让神灵听得悦耳。听得悦耳了，才会记得这话，才会把吉祥施给主人家。"几乎有颂神的意味了，"美盛德之形容，以其成功告于神明者也"。而因果呢，也历历分明。申家遭人纵火，那个纵火的人家，"连续出了三代呆子。100年前，当他还在世的时候，一个道士就当面告知了这个预言"。编排理由告发，致使裁衣枉死的铁匠，不但自己身遭悲惨的命运，后代也身死寿夭者众。这个复杂的因果之链，几乎贯穿了全书，像盘旋不已的一段节奏，时不时就会出现。

在鬼神之外，乡村生活也有自己的运行规则，"千百年来，乡村里主要还是依靠自治。日出而作，日落而息。虽然失去了政府管理，也还算平稳"。人情呢，也好好维持着，大关节上，绝不疏忽。比如大家对剃头匠的态度，就很奇怪。大年三十这天，"申村的每一户人家，都会在这天的下午来拜访剃头匠。有人送来刚蒸出来的馒头，有人送豆腐，有人送鱼送肉。还有人送米送面送油或者自家腌的香肠鸭蛋"。小小剃头匠，为何如此得人尊敬？原来抗战时期，剃头匠曾用剃刀手刃了为非作歹的日军中队长。

没错，做了这些的人，不该被忘记，也不会有人忘记——2015年，是抗日战争胜利七十周年。对中国人来说，那漫长的八年，是耻辱与荣耀并存的八年，而旧秩序的崩塌和新体系的萌芽，在这长长的八年里，也显得格外醒目。

二

2015年，抗战题材的作品大量涌现，粗略来分，可划为全景式作品和个人性作品。全景式作品，或书写抗战的全局，如王树增的《抗日战争》；或抗战某一方面的总体情形，如李延国和李庆华的《根据地》、徐锦庚的《台儿庄涅槃》、孙晶岩的《北平硝烟》、李林的《雪沃东北：民族英魂88旅》、彭荆风的《旌旗万里：中国远征军在缅印》等；或抗战中某些少为人知的角落，如章剑华的《承载》、王龙的《刺刀书写的谎言》、高建国的《一颗子弹与一部红色经典》、铁流的《一个村庄的抗战血书》等。作品太多，不能遍举，要说的，是这些作品，或从全局宏观书写抗战，或从某个局部全景展现抗战细节，或在某个范围内发掘抗战传奇，都从某种意义上重新让人回到那个艰难时代，并在这艰难中展示了抗战军民捍卫国土、浴血奋战的荣耀。

王树增《抗日战争》，三卷，180余万字，是作者读万卷书、行万里路、走访亲历者的结果。该书大处着眼、小处落笔，牢牢把握住抗日战争的各关键时段，却又从各时段的上下四旁入手，全面展示了战争的起因、发展、结果，并始终贯穿着有血有肉的人物，书写饱满而生动。因为忠实材料和贴近人物，作品部分摆脱了以往抗战叙事中常见的意识形态偏见，回到人物行事的具体，把抗战中形势的转换、局面的复杂，参与抗战、为抗战做出重大贡献的人物，包括他们的英勇和犹疑、勇敢和偶尔的怯懦，对抗战持不同看法者的思考，都一一写进书里。这样的书写方式，既能看到了抗战的艰难，也较为全面地展示了人物在战争中的表现，让人感受到抗战荣耀的同时，也在宏大背景的对照下，对具体人物能产生同情的了解。

该书的序章《世界上还有另外一种逻辑？》，讨论日本侵略中国的逻辑。在受到西方列强的劫掠之后，日本人产生了奇怪的“补偿论”：“在强国面前，隐忍所有的屈辱和损害，同时向弱国动用武力，把在强国那里的损失——包括物质上和精神上的——统统补偿回来。”这样的选择，违背了常理，“常理应该是：受到劫掠，弱者顺从屈服，强者奋起反抗，两者必选其一。而日本两者都没有选，不去劫掠者那里讨回损失，却去劫掠别人以挽回损失”。这个奇怪的逻辑背后，是世界新旧秩序交替时国家道德观的混乱。这种国家层面的混乱状况，落实下来，就是残酷的得失成败，如日本这样，把整个中国拖入一场残酷的战争，数千万人的生命，就葬送在这里。

这个战争的结果，看起来让人瞠目：“战争彻底破坏了中国的民族工业和经济建设，日军对中国不设防城镇的轰炸达到了疯狂的程度，中国多数的城市成为一片废墟，广大的城镇成为一片焦土。穷凶极恶的日军，铁蹄所至肆意烧杀抢掠，其行为之野蛮残暴和灭绝人性，导致中国人民所遭受的战争蹂躏之悲惨酷烈程度在世界战争史上绝无仅有……” 日人一炬，可怜焦土。如此残暴的破坏，如此惨烈的战争，让中国人自晚清开始慨叹的“三千年未有之大变局”，更有了刻骨铭心的铁证。

陷入战争的旋涡里的人固然要决死一战，而这战争动荡波及的人们，其命运，也不可避免地被冲击、被改变了。有关这一部分的文字，不妨称为关于抗战的个人性书写。其中较为特殊的一种，是张雅文的《与魔鬼博弈——留给未来的思考》。这本书把视野扩展到世界反法西斯战场，写了中国、德国、日本等多位反法西斯者的具体故事。他们超越了简单的民族划分，勇敢地“站在了良知和人性一边”，让作品在残酷的战争中写出了人性中共通的善良。刘梅香口述、张哲执笔的《梅子青时——外婆的青春纪念册》，主体部分也是抗战八年，外婆当时就读的湘湖师范曾七迁校址，饮食困难，衣不蔽体，还要经受大量身边人死亡的折磨：“这次轰炸不光死了七个人，还有三四十个人受伤……轻伤的人被转到松阳县里的卫生所，而那些尸体，据说血肉模糊，有的肚肠都飞到树上挂起来，是胆子大的老师和同学一捧肉一捧肉运出去埋掉的。”李彦的《尺素天涯——白求恩最后的情书》，则从一个侧面，勾勒出了白求恩不为人知的一段情感生活，而这人性丰富复杂的部分，是在全景式的抗战书写中少见的。前面提到的《匠人》里那段铁匠的告发事件，也与这场战争有不可分割的联系。而在这类文字中最曲折细微的，则是金宇澄的《火鸟——时光对照录》。

《火鸟》的叙事非常耐心，一面是作者的叙述，一面则是引用笔记、传闻、口述历史、父亲的日记、书信，两者彼此映照，有时互为说明，有时互为补充，有时又显得互相矛盾。就在这样的参差对应之中，文章进入了尘封历史的后宫，撬开了人性的诸多幽微之处。文中有一细节，看后顿觉惊心动魄。1937年，日军途径黎里镇，却无从驻扎。黎里镇的“维持会”迫于平望日军压力，决定送几个最无亲眷的尼姑到平望交差——“远远就听到女人哭声，镇里人人晓得，是几个尼姑的声音，一艘菜贩小船要送这几个女人去平望了，哭声越来越响了……天落无穷无尽细雨，小船一路摇，尼姑一路哭，桨声哭声，穿进一座接一座石桥洞，朝镇西面慢慢慢慢开过去……这是啥世界？！”没错，让人想到莫泊桑的《羊脂球》，同样的无助无告，却又因为交待和描写得少，反比《羊脂球》多了些什么，那桨声伴随的哭声，把人性里无明笼罩的残忍和尼姑们的无奈，勾画得异常清晰。

作品里还写到了女作家关露。关露，1932年加入“左联”，同年入党。1939年，潘汉年让其到汪伪机关做策反工作，对外不得对“汉奸”身份有所辩解。1943年，至日本出席“第二届大东亚文学者代表大会”。1945年抗战胜利后，国民党欲治其“汉奸罪”，组织将其调往解放区，不久即遭“汉奸罪”隔离审查，就此患精神分裂。1955年受潘汉年案株连入狱两年，1967年又被关入秦城监狱，1982年3月平反，同年10月自杀。这段话，几乎是全文照搬，逸笔草草，却写出了某种可怕的真实，让人感叹时代的不仁，造化的弄人。

这当然不是偷懒，已经讲过了，金宇澄的叙事非常耐心。关露命运中的罅隙，《火鸟》的主体部分，即作者父亲自少至老的遭际，填补了进去。全面抗战爆发，父亲进入中共秘密情报系统，自此惊扰不断，并于1942年被日本宪兵逮捕。虽然并没有叛变，可随后的岁月里，仍然被自己人审讯，最和缓的结论是“被捕后表现消沉”与“极不负责”，真可以说是，“祸患踵至，幽明互映，是这代人‘不胜扼腕’运命的寻常……”那些平常的人间事，那些普通人的喜怒哀惧，如积藓残碑，揉在这命运的主线索里，作品也就撬开了人性与时代交织中的缝隙，把满满的命运之感，写了进去。

1967年，十五岁的作者问四十八岁的父亲，“当年他为什么不做工，不做码头工人，不到炼钢厂做学徒，或者拉黄包车？如果这样，我家肯定不会多次被抄，就是安稳的‘无产阶级’‘工人阶级’成分了……”这质问，也在提示着我们，那个已经被战争轰炸得千疮百孔的旧秩序，还要经受更多的磨砺，人免不了在其中翻滚，而更新的秩序隆隆的巨人脚步声，早就声声入耳。

三

先从《匠人》的一个故事讲起。1958年，生产队派了两个人，带了绳子和铁锹，把各家各户的银杏树挖了，栽到很远的公路边上。爷爷心疼自家的树，怕被弄死，就陪来人一起去载好。1962年，风潮过去，人们去公路边把自家的树又挖回去。移过去的时候，树死了一批，移回来的时候，又死了一批，爷爷心疼的那棵树，也移栽了回来——“树出去了三年，瘦了一圈。之后，又花了三十年，它从重又变得茁壮”。放大看，这几乎是中国百年来的历史缩影，如勤动者之烹治小鲜，翻来翻去，鱼就碎了。

在阎海军的《崖边报告：乡土中国的裂变记录》里，我们看到，农村人口比例失调，很多男性找不到伴侣，光棍问题日益严重；随着老人逐渐失去劳动能力，不孝敬老人的问题日益严重；乡村自治失序，集体感缺失，组织涣散，呈一盘散沙的状态；道德维持难以为继，法制推行困难，治安一片乱象……弋舟的《我在这世上太孤独》，则关注空巢老人这个群体。每个空巢老人都有自己空巢的原因，也各有各的委屈和不满，有些甚至非常不幸，但无论是怎样的情形，这些老人的状况，都与孤独有关——这里的孤独，并非本质性、形而上意义的，而是老人们不得不承受的世俗命运的一部分。在弋舟看来，空巢老人的状况，短时间内无法解决，而阎海军则针对自己看到的现象，给出了相应的应对方案。不管有没有解决途径，我都无意对这些结论本身发言，对一个非虚构作品来说，能提出问题，让人感受到社会裂变时期的痛疼与无奈，引起各方面的注意，就是好的。

与《崖边报告》相比，刘绍华的《我的凉山兄弟：毒品、艾滋与流动青年》和魏玲的《大兴安岭杀人事件》关注的群体相对较小，切入也更具体。前者版权页表明出版于2016年，按本文开头所说的时间延续性，也考虑到出版时间的标示技术，写入该综述。该书写的是四川西南凉山州利姆乡的诺苏群体，这里在20世纪末成为遭受海洛因和艾滋病双重袭击的重灾区；后者则写的是大兴安岭林区全面停止商业性采伐的指令下达之后，发生在鄂温克族人与森林产业相关人之间的一起凶案。与广泛分布在全国各地的众多农村人口不同，这两个群体，都人数不多，却与那些规模庞大的生活在村落里的人们一样，经受着新体系的洗礼，在现代化的普遍推进之下，显得进退失据。

20世纪之前，诺苏人有着自己的社会秩序和群体规则，有独特的文化系统。他们农牧并行，群体里有四个主要层级，并有强势的亲属组织："诺苏家庭教育中很重要的一部分便是教导孩子（尤其是男孩子）背诵父母双系的族谱。透过长辈严格的教导与反复练习，多数诺苏孩童在四到六岁左右，便可以背诵甚至长达二三十代的系谱。这样的家庭教育让孩童从小便明白，他们无法独立于父母的家支之外生活。简言之，亲属关系准则主导诺苏的道德规范、宇宙信仰、权利义务、社会阶级，甚至婚姻与居住地点。" 他们能够与鬼神相处，民风淳朴而不失剽悍。这一切，随着20世纪初鸦片的传入，开始发生变化。鸦片的流入为诺苏人引入了货币贸易，打破了此前封闭的经济体系。又因为种植鸦片，诺苏人的经济水平得到提升，自身实力加强，在对汉族的关系上，也大占上风，而鸦片，也成了诺苏社会的奢侈品。这真像是一个现代寓言的标准前奏——新奇事物出现，勾起人们的好奇心，一时间人人似乎获得解放，接下来，那个新奇事物携带的所有问题，都要在这个寓言里一一应验。

1950年代，在依据社会进化理论进行的分类里，诺苏人成为"中国仅存的奴隶社会"，改造不可避免，抵抗改革的，被称为土匪。各类"迷信活动"被废除，废止社会阶层，禁止家支活动、宗教仪式，重新测量和规划土地，加强户口管理。在这样的情势下，当然不能免于1966年开始的"文化大革命"，诺苏人的家支活动和传统习俗几乎被全面荡涤，虽然时有挣扎，但旧秩序仍几乎被清理一空。及至1978年，诺苏人又一变而被卷入市场经济的大潮，人口开始流动，到外面创世界的诺苏人，很多靠偷抢为业，年轻人视海洛因为时髦奢侈品，并因注射不当，艾滋病大规模流行。

《大兴安岭杀人事件》，笔力集中在一次偶然的杀人事件上，就中，却带出了鄂温克人的经历，与诺苏人不同，却也有些相似。他们曾经不需要日历，根据自然的运行决定自己的行止。新秩序来了，他们先是被从贝加尔湖畔赶走，接着是被从中苏边境的奇乾带到大兴安岭密林深处。他们在西伯利亚被驱逐时有大约七百人，到2011年，仅剩一百零七人。他们的家园在失去，过去的风习在失去，人生的目标也在渐渐失去，"现在的鄂温克人和林场人有着相似的神情，那是失去目标感的人的神情" 。失去目标的他们，酗酒，干架，在颓然里生活。陡然而至的杀人事件，与此并无直接关系，但或许也并非无关。这个作品，与《我的凉山兄弟》一样，提示了现代化过程中某些被选中或被遗漏的部分，那个用来统整一切的"现代正确"，在"持续竭尽所能将异文化正常化、同质化"，对那些偏离现代认可范围的人、事、物，"也不断致力于将其阶层化、管制、排挤、定罪，以霸权支配，或将之边缘化" 。在这样的情势里，一个作品所能给出的，不是既定的答案，而是更多的复杂。阅读的人只要意识到，那置身其中的人，在这选中和遗漏里气息奄奄，而那个写作的人，"心之忧矣，曷维其已" 。

有时候禁不住会猜测，现代化的普遍推行，遇到各种不同的群体，会形成怎样的新模样呢？魏玲《一个画地为牢的故事，很可能就在你身边》讲的是一个矫正试点里的矫正官和被纠正者的故事。纠正，是指"把一部分犯人放在居住社区而不是监狱服刑" 。纠正官赵振国管理着这些被纠正者，他"将和八十几个小镇'土著'的酒驾者、管制犯、假释出狱者和缓刑犯一起从零开始，建构起小镇的矫正世界”。赵振国很快就意识到，“非监禁刑要达到监禁刑的目的”，必须“把人的意识掌握起来”。于是，他不断强调被纠正者的犯人身份，借助现代通讯技术，让被纠正者不断意识到自己受到监控，还需在微信上交流自己的纠正心得，且以“我可以把你重新送回监狱”胁迫。严格的监管之下，被纠正者发现，“自己比在监狱还紧张，狱警惩罚前会先问原因，可在赵振国这儿没有为什么，只有正确错误，一二三四”，如此以来，人便“变得比从前犹豫，会下意识自我审查”。至此，一个由他力和自我内化构成的牢狱，已然成形。

不过，这不只是一个被纠正者受管制的故事。社区里来了个美丽的社工蒋禾，一心一意拯救被纠正者的灵魂。后来呢，一个她疼爱有加的男孩爱上了她，而大部分人，只是要对这个美丽的女性倾诉，轮到她讲道理了，他们会毫不掩饰自己的不耐烦，甚至直接拉下脸，“你别弄得跟真的似的！”这个美丽的姑娘变得强硬，也成了社工站的站长。然而，朋友们不再喜欢她，因为跟她讲什么，她都要压倒别人。蒋禾也清醒地意识到，“矫正如何反过来作用在自己身上”，企图学习海外的先进经验，却也无法直接照搬，“国情和社会基础不一样”。现在，被纠正者来接受教育，她会直接告诉他们，“你现在就是画地为牢，就是在监狱里服刑，只不过区域给你划大一点，社区就是你的监狱”。这样的情形，让阅读者认识到，一种新秩序的成形，即便在一个画地为牢的故事里，每个人未必可以完全地宣布自己无辜。

相比隐藏在各个社区里的被纠正者，一条高速公路的建设，或许更能见出新旧交替里的人心与人生，渴望与无奈。这就要说到张赞波的《大路：高速中国里的工地纪事》。这本书，是纪录片导演张赞波三年来深入一条高速公路建设的内部，一笔一笔记下来的。这条公路的修建，要穿过寺庙，穿过房屋，穿过坟地，要耗尽无数人的汗水、梦想甚至生命，要把无数人的安静的生活扰乱……在这本书里，你会看到，一条承载着现代运输任务、表征着现代推进的大路，如何惊扰起它周围的旧秩序，又如何在金钱、权力、宗教、风习、世俗智慧的合力之下，把这一切处置得一地鸡毛或收拾得干干净净。在这里，新体系展现着自己的横蛮，也显示出它的活力，旧秩序也以自己的惯性与之抗争。诚如作者所言，这本书记录了“现代化进程中的变迁故事”，并期望“借此反思它对人的生存境况及道德人心、传统文化的影响”。

或许是因为三年的时间足够长，或许是因为一条高速公路的修建要牵扯的东西足够多，因此，尽管作者偶尔在书中流露出较为明显的自身立场，但这立场并未太过明显地影响作者的观看，因而这本书记录下的，就不只是公路建设。在公路修建过程中，古树被巧取豪夺，然后贩运到城市；因为建筑工人聚居，“桥头堡”横空出世，安置着他们的卑下的欲望；因为利益争夺，无辜的建筑工人被砍伤，留下或大或小的残疾……围绕这条公路，无数个体的生活被缠绕进去，有时候作者甚至会跟踪调查，从而勾勒出工地上一个个面目模糊者的清晰样貌。在这些人里，有的可悲可怜，有的可笑可耻，有的可敬可佩，有的可圈可点……这些不同的人，又因为各自不同的对新秩序的认识，或反对，或维护，或助长，或参与，或消极……人性，就在不同的性格和不同的立场之间，被纵横剖开，显露出或凶残或贪婪或善良的底色，也让这本书有了不凡的景深。

这漫长的新旧交替时代早已开始，并将在很长时间里继续进行下去，非虚构的写作，必定在这交替里产生，并为这交替写下见证。这些见证，或将如维姆·文德斯说的那样，让我们看见自己的生活——“每个人都以自己的眼睛观察真实世界。你用眼睛看别人，特别是那些与你亲近的人，你周遭所发生的事，你所居住的城市与其地理景观，你看见死亡，人类的腐朽与事物的更迭替换，你看见并体验爱情、寂寞、快乐、悲伤、恐惧……每个人都会看见自己的‘生活’。”

聚焦中国生活书写中国故事

——2015年度报告文学创作综述

李朝全

2015年诺贝尔文学奖被授予了白俄罗斯的一位纪实文学作家阿列克谢耶维奇。她的获奖，被认为是非虚构文学的胜利。2015年6月24日，习近平主席将《盖世太保枪口下的中国女人》一书作为国礼赠送给比利时国王菲利普。这一事件也被视为非虚构文学具有重要社会影响力的一个象征，广受关注。中国广大报告文学作家也因此备受鼓舞和激励。

近年来，何建明的多部作品，包括十几年前出版的长篇纪实《落泪是金》《中国高考报告》以及《部长与国家》等不断再版重印，王宏甲的《无极之路》《新教育风暴》、张雅文的《生命的呐喊》、赵瑜的“独立调查启示录”系列作品、李鸣生的“航天七部曲”、梅洁的作品典藏系列等众多报告文学作品陆续再版。王树增的“战争三部曲”——《朝鲜战争》《解放战争》《抗日战争》屡创销量新高。所有这些现象似乎都在表明，报告文学仍旧拥有较多的读者，具有强大的生命力。

时代变革发展是进行时，民族复兴中国梦正在路上，将根柢深植于丰厚现实及历史土壤，深植于传统文化沃土的报告文学必然具有经久不衰的强盛活力。这是一个变革的时代，也是一个报告文学的文体时代。社会发展需要报告文学去记录与讲述，人们的情感变迁和心灵嬗变需要报告文学去反映与揭示，国家民族面临的困难与挑战需要报告文学去作出解析和回应……现实和历史浇灌着报告文学，时代和读者需要报告文学，作家和创作者喜欢运用纪实手法创作，所有这些共同决定了报告文学这种追求真实性品格的文体必定具有强大的生命力。

“新抗战文学”崛起

在纪念世界反法西斯战争暨中国抗日战争胜利七十周年之际，我国抗战题材报告文学创作也进入到了一个深化的阶段，呈现出一种不同于以往抗战题材创作观念、视野和审美风范，“新抗战文学”迅速崛起。

与以往的创作不同，今天的抗战题材书写更为接近历史本真。中国人民抗日战争被视为世界反法西斯战争的东方主战场，为其不可或缺的重要组成部分；抗日战争是中华民族全民族的全面抗战，是人民之战、正义之战、和平之战。这些论断得到了广泛而普遍的认同。抗战题材创作越来越注意将中国人民的抗日战争放在世界反法西斯战争的大局及全景中来描述与考量，特别注重国际视野和第三方佐证材料，真实性品格日益得以彰显。

王树增近一百八十万言的《抗日战争》三卷本，在世界反法西斯战争的大背景下，从全民族抗战的视角出发，以重大战役战斗为叙事纵轴，以重大历史事件及相关人物为经纬，全景式地记述八年全面抗战中的主要战役战斗。也有以单一事件或以人物为主，展开深入详尽的叙事和描写的文本。徐锦庚的《台儿庄涅槃》通过今昔对比的手法，讲述了一座经历血战洗礼的城市如何在改革开放的年代涅槃重生的经过。青年军旅作家王龙的《刺刀书写的谎言——侵华战争中的日本“笔部队”真相》以九个曾经狂热地参与战争宣传的日本作家作为叙事对象和主角，揭开了日本鲜为人知的“笔部队”内幕。糜果才的《烽烟平型关》以事件为主，对抗战第一次大胜平型关战役的来龙去脉进行了梳理和描述。蒋巍等的《血色国魂》则独辟蹊径，以抗日战争期间我国阵亡将领作为作品主角，从殉国将领的角度，重返抗战历史现场，重温国难民殇，重述残酷战争，警示国人不要忘了灾难深重的过去，不要忘了民族英雄，这是一部来得正是时候的战争与和平备忘录。丁晓平的《另一半二战史：1945・大国博弈》视角独特，聚焦二战中几次最重要的国际会议，特别是在波茨坦会议前后国际力量之间的角力与较量，揭开的是另一半鲜为人知的二战外交历史。张雅文的《与魔鬼博弈——留给未来的思考》则重在塑造鲜活的人物。人物刻画尤为用力，形象大多栩栩如生。丹麦小伙子辛德贝格具有爱冒险、爱闯荡、爱打抱不平的性格；“盖世太保枪口下的中国女人”钱秀玲是一位勇担大义、知恩图报的伟大女性。德国将军法肯豪森则是一位良心未泯、富于正义感的人。还有像拉贝敢作敢当、大义凛然的性格，绿川英子忠贞爱情、坚持正义的品格，都通过作者生花妙笔得到了形象的表现。

文学是人学。作为一种新型的战争文学，新抗战文学更多地关注战争中人的命运与遭际，尤其是小人物或者普通人的命运。近期出现了很多抗战题材报告文学，都以普通人、普通老兵作为主线。程雪莉的《寻找平山团》是一部注重塑造人物群像的、重温和“重写”抗战历史的纪实作品。它通过讲述从河北平山县走出来的，由成千上万名战士组成的抗日“平山团”的独特故事，截取八路军及其抗战历史的一个切片或样本，以烛照全部抗战历史，题材独特而新颖。同样是表现“寻找”的主题，但是《寻找平山团》与赵瑜《寻找巴金的黛莉》、江宛柳的《我在寻找那颗星》不同。如果说《寻找巴金的黛莉》《我在寻找那颗星》注重寻找的是一个个体、一种情感；那么《寻找平山团》所寻找的则是一个群体、一支庞大而壮观的队伍，一种精神底色和品格质地。它们所要寻找的都是一种正在逐渐隐入历史深处的东西——史实、人物、故事、情怀……这种带有考古发掘式的历史打捞无疑具有发现的意义，可以填补某些历史空白或盲区。《寻找平山团》寻找的是一群人，力图还原他们共同的人生选择和命运遭际。在外敌入侵民族存亡之际，八路军一发布征兵告示，一个月零三天小小平山县即有1700多名子弟报名参军。这群人从平山县距离西柏坡只有五千米的洪子店村出发，一路远行，一路创造丰功伟绩。这种寻找也是对一种鲜活历史的寻找。寻找那样一群人，那样一个人民的政党和那样一支人民的军队，那样一种党和群众、党的军队和人民群众鱼水情深的关系。老百姓为了保护八路军、共产党员，什么都可以豁出去、都能舍弃掉。一粒粮充军粮，一尺布做军服，一个儿子当八路，送上前线打鬼子……其间，就有英雄母亲戎冠秀这样的典型。作者历时五年寻找的更是一种精神，一种爱国报国，为了祖国兴盛而不懈付出、努力奋斗抗争的英勇精神。这是追求民族解放、独立、自由和强大的精神。既包含有平山人民在大敌当前那种奋起抗击同仇敌忾的气概与风采伟大的抗战精神，也有平山团在延安加入359旅开发建设延安的“南泥湾精神”，还有南征北返，北上新疆，数十年屯垦戍边的兵团儿女精神，同时也糅合了燕赵大地千年历史文化所熏陶孕育出的慷慨悲歌的侠义之风与民族血性。因此，《寻找平山团》实质上是在寻找一种伟大的民族精神，亦即我们民族国家发展前行不竭动力的中国精神。寻找平山团，也可以说是寻找中国故事，寻找中国梦。作品描写的一群人共同的梦想与追求，光荣与辉煌。是1937年抗日战争全面爆发后先后从平山县走出来的12065名优秀儿女用鲜血和头颅、青春和性命书写的历史。他们的去向，他们走到多远，落脚何处，都是作者关心的问题。作者循着他们战斗的足迹、斗争的历程一路寻找，八路军120师、115师、晋察冀5团、文艺团都留下了平山团的印记。这种坚毅的寻找体现了作者深切的人文情怀。《寻找平山团》更是在寻找一种“美丽的悲伤”，呈现一种文学之美。那些美丽花朵一样的生命曾经绽放，而后凋零，他们留下了炫目的光亮，如虹贯日如彗星划过长空。70多年的历史沧桑，却令他们的名字逐渐淹没、淡去。作者感受到了一种沉重的悲伤与惋惜，执着地去发掘他们，去表现他们，将那些美丽生命的毁灭展示给人看，让读者感动，引读者共鸣。好的作品在文本美学意义上应该是思想精深、艺术精湛、制作精良的统一；而从接受美学的角度看，好作品应该能够让人审美愉悦、眼睛湿润、思想震撼、心灵共鸣。——即美之愉悦、思之震动、情之共鸣。这部作品已经具有这样的品质。南古月村村长齐彭延的机智“调包”——为了应对保安队的搜查，将被他们搜获的打土豪分浮财得来的财物成功调包，让敌人找不到游击队的蛛丝马迹，读来大快人心。在部队里，平山团的点名方式最为奇特，是用村名点名的：“东黄泥、西黄泥、南庄、北庄、朱豪、夹峪、唐家沟、朱家沟……”平山团因杀敌英勇而被聂荣臻誉为“子弟兵”，数百名平山人倒下了，又有更多的人站出来，踊跃报名参军。一个叫做王家川的英雄牺牲后第九天，就有一名青年风尘仆仆地赶到平山团政治部，要求以“王家川”的名字报名参战，“不仅俺叫王家川，俺与敌人打仗牺牲了，家里还有一个16岁的弟弟，他也还叫王家川，俺村还有上百青年，他们都叫王家川……王家川是牺牲不完的！”——这是何等的豪迈和壮烈啊！能不令人思想震撼眼睛湿润吗？！还有像白求恩大夫奋不顾身救人做手术并亲自为平山子弟兵献血的故事，小女孩被日本兵挑破肚子抱着流出来的肠子哀求奶奶把肚子“缝上”的场面……无不感人泪下，引发读者深切的情感共鸣。《寻找平山团》还特别注意对时代气息的营造。作者引用了当年的征兵布告、书信、电报，大量的抗战诗歌、歌谣等，都在努力地将读者引回那个历史现场，引到那个烽火连天的战争岁月。所有这些，都使这部作品卓尔不群，给人留下了难忘印象。

杨义堂的《抗战救护队》采用了小说的手法和技巧，以抗战时期中国红十字会救护总队总队长林可胜的人生遭遇为中心，反映了救护总队在抗战时期参与伤员救护保障工作的史实。林可胜作为华侨后代，在祖国大难当前，毅然将妻儿送到了新加坡，只身投身抗战。组织了数千人组成的多支医疗救护队奔赴前线参与救援。无论国民党军队还是共产党军队，只要是抗日军队，他都一视同仁尽心尽力地进行救护。他的家人受到日本侵略者的迫害或杀害，在父亲忍受不住迫害叛变沦为汉奸后，他毅然与父亲决裂，不屈不挠地参与祖国的抗战事业。人物命运坎坷，故事曲折，情节感人。在鲜活刻画了林可胜、周美玉、王媛媛等一批救护队员形象的同时，更是填补了抗战题材书写中关于医疗救护方面的空白，具有独特的价值。

新抗战文学特别注意站在今天的角度回望历史，研究剖析抗日战争。作家的反思精神和自省意识更突出，作品的理性思考越来越深刻。《与魔鬼博弈》作者张雅文在重述那些与战争魔鬼勇敢博弈的人们的故事之后，饱蘸着泪花与悲痛，发出了自己深切的追问与反思。这是一份“留给未来的思考”。作者追诘历史的罪恶：为什么德国能够勇敢地正视纳粹历史，不断地向世界忏悔，日本却在不断抹杀军国主义的罪恶，不断参拜供奉有二战甲级战犯的靖国神社？同为战争罪人，为何却有着如此的天壤之别？长篇报告文学《根据地》的副标题是“共产党人不能忘却的记忆”，指明了作者的创作初衷。根据地历史不能忘却，尤其不能忘却和丢弃的是根据地所积累与沉淀下来的那些弥足珍贵的经验与制胜法宝。《另一半二战史：1945·大国博弈》作者提出：原子弹既是武器的政治，也是政治的武器——原子弹绝不仅仅是军事武器，更是政治斗争和外交谈判的重要筹码，它也是一种强悍的政治。作者又郑重提出：“中国，被胜利忽略的盟国”；“‘冷战’：不是战争没有发生，而是战争的样式发生了改变”……如此这般深入的思考，都具有鲜明的现实指向性，是今日中国所必需的一种清醒。

中国梦主题书写勃兴

中华民族渴望再铸辉煌，重现千年古老文明的荣光。这是我们身逢其中的这个时代的主旋。在这一征程上发生的中国故事，积累的中国经验，尤其值得报告文学书写。杨黎光的《横琴——对一个新三十年改革样本的五年观察与分析》是其继对深圳改革三十年变革的观察之后，对珠海新兴开发热土横琴岛进行的动情描述，提供了改革开放三十年后改革往何处去、中国往何处去的新思考，是一部被思想照亮了的报告，既具备现实指向性和现实意义，更面向未来，拥有历史性和长期性价值。《横琴》开篇即响亮地提出“新三十年改革”的概念。站在2009年这个重要的历史节点上，作家回望过去，在总结改革三十年成就的同时，瞻望未来三十年中国改革风云。他深入到珠海经济特区改革新区横琴岛，用五年时间关注、观察和分析横琴的变革与发展，将横琴作为改革新样本来进行解剖、探析。他别具匠心地描写横琴地下综合管沟的招投标建设，将地下管道称为“城市的良心底线”。在作者看来，横琴城市开发、发展的血液是资金，根在产业，制度革新是保证，城市建设和管理的理念从物本转变到人本导向，横琴的奋斗目标是活力、智慧、开放、生态。这些也正是“新三十年改革”的基本指针——更多地强调和加重知识创新、科技创新的含量，增强经济社会发展活力，创建一种开放的、生态友好型的发展新模式。横琴这片改革试验区的实践与探路，对于我们国家实现“四个全面”“两个一百年”的目标有启示意义，对于思考我们未完成式的中国现代化之路的命题，思考中国变革与民族复兴的伟大梦想也有积极意义。现代化、中国梦，这是自孙中山辛亥革命乃至1840年鸦片战争以来中国人不断抗争、奋斗的理想及目标。作为作家，杨黎光力求客观公正地表现他所看到的真实，丝毫不回避横琴在改革进程中遇到的艰难、问题与挑战。譬如，“商事登记”这样的新政所面临的瓶颈问题、制度机制不对接问题。

沙志亮的《中国航母舵手——辽宁舰纪实》、许晨的《第四极——中国“蛟龙号”挑战深海》、陈新的《嫦娥揽月》、殷允岭的《“雪龙”纪实》分别聚焦中国高新科技发展前沿领域的标志性事物或事件，反映的是中国硬实力的新进展。曹岩、马泰泉等撰著的长篇报告文学《极度威胁》全面反映中国援非医疗队参与塞拉利昂抗击埃博拉疫情过程中艰苦卓绝的工作及成就。医护人员在克服恶劣的生存环境等困难的同时，直面极度危险的埃博拉疫情，为当地群众开展医疗检测、救护，体现了高尚的人道主义和国际主义精神。这部反映中国主动参与国际医疗合作及救援行动的作品，也是反映强大后的中国积极参与国际事务、在国际社会展现国家形象的重要作品。一合的《中国葫芦峪》则是关于生态文明和绿色发展理念的生动阐释。这是一个发生在今日农村的中国故事、一个真正的中国传奇。年过花甲的企业家刘海涛胸中有一个平山县葫芦峪的绿色梦想，他通过改造数十万亩荒山，大搞植树造林，绿化美化山乡，极大地改善了当地的生态环境，使“绿色葫芦峪”变成了与“红色西柏坡”可以齐名并论的平山县的一道靓丽风景。葫芦峪今天的成就预示着千里太行山蕴藏着无限蓬勃的生机和无尽的潜力。刘海涛已经改造了10公里长、面积达100平方公里的荒瘠太行山，他还进一步将改造荒山的经验“复制”到著名的贫困县阜平和更多的地区，把这种能够给百姓带来巨大实惠的“宝葫芦”（保福禄）挂满太行山，挂到全国各地去。

中国梦的抒写离不开她的创造者和实践者。那些追梦者的身影自然成为报告文学着力捕捉的对象。蒋巍的《国之盾——鲜为人知的中国警察故事》聚焦公安战线的英烈和英模，记述了大量感人肺腑的警察故事，彰显了坚强刚毅、为民奉献、廉洁自律的公安精神。张子影的《追日之舞》关注第三代战机试飞员，那些把青春和梦想涂写在蓝天之上的逐梦者。杨秀丽的《永不褪色——“南京路上好八连”纪实》表现“好八连”传统的传承与延续，那是一种精神血脉的贯通与流淌，是我们这个时代弥足珍贵的一根精神支柱。王鸿鹏的《生命线上的奇迹》追述金沙江畔云南潜江县人民为建设向家坝大型水电站进行了数万人大移民，作出巨大历史贡献的动人事迹。杨莉的《断裂带上的断裂》反映云南鲁甸地震，表现各方面积极参与抗震救灾的感人场景。王立新的《海上钢铁城》描写首钢搬迁到河北唐山曹妃甸后从一张白纸开始，历尽艰难建设起一座现代化的海上钢铁城的经过。赵学儒长年关注水利和水资源创作主题，他的长篇新作《血脉》聚焦北京南水北调工程建设历程，《顺水》则关注北京市顺义区的水源治理和税务工作。

中国梦是国家理想、民族抱负，也是每一个普通人、每一个小人物的梦想。只有每个个体都拥有自己的梦想，都有追梦、筑梦、圆梦的勇气与信心，国家和民族的伟大梦想才有了真实的依托和扎实的基础。郑云云的《手指上的中国》描述那些“景漂”一族，即长年漂泊在景德镇从事精品瓷器、工艺瓷器、创意瓷器创作生产的人，他们用自己的手指描画自己的梦想和未来。高艳国、赵方新的《“中国梁”传奇——农民梁希森的梦想三部曲》，讲述了山东农民梁希森如何在改革时代借助自己的智慧勤劳实现财富积累和共富梦想的生动故事。曾德强的《脚上有路》讲述陕西安康的农家子弟郑远元如何从街头修脚工起步，成长为腰缠万贯的企业家的传奇故事。这些具有代表性的中国新人物、新故事正是对中国精神的生动诠释。

关注社会焦点热点

报告文学是一种距离现实最近的文体。对社会热点焦点的反映与描写是报告文学的长处与优势所在。弋舟的《我在这世上太孤独》通过对一个个农村空巢老人的采访，真实呈现他们或悲苦或凄凉的生存处境，引发人们对于农村留守群体的关注与思考。韩生学的《中国“失独”家庭调查》，在我们今天重新审视修订国家计划生育政策的时代背景下，具有非同寻常的现实启示意义。朱晓军的《“乌坎事件”调查》对几年前发生在汕尾市陆丰县的那桩轰动全国的群体性事件进行深入调查，反映农村基层政权建设中存在的问题。李青松的《薇甘菊》则关注我国的“生物安全”问题，借助对一种鲜为人知的外来植物恣意蔓延及其危害的描写，对外来物种的入侵进行了认真梳理，提出了自己的忧思和对策建议。周芳的《重症监护室——ICU手记》揭开人们备感陌生而神秘的重症监护室的面纱，通过讲述一个个牵动人心的危重病人的故事，直逼人性中的幽微隐蔽之处，警示人们珍爱生命、珍视亲情。那些正在涌现或茁壮成长的新鲜事物也是作家们关注的焦点。如朱晓军对于快递物流业迅猛发展的描述《快递中国》，葛维樱等对于《买时代》的如实反映，吕铮深入一线采写的中国公安部门海外缉逃行动的《猎狐行动》。

长篇传记依旧保持着热写、热读的势头。传记文学创作出版数量较大。何建明的《李光耀的中国遗产》在李光耀去世之后发表，具有怀念之意，记述了中国与新加坡合作历史的一段耀眼篇章。李向东和王增如的《丁玲传》披露不少鲜为人知的历史真实，试图解读丁玲的人生与心灵世界，被认为是一种更客观的信史写作。徐风为紫砂艺术大师顾景舟作传，出版了《一代壶圣》一书。余艳关于中国页岩油气研究专家的传记《何继善：追梦密码》以“气”为文眼贯穿全文，突出主人公“人活一口气、为争一口气”的人生，令人耳目一新。信息产业界名流李开复的《我修的“死亡学分”》对人生进行了深刻反思，能带给读者较多启示。黄志雄的《知青家长李庆霖》运用翔实的案卷及采访资料，讲述了文革后期一位影响到广大知青命运的“风云人物”李庆霖荒唐而曲折的人生，既具备史志价值，又发人深省。陈歆耕的《九州风雷》则是关于那位渴望天公“不拘一格降人才”、写出过《病梅馆记》等弘文的清末著名作家、思想家龚自珍的传记。厚夫的《路遥传》和蒋泽先的《邓小平的南昌岁月》也都写得情真意切，生动可读。

“国民记忆”是《时代文学》杂志2015年新开设的一个专栏。陆续刊发了邓友梅回首自身创作生涯的文章《我走过的道路》，胡平回忆串联岁月和叶梅追述自己知青年代的奇文《我们去串联》及《我在幸福二队当知青》。汪兆骞关于自己编辑生涯的追忆《羁旅文学，看到的风景》讲述了自己参与编辑的当代诸多名家的名作组稿发表经过，有着独特的价值。程树榛则专注于描写自己的《坎坷人生路》，以一种平和宁静的心态看待往事和历史，表达更多的是感恩与铭记，特别是对那些刻骨铭心的亲人如母亲、责任编辑等。小历史折射大历史，小人物勾连大时代。此类作品大多既有历史记忆功能，亦是集体意识乃至国家记忆、国家历史的重要组成。

有的作家在积极探索篇幅超短的“微报告”“微传记”，值得特别关注。如黄传会在《当代海军》和微信上发表了《3分钟读懂人民海军66年历史》的微纪实，广受点赞。网络上发表了一些关于已落马高官的《列传》，采用了类似《史记》的纪传体形式，文字简洁凝练，不失古风，受到了网友们的拥趸。中国传记文学学会开展了“微传记”征文活动，推动篇幅精短的小微传记、迷你传记的发展。

报告文学的文化积累开始受到人们的关注。近年来，包括周明、傅溪鹏等一些老编辑陆续发表了一批追忆当代经典报告文学作品组稿、创作及发表经过的文章，一些资深报告文学作家发表了创作谈或创作体会。这些都是珍贵的文学史料，对于报告文学历史的廓清与研究具有独特价值。本年度，丁晓平对张胜友进行的专访《一朵爬山的云》以及刘斌对何建明、赵瑜、王宏甲、李春雷等报告文学名家逐一进行了访谈，亦具有类似的意义和价值。

报告文学人才培养正在逐步加强和推进。2015年10月20日至21日，中国作协报告文学委员会与中国报告文学学会、山东作协联合在济南举办第四次“全国报告文学创作会”，再次采取开门办会的方式，共有来自全国各地的230多名知名作家、评论家，基层作者等出席。会上，中国作协副主席、中国报告文学学会会长何建明提出：中国报告文学要造就“百名强将、千人队伍”，进一步加强报告文学人才培养。自2012年创办以来，一年一度的全国报告文学创作会得到了广大报告文学作家的广泛支持和积极响应，取得了很好的效果，已然成为全国报告文学作家相互交流、共同提高的良好平台。

12月底，中国报告文学学会组织十一位专家评选的“2015年中国报告文学优秀作品排行榜”揭晓。王树增的《抗日战争》、李延国和李庆华的《根据地》、吕铮的《猎狐行动》、李青松的《薇甘菊——外来物种入侵中国》、张雅文的《与魔鬼博弈——留给未来的思考》、朱晓军的《“乌坎事件”调查》、弋舟的《我在这世上太孤独》、白描的《翡翠纪》、江胜信的《诗词，滋养心灵的沃土——记中国古典诗词专家叶嘉莹》、李向东和王增如的《丁玲传》等10部作品入选。这些作品基本上反映了本年度报告文学创作的整体风貌。

多方互动，稳健发展

——2015年网络文学观察

房 伟

2015年，中国网络文学发展态势良好，受关注度愈加提升。网络文学类型化发展的进步、与官方主流文坛的良性交流合作、优质网络文学作品的产生、学界对网络文学的重视、互联网巨头对网络文学的强势介入、网络文学的影视剧及游戏等改编，以及网络文学市场产业链的完善等，都为网络文学发展提供了强大支持。此外，港台地区网络文学发展，也引起我们强烈关注。当然，目前网络文学发展依然存在诸多问题。总体而言，2015年，中国网络文学发展持续升温，在网络文学生成、传播、衍化以及研究等方面都取得了显著成绩。

一、网络文学发展与官方主流文坛的良性互动

2015年度的网络文学创作，类型化程度不断加深，类型发展更加成熟，盗墓、官场、仙侠、玄幻、宫斗、网游、商战、科幻、穿越、校园言情等各类型小说层出不穷，呈现百花齐放的多元化发展态势。随着网络文学产业链条的日臻完善，以及文化市场的日益繁荣，网络文学及其衍生艺术品发展势头迅猛，成绩斐然。以IP（知识产权）为核心的文学、影视、游戏、动漫、音乐等跨界融合的趋势愈加明显，特别是网络文学为影视产业的发展注入新鲜血液，网络小说渐成影视改编主力军。

2015年出台的《中共中央关于繁荣发展社会主义文艺的意见》，明确提出“大力发展网络文艺”，意味着网络文艺已成为主流文化的重要组成部分，受到官方的高度重视与关注，网络文艺即将迎来新的发展机遇期。2015年，网络文学值得关注之处，在于与主流文坛之间的积极

整合与良性互动。在政府部门及主流文坛的扶持下，各地网络作家协会陆续建立，预示中国当代文坛即将迎来新一轮的文化繁荣期。3月，安徽省网络作家协会在合肥微园文学馆内召开成立大会，成为继浙江省网络作协之后的第二家省级网络作协；5月，由广东省作家协会主办的广东网络作家协会成立大会在广州市召开，同期举办“2015年广州网络文学高峰论坛”；6月，四川省网络作家协会宣告成立，周小平当选为四川省网络作家协会主席，阿来担任名誉主席。此外，随着网络文艺的日趋繁荣，以及官方对网络文学的重视，各地市响应号召，相继成立市级网络作协，衢城、苏州、杭州、鞍山等，都是典型代表。各省市网络作协的相继成立，有利于更好地培养网络作家，净化网络写作环境，为作家们提供活动基地，告别网络写作散沙化状态。这一系列举动鲜明地体现出官方及主流文坛对网络文学的关注，以及对网络文学作家的重视与身份认同。

此外，由主流文坛、网络和传统媒体共同组织发动，由传统作家和网络作家共同参与的文学评奖、文学研讨、专题会议、作家培训等各类活动，在2015年也比较为活跃。4月份，由上海市作家协会、劳动报社、上海网络作协共同举办的“2014·中国网络文学年度好作品”评选活动圆满落下帷幕，引起学界广泛关注。本次评选于2015年1月初拉开帷幕，13家协办网站总共推荐了98部网络文学作品参与评选。历时3个月，评委们最终评出2014中国网络文学年度好作品40部，其中包含优秀奖10部、佳作奖11部、入围奖19部。7月底，全国网络文学重点园地工作联席会议主办、中国作家网承办的“2015年第一、二季度中国网络小说排行榜”揭晓。网络“大神”酒徒的《风烟尽处》等10部作品入选排行榜新书榜，卧牛真人的《修真四万年》等10部作品入围精品阅读榜。8月份，第9届茅盾文学奖评奖结果揭晓，虽然最终并无网络作家作品获奖，但部分获奖作品却饱含网络文学与传统文学相互借鉴的因子，最典型的例子是金宇澄的作品《繁花》。他把网络文学的特点融入写作中，《繁花》的创作过程极为特殊，经历了三个阶段，最开始在弄堂网上发表，然后在《收获》上刊载，最后得以出版为纸质书，而首先从网络上打开写作局面的形式，在以往的传统小说创作中极为罕见，这在一定程度上得益于网络小说的启发。9月下旬，首届“中国网络文学论坛”在上海举行，与会的网络文学作家、文学批评家等，共同探讨了近年来网络文学的发展态势，以及当下网络文学发展新特点，梳理并盘点了网络文学发展实绩。本次论坛是网络文学发展史上重要的里程碑，对网络文学发展具有重要意义。11月初，由浙江省作协、宁波市文联和慈溪市委宣传部主办的“首届网络文学双年奖”在浙江省慈溪市举办颁奖仪式。作家猫腻的《将夜》获得金奖，海宴的《琅琊榜》、沧月的《听雪楼之忘川》、烽火戏诸侯的《雪中悍刀行》获银奖。这一系列活动鲜明体现了各级地方作协对本地区网络文学的高度关注，官方及主流文坛对网络文学的重视力度也进一步加强。

同时，为更好地响应文艺座谈会关于重点发展网络文艺的号召，促进网络文学的繁荣发展，鲁迅文学院对网络作家打开大门，在培训过程中对网络作家进行“底蕴性改造”，中国文艺网、《光明日报》《人民日报》《文艺报》《人民文学》等主流文坛官方网站或媒体也纷纷开辟了“网络文艺”专区，给予网络文艺发展以契机和平台。此外，为优化网络文学创作环境，推动网络文学健康有序发展，革除文学创作流弊，提升网络文学质量，国家新闻出版广电总局颁布《关于推动网络文学健康发展的指导意见》，要求网络文学发表作品的作者须实名注册。《意见》自年初实施以来，有效提升了网络文学创作者和网站、运营商、出版商等主体的自我净化意识和法律法规意识。随着网络文学发展日趋繁荣，各大高校也纷纷向网络文学伸出橄榄枝，陆续设立网络文学的学术研究平台。10月份，山东师范大学中国现当代文学网络文学研究中心组织召开“文化视阈中的网络文学”学术研讨会，诚邀业内多名网络文学研究专家及网络作家参会。在本次会议中，“如何看待文学变局中的网络文学”“网络文学主流化及其前景”“网络文学存在的问题”“网络文学能否成为时代进步的重要力量”等成为热门研讨话题。

当然，在主流文坛与网络文学的积极互动中，也存在问题，这主要表现为主流文坛在评价标准、文学观念、文学趣味等方面与网络文学的隔阂，有效“沟通”难免成为一厢情愿的“收编”，学界对网络文学或多或少存有偏见。而网络文学作品本身也良莠不齐，存在“大而不强，丰而不富，多而不优，快而不稳”等缺陷。如何更好促进中国文学“多元共生”的文学发展势态，使主流文学与网络文学合力铸就中国文坛锦绣前程，需要主流文坛与网络文艺通力合作、协调解决问题。例如，网络文学如何入史的问题、如何建立网络文学新的评价机制，以及网络文学评价机制与传统文学评价机制之间融合与分立的问题等，这些问题的解决还有待于进一步协商。

二、网络文学类型的多元化发展

2015年网络历史军事小说，仍以“穿越”为主题，但类型更加多样化，作家的视野愈加开阔；与此同时，戏说历史的网络小说呈现出强劲的发展态势。在历史军事小说中，“架空小说”占比重较大，体现了网络作家重构历史的强烈愿望，同时也暴露出诸多问题，例如历史学养不足。历史军事题材小说中，主人公穿越回古代以影响和改变历史的小说占很大比重。《盛唐崛起》是庚新继“三国三部曲”之后的又一力作，该书首发于起点中文网，讲述了穿越至圣历一朝的十七岁少年杨守文融入盛唐社会、起伏于时代的风涛浪尖，参与构建宏阔历史的故事。小说中的主人公带着现代的理性思维与丰富的历史知识，在表面平静却又波诡云谲的王朝之中尽情施展自己的智慧与才干，由一个“阿阏奴”逐步成为了王朝举足轻重的精英人物。穿越回唐朝的他，结识了无数在历史上赫赫有名却又犹如幻影版的人物：英武果敢的李元芳，胸怀天下的陈子昂，心念旧恩、不忘旧朝的狄仁杰，心机深重的上官婉儿……一个个历史上为我们所熟悉的面孔在作家的笔下得到了全新的描绘。《盛唐崛起》是典型的以小人物来反映大时代的作品，作者将宏观与微观进行了巧妙的结合，这使得作品当中既有历史的厚重，也有着颇具生活气息的流水人家。除此之外，作家还在作品中巧妙的融入了悬疑的因素，这使在某种程度上进一步加强了小说可读性。

穿越历史的小说在内容和形式上在不断发展，现代与古代相交融的小说大量出现。较之《盛唐崛起》这类完全将主人公放置于古代社会之中的作品，庄不易的《时空走私1859》则是在古代与现代之间搭建起了一段可以互相沟通的桥梁，现代的新科技、新理念得以在古代社会中发挥自己的作用。小说的主人公"草根"青年李永吉穿越回了1859年的清朝，成为了一名13岁的少年，原本对这段历史并没有什么概念的他因为有了能沟通两个时代的金手指而逐步打破了生存的困境，通过在两个时空之间倒卖财宝货物逐渐成为了大清王朝的暴发户，并积极参与到了动荡年代的军事斗争之中。作家在小说中采用略带戏谑的语调，通过天马星空的想象将许多不应该出现在那个年代的元素融入了进去："闪击战""跳蛙战术""政治协商""和平统一"等现代性的军事或政治理念频频出现于作品当中，两个一脉相承却又不尽相同的时代产生了碰撞与和鸣。

天使奥斯卡的《宋时归》是一部广受欢迎的历史架空小说，都市白领萧言因飞机失事，穿越到战火不断的宋朝，为生存自保冒充宋朝使臣，歪打正着而成为童贯所信任的萧宣赞，却一路假戏真做，担负起挽救时局、兼济苍生的重任，成为一名风华绝代、智谋超群的军事家。历史的真实被个人情感和个人经验解构，成为宣泄情感欲望和寻求自我确认的工具。小说中"真"与"假"的界限具有了哲理化的暧昧与含混，一个心念天下，常在关键时刻力挽狂澜的假官和一群无所作为的真官，形成了有意味的讽刺。小说对萧言和郭蓉的爱情描述脱去了浮夸庸俗色彩，体现出含蓄节制的审美趣味，表现出回归古典的倾向。作者对军事战况有独到分析，善于描写宏大战争场面，文中大小战争场面上百次，绝不雷同。人物形象鲜活立体，带有男权色彩，女英雄的塑造有中性化倾向，擅于在紧急情况下表现人物性格。作者用带历史感的方言土语设置人物对话，表现人物精神空间，难能可贵。

本年度的历史军事小说，以中国历代王朝为描写对象的仍然占据着绝对优势，但对外国历史进行开掘与想象的小说也占到了一定比例。这一方面显示出在挖掘本民族国家历史当中面临的知识困境导致部分作家创作的疲软；另一方面也表明网络作家的创作更加多元化，作家的创作视野更加开阔了。在外国历史题材的小说中，红场唐人《燃烧的莫斯科》、恶鬼福多《第三帝国之鹰》、独眼狐狸的《备中的伊达独眼龙》都是其中优秀之作。对国外历史战争的个人化的独特解读使得这些作品充满了独特的魅力。特别值得一提的是，值抗战胜利70周年之际，以抗战为主题的网络小说当中也不乏佳作，首发于天涯论坛的抗战小说《我爹和我的哑巴大爷们》是其代表。这部独特的抗战小说充满了浓浓的乡土与民俗气息，以近乎戏说的方式为我们展示出了一幅幅不一样的抗战图景，小说的主要描写对象是主人公"我"的父亲以及父亲的亲生兄弟们，他们多舛而又互不相同的坎坷命运构成了小说的主体。在作者赵公大元帅粗犷而又细密的笔下，自抗战始直至“文化大革命”的历史风云在作品中得到了很好的表现，作者在轻松的语调中述说的是近代中国历史的沉重。

2015年度，恐怖灵异类的网络小说延续了以往的传统，推理、神怪、悬疑、探险依然是这类小说本年度的关键词。这类小说或是在文本中加入了现代的医疗与刑侦手段，或是糅合了中国古代志怪小说的写作传统与西方灵异故事的艺术精髓，或是运用了概念化的创作手法，在满足读者猎奇心理的同时，营造出了一个个光怪陆离的异象世界。以刑侦推理为主题的恐怖灵异类小说当中，罪恶倾城的《以罪为名》是本年度的佳作。小说以主人公慕森为中心，以破寻离奇命案为故事线索，将先进的法医鉴定技术与纯熟的恐怖场面描写融为一体，在解开案件的同时探寻着人性的底线。作者在小说当中将西方侦探小说的现场考察手段与日本侦探小说的逻辑推理手段相结合，为我们展现了现代刑侦手段的精妙之处；同时对包括“食人恶魔”在内的一批犯罪分子的犯罪心理进行了揭示，在深层上反思了当下存在的一系列畸形现状，表现了大众所共有的疼痛感。

以“捉鬼除妖”为主题的恐怖灵异类网络小说在本年度也不乏新作。这种类型的小说往往有着非常浓厚的“聊斋”气息，花仙狐妖在这类小说当中常常充当主要的角色。此类小说中的优秀之作往往能够突破类型化的限制，将寻求刺激的猎奇之作上升到反映人性的高度。如八黎的《实习小道士》，以传统的“道教”为文化底色，用一个个独具个性的人物和离奇的捉鬼故事构筑起了整部小说。由主人公林非组建起来的道士小队，其中有精明强干的刘洋，严肃刻板的陆成，胆小忠诚的安康……他们用自己独特的能力与捉妖技法为我们推开了展示道士世界的大门。小说的精彩之处在于不仅写人与妖的斗争，更是将人与人的斗争融入到其中，在灵异的“捉鬼”世界里充分表现出了人性的善恶美丑。

以抽象的环境揭露人性，将暗黑与推理结合，设置封闭空间以进行恐怖写作的《地狱电影院》是本年度恐怖灵异类网络小说的又一佳作。作者黑色火种运用独特的构思，通过构筑一个相对独立的恐怖空间来组织整个文本，让主角叶想在虚幻而又血腥的电影场景中不断面对生生死死，个体的欲望在濒死的绝境中显得脆弱不堪。主角也好，龙套也罢，在地狱电影院的旋涡中不断轮回……《地狱电影院》的深刻之处在于其自身的隐喻性：封闭的“地狱电影院”实际上相当于“存在主义”当中的“间隔”，而“赎死券”则代表摆脱恐怖的轮回命运走向新生的微渺希望。作家纯熟的创作技艺与思想深度为本作增色不少。

本年度，都市言情小说也有一定发展。青山桃花2013“深圳爱情故事”系列的第四部作品《暮色苍茫》，讲述霍缦殊与三个男人之间的爱恨纠葛，爱如罂粟般妖娆而致命，写得情深意切，缠绵悱恻。在苍茫的暮色中，所有的阳谋阴谋都抵不过心中的那丝情愫。何青蓝的《何事秋风悲画扇》是一部氤氲着浪漫、唯美和青春气息的文学作品，带有诗性的哲学思辨色彩。何秋风常坐在一家咖啡店的东南角等候一位女子，在这里他结识了女店员英子，并产生了深厚友谊。可是人生不断错过，他鲜有等到要等的人，这位女子偶尔会通过英子传话给他，他也因此得知女孩的名字——画扇。然而，他发现梦寐以求的画扇不似他想的那般美好，理想被破碎。作者打乱时空限制，自由穿梭在回忆和当下之间，笔迹随意而动，顺思绪蔓延，小说着墨于人物的意识流动，且饱含哲思与社会批判意识，狡黠、卑鄙、龌龊、伪装、勾心斗角是人无法摆脱的根性，给人以强烈的共鸣之感。在千篇一律的、充斥着物欲与性爱的言情作品中，此作品是不可多得的佳作。

嫩冬瓜的《奔跑吧，欲望》讲述个人奋斗成长的故事。刘道前，一个典型的80后农村青年，辍学后来到深圳打工而倍感人事艰难，遂重回校园给自己镀金，取得学位后复返社会杀出一片天地，缔造了一个属于自己的商业帝国。小说真实再现了当下社会生活的诸多方面，直指人心，是一部现实感很强的小说。在城市尔虞我诈、勾心斗角的生存斗争中，所幸还有血浓于水的亲情和真诚可感的爱情，不至使人顾影自怜，悲叹一生。

许瑾的《容华似瑾》讲述了主人公许瑾的前世今生。主人公许瑾在前世家破人亡，容颜尽毁，复仇后生命已油尽灯枯。她躺在阴冷的小屋中等待死亡，而后竟重返豆蔻年华，此时的她仍保有前世的记忆，为保护自己和所爱的人，她拼尽全力，不再任人拿捏，如凤凰涅槃重生。小说人物关系复杂，心理刻画细腻生动，宫斗、夺嫡、权谋、爱情、亲情相交织，情节跌宕起伏，充满矛盾的张力，让人欲罢不能。阮钦的《十年一眠天下寂》充满诗情画意，每一章回名均化用古人诗句，空灵飘逸，沁人心脾。“等到战争结束了，我们一起回长安”是世界上最动听却无法实现的情话，顾北辰因焚心珠长眠不醒，试音为守住他打下的江山，于乱世女扮男装，擎起一片广阔的天地。此外，十三梓白的《亲爱的，我们结婚吧》、悬胆济世的《曾许流年不相负》、郭小秋的《一份理想叫爱情》等均有较强的可读性。

同时，2015年的玄幻和奇幻小说也有一些新特点。《雪鹰领主》是我吃西红柿的第八本小说，与先前创作一脉相承。作者带我们进入夏族帝国异界大陆，这里充满新奇诱惑和神秘引力。故事从夏族安阳行省清河郡一个不起眼的雪鹰领地开始，一位叫东伯雪鹰的少年最初为救父母而苦苦修炼，终至超凡境界，他重情重义、坚韧顽强，铁肩担道义，发奋振领地。情节曲折婉转，丝丝相扣，抽丝剥茧引人入胜，笔触细腻，对场景、谋略、心理、功法的描写极佳。而我吃西红柿的另一力作《莽荒纪》已于本年度完结。主人公纪宁重新投胎之后来到部族纪氏，从小天赋异禀。10岁便夺得“金剑”成为纪氏府主，在东山大泽达到剑法的“天人合一”，通过重重考验成为水府的第五任主人，悟得”雨水剑域，习得神通“摘星手”，学会“八九玄功”“后羿箭术”和“烛龙之眼”三门神通，却误中玄机，致使业火缠身，最终通过借助心力和神魂法门成为最强刑天神。小说展现了“想象力狂欢的世界”，光怪陆离的外域家族，异彩成纷的玄机奥秘，诡谲奇异的修仙之术，神秘迥怪的八方斗士，给人以陌生而新鲜的感官刺激，对于战斗场面的描写更是一场场精彩绝伦的视觉盛宴。作者在虚构空间中继承了中国志怪小说的传统元素，“孟婆汤”“女娲”“天兵天将”等，将现代精神与传统手段有机融合。柳笑三生的《术法奇谭之云计幻术》，故事发生在崇宁年间，道教盛行一时，在天下玄空八门之外，出现了一个最扑朔迷离的戏法组织——云机社。各种戏法组织明争暗斗，以吸引黎民百姓，与电影《致命魔术》有异曲同工之妙。同时，符箓门下有一对被逐出师门的师徒——葛云生和赵五郎，两人一路以捉妖为生，偶遇御剑宗弟子齐云飞和彩云社社主施卫公之女小仙，他们结伴而行，开启一段奇妙之旅，在斗智斗勇中揭开玄空八门不为人知的秘密。人妖只是一念之差，情义比正义更为重要。小说感情充沛，人物形象丰满，想象天马行空，不蔓不枝，时而引发读者会心一笑。风凌天下的《天域苍穹》的主人公叶笑，借用天晶灵髓和各种丹药的力量使自己迅速成长，八荒之内唯其独尊，六合之下无人争锋，屠尽奸邪笑苍天。

同时，鲁班尺的《青囊尸衣》系列小说与黑色莽巴的《武猴》也是本年度优秀作品。鲁班尺的《青囊尸衣》系列小说自开更以来便赢得无数网友及同行一致好评，第三部《残眼》于今年完结。潼关佛崖残疾小和尚有良拜柳十三为师，成为"鬼柳门"第二代传人，开天眼后能见他人所不能见之事。围绕着寻找药王孙思邈之墓和噬嗑针展开明争暗斗，施展各种阴谋手腕，充满腥风血雨的厮杀，最终为了天下苍生，有良与费叔等人放下个人恩怨，协同作战完胜黄老魔。其实善恶往往只在一念之间，纵是大奸大恶之人也可幡然悔悟，有良对二丫的不离不弃感人至深，让人欷歔不已。该小说集结了灵异、武侠、政治、历史、爱情等诸多因素，在惊悚恐怖之余又不乏轻松幽默。人物性格各有不同，故事情节险象迭生，前世今生的纠葛在此得到一一呈现，相较同类小说而言，常插入应情应景的诗词，语言更显成熟圆润。黑色莽巴的《武猴》讲述的是一介武痴再生为猿，终幻化出人形，独掌武道的故事。地球华国武术爱好者袁林在攀登昆仑山时不幸失足，灵魂穿越到一只猿猴身上，也曾有自杀的念头，但最终选择苦心修炼打通筋骨，达到至高神之境。他缔造了一个武道神话，迎战正魔妖佛，誓死维护武者的尊严，成长为一尊霸主，消灭魔族，使妖族臣服，并与天道共同抵御来自另一宇宙的入侵者，结束了洪荒世界的灾难。该小说横跨远古时代与未来，又上穷碧落下黄泉，气势颇强，人物设置繁多，形象各异，为我们展现了一个异彩纷呈的世界。在讲述主人公步步为营的奋斗史中，更侧重武道与武者精神的弘扬，为我们传递了信念与正能量，但最后结局略显仓促，有些后劲不足。另外，血红的《巫神纪》、高楼大厦的《绝世天君》、辰东的《完美世界》、陈词懒调的《原始战记》、蝴蝶蓝的《天醒之路》、爱潜水的乌贼的《一世之尊》也是不错的玄幻小说。

本年度的职场官场类小说也值得关注。这类小说大多通过主人公穿越回某个历史节点，施展抱负，以此展现社会民生和官场形态。比之以往的官职类小说，本年度的作品增添了对官本位意识形态的重新书写，对人性欲望以及官场丑态的原因有更深层的挖掘。起点白金作家瑞根的《官道无疆》中，政府官员陆为民在一场人为制造的车祸中死于非命，灵魂穿越回1990年。那年他刚刚大学毕业，社会改革的大潮风起云涌，陆为民凭借对历史的熟稔，巧妙周旋于钱权之间，游刃于复杂的人际关系之中，以一己之力化解了一场又一场历史悲剧。作者多条线索塑造主人公形象，爱情和救赎作为人物成长的线索并行，体现出大道无形，行者无疆的姿态。这部小说包容性极强，展现了广阔的社会图景，"195"国企内纷繁复杂的利益集团、各方力量的较量荫庇、意味深长的“酒风文化”、私营企业的前途发展、“火药星味”的政治形态、左右逢源的工作原则、动荡不安的干群关系、愚昧保守的农村禁忌、牵一发动全身的裙带关系、别出心裁的乡村致富、官富二代的恶劣行径、饭局酒宴、楼馆歌厅、纸醉金迷……小说嘲讽了当下官场的腐败，金钱和权力驾驭下的扭曲人性。小说惊心动魄的情节、环环相扣的事件、扣人心弦的冲突，给人目不暇接的惊艳感，让人读之欲罢不能。小说以主人公重生的方式对历史戏弄，对官场冷讽，即使历史重来，黑暗将吞噬每一个角落，无一幸免，历史的重现是对官场合理性的另一种消解。小说的不足之处在于，情节上为满足读者的快感有重复罗列之嫌，塑造的主人公也太过理想化。而网络新起之秀睡觉会变白的人气小说《文艺时代》，较之《官道无疆》老辣的刻薄书写，有着更广泛的时代元素。这部小说2014年上架至今仍在连载中，广受欢迎。讲述了一个一无所有的二流青年褚青，因缘际会穿越回1997年的北京，被二流导演贾樟柯看中出演脏乱差的电影《小武》，牛刀小试却凸显出他的演艺天分，从此开始了他漫长辉煌的演艺生涯。褚青是作者塑造的一个被时代遗弃的“宠儿”，他的身上综合了“北漂”“底层”“奋斗”等多种因素，这是处于社会边缘的人对跻身主流社会的一种向往，更是凸显了“边缘人”的自尊及其膨胀的野心追求。小说语言虽然稍有娱乐化倾向，但作者以从容不迫的姿态向我们娓娓道来，在表现人物、描写场景时细致有力，潇洒自然，耐人寻味，现实感强。小说的不足在于人物性格转变上略显仓促，说服力不强。

武侠与仙侠类小说依旧占本年度网络小说的较大比例，发展势头强劲，其内在精神更有深度，展现了“三千大世界，亿万小世界”的宏大宇宙观和人性的巨大张力。黄起121的《手足无衣》是一部别具特色的传统武侠小说，在兵荒马乱、群雄并起的民国时空里，一群出身下层但却仗义疏财、救人急难的草莽英雄登上了历史的前台。有人的地方就有江湖，“轻侠”，是作者赐给他们的响亮称呼。小说分四部分，彼此之间，有独立成本的故事空间，也有彼此相连的时间延续性，从末路江湖到烽火桃源，兆学疚、兰町、柳生等一个个鲜活的人物出现在了我们的面前，三教九流的他们在乱世当中为了生存的信念牢牢地团结在了一起，他们有着自身所无法抹除的邪性，但更多地却是受中国传统文化影响所形成的侠义之风，国难当头，他们敢于杀鬼子，保乡土；危机来临，他们为了兄弟忘死舍生。身处乱世，他们身不由己，但即使是江湖莽汉，他们也有着自己的原则与信义。小说笔法成熟，颇具侠风，存在着一股强烈的气场，在营造历史沧桑感的同时却又不给人以陈旧之感，鲜活的人物与侠义的魅力给作品注入了强大的生命力。

青衫吟的《青衿问道》是一部颇具古风的新派武侠佳作。作者以金庸武侠小说为依托，将青衿融入到金庸的虚幻武侠世界，开启了一段快意情仇的武侠之旅。作者大胆地借用了金庸武侠小说当中已有的鲜活人物形象，并灵活运用他们所具有的性格特色，在继承传统武侠小说精髓的同时融入了自己独具特色的笔法。令狐冲、岳不群、东方不败这些我们所熟悉的角色在他的笔下都被赋予了全新的生命，五岳的刀光剑影在作者青衫吟的笔端重新被开启了。当然，

《青衿问道》在借用金庸武侠人物与融合自身写作当中存在缺陷不足，但作为向经典致敬的作品，小说还是非常有特点。白马出淤泥的《逍遥派》于2014年上架起点中文网，至今仍在连载，人气极高。这部武侠小说也取材于金庸武侠世界，是对金庸武侠元素的戏仿和嫁接，颇有金庸风采，将武侠世界的经典人物的纵向序列进行大胆的重置，并以空间共时性的方式来聚合人物。主人公为逍遥派的始祖黄道，从落魄书生到惊世之才，从《缠蛇手》到《南华经》，从惩恶扬善到练功升级，小说以限制性视角，即主人公的所见所闻来穿插作者所要呈现武林世界和江湖风采。小说语言干净而节制，对金庸世界的神秘节点，进行了大胆的创新，给读者带来更多新奇的阅读体验。

仙侠类的小说中，说梦者的《大圣传》讲述了少年李青山穿越到古代的村庄，拥有两世记忆，却常遭哥嫂欺凌。偶然得到青牛的指点，领会“神通”，学习“牛魔大力拳”，从此扬眉吐气，经历层层考验，成为妖魔中至高无上者。主人公所在的时代背景被淡化，其成长历程中有着对生命境界的哲学思考，这种历程不仅是一种心态，更是一场生命的修行，作者对形而上的哲思追求体现在主人公不同层次的炼级之中。作者对李青山这一人物的设置，其总体方向是“向上的”，却不落俗套，在“向上”的过程中设置了层层“向后”的因素。在小说中人物斗争的场面描写十分精彩，采用“交叉蒙太奇”的手法，将不同的打斗比试场景剪切成一个个画面感十足的镜头呈现在读者面前，其中惊险起伏的情节、出人意料的因果以及碎片式描写的“群尸”细节，令人惊叹。小说中人与物的命名十分新颖，对应了人物气质与器物功能，如惜花岛主、西门姥姥、玄阴驭鬼术、灵龟镇海诀……小说语言严谨独到，毫无戏谑散漫之感。《我欲封天》《浪迹在武侠世界的道士》也是在艺术手法上相当成熟的作品，神奇诡异的魔宗世界，奇幻的修真之旅，百代兴衰的江湖恩怨，层出不穷，应有尽有。这两部小说对人物的塑造十分精准，将内心观察做到极致，惊心动魄的心理分析，使人物形象鲜活立体。语言多运用网络语词，却无生涩肤浅之感，与小说浑然一体，恰到好处。

本年度游戏类小说在追求感官刺激的传统格局上转型，在反映现实广度和深度上有了积极势头。虽然存在接受对象的局限，但由于与网络游戏直接结合，仍占有较大市场份额。Iced子夜的《英雄联盟之韩娱巨星》以当红网络游戏为背景的小说，李相赫在失魂落魄之际偶然穿越到电竞环境高度发达的韩国，主人公凭借高超的游戏天赋、反应速度、预判意识和计算能力，最终角逐游戏界顶级选手和韩国巨星。小说动人心弦之处是在职业玩家的成长历程，展示实力决定话语权的残酷现实，引发社会对变革现今电竞体制和改善电竞环境的反省。作者笔下有很强的镜头感和画面感，语言带游戏化色彩，对游戏比赛场景的描述更是让人身临其境。大烟缸的《神级英雄》则是“游戏世界的百科全书”，几乎集结所有类型网游的属性信息。小说以人物电竞操作水平的提高为主线，以对游戏技能相关信息的讲述为主体，传达了一个重要的信息，就是主人公在刻苦奋斗最终成为睥睨群雄的竞技大神的历程中，始终以“面对NPC”的心态来消解当下浮躁的社会情绪，而游戏人生也正是对功利人生的嘲弄。

与此同时，科幻类小说突破“想象力疲软”“格局狭隘”的局限。刘慈欣的《三体》三部曲，即“地球往事”三部曲在2015年8月荣获第七十三届世界科幻大会颁发的雨果奖最佳长篇小说奖，10月荣获全球华语科幻文学最高成就奖。该系列小说由《三体》《黑暗森林》《死神永生》三部小说组成，作者本着将“最空灵最疯狂的想象写的像新闻报道一般真实”的宗旨，讲述了地球文明与三体文明的兴衰发展。三体文明诞生于距地球四光年外的半人马星座，其生物在恒纪元与乱纪元的更迭下不断浸泡、脱水，生存条件极其恶劣，恰逢此时他们收到来自地球的问候，从此人类的命运被彻底改变——一方面是三体文明对地球的不断入侵，另一方面是地球文明的顽强抵抗，最终三体母星在一次恒星爆发中被完全摧毁，一切回归平静。小说不乏人类学、历史学、天文学、地理学、物理学甚至文化学等知识，又有对道德准则、复杂人性、科学边界等问题的深入思考，格调高远，选材宏大，格调高远，显示出作者博大的气魄与胸襟，堪称中国当代最杰出的科幻题材小说。缘分0的《星际传奇》讲述在费罗伯小行星带里，人类新联邦政府的“绯红之月”战列巡洋舰，正搭载一位年事已高的老太太前往流放星。纳尔逊舰长兵变被杀，老太太拥有预见未来的超能力。小说以雷诺为叙事基点，讲述人类在6457年新联邦迁都圣域星后的故事。这部小说内容设置上与一般科幻小说相差无几，但却极具商业特质。2000年，美国导演大卫·托伊的《星际传奇》电影上映，广受好评，而缘分0的《星际传奇》在名字、故事背景设计方面，有意无意都与之相关联，契合了星际迷的读者们极大的好奇心理，小说中的人物设置也多用英译名，使得小说具有世界人类意识，更模仿了西方科幻故事的叙事特征，科幻思维强，逻辑清晰，小说受到了追捧。同时，《星际传奇》改编自网络游戏，吸引了一部分游戏读者，与网络游戏相结合，也是网络小说畅销的一种重要手段。彩虹之门的《地球纪元》也是不错的科幻小说。随着人类文明的不断传承演进，人类也面临着重重的灾难与挑战。当太阳的温度不断降低，光芒日益黯淡，当遥远的星体诡异地消失，当展开千年的旅途与跋涉，面对地球存亡危机和未来的不可预测，绝望与希望交织，妥协与反抗并进，是赵华生等人在大厦将倾之际力挽狂澜，承担起救赎人类的重任，那一份担当与勇气让人钦佩。该小说每一卷切入的角度都不尽相同，充满了阴谋与悬念，节奏明快，扣人心弦，条分缕析后穿越层层迷雾，将最残酷与最无奈的真相公诸世人。在浩瀚无垠的宇宙中，我们都是灿若星辰的渺小存在，尽管在天堂与地狱之门徘徊，作者依旧打捞善与美的存在，在人性的荒原之上筑起一座阻挡风沙的高墙。

除此之外，远瞳的《异常生物见闻录》在写作视野上进行创新，打破“因绵长的叙事而乏力”的症结，这部科幻小说有着科技和魔幻的双重色彩：美丽的狼人女孩、穷酸吸血鬼、神秘独行侠、令人惊异的血魔法、缥缈的“梦位面”、镜像世界、幻影宇宙、来去无影的“时空管理局”、无处不在的猎魔人……世界像谜一样，宇宙成了无所不能的存在，人性被放大，自由变得没有止境。小说情节奇特，章节设置上十分新颖，每一章的副标题由4个21字的长句构成，戏谑滑稽，富有趣味，又不失严谨。骷髅精灵的《星战风暴》打破以往网络小说的惯有模式，这部小说里主角一开始就是已备成熟的萌芽，王铮进入骷髅的异次元空间接受超级战士训练，进入战神学院。在战神盟约比赛中一雪前耻的情节更是起伏跌宕，内容丰富，充满意外又在意料之中。

三、网络文学在消费时代的产业化发展

网络文学发展到2015年，早已不再单纯依靠网络文学本身，目前网络文学已形成颇具规模的产业链，主要由网络版权、影视剧改编、游戏改编、漫画改编、动画改编以及实体书出版等构成。网络文学出版产业链的形成和完善、全版权运营模式的成熟以及互联网巨头的资本涉入，使得藏在小说（文学）背后丰富的产业可能性，被深度深挖，并成为发展的重点。就出版情况而言，网络小说线上出版与线下出版的交流和合作更为密切，比如2014年8月腾讯文学与吉林出版集团签署战略合作框架协议，而盛大文学通过多方位的布局探索，打通了出版产业链的上、中、下游，其产业链整合方式对未来出版行业发展具有启示意义。与此同时，从版权角度来看，网络文学作品版权创造的价值越发可观，并且长势喜人，仅举一例，网络文学影视剧改编版权费近几年得到大幅度提升，据《新京报》报道："2013年整体的网络小说影视改编版权才不过10万—30万（每集）之间，到2014年，普通小说则大概有两三倍的增幅，至于顶级小说甚至还出现几百万的高位。"这样丰厚的版权回报，不仅保证了被改编作品的价值本身，更是有效吸引了大批作者投入网络文学的创作。当然，不仅是在网络文学影视剧改编这一方面，总体来看，近两年来，网络文学产业规模收入上升明显，2014年《中国改革报》曾发表消息称："2013年，网络文学市场收入规模达46.3亿元，较2012年环比大幅增长66.7%。预计在2015年，网络文学整体市场规模将突破70亿元。"

从2013年到2015年这三年，因为有了互联网巨头们（百度、腾讯、阿里巴巴，尤其是百度和腾讯）的强势介入，可谓是网络文学市场格局变化和网络文学产业链形成过程中，最热闹也是最重要的三年。从最初自我累积式的发展，到如今资本的竞逐，网络文学市场格局从早期的自由竞争逐渐转变为寡头垄断，网络文学市场走向了资本运作的时代，产业链条日趋庞大和完善。互联网巨头，如百度和腾讯，由于注意到网络文学庞大的用户群体，可观的经济效益，以及其作为内容资源所带来的广阔的产品辐射，纷纷将目光抛向网络文学市场，网络文学行业成为互联网巨头新的投资重点。腾讯和百度等互联网巨头先后进入网络文学领域，首先争夺的就是作者和编辑资源，因为对于网络文学产业来说，内容资源始终是最宝贵的。2013年9月，腾讯文学正式亮相，凭借创世中文网、云起书院、QQ阅读和QQ书城等品牌矩阵，向业界展示了其依托网络文学作品版权，整合腾讯游戏、腾讯动漫等资源全面布局"泛娱乐"战略的决心。据此，易观智库曾预测，2014年中文在线、盛大文学、腾讯文学将稳固"市场领先者"的

地位，形成三足鼎立的格局。而到了2014年11月，百度文学作为独立部门成立，着手进行网络文学全版权开发和运营，致力于以原创小说版权为核心，建立包括动漫、游戏、影视、周边产品在内的完整的产业生态链。至此，网络文学市场格局再生波澜，渐成盛大、腾讯、百度三足鼎立之势。2015年1月，距离百度文学成立仅仅两个月时间，腾讯即正式宣布成立阅文集团，负责统一管理和运营原本属于盛大文学和腾讯文学旗下的起点中文网、创世中文网、小说阅读网、潇湘书院、红袖添香、云起书院、QQ阅读、中智博文、华文天下等网文品牌。据易观智库预测，整合了盛大文学和腾讯文学而成立的阅文集团，将会占据网络文学产业一半以上的市场份额，至此网络文学市场三分天下的格局被打破，趋于一家独大的场面。互联网巨头的介入，深刻并迅速影响着网络文学产业的市场格局变化，在2015年初即已展现出的态势下，业内人士分析，2015年网络文学的重要发力点，当在“跨界运营”和“粉丝经济”两方面，而事实上确实如此。

从互联网巨头们的宏观之战，转向影视剧改编的微观分析，结合客观资料和数据，我们可以对“跨界运营”和“粉丝经济”作出正面论证。据《半岛都市报》报道：“截至2014年底，共有114部网络小说被购买影视版权，时代跨越古装、现代、民国，题材涉及仙侠、悬疑、权谋。”网络小说尤其是热门网络小说，之所以成为影视公司奋力争夺、集中囤购的目标，原因主要有两点：一方面是由于先前一些网络小说改编剧的成功，使得影视公司底气颇足。先前的一些网络小说改编剧，诸如《美人心计》《步步惊心》《甄嬛传》和《宫》系列等，不仅取得了极高的关注度，而且收视率不俗，社会讨论度广阔，并且涌现了不少现象级电视剧，带动制作方与演员同时火热。另一方面，也是更重要的一点，得益于网络小说自身鲜明的商业特征，网络文学在本身的传播过程中，已经吸引了大量读者阅读，积攒了大量的粉丝和人气，而网络小说的读者往往会转化成电视剧的观众，在电视剧未开播之前即已获得大量粉丝热捧，正是顺应着这样的商业逻辑，网络小说改编剧才能拍一部火一部。自1月份《何以笙箫默》播出之后，截至目前已经相继播出了数量可观的网络小说改编剧，其中《盗墓笔记》《花千骨》《琅琊榜》等改编剧不但播出前关注度极高，而且播出之后引发了广泛而热烈的讨论。我们从这些网络小说改编剧中挑选出具有代表性的三部：《何以笙箫默》《盗墓笔记》《琅琊榜》，来对今年网络文学改编剧的发展做出一些呈现，并就如何实现网络小说和影视剧相互促进发展提出一些分析：

电视剧《何以笙箫默》给我们提供了一个小说文本与影视作品互利共赢的案例。根据知名网络作家顾漫的同名小说改编，1月10日首播于江苏卫视和东方卫视的电视剧《何以笙箫默》，播出之后，平均收视率分别达到了1.234%和0.956%。据《南京日报》报道：“1月19日，该剧单日网络播放量达到2.82亿，创造了电视剧网络单日播放量最多的纪录。该剧仅播出14集时，网络播放量便破10亿，创造了电视剧网络播放量最快破10亿纪录。”实际上，《何以笙箫默》小说早在2003年便首发于晋江文学城，到2015年电视剧播出时已经累积了长达十余年的人气，另外，为了最大程度地保持人物的原汁原味，也为了讨好原作粉丝的欢心，《何以笙箫默》的编剧由小说原作者顾漫亲自担当，因此，《何以笙箫默》电视剧能取得非凡的收视率，与小说粉丝贡献不可谓不大，而电视剧《何以笙箫默》相对不错的口碑，也基本上实现了与小说的互利共赢。

网络剧《盗墓笔记》（第一季）给我们提供了值得认真思考的问题。南派三叔的盗墓题材小说《盗墓笔记》，2006年首发于起点中文网，十年来获得无数读者热捧，被奉为盗墓题材小说的经典之作。根据《盗墓笔记》小说改编的“超级季播剧”《盗墓笔记》（第一季），由欢瑞世纪与爱奇艺联合出品，于6月12日在爱奇艺首播。搜狐媒体平台的九哥撰文称：“万众期待的《盗墓笔记》周五终于开播。具有超级季播剧之称，拥有无数原著粉儿的盗墓笔记先导集一经开播就已创下网络剧日播出的纪录，上线2分钟就达到2400万的点击量，上线22小时点击量破亿，数据被指逆天地高，瞬间成为现象级网剧。”然而这部网剧虽然人气极高，最终的口碑却不太好，许多观众反映“槽点”太多；而“原著党”则反映是“毁”了原著。这也从一个角度给我们提出思考，在经典网络小说影视化的过程中，如何保证原著小说的品质在影视剧中的有效呈现，亦是影视剧制作方应当重点考虑的问题。

电视剧《琅琊榜》的成功，则从另一个向度给我们提供了网络文学影视化的可能。海晏架空历史的权谋类小说《琅琊榜》首发于起点女生网，2007出版实体书（第一版）。《琅琊榜》于9月19日在北京卫视和上海东方卫视首播，播放前期收视惨淡，然而随着剧集的播出，其收视率回升明显，10月15日收官当日，两家卫视的收视率同时排进了收视排行的前两名。10月21日的《中国艺术报》发表消息称：“随着《琅琊榜》的收官，其作为一部高品质的良心剧基本已成为共识……《琅琊榜》的成功有目共睹，网络累计播放量已超过60亿次，很久没有这样一部叫好又叫座的古装剧了。”《中国艺术报》对于《琅琊榜》的评价是中肯的。《琅琊榜》在豆瓣上的评分高达9.3分，实属难得。《琅琊榜》后期收视率的不断回升，靠的是作品本身的品质保证，影视剧主创方（山影，于2011年购得《琅琊榜》影视改编权）“三年磨一剑”的足够细致和耐心，慢工出细活，保证了作品的品质。《琅琊榜》电视剧取得如此好的口碑，客观上也提升了海晏小说《琅琊榜》的价值，提升了普通观众对于网络文学影视化能否创出优质作品的信心，也给予其他影视剧制作公司一些有益的经验。

除了电视剧和网络剧的改编，2015年由网络小说改编的电影较具代表性的有：《何以笙箫默》（根据顾漫小说《何以笙箫默》改编）、《鬼吹灯之九层妖塔》（根据天下霸唱小说《鬼吹灯之精绝古城》改编）等。总的来说，今年由网络小说改编的电影，其影响不及电视剧。在影视剧改编之外，今年由网络小说改编的游戏，比较有代表性的比如乐都网发行的网页游戏《莽荒纪》，根据网络作家我吃西红柿同名小说《莽荒纪》改编。值得一提的是，我吃西红柿的小说《莽荒纪》于2012年在起点中文网首发，今年4月正式完结，这部影响力非凡（起点中文网总点击量超过6000万）的小说，不仅在今年被改编成网页游戏，而且还被改编成了手机游戏、漫画、动画，并且电视剧和电影改编都已提上日程，由其改编的动画《莽荒纪》于今年4月开播，开创了网络小说动画化的先河。由《莽荒纪》一例即可看出，目前网络文学市场产业链的日渐完善，并且网络小说作为内容资源的重要性，其增值能力，其带动其他产业发展的价值不可估量。

四、港台网络文学发展

与大陆网络文学近年来的不断升温不同，港台网络文学由于阅读市场较小、本土化特点突出和中青年作家断层等原因，似乎正进入青黄不接的尴尬阶段。虽然港台网络文学的影视化改编风头正劲，如由台湾网络作家九把刀同名小说改编的《那些年，我们一起追的女孩》、香港网络作家Mr.Pizza同名小说改编的《那夜凌晨，我坐上了旺角开往大浦的VAN》和向西村上春树作品《东莞的森林》改编的《一路向西》都在全国掀起观影热潮，引发对港台网络小说的聚焦，但终究渐渐归于平静。

台湾网络小说起源自情色文学，自从1995年名为plover的网民以《往事追忆录》一举成名，成为台湾网络文学的起点，迄今已整整二十年。早期的情色文学实际仍以情感为主，情色描写只是清淡的过场，随着网民数量的增加，台湾网络小说逐渐脱离了情色范畴，转为生活纪录、清新的校园小说，以痞子蔡为代表的《第一次的亲密接触》便是受此影响的第二代。与大陆网络小说的境遇相似，台湾网络小说的成长亦伴随着争议，传统作家们大多认为台湾大部分网络小说作者的水准不足，呈现"劣币驱逐良币"的趋势，不过在九把刀等作家的引领下，台湾网络小说的水准开始提高，经历了转战实体书市场并大获全胜的黄金时代，跃升为文学媒体的新宠，"网络小说"早已在台湾成为各大书局小说架上的独立新兴文类。

发展至今已二十年的台湾网络文学，已建立起相对完善的网络小说成长环境，以鲜文学网、冒险者天堂、小说频道为代表的连载网站，在读者群互动、衍生品开发等方面有诸多值得大陆借鉴之处。台湾网络文学最值得关注的地方在于，小说读者在文学活动中更核心的地位，他们通过社群线下的交流与集体发声，使年轻作者与读者不断寻求沟通与认同，一同生产、再生产作品，如此造就台湾网络小说读者在小说传播中的特有创造力。网站充分利用台湾文化产业，频繁举办线下聚会，使网络小说家和忠实读者间形成一种自然、亲近的人际关系，有些作家甚至将作品的主角以读者的真实身份为原型，如九把刀的《等一个人的咖啡》。读者与网络小说写作者间的支持与回馈，形成台湾网络小说读者色彩浓厚的特色。

随着大陆网络小说的迅速传播和本土网络小说家的相对沉寂，台湾网络小说网站正处于发展的瓶颈。今年台湾网络小说中的佼佼者，大头痛的《神圣时代》契合了近年来读者的喜好，是一部玄幻题材作品。小说将时间放置于西元二十五世纪末，彼时世界之灾变于无形中开始形成，就在今朝人类考古学家挖掘出超越人类知识所能知晓年代的古预言石板，最后一道齿轮契合，灾变进入最终阶段。主角轩辕真是一个穿梭来到过去的少年，也是未来世界的希望。这部结合幻想与穿越元素的网文，是开贴时仍是大学生的作者大头痛精雕细琢的产儿，险象迭生的未来世界、背负着人类未来的少年，将读者带入地球灾变的明日之境，不无警醒人类所作所为的反思效用。客居仙乡，是另一个在"小说频道"人气正旺的作者，他给自己下的定义是：一个不务正业，满脑子想玩游戏的闲人。他的"网游小说"人物形象饱满俏皮，更具台湾网络小说的"在地"色彩，在大陆也拥有可观的读者群和交口称赞的口碑。

与大陆和台湾网络小说的产业化发展不同，香港的本港网络小说囿于粤语写作导致的本土风格浓厚，难以打入大陆或其他华文市场，所以观乎本港网络小说的发展，仍是较为小格局的在地性书写。网络小说的发表平台较之陆、台两地也更为非专门，其中以高登讨论区（Hong Kong Golden Forum）为主要发布地。高登讨论区是香港最大和最多人读览的网上讨论区，它在恶搞等网民二次创作方面尤其著名，亦是不少香港网络次文化和术语的始祖。"高登讲故台"是其中一个讨论区的分版，用来给予会员谈论关于故事及小说的话题，该版在推出初期反应差强人意，及后有从事写作的人士进驻之后，才稳定发展。2011年后，多位作家在讲故台取得可观的成就，包括向西村上春树、薛可正、Mr.Pizza等三位都先后在讲故台贴文、出书，随后改编成电影，吸引了越来越多的关注者。香港网络小说充满想象力，无惧越过道德界限，但这并不代表香港的网络小说一味低俗，尽管当初发布在高登讨论区的故事大多夹杂脏话、色情以博眼球，但一批觉醒的作者已不再靠哗众取宠来吸引读者，薛可正的小说便归于此类。

由于体制和制度的不同，全国的网络文学呈现出的不同文学景观正是文学百花齐放的追求所在，互相取长补短，方能在多元形态中繁荣发展。网络小说的写作，是一个作者不断追寻自我的过程，不论作者身居何处都应该避免因沿途的喧闹而迷路，以及被出版社的商业利益招安而停下脚步。

五、网络文学发展存在的问题

2015年，学界对网络文学的关注度日益提高，学者的研究更学理化，梳理了网络文学的继承传统，提出建立新网络文学评价体系，更注重网络性与文学性的互动。张柠著文《网络小说的文学性和新标准》（《文学教育》2015年第2期），以网络小说《黄金瞳》为例，提出网络小说的文学性，如语言、叙事、结构等，建立网络文学新评价体系及研究的专业化。这是一个复杂系统工程，需多学科、跨学科协作完成。李敬泽的《网络小说营造了"白日梦百货公司"》（《上海文学》2015年第12期），不认为网络文学、类型文学是"横空出世"，而与中国传统文学甚至外国文学有千丝万缕联系，网络文学不过是一些细分、变形。他提出网络文学与通俗文学都存在梦想投射机制，中国网络文学承担的实际功效很复杂。同时，李敬泽也提出建立更合理、可靠的评价体系，给予网络小说更大发展空间。邵燕君的《网络文学的“文学性”与“经典性”》（《北京大学学报（哲学社会科学版）》2015年第1期），提出对网络文学的“经典性”评价要从“网络性”角度展开，同时排除对网络文学“经典性”讨论的观念误区，并尝试对“网络典型经典”作出定义。欧阳友权在《中国网络文学研究基点及其语境选择》（《河北学刊》2015年4期）中，提出网络文学研究应切入现场、贴近实际，契合不可逆转的文学传媒语境。李强的《历史穿越：“大国崛起”与“个人圆满”的双重“YY”——以月关〈回到明朝当王爷〉为例》，认为“明清穿”小说满足“大国崛起”的历史愿望，通过主人公回明清的种种改革举措，修复“屈辱的”民族创伤；同时，作品平复了成功与道德之间的社会焦虑。“YY叙事”成为缓解焦虑的形式。房伟的《个人主义、穿越史观与共同体诱惑——论“网络穿越历史小说”的“三宗罪”》，敏锐指出了网络穿越历史小说所展现出的独特的历史观念，主体自我想象的个人主义，以及在此基础上呈现出的新民族国家叙事形态，即共同体的诱惑。作者在新语境下，剖析三者在网络穿越小说中的纠葛。学者著文还有很多，张立群对网络文学能否产生经典提出观点，认为机遇与困难并存（《网络文学能否产生经典》，《长江文艺》2015年第7期）；黄发有梳理网络文学与本土文学传统的关系（《网络空间的本土文学传统》，《当代作家评论》2015年第6期）；张颐武则认为，从全球看，中文写作的网络文学在活跃程度、读者数量、影响力等方面，都是其他语言网络文学难以匹敌的（《中文网络文学追上世界脚步》，《中关村》2015年第4期）；乔焕江则着眼网络文学研究的理论困境与范式转换（《从网络文学到类型文学：理论的困境与范式转换》）等，学界对网络文学的批评关注日益增强，批评文章也日渐学理化、系统化。

2015年网络文学多元化发展，也存在诸多问题。首先，文学批评发展不足。随着网络文学近年来的持续升温，学院派批评对此关注增多，形成了新的认知与批评，但总体而言，还存在欠缺。对文学的评价以往来源于学院派批评，在长期积累中，学院派形成学术权威性，网络文学作为当代文学的一部分，期望得到学界认可，但学院派批评养成对严肃文学的钟爱，对网络文学缺乏较全面、系统的研究批评，对网络作家作品研究具有严重滞后性。既有的评论研究，学院派批评以系统理论构建、深入文本解读，及更高的精神指向见长，而网络文学作家以及读者，门槛较低，全民化普及趋势明显，两者难以形成有效对接，学院派批评难以对其进行有效引导。欧阳友权认为对网络文学分析存在两种弊端，一种是利用严肃文学理论模式研究网络文学，另一种是注重“网络”而忽视“文学”。随着网络媒体发展，媒体批评兴起，与网络文学形成良好互动关系。这类批评多指发表在互联网上的短小尖锐的批评文字，具有更广泛的传播途径与影响范围，着眼社会焦点，以鲜活的语言结合多手段传播，受到大众追捧，对网络文学而言，媒体批评具有时效性，符合网络文学发展的速度，构筑了多方交流平台，对网络文学传播与接受具有重要影响。但同时也具有诸多问题。张闳曾尖锐指出批评的两大弊端：学院派批评的堕落，传媒的叫卖式批评。市场化引导下，媒体批评失节、炒作等问题频发，对网络文学批评而言，媒体批评不能对网络文学形成学理性认识与引导。对网络文学批评的不足，削弱了批评的力度，缺乏对网络文学批评与构建的能力，阻碍了网络文学的发展，使之缺乏更高的人文关怀。

其次，网络文学的逐利性。消费市场引导下，经济权力干预文学创作，与主流话语合谋，通过多种手段谋求最大经济利益，网络文学在此文学环境与生成语境中，不可避免具有逐利性。网络文学以阅读量、点击率为作品质量的衡量标准，导致作者的创作主体性降低，而形成以读者审美趣味为中心的创作模式，读者水平的高低很大程度上决定了网络文学作品的质量，而读者学历程度、阅读能力、审美趣味等参差不齐，继而导致网络文学质量良莠不齐。与严肃文学不同，网络文学更具有消费性，成为文学商品，具有复制性、同质化、批量生产等特征，这对网络文学发展而言无疑是致命的，清穿文、校园青春文等类型化套路化明显，例如女穿被多名贵族追求，霸道总裁喜爱灰姑娘等。杰姆逊认为，“复制”的本质在于对“本源”的抛弃，失去了“本源”也就意味着放弃文学的唯一性、独创性。就网络文学而言，如果不注重对文学创新性、审美性的重视，而一味追求经济利益，网络文学则成为文学货架上千篇一律、没有深度的复制品。而复制品的泛滥也导致网络文学进一步腐坏，降低网络文学作者及读者的审美水平，如同多米尼克·斯特里纳蒂在其著作中所言：“一群被动的消费者，倾向于大众媒介操纵性的见解，顺从于购买大众文化制造的大批生产的商品的吸引力，苟安于大众消费虚假的快乐，容易接受促发大众文化的宣传。”网络文学带来的巨大收益，成为其发展的重要因素之一，经济因素只能成为网络文学发展的动因之一，而不应成为唯一目的。否则，为了赢得点击率、阅读量、排行榜名次，作家会在不自觉中失去自我主体性，从健康的写作滑向迎合市场需要的低水平写作，阻碍网络文学的向上发展。

再者，网络文学与主流文化虽有良性互动，但同时受其制约。近年来，网络文学与主流文坛的结合与互动日益紧密。2014年10月，习近平总书记召开文艺座谈会，会议邀请了周小平、花千芳作为网络作家代表参会，这对网络文学而言意义重大。2015年第九届茅盾文学奖评选，有五部网络小说参评，分别由起点中文网、中文在线等网站选送，虽然都没有通过第一轮评选，但意味着官方的文学奖项对网络文学的认可与期待。2015年10月19日，《中共中央关于繁荣发展社会主义文艺的意见》公布，鲜明地提出要大力发展网络文艺，认为“网络文艺充满活力，发展潜力巨大”。国家的提倡与支持，无疑给予网络文学创作者、研究者与爱好者以极大鼓励。此外，由主流文坛、网络、传统媒体共同组织发动，传统作家、网络作家共同参与的文学评奖、文学研讨、培训等各类活动增多，体现了主流文化对网络文学的关注，对扩大网络文学的发展空间，获取更有效的文化资源夯实了基础。但与此同时，两者也存在一些隔阂，主要体现在评价标准、文学观念、审美趣味等方面。主流文学长期以来形成了自我评价标准，并在主导交流中以此审视网络文学，不免有失偏颇。而网络文学满足于畅销量与点击率，盲目自信。两者在交流中存在鸿沟。当然，面对诸多问题，两者作出了有效尝试，例如有学者认为，评奖机制应针对网络文学提出特别设置；在文化资源等方面向网络文学倾斜等措施。当代文学是多元化的文化环境，所谓多元文化语境应该是："各种文化形态都有自己存在的理由和活动的空间，它们彼此间的关系并不是非此即彼（either/or），而是同时共存（both/and）和互补"，倡导多种文学类型、文学流派蓬勃发展，共同繁荣当代文学。传统文学、网络文学、主流文学都应而及时调整自己的位置，在复杂多元的环境中充分发挥独特的自我话语权。

再次，网络文学在走向成熟的同时，存在创作疲软问题，亟须拓展新的发展道路。网络文学近年来取得了瞩目成绩，不仅在国内拥有超高的点击率与阅读量，在国外也受到极大关注，例如《鬼吹灯》《明朝那些事儿》远销日本；《仙侠奇缘之花千骨》改编影视剧收视率极高，而小说在泰国一上市便被抢购一空；越南5年间引进中国网络文学的品种达617种；《步步惊心》在韩国成为畅销书；3D网游《诛仙》相继出口到亚洲多个国家和地区。但网络文学在发展的同时，也走向了创作的疲软。类型化倾向明显，且同质化现象严重，同一题材的批量化生产，人物设置单一化、故事模式千篇一律，网络文学的原创性为学者们所忧虑。提高作家的文学创造性是网络文学发展亟待解决的问题。雷达分析当前文学创作的症候时，提出了无法克制的两大矛盾，一是出产要多的市场要求与作家"库存"不足的矛盾，二是市场要求创作的速度与创作本身要求精益求精的规律的矛盾。这针对网络文学而言同样适用。作家应积极吸收中外优秀文学资源，并立足于此，形成创作的个人风格，多创作高质量的网络文学作品，创作观念由只注重"量"转变为"质""量"同重，甚至"质"重于"量"。学者还普遍对网络文学经典化表示忧虑。网络文学作品普遍缺少对现实生活的介入，缺少对时代精神的把握、更高价值指向及人文关怀。网络文学的逐利性使文学成为形象与符号的消费，破还了文学发展的前景，而进入自我重复与重复他人的创作瓶颈。如何突破自我，获得认可，寻求网络文学新的审美增长点，值得我们深思。

最后，网络文学还存在舆论引导不足的问题，主要表现在筛选机制与资源分配的不公。网络文学的资本产业化压制了作品的民间性，破坏了网络文学生态平衡。由于缺乏有效的筛选机制，在资本引导下，网络文学生产形成了庞大的利益产业链，网络作协等机构的产生，更使得网络作家形成等级化，根据作品的受众人群对作家进行培养。长此以往造成已出名的作家作品越来越畅销，而新作家被边缘化，好作品被遮蔽。畅销作家固化、垄断化，既不利于已出名作家的创作，打击了新手作家的创作积极性，又浪费了有效资源，不利于网络文学整体发展，最终，受益者仅是资本家等隐性的幕后利益集团。网络文学应利用网络特质，合理调动资源，实现资源共享，在辅助核心作家创作的同时，挖掘鼓励新作家的创作，甚至资源倾斜，发挥新老创作者的积极性，在健康的竞争机制中推动网络文学的进步，如此才能形成长效性发展机制，整体提高网络文学的发展水平。

2015网络文学：最是一年春好处

肖惊鸿

2015年，网络文学迎来生机盎然的春天。习总书记讲话和《中共中央关于繁荣发展社会主义文艺的意见》为网络文学创建了新的坐标，提供了新的发展机遇。网络文学呈现出向深度和广度进一步繁荣发展的蓬勃态势。在互联网日益繁荣而阔大的平台之上，在政府相关政策导向和企业战略部署之下，网络文学在新起点上顺势而发，以其鲜活性和丰富性进入主流文化视野，成为当代文学中最具活力的壮丽景观。今年，在线长篇小说完本数量超过十万部，远远高于传统长篇小说的纸质出版数量。网络中短篇增长明显。玄幻、仙侠和都市题材仍然是主要创作类型。网络女性文学在影视改编和图书出版方面成效显著，引领网络文学社会话题。现实题材创作有所上升，昭示网络文学关注当代叙事的新倾向，接续了现实主义的中国文化传统。

面对网络文学发展新形势、新机遇，网络文学行业潮汐翻涌，风云激荡，频现结构性调整和资产重组，进一步凸显做大做强的行业优势。网络文学发展到今天，创作实践与理论研究之间落差明显，建构网络文学评价体系成为业界共识。网络文学“内容为王”，主导了新一轮文化产业创新升级，彰显了文学原创的生命力。“IP热”成为今年文化产业创新中最具社会影响力的热点，成为推动网络文学不断发展的新动力。

顶层设计统领全局确立新坐标

习总书记的讲话精神和《意见》给予网络文学从业者极大的动力和鼓舞。这是网络文学繁荣发展的基石，也为网络文学指明了方向，并就网络文学的创作、传播、建设、管理提出了一系列具体的要求，高度重视网络文学的创作，高度重视网络文学队伍的建设，高度重视文学网站的发展壮大。让正能量引领网络文艺发展，提倡网络文学弘扬中国梦、弘扬社会主义核心价值观、弘扬中华优秀传统文化。这一切，为网络文学的进一步发展确立了新的坐标。

年初，国家新闻出版广电总局印发了《关于推动网络文艺健康发展的指导意见》，确定了网络文艺发展的指导思想、方针原则和任务目标，以政府的名义进一步加强网络文学维权管理，为网络文学注入新活力。此举不仅使网络文学创作者的自身权益得到保护，同时也规范网络文学创作中的不良行为。随着网络文学不断壮大，著作权纠纷亦呈逐年上升趋势。虽然打击盗版的力度也在逐年加大，但因相关法律不健全，网络文学维权举步维艰，成为业内最具负面影响力的头等大事。随着网络文学的大发展，今年，网络文学著作权纠纷进入高发期。各大文学网站对网络文学知识产权保护虽有新的认识，但在维权方面依然缺乏有效手段。台湾编剧琼瑶状告于正抄袭一案最终获胜，也为网络文学界维权鼓舞了士气，增强了网络文学创作者的维权意识。一年来，网络文学著作权纠纷案时有发生，引起社会广泛关注。虽获胜者有之，但网络文学侵权覆盖面广，受害者众，维权路途依旧漫长。值得欣慰的是，作家维权意识日益增强，维权呼声日益高涨，维权立法和维权举措已箭在弦上，蓄势待发。

年中，国家互联网信息办公室在全国部署开展“护苗2015·网上行动”，重点打击危害少年儿童健康成长的网上违法和有害信息的传播，集中清理整治淫秽色情低俗、血腥暴力恐怖等内容，以利于网络文学健康发展，利于正规文学网站的良性竞争。这一规范互联网行业行为的新举措，让广大网络文学从业者、网络作家看到了政府对互联网信息传播的高度重视，增强了对网络文学发展前景的信心。

网络文学全面开花迎来新机遇

今年，移动和PC两大客户端的龙头进行了资产重组。中国移动手机阅读基地化身咪咕数字传媒有限公司，腾讯兼并盛大文学成立阅文集团。这一动作向市场传达了做大做强网络文学的信号。咪咕数字传媒截止2015年末已收录46万册正版图书，累计用户达4.2亿，每月访问用户超过1.3亿，占据数字阅读领域的绝对优势。阅文集团旗下拥有十余家网络原创与阅读品牌，腾讯文学图书频道等若干图书出版及数字发行品牌以及音频听书品牌，目前拥有图书300万余册，平台、内容、品牌运营全面领先。其他多数网络平台所拥有的图书数量也达几十万册。这些平台的年收益从几亿到几十亿，蔚为可观。

这一年，网络文学IP热引领全年话题，网络文学改编影视如火如荼。《花千骨》《何以笙箫默》《琅琊榜》等电视剧让网络文学产生了广泛的社会影响。网文、出版、影视剧、游戏全版权联合运营，线上IP值，线下文学值，让网络文学IP价值最大化。速途发布的《2015年Q3网络文学市场分析报告》显示，以IP运营为核心的“泛娱乐”生态体系彰显出强大的生命力，充分发挥新媒体的独特优势，不断推出优秀网络原创作品，推动网络文学、网络音乐、网络剧、微电影、网络演出、网络动漫等新兴文艺类型繁荣有序发展，促进优秀作品多渠道传输、多平台展示、多终端推送。网络文学不仅国内行情看好，更在海外收获好评。尽管IP热存在种种负面影响，如同一枚硬币的两面，也为网络文学的未来打开了新空间。

网络文学布局清晰聚集新活力

在新的资本运作下，网络文学的内容提供商以实力把持了网络文学的势力。阅文旗下的两家网站占据领跑地位。创世中文网虽成立不久，但在阅文政策倾斜下，造星计划正在进行中；起点中文网拥有影响力最大的起点白金作者。

百度旗下的纵横中文网占据优秀的男频作者资源。包括17K小说网在内的中文在线作品类型全面，拥有得天独厚的实体出版条件。潇湘书院、晋江文学城在女频方面表现抢眼。在言情类出版领域占有相当份额，当前主要影视剧的网络文学改编作品均属此类。

红袖添香和言情小说吧偏重于女性向的总裁文、都市文。小说阅读网偏重于女性向的青春校园文、总裁文、穿越文。潇湘书院偏于女强文，在玄幻题材上占有优势。塔读文学也有优质男女频作品产出。云起书院专攻女频文。看书网在手机移动端拥有众多读者，凭借其早期布局，男女频均有优秀作品。

一些新型文学网站于今年组建，丰富了网络文学的格局。掌阅文学致力于原创文学，签约一大批顶级作者；阿里文学正式进军原创；“不可能的世界”开站，定位年轻化阅读，以“浪漫主义”“想象力”为创作主导；偶家中文网为网络作家经营“粉丝经济”，同时号称旗下所有作品永久免费阅读，尝试探索新的盈利模式，或可开启全新网络阅读时代。

一些网站在自身发展上面临造血能力不足的问题，后继乏力。如何在新的市场格局中吸引更多的作者，或将是2016年各中小网站的大举措。

作品表现力不断丰富呈现新特点

本年度最受读者欢迎的网络文学类型依次是玄幻仙侠类、都市类、历史类和动漫向轻小说。分众化阅读已然成为网络阅读接受的成熟模式。读者的阅读水准不断提高，对网络文学写作提出了新的要求，网络文学要注入文学性渐成共识。

今年的玄幻仙侠类小说呈现出新的写作趋向。从以往千篇一律的升级打怪模式中渐渐脱离，开始关注人物形象，在性格塑造、情感描摹乃至细节描写上均有探索。更为可喜的是，将中华传统文化纳入其中，并有不俗表现。此类作品的主要人物多定位于现实社会中平凡的年轻人，穿越至异界大陆后，在亲情、爱情激励下，命运终有改变，理想得以实现。这一类作品符合青少年阅读习惯，正能量满满，吻合年轻人的价值观。各网站推出的实力派名家，体现了原创实力。创意出新，内涵丰富，一定程度上提升了读者的欣赏水平。

都市言情小说通常叙述现实社会的白日梦想，契合平凡人的美好想象，给庸常生活置入一个盗梦空间。因此，这一类小说影响最广，始终有一大批拥趸。今年的都市言情小说渐离暧昧和小白风格的主体，类型有所变化，产生分流。在时尚、职场等基本元素外，娱乐圈、医生流等等创新题材渐次出现，呈现多元化创作趋势，丰富了都市小说的表现力。

历史类小说读者群固定，热度不减，经久不衰。这类小说多以三国和唐宋明清为创作背景，以起点中文网作品见长。历史类小说作者偏向于考据历史作品，并重新解读，形成鲜明的网络历史小说特色。

值得关注的是动漫向轻小说。轻小说兴起于日本，以年轻读者为主要阅读对象，通常使用漫画风格作为插画，属娱乐性二次元小说。这类小说写作手法随意，阅读较为轻松，娱乐功能明显，越来越多地吸引着网络文学中的新生代群体。无论是创作者还是读者，年龄普遍偏低，以95后、00后互联网原生态居民为主体。这类小说与游戏、动漫改编有着天然的联系，加大并强化了粉丝效应。在市场带动下，不少动漫向轻小说一举蹿红，一定程度上反映了年轻一代的娱乐追求和审美情趣，成为网络文学发展的新动向。网络文学作为当代中国拥有最大读者群的大众文学样式，和传统文学一样，属于精神产品。网络文学给青少年提供什么样的精神食粮，如何培育必将成为中国未来栋梁的他们，如何引导在这一文体浸淫下长大的一代，已非动漫向轻小说本身能解决的课题。

网络文学作品变短顺应新变化

网络文学发展到今天，从动辄几百万字到现今寻常见的几万字、几十万字，经历了十几年的风云变幻。以“豆瓣阅读”为例，其阅读频道上线一年多来，1700余部作品以少到几万字多到几十万字的规模为主。网络文学由长篇一统天下的格局似在悄然改变。究其原因，一是社会生活节奏加快成为读者阅读的提速器，网络阅读的速食主义、快餐文化观念对读者的影响和制约日益加大；二是网络文学体裁多样化促进了读者群的分化，读者阅读欣赏习惯发生了变化。一些网站敏锐地捕捉到这种变化，顺势而发，提出“篇幅3万至5万，2小时就能读完”，探索新的路径，走中短篇路线，确也推出了多部反响良好的中短篇佳作，反映了新的创作倾向和阅读取向。

中文在线推出“汤圆创作”，这是专门针对手机开发的网络文学创作平台。这一类作品少则2000字至5000字，多则10万字。目前，“汤圆创作”已吸引作者近10万人。可以预见，手机网络文学创作将聚集愈来愈多的年轻作者。特别是随着技术的成熟，文字和图片、视频、语音组合将会更加自由、便捷，精短的网络文学作品必将成为网络文学创作的新趋势。

一些著名的网络文学网站，也出现了小说变短的趋势。过去动辄500万字的长篇现在已很少见。长篇作品大多在百万字左右。这多是拥有长期写作经验的作家主动进行的创作调整。篇幅短、口碑好，读者人气不减，一样产生效益。与这种变化相适应，写作由最初的脑力劳动演变成体力劳动，目前又重现向脑力劳动回归之势。这一现象或可带来网络文学品质的整体提升。在相对减少体力消耗、文字堆砌之后，作者有望重塑文学创造的尊严，用作品说话，用心打造作品的文学品质。当然，中短篇写作不排除商业化的动机和选择。相比几百万字的长篇，中篇更易出版，更易影视改编，从而满足作者寻求纸质出版和影视改编的愿望。这一现象说明，盲目堆砌字数、制造噱头、抢夺眼球的网络写作渐已进入理性时代。几百万字的大体量作品在市场中逐渐非主流化，甚至终将被淘汰。

多元化写作充分体现了新形势下网络作者的创作诉求。值得注意的是，网络文学作品变短也会吸引传统读者，甚至有传统作家参与网络创作。这种交互或将成为中短篇网络文学创作的加速器，进而改变网络文学创作生态，有望促进传统文学与网络文学创新性融合，推动传统作家积极运用网络创作传播优秀作品。

现实题材创作回归反映新动向

当下，媒介变革已然渗透到社会生活的各个角落。为顺应大势，很多传统阅读人群越来越多地进入到网络阅读甚至写作中来。未来的网络，不再也不应该成为年青一代的专属，而是作为一个媒介平台，向各个社会阶层、各个年龄代际的人全方位开放。

曾几何时，网络文学兴起之初，这块园地被视为文学青年的殿堂和聚集地。他们各有优长，各抒己见，各种文体均有表现。随着网络市场的壮大，更多资本涌入，繁花落尽，一枝独秀。长篇小说风生水起，同质化现象也十分严重。中短篇受到市场挤压。经过长期整合，随着中短篇小说重回江湖，现实主义写作浮出水面。

从根本上看，曾经的网络一代是“ACG”一代（英文Animation、Comic、Game的缩写，是动画、漫画、游戏的总称），这是网络小说创作呈现类型化的总因。换言之，网络上有什么人就需要什么样的网络文学。这些作品大多展开恣肆的想象，穿越、玄幻之作居多，现实主义创作相对很少。随着传统阅读人群越来越多的进入，网络文学势必重新洗牌，类型化长篇连载小说的垄断局面被打破，网络文学将真正迎来百花齐放的局面。在这个意义上，网络文学或可实现与传统文学的联袂，从内容到渠道，再回到读者，突破网络文学的发展瓶颈，引发网络文学的深度变革。这是一场从媒介来到媒介去的变革，更是一场从生活中来到生活中去的变革。这场变革，将会使网络文学接续现实主义的中国文化传统。

党和政府倡导网络文学要出精品力作，要接地气，为人民抒写，号召网络文学作家要深入生活、扎根人民，以多元化写作表现国家发展、民族富强和人民的命运，推出反映人民群众火热的生活、反映日新月异的伟大时代的作品。而这一切，都必将通过现实主义创作来实现。

网络文学以人为本迈进新时代

网络文学作为互联网草根革命的成果之一，发展到今天，可以说成就斐然。网络文学打破了中国文学的传统格局，丰富了当代文学，推动了当代文学的繁荣和发展。回顾历史，自新中国成立后，经历了上世纪八十年代通俗文学（与雅文学并重）的第一次浪潮，在技术革命的支持下，网络文学当之无愧地成为第二次文学重回民间的盛典。这是文学生命力的又一次解放。然而在技术革命不断更新的今天，作为网络文艺的重要类型和数字出版产业的重要组成部分，网络文学被赋予了更多的希望和更高的要求。网络文学能否与传统文学和其他文艺门类一道，勇于担当，完成自己的文学使命，承担起引领时代风尚、鼓舞人民前进、推动社会进步、实现中华民族伟大复兴的重任？这也许是一个理想丰满但现实骨感的问题。网络文学任重道远。网络文学要健康成长，更多地表现人性，而不是物欲；表现三次元的思想而不是二次元的空想；用文化抵制文化的掠夺，用人性驱赶市场的奴役。形势依然严峻。这是网络文学，也包括传统文学，遭遇到的空前大挑战。

文学是人学。网络文学要以人为本。作为社会主义文学的组成部分，网络文学与网络文学从业者已经获得社会主流意识的认可。我们看到，通过维权等渠道，网络作家社会地位有所上升，写作尊严进一步受到保护。网络编辑也同样看到了希望，信心增强。他们明确认识到，大力发展网络文学，作者与编辑要严于自律，责任至关重要。

党和国家高度重视网络文学，各级政府管理部门纷纷采取行动。例如，中国作协全国网络文学重点园地工作联席会，坚持为网络作家和文学网站做实事。每年开办全国网络文学培训班，提高网络作家综合素质，加强网络文学队伍建设；推出由联席会主办、中国作家网承办的中国网络小说排行榜，试图以网络文学评价标准，推动精品力作诞生。北京市人力资源和社会保障局与北京市新闻出版广电局联合发布《北京市新闻系列（数字编辑）专业技术资格评价试行办法》，在全国率先启动数字出版、数字新闻、数字音视频等数字编辑专业职称评定工作，为数十万从事数字编辑相关岗位的工作者正名，给予社会身份认同。上述举措不一而足。

春雨润物细无声。这一切，在网络文学发展史上，将具有划时代的意义。

2015年少数民族文学：民族精神的现代书写与叙事传统的深度内转

王鹏程

2015年的少数民族文学，延续着既往的文学传统、文学精神和价值观念，守望精神家园，关注生态环境，回应时代召唤，透视现代化带来的精神濡化和价值重建。同时，又不断融汇吸纳、开拓深化，体现出鲜明民族精神和敏锐的时代意识。从题材到体裁，从思想到精神，从内容到形式，从手法到技巧，体现出清醒自觉的探索和叙事传统的深度内转。他们传承民族精神，接续现代文脉，“为民族书写又拥抱世界，为故乡歌唱而又与祖国共同着命运”。他们“志趣坚定，坚守着本土的精神，又熔全球性、传统型、现代性于一炉；他们潜行于历史深处，又光照着生命的灵性与民族的暗语”， 不仅丰富了民族文学、中国文学的内涵，拓展了中国文学的多彩版图，同时也超越了文学范畴，产生了深远的政治影响、文化辐射以及民俗学和人类学的价值。

民族精神的现代书写

在现代化和城市化的时代洪流中，少数民族作家的写作，因为他们的身份、文化、经历以及地域文化，独具一种特别的审视视角、认识价值和审美意义。他们对现代与传统的冲突，有着更为敏感的感受和痛切的焦灼。《宾玛拉焚烧的心》《驮娘河记》《普布》《胡杨老人》《马尔撒和扎西才让》等小说，《1929年的那一次比武》《在那雪山顶上》《求医遇见“佛”——尼巴村的故事》《有没有一袭桃花落在水中》等散文，感受时代，抚摸大地，关爱苍生，书写心灵，生活中美好与灾难，文化的式微与毁灭，精神的退隐与坚守，人心的纯净与复杂，都深深地植根于他们真诚的书写之中，表现出严肃郑重的责任担当、绚烂多姿的地域风采和元气淋漓的情感世界。

丽江是纳西族的繁衍生息之地，风光旖旎，文化灿烂，以东巴文为主的纳西文化有着自己独特的文化样态，在周边乃至整个世界都有较大影响。女作家和晓梅（纳西族）的长篇小说《宾玛拉焚烧的心》（花山文艺出版社，2015年9月）通过一个女祭司在部落时代的权利、情爱以及命运，塑造了纳西族女性的生存群像，探询人与神、现实与想象以及已知与未知之间的关系，深刻地呈现了旧时代纳西族的权力关系、爱情婚姻、社会结构和生存图景，体现出自觉的女性意识和诗意的文本特质，蕴含着纳西族的民族原始思维、对永恒事物的基本信念以及对于外来神奇的预测与判断，具有人类学和民俗学的认识价值以及形而上的意义指向。小说虽尚未达到圆润与透彻的境地，还存在可以提升的空间，但已体现出作者出色的驾驭能力和精湛的写作水平。黄佩华（壮族）《驮娘河记》（《民族文学》，2015年第1期）将神话传说和历史记忆交汇在一起，讲述了这块红土地上的千年沧桑，体现出作者对神话、传说、故事等民间文学样式的承袭，具有神话原型的叙事特点。在这个新民间故事里，儿子用自己的血为娘解渴的驮娘河传说，禹击退各方、成为九族之王的部落故事，渔王手艺的神奇，铜锣寨民众做狗血肠、设王八宴勇斗官府、免征壮丁的智慧，"文革"中将批斗化为笑话的民间幽默等，集中体现了少数民族的仁孝、英勇、智慧和幽默。这是他们面对天灾人祸和历史非理性的精神资源，同时也是他们倔强的民族性格和诗性的生存方式。从叙事上看，小说采取笔记体，介于散文和小说之间，五个故事"缺少有机呼应，整体感略弱"。但不可否认，这种"新民间传说"是"对本民族文学传统的一种继承与贡献"。我们知道，"每一个族群的传统文化是这个民族有别于其他民族最本质的特征，凝聚着一个民族在它的历史自我生存发展中不断形成的智慧、理性和创造力以及自我约束力。它们在适应本民族特殊的自然环境和社会环境方面具有独特的品质和功能。这些曾经被现代理性文化所'嘲笑'的东西今天又开始发挥其独有的魅力和诗意的光辉，而且有可能成为治疗现代人精神痼疾的良药"。万玛才旦（藏族）的《普布》（《民族文学》2015年第4期）以简约的形式传达出丰赡的意蕴和充沛的精神，木讷寡言的主人公普布，"一个干净到几乎澄明剔透的灵魂，一种与生命等价的尊严与忠诚，穿越雾霭，坚定如旗地站在了我们的面前。由此，我们也与一个民族的眼神与心地离得更近、更近了一些"。阿布都热合曼·艾则孜（柯尔克孜族）《胡杨老人》（《民族文学》2015年第12期）中的卡德尔阿洪老人，是胡杨林的守护人，他的爱情缘于胡杨林，他的幸福就是胡杨林，"在90年的生涯中，把五分之四的时间都花费在守护胡杨林、用胡杨树和红柳的枝条编制筐篓的这位倔强的老人，是言出必行、说到做到的"。看到有人将垃圾倒到胡杨林里或者胡杨林被偷偷砍伐，他都怒不可遏，义愤填膺。七十多年来，他每天往返四五个来回，守护者这片精神的森林。阿布都克里木串通刚来的副乡长，开假条子要砍伐二十棵胡杨林，被睿智老辣的卡德尔阿洪老人识破并呵斥了回去。不过阿布都克里木并未罢休，他趁着夜色，将建筑工地的垃圾倒往胡杨林。卡德尔阿洪老人的制止声被拖拉机的突突声淹没，不敢开灯的拖拉机从一个既不像扫帚也不像树干的黑影上轧了过去......卡德尔阿洪老人守护的胡杨林、作为精神景区的胡杨林，“更能经几番风雨”呢？小说娓娓道来，笔力扎实，卡德尔阿洪老人的青春、爱情甚至一生，都与这片美丽的胡杨林融汇为一体，他的形象则如刀刻斧凿般粗犷有力，又氤氲着诗意和不竭的激情。浓厚的异域氛围、独特的人情风俗，蕴含着精神失落的忧虑和疼痛，具有恳挚的人情关切和深刻的文化深度，都使得这篇作品味之不尽。冶生福（回族）《马尔撒和扎西才让》（《民族文学》2015年第7期）讲述了生活在河湟谷地的藏和回两个民族的故事。这两个民族生活在黄土高原和青藏高原的交汇地区，“不同民族之间固然存在差异与碰撞，但更存在彼此的尊重与互助传统”。马尔撒和扎西才让，“既不回避民族之间的微妙界分，又能使超越了血统论的博爱精神释放光芒”，“两个民族的少年，两把同出一炉的刀子，两段留存在两个家族记忆深处的生命往事，这一切就在冶生福搭建的迂回辗转的结构迷宫中，如炖熬茶一般，慢慢地煮出了缠绵不绝的香味”。徐岩（满族）的《鲜花店》（《民族文学》2015年第10期）盛开的不仅有鲜花，还有温暖的人心。在店主王小娟的眼里，每一个走进花店的人，都是一个有爱的人，“尽管在这座城市里，凄凉总伴随着坚守，失望总紧逼着希望，可是这些与花相伴的小众的人们，总是满含着人性的善意，这是他们种在心灵深处的种子，在温润中长出鲜花，常开不败”。

胡亚才（回族）的散文钟情于中原民族杂居之地的文化掌故和风俗人情，常能在自然质朴的讲述中呈现回族的内部风尚和家族传习，能将民族的心灵世界外化为具有道德意义的生活方式。《1929年的那一次比武》（《民族文学》2015年第11期）在历史的瓦砾堆中重新捡寻清真寺与石佛寺比武的漫漶记忆。高手以武切磋，拔山盖世的功夫自然关键，但气节担当、精神境界、道德情怀方面的比量才能决定真正的高下。那些青石、照壁上的陈迹已经荡然无存，当年比武的情境也只能去想象，但比武者陶阿訇与今空大师的武艺道德与气节风范却清晰地植根于人们的心灵之中，成为不灭的传说和珍贵的精神财富。丁颜的（东乡族）《在那雪山顶上》（《民族文学》2015年第3期）冰清玉洁、纤尘不染，藏民的敬畏天地和回民的精诚敏慧，不仅给我们面对艰险的生命姿态，给我们生命的韧性，也叩击着我们对信仰的追求和灵魂安妥的期待。白玛娜珍（藏族）的《求医遇见“佛”——尼巴村的故事》（《民族文学》2015年第7期）中的次西卓玛母女淳朴善良，命途多舛的她们因为疾病走出闭塞的村庄。在她们目瞪口呆的都市里，求得新生何其艰难，幸运的是她们遇到了好心人的一路陪伴，涌自内心的感动沉静在心灵的深处。该作品“是一面多棱镜，照见了人性之美，照见了生活艰辛，也照见了世事无常。令人欣慰的是，不论来自村里村外，不论是帮助的施予者还是接受者，人们都没失去心灵的纯净与安详，他们都是红尘之中的佛之子”。在这些作品中，我们能够感受到，“众多少数民族作家的创作已经渐渐靠到了本民族日益广阔博大的肩膀上，从个人的立场走出，最终走向了民族温暖的群落之中，他们的散文也成为了辉映各少数民族民族精神的一面猎猎作响的旗帜；这些散文表现出少数民族作家对本民族文化应有的尊敬和赞美，其中承载着本民族更多更大的欢乐，也承载着巨大的痛苦，其实这更是一种晴朗明亮、深邃的境界，而这最终成了众多少数民族作家的散文创作之根”。

现代化镜像中的民族生态空间

现代化和城市化的加速，一方面带来了现代文明和生活的便捷，另一方面破坏了生态环境、原生文化以及传统的生活方式。对于离开家乡、在城市打拼的人们而言，这种现代化锋刃的疼痛感受的尤为痛切。遮天蔽日的雾霾、鳞次栉比的高楼使得他们遗忘了仰望的姿势，想象的能力也遗失不存。在高山台地、河谷田间仰望一无所有的蓝天，呼吸泥土、牛羊和秸秆的气息，成为从前最美好的记忆和现在最深切的向往。同时，不同民族、不同文化之间的交流、对话甚至冲突，也出现在不同题材、体裁的文学作品之中，尽管可能涌动着一些微澜或者暗流，但仁爱、同情、怜悯等伟大的情愫总能够穿越这些障壁，散发出人性的光辉。

小说中表现这一主题的代表作有《你要长寿，你要还钱》《篾梁父子》《猴山传奇》《骑手嘎达斯》《还愿》《最后的葬礼》《带着男人去北京》《生计以外》《冰山之恋》《渴望鸟》《滨江花园》《生命流程》《贵人远行》等。李约热（壮族）《你要长寿，你要还钱》（《民族文学》2015年第1期）写的是乐滩水电站加高大坝，野马镇乱石滩景区被淹没。对在小学教美术的杜枫来说，这简直毁坏了天下最美的风景。不过，他更热心的是怎样发财，他将自己十万元的住房公积金投资给妻哥王木，每月收取百分之三的利息。得知堂弟杜松领到十五万征地款，他怂恿其也投资给妻哥王木开采稀土矿，自己做了中转，利息却减为百分之二。谁知王木早就破产，整天挖东墙补西墙，借这一个的还那一个的。终于有一天没人给他借了，杜枫和杜松就成了倒霉蛋。当初杜松的钱是借给杜枫的，杜松就向杜枫讨要。杜枫还不上，杜松就上诉。法院判下来，到期还是没还上，杜松只得申请法院执行，占了杜枫的房子。在野马镇，兄弟告兄弟拿房子抵押债务，这是第一例。房子占了一年，杜松觉得杜枫可怜，那么大年纪了还当“丧家狗”，就找到了哥哥，让他回去住，供奉祖先。钱当然也是要还的，杜松的希望是：“你要长寿，还要还钱。”现代开发、经济大潮、商业投资如同摧枯拉朽的烈风，亲情、伦理、道德等被其腐蚀、瓦解甚至摧毁。小说简洁、生动、有趣，寓幽默辛酸于不动声色的叙述之中，逼真地再现了传统生活方式、道德伦理在现代化进程中的尴尬、无助乃至悲酸！《篾梁父子》（《民族文学》2015年第6期）的故事发生在辽西走廊。一百二十年前，梁古仓的先祖二百多人在摩天岭抗击日寇，全部壮烈殉国，成为一败涂地的甲午之战中的少见亮点。光绪皇帝亲书悼文，并拨付银两立碑建祠。百年来，梁家四代人守护先烈英灵，忠厚传家。到了第五代梁传宝手里，祖先大战摩天岭的英勇事迹已对他毫无吸引。他向往的是山外的世界、现代的都市生活。身无一技之长的梁传宝到了城里无法谋生，夫妻合开的超市也踢干净了父亲和姐姐的积蓄，最终凭着他痴迷的音乐以及适应社会的电视节目秀，他成了所谓的明星人物。祖祖辈辈守护的祖先墓冢被他争取为爱国主义教育基地，获得了政府的拨款支持。父亲的山地果园，成为筹划中的乡村旅游观光风景区。在这个现代化、城市化、商品化裹挟一切的时代，传统的生活方式与精神观念已经无法维系。小说的结尾，梁传宝不愿守护的先烈英灵得到了官方的看护，看似宽慰的结局却让人忧心忡忡：梁家先祖爱护家乡誓死守卫故土的精神能否承续下去？小说虚实结合，质朴灵动，那条象征着梁家祖先精魂的“白狐”一尘不染，是梁家世世代代的根脉，最终也随着梁传宝在灯红酒绿的都市世界里去游荡，不仅使人怅然、凄然！《猴山传奇》（《民族文学》2015年第1期）是对自然生态和社会生态的写实，小说对白头叶猴在本能驱使下优胜劣汰的生存法则和对潜隐在人物灵魂深处的欲望进行了严厉的揭示，具有冷峻乃至于严酷的精神特质。小说让我们反躬自问：“作为群体社会中的一员的我们，真的能做到灵魂对现实自我的逃离吗？”海勒根那（蒙古族）的《骑手嘎达斯》（《民族文学》2015年第7期）是一个草原和骑手命运的寓言，在草原退化、土地迁移和资本扩张的强悍履带下，碾碎的不止是骑手的浪漫梦想，还有脚下的故乡。冯昱（瑶族）《还愿》（《民族文学》2015年第2期）中的失落的，不仅是师公这个行当的后继无人，更可悲可叹的是人情、人性的泯失。李新勇（蒙古族）《最后的葬礼》（《民族文学》2015年第12期）中父亲为自己设计的传统葬礼仪式，被劲爆的现代歌舞冲击的七零八落，葬礼的悲伤气氛也被冲淡，唯一没有篡改的一个环节是带灵巡游。现代化、城镇化的冲击，不仅使得故乡人烟稀少、田地荒芜，更可怕的传统文化的失落、精神的无可寄托和皈依。李进祥（回族）《带着男人去北京》（《民族文学》2015年第8期）中的女人，“用包给自己开道，用自己给男人开道”，以柔软克化着坚硬，用善良迎接着苦难，用忠贞涤荡着淫邪，那种温软而坚韧的精神力度和道德力量，朴实无华而又震撼人心，散发着人性的温暖光亮。王华（仡佬族）的《生计以外》（《民族文学》2015年第11期）看似荒诞，实际却是我们生活中时时刻刻上演的活剧。新生代的农民渴望被城市接纳，但社会生活方方面面的鸿沟使得生存、尊严等完全沦丧，甚至付出生命的代价，也无法融入他们曾经用双手建设过的城市。小说散发着浓烈的疼痛感，让人欷歔，也让人深思。

散文表现这一主题的代表作品有《上瑶山记》《加达村：最后的从前》《当花瓣离开花朵》《空穴来风》《昨天的太阳当头照》《邕城的三个雨天》《边桥书》《无处不在的神灵》等。冯艺的《上瑶山记》（《民族文学》2015年第1期）是一篇向费孝通王同惠夫妇上瑶山壮举致敬的佳作，也是一篇向大瑶山寻找精神抚慰的美文。“我”在城里的单位遇了“事”，恰好电视播放《遗爱大瑶山——费孝通·王同惠》的纪录片，“我”被费孝通王同惠夫妇矢志不渝认识中国社会疗治乡土中国的献身精神深深感动，遂同感动得泪流满面的女儿、13岁的外甥女小雪等一家人夏天登山了大瑶山。大瑶山群山逶迤、层峦叠翠，是绿色的海洋。置身其中，神清气爽，心旷神怡，都市生活的忙碌挤压，精神的萎靡污浊一挥而去。它白云横岭、路径艰险，轻装即有蜀道之难。当年费孝通“一度探视，高山仰止，辟草莽，开路而前”，跋深林，渡溪涧，进瑶寨，调查瑶族的社会组织、宗教信仰、家庭结构、生活习俗，为瑶族扬名，为乡土中国立言。踏入大瑶山，原来纸上熟悉的费先生夫妇如在目前，“他们内心的洁净与勇敢，为理想而献身的执着”，于“惶惶然于杯水之争”的“我”，不啻是“精神的朝圣”，更是灵魂的洗礼。“我”笔下的大瑶山和费孝通夫妇，将自然与人文的精神融为一体，使得这座南国峻峰洋溢着无尽的自然之美，又充满了灿烂的人文之光。嘎玛丹增（藏族）的《加达村：最后的从前》（《民族文学》2015年第5期）走进了一个叫加达村的古老村庄。这个村庄的盐田已有1300年的悠久历史，是澜沧江流域规模最大、保存完好的古盐田，也是世界上唯一活着的手工盐场。“我”受旅游开发商的委托，前往加达村作前期的旅游规划勘踏，企图将其打造成西藏东缘第一人文景区。然而“我”踏上这个村庄以后，心里却忐忑不安，担心“旅游时代的策划与勘踏，则把无孔不入的现代性诱入这片净土，即将可能改变着古朴的自然生态与承续的人文精神”。他想起了自己到过的念青唐古拉山下的纳木错，想起了无数个这样的开发带来的祸患——“现代文明对原生文化的强迫和速毁，完全和我们的愿望背道而驰”。现代化不仅打破了他们的传统生活，破坏了文化的多样性，同时也驱走了当地居民淳朴自然的天性，唯利是图的商业化甚至激发和扩充了其人性中“坏”和“恶”的一面。其不由得反思当下的城镇化，“建造美丽新村的画饼，正在中国农村铺天盖地，赶牲口一样把人圈住在一起。在我看来，如火如荼的城乡统筹，实为变相侵占农民的生态空间，在事实上祸害了人和大地世代相生相惜的亲密关系”。不唯如此，“我们漂泊的精神，不仅无岸可依，也面临残酷的现实困境”。在精神贫困的黑夜里，无家可归的心灵，纸上还乡也不过自欺欺人罢了。作者的焦灼、纠结、疼痛，不仅仅是对家园的守护、对精神的呵护，也是对历史的敬畏和未来的提醒。这份记录，正如责编在手记中所言，“已成为了历史与未来的一个部分”。朝颜（畲族）《当花瓣离开花朵》（《民族文学》2015年第3期）的故乡记忆则由桂花的香味引出。城市里的桂花树越来越多，香味却越来越淡。内心深处的那颗遥远桂花树盖因年代久远，香味愈来愈浓，那不仅是一棵树，也是一个村庄，一份青春成长的记忆，一个精神上的原点。阿微木依萝（彝族）的《空穴来风》（《民族文学》2015年第8期）关注城市底层的生存者，蜘蛛人、小乞丐、外出务工者等都被涂上了色彩，并被赋予体温和灵魂，带给我们真挚的感动。这些散文以温润的感情、在场的姿态讲述了家乡风土人情和人事变迁，体现出对人文乡村的深度缅怀和自觉的文化意识，具有深刻的人类学价值和深远的文化意义。

抗日记忆的正义书写

2015年是抗日战争暨世界反法西斯战争胜利70周年。从历史深处唤醒惨痛的民族记忆，纪念为了正义与和平而献身的英雄，纪念那段血与火的历史，让世人以史为鉴，从悲壮的历史中汲取精神力量和智慧，爱好和平、珍惜当下的美好生活，成为文学写作的重要主题。众多杂志开辟“纪念中国人民抗日战争暨世界反法西斯战争胜利70周年”专栏，陆续刊发各族人民关于抗战题材的作品，警醒人类不能遗忘过去的战争历史和悲惨教训，应以最大的努力阻止战争，维护人类的和平。正如《民族文学》在抗战专刊的“编者按”中所言：“七十年过去，壮烈的抗日战争的硝烟早已散尽。但是，生活在和平年代的我们必须记住，在我们脚下的这片土地上，曾经发生过侵华日军惨绝人寰的大屠杀，更发生过中华各族儿女可歌可泣的正义奋战。抗日战争的伟大胜利洗刷了自1840年鸦片战争以来，帝国主义列强强加在中华民族头上的屈辱，成为中华民族由衰败走向复兴的历史转折点，是伟大民族精神的永恒丰碑。”

新中国成立以来，少数民族作家从未停止对抗战记忆的搜寻与再现。在纪念抗战胜利70周年之际，更多的作家拿起笔来，记录、再现、反思这一场惨绝人寰的血腥战争，书写正义，歌颂人民，塑造英雄。86岁高龄的部队作家马自天，创作了回族同胞英勇抗战呼吁和平的中篇小说《小亲亲》，耄耋之年的诗人马瑞麟创作了《题滇西抗日战争纪念碑》《巍巍长白山滔滔鸭绿江》等诗篇。长篇小说《折花战刀》，中短篇小说《轰炸》《白马巴图儿》《舅母的爱情》《小亲亲》《鸟弹弓子不打鸟》《悬案》《绝无仅有》《马肉》《姥爷的非主动抗战》《归还兵》《一顶礼拜帽》《雪峰山轶事》《永远的军屯》《神石》《你在背后望着我》等，“重新有种回到现实主义和崇高风格”，“个体叙事中努力将创伤记忆转化为人文遗产，从中阐发历史镜鉴与抒发现实关怀”，从不同视角反映了那一个血与火交融的惨烈时代。

陈铁军（锡伯族）的《轰炸》（《民族文学》2015年第8期）是一篇不可多得的佳作。住在开封电话局洋楼后面卖“绿豆丸儿”的马长喜，收养了流落街头的日本小孩吉田一郎，改名为门鼻儿。马长喜将自己的手艺传给门鼻儿，使他成为“绿豆丸儿”的传人。门鼻儿的舅舅须藤找到他，让他为日军搜集情报。门鼻儿感激马长喜的养育之恩，在养育之恩和日本的民族感情之间，他选择了前者。一次偶然的机会，他从舅舅那里知道了躲掉轰炸的标志——红色十字架。在日本轰炸开封的时候，他用红薯做出红色的十字架标志，使国军十二集团军的通讯处所在地电报局大楼免于轰炸，也保住了半条街的人命儿。但他自己却以叛国罪，被开封日本军事法庭判处死刑。临死前，他充满了悲愤，喊出的不是豪迈的口号，而是大家没想到最平常的话语——“人们看到他仰着脸，喉结上下滚动着，似乎想高呼一句什么话。围观的开封人都期待着，门鼻儿，在他生命的最后一刻，能喊出一句壮怀激烈的话语。没想到，他嘴张了几张，终于喊出的一句话竟是——‘丸子——热咧！’” 吴刚思汗（蒙古族）的《白马巴图儿》（《民族文学》2015年第9期）讲述了蒙古族英雄巴图尔抗日的故事。巴图尔起先依靠自己的勇武有力独自杀敌，后来加入了抗日连队，成为一名骁勇善战的抗日英雄，最后壮烈殉国。小说将蒙古族的民间传说、文化历史融入到小说叙述之中，悲怆厚重，十分耐读。龚爱民（土家族）的《舅母的爱情》（《民族文学》2015年第12期）。“我”的舅舅在湘西剿匪时，患上了可怕的肺结核，去长江边上的一所康复医院医治。日本籍的护士班长兼代子温柔善良，对工作、对伤病员，都充满了热情。因为是日本人，她遭到了杨营长等中国军人的厌恶。相貌英俊、气质超逸的舅舅体谅赞扬兼代子的工作，两人很快相恋。兼代子的哥哥和父亲都在战争中死，母亲带着三个妹妹艰难度日，日夜盼着她回去。舅舅不愿做爱情的奴隶，陷入极端矛盾之中的兼代子在舅舅的劝说之下，留下“你等着我，我一定回来找你！”的约定黯然回国，开始了一生的等待。舅舅病情恶化，很快去世。临终前，他给兼代子留了一封信。因为深爱着我的舅舅，这个痴情的日本女子一生未婚，写字桌的镜框上，精心镶着舅舅用钢笔书写的“两情若是久长时，又岂在朝朝暮暮”。这个温柔、善良、美丽的曾为慰安妇的日本女子，用爱情战胜了战争的丑恶，用人性洗涤干净了一个民族的污秽，那份柔弱中的倔强和执着充满了人性的光辉，给我们带来灵魂的震颤。马自天（回族）的《小亲亲》（《民族文学》2015年第11期）中，女儿吉田秀莲被没有人性的父亲吉田宽夫杀伤，得到中国亲人的照顾，她才转危为安。为了避免被搜山的日本兵发现，吉田秀莲和好多男孩子都被剃头，伪装成小男孩。人性、宗教战胜了军国主义的血腥屠杀。段久颖（满族）的《鸟弹弓子不打鸟》（《民族文学》2015年第12期）塑造了一个另类英雄宋鸟鸟。他又傻又憨，有一股蛮力，玩得一手好弹弓，在李老汉的动员下参加了游击队，两颗手榴弹炸了敌人的炮楼，却因为杀人升不了天坐在地上哭闹。他好勇逞强，在盗窃军火库时被哨兵发现，中弹牺牲。这样一个又傻又憨的英雄，在抗日英雄的人物画谱里，可谓是一个独特的创造。王跃斌（满族）的《悬案》（《民族文学》2015年第9期）中的抗日英雄吴江，不愿死在“自己人”的枪口之下，最终选择了飞蛾扑火、与敌人同归于尽的壮烈方式。这个形象，一定程度深化了千篇一律的抗日书写，丰富了抗日英雄的形象。正如责编所言：“说实在的，我更愿意看到的是抗日的万众一心、同仇敌忾，是英雄的群像，而不是吴江这样一个带着浓郁悲剧色彩的孤胆英雄。可是，想到杨靖宇、赵尚志、赵一曼等几乎所有抗联英雄都死于叛徒汉奸的出卖，想到伪满洲国一百多万之众的为虎作伥的伪军等等史实，我终于理解了作为以写抗联而著称的作家王跃斌，塑造吴江这一人物的深意，理解了‘中流砥柱’的真切含义？……” 王向力（蒙古族）的《绝无仅有》（《民族文学》2015年第10期）讲述了抗日土匪肥龙的故事。肥龙率领的一帮土匪以大森林为家，他们野性十足，好酒好赌，但在抗日的事上毫不含糊。在他们看来，“即使当土匪，也要爱国，不爱国的土匪，不算像样的土匪。赶走小日本，是每个中国人的本分”。 小说通过曾为肥龙部下的姥爷来讲述，生动诙谐，但一些情节过于突兀。如鬼子川崎经过镇山好一事后，携妹妹两人也入伙当了土匪，和肥龙一道抗日，打日本鬼子。小说写到，连围剿队长都很惊讶一个日本皇军为什么当土匪，这个关键，小说没处理好，很难令读者信服。

纪实文学也涌现出了一大批优秀作品。金学铁（朝鲜族）的《到太行山》（《民族文学》2015年第9期）讲述了抗战期间，与中国人民并肩作战流血牺牲的朝鲜民族革命者金学武的故事。金学铁是战争的亲历者，他“并未用过多笔墨描写残酷壮烈的宏大场面，而更专注于对抗日壮士们的心灵探索”，金学武谦逊好学，沉静温和，即便在硝烟弥漫的战斗场景中，他也能泰然自若，守住自己内心的平静和安稳。作者“用丰盈的日常生活细节，勾勒了这样一位有君子之风的英雄形象。他的非凡勇气来源于坚定的信仰、胜利的信念、对和平的向往和对亲人、战友们的大爱” 。即使今日读来，我们亦能感受到其有信念、有力量和有大爱的人格魅力。

近年来，关于湘西抗战、远征军的非虚构写作颇为流行，也出现了大量的影视作品。曾经一度“因为种种原因不太为一般读者所知的国民党军队、民主人士、地方豪强以及协约国参与的中国抗战这一历史侧面也因而得到了更多的言说。不过，值得注意的是，反拨既有意识形态话语很容易重复单一性的思维逻辑，容易走向另外一个极端，即片面强调国民党正规军队和美化诸如美军等‘友邦’的功绩，而忽略了中国本土地方性以及民间力量所作出的贡献” 。《热血长歌——滇西多民族抗战纪实》和《慷慨同仇日间关百战时——李根源滇西抗战岁月》细致梳理了乡土和民间的多元力量以及被遗忘的抗日民众的作用，对此前的非虚构写作无疑具有补苴罅漏的作用。李贵明（傈僳族）的《热血长歌——滇西多民族抗战纪实》（《民族文学》2015年第9期）回顾了湘西多民族抗战的壮烈历史，既有全局性的概览，也有各个时期、各个战场和各个部门的细致还原，突出了国军、共军、英美同盟、地方政权、民间力量之间的对比互补，以丰富的史实、翔实的数据和生动了细节，全貌再现了湘西儿女如何用鲜血和生命维护民族的尊严，守卫国土的感人情景。陈永柱（白族）的《慷慨同仇日间关百战时——李根源滇西抗战岁月》（《民族文学》2015年第9期）讲述了李根源在滇西领导抗日的故事。李根源早年参加同盟会，曾担任国务总理。淞沪会战爆发后，他在苏州参加了一系列抗日活动。日军由缅甸进入滇西后，滇西儿女奋起杀敌、英勇抗日，一寸河山一寸血，涌现出了许多英雄人物。李根源当时已经64岁，且身患重病，在民族存亡跟前，他主动请缨赴战，亲临前线指挥，在军心动摇、民心惶惶的危难境地中，他稳定人心，鼓舞士气，对滇西全民抗战形势的形成，起到了至为关键的作用。李根源爱国家、爱民族、爱人民的丰功伟绩和高尚人格，是炎黄子孙弥足珍贵的精神资源。散文中亦有不少优秀之作，如王俏梅（回族）《曳着一条红色的光》、高深（回族）的《国家的记忆》、田均权（侗族）的《芷江“受降坊”》等，“普遍有着超越于族群认同之上的国家认同，却又对个人在历史洪流中无常命运充满同情，一再体现了通过文学正义重新赋予历史正义的冲动” 。这些抗战书写，以”文学正义书写历史正义”，集中体现出以下三个方面的特征：“一是注重发掘那些曾经被遮蔽的边缘历史，让不能发声的群体得以浮出历史地表，给予其在历史场域公正的辩论机会；二是不仅仅单方面控诉侵略者、殖民者、帝国主义者的罪恶，同时也进一步反求诸己，反思本土的‘国民性’弊病及文化的不足之处，让历史主体在理性的天平上进行博弈；三是在历史叙事中呈现浓郁的现实感，让过去、现在、未来不再是线性进化论链条中的某个节点，而是让它们成为开放性史观中平等对话的对象，即唯有我们在现在做好清理工作，充分认识到历史可能在未来重演，那才有可能避免‘历史的诡计’与历史戏剧化的重复。”

民族文学成就的集中展示

新时期以来，少数民族文学取得了丰硕的成就。它们既立足民族书写又拥抱世界，既为故乡而歌又与祖国同命运共呼吸，既能“坚守着本土的精神，又熔全球性、现代性、传统性于一炉”；既能“潜行于历史深处，又光照着生命的灵性与民族的暗语”。正如包明德先生所言——“随着更加开阔包容的社会环境与文化环境的出现，各民族被遮蔽的特质、记忆、向往与想象得到新的抒发与张扬。我国少数民族作家以他们的民族气质、文学感悟、人文良知与勤奋劳动，创作出大批优秀的作品。这些作品，见证了当代中国发展进步与文明开放的脚步，也拓展和扮靓了中国的文学版图。这些作品中所充溢的文学精神和艺术品格，为中国当代文学注进了鲜活的基因，从而增强了综合创新、发展繁荣的艺术张力，也增强了我国各民族的文化认同感和凝聚力。同时，也为民族文学理论与创作的探索飞跃提供了新的基础、起点与可能。”因而，集中展示少数民族文学取得的成就，激励少数民族作家深入生活、扎根人民、反映时代，不断拓展民族文学的版图，具有重要的文化价值和深远的文学意义。

文学“桂军”沉稳而扎实，但由于地处偏隅，这些年虽有较大成绩而影响有限。《民族文学》2015年第1期隆重推出《广西中青年作家专号》，体裁包括小说、散文、诗歌，既有黄佩华、凡一平、冯艺、李约热等知名作家，亦有崭露头角的文坛新锐，集中展示了“桂军”的队伍阵容、南国风采与文学气象。这种气象的突出特点是“队伍齐整、精神振作，是一种饱满和向上的状态，表现出求新、求变、求突破的努力，所有这一切无疑来自良好文学生态的养成，高昂而求实、沉潜而奋发，立足传统、展望未来，所有一切同样是从作品字里行间体现出来的”。黄佩华的笔记体小说《驮娘河记》将神话传说、历史故事和现实生活融汇起来，手法老辣，极富民族特色。凡一平的小说一贯重视故事性和传奇性，《寻枪》和《理发师》最见特征。他的《沉香山》写的是1943年春，一群法国逃兵，他们在越南遭到日本军队的袭击，伤亡惨重。壮族姑娘文秀好奇这群眼睛深蓝的法国兵的外貌、举动以及投掷球类的游戏，法国兵也被壮乡姑娘的美丽和彩色的裙摆所吸引，投以“带有热量的笑”和喜欢的神情。十八岁少女韦文秀与法军人凯文相爱，同村少女阿娟也爱上了另一法国军人阿猫。战争结束后，法国兵回国，留下了已有身孕的阿娟。阿娟选择自杀，死后，小孩小阿猫由文秀代为抚养。后来“文革”期间“右派”苏岩夫教孩子读书，与文秀渐生情愫，但文秀选择苦等法国兵，拒绝了苏的爱意；小阿猫长大后参加高考，因丢失录取通知书而未入学；回乡途中他救寻死女，极轻易地当了此孕女的丈夫，不假思索；女儿长大，因给老人治病急需用钱，和老师签订代孕协议。经历一番波折，最终文秀获悉凯文早死了，她终与苏走到一起。这个中篇在题材上有开拓意义，传奇色彩也很适合拍成热门影视，但作品只有个故事架子，像是个剧本梗概，缺少有意味的细节，受影视文化影响明显，充满镜头感，又拉得太长，剪裁不够。李约热的《你要长寿，你要还钱》寓沉痛悲叹于幽默风趣的叙事之中，深刻地揭示出市场、金钱对亲情、人心、道德和信任的腐蚀。陶丽群的《柳姨的孤独》孤独、神秘、安静，颇有女作家麦卡勒斯小说的韵味。杨文升的《需要所有人等待》围绕着一个金耳环的传奇，逼真再现了边区小镇生活的纷繁复杂和人情的冷暖摇摆。散文中，何述强的《时间的鞭影》通过回溯童年的一件小事，用文字的隐秘之境呈现时光镌刻在记忆深处的感伤、感动与感念，质朴自然而又感人至深。严风华的《回望》眺望童年，故乡、故土、亲人的质朴而温暖的点点滴滴，慰藉着漂泊与寓居的感伤，让灵魂安妥下来，让我们"渐渐安详下来"。同时推出的还有黄土路、石才夫、雪萍、费城、黄芳、荣斌、石才来、十月、覃才等11位中青年诗人的11个组诗以及33位大学生的诗作，比较完整地呈现了广西诗坛的面貌。黄土路的《母亲》，"实现了对人性的深度的开掘，打开了一个进入早亡母亲灵魂的通道，从而提供了对母亲理解的一个带有疼痛感的、幽暗却可以辨析的脉络"。石才夫的《去红一家吃饭》，"在看似寻常的絮絮叨叨中，实现了口语的心灵化呈现，使毫无生气的庸常琐事，在智性的掩饰中，实现了对人与人不能割舍分离的、一次平静朴实的表达"。这33位大学生的诗作，虽显稚嫩，但文字精雅、意象鲜活、个性鲜明、形式独特，真挚的情感和着心声，显示出较好的写作潜质。

《广西中青年作家专号》表明，文学"桂军"已经不满足对本土生活的浮泛化记录，而是力图开掘深层次的问题。这些作品"在审美对象中突出民族的生活方式、民族情怀，以此抵御本土文化被所谓的强势文化同化和瓦解。这是一种可贵的自觉担当"。他们积极思考现代化、城镇化中的现实生活和时代命题，通过审美对象的文学化，拷问生活的疑惑、生命的价值以及存在的意义，并以自己独到的审美形式呈现出来，和读者形成对话和交流，表现出浓郁的现实关怀、鲜明的民族特征和严肃的反思精神，形成了极富地域色彩、民族色彩和反思精神的审美特质，形成了立足传统、扎根现实、厚积薄发、锐意求变的文学传统，成为中国文学版图上极其重要而又色彩斑斓的一隅。当然，这种思考和探索依然有着一定的限度，有着很大的开拓空间。

2015年9月，"新时期中国少数民族文学作品选集"达斡尔族卷、鄂温克族卷、鄂伦春族卷出版发行，这是三个人口较少民族文学成绩的一次巡检，同时也为其发展和研究注入了强劲活力。这些民族有着悠久的口头文学传统，书面文学直到新时期才得以形成，但所彰显的巨大能量和惊人魅力在当代文学中影响甚大，如李陀、乌热尔图等人的创作，成为当代文学中的重要作家。2012年第五届全国少数民族文学创作会议召开之后，中国作家协会隆重推出"中国少数民族文学发展工程"，"新时期中国少数民族文学作品选集"为其中之宏大项目，计划出版作品55种60册，该丛书最终收录了2218位作者的4279篇作品，涉及小说、散文、诗歌、报告文学、影视剧本等多种体裁，完整地呈现了新时期中国少数民族的文学面貌。随着达斡尔族卷、鄂温克族卷、鄂伦春族卷的出版发行，"新时期中国少数民族文学作品选集"顺利完成，集中展现了中华文化生态的多样性和民族文学的生动现场。2015年10月，《民族文学》第三次（前两次是1997年和2012年）以专辑的形式刊登人口较少民族的作家作品。这次集锦了13个人口较少民族作家的作品，主要有鲁玉梅（土族）的《苍生》、肉孜·古力巴依（塔吉克族）的《冰山之恋》、程向军（鄂伦春族）的《墩王》、莫景春（毛南族）的《村里的那些事儿》、伊力哈木·赛都拉（维吾尔族）的《楼房里的老人》、马明全（撒拉族）的《致撒拉尔的孩子》，比较全面地呈现了人口较少民族的文学创作情况，一些被长期忽视的民族的神话、传说、历史、文化以及记忆等被发现或者得到抒发。这其中既有用民族母语创作翻译成汉语的作品，也有直接用汉语创作的作品，这些交流和互动，增强了不同民族的文化和文学交流，也共同形成了民族文学丰富多彩的审美格局。这些文字"既展示了不同风貌的地理环境、文化土壤与民族性格，又传递出人类共有的对故土家园的深沉情感，对真、善、美的坚守与渴求。更令人惊喜的是，较之以往熟识的名字，我们看到了很多新鲜的面孔，他们用自己的笔坚守着本民族最单纯美好的精神传统，传承着奔腾不息的梦想与希望"。正如刘大先在《新时期中国少数民族文学作品选集·鄂温克卷》后记中所说的"小民族大胸怀，小文章大关怀，小叙事大境界"。通过这些专辑，"我们见证了很多民族第一代作家的诞生与成长，记录了这些民族作家文学的觉醒与崛起。这串足迹，不仅丰富着中国文学的内涵、拓展着中国文学的版图，更超越文学范畴，产生深远的政治、经济与文化意义"。

结语：少数民族文学发展的历史新机遇

2015年的少数民族文学创作，坚守民族文化立场，弘扬中国文学精神，以敏锐灵动的笔触，展现现代化进程中的民族文化、原始生态、现代生活的矛盾、冲突和焦虑，呈现了复杂多元的文化样态、时代感受、人性拷问、生存思考和审美追求，有不少作家能够超越对当下现实生活的摹写，能够在民族文化中寻找安身立足的精神资源，表现出形而上的品质、理想主义的追求。一部分作家在文化追求上实现了从自发到自觉、无意识到有意识的转变，表现出良好的写作潜质。与此同时，各民族作家在创作上也呈现出一些明显而严峻的问题，可归纳为以下几点：一是写作的同质化和类型化问题严重，从内容到形式都表现出严重的重复化。就内容而言，流于民族文化、民族传说和民族风情的展示，不能有机地化为自己作品的一部分，或者限于生活现象的报告展览，缺乏深刻地思考和独到的呈现，数量众多但质量不高，诗歌和散文相对比较发达，小说、戏剧等文体发展相对滞后。二是在如何表现民族性、民族文化和地域性等方面思考不够，如不能简单地用民族的东西拒斥现代的东西，也不能用现代的眼光拒斥民族的东西，理性的分析和严肃的反思缺乏，二者之间的复杂关系以及在其他诸多层面表现出的复杂性没有表达出来，"如何在继承传统的基础上进行开拓创新，少数民族作家是走出民族还是回归民族，都是少数民族文学发展需要解决好的问题"。三是民族作家如何在新媒体时代寻找自己的领地，在不丢失传统、立根乡土的情况下，又能具有视野的现代性、题材的新鲜性、方法的多样性，创造出一个新的民族文学的传统。如果仅仅局限于本民族的文化，不能将个体经验和族群文化置于广阔的历史语境中，“如果只是聚焦于本民族的小视野，而不关注他者的文化、总体性的社会变迁，则很容易落入‘你不关心别人、别人也不关心你’的陷阱。”四是少数民族文学与文化一直不太受重视或者被忽略，尽管各级政府和文化部门不遗余力地予以支持和扶助，但“因为长久以来的文化惯习和‘文明等级’潜移默化的影响，它始终处于一种尴尬的位置”，很难取得主流价值观念和文学话语的认同。其实，“这并不是因为少数民族作家创作上的问题，而是在由‘文学格林尼治’影响下的既定教育系统中培育出来的批评者缺少知识储备和同情性的关怀。少数民族题材也往往缺乏商业性的价值，无法在市场上获得广泛的关注，所以它们难以赢得主流批评者、研究者的梳理与阐发，也很难作为一种国家性的文学知识进入到主流文学体系之中”。少数民族文学的优势在于民族性，“少数民族作家的写作激活了民族记忆，真正的民族性需要在独特的民族性中灌注普遍的世界性意义，作家的民族性应该具有国家意识和心怀天下的气魄”，深刻表现现代化中各民族的困惑、追求和执着。能否以现代的视野、开放的精神、创新的手法，开拓出民族文学新的写作路径和文学传统，为民族文学、中国文学乃至世界文学注入新的元素乃至贡献出佳作，成为今后民族文学创作的重要责任和历史使命。

2015年少数民族文学：文学使命的新实践

杨玉梅

回望2015年少数民族文学，依然令人欣慰喜悦。少数民族文学备受关注和重视，而且饱含文学使命感和自觉意识的少数民族作家远离喧嚣与浮躁，以一颗从容、沉静之心，沉思生活，扎根人民，为人民、为民族、为时代放歌，为心灵书写，保持了少数民族文学的勃勃生机，丰富和充实了中国文学的多彩画廊。

如55卷60册的“新时期中国少数民族文学作品选集”付梓发行，丛书共收录2218位作者的4279篇作品，第一次集中展示了我国新时期以来55个少数民族文学群星荟萃、精彩纷呈的辉煌成就；8卷本200多万字的“玛拉沁夫文集”出版，玛拉沁夫先生以其饱含独特民族文化底蕴和艺术特质的作品构筑起一座文学的丰碑；“回族当代文学典藏丛书”本年度出版了白平阶、白练、马瑞麟、木斧、白崇人、高深、李佩伦等26位作家的新文集，展现当下回族文学创作的新成就；鲁迅文学院已经成功举办22期少数民族文学创作培训班，培训了1000多名作家，为少数民族文学的发展积蓄了迸发的力量；2015《民族文学》年度奖揭晓，32篇（组）获奖作品集中体现了当前少数民族文学的创作状况和新收获。

抗战文学的历史记忆与现实思考

2015年是中国人民抗日战争暨世界反法西斯战争胜利70周年，一大批少数民族作家自觉通过文学的书写再现抗战历史，深刻揭示日本侵略者犯下的滔天罪行及其给中国人民带来的深重灾难，展现全国多民族抗战英雄和抗战群体进行的艰苦卓绝的奋战，谱写了一曲曲令人荡气回肠的英雄赞歌。

如傈僳族作家李贵明的长篇纪实文学《热血长歌——滇西多民族抗战纪实》主要叙述了滇西多民族人民抗击日寇的悲壮故事。作品内容翔实，史料丰富，以大量细节追叙了滇西各民族人民用生命和热血修筑滇缅公路和机场、支持中国远征军、开展地方游击战等感人事迹。白族陈永柱书写了《慷慨同仇日间关百战时——李根源滇西抗战岁月》，集中笔墨叙述腾冲籍云贵监察使李根源带病奔赴保山抗战前线，发动滇西军民奋起反抗，守住了怒江，遏制敌人向内地延伸的抗战伟业，在生死攸关的危急时刻，力挽狂澜，为滇西抗战胜利立下了汗马功劳。

日本731部队发动细菌战造成的瘟疫让索伦河流域乌日切村的鄂温克族面临着种族灭绝的危急，鄂温克族作家涂克冬·庆胜的长篇小说《萨满的太阳》真实再现了以牧民满嘎为代表的鄂温克族人民觉醒并走上抗战道路的过程。作者并没有把满嘎塑造成一个智勇双全的完美人物形象，而是让读者看到满嘎组织年轻的族人抗战的艰难的觉醒过程，展现鄂温克族人民的善良、仁爱和英勇。

苗族作家李家禄的长篇小说《大后方》洋洋洒洒80余万字，大开大合，气势恢弘，在广阔的时代背景下展现大后方各色人物、各种力量在抗战中的表现和较量。作品重点叙述了国民革命军陆军第102师辗转上海、贵阳、湘西、武汉、长沙等战场，前仆后继，进行殊死抗战的悲壮事迹，塑造了以副师长谷止戈为代表的贵州多民族军人死守阵地、慷慨捐躯的光辉形象。谷止戈与军医花静宜的动人爱情贯穿故事始终，既增加了故事的可读性与感染力，也生动表现了抗日英雄舍小家顾大家的爱国情怀。

中短篇小说中也多有对抗战历史的记录。如亲历过抗战的回族作家马自天，多年来通过文学追忆历史、呼唤和平。86岁高龄的他刚刚做完心脏和眼科手术就完成了中篇小说《小亲亲》。作品深情回望以马若愚阿訇、沙梅英等为代表的长江沿岸回族民众及抗日游击队的抗战岁月。小说从亲情切入抗战斗争，儿歌《小亲亲》首尾呼应，饱含浓郁的抒情意味，感人肺腑。

彝族作家吕翼的《冤家的鞋子》赞颂彝汉民族的共同抗日。作品构思巧妙，以一双精美的布鞋贯穿全文，层层铺垫讲述一个动人的爱情故事。美丽的少女开杏不幸被路过的夷人乌铁抢走，虽然得到百般疼爱，但是她心里只有情人胡笙。两个水火不容的情敌走上了抗战前线，成为生死相依、命运与共的亲密战友。开杏要将布鞋献给自己的最爱，可是残酷的战争夺走了胡笙的生命。当她接受了乌铁，乌铁却失去了双腿。两个青年抛弃个人恩怨，视祖国利益高于一切的行为，谱写了一曲动人的爱国主义赞歌，而布鞋的命运又让人在无限怅惋中控诉侵略战争的罪恶。

蒙古族作家王向力的中篇小说《绝无仅有》讲述东北“土匪”的抗日故事，阐释“土匪头子”的爱国情怀。小说视角独特，人物鲜活，情节曲折生动。

满族作家王跃斌自觉深入历史，探寻抗联英雄的足迹。短篇小说《悬案》真实再现了抗联一师政治部主任吴江的英雄事迹。吴江智勇双全，一次次带领部队打击日本侵略者，最后装成哑巴深入虎穴，孤身作战，成功烧毁侵略者的军火仓库，被捕后在原始森林和鬼子同归于尽。正是有吴江这样忍辱负重的爱国志士，有了他们顽强拼搏的牺牲精神，才有了抗战的胜利。其另一篇小说《马肉》揭发了鲜为人知的日本军国主义建立一〇〇细菌部队的罪行，还展现了以王二狗为代表的一些国民愚昧无知、贪便宜、没骨气等国民劣根性，启人深思。

还有回族作家阿明的《一顶礼拜帽》，真实再现了王阿訇、白先生、满爷等北京牛街回族各阶层人物进行的抗日斗争。蒙古族作家韩静慧的《姥爷的非主动抗战》以儿童视角探访姥爷为抗战付出了生命的历史；吴刚思汗的《白马巴图儿》以抗联英雄爷爷口述的方式叙述了蒙古族青年巴图儿家破人亡之后坚决抗战的故事。

抗战题材中，还有关于爱情的书写。如壮族作家凡一平的中篇小说《沉香山》讲述了抗战时期壮族村落两个美丽善良的女孩分别与两个法国军人的爱情故事。作品立足于历史，延伸到现代，赞美抗战时期超越国界的真挚爱情，展示了爱的超越性、渗透性，充满向善向上的感染力。

土家族作家龚爱民的《舅母的爱情》讲述一个匪夷所思的旷世爱情。主人公兼代子是一个日本女子，她作为护士照顾中国军人——“我”舅舅，两人相识相爱，生死相恋却并未能结婚。虽然后来兼代子回到了日本，舅舅病逝，兼代子还是为爱坚守一生，请求姨妈和“我”承认她是舅舅的爱人，甚至希望死后将骨灰运回中国，跟舅舅合葬。这份离奇的生死爱情，感天动地。

满族作家段久颖的《鸟弹弓不打鸟》叙述一个怕杀人的平民百姓宋鸟鸟成长为抗日战士的悲怆人生。蒙古族作家韩伟林的《归还兵》以傀儡兵为主角，揭露了日本鬼子的罪行。

抗战期间，也有许多朝鲜族革命者投入抗战，在武汉还成立了朝鲜族义勇军。金学铁的纪实作品《到太行山》（崔凤春译）书写了尹奉吉、金学武等朝鲜族英雄的抗日事迹。南永前的《清明纪事》追忆自己的家人及爱国诗人尹东柱被日军细菌战残害的历史，控诉侵华战争的罪恶。此外，还有王树理的《永远的军屯》、王开的《你在背后望着我》、王俏梅的《曳着一条红色的光》等散文，马瑞麟的《树与碑》、舒洁的《怀念辞》、黄松柏的《京华英雄》、杨启刚的《铭刻：血与火》、田冯太的《抗战祭》等诗作，或以亲历者身份追忆民族苦难，或叙述抗日英雄及普通百姓的英勇事迹，或睹物思人、借景抒情，表达对中国人民在抗日斗争中的英雄气概和爱国精神的颂扬之情，启示国人要铭记历史，勿忘国耻。

关于抗战历史的书写，还有很长的路要走。玛拉沁夫在《从历史记忆中汲取智慧与启迪》中写到：我们每一个作家，都应该以强烈的使命感和忧患意识，重温中华民族这段悲壮的历史，将它作为我们民族的集体记忆永远铭记。我们应该有更多的作家，继承发扬现实主义的优秀传统，歌颂在抗日战争中涌现出的成千上万的英雄，以鲜明的时代性、厚重的历史感，抒写中华民族万众一心、不怕牺牲、百折不挠、争取胜利的坚定信念，从中汲取智慧与启迪，获得开创未来的信心与力量。

民族历史书写的新收获

走进民族历史深处，激活民族历史文化记忆，记录民族历史发展，再现中华民族“你中有我、我中有你”的历史发展进程，反映民族从传统走向现代的曲折变革历程，是少数民族作家的自觉追求和使命。2015年度的民族历史叙事，又有了新的收获。

白族女作家景宜30多年来坚持深入生活、扎根人民，创作了一批反映民族地区发展变迁的优秀作品。2015年备受好评的影视作品《丝绸之路传奇》以新疆的传统丝质珍品艾德莱斯为切入点，以和田丝绸厂的改革发展为主线，生动再现了新疆从解放初到新世纪，从传统走向现代的波澜壮阔的发展历程，是新疆各族人民共同建设美好家园、共同走向繁荣进步的生动证明。

藏族作家次仁罗布的长篇小说《祭语风中》集中笔墨反映西藏1959年武装叛乱之后50多年的历史发展变迁。小说的主线通过主人公晋美旺扎从僧人到俗人身份的转变及其命运遭际，阐释藏族人的人生观、价值观，以及对苦难的理解和超越，对亲情的眷恋和对祖国的认同。辅线通过主人公晋美旺扎讲故事或者内心独白的方式叙述藏密大师米拉日巴历经磨难修炼得道的一生。两条线索交叉穿插，历史与现实交相辉映，呈现藏族人的生命形态与精神追求，以及自我救赎的艰难过程，是对民族心灵史和灵魂史的生动叙述。

回族作家于怀岸的长篇小说《巫师简史》通过隐藏在大山褶皱中的偏僻山寨——猫村——从清末至解放初期半个世纪的故事，讲述了湘西从传统走向现代的社会发展进程。作者没有渲染巫气和匪气的奇异性和神秘性，而从民间立场出发，从生活出发，展现山里人作为人所进行的生存斗争与命运挣扎，而且不局限于猫村和白水寨，还讲述了他们的后代子孙走出大山，走出湘西的故事，是中国普通的少数民族乡村融入中国革命历史的缩影。

藏族作家阿来的中篇小说《蘑菇圈》借助女主人公斯炯的命运展示1955年至今70多年间机村的发展变迁。机村不仅是一个藏族村落，也是全国千千万万乡村的代表，它在工作组的指导下走进社会主义，和祖国同呼吸、共命运。小说以斯炯的蘑菇圈在饥荒年代帮助村人渡过难关，到最后蘑菇圈被商人毁灭而结束，生动展示了机村及整个社会人心的变化，塑造了斯炯的宽容、善良、勤劳、热爱自然、尊重生命等民族精神。作品叙述精练，语言质朴，内涵丰富。

藏族作家万玛才旦的短篇小说《普布》虽然跨越西藏民主改革前后两个时代，但是作品重点叙述民主改革前主人公普布跟饥饿作斗争的流浪生活。普布善良、真诚、勤劳，“吃饱饭干活”是他唯一的追求，可是各种灾难使得他无法吃饱饭，最后还被当成罪犯而被关押。民主改革后，普布被释放，可以多吃饭了，可是普布却吃不下饭，总是担心没粮。这部扎根于大地和人民的小说，通过普布的命运揭示西藏民主改革前奴隶的不幸命运，是对历史的生动解读，具有深远的现实意义。

回族作家李进祥的《讨白》是一篇视角独特的关于革命历史故事的短篇力作。小说主人公锁拉西和马亚瑟是战友，一起革命，可是后来红军走了，自治政府散了，马亚瑟坚持革命，而锁拉西却脱离了革命，娶妻生子过上普通人的生活。小说以12年后马亚瑟终于找到了锁拉西展开故事，通过简洁的对话追忆历史，描述锁拉西的家庭生活，平静背后是人物内心激烈的矛盾斗争。结局出乎意料又在情理之中，意蕴悠长。

壮族作家黄佩华的短篇小说《驮娘河》以笔记体叙事方式讲述历史艰难岁月与动荡时期的民间生活，反映驮娘河畔历史长河中人们的生存之道与民间智慧，蕴含着大智若愚的幽默和独特的民族文化韵味。傣族作家张新祥的《召婻勐》截取傣族历史的一个片段，叙述召婻勐在面临种族灭绝危急之时的顽强与镇定，展现了召婻勐的巾帼英雄风采和爱国主义精神。回族作家冶生福的短篇小说《马尔撒和扎西才让》生动描述了一个回族家庭和一个藏族家庭三代人患难与共的历史。回族人用牛角刀，藏族人用藏刀，而它们都是同一个匠人用钢与铁两种材料锻打而成的，以刀喻人，以刀象征回、藏两族人民亲如一家。

土家族作家叶梅的散文《公主海渡》，源自于她在泉州深入生活时听到的一句话，说元朝有个公主从泉州远嫁到波斯王国。作者查阅大量史料，查阅到了“元朝公主阔阔真远嫁波斯，成为伊尔汗国一代王后，在那里生儿育女，扶佐夫君，使其王国鼎盛”的记录。一个被湮没在历史尘埃中的千古佳话，在作者的笔端流淌，在精美的文字中复活，让读者得以看到公主远嫁的缘由、海渡的壮观景象和行程的艰难，感受到元朝时期的中国气派、中国精神和世界情怀，令人思绪万千。

龚爱民的报告文学《一九二八年的情歌》深情讲述贺龙家族为中国革命付出的牺牲和作出的贡献，颇为详细地叙述红军师长贺锦斋的英雄事迹以及遗孀戴桂香矢志不渝、忍辱负重、命运多舛的一生。

白族作家陈永柱的《大小凉山剿匪记》回忆解放军第十四军四十二师一二五团历经千辛万苦，以血汗和生命为代价，赶赴大小凉山高山密林中消灭残匪、平息武装叛乱的艰难历程，歌颂革命战士的英勇顽强，深刻说明凉山多民族同胞和平、幸福生活的来之不易。

白族作家那家伦笔耕不辍，《弥渡，不悔的青春岁月》真实记录了1958年作者所处的昆明军区血吸虫病防治大队在云南弥渡县为防治血吸虫病而忘我战斗的日日夜夜，青春的付出与奉献，医生的仁爱和顽强，谱写出一首青春无悔的壮歌，真实感人，激励人心。

现代生存境遇的真实记录

民族地区丰富多彩的现实生活和悠久厚重的民族文化，为作家创作提供了丰沛的源泉，为少数民族文学开辟了广阔的发展道路。少数民族作家坚持现实主义创作态度和方法，直面民族地区的变革现实，反映群众的生存状况及精神面貌，发现生活的新问题和新动向。

哈尼族作家存文学的中篇小说《独龙江的麦子》生动展示独龙江畔高黎贡山深处独龙族人民的生存现状。作品以女主人公阿布秀及其家庭命运为中心，辐射到对整个古老民族发展状况的描述。阿布秀的爷爷为了改变独龙江人祖祖辈辈只能吃苞谷的命运，种了一季又一季麦子，然而，最后只留下半袋种子抱憾离世。阿布秀的父亲被毒蛇咬死，阿布秀把上学的机会让给弟弟阿龙，阿龙却在放学回家路上被狂风暴雨卷入独龙江，只剩下她和阿妈相依为命。阿龙的班主任李苍山自愿到山寨里教书，并且娶了美丽善良的阿布秀为妻。作品以深入生活的两位作家夫妻的视角观照生活，真实生动。他俩从都市带来了麦面粉，在阿布秀大喜之日为村人蒸出了香喷喷的馒头，寄寓着作家对独龙江百姓的深切关怀和对未来的殷切期望。

阿来的中篇小说《三只虫草》以少年桑吉的追梦及其挖到的三只虫草的命运遭际为线索，展现草原牧民的生存状况和世态人情。小桑吉热爱学习、孝敬父母、勤劳刻苦，有担当有追求，坚守信仰，令人动容。作品叙述清新自然，举重若轻，意味深长。

亲情的故事也折射出时代的发展和社会价值观念的变化。如《民族文学》年度奖3篇获奖小说，壮族作家李约热的《你要长寿，你要还钱》以简洁生动的语言叙述野马镇杜枫、杜松兄弟俩受蛊惑投资入股被骗，导致亲情的破裂，兄弟告兄弟，杜枫被迫用房子抵押债务。杜松看到年老的落魄的居无定处的杜枫，于心不忍，最后到杜枫租房处请他回家，说到："你要长寿，你要还钱。"全文充满黑色幽默和讽刺意味。满族作家周建新的《箧梁父子》通过梁氏父子对为国捐躯的梁姓200多名英烈护祠守坟的不同态度，揭示时代嬗变给独家守坟习俗的巨大冲击。维吾尔族作家阿拉提·阿斯木的《渴望鸟》通过女主人公好姑娘的爱情悲剧批判爱情的欺骗和不忠给家庭带来的悲剧，以虚拟存在的渴望鸟象征真善美，充满劝诫意味。

回族作家白崇人的短篇小说《猫村》表面写猫，实际以猫暗喻民族传统文化。果家店村在宋朝就有"狸猫换太子"的故事，养狸花猫已有1000多年的历史，可是如今，更名为"猫村"的村子不再有狸花猫，只有无法捕鼠却能挣钱的外国猫。传统猫已经在"猫村"灭绝的事实，启人深思。

毛南族作家孟学祥的中短篇小说集《惊慌失措》，通过乡村儿童少年的生活故事反映乡村城镇化、农民外出务工等时代变革给乡村带来的变化，一个个或充满温情或隐含着疼痛的故事背后弥漫着乡村远古文明渐走渐远的感伤。仡佬族作家王华的长篇小说《花村》、苗族作家向本贵的中篇小说《金银花殇》对当下乡村的生存状态进行生动描摹，从女性命运视角揭示乡村出现的新情况与新问题。乡村留守女性缺乏爱的寄托而出现的种种情感危机、人性的蜕变与道德的错位，老人与儿童经受的生存苦难与精神焦虑，呼唤乡村人文精神的重塑和传统美德的坚守。

蒙古族作家海勒根那的短篇小说《骑手嘎达斯》叙说贡诺尔草原上最好的骑手嘎达斯的生存困境与精神追求。他骑着说书人赠送的云青马从兴安岭一路向西，去寻找传说中圣祖的两匹骏马，最后在阿尔泰雪山找到了两匹白色的骏马。骑手死后，魂归故里，告诉世人圣祖的骏马还在，蒙古人的神驹将永生。作品以奇幻与写实相结合的手法，展示了作者独特的艺术想象与文学对生活的超越。蒙古族作家肖龙的《英雄》讲述了一个以狩猎为主要生计的蒙古营地被开发为高尔夫球场，村民们住进周转房后的各种生存状态。穷困潦倒的老猎人巴特尔，穿着猎装握着木头制作的枪行走在球场，被当成一道风景。英雄的故事也只在银幕中存活。如何面对和适应新时代，做新时代的英雄，是每个人都需要思索的问题。

苗族作家何炬学的《葬礼上的红公鸡》以一只在葬礼上被祭杀的公鸡的眼光和心思，描写妻子在丈夫葬礼上的矛盾和愧疚心理。哈萨克族作家朱马拜·比拉勒的《黑驼》细致描绘黑驼的成长历程，通过黑驼与人、与同类之间的争斗展示人与自然的复杂关系，表现自然生命的顽强，充满对自然的敬畏之情。满族作家刘荣书的《晚香》讲述社会底层人物家宝和两个女学生的故事，家宝的善良与残酷之间的转换深刻反映了倒卖人口及其造成的悲剧。满族作家阿满的《门》通过选调生陈紫意上班伊始面临的种种关系和体验，折射出生活的复杂面目。土家族作家少一的《贵人远行》讲述以乞讨为生的幺叔存钱为村里修了一座桥，一个卑微的小人物内心的阳光和奉献精神，令人动容。

藏族作家白玛娜珍的系列散文《尼巴村的故事》讲述了作者作为驻村干部深入到西藏昌都地区八宿县尼巴村的经历。作者不回避生活的艰涩，以一颗悲悯之心，通过平实而真切、绵密而自然的语言叙述尼巴村的贫穷与疾苦。现实的残酷打碎了作者内心的浪漫想象，她踏上了为尼巴村求助的旅程。真挚的百姓情怀和大地深情，正是文学的生命力之所在。

此外，满族作家赵大年的《钱这个鬼东西》、赵晏彪的《母亲的字条》《滴血的眼神》、李霄明的《惦念一个没有去过的地方》，壮族作家冯艺的《上瑶山记》、严风华的《回望》，仫佬族作家潘琦的《故乡流淌这样一条河》，羌族作家谷运龙的《骂是爱》等散文；满族诗人高若虹的诗集《雨水打不散羊群》、姜庆乙的《夏日写生》，壮族诗人石才夫的《我看见一个杯盖的孤独》，朝鲜族诗人金哲的《诗碑》，蒙古族诗人舒洁的《神赐的口信》，普米族诗人鲁若迪基的《妩媚江山》，锡伯族诗人阿苏的《伊犁河谷》，黎族诗人郑文秀的《梦染黎乡》等，题材多样，主题丰富，充满浓郁生活气息。

新生代作家的成长

令人瞩目的还有新生代少数民族作家的崛起和壮大。他们对生活的思考、对民族历史文化的关注以及思想技艺都日臻成熟。如纳西族作家和晓梅的长篇小说《宾玛拉焚烧的心》以空灵、飘逸的文笔讲述女祭司宾玛拉家族的故事，展现人类童年时代滇西北高山密林中少数民族部落人性与神性、人与人、人与自然等各种复杂关系及生命形态，为民族历史留下了精彩的生动记忆。侗族作家杨仕芳的长篇小说《白天黑夜》通过被知青抛弃的婴儿的成长历程，展示侗族乡村30多年的发展变迁，在生活的艰辛与苦难中谱写一部爱的交响曲，内容丰富，细腻感人。

中短篇小说方面，土家族作家田耳的《金刚四拿》关于乡村的书写，技法娴熟，举重若轻，悲喜交加，是含泪的微笑。朝鲜族作家金仁顺的《纪念我的朋友金枝》讲述爱的执著与疼痛，思索女性命运问题，意近旨远。维吾尔族作家阿舍的《左耳》以一只残疾的左耳打开一段尘封的记忆，展示成长的沧桑和生命的疼痛，唯有爱可以化解隔阂，照亮生活。藏族作家何延华的中短篇小说集《嘉禾的夏天》透过积石山乡下的小村反映生活的酸楚与甜蜜，叙述绵里藏针，意味深长。土家族作家凌春杰的《宠蟑螂》以物喻人，透过人与蟑螂的关系反映社会，构思独特。

散文方面，畲族作家钟红英的文化散文集《崖壁上的舞者》从遗落在村落里的文化碎片追寻民族文化之根，是一部别具意味的民族志。畲族作家朝颜的散文《当花瓣离开花朵》获得《民族文学》2015年度奖，作品回望个人成长的乡村岁月，充满温馨的回忆和淡淡的忧伤，真挚感人。《棉花朵朵开》是回族作家阿慧深入新疆后写下的关于拾花女工生活的故事，充满爱的感动和对劳动者的敬意。土家族作家陈丹玲的《低处的流淌》如行云流水，飘逸自然，从日常里感悟到了深刻的思想。

诗歌方面，藏族诗人曹有云的《梦中昆仑》（24首）获得第四届全国《芳草》汉语诗歌双年十佳大奖；回族诗人马永珍的《种了一坡又一坡》、满族诗人徐国志的《安静的故乡》获得2015《民族文学》年度奖。还有苗族诗人末未的《归去来》、侗族诗人雄黄的《岑庄》等诗集，以及蒙古族诗人娜仁琪琪格的《轻轻荡漾的时光》、藏族诗人丹增曲措的《冬夜情话》、壮族诗人许雪萍的《每一种礼物，都是珍贵的礼物》、瑶族诗人林虹的《十万朵桂花》等等，展现丰富多彩的生活与敏感细腻的心灵，诗意盎然，彰显少数民族独特的思维与生活给予文学创作的优势，拓展了中国文学的想象空间与思想内涵。

遍地英雄下夕烟
——2015年军旅文学回顾

朱向前　徐艺嘉

2015年是中国人民抗日战争暨世界反法西斯战争胜利70周年，为纪念这一特殊年份，由总政艺术局牵头策划，一批围绕抗战主题的“大部头”长篇小说和报告文学集体亮相，成为该年度军旅文学最大亮点，一扫2014年军旅长篇整体匮乏的阴翳。此外，一批中青年作家的创作的中短篇小说以质取胜，多篇被核心小说期刊转载，支撑起该年度军旅文学的一片天空。

长篇作品承载核心价值观

在抗战题材的长篇小说中，军旅作家黄国荣的长篇小说《极地天使》荣获2015年度茅台杯人民文学奖特别奖。黄国荣近10年来在长篇小说创作领域苦心经营，收获颇丰。《极地天使》还原了1942年侵华日军在山东潍县乐道院制造的恐怖故事。在这个由日本侵略者设立的亚洲最大的“敌国人民生活所”里，关押了大量在华欧美侨民。小说以一位美丽的白衣天使苗雨欣舍身与恶魔共舞、在乐道院里暗中发起一场大营救为主线，围绕集中营侨民组织建立自救会，取得与集中营外中国朋友和游击队的联系，与日军针锋相对地展开了一系列斗争，汇成了一曲波澜壮阔的同盟国进行曲。《极地天使》根植历史的真实，以虚实结合的手法把中国人民抗战与世界反法西斯战争有机结合一体，是一部视角独特、视野开阔的佳作。

党益民的《根据地》立足革命史实，真实而艺术地再现了刘志丹、谢子长、习仲勋等老一辈革命家创建陕甘边革命根据地的艰难历程。作品塑造了众多个性鲜明、形神兼备的革命者形象，首次揭秘陕甘红军鲜为人知、惊心动魄的革命故事，全景式地记述了这一波澜壮阔的革命进程，为我们打开了一扇回眸历史的独特视窗。

韩丽敏的长篇小说《七九河开》里可以看到深宅大院一直是一种喻体，包括后来的白公馆，既是庸常生活的封闭世界，又是理想信念的发酵区。小说以女主人公汪一琛的活动为主线，其他次要人物根据需要不时穿插、展示、退却，从中不难看出作者还原历史图景的主观意识和参与历史话语的兴趣。地方作家曹文轩受萧红短篇小说《狂野的呼喊》启发，创作了长篇小说《火印》以抗日战争时期的北方草原为背景，讲述了一个男孩和一匹战马的传奇经历。

除了以抗战历史事件为创作素材之外，抗战历史人物也是作家始终关注的方向。如军旅女作家王霞的长篇小说《打回老家去》和陕西作家崔正来以傅作义为原型创作的120万字的长篇小说《傅作义》，均是可观之作。

正面反映抗战的报告文学也是一大亮点。王树增的三卷本非虚构《抗日战争》在出版之前就已博得业界关注。《抗日战争》创作周期长达八年之久，是作家继《朝鲜战争》《长征》《解放战争》之后的又一纪实力作，洋洋一百八十余万言，站在第二次世界大战的国际视角，以抗日战争的每一次事件和每一场战役为纵贯，全面真实地揭示了中华民族同仇敌忾、浴血奋战，并最终赢得伟大的反侵略战争胜利的全过程。作品力求精准、客观地再现复杂丰厚的抗战历史，“彻彻底底梳理抗日战争的每一寸时光，寻找民族心理发展历程”（王树增语）。

王龙的报告文学《刺刀书写的谎言》入围第四届人民文学非虚构类新人奖三部候选作品，该书定位于七十年前日本发动的侵略战争中，揭露一支由日本作家组成的“笔部队”所犯下的种种恶行。作品角度新颖，将对历史真相的打捞保存引向更尖锐复杂的深度和广度。

从上述作品中可以看出，由于时代使命的召唤和军旅作家职责所在，在2015年军旅文学作品中，军旅文学的核心价值——爱国主义和英雄主义强势回归，可以视为新世纪以来军旅核心精神最为集中的表达。作家们目标一致地寻求自我能够驾驭的角度切入战争、复现历史，既有如《抗日战争》般的全景式厚重之作，也有如《七九河开》《刺刀书写的谎言》等角度新颖之书。老作家们坚定地执守对军旅文学核心品格的书写，“新生代”青年作家在2015年推出的作品也远离他们此前一向热衷的日常“私语化”叙事，自觉地加盟时代精神的宏大书写。

然而值得警惕的是，命题式的书写虽有助于军旅文坛的集体呐喊，但又容易和文学自身规律相龃龉，主题写作未必能提升作品的文学高度。2015年军旅抗战题材长篇作品的传播和阅读多数是自我循环，少有作品能引起文坛广泛关注，这从另一个角度说明作品本身艺术价值的欠缺，无论从语言还是从构思上都需要提升。要真正让体现军旅核心价值观的作品达到较高水准，还需领帅机关的持续引导和作家的不懈努力。

此外，2015年的军旅长篇在抗战主题之外，也仍有部分作家寻求更为独特的视角书写自身之所长，既契合了主旋律需求，也更为广泛地获得了当代文坛的认可。

周大新的《曲终人在》和陶纯的《一座营盘》作为反腐题材一并在2015年出版。这两部作品的出现颇堪玩味，一方面它们可贵且及时地契合改革惩腐的大环境，皆以落马官员真人为原型，这是以往军旅作家都尽量规避的取材方向，另一方面它们又为军队现实题材的创作开辟了新的途径。《曲终人在》以谷俊山事件为原型，以一个仿真纪实的结构，虚拟了26个被采访对象，以"非虚构"的方式，讲述了他们与主人公欧阳万彤省长的交往或接触过程。他试图通过不同人物、不同身份的不同讲述，多侧面、多角度地"复活"已经死去的省长。这些讲述犹如推土机般强大，塑造出一个立体的、难以撼动的、真实的欧阳万彤的形象。《一座营盘》是陶纯涉足影视十年后回归小说的第一部作品，也是军队反腐题材文学的开山之作。作品通过布小朋和孟广俊两人跨越数十年的人生遭际与命运走向，展示了营盘内部平静生活之下的暗流涌动，正义与邪恶、克己与欲望、清廉与腐败，如同物质不灭定律般，在这里循环往复上演，主人公布小朋是作家对当下英雄形象的另一种探索，用实在的行动默默支撑着着一个军人应有的尊严和品格。

赵雁的长篇小说《第四级火箭》是第一部全景式描写中国第一个导弹卫星发射中心，书写中国航天人的长篇小说，是一部中国航天发展史。全书近40万字，通过葛校言和许子烈、沈西元和魏冬琴两家三代人历经半个世纪的人生轨迹，展现了中国几代航天人的平凡而伟大的奋斗历程，它们与宏大的历史相互交融，国家的命运和个人的命运如此紧密地联系在一起，奏响了令人感叹至深的中国航天事业腾飞的交响组曲。作品既有女作家独特的视角感受，又表现出笔力上的阳刚与雄健。

丁晓平的非虚构作品《另一半二战史：1945·大国博弈》以非虚构的写作方式描述了二战的政治面貌，是文学、历史、学术相结合的跨界、跨文体写作。作家打破了囿于正面大规模对抗的战争定义，而是以人类发展史的眼光来评判战争，因此战争的激烈和焦虑感无处不在，这也构成了该书角度新奇之外的另一个特色，即以人类发展史的眼光看待战争，显示辩证法之痕迹。《大国博弈》的叙事姿态是利落且明晰的，在讲述事实的同时又留有大量的空间供读者以考察历史真相。

王凯的长篇小说《瀚海》以驻守浩瀚沙漠的空军基地为背影，讲述了6名军校毕业生从上世纪九十年代以来十余年的人生成长故事和他们在艰苦环境中的人生选择和人生走向。小说以青年军官的精神成长为轴，塑造了叶春风、车红旗、钟军、白雪歌、胡天、袁门等鲜活的人物形象和他们的人生沉浮，语言生动，细节丰满，情感充沛。徐艺嘉的长篇小说《我们都缺伴儿》获得第三届紫金·人民文学奖年度长篇小说奖，也是2015年军旅文学奖项上的一个收获。作品通过描写青年学生从情感到心性的不安与躁动，从校园到社会的延宕与较劲，把年轻一代注重自我的某些共性，以及对于青春成长的隐形影响给予了深入的揭示与整体的呈现，暗合了时代对"80后"的烙印。

另外，王伏焱的长篇小说《从这里到永远》，丁小炜的报告文学《一腔无声血》、殷实的报告文学《天行健——李素芝》和马娜的报告文学《特殊方队》也值得关注。

中短篇小说以质取胜

往年由“新生代”挑大梁的军旅中短篇小说2015年展现出新的面貌，也由此产生了新的文学特质。这种变动源于两方面：首先是创作队伍的变化，“新生代”作家的主要精力受制于抗战70周年的主题长篇创作，中短篇小说数量减少，但却更重质量，有部分作品被《小说选刊》《中篇小说选刊》等核心文学刊物转载；另一方面依托解放军艺术学院的全军文学骨干培训班，不少军队业余写作者和在校学生的中短篇小说崭露头角，为军旅中短篇小说提供了新的生力军。

西元是2015年度军旅文坛杀出来的一匹“黑马”，中篇小说《死亡重奏》堪称重磅，先后被《小说选刊》《中篇小说选刊》及《2015中国年度中篇小说》（小说选刊编）选载，小说以音乐结构的形式来表现战争，严谨而冷峻地呈现出残酷的战斗场面和真切的生理感受，硝烟味十足。《死亡重奏》当中的美感，不仅仅是一种壮烈、崇高之美，其中更包含着悲悯、宽容的博大之美。小说的开始，是残酷和恐惧，可是到了后面，更多的是写大地、草原、奔马和那些安详、舒缓、静穆的情绪，作者力图让这篇小说中的美感更加厚重，更加包容。这种美，不是建立在仇恨、偏执的基础上，而是建立在善意、理解的基础上。这种美是一种大美，与武人的大慈悲精神是相一致的。西元的另一个中篇《Z日》则充满了形而上的意味，主人公在时空交错的场景和故事中来完成作者对战争的自我想象和叙述，有许多篇幅用来表现作者对战争与和平的辩证思索。

曾剑的短篇小说《向大海》在《解放军文艺》刊发后即被《小说选刊》转载。作品诗意葱茏，以散文化的写法，在日常生活的吉光片羽中，呈现了戍边战士的孤独和坚贞，描绘出战士们在艰苦环境中平凡而不易的崇高与伟大。老人的出现堪称亮点，具有强烈的象征意味，与岛，与祖国海疆生死相守的无比忠诚跃然纸上。作者曾剑并不注重故事性，而是注重人物心理轨迹、心理根源的挖掘与描述，因而小说中写的是军人其实更是人。人的软弱、渺小，以及思想的摇摆，常常是曾剑小说展开表述的起点，然而，当他笔下的人物作为士兵挺立起来的时候，便具备一种可称之谓“亲切的伟岸”的形象。

张子影的中篇小说《天亮之前》首发于《人民文学》，后被《中篇小说选刊》选载。小说来自于一段真实的历史故事。1941年，沂蒙山抗日根据地。中国的抗日战争进入了最为艰苦的时期，作品描写了几个革命之间的成长和他们美好的爱情，后战士们皆为革命献身。作品的气质哀婉而雄壮，传递出一种精神，一种气质——越过越来越复杂与虚伪的社会，强调道义，使命，责任和奉献，对这种精神的追索与呼唤、建立与重塑在今天更弥足重要，也正是军旅文学区别于其他门类文学的立足根本所在。

除转载频率较高的作品之外，在成熟作家中，麦家也进入到抗战胜利70周年的大语境中，比如短篇小说《日本佬》，讲述了一个曾经被日本人抓丁、后又释放回来被揪斗的人的悲剧命运，小说深刻的地方不在于被批斗的故事本身，也不在于其呈现出来的民族情结，而在于所描述的“莫须有”原型，和所包含的一种根深蒂固的加害于人的社会心理，这个原型心理，让人心有余悸。此外，徐贵祥在今年推出了《背锅人》《好一朵茉莉花》等4部中篇小说，表现出一个老作家对文学的努力追求。

“新生代”作家代表人物之一裴指海的短篇小说《战争与蚯蚓》令人惊艳。小说写青龙山根据地在日军秋季扫荡时，一名被俘的八路军女兵李菊红被一个日本兵无条件释放，却在归队后被自己人定罪的故事。小说具有悬疑色彩，利用互文、虚拟的口述史，表现战争对人带来的巨大的伤害，这种伤害紧紧逼迫文学作出反应，尽管战争并没有因为文学的照亮而变得温和起来，但文学可以做得更多。它在战争之后出现，每一次暴力都应产生追问，每一次战争都应招来批判，硝烟散去，尸骨在萋萋荒草中腐烂，书写战争的文学应该成为竖立在人类心中的墓志铭：亡灵得到祭奠，生者得到反思，这也是《士兵与蚯蚓》的意义所在。

卢一萍在该年度的作品主要有短篇小说《雷场》，中篇小说《蓝色情歌》和《荒原士兵》，这些作品把喀喇昆仑和阿里高原这列“白山”作为虚构文学的背景进行表达，具有浓郁的边疆气质和高原特色。作家以开阔的视野和洞察生活的能力，以极富个性的叙述表达，塑造了凌五斗这个个性鲜明的人物，并写下了围绕人物相关的系列故事。朱旻鸢的中篇小说《证明》是他第一个战争题材小说。小说以《证明》的曲折经历为主线，通过塑造连长李多田、“解放兵”赵福生、翻译刘朝阳、军医吴旻昊等人物形象，基本以真实故事为素材，以点带面，不仅真实还原了当年惨烈的战斗场景，而且站在人性的角度，始终将人物的命运作为关注和书写的重点，充分展现了“新生代”作家对战争题材不断增强的驾驭能力。战斗场面的描写令人感叹不止，主要人物的命运令人欷歔不已。赵雁的中篇小说《火星居民的地球梦》立意新颖，仍然延续了作家所钟情的航天书写。

中短篇小说的另一个主力团队来自于解放军艺术学院文学系。文学系已连续两届开办全军中青年作家骨干培训班，集合军队作家和业余写作者进行密集培训，且初见成效。2015年依托《解放军文艺》《神剑》《前卫文学》等部队刊物，培训班已形成数期专号，这其中不乏新人佳作。

王玉珏的中篇小说《英雄地带》延续了作者近年来一直热衷的“首长身边的小人物”题材系列，这次聚焦的对象是“小车司机”。它可以被视作其职业操守的某种延伸，也可以被理解成其内心私密情感的一种外化，作者的这些努力应该说，不失为对“英雄主义”书写的一种新的探寻。

赵宇是近些年保持了较好创作态势的女作家。她的短篇小说《我是淑安》细致刻画了女军人淑安的形象。淑安在工作和家庭中处处低顺逢迎，只求安稳度日，可转业的命运仍然落在她的头上，尽管这一次她还是没有说不，但这突如其来的人生变故却让她如获新生，找到本真的自我，让我们看到一个卑微的躯体爆发出来的巨大力量，笔墨如在人物的血脉中游走，人物幽微的内心刻画得残酷而真实。徐彤的短篇小说《前夜》写一群即将面临毕业分配的军校生，适逢南京军区对台一线作战部队来这所军校选拔特种人才，大家对此反应不一，主人公詹锐在和同学间的拉锯战中受到了教育，得到了洗礼，内心成长为真正意义上的军人。此外，王建章的中篇《沟里》，于蛟龙的短篇《黑白世界》、中篇《明月高悬》，吴刚思汉短篇《白马巴图儿》也表现出作者不俗的创作潜力。

总体观之，2015年的军旅文学长篇小说和报告文学有体量、有“新质”，中短篇小说有质量、有亮点，昭示了军旅文坛的“回暖”气象，但仍然应该看到军旅文学日渐边缘化的趋向，能纳入当代文坛视野的作品仍然有限。

另一方面，在军旅文坛的自身场域之中，多年来始终追踪军旅作家、作品并为之摇旗呐喊的评论者们一直在默默努力。由朱向前主持的全军课题《新世纪军旅文学十年概观》终于结题，这是继《军旅文学五十年》之后军旅文学理论研究领域另一集大成之作。该书经过团队近6年打磨推敲，完成近45万字，包括绪论（朱向前、西元撰写）、短篇小说（徐艺嘉撰写）、中篇小说（廖建斌撰写）、长篇小说（傅逸尘撰写）、诗歌（洪芳、刘常撰写）、散文、戏剧（谷海慧撰写）、报告文学（张倩撰写）、理论批评（西元撰写）、电影、电视剧（朱寒汛撰写）共九个部分，是对新世纪以来军旅文学最为权威且细致的“史”的梳理。《概观》在三个方面的特色较为突出：一是展示了新世纪10年军旅文学的成就，论证了军旅文学在民族精神生活中的重要作用，起到纠偏去蔽的作用，为新世纪文学研究打开了新的视野；二是按文体分章论述，立足于文本，进行了周密的实证研究，各章的观点都是建立在深入的作品分析基础之上；三是具有强烈的问题意识。始终贯彻着对中国军旅文学深厚传统的尊重和承担。（李敬泽语）该课题已通过李敬泽、雷达、白烨、陈晓明、汪守德、陈曦等多名业界专家评审，并在《解放军艺术学院学报》陆续连载一年有余，已引起业内关注。此外，朱向前和傅逸尘合著合作的《一篇读罢头飞雪——新世纪以来抗战题材长篇小说综述》在2015年第4期《当代作家评论》发表后被《新华文摘》全文转载，也是2015年度军旅理论批评的重要收获。

立足本土原创，儿童文学蓄势再出发

纳　杨

今年必将对中国儿童文学发展产生重要影响。近年来，在全社会越来越重视和关注文艺发展的大背景下，儿童文学因其受众的量之大、面之广，以及其读者身份的特殊性，受到了特别多的关注，甚至是挑剔。这对儿童文学的发展是好事，有市场才会有动力，有批评才会有提升。在经过了十年“黄金发展期”后，儿童文学界也意识到中国儿童文学发展似乎来到了一个分岔路口。今后的路怎么走？我们要拿什么样的儿童文学给当下的中国小读者们看，给未来的中国小读者们看，给世界的小读者们看？中国儿童文学应该以什么样的面貌走向世界，在世界儿童文学中找到自己的位置？这些问题已经进入到每一位儿童文学作家和出版人的心里，并且正在形成越来越清晰的答案。

反思“黄金十年”的思潮

今年7月，中宣部和中国作协在北京联合召开全国儿童文学创作出版座谈会，是近年来专门针对儿童文学的一次高规格、大规模的重要会议，在我国儿童文学发展史上具有重要意义。其意义就在于，在这样一个关键时间节点上，把活跃在儿童文学创作队伍中的老中青少四代作家，和发展迅速成绩斐然的31家专业少儿类出版社的负责人召集到一起，学习和认识儿童文学发展的大形势，交流和研讨各个领域的状况和问题，探讨儿童文学面临的新形势、新课题、新任务，为中国儿童文学的发展指明了方向，提出了新的更高要求，并在儿童文学界达成共识。

这次会议是今年中宣部、中国作协、新闻出版广电总局等多部门合作开展的一系列活动和举措中的重要一项。此外，中宣部和中国作协还共同举办了一期儿童文学作家编辑研修班，精选了全国44位创作活跃的优秀中青年儿童文学作家和33位全国专业少儿出版社的骨干编辑参加。这些活动和举措，让儿童文学作家和出版社备受鼓舞，对实现由数量和销量为主导的发展模式向以品质为主导的模式“转型”的意识更加强烈，在儿童文学界掀起一股反思“黄金十年”的思潮。作家、出版社都在认真思考、总结过去十年儿童文学高速发展的经验和收获，也充分认识到再创一个“黄金十年”不会是一个自然过程，简单地说就是不能单靠巨大的市场推动，未来需要在质量上更下苦功，在作品上，在整个围绕儿童文学的相关业态上，进入一个新的发展水平。今日经济社会的发展，文化的发展，方方面面都给我们提出了新的更高的要求，如何应对新形势，把握新机遇，儿童文学界已经在做种种努力和尝试。比如，湖南省成立了儿童文学学会，编辑出版了《湖南儿童文学史》，并且首次在毛泽东文学院举办针对儿童文学的专题班；浙江省组织召开了新生代儿童作家群研讨会，把省内近年创作突出的几位青年作家作为一个群体亮相，对他们的创作进行真诚的批评，促进他们的成长；湖北省一方面通过继续与省市图书馆合作举办公益讲座等举措，大力推广儿童文学阅读，一方面大力推动儿童文学评论；陕西作协今年举办了全省儿童文学作家培训，受到儿童文学作家的欢迎；安徽省成立了儿童文学委员会，第一件事就是组织作家到自然保护区深入生活。

种种迹象表明，创作的沉淀、批评的促进、出版的自律，正在成为儿童文学界迎接新的“黄金十年”的共识。

一个专栏引起的思考

具体到今年儿童文学创作的收获，首先要说的是在全社会引起广泛关注的《人民日报》《繁荣儿童文学大家谈》专栏。这是中国作协创研部与《人民日报》文艺部合作，约请了一批在儿童文学创作出版中有突出成就的作家、评论家、出版人，分别从创作、批评、出版三方面，对当下儿童文学现状进行全方位的梳理、把脉。高洪波的《“三心二意”作得天真诗篇》把儿童文学创作所需要的特殊品质形象地总结为“三心二意”，即童心、诗心、爱心和感恩意识、敬畏意识。文章以多年写作的智慧和幽默的笔调，讲出了儿童文学创作的根基性问题。李敬泽的《儿童文学的再准备》则是对整个栏目所谈到的现象和问题的一个总结，对儿童文学的进一步发展提出明确而诚恳的建议。张之路、曹文轩、秦文君、杨红樱、刘先平、薛涛等作家从各自写作出发，分享创作经验，从中可以见出儿童文学创作的特质；李学谦则谈到出版和传播对儿童文学发展具有的重要意义，提出儿童图书的出版特别需要兼顾好社会效益和经济效益；徐德霞、方卫平、朱自强等就儿童文学“系列化”现象进行了深入的分析和批评；金波的《理论批评当积极介入儿童文学》直面对儿童文学的质疑，热切呼吁文学理论批评多关注儿童文学，并且提出加强理论建设的具体措施。这些文章在5月15日到7月17日两个月的时间里集中发表，在儿童文学界和文艺评论界都收到了良好的反馈，认为在加大儿童文学的批评力度，发挥文艺批评激浊扬清、指导创作的作用上，起到了积极的作用，有利于儿童文学的健康发展。

比较突出的几个创作现象

创作中几个突出现象值得关注。一是绘本的快速发展，出版数量激增，阅读火爆，质量也在上升，成为今年儿童文学的一大亮点。梅子涵和满涛的《麻雀》，秦文君和刘洵、弯弯、徐晓璇的《秦文君温暖绘本》系列，白冰和江显英的《换妈妈》、彭懿和九儿的《不要和青蛙跳绳》，黑眯的《辫子》，亚东和麦克小奎的《跑跑镇》等都是非常优秀的绘本新作；信谊原创图画书系列今年继续推出了一批优美的绘本，比如麦子和朱成梁的《棉婆婆睡不着》等；蒲蒲兰绘本馆今年推出了朱自强和朱成梁的《会说话的手》等新作。这些绘本注重绘画风格与文字意义的搭配，把形象思维和抽象思维很好地结合起来，为孩子们带来美的享受，在培养孩子对艺术的感悟力方面有着不可替代的作用。

二是在加强儿童文学批评方面收获很大。辽宁儿委会与《当代作家评论》合作推出了一期《中国儿童文学小辑》，效果不错；多家出版社出版了儿童文学研究专著，二十一世纪出版社推出韩进的专著《童心密码——为孩子选择文学》；湖南少儿社推出王泉根的《中国儿童文学概论》等一套“世界儿童文学研究丛书”；浙江少儿社出版了方卫平主编的《童年的栖居——儿童文学卷》等。这些理论专著将会为我国儿童文学进一步研究提供坚实的基础。

三是在社会各界纪念抗日战争暨世界反法西斯战争胜利70周年的大潮中，儿童文学创作也捧出了一批反映抗日战争的作品。战争与儿童，永远是一个探究深邃人性的主题。今天享受着和平阳光的少年儿童如何体会战争的残酷，体会战争年代儿童的生活状态，进而懂得珍惜，懂得敬畏，是儿童文学必须面对的课题。曹文轩的《火印》以抗日战争时期的北方草原为背景，以一个孩子和一匹战马的故事为主线，再现了与那场导致我们民族浩劫的侵略战争有关的历史记忆，以及它所带来的个体与民族创痛。小说从人性的角度对战争中的中国人、日本人进行思考和审视，发人深省。史雷的《将军胡同》从儿童视角写抗战时期，北京城里皮影戏班子的父女、前清八旗的落魄子弟和富有又爱国的姥爷一家三类人的命运，透视沦陷区不同阶层人们的思想、情感和遭遇，展示了那一特殊年代广阔的生活画面。“烽火燎原”系列抗战题材原创少年小说首批8部作品，包括张品成的《水巷口》、肖显志的《天火》、牧铃的《少年战俘营》、汪玥含的《大地歌声》、王巨成的《看你们往哪里跑》、毛芦芦的《如菊如月》、毛云尔的《走出野人山》、赵华的《魔血》等，各有特色，从不同的角度，描述了战争的残酷，日本侵略者的残忍与狡诈，和在侵略战争中艰难生存和成长的少年们。小说从孩子的角度书写抗战，更加突显出孩子是一个民族的未来这一命题。抗日战争的胜利，是中华民族精神的胜利，这样的精神应该由中国孩子们一代代继承下去。该系列小说特别注重以史实为创作依据，保证了小说在历史叙述方面的可信度。这也是历史题材小说的一个重要品质。

少年儿童是一个人的重要成长期，关于成长的故事也就成为儿童文学的一大主题。金波的《婷婷的树》在简单的故事里蕴含了生活的不易和人生的无常，把深刻的道理讲得纯净而易懂，体现出老作家的写作功力。张炜的《寻找鱼王》也是把人与自然和谐共处这一宏大母题寓于一个“渔王”的形象中。在这个特别的成长故事里，主人公最终学会的不仅是生之技巧，更是生之哲理，生之真谛。这在孩子的成长中更加重要。赵丽宏的《渔童》也是关于成长的故事。小说以孩童的视角直面那段特殊历史记忆中的罪与罚，并尝试通过童年的路径实现某种意义上的救赎。徐玲的《全世界请原谅我》同样讲述了一个关于成长与救赎的故事，把当代少年的生活际遇与网络时代普遍的青少年成长问题相结合，在切肤的感悟中带领少年读者思考和追寻生活的真实意义与真切方向。陈晖的《我的名字叫豆豆》把目光放在单亲家庭这样一类特殊的孩子身上，试图以成人的智慧帮助孩子正确应对生活的烦恼。

当下儿童的生活是儿童文学创作的重要源泉。通过阅读这类作品，大读者们可以从中领略当下儿童的生活乐趣，小读者们则可以寻找同龄人的共同语言。张之路的《弯弯的辛夷花》讲述了六年级女孩儿徐弯弯一段有趣的校园经历。殷健灵的《不一样的暑假》写一个大城市的孩子到乡村度过一个难忘的假期，收获了不一样的友情。薛涛的《大富翁》讲述了三个少年因为不同的原因流落在大城市，尽管生活困苦，却一直保持了乐观、坚强的信念，最终几个少年陆续回归正常的校园生活，但这段经历已成为他们成长中不可磨灭的记忆。彭学军的《森林里的小火车》里，回乡下过暑假的男孩罗恩顺着一段废弃的铁轨发现了藏在山林深处的蒸汽小火车，并由此引出父辈和祖辈关于创业、梦想和守望的人生遭际，自己也对人生有了不一样的认识。阿来的《三只虫草》有些“另类”，因为写的是一个藏区普通牧民家庭正上小学的男孩桑吉的生活经历，与其他儿童小说所写的儿童经历有着明显的差异，更因为小说的气象广阔，孩子的世界不是世外桃源，而且，对桑吉这样的孩子来说，努力学习汉语以融入当下主流世界得完全靠自己，父辈的帮助非常有限，所以孩子的世界反而显得比大人的世界更艰辛。小说写出了孩子所理解的今天西藏人的生活状况，很多关于现实的描写发人深省。

童话和幻想小说一直是儿童文学中最受关注和欢迎的一类。汤素兰的长篇童话《笨狼与小红帽》把经典童话人物放置到新鲜的场景，用孩子们熟悉的人物讲述关于家的温暖和克服困难的勇气。王勇英的幻想小说《巫师的传人》以优美的广西山水和神话传说带领我们走进神秘的巫师世界，纠结千年的恩怨与现代社会相碰撞，所不变的仍是爱与勇气的主题。马原的童话《湾格花原》是一部富含穿越、冒险、成长因子的童话。作家创造了一个史前地球的全新场景，用一系列有趣的故事告诉孩子生活的哲理。

童话无论多惊险，总有一种温暖作底色。比如萧袤的《茧屋》里的同学情谊令人感动；孙玉虎的《遇见空空如也》把孩子失去父亲的痛苦具象为一个空空如也的房间，逃离房间其实也是帮助自己渡过失去至亲的难关的过程；汤汤的《一只小鸡去天国》也是用温柔的方式帮助孩子坦然面对生活中谁都不可避免、往往不期而遇的一件事——死亡，有了心理准备，就不太可能出现极端反应，这也是童话应该带给孩子们的精神力量；小河丁丁的长篇童话《水獭男孩》面对的是孩子的孤单，这是现在独生子女的一大问题，一份温暖的友情可以化解多少孤单；麦子的中篇童话《大熊的女儿》突出了亲情对人的精神支撑，无论对孩子还是大人，都是一样的。

今年的作品中，值得关注的还有梅子涵的散文集《绿光芒》、郑春华的系列低幼故事《小饼干和围裙妈妈》、李姗姗的儿童诗集《太阳小时候是个男孩》、格日勒其木格·黑鹤的动物小说《母兔》《狼谷炊烟》、虹影的小说《里娅传奇》等，不再一一列举。

当前创作存在的问题也比较明显，主要表现在，一是青年儿童文学作家需要沉淀。现在出版变得很容易，出版社的推广能力也在不断增强，对作家是一种很好的激励，但是出书出的太容易了，缺少了潜心钻研提高的过程，对年轻作家的成长并不好。二是儿童文学刊物在萎缩，由此带来优秀的短篇作品缺少发表渠道，从而限制了短篇作品的发展。只有出版的繁荣是缺少根基的，难免会产生泡沫。三是整体创作队伍年龄段在下降，对少年读者或年龄段稍高一些的读者有所忽视。四是题材仍不够开阔，校园文学仍占大部分，而与少年儿童精神成长同样息息相关的历史、军事等题材的作品还很不够。

植根大地，薪火传递

——2015年话剧综述

胡 嘉

“凡作传世之文者，必先有可以传世之心”，与2014年繁复的戏剧盛会相比，2015年的中国话剧显得更加回归自我、守望历史，世界反法西斯战争暨中国抗日战争胜利70周年的纪念主题贯穿全年，多部经典话剧重登话剧舞台，也有针对该主题的新创剧目，均呈现出肃穆、庄重、激励的风格。在习近平总书记《在文艺工作座谈会上的讲话》（2014年10月15日）的精神指引下，“坚持以人民为中心的创作导向”深入人心，就话剧而言，无论创作者还是表演者，都力创“打动人心”的部分，充分体察经年岁月中的人物浮沉，关注人性和尊严，“中国原创话剧邀请展”应运而生，并且证明“关注内在”是话剧的安身立命之本。北京的话剧氛围和产业发展度仍在国内首屈一指，同时伴随的是有声有色的无法让人忽视的“第三届乌镇戏剧节”，仍聚集了一批国内外优秀的剧团阵容，上演纯文艺范儿的表演艺术，为江南一代的戏剧长河又重重地抹上一笔。

“世界反法西斯战争暨中国抗日战争胜利70周年”主题

2015年9月3日是“世界反法西斯胜利暨中国人民抗日战争胜利70周年”的重要日子，针对该主题，全年内各地精心策划准备了纪念系列剧目，一部部或在战火硝烟苦难岁月中创作，或在和平年代里凝望与反思那段历史的作品得到集中展现，回望历史、弘扬爱国主义、发扬民族精神、热爱和平、讴歌英雄主义情怀等主旋律在话剧作品中得到很好的诠释和体现。契合该主题的年度好剧有：

中国国家话剧院《纪念碑》于5月27日—31日在国家话剧院先锋剧场演出。话剧《纪念碑》由加拿大剧作家考林·魏格纳创作，1995年在加拿大首演成功，次年被授予“加拿大总督文学奖”。译者吴朱红将该剧译介到国内后，由导演查明哲搬上中国舞台。今年是《纪念碑》自2000年、2005年、2013年后的第四度重排公演。《纪念碑》以战争为背景，讲述了一位深受战乱之苦的母亲梅加，为了寻找包括自己女儿在内的23名被奸杀的少女的尸体，意外救下了一名将被处死的敌方士兵。命运将这对仇人捆绑在战后荒芜的废墟之上，二人对弈、煎熬，又不得不做出选择，发出了直击人性的灵魂拷问。该剧通过严肃的艺术创作气氛和残酷的故事让人对人类的罪恶反思，发出让人震颤的敬畏感，为战争悲剧扼腕。

中国国家话剧院《生死场》于7月9日—19日上演，一票难求。该剧由田沁鑫执导，改编自萧红小说处女作，曾于1999年6月首演，时隔16年后原班人马重登舞台。韩童生、倪大红等戏骨的精彩演出使该剧更震撼人心。田沁鑫导演充分理解萧红小说原作精神，“主要描写‘九一八’前后哈尔滨近郊村民对于‘生老病死’的麻木，以及家庭邻里之间近似残酷的人际关系，直到外辱的铁蹄践踏进这个村庄，村民由自然生育、自然死亡的状态，转向对日本军队有规模的‘他杀’行为的恐惧，最终，全村人为生而死，向死而生，抗日了！”“这部反映中国北方农民自发抗日的朴素的戏剧，以真诚的创作态度实实在在地进行着对战争的反思。”

中国国家话剧院与英国国家剧院战略合作的首个项目、舞台剧《战马》中文版经过三年筹备、一年多的演员训练、近四十天的合成彩排，于9月4日在国家话剧院首演，年终在北京、上海两地累计上演一百场。该剧改编自英国桂冠作家麦克·莫波格创作于1982年的同名小说，于2007年在英国首演。《战马》讲述了英国农场少年艾伯特和他心爱的马儿“乔伊”不得不分离，后因第一次世界大战又重新交织在一起的非凡故事。演出通过对人与马之间深厚情感的细腻描摹，让“和平、友谊、勇敢、坚韧”的主题深入人心，也与“反战”这一主题紧密呼应。值得一提的是，舞台剧《战马》中文版作为一台全方位提升中国舞台演出水准的剧目，不仅十分注重高水平演出，而且非常重视戏剧的艺术普及和教育，关注观众的体验和感受，演出期间，多次举办受众不同的体验课活动，让老中青幼几代人都能入场感受舞台艺术，让战马与观众近距离接触和互动，具有较强的影响和感染力。

北京人民艺术剧院的新剧《故园》于8月31日—9月5日首演，该剧由王俭编剧、唐烨执导，以日伪统治时期台湾人在北平生活为切入点，讲述了1937年至1945年期间，在台湾会馆生活的台湾教书匠林文轩因办汉学堂而遭到日本殖民当局的通缉，一心想要实现家父遗愿，赎回小院产权，以期台湾会馆重见天日。常年生活在此院的石匠何长贵与林文轩由格格不入，到患难与共，乃至生死相依，直至日本投降后，饱经沧桑的台湾会馆作为两岸同胞共同守护的精神家园，浴火重生。编剧王俭说：“这部作品与传统的抗战题材不同，那是一个没有硝烟的抗战，在文化阵地上的坚守，这种无言的抗争，是对中国文化传统根基的守护。”这是一部京台两地中华儿女为了守护家园、携手御敌的故事，该剧将抗战题材与两岸题材结合在一起，反映出两岸儿女的手足亲情。

话剧《蒋兆和》于6月在国家大剧院上演，该剧由中共泸州市委宣传部、泸州市文化体育新闻出版广电局联合制作，北京一九九八国际青年艺术剧团团长王鹏博任编剧、导演；叶小纲任音乐顾问及主旋律作曲；北京人艺演员王长立饰演蒋兆和。此剧为七幕剧，分别是“为民写真”“淞沪洗礼”“雾锁北平”“太庙风云”“风雨共济”“失画”“劫后余生”，艺术再现了蒋兆和的至善人性、爱国情怀和艺术追求。

由冯俐编剧，查明德执导国家话剧院出品的话剧《中华士兵》，时间设定在1939年6月，中华民族抗击日本侵略者的全面抗战已进行了两年。大半中国沦陷，山西境内的日寇屡次扑向中条山，企图由此越过黄河、直入西北西南，占领全部中国国土。由陕西地方军为主组成的中国国民革命军第四集团军驻守黄河北岸，誓死保卫中条山、保卫黄河、保卫祖国的半壁江山。最后艰苦的战役中，千余名十六七岁、刚刚入伍的陕西“冷娃”（形容陕西关中地区的青年男性），在完成牵制敌人任务后弹尽粮绝，“宁跳黄河死，不作亡国奴”，义无反顾地走向黄河。他们吹着唢呐、吼着秦腔，走向光荣的死亡，走向永生，士兵们坚定殉国。一群年轻生命的倒下，恰恰标志着曾被百年屈辱的中华民族的站立。习近平同志曾强调，关于部队的文艺作品要紧密围绕“强军目标”而展开，该剧展现出我国战士的威武和力量，体现出中华士兵的筋骨和温度，表达出必须“铭记历史、铭记牺牲、铭记先烈”的重要意义。

首都重镇话剧活动

1．“中国原创话剧邀请展”

3月15日—6月7日，由中国国家话剧院主办，集合全国各大话剧剧团、民营剧团以及社区剧团共同参与的“中国原创话剧邀请展”在京举办，这是国内第一次举办以“中国原创话剧”为主题的展演活动。此次邀请展以“原创、艺术、人民、时代”为主题，以“重视原创、紧跟时代、艺术精湛、服务人民”为宗旨；是一次前所未有的中国原创话剧剧目集中展演，一次集中展示中国原创话剧水平的窗口，一个促进交流、加强合作、共同发展的平台，也是提供给广大观众的一次艺术盛宴。近三个月的时间里，来自北京、上海、天津、黑龙江、辽宁、宁夏、陕西、四川、云南、浙江、福建、广东、深圳、台湾等全国各地的20台65场大剧场原创剧目和15台70场小剧场原创剧目在国家话剧院大剧场、小剧场、先锋剧场以及首都剧场上演。20台大剧场原创剧目包括：

中国国家话剧院：《枣树》作为开幕大戏，《伏生》作为闭幕大戏；

北京人民艺术剧院：《阮玲玉》《公民》和《理发馆》三部原创话剧；

南京市话剧团和南京市艺术研究所联合创作：《民生巷11号》；

哈尔滨话剧院：《索菲亚教堂的钟声》；

辽宁人民艺术剧院：《代理村官》和《祖传秘方》；

广州军区政治部战士文工团：《共产党宣言》；

四川省演出展览公司：《时间都去哪儿了》；

宁夏演艺集团有限公司：《丝路天歌》；

陕西演艺集团有限公司陕西人民艺术剧院有限公司：《天心顺》；

上海现代戏剧谷：《求偶》和《柏阿姨的上班路上》；

云南省话剧院：《鲁甸72小时》；

上海话剧艺术中心：《老大》；

西安话剧院：《我用生命守护你》；

天津人民艺术剧院：《婢女春红》；

福建人民艺术剧院：《古田会议》；

念剧场改编、北京大麦文化传播有限公司：《这辈子有过你》。

15台小剧场原创剧目包括：

深圳市文学艺术界联合会和深圳市戏剧家协会联合出品：《庄先生》；

台湾广艺基金会：《美味型男》和《我和我的午茶时光》；

饶晓志戏剧工作室：《你好，打劫！》；

成都八点文化传播有限公司和哲腾（北京）文化传播有限公司出品：《你好，疯子！》；

英皇星艺（北京）文化发展有限公司和北京厚浪文化传媒有限公司出品：《隐婚男女》；

哲腾（北京）文化传播有限公司出品：《Hi，米克》；

北京京都文化投资管理公司和北京都市海棠文化交流有限公司出品：《招租启示》；

盟邦（北京）文化发展有限公司出品：《如果我不是我》；

浙江话剧团有限公司出品：《孔子》；

深圳市福田区公共文化体育发展中心出品：《给“人肉”穿上衣服》；

三拓旗剧团：《失歌》；

圆核艺林文化传媒（北京）有限公司：《醉生梦死》；

中国国家话剧院出品：《向上走、向下走》和《花心小丑》。

同时，中国国家话剧院出品的《死无葬身之地》《萨勒姆的女巫》《纪念碑》《红色》四部剧目，作为此次展演交流剧目在“中国原创话剧邀请展”期间演出。

本届“中国原创话剧邀请展”期间还举办研讨会、演后谈、总结会等多种活动，促进各个演出团队之间、创作者与专家学者、剧组和观众之间的交流沟通；并邀请各界专家学者、剧评人和普通观众为“中国原创话剧邀请展”参展剧目撰写剧评和观后感，加强戏剧评论建设，为文艺工作者献计献策，共同为中国原创话剧作品、民族舞台艺术的繁荣发展贡献力量。

2. 2015年初国家话剧院上演由李宝群编剧、查明哲执导的农民工题材话剧《长夜》，引人感动和思考，故事发生在当代中国北方某城市的城乡结合部，时值寒冬，天地苍茫。年关的傍晚时分，一群农民工聚集在嫂子开的饭店“月儿楼”里。数年前，他们离开家乡进城打工，曾一起经历了许多坎坷许多苦难，结下了深厚的情义，如今，他们当中有的已是颇有实力的地产商，有的是包工头，有的仍在工程队里干活，还有的成了算命先生、厨师、服务员。大多人每年都来看望嫂子，而在这个夜里，蒙冤八载刚刚出狱的同伴首次回归。嫂子则在丈夫去世后苦苦经营着月儿楼，拉扯着女儿月儿，她默默等待着这个特殊夜晚的到来，等待解除内心深处的忏悔和误会……这是一部只有在中国大地上才能生发出的故事，夜晚的聚会并非温馨浪漫，而是不止的人心拷问和纠结，最终结果是人心的善良和诚实赢得了胜利，正能量促使着大家各自放下心结，满心希望地迎来了黎明。

3. 由刘进元编剧，杨立新导演的原创话剧《牌坊》——北京人艺今年的收官之作原创大戏于12月24日登上了首都剧场的舞台。同时该剧将跨年上演，为北京人艺正式拉开2016年演出的大幕。《牌坊》围绕着清朝末年的一段历史展开，讲述了腐朽无能的清政府为保住慈禧性命，使政权苟延残喘，要为在1900年义和团事变期间，被清军枪杀的德国公使克林德修建一座纪念碑式的汉白玉石牌坊，修建牌坊的任务落到了当时京城八大柜四小柜之首的茂兴营造行身上，修与不修，掌门人蒯鹤年以及整个家族陷入了内外交困中的故事。家族的命运与民族的兴衰让该剧充满了戏剧冲突。剧中既展现了一段民族血泪史，又描写了一个家族的传奇，可以说《牌坊》在讲北京故事的同时，也讲述了北京的历史。

4. 儿童剧市场

2015年的亲子类儿童剧演出火热，各种宣传儿童剧的展板随处可见，上演内容从童话经典到流行动漫，丰富多样，涵盖了话剧、音乐剧、木偶剧等多个门类。随着70后、80后家长的增多，陪着“孩子一同成长”的理念深入人心，大多数人都非常重视孩子的教育，希望扩大孩子的视野和提高孩子的感知力，吸收优秀的文化艺术内容。

中国儿童艺术剧院引领着儿童剧市场的主脉，年度推出《小吉普·变变变》《口袋里的中国故事》《罐头小人》《成语魔方》系列等原创儿童剧，改编经典儿童故事类剧目有《西游记》系列、《伊索寓言》《宝船》《三个和尚》《白雪公主与七个小矮人》《长袜子皮皮》等，均卖座又叫好。9月4日—23日中国儿艺参加“2015年国家艺术团演出季”，上演《小飞侠彼得·潘》《东海人鱼》《红缨》等新创剧目，尤其《红缨》是献礼中国人民抗日战争暨反法西斯胜利70周年的作品，表现了抗战时期时期小英雄的勇敢机智，以及告诫孩子们自由与和平的重要意义。

巨大的儿童剧市场，其剧目难免良莠不齐，儿童剧所面向的小观众简单而纯真，有的剧目千篇一律或互相抄袭没有创新，而小观众也看得津津有味，但是长期下去是不能被家长所接受的，制作水平不高的儿童剧会逐渐被市场淘汰，因此儿童剧目仍需以精品制作为目标，不能敷衍。本着教育先行的目的，中国的儿童剧创作肩负着勿忘向后代传承中华文明的使命。

国内地方话剧情况

各地不同风格的戏剧节年年都有，受地方及主办方跟进支持、人力资源等条件的制约，有的办完首届就偃旗息鼓，有的呈现出一年比一年精彩的态势。

1. 乌镇

10月15日—24日，由赖声川、黄磊、孟京辉携手打造“乌镇戏剧节”已持续到第三届，今年该戏剧节的主题是“承 / Transmittal”，《说文解字》对“承”的释义是：“奉也。受也。”戏剧节的阐释是“戏剧百年长河，是传承；青年戏剧之梦，是承诺；文化复兴使命，是承担。”主题鲜明的“乌镇戏剧节”使小镇几年来凝聚了许多国际戏剧大师，大师经典与青年新作同台献艺，乌镇大剧院、水剧场等十个剧场每天上演丰富的演剧活动，乌镇正剥去浅表的“旅游”标签，戏剧文化为这个千年江南古镇更增添典雅魅力的蓬勃生机。

本届戏剧节邀请到目前世界上享有盛誉的90岁高龄的法国著名戏剧导演的彼得·布鲁克先生担任荣誉主席。布鲁克先生携其北方剧院带来他的新作《惊奇山谷》作为戏剧节的闭幕压轴戏。此次共有八家重量级的国家级团体来加入乌镇演出：法国北方剧院、瑞士苏黎世国家剧院、德国塔利亚剧院、俄罗斯塔甘卡剧院、波兰羊之歌剧团、意大利都灵国家剧院、立陶宛国家剧院以及中国国家话剧院。此外，戏剧节在原有“国际特邀”“青年竞演”“小镇对话”“古镇嘉年华”四个各具特色的单元构成基础上，新增了“戏剧小课堂”，话剧导演托马斯·奥斯特玛雅（德）、铃木忠志（日）、赫伯特·弗里茨（德）、赖声川、沈林、史航将作为老师亲自授课，旨在为大师和年轻戏剧人之间提供交流学习平台。

瑞士苏黎世国家剧院带来由戏剧导演赫伯特·弗里茨的《物理学家》，改编自20世纪瑞士剧作家迪伦马特的原著，充满神秘滑稽的表演和怪诞不经的舞台表达；

德国塔利亚剧院带来改编自瓦格纳的同名歌剧《尼伯龙根的指环》，该剧长达七个半小时，融合了德国剧作家黑贝尔的话剧文本和当代德国剧作家对古老神话传说的当代演绎；

意大利都灵国家剧院致力于将意大利古典喜剧与当代实验戏剧相融合，排演了根据莫里哀的喜剧代表作《吝啬鬼》改编的同名喜剧；

波兰羊之歌剧团是首次来到中国，带来根据契诃夫经典作品《樱桃园》改编的“音乐诗剧”《樱桃园的肖像》；

俄罗斯的塔甘卡剧院是代表俄罗斯戏剧最高艺术水平的顶级剧院，为了纪念传奇艺术家留比莫夫的排练的《四川好人》在塔甘卡首演50年，塔甘卡剧院将《四川好人》改编为新锐实验戏剧《我们存在》搬上舞台；

立陶宛国家剧院的实验戏剧《迷乱》由新锐戏剧导演雅娜·罗斯执导，讲述了当下女性面对爱情、社会、家庭的人生体验。

与国际单元并驾齐驱，中国当代戏剧的新锐势力当仁不让，导演李建军带来开幕新戏《飞向天空的人》；丰江舟携手视觉艺术家张琳共同创作了环境戏剧《热醒》，邀请观众参与表演，通过人与光影的互动，展示一个迷幻另类的视觉舞台；邵泽辉的《睡·觉》将视角聚焦在当代人在梦醒之间的徘徊，探究着失眠与嗜睡症的背后隐藏的秘密；康赫的《杂音》以声音作为舞台实验的重要表达；窦辉的《奥德赛》，将希腊悲剧的仪式感配合当代装置艺术作品完成；陈明昊的《公牛》融合啤酒、摇滚乐、汗和眼泪，表现悲催的小职员像绝望的公牛一样横冲直撞。

此外还有台南人剧团上演由吕柏伸执导的《马克白》（即《麦克白》），用稻谷、面具、高跷、影像等视觉元素与令人不安的声音元素重塑莎士比亚的经典人物形象。来自香港的肢体戏剧导演黄俊达将元杂剧《赵氏孤儿》改编为肢体戏剧作品《孤儿》。

乌镇能集结如此多实力强大的戏剧团体，并且持续三年来热度不断升温，充分体现出戏剧节主办方的实力和策划人的精妙，以及那份对文化的热爱和执着。戏剧节对国内外优秀剧目起到很好的推介作用，希冀其不断成为优质文化品牌。

2. 南京

“南京·青年戏剧节”于3月—12月进行，以“爱南京的新理由”为口号，让南京的青年人也能及时看到曾只在北京、上海才能看到的剧，其引进剧目以普及型戏剧为主，多为较成熟、上演久负盛名的剧目，如《空中花园谋杀案》《冬之旅》《暗恋桃花源》《音乐之声》之类。

3. 长沙

作为华中娱乐的重镇之地长沙，6月—11月举办了“长沙国际新锐话剧季”活动，本次话剧季，其视野内外兼顾，希望通过中西方文化的交流和碰撞，为长沙话剧市场的发展带来新的希望和际遇，为湖湘文化的发展带来新的思路和创意，被称为“湖南话剧史上的一次全新起航”。其剧目演出分为国际、国内及本土三大版块，囊括13家国内外知名剧社、15部优秀话剧：英国TNT剧院的经典剧目《哈姆雷特》；法国巴黎101剧社黑光剧《丑小鸭子》；湖南省话剧院、中韩合作原创大戏《泉涸之鱼》；何炅导演监制话剧《栀子花开》；田沁鑫监制的话剧《甄嬛传》；许鞍华执导、王安忆改编的张爱玲同名小说话剧《金锁记》；北京开心麻花文化传媒公司的爆笑话剧《乌龙山伯爵》；珠海新蜂戏剧工作室的漫剧作品《子丑寅卯》等。除此之外，长沙本土剧目颇为特色，湖南省话剧院话剧作品《鸡零狗碎的青春》；长沙果实戏剧工作室的《看什么话剧》；长沙靠谱儿戏剧工坊《长沙》《延边》；长沙火苗实验戏剧工作室《致爱丽丝》等6家本地剧社参演的8部小剧场剧目展演。真人秀活动也被用到了此次话剧季上，特别向公众推出“我要演话剧”真人视频征集活动，通过湖南大剧院官方微博公布表演命题，观众可以根据命题，自己进行1分钟的创作表演，在新浪微博上发布，最先上传的前五个视频及获得点赞数最多的五个视频上传者可以获得相应奖励。此种办法吸引和激励了不少青年戏剧爱好者，具有一时很好的推广效果。

结语

不能不提的是，话剧市场的繁荣和科技手段密不可分，如今人手一部智能机的状态，促使国家大剧院、国家话剧院等众多剧院都开通了微博或微信公众号，众多剧院官方网络平台的开放，吸引到来自观众的最大化的关注度，手机微信等支付方式十分普及通用，参与购票及互动的方式更加便捷多样，增进了观众对剧院多渠道的深入了解，使更多人能进入剧场观戏和体验夜晚的文艺人生。

话剧是对人类行为及情感的模拟和解读，是对人性深层次的刻画和张扬，话剧形式都是外在可变的，所以一部好话剧的根本是高质量的剧本，这是源头和支撑，其次是导演个性的把握和挖掘，再次是演员的艺术升华与再现，最后是舞台的渲染和变幻，如此多重要环节紧扣在一起，才能为观众呈现来自视觉上和情感上的震撼，不愧为综合性的艺术。2015年的中国话剧在习近平总书记《在文艺工作座谈会上的讲话》的方针指引下，有从外向内的转变态势，一是侧重国产原创话剧，而非只是“以洋为美”引进国外剧目；二是多走心的话剧，而少一味媚俗调侃的剧目；三是多编剧和导演倾注心血的话剧，而少快餐式的粗劣剧作。如今，话剧及舞台剧的艺术表现形式已经不是问题，但对话剧作品也要叩问是否存在着“有数量缺质量，有‘高原’缺‘高峰’”的问题，是否也存在“抄袭模仿、千篇一律”的问题，话剧应该是严肃的艺术创作，而不能“是非不分、善恶不辨、以丑为美”，不能“胡编乱写、粗制滥造、牵强附会”，切忌“浮躁”。“等闲识得东风面，万紫千红总是春”，话剧瑰宝定会继续凝聚中国力量、展现中国精神！

文学理论与批评综述

2015中国当代文学研究综述

杨晓帆

一、“前三十年”：问题与方法

近年来“十七年文学”研究在“历史化”、文学与政治之关系等方面持续以颇具争鸣性的研究成果，拓宽与深化当代文学学科的相关议题，并以“前后三十年”的整体性视野，探索叙述百年中国文学史的多样视角。2015年开年之际，董健、丁帆、王彬彬几位学者即以《何为文学，如何治史——1949年以来的文学史重考》（《扬子江评论》2015年第1期）一文，重申了当代文学研究的理论基点：提出“一个视角”——将中国文学发展置入同期世界文学格局中考察，兼顾大陆文学、台港澳文学和海外华文文学；“一个基本的价值判断标准”——人、社会和文学的现代化价值立场；以及“一条基本线索”——当代文学是“五四”启蒙精神与新文学传统从消解到复归、文学现代化进程从阻断到续接的之字形道路。这种研究思路的核心无疑是“启蒙”，随着1990年代以来思想界左右之争，如张均在《十七年文学研究的分歧、陷阱与重建》（《文艺争鸣》2015年第2期）中所述，它实际上与陈思和有关“潜在写作”“民间写作”的理论思考，共同构成了“十七年文学研究”中位居主流位置的“新自由主义”史观。而与之相对的则是以李扬、蔡翔等学者为代表，从“反现代的现代性理论”入手，主张在具体历史情境中研究“革命／叙述”的内在逻辑与理论价值。张均认为这两种研究路数其实都共享着“人的文学”的理论陷阱，他在《1950—70年代的文学制度与文学生态》（《中国现代文学研究丛刊》2015年第2期）中，更清晰地叙述了由此而生的研究困境：“究竟是不肯‘遗忘’它的善（譬如有关下层解放、后发国家现代化的文学实践），还是专力讲述它的恶（譬如排斥知识分子及其文学传统），还是站在一两百年后观察它的恶所包孕的‘大历史’的进步，实在是非常纠结。”张均近几年专注制度研究的努力，可以视作是对这一难题的回应。循着以上争鸣，本文将尝试从以下几方面管窥2015年“前三十年”文学研究的问题与方法：

（一）社会史视野下的当代文学研究

虽然以思想史研究突入“十七年文学”渐成热点，有效地避免了由“文学／政治”二元对立造成的情感预设，但也遭遇了“以论代史”“与文学无关”等等批评。《文学评论》2015年第6期组织《社会史视野下的中国现当代文学研究》专辑，在文学史、思想史之外，提出了社会史研究的新思路。

萨支山在《社会史视野：当代文学研究的一个切入点》中，首先反思了以往两种研究模式存在的问题，无论是以洪子诚为代表强调在具体历史情境中清理当代文学的发生与建构，还是“再解读”以解构方式发现文学与政治意识形态之间存在的裂隙，尽管都不拘泥于文学的审美价值，推进了“前三十年”文学研究，但两种方式对“政治”的认识，仍然是把它当做“一种静态的乃至是抽象的存在，被固定在几个经典的文本如《新民主主义论》《在延安文艺座谈会上的讲话》的结论上”。因此，所谓“社会史视野”，就是要将“政治”历史地还原为具体的社会生活和感知经验，再看它如何与文学实践建立联系。

刘卓《现当代文学研究中的历史化》一文，进一步以“历史化”问题切入对当代文学研究范式的反省。80年代重写文学史思潮，虽然批判了此前政治教条影响下历史叙述中的目的论和本质主义倾向，但也带来了一个悖论，使得文学越来越丧失与现实对话的能力。现当代文学研究因而必须两面作战：一方面继续对当前文学研究法做批判性辨析，一方面重新讲述历史经验（尤其是革命经验或现代中国经验）。

程凯《“社会史视野下的中国现当代文学研究”的针对性》一文直接挑明了社会史视野所针对的研究误区，他不再局限于所谓1949年前后的学科区隔，而是强调新文学内在的整全性理想。程凯指出，有关“转折”的价值预判人为制造了新文学传统的断裂论，实际上无益于解释二三十年代无产阶级文学、左翼文学兴起的内在逻辑。“无产阶级政治的规定性不是以扭转新文学传统的方式，而是以植入其传统脉络的方式发挥效能的”，“《讲话》与其说是重新规定了文艺方向，不如说是整理了文艺于现实再结合的经验而将其明确化”。

如果说上述三篇文章均是在方法论层面澄清他们的基本立场，那么这组笔谈中何浩的文章则以个案研究的形式，呈现出具体展开“社会史视野”方法的可能途径。《历史如何进入文学？——以作为〈保卫延安〉前史的〈战争日记〉为例》聚焦杜鹏程在《讲话》之后的实践活动与日记书写，当作家的具体感知越来越溢出《讲话》所规定的“现实感”时，小说不再是政治逻辑的直接延伸，而应被视作革命者在“翻转现实的实践”中“再造自己感知结构后的文学书写”。在这样的研究思路中，政治和文学不再是各持一端、天然存在的对立物，而是在“社会”这一重构的新空间中通过碰撞与结合逐渐显影的一对变量。

（二）当代的文学制度问题

在王本朝、李洁非、吴俊、黄发有、孙晓忠、张均等学者的推动下，制度研究仍是2015年“前三十年文学研究”的重要领域。洪子诚教授在《当代的文学制度问题》（《中国现代文学研究丛刊》2015年第2期）中回顾了1980年代中后期受文学社会学启发，从基于考察知识分子在当代缺乏精神独立性的预设，转向对1950—1970年代文学制度问题的思考。值得注意的是，洪子诚教授始终强调应在外部研究与内部研究之间保持“平衡”。某一时空外在的物质政治制度，并不是铁板一块，既要在总体趋向的概括中展开历史的多层构成和偶然性，又要关照到具体的人的活动与文学成规，不以量化、可视化的研究抹杀了文学的神秘性。洪子诚教授近期陆续推出“材料与注释”系列文章，即格外注意这种复杂性的呈现。在《材料与注释：林默涵的检讨书》（《文艺争鸣》2015年第6期）中，他采用作注的方式，一方面注意还原这类认罪书或检讨书的生产环境，不孤立评价写作者的思想人格；另一方面又细致辨析检讨人可能为惩罚寻找错误的行动逻辑。在《内部的困境——也谈样板戏》（《文艺争鸣》2015年第4期）中，洪子诚教授既从制度层面，比较一般“经典”概念概括出样板戏的预设性、可复制性和大众化特征，又从文本层面，分析样板戏中涉及革命传承问题的“接班人”角色塑造、样板戏在艺术样式上的程式化与先锋性等。

在期刊研究方面，较为重要的成果有：黄发有《”十七年”文学的计划体制——以〈作家通讯〉的稀见史料为依据》（《文学评论》2015年第5期）；张均《”有力”人物的”争夺战”——1950年代〈文艺报〉人事纠葛及编辑理念之演变》（《扬子江评论》第6期）、《〈小说〉月刊的复刊、停刊及其他》（《文艺争鸣》2015年第4期）。其中作为全国文协、中国作协不定期内部刊物的《作家通讯》研究，为考察“十七年”计划体制的内在逻辑和组织方式提供了重要史料。而由茅盾、以群等国统区进步文人在香港创办的《小说》月刊研究，更为考查建国初期“人民文艺”新秩序的建立，提供了另类参照。

在社团和组织机构方面，赵普光、牛亚南《未完成的探求——关于探求者事件的若干反思》（《扬子江评论》2015年第1期）聚焦1957年江苏作家同人社团“探求者”中的叶至诚，用周边回忆材料等叙述了叶至诚从因言获罪至新时期平反却无力重返文坛的个人史。李丹《论大跃进时期群众史写作运动——兼及文学工作者心态》（《文学评论》2015年第6期）在一般关于大跃进时期“新民歌运动”的历史叙述之外，提出有必要考察另一种力量的存在，即由中国作协组织和推动的群众史写作运动，而前正统文学与正统文学的公开分裂也在这一时期初露端倪，并最终在文革时期爆发出来。

在批评理论方面，《扬子江评论》固定栏目《文学制度研究》中有多篇涉及。2015年第1期于强《农业合作化运动与“干预生活”的文学口号》一文联合1955年形势，指出“干预生活”口号的兴起并非仅仅与刘宾雁及其推崇的苏联作家奥维奇金有关，更因为郭小川等作协负责人为配合农业合作化运动的使用和倡导，主要目的是批判农村阻碍合作化发展的右倾保守主义的官僚主义者，可以说是误读性的借用。第3期肖进《作为“读者李定中”的冯雪峰——兼论“十七年”文学批评中的“读者批评”》也讨论了“读者批评”的独特现象。

2015年“前三十年文学研究”中有较大突破的研究成果，还有康凌从语言制度对方言文学的讨论。在《方言如何成为问题？——方言文学讨论中的地方、国家与阶级（1950—1951）》（《现代中文学刊》2015年第2期）中，方言文学讨论既涉及"五四"白话文运动的历史总结，又涉及结合抗战文艺经验，对国家与地方之关系、阶级与平等政治等问题的思考。而难能可贵的是，康凌在结语中表达了他问题意识的缘起：随着1955年汉语规范化运动对方言表达阶级基础的逐渐剥离，工农兵如何完成自我表达？随着八十年代寻根文学中去政治化的地方色彩的兴起，如何重建"地方性"这一审美范畴与"文化—政治"间的历史联结点？这些发散性的思考均提出了从语言角度研究前三十年文学的新视野。

另外，2015年谢保杰的专著《主体、想象与表达——1949—1966年工农兵写作的历史考察》（北京大学出版社，2015年9月），通过对一个创作群体（工人作家群）、一个个案（士兵作家高玉宝）、一个运动（新民歌运动）、一次批判（吴雁对新民歌运动的批评），呈现了工农兵写作在革命主体生成的政治要求、社会主义文学想象和具体制度安排三方面的展开过程。反思九十年代以来市场经济展开过程中，工农兵作为弱势群体在文艺生活乃至社会生活中位置持续边缘化的现实，谢保杰的历史研究同样具备深刻的当下关怀。

（三）作为方法的"赵树理研究"

近年来赵树理研究是十七年文学研究的热点之一。罗岗在《回到"事情"本身：重读〈邪不压正〉》（《文艺争鸣》2015年第1期）中，继续有关赵树理文学的独特"现代性"思路，指出赵树理小说冲破了现代小说以抽象人性或现代主体为核心的文学惯例，在农民生活世界、土地关系、婚丧嫁娶等"事"的具体变化中，展开了农民"说理"的世界，并由此彰显出"三种时间"（农历、公元纪年、民国纪年）与"三重道理"（礼俗社会、与民国政治媾和的地主势力、共产党的新法理）相互竞争中发生的社会变革。

李杨的《"赵树理方向"与〈讲话〉的历史辩证法》（《文学评论》2015年第4期）一文，则将赵树理评价史的前后反差，回溯到周扬等在确立"赵树理方向"过程中对《讲话》的误读。《讲话》的核心精神是"经常的道理和权宜之计的辩证法"，而非为工农兵服务等政治条框，也不是政策图解，赵树理的创作实际上从一开始就与《讲话》貌合神离，也就预示了后来他与政治意识形态要求的分离。

程凯《乡村变革的文化权力根基——再读〈小二黑结婚〉与〈李有才板话〉》（《文艺研究》2015年第3期）一文，可以视作前述主张"社会史视野"的又一尝试。这篇论文的独特性在于他通过对《山西革命根据地文艺资料》、山西土改相关文献的阅读，为理解赵树理创作提供了一个具体可感的社会空间与历史经验，将赵树理小说中有关"迷信"、"基层民主改造"、乡村知识分子等描写，与乡村变革中具体的权力分配与运作情况相对照，避免了抽象以文学或政治标准展开的赵树理研究。

（四）从"现代"到"当代"的"转折"问题

2015年北京大学出版社再版了程光炜《文化的转轨——"鲁郭茅巴老曹"在中国

（1949–1981）》。修订版较之十年前基于“现代性叙事”的旧作有大量删改，通过考察六位重要现代文学作家在1949年后的文学活动及经典化过程，不仅阐述了1950–1970年代当代文学的建史机制，更在学科史与方法论方面，反思与清理了现当代文学研究受制于1980年代思想观念存在的问题，表达了程光炜教授在近年重返1980年代研究中逐渐明确的历史化主张。

《丁玲传》（中国大百科全书出版社2015年5月版）一书以考据和评注的方式，让材料自己说话，为如何在传记体中评价与叙述由现代至当代“大历史”中的“个人史”作出了研究示范。如阎晶明、解志熙等学者的书评所论，李向东、王增如两位作者充分重视丁玲其人其文的复杂性，展示了“飞蛾扑火者的精神磨砺”，因而也避免了“后见史学”对丁玲与现代中国革命之间关系的简单化处理。

相关议题在2015年还有许多重要文章出炉。陈平原《在政学、文史、古今之间——吴组缃、林庚、季镇怀、王瑶的治学路径及其得失》（《北京大学学报》2015年第3期）一文，通过对四位北大中文系教授学术转向及其原因的分析，讨论1950—1970年代北大内部思想潮流与教学体制激荡中凸显的文学教育的发展空间和可能性。李怡《大文学视野下的吴宓日记》（《文学评论》2015年第3期）聚焦晚年吴宓的日记写作，除了分析其主题、文学性意象等，更关照曾经对新文化运动持批判态度的学衡学人，何以在晚年的社会时代语境中重建与五四的精神沟通，并在大文学意义上呼应了鲁迅的杂文与穆旦的诗歌。类似的“晚期风格”研究还出现在年轻学者黄德海的《知识结构变更或衰年变法——从这个角度看周作人、孙犁、汪曾祺的“晚期风格”》（《南方文坛》2015年第6期）中。周作人从集部转向子部、确立非正统儒家的思想；孙犁晚年读史，以小说著史传；汪曾祺告别抒情时期、打破和谐之美、重思现代主义。黄德海的文章精彩展示了三位作家“晚年写作”的魅力、风格与生命活力。

另外几篇以史料整理为基础的论文，同样挑战了有关现当代“转折”问题的单一意识形态论。巫小黎在《〈十八春〉的生产现场与张爱玲的政治化写作》（《中国现代文学研究丛刊》2015年第6期）中，梳理了张爱玲1950年以梁京为笔名在上海《亦报》连载《十八春》，到后来修订更名《半生缘》在台湾出版的全过程。作者既不避讳张爱玲当年的政治投机心理，将《十八春》视作她从饮食男女自觉转向政治化写作的拐点，也从《亦报》的编辑环境等体制层面，分析这种“服务文学”生成的原因。周立民的《〈家〉手稿释读——巴金手稿研究系列之一》（《现代中文学刊》2015年第3期），批评有的研究过分迷信初版本，无限放大了建国后修改行为中作家的思想变化。例如巴金的修改就有对语言细节的技术性处理。邱雪松的《“遗产”与“界碑”——〈朱自清文集〉出版论略》（《文学评论》2015年第2期），则为考察建国后出版方式的转变，提供了一个代表性的个案。

作为海外华文文学研究的一部分，现当代转折问题还关联起“冷战”意识形态下更为复杂的大历史叙事与认同问题。金进《冷战、南来文人与现代中国文学——以新加坡南洋大学中文系任教师资为讨论对象》（《文学评论》2015年第2期），以五六十年代新马两地左翼政治崛起为背景，考察主要以大陆迁台知识分子构成的南大中文系师资与南洋社会的互动。其中凌叔华、苏雪林等在意识形态方面主要表现为右倾姿态，而韩素音则在其文学创作中表现出对左派学生运动的同情。王德威《战争叙事与叙事战争（上）》（《扬子江评论》2015年第6期）同样在华文文学圈的更大版图中，分析“大分裂时代”的战争书写。例如杜鹏程《保卫延安》与朱西宁《八二三》的比较等，就在共时性层面为理解“当代”的历史性提供了新的参照。

二、“后三十年”：历史化与经典重读

尽管有唐弢先生关于“当代文学不宜写史”的意见，当代文学史如何编纂仍是学者们持续关注的重要话题。2015年北京大学出版社出版《中国当代文学六十年》一书，由孟繁华、程光炜和陈晓明三位学者各具风格的三部简明文学史构成。其中孟繁华教授以《民族心史》为题，格外关注不同时期文化症候或文学现象背后的情感结构与思想关联。比如以青年写作的视角讲解“十七年”文学中的相关作品，在90年代以来的文化格局中分析红色经典热等，都体现了开阔的总体视野。程光炜教授的六十年讲记，则是他近几年“重返八十年代文学”研究的前后延伸。比如选取七八十年代之交、1985年和1990年代三个具有年代学意义的节点，并在作家作品解读之外格外关注文学体制问题，将莫言、贾平凹、王安忆、余华、路遥五位作家单列也暗含了对“后三十年”重要作家经典化的尝试。陈晓明教授的文学史集中体现了他一贯主张的文本细读法，从文学文本自身的形式与内容分析中，提炼出当代文学独具理论性的命题。

陈晓明教授近期出版《众妙之门——重建文本细读的批评方法》（北京大学出版社2015年9月版）一书，收入对马原《虚构》、格非《褐色鸟群》等十几位作家作品的细读讲稿，可视为对此前研究的一次总结。而孟繁华教授在褒奖这本书自觉追随哈罗德·布鲁姆《西方正典》的示范作用之外，也同样指出了它仍可讨论的问题：一是当代文学经典化仍然存在的难度；一是如何有效节制批评对“观念”的迷恋。由此可见，当代文学的“历史化”诉求应当被视作“经典化”过程展开的基本前提，而如何重读已被文学史经典化了的作家作品，也是“历史化”态度在当代文学研究中的重要体现。

（一）重返八十年代

2015年多篇论文聚焦新时期文学的起源问题，使得重返八十年代研究在当代文学的历史“关联性”方面有更细致推进。黄平《从天安门诗歌到伤痕文学：关于新时期文学起源的再讨论》（《文艺争鸣》2015年第8期）一文，在对以往界定新时期文学起源的两种话语进行史料梳理与辨析的基础上，指出七八十年代之交主流文学方案在历史认知与塑造新人方面的特征与问题。李振在《1977—1983：文学空间再认识》（《扬子江评论》2015年第4期）中，重申了“前三年”研究的重要性，通过对《歌德与缺德》引发开明派与保守派两条路线作战的分析，

指出所谓从“思想解放”角度肯定1980年代文学与主流意识形态“共谋”的文学史叙述，只是更复杂历史状况中的一面。刘锡诚《1982：围绕“十六年”的一场大辩论》（《南方文坛》2015年第3期）一文，同样聚焦新时期初文学理论和批评话语层面的争鸣现象：1982年《时代的报告》在《本刊说明——重新学习〈在延安文艺工作座谈会上的讲话〉》中首次将“文革”十年和“文革”后的新时期六年统称为“十六年”，引发《文艺报》等多家报刊的批评与回应，虽然讨论最终以《时代的报告》停刊并被中宣部批评而告终，但鲜明地暴露出新时期初期左右两股力量内部及相互之间的斡旋与调试。刘锡诚文中提及《时代的报告》这份特殊刊物的相关史料，可参阅窦金龙《一份刊物的浮沉——〈时代的报告〉从创立到停刊（1980—1983）》（《扬子江评论》2015年第5期）一文。同样以刊物为对象，黄发有的《文学的”早春天气”——以〈文艺情况〉（1979—1985）为窗口》（《文艺争鸣》2015年第1期），考察由《文艺报》主办的不定期内部刊物《文艺情况》，将其特征概括为三点：内部性；针对争议性作品展开专题讨论的即时性；以及不同于大多数文学报刊以作家作品为中心，对读者社会调查与资料辑览的格外重视。该文对《文艺情况》所涉及文艺争鸣与歧见的整理，突出反映了新时期初期文坛的“早春天气”及其影响下创作自由的变动。王尧的《周扬与新时期文学》（《文艺研究》2015年第10期），通过“晚年周扬”研究，同样以“关联性”的问题意识打破了把当代文学看作铁板一块的分段叙述。王尧指出，周扬在新时期的理论与批评，一方面是对“文革”及之前历史教训的反思，另一方面又继承了他五六十年代相对尊重艺术规律的一些观点和方法。因此，要客观评价晚年周扬现象或“周扬的遗产”的历史启示，就必须在更大的历史视野中考察不同时期周扬在类似问题上的常与变，例如左翼文学运动初期的“宗派主义”问题、1962年“文艺八条”与1982年“文艺十条”之异同、周扬在“十七年”期间遭遇的批评，等等。

另外，在史料整理方面：连敏《〈新的美学原则在崛起〉修改及发表始末》（《文学评论》2015年第3期），对比文学馆馆藏原稿本和诗刊发表本，勾勒出1980年代初期诗歌批评的生产及其复杂蕴含。潘建国《一部最早揭批”四人帮”的戏曲奇作——胡邦彦及其〈四犯〉传奇》（《中国现代文学研究丛刊》2015年第1期），亦为考察新时期文学起源提供了新视角。徐勇《选本编纂与80年代文学嬗变》（《文学评论》2015年第5期）一文，将选本看作一种主动参与文学创作的批评方式，在整理80年代重要的年选、获奖作品选、争鸣作品选、思潮小说选等不同类型选本的基础上，打开了研究选本参与文学史叙述的新领域。

有关人道主义与个人主义话语的讨论，是2015年重返八十年代文学研究的另一热点。在宏观层面进行历时性梳理的文章有：旷新年《从”大写的人”到”人的消亡”——新时期”人性”话语的考察》（《文艺争鸣》2015年第4期）和岳雯《”抒情时代”的”个人”考论》（《中国现代文学研究丛刊》2015年第2期）。如果说前文更着重从中西比较的视阈为1980年代人道主义讨论提供参照，后一篇文章则主要在“五四”、“50—70年代”与新时期的比较中，指出1980年代知识分子从个人出发建构“共同体”的未来设计。而个案研究方面比较重要的成果来自两位年轻学者：符鹏的论文《再造社会主义新人的尝试及其内在危机——蒋子龙小说〈赤橙黄绿青蓝紫〉中的青年问题》（《文学评论》2015年第5期），从乔厂长式的现代管理学无法应对青年工人的身心危机这一时代焦虑出发，分析比较了解净重启政治思想教育的管理实践，以及刘思佳式以政治反讽对抗僵化体制的有效性。虽然蒋子龙批判80年代个人主义话语召唤出的主体形式，试图在效率至上的现代工业生产中保存工人阶级的主人翁意识，但以“全颜色”的人性论主张为出发点，因其缺乏对共同体实在形式的设计，最终只能被简化为理想与现实之间难以解决的矛盾。相比符鹏的社会史视野，王钦的论文具有更强的理论思辨性。在《新时期文学表征中的“个体化”难题——重读〈哦，香雪〉》（《文学评论》2015年第6期）中，王钦指出有关《香雪》的研究并没有摆脱现代化视角的预设，他从“技术构成了时间”的理论启发中，着重分析了小说里两个具体场景所关联的两种时间表征：一是自动铅笔盒以及“公社”空间的参照性，以社会主义时间安排的缺席，显示了五六十年代针对物质的意识形态性批判的彻底失败；二是凤娇与“北京话”的物物交换所显示的另一个独特时空，此处的物是中立的，并超越了“目的—手段”关系的合理性规划。正是在后一点上，王钦认为《香雪》这篇小说提供了一种同时超越传统共同体框架和市场逻辑规定的开放的现代个体形式。

2015年《扬子江评论》还以《文学史新视野：80后与1980年代》栏目，尝试了另一种“重返”研究。几篇文章都带有诗人、批评家青春忆旧的气味，却又基于自身经验的反省避免了对80年代的理想化冲动。如果说颜炼军、唐不遇（《扬子江评论》2015年第3期）更侧重叙述个体的文学之路与知识结构的历史清理，那么刘波《启蒙与困惑：八十年代作为一种诗歌精神》（《扬子江评论》2015年第4期）则更自觉地分析了70后、80后的独特意识对于重返研究可能带来的优势与陷阱，并进而指出80年代诗歌作为体验性写作在诗歌本体层面存在的不足。同样以鲜明的80后视角切入1980年代文学的，还有方岩的长文《80年代作家的溃败和80年后作家的可能性》（《文艺争鸣》2015年第10期）。方岩指出，尽管1980年代曾经是80后作家、批评家最初的文学阅读与精神资源，在1990年代以来的文化语境中却被不断去魅。通过评析昔日先锋作家们的今日表现，方岩对照性地呈现了80后作家实际超出前辈印象的创作与思考。这篇论文的主旨还不仅仅在于为80后正名，它更深的研究意识是以观察文学史发展与重复的眼光，为“经典化”标准注入更具对话性与开放性的新内容。

（二）先锋文学三十年

2015年新时期文学研究的大事件之一，无疑是围绕“先锋文学三十年”展开的纪念活动与学术讨论。2015年11月28日，由北京师范大学国际写作中心、北京师范大学文学院、《文学评论》杂志社共同主办的“通向世界性与现代性之路——纪念先锋文学30年国际论坛”在京举行。《文艺争鸣》分别于第10、12期设“先锋文学三十年研究专辑”。第10期专辑以学者、批评家的思考为主，其中几位甚至可以说是当年直接参与先锋文学命名与经典化的代表人物。例如陈晓明在《先锋派的历史、常态化与当下的可能性——关于先锋文学30年的思考》中，较为全面地讨论了先锋派起源、现代主义本质以及1990年代至新世纪的创作变化，并以王朔、冯唐为例，提出了汉语写作如何在当下常规化的文学现状中有所创新与超越的问题。如果说这篇论文旨在呼唤先锋精神，那么陈晓明在另一篇文章《先锋文学三十年：辨析与反思》（《南方文坛》2015年第3期）中则把矛头转向对先锋文学自身的总结与反省。陈晓明指出中国先锋派的“不纯粹性”，“他们是文学变革的产物，而不是变革文学的产物”“他们的文本的先锋性很牢靠，但社会实践性的根基却不扎实”。这篇文章细致辨析了“85新潮”与先锋派概念的包含关系，针对近几年关于先锋文学缺乏现实感、盲目追逐西方等诟病，陈晓明强调先锋文学的意义恰恰是以独特的艺术形式表达了对历史／现实的态度，而先锋派的后期转向也绝不是所谓水土不服的结果，毋宁说是20世纪关于救赎和未来超越性想象的历史性终结。

南帆《先锋文学的多重影像》一文，将先锋文学作为组织文学史诸多话题的理论轴心，认为先锋文学受挫的前因后果远未得到充分的分析，与先锋文学有关的“形式”“大众”“现代主义”等观念的具体内核还未得到真正深入的讨论。

张清华在《谁是先锋，今天我们如何纪念》中，从广义和狭义两方面归纳先锋文学的历史内涵，并将先锋文学的精神遗产归纳为三点：一是启蒙主义的思想与激情，二是个人本位价值的建立，三是艺术方面的叙事冒险与文本实验。除此之外，先锋文学还直接推动了当代文学的变革与成熟，特别是90年代以来长篇小说文体的发育与创造。

以上三位学者90年代以来的重要专著如《无边的挑战》《后革命的转移》《中国当代先锋文学思潮论》均可视作这些总结与反思的理论基础。洪治纲《启蒙意识与先锋文学的遗产》一文，更偏重广义的85新潮概念，认为先锋文学思潮的意义是在艺术本体和民众心智两个方面都推动了1980年代启蒙主义的深化。张闳《先锋文学的”四个四重奏”》借70后作家宁肯的小说为题，表达了更年轻一代学者回望1980年代的特殊视角。张闳把先锋文学放到后文革文学的脉络上，指出作为见证或政治抗议式的写作传统，先锋文学对时代匮乏与荒诞性的描写还没有达到与时代相配的程度，随之而来的1990年代市场化更为先锋文学提出了挑战。

该专辑的最后两篇文章更强调史料整理工作。初清华与王干的对话——《〈钟山〉（1988—1998）与先锋文学》，集中关注较晚参与先锋文学浪潮的《钟山》杂志通过发表和理论讨论、“新状态”、“新写实”等概念的提出，以及对电影、艺术等更广义先锋文化的推介等，对先锋文学的拓展与延伸。李建周《形式策略与文化政治——先锋小说十年（1984—1993）》一文，从经典化研究的角度，系统梳理了文学史对先锋小说筛选与确认的过程：例如与马原关系密切的“西藏新小说”圈子、《西藏文学》的《魔幻小说特辑》就应当被纳入先锋文学前史被讨论；而《新小说在1985年》与《探索小说集》《人民文学》与《收获》专号则分别从选本与刊物编辑的角度为先锋小说命名；最后，在批评理论层面，“现实主义与先锋派文学”研讨会、1989年《上海文学》《保卫先锋文学》的批评小辑，以及“后现代主义”“后新时期”的相关讨论，都构成了八九十年代之交先锋文学遭遇危机与调整的重要表现。

《文艺争鸣》第12期的先锋文学专辑以作家为主，既有余华、苏童、格非几位先锋小说代表作家的历史回顾与总结，亦有林白、李洱、东西、艾伟等先锋文学后继者的反思。青年批评家张莉《先锋文学的困窘与回响——有新一代作家创作返观》从70后作家作品中的纯文学观、对日常与个人的重视、对“怎么写”的自觉思考等方面，检视先锋文学遗产。而阿乙和曹寇小说中与现实对抗的紧张关系，更使他们尤其成为先锋文学精神内核的继承者。但张莉也不无忧虑地指，出三十年后新一代作家究竟在多大程度上可以进一步提出真正具有变革意义的思维方式，仍是一个有待观察的问题。

《南方文坛》的先锋文学专辑在历史反思之外，更侧重有关“先锋之后”当代文学写作的现状批评。孟繁华《先锋文学的遗风流韵——纪念先锋文学三十周年》（《南方文坛》2015年第3期）一文，重点分析了2014年两部先锋气质突出的长篇小说范小青《我的名字叫王村》和李晓华的《世纪病人》。黄平《先锋文学的终结与最后的人——重读〈花腔〉》（《南方文坛》2015年第6期）实际以《花腔》与瞿秋白事迹之间的互文关系，反思先锋文学如何在对历史整体性的厌倦中，重新激活历史叙述的意义。

（三）经典重读

2015年莫言研究的特色是偏重史料整理。程光炜关于莫言家世考证的系列文章：《生平述略——莫言家世考证之一》（《南方文坛》2015年第3期）、《家庭——莫言家世考证之二》（《文艺争鸣》2015年4期）、《教育——莫言家世考证之三》（《中国现代文学研究丛刊》2015年第8期）、《劳动生涯——莫言家世考证之四》（《当代作家评论》2015年第3期）、《参军——莫言家世考证之五》（《当代文坛》2015年第3期）——以现代文学研究的方式对与莫言创作相关的人生经历、家庭背景、体制养成等方面的材料做出了考订与辨析。原帅的《莫言小说人物原型考》、程旸《莫言的文学阅读》（《中国现代文学研究丛刊》2015年第8期），分别从人物原型考证和莫言的阅读史两个方面，对此前偏重批评层面的形象学与外来文学影响论角度可能对莫言创作造成的误读，做出了有效回应。日本学者藤井省三的论文更精彩呈现了类似朴学考据基础上的文学研究法。在《莫言与鲁迅之间的归乡故事系谱——以托尔斯泰〈安娜卡列宁娜〉为辅助线来研究》（《小说评论》2015年第3期）中，藤井省三教授首先考释与比较了莫言阅读史及其他原创文本中有关莫言与鲁迅、鲁迅与《安娜卡列宁娜》、莫言与托尔斯泰的段落；然后具体分析鲁迅归乡故事中的女性形象与莫言的《白狗秋千架》，以及莫言《怀抱鲜花的女人》中酷似安娜的故事摹写，指出莫言从鲁迅、托尔斯泰处借鉴的故事构成方式，即“以归乡者或者是与来访者之间的不伦关系这一主题成为了故事构成的主要的支柱”，将托尔斯泰的人道主义、五四新文学中的恋爱至上主义与对1970年代中国农村的怀旧式记忆整合起来。

围绕贾平凹新著《老生》兼及《废都》等作品的经典重读可谓2015年的研究热点。其中谢有顺《乡土的哀歌——关于老生及贾平凹的乡土文学精神》（《文学评论》2015年第1期）将

《老生》放到近几年贾平凹乡村书写的序列中:《秦腔》仿写日子的结构，《带灯》以新笔记体尽显生活中刚柔并济的品质，《老生》以个体记忆补充历史空白，“挽歌”、“记忆”、“琐碎日常”等，已成为贾平凹为乡村生活立此存照的关键词。青年批评家陈思的《“新方志”书写——贾平凹长篇新作〈老生〉论》（《中国现代文学研究丛刊》2015年），从《老生》拟《山海经》的文体形式推及以“地方性”对抗国族寓言的创作诉求。通过对《丹凤县志》《山阳县志》等更具体历史细节实录的阅读，陈思指出，贾平凹的意义在于以新方志书写突破了当下文学中笼统的“城／乡二分法”意识，但又因为对革命经验的价值预判，不能真正揭开中国基层生活的内部肌理。魏华莹的《废都与西安》（《小说评论》2015年第3期）、《废都的故事周边》（《文艺研究》2015年第2期），从材料整理考据的方面，例如西安城市地理与旧城改造，贾平凹在写作《废都》前后的疾病、官司与婚变等等，为重读《废都》提供了新的参照。杨辉的《大文学史观与贾平凹的评价问题》（《小说评论》2015年第2期）则以现象学悬置的方法，反思现当代文学研究中的“现代性文论话语”，在融通中国文学“大传统”与“小传统”的“大文学史观”开拓贾平凹研究的新境界。张莉《念念不忘，终有回响——孙犁与贾平凹的文学互动》（《文艺争鸣》2015年第1期）一文即可视作“大文学观”的一种尝试，张莉以80年代孙犁与贾平凹的通信、孙犁对贾平凹创作的评论、贾平凹的孙犁论等为研读对象，不仅考察两位作家的文学交往，更将贾平凹放到以孙犁为代表的中国传统文章脉络中去考察。

《文艺争鸣》2015年第6期开设《独行者·张承志研究专辑》。面对这位一直争议颇多、有阐释难度的作家，该专辑的几篇文章分别从史料整理、总体研究与分文体探讨等方面展开讨论。申霞艳对《心灵史》责编、原花城出版社编辑的钟洁玲的访谈文章《〈心灵史〉诞生始末》，历史地还原了张承志发表《心灵史》的前前后后，让读者对张承志的人格个性、八九十年代之交出版状况等都有所了解。黄发有《论张承志的文化批判》一文从张承志的回民身份、与宗教联接的道德理想乌托邦、对个体与社会对抗性的强调等方面，分析了张承志思想中的“异端之美”。旷新年《从〈心灵史〉看张承志的写作》明确提出，《心灵史》既是张承志的创作总结，也是他的文学最高峰，“只有把张承志对伊斯兰的皈依和《心灵史》的写作看作是对中国文明的一种贡献，并且只有把《心灵史》放到《荒芜英雄路》、《清洁的精神》、《夏台之恋》等散文构成的背景之中，尤其是，只有把《心灵史》放到资本主义全球化的语境中来加以理解，我们才算是走到了《心灵史》的入口”。如果说旷新年一文主要从整体上提出了“游击时代”“人民之子”等研读心灵史需要确立的支架，那么本专辑中的另外两篇文章则从《心灵史》改定这一事件切入对张承志的阐释。姚新勇、林琳《激情的校正与坚守——新旧版〈心灵史〉的对比分析》,通过细致比对提出了新版《心灵史》的几点变化：一是中国性的增强和宗教性的弱化；二是对“血统论”的批判；三是对体制批判性的增强；四是建构人民共同体；又进而指出张承志始终存在“绝对的二元对立逻辑和浪漫的批判激情所遮蔽的真正自我反省的逃避”，难免受到功利主义倾向的严苛批评。在同样的议题上，拙作《“走异路，逃异地，去寻求别样的人们”——改定版《心灵史》与二十世纪八九十年代“转折”》，主要将《心灵史》放回八九十年代之交的历史转折中，一方面勾勒从初版本到改定版，张承志途径1980年代思潮重返1960年代的曲折过程，一方面以张承志从海外进入1990年代的具体经验，还原“意识形态战”的历史意识如何成为构建其思想实践活动的基本框架。周会凌、谢有顺《从知青作家到“荒芜英雄”——论张承志的散文写作》，明确指出张承志的散文已经自成一格，作为独特文体在诗性的语言中包孕了民族、国家、政治、文明等重大时代命题。

2015年王安忆研究中特别值得关注的研究成果有：杨庆祥《阿三考——由〈我爱比尔〉兼及王安忆的写作症候》（《文艺研究》2015年第4期），通过比较王安忆小说与纪实性文本《白茅岭纪事》之间的异同，考证了小说中人物形象的社会学起源，并由此揭示王安忆1990年代从抽象观念性写作转向具体历史性写作过程中的未完成性与丰富可能。台湾学者黄文倩《茹志鹃、陈映真与王安忆的渊源与文学影响考察》（《文艺争鸣》2015年第12期）一文，精彩地呈现了1983年“爱荷华国际写作计划”中三位作家的域外交流经验，特别是他们对左翼历史遗产的不同认识，然后通过对王安忆小说《乌托邦诗篇》《英特纳维耐尔》的细读，讨论王安忆如何在与陈映真的矛盾中，把陈映真转化为自己克服写作困境、回应大陆现实的动力之一。

该年度围绕经典作家作品重读的重要论文还有：王彬彬的《高晓声与高晓声研究》（《扬子江评论》2015年第2期），细致辨析以往高晓声研究格外倚重作家创作谈可能存在的问题，指出高晓声创作谈中“包扎”与“戳洞”交替进行的分寸感拿捏，认为这虽然是高晓声在二十多年右派苦难后重返文坛的真实情绪，却也阻碍了他文学才华和历史反思的发挥。郜元宝《为鲁迅的话下一注脚——〈古船〉重读》（《当代作家评论》2015年第2期）极具创新性地从“民间道教末流”的角度拆解小说，指出《古船》的故事结构与人物性格安排等，不仅体现出阴阳消长以至调和的历史轮回，更揭示了民间道教与乡村政治、现代革命等媾和的历史后果，在此意义上完成了对中国文化的深刻反思。郜元宝还指出自《古船》之后，张炜的创作分出两支，一是如《九月寓言》等以原始道家生活理想批判现代工商科技文明，一是仰仗马克思主义等西方近代文化资源继续其历史反思，以《古船》为起点对张炜的整体评价问题以及类似长篇小说创作模式的考察提出了有力支点。青年学者李德南《生命的亲证——论史铁生的宗教信仰问题》（《南方文坛》2015年第4期）一文，体现了研究者优秀的哲学思维训练，从对制度宗教的警惕、昼信基督夜信佛的跨教派意识以及作为生命实践的信仰三个方面，分析史铁生如何在信仰中平衡唯我论倾向，实现自我超越。刘艳的《同年经验与边地人生的女性书写》（《文学评论》2015年第4期）通过童年经验的创作影响，比较概括出小红和迟子建在创作方面的异同。饶翔《变与不变：一个女作家的形象学》（《南方文坛》2015年第1期）以作家形象为出发点，从张洁的自我塑造中探索个人/自我与社会/集体间的张力，以及性别经验与民族国家话语纠缠的理论问题。

最后，吴秀明、章涛的《“获奖修订版”生成与当代主流文学话语的规范/妥协机制——以〈沉重的翅膀〉和〈白鹿原〉的修订为例》（《清华大学学报（哲学社会科学版）》2015年第1期），也从制度研究方面为经典重读提供了启示。文章指出，关于“茅奖”研究不仅要从文学与政治一体化的外部视角展开阐释，也要进行文本细读和版本校勘的内部研究，不能过分夸大制度对作家主体意识的遏制，像《沉重的翅膀》和《白鹿原》两部作品的修改就包含了张洁个人的批判态度、以及作品与主流话语之间看似矛盾却契合的时代效应。

三、新世纪文学：开放视野与批评在场

本年度涉及新世纪以来当代文学写作的批评与研究，除了跟进新作如阎真《活着之上》、东西《篡改的命》、刘醒龙《蟠虺》、梁鸿“梁庄”系列等，并就第九届茅盾文学奖、第六届鲁迅文学奖获奖作品展开讨论之外，更围绕非虚构写作、代际文化与青年写作、全媒时代文学价值的发现与阐析、科幻文学、城市文学等议题，开展了广泛而深入的批评与争鸣。“大文学”视野逐渐成为研究共识——例如，关于“非虚构热”，王春林《长篇非虚构文学的一种写作趋势》（《文艺评论》2015年第1期）就首先从文体概念上辨析了“报告文学”与“非虚构”的异同，并将非虚构热的原因归纳为以文学性解答当下复杂社会问题的创作与阅读诉求。以郜元宝《中国小说的奇正相生》（《扬子江评论》2015年第5期）为代表，以古典文论或中国大文学传统通讲当下写作状况，也成为当代文学批评的新趋势。在小说译介与传播研究方面，北京大学出版社的“中国文学海外传播研究书系”2015年出版张清华主编的《他者眼光与海外视角——世界视野中的中国当代文学》《当代文学的世界语境与评价》，同样从当代文学海外传播、海外汉学研究、中国作家与世界视野等方面，拓宽了研究领域和批评依据的世界文学背景。另外，驻校诗人作家制度研究，也体现了近期新世纪文学领域的独特性。以下再分别从四个方面重点介绍本年度研究成果：

（一）代际文化与青年写作

代际写作问题近几年一直是当代文学研究的前沿话题，2015年可以说是80后作家、批评家稳步成长、70后作家逐渐成熟超越此前刻板印象的一年。黄发有《70后：从媒体制造到代群认同》（《上海文学》2015年第9期）历时性的梳理了70后以“美女作家”、身体写作等媒体话题登上文坛，直至近期自觉摆脱代际印记，建筑中年写作与个人风格。张丽军、常思佳《70后作家：如何成为文学“中坚代”》（《小说评论》2015年第1期）一文，对70后作家提出了从“中间代”到“中坚代”的期望，与黄发有文章相似，这篇文章也梳理了70后的出场与发展，并通过对李浩、路内、阿丁、阿乙等创作的分析，指出70后作家创作上继承先锋派精神、又开掘不足出现类型化写作的问题。马兵《70后作家的五副面孔》（《小说评论》2015年第4期）

一文主张避免笼统粗糙的代际归纳，而是从五个角度呈现70后作家的内部差异——身体写作、颓废、城镇叙事、先锋派、中间代的历史记忆。除了综论文章，《小说评论》的“70后研究专辑”还在第3期推出了关于李浩长篇小说《镜子里的父亲》的评论小辑。

关于80后写作，本年度较为重要的出版事件有：周明全著《“80后”批评家的枪和玫瑰》（北京时代华文书局2015年版），以及杨庆祥编著《寻找文学的新可能：联合文学课堂》（北京大学出版社2015年版）。前者通过周明全与金理、杨庆祥、何同彬、黄平、徐刚、刘涛、傅逸尘、李德南、项静、康凌等80后批评家的对话，呈现了80后批评家的独特成长经验以及与此相关的批评标准与风格；后者则以课堂讨论的形式，展示了80后、90后文学专业研究者介入当下文学现场的能力与抱负，这些课堂讨论既涉及以80、70后为主的小说，如徐则臣《耶路撒冷》、计文君《帅旦》、李宏伟《平行蚀》等，又涉及如李敬泽《致理想读者》、李少君《自然集》、房伟的《王小波传》等文学批评、诗歌、传记类体裁。以上两本书可以说是做“同代人批评”的践行者，《南方文坛》2015年持续以《今日批评家》栏目推介青年批评家，亦在完成同样的工作。这只批评家队伍已经成为80后写作的重要阐释者，既有如项静《冒险的行程——郑小驴小说读札》（《扬子江评论》2015年第4期）这样的作家专论，也有如陈思《“生活”的有限性及其五种抵抗路径——以2014年短篇小说为例谈80后小说创作现状》（《南方文坛》2015年第5期）这样从“日常生活”“学院知识构成”等方面综论80后创作风格与问题的文章。《上海文学》杂志持续推出作家新作评论小辑，如第7期的“听故事的人——周嘉宁小辑”、第11期“遥远的路程——文珍新作评论特辑”，更以海上文坛批评家的整齐队伍，突显了青年写作与批评力量的崛起。

（二）全媒时代文学价值的发现与阐析

网络文学是新世纪文学研究的重点和难点，随着有关全媒时代、多媒介融合等讨论的深入，越发要求从“新媒体”的文化研究视阈突破纯文学研究面对网络文学的尴尬与焦虑。邵燕君的多篇文章《“媒介融合”时代的“孵化器”——多重博弈下中国网络文学的新位置和新使命》（《当代作家评论》2015年第6期）、《网络时代：如何引渡文学传统》（《探索与争鸣》2015年第8期）、《网络文学的“网络性”与“经典性”》（《北京大学学报（哲学社会科学版）》2015年第1期），都从媒介革命的角度，指出网络文学是一种新媒介文学形态，而不应被当作通俗文学的网络版。从生产—传播—评价模式上，邵燕君指出网络文学的特性在于打破了作者中心论，转向由读者参与影响的集体创作，实际以粉丝文化的形态实现了地球村的重新部落化；从网络文学自身的媒介形式看，邵燕君指出网络文学具备超文本性、与AGG动漫游戏文化的连通性等，使它可以在写作技术上无限开放。

如果说邵燕君的研究表现出一定程度上的先锋性与及激进性，欲以网络文学改变以印刷文明为基础的经典评价体系，那么另一些学者则更强调在现有文学观内部找到适合网络文学研究的传统与思想脉络。范伯群、刘小源的《通俗文学的传统与网络类型小说的历史参照系》

（《中国现代文学研究丛刊》2015年第8期），提出了“冯梦龙们——鸳鸯蝴蝶派——网络类型小说”的古今市民大众文学链。类似思路的文章还有杨早《改写历史与文学重建——晚清小说与当代网络小说异同辨》、黄发有《网络空间的本土传统》（《当代作家评论》2015年第6期）等。另外，李敬泽在《网络小说营造了“白日梦百货公司”》（《上海文学》2015年第12期）中回答张英的提问时，明确指出在类型小说和纯文学之间不存在楚河汉界，类型小说的发展同样得益于经典文学的传统，而网络文学的特性在于为读者提供了一个系统的代偿性的白日梦，它的急速膨胀其实反映出急剧变化时期文化准备的严重不足。房伟的《个人主义、穿越史观与共同体诱惑——论“网络穿越历史小说”的三宗罪》（《创作与评论》2015年第2期）可以视作对这种“代偿性”心理的具体分析，认为网络释放了被传统意识形态与官方话语压抑的现代性渴望。

除了网络文学研究，全媒时代的文学思考还必然关涉到资本与市场的问题。吴亮在《市场、利息、资本逻辑与当代艺术的札记》（《扬子江评论》2015年第5期）中批评了简单的资本、市场罪恶轮。《文艺争鸣》2015年12期设“资本力量与文学生产”研究专辑，其中李洁非的《资本和资本的“原罪”》与吴亮一文有异曲同工之妙。另外几篇文章则以个案研究为主。杨早《逃离中的陷落——网络小说体制中的资本元素影响》，具体以vip订阅制度、腾讯入主事件等拓展开网络文学体制的分析。陶庆梅《理解文化生产中的资本运作——以当代中国的戏剧生产为例》，将戏剧生产放入改革开放三十年以来文化市场的形成过程中，分析了社会资本、国家资本、国际资本进入戏剧演出行业的影响，并提出了如何在资本介入中实践美学意识形态诉求的问题。周瓒《诗歌出版“奇迹”与诗人一夜成名的背后》集中分析了当代知识生产的讯息化与自媒体运作，并以余秀华诗歌现象为例，表达了对当代诗人、批评家坚守主体性创造文化规范的呼吁。

（三）科幻文学新势力

2015年刘慈欣《三体》英文版第一部获得第73届雨果奖最佳长篇故事奖，作为亚洲人首次获奖，被誉为中国科幻走出国门的重要时刻。这一年的科幻文学研究，既有汤哲声《论中国当代科幻小说的思维和边界》（《学术月刊》2015年第4期），从类型小说的“现代性”角度，继续围绕科技发展的进步性焦虑与人类生存的幸福感焦虑，对刘慈欣、王晋康、韩松等代表科幻作家做出分析；也有海外汉学研究者宋明炜《在类型与未知之间——科幻小说及其他形式》（《上海文学》2015年第12期）直接否定以类型文学的成规阅读科幻小说，而是打开未知人文想象的视界，或者说一种“高密度的写实”，“让我们看到‘现实’中的不见，‘此刻’中的未来，‘我们’中的他者”。从这一点出发，才能看到近期中国科幻小说新生代创作中以韩松为代表的反类型、新浪潮叙述的独特魅力。

《中国比较文学》2015年第3期设《科幻文学研究专辑》将研究从当下写作扩展到中国科幻文学史等更广阔领域：任冬梅《晚清与民国科幻小说中“未来中国”形象之比较》，指出民国科幻小说中的未来中国形象具备两个特点，一是继续晚清以来渴望建立新民族国家的主导意识，二是由于时局压迫呈现出灰暗与暧昧的情绪。贾立元的《〈新世纪与“追魂砂”——〈新纪元〉中的时间与战争》，以1908年出版的科幻小说《新纪元》为对象，探讨其对未来世界的想象如何受到当时种族主义话语的影响并重演了殖民主义的逻辑，并创新性地以考据实证，纠偏了以往研究者对小说中“追魂砂”的误读，指出这类看似神魔斗法的武器实际是作者对当时报刊上介绍西方科技发明的借用。王瑶《全球化时代的民族寓言——当代中国科幻中的文化政治》，同样以中国科幻小说与“中国梦”之间自晚清至20世纪80年代的关系入手，聚焦1990年代以来新生代科幻作家笔下的空间、种族和英雄形象，以“民族寓言”的概念展现了中国科幻小说不同于西方的文化政治内涵。维罗妮卡·霍林格《“长城星球”：中国科幻小说的陌生化》一文，有着更为强烈的中西比较意识，论者概括了中国当代科幻小说中的五种“陌生化”特征：“长城星球”、作为当代中国科幻小说独特主题的“中国崛起”、有关历史的另类书写以及作为全球科幻小说的中国科幻和它在共同未来中可能提供的断裂性选择。

（四）城市文学或当代文化症候批评

当代文学研究期刊近几年都特别关注城市文学批评，《当代作家评论》2015年第2、4期都相继推出《城市文学思潮栏目》，其特点是既有批评家的思考，如岳雯《双重意识——以上海两部城市小说为例》、陈涛《发现一种真实的生活——评张楚小说的小城镇叙事》等，也有作家创作谈，如鲁敏《后窗的写作》、弋舟《站立在城市的地平线上》等。从这两辑的文章可以看出，当下城市文学与70后、80后青年写作之间的关联性受到格外重视，而介于大都市与乡村之间的“小城镇叙事”也成为城市文学研究关注的新课题。另外，《上海文学》杂志2015年第4、5、6期同样以“理论与批评”的专栏形式发表了城市文学研究的相关文章。在《“城市文学”的当代演进——从几个关键词谈起》中，郭冰茹和齐杰两位作者从革命、物质和爱欲三个关键词，梳理了当代文学在不同时期借助“城市”表达的现代性思考。曾一果的《从“现实之城”到“想象之城”——谈新时期小说“城市书写”观念的变化》，指出新时期以来作家越来越倾向于在意识世界中虚构一座城市，而不是单纯的模仿与再现。在《作为方法的“城市文学”》中，岳雯不再纠缠于概念，而是更具体在文本细读中发现城市文学可能延伸出去的相关命题，例如作家如何在家乡与异乡中确立自己的地方性书写，方言在小说中的运用问题、城市景观的选择问题、城与人的关系处理等等。

在城市文学研究中，另有一类学者以文化研究的方式将小说作为社会文本的一部分，展开对当代社会文化症候的意识形态批评。罗小茗的《城市结构中的“个人悲伤”》（《文学评论》2015年第2期），不再简单复述当下关于文学写作无力介入现实的批评，而是返身从文学阅读和批评上反省当代社会所遵循的“整理和描写现实经验的整体模式”自身存在的限度与问题。罗小茗通过细读《涂自强的个人悲伤》及其社会反响，概括出当代中国社会书写和理解“个人悲伤”的基本模式，指出这一模式虽然有其新颖性，但对90年代以来日益固化的城市、个人与社会关系缺乏反省，实际上以对“奋斗神话”的不彻底批判，构成了新的悲伤贬值机制的组成部分。在《当代文学叙事中的个人主义意识危机》（《文学评论》2015年第1期）中，张翔以三部小说为例分析了当代文学中的个人主义意识及其危机：方方的《涂自强的个人悲伤》中“个人奋斗”的错觉与社会性视野的丧失，宁肯的《三个三重奏》中九十年代以来的权钱现实与关于1980年代纯真想象形成的对立，以及叶兆言、韩少功、叶弥的文革叙事中流露的政治虚无感。张翔认为，这三部作品都表现了一种以维护个人主义意识形态合理性为基础，去想象理想社会与叙述历史时必然遭遇的无力感。

如何在当下写作中重建社会性视野，或者探索一种“个”与“众”有效契合的文学功能观，相较1990年代以来从“公众参与”到“私人生活”的历史判断（2015年10月中国现代文学馆与《上海文化》杂志社即以此伪命题，联合举办了中国青年批评家高峰论坛），必然成为当下文学批评的焦点之一。

致力于建立文学批评的中国话语

——2015年文学批评回眸

王清辉

2014年10月15日，习近平总书记在文艺工作座谈会上发表重要讲话。2015年10月14日，讲话全文正式发表。习近平总书记的讲话深刻阐述了文艺和文艺工作的重大使命，科学回答了事关文艺繁荣发展的一系列重大问题，丰富和发展了马克思主义文艺观和社会主义文艺理论，提升了我们对新时期文艺工作的规律性认识，是当前和今后一个时期我国文艺事业发展进步的纲领性文献，中国特色社会主义文学事业发展繁荣的行动指南。2015年9月11日中共中央政治局会议审议通过了《中共中央关于繁荣发展社会主义文艺的意见》，对落实讲话精神，繁荣发展社会主义文艺提出了6项25条意见，成为当前今后推动文艺工作的基本指针和切实措施。讲话和《意见》的发表反映了国家层面对于文艺批评的高度重视，客观上也为文艺批评的发展提供了契机，指明了方向。就文学批评而言，2015年取得了扎实而稳健的成绩，为文学批评的中国话语的建立打下了一定的理论和实践基础。无论是对当下文学热点问题的思考，还是作家作品研究，本土性问题都得到了强化。

一、学习讲话和《意见》，强化文学批评的使命感

2015年，文艺批评界深入学习贯彻习近平总书记系列讲话特别是文艺工作座谈会重要讲话精神，落实《中共中央关于繁荣发展社会主义文艺的意见》，理论和批评展现了新风貌、取得了新实绩。钱小芊《结合文学创作展开文学批评》、吉狄马加《坚持以人民为中心的创作导向是新的历史条件下党的文艺政策立足点》、李敬泽《"两个重要"：文艺地位和作用的再认识》等文结合文艺工作实践，有力地阐述了习总书记讲话的理论意义和现实针对性。

对于文学批评的现状与问题的反思，一直在文学批评领域里持续进行。面对当下变动不居的文学现状，怎样调整文学批评自身，重振文学批评的活力，增强文学批评的能力，是文学批评界必须面对和解决的问题。在这方面，习近平总书记文艺工作座谈会的讲话无疑给人们提供了思考的方向与理论的动力。习近平在讲话中指出："文艺批评是文艺创作的一面镜子、一剂良药，是引导创作、多出精品、提高审美、引领风尚的重要力量。"

习近平总书记文艺工作座谈会重要讲话发表后，中国作家协会及时组织各省市区作协和行业作协以多种形式开展了学习教育活动。为不断把对讲话精神的学习贯彻推向深入，把各地方作协学习贯彻习近平总书记重要讲话精神的理论思考和实践结晶结集出版《文学的使命与担当》一书。

继去年《文学观象》专栏后，2015年，中国社会科学院副院长张江教授在《人民日报》《文艺评论》等刊发表系列对话文章《中国精神是文艺之魂》《农村题材电视剧需升级换代》《展现中华审美风范》《文艺是民族精神的引擎》《文艺要与时代同频共振》《文艺家何以先觉、先行、先倡》《自身修为也是创作的源头活水》《从高原到高峰，障碍何在》《讲述中国故事与中国经验》《文艺是精神的火炬》等。这些文章均就当前文学发展中的热点现象、重要问题展开探讨、辨析，其直面当下文学现状，大胆言说理论问题，表现出强烈的使命感和责任感。

二、纪念抗战胜利70周年，继承和发扬伟大的抗战精神

抗战文学作为文学在特殊时代的特定表现方式，最突出的特点就是它所表现出来的民族精神。抗战并非一般的阶级、民族之间的斗争，而是人道与反人道、正义与邪恶的较量。因此，抗战本身就蕴涵着丰厚的文化意蕴。为纪念抗日战争胜利70周年，中国作协创研部与《文艺报》合作，共同推出《抗战文学巡礼》专栏，系统回顾、总结和评价自1931年"九一八"事变以来的我国抗战题材的文学创作，深入探讨其历史、社会、美学意义与价值。霍俊明《抗战诗歌：思想的胜利美学的胜利》、肖惊鸿《人民，是抗战电影的灵魂》、纳杨《抗战文学的发展与开拓》、李朝全《"新抗战文学"正在崛起》等系列文章陆续发表后，受到了较大关注，对于促进抗战作品书写不断走向深化，推出真正的传世精品，起到了有益的推动作用。

近几年文坛上引人注目的抗战文学作品也获得了更加深入的研究。比如贺绍俊《突破从"打扫战场"开始》对何顿《来生再见》和范稳《吾血吾土》的解读，从"打扫战场"的角度比较了这两部小说的叙事视角和逻辑走向，"两位作家都没有按以往的写作模式来处理，他们不是简单地再现战争的历史场景，而是将视线延伸，从这些老兵后来的生活轨迹倒溯到当年的战场，将战争历史与战后的经历打通了来写"，进而深入地挖掘出小说在特殊的抗战历史背景

下所进行的可贵的探索。

三、以纪念“先锋文学”为契机，集中讨论本土性话题

如果以“85新潮”为标识的话，今年是先锋文学运动30周年，批评界对30年来先锋文学的回顾和反思成为本年度文学批评的一个重要部分，产生了一大批有分量的文学批评成果。陈晓明在《先锋派的历史、常态化与当下的可能性》中指出：“先锋作为一个派已经无法在当代文化中存在，但作为一种精神和意识，隐藏在我们看似常规化和常态化的文学现状中，它要起到撕裂和开辟的作用。我们有必要在不可能性中去思考文学在今天的创新，去看汉语文学在这里拓展出一条顽强生存的路径，那是寥寥几个先锋派行走的路径，直至今天，开辟汉语文学的可能性还是需要先锋精神。”在先锋所代表的精神力量这个意义上，对先锋的肯定获得了高度共识。南帆《先锋文学的多重影像》中称：“文学史始终守护着先锋的位置，不是这一批人就是那一批人，……总是有人在殚精竭虑地探索文学，痴迷于各种文学实验，默默地承受无数的失败和庆幸偶尔的成功。他们将先锋的探索、不屈、叛逆视为一种永不衰败的精神。……这个意义上，虽然‘先锋文学’销声匿迹，然而，先锋文学不死。”洪治纲《先锋文学与形式主义的迷障》也提出：“捍卫先锋，就是捍卫文学的未来。一个时代、一个民族的文学要有所发展，总离不开先锋作家的不断探索和尝试，也离不开理论上的不断总结和完善。先锋注定是孤独的，前无古人，后也未必有来者，成功或失败不是它要掂量的结果。”

除了对先锋精神的肯定之外，更加值得注意的是，关于中国文学和文化的本土性话题得到了进一步强化。本土性本来并不是一个新鲜的命题，无论是在30年前还是在当下，文学如何立足本土、如何保持自己的主体性和文学自觉等问题，一直是文学批评中的常被关注的问题。只是当回顾先锋文学的艺术遗产时，评论家们除了讨论现代主义命题，还更自觉地关注于本土性问题，包括先锋派和世界文学、先锋派所处的历史、先锋文学对乡土文学的影响等，这说明，纪念先锋文学30周年不仅是为了重新确认先锋文学的历史地位，更是为了当下的文学批评和文学创作。贾平凹的新作《老生》在对传统资源的借用上受到评论家的广泛注意，谢有顺《乡土的哀歌——关于〈老生〉及贾平凹的乡土文学精神》、陈思《“新方志”书写——贾平凹长篇新作〈老生〉论》等论文均致力于挖掘和褒扬其中的本土性资源及其特殊内涵。

不仅如此，在网络文学、以刘慈欣为代表的科幻文学等批评热点问题上，本土性话题也是一个共同的思考和研究方向。黄发有《网络空间的本土文学传统》称，网络文学的发展与突破，要重视从本土文学资源中吸取营养，并以创造性的化用将其转换为源头活水。要实现这样的目标，写手们就不能满足于扮演搬运工，仅仅把古典元素作为一种粉饰的外衣和提味的调料。最终，“如果网络文学对本土文学传统能够创造性地继承和吸收，这既能利用网络媒介无

远弗届的优势，激活本土文学传统的生命力，又能借助传统底蕴提升网络文学的境界”。

四、立足本土表达中国，为介入文学现场搭建新平台

11月，中国文学博鳌论坛在海南琼海举行，论坛的主题是“世界文学视野中的中国文学与中国精神”。铁凝谈到，越是面向世界，就越要自觉地扎根中国。一个作家为自己的土地和人民写作，就是为人类写作。文学创作与理论创作是一个相互砥砺、相生相长的过程。作家和评论家在对话的过程中，一定会对如何生动有力地向世界表达中国人的经验、阐明中国人的梦想获得更加清晰的认识、更辽阔的想象，推动中国文学在纷繁复杂的世界视野中，不断绽放中国精神的璀璨光芒。钱小芊指出，博鳌论坛这一形式是为了构建文学批评平台。这个平台可以集聚文学评论力量，发挥文学评论对创作和阅读的引导作用，改善文学生态，推动文学繁荣发展。此外，中国作协文学理论批评委员会主办“青年批评家论坛”。论坛以文学批评的中国视野、“一带一路”视野中的中国文学、内在性与精神叙事等为主题，为青年批评家介入文学现场搭建新平台。

2015年青年批评家踊跃发声，迅速成长。在他们取得的批评成绩中，《寻找文学的新可能——联合文学课堂》一书是有代表性的一种。书中所收文字由80后学者杨庆祥、多位作家、编辑及学生的专题讨论整理而成。他们讨论了蒋一谈《透明》、徐则臣《耶路撒冷》、老村《骚土》、文珍《我们夜里在美术馆谈恋爱》、李敬泽《致理想读者》、李少君《自然集》、房伟《革命星空下的坏孩子》等文本，视野涉及文学写作与社会现状、文学批评等多个方面。最大的特点把文学作品和作家拉进批评现场，直率交流，让批评者和被批评的对象一起“寻找文学的新可能”。

五、伴随着中国文学“走出去”，批评的国际视野进一步打开

文学译介研究，包括海外中国当代文学研究，近年已成为学界的热点话题。随着批评的国际视野进一步打开，相关的论著也从量的增加向质的提高的方向发展，特别是有关译介和传播效果的问题受到较多关注。这一方面呼应着“中国文学走出去”、提高国家文化软实力的国家战略；一方面也是文学发展实际所要求的理论总结。比如王宁《诺贝尔文学奖、世界文学与中国当代文学》，孙立盎《陕西当代文学的世界性因素研究》，过婧、刘云虹《中国文学对外译介中的异质性问题》，褚云侠《在重构与创设中走向世界——格非小说的海外传播与接受》，冯强《现代性、传统与全球化：欧美语境中的于坚诗歌海外传播》等研究，不再仅仅满足于对

海外出版和学界的一般情况梳理，或是对译本的简单比对，而是从中国学者的立场出发，对文学译介的历史和现状展开一定的反思和批判。只有进入这样深层次的对话和交流，才是我们所期待的充满对话和思辨的批评佳作。

六、走进大学校园助力全民阅读

“中国作家北大论坛”由创研部和大学联合主办，邀请作家、批评家和学生进行交流。2015年邀请了刘慈欣、东西等作家。让大学生直接接触到作家和评论家相互砥砺、交流的现场，能让他们直接看到中国文学在新的时代条件下面临的诸多新问题。交流对话的形式让作家、评论家和年轻的读者一起来到中国思想的前沿，共同推进文学观念的更新。

如果说中国文学必须展现中国经验，创造富于汉语文字特征的文本，那么中国文学批评必须摆脱西方文论的话语模式，成为真正意义上的本土批评。具体地说，文学批评必须显示出独特的问题范式、思想传统和分析路径，这是深入考察中国文学的必要前提。这当然不是简单的从西方理论回归的问题，然而至少这已不再是一个需要争论的理论问题，因为已经有学者在扎实有效地进行着这个巨大的工程，并取得了可喜的成绩。

总之，文学批评不是随随便便的文字活动，而是一项充满挑战、也充满着诗性光辉和思想正义的事业。一个时代的文学批评，它最大的功能仍然是对这个时代文学价值的发现和阐释。批评应行使的使命，是要知道我们这个时代文学的价值在哪里，并把这种价值发现出来、阐释出来。发现文学价值、感受文学价值、呈现文学价值，这需要当代人的积极参与和实践，也是文学批评永远的使命感。

缅怀与开启
——2015年文学批评关键词

周明全

2015年是批评界最为热闹的一年

贯彻学习习近平书记文艺座谈会上的讲话精神，成为文学批评界的头等大事，鲁迅文学院举办了第26届青年批评家班、首届全国文艺评论家骨干班在昆明开班、《中国文学批评》创刊、首届博鳌论坛召开等等，从各个层面对文艺座谈会精神的进行学习贯彻，可以说文艺座谈会为中国文学批评开启了一个崭新的天地。

2015年，对于文学批评，又是一个怀旧的年份。

先锋文学三十年、寻根文学三十年，各种追忆、反思一直热热闹闹地充斥着各类评论刊物，各种声音也在不同的纪念会或者研讨会上响起。

2015年，随着路遥文学奖、由路遥小说《平凡的世界》改编的同名电视剧的播出，路遥再度成为媒体谈论的热点。

文艺座谈会

2014年10月15日，中共中央总书记、国家主席、中央军委主席习近平在北京主持召开文艺工作座谈会并发表重要讲话，充分体现了党中央对文艺和文艺工作的高度重视。讲话深刻阐述了文艺和文艺工作的重大使命，是指导文艺工作和文化建设的纲领性文件，是推动文艺繁荣、开创文化建设新局面的行动指南。

文艺座谈会后，各级、各地、各部门均组织了学习，2015年10月14日，习近平总书记文艺座谈会讲话全文发布后，全国掀起了学习贯彻座谈会精神的热潮。《名作欣赏》第12期在头条位置刊载了中国当代文学研究会会长白烨对习近平总书记文艺座谈会的解读文章《原点、要点与亮点——习近平文艺座谈会讲话学习体会》，是最为全面、深刻地解读文艺座谈会的文章。

白烨为广大文学工作者指出了习近平讲话中的八个重要问题，对于文艺工作者在新的历史条件下充分认识文学使命、认清文学的正确发展方向、焕发文学新的创作活力起到了鲜明的导引作用。

白烨明确指出习近平文艺座谈会讲话的八大要点：其一，文艺的重要地位和作用问题。白烨指出习近平的讲话体现了新的历史条件和社会形势下党对文艺工作的重新认识与高度评估，无论是对于文艺还是对于文艺家，习近平的认识和评估在深度与高度上，都是前所未有的。其二，关于社会主义文艺的本质问题。白烨指出，习近平“社会主义文艺从本质上讲，就是人民的文艺”的文艺本质论，以“为人民”为旨归，使“文艺为人民服务，为社会主义服务”在内在精神上合二为一，又一次体现了新历史条件下的文艺本质新认识。其三，中国精神是中国文艺之魂。习近平提出，中国文艺应该富含民族精神，葆有时代精神，应该重新审视传统，发扬传统文化中的优秀品质，并提出“爱国主义应当成为文艺主旋律”的文艺发展方针。白烨认为，“家国情怀”一直在中国文学中血脉不断，绵延至今，确实是中国文学从开始到现在的不变的主旋律。习近平把爱国主义作为文艺的主旋律，既使家国情怀这种中华精神和民族血脉在文艺创作中更加显豁，也会使不同时期、不同地域、不同板块的文艺家有了共同的精神依托与文化纽带。其四，创作优秀作品是文艺工作的中心。白烨对习近平“文艺工作者应该牢记，创作是自己的中心任务，作品是自己的立身之本，对于作家艺术家而言，中心只有一个信念，就是创作优秀作品”的文艺中心论深表赞同，认为习近平的讲话不仅理正了文艺世风，扭转了文艺官场政绩化和传媒娱乐化的两极倾向，对建立起风清气正、回归本原的文艺时潮起到了强有力的领导作用。其五，创新是艺术的生命所在。白烨指出，习近平在他的讲话里，高度重视创新，一再强调创新，并论说了创新的要义所在与具体体现，由此提出“学养、涵养、修养”的“三养”方针就顺理成章。其六，“两个效益”与“两个价值”的辨证关系。白烨指出，习近平对“两个效益”“两个价值”的论说，尤其是关于效益或者价值内部二者发生矛盾时的轻重选择，尤为重要。一来是习近平提两个观念，正是直击当下文学中重经济效益，以市场价值为导向的文学偏重，是力革时代文学的不良趋势的强有力理论号召；二来，白烨以自己对习近平文艺座谈会讲话的深入细致揣摩，指出习近平在“两个效益”“两个价值”问题上的态度坚定，立场分明，毫不含糊，表达明确清晰。习近平态度的清晰立场的分明给下一步社会文艺的发展无疑树立了清晰明确的风向标。白烨以他敏锐的文学嗅觉指出，习近平的明确表态不仅对于文学创作、文学批评有极大的好处，而且对那些党政领导和文化管理部门，也有很大的指导作用，甚至是约束作用。其七，改进党对文艺的领导。白烨指出，习近平对加强和改进党对文艺工作的领导这一议题提出的诸般指导性意见，切合当下文坛实际，具有极强的现实性和紧迫性。其八，文艺批评要强化批评精神。指出习近平在谈到当下文艺批评时，关键性意见是敏锐指出了当下“文艺批评褒贬甄别的功能弱化”的现象，其中的不少意见可谓发人深省。习近平的意见和论调，有助于文艺批评界反思批评现状、重振批评雄风，都很有批评性和指导性。

白烨在细致地描述和逐句逐层解析了习近平讲话的八个重点之后，针对文艺的关键现象和问题，特意指出了习近平讲话的两个亮点。其一，是对文艺家崇高地位的充分认定。白烨从新中国成立以来文艺知识分子身份的摇摆不定、文艺工作者身世遭遇的艰难转折之历史说起，指出，习近平对于文艺知识分子的高度肯定和高度信任，是前所未见非同寻常的。文艺家的地位与作用，党的领导人对文艺家的殷切期望被提高到如此程度，寄予如此厚望，也是前所未有的。其二，对新的文艺形态的关注和肯定。白烨指出，习近平对新的文艺形态如民营工作室、网络文化机构、签约作家、网络文艺社群、自由撰稿人等种种新的文艺形态的高度关注和热切肯定，是出乎意料的。白烨认为，这不仅需要切实了解文学新变的现状，还需要对这些全新的现象有很好的研判与预见。这样一些说法和看法，由党的领导人口中讲出来，分量特别不一样，也让很多从事新的文艺形态的工作者备受鼓舞。

总的说来，习近平的文艺座谈会讲话本是一个具有划时代意义的文件，为新的历史条件文艺的发展指明了方向。而白烨的读解和点拨又尤其具有特殊的意义。白烨作为一个长期活跃在文艺批评和观察的一线，对三十年来文学发展的潮流、现象和趋势了如指掌，对文学批评的观念更迭，潮流演绎了如指掌的文艺骨干，由他来读解和点拨党在新的历史时期作出的文艺方针政策，既体现了社会文艺主体、主流骨干对于一个党的，时代性的文艺方针政策的揣摩和宣传，往往能够抓住党的文艺方针政策中的要义和精义。尤其是党的文艺方针政策与社会文艺本体发展的独立品性、健康品性之间的对应关系。同时，它又倡导了一种相对自由的、出自于文学纯性的对文艺方针和政策的理解思维。虽然仍然是对党的领导人文艺方针政策的高度肯定，但已经不是过去那种权威、官方和组织才有解释权和宣示权的模式，而转变为文艺内部对党的文艺方针政策的积极主动地、渗入个人主体精神的消化、思辨和吸收，这不能不说是新中国文艺发展史的一个里程碑，一个好的开始。

2015年文学的首要事件是全国文艺界对习近平文艺座谈会讲话的贯彻学习。从文艺批评的角度看，习总书记对如何加强文艺批评工作提出了明确要求。“要高度重视和切实加强文艺评论工作，要运用历史的、人民的、艺术的、美学的观点批判和鉴赏作品”，“倡导说真话、讲道理，营造开展文艺批评的良好氛围”，习总书记针对文艺批评的指导意见，为文艺批评指明了方向。鲁迅文学院常务副院长李一鸣在《文学报》《鲁院第26届青年评论家专号》的卷首语上说，“正是在这样的背景下，中国作协举办文学评论高研班，意在深入贯彻落实习近平总书记文艺座谈会讲话精神，从文学批评队伍建设切入，更好地推动文学创作、文学人才队伍建设和文学事业繁荣发展中发挥积极作用”。

2015年4月23日，《文学报·新批评》开设《鲁院第26届青年评论家专号》，青年批评家叶君、申霞艳、张丽军、张晓琴等从如何在新时期切实加强文艺批评、加强文艺批评队伍建设等，谈了当下文学批评存在的问题和在习近平总书记文艺座谈会后，如何加强文艺批评提出了有建设性的意见建议。在如何切实加强文艺评论，倡导说真话、讲道理的批评这一核心问题时，青年批评家、西北师范大学教授家张晓琴认为，“要以一颗初心、以真诚的态度面对世界和文学”。西藏大学副教授普布昌居认为，“批评家要有文学的信仰，正确的价值标准”。而青年批评家刘涛则认为，“写本乎判断力，本乎良心”。无论“初心”“信仰”还是“良心”，都从内在对如何加强文艺评论给出了年轻一代的答案，而文艺批评家们若能从内在真正认识到文艺评论的重要性和切实加强文艺批评对一个批评家的内在要求的话，何愁文艺批评不繁荣?

除了鲁院高规格的评论班，2015年4月14日至19日中国文艺评论家协会首届全国文艺评论骨干班也在昆明开班。中国文联党组成员、副主席，中国文艺评论家协会副主席夏潮，丹增，仲呈祥，王一川，高建平，姜昆等11位专家赴昆授课。夏潮在开班仪式上说，文艺评论是文艺创造的一面镜子、一剂良药，是引导创作多出精品、提高审美、引领风尚的重要力量。只有文艺评论和文艺创作两轮驱动、双翼齐飞，文艺事业才能兴旺发达。深入学习贯彻好总书记的重要讲话精神，深入研究讲话的丰富内涵和理论贡献，是文艺界的重要政治任务，也是我们文艺评论界的首要政治任务。中国文艺评论家协会副主席仲呈祥在《习近平总书记系列重要讲话的一点体会》中认为，习总书记讲话的核心要点是“两个加强，两个结合，三个离不开”。“两个加强”即加强马克思主义在意识形态领域的指导地位，加强全党全国人民团结奋斗的共同思想基础；“两个结合”即把服务群众与教育引导群众结合起来，把适应需求与提高素养结合起来；“三个离不开”即离不开哲学精神的指引，离不开历史镜鉴的启迪，离不开文学力量的推动。11位专家的讲稿全部选登在《边疆文学·文艺评论》2015年第4期，为学习贯彻习总书记文艺座谈会精神起到了积极的作用。

在习近平新的文艺方针指导下，2015年8月，《中国文学批评》创刊。《中国文学批评》为季刊，8月3日出第1期创刊号，封面设计简单质朴，“中国文学批评”六个字采用横排，繁体，虽为楷体，风格刚猛强劲，有汉隶威猛强力之意。从这封面设计上即可看出《中国文学批评》的传统特质和强猛精神。创刊号登载高建平的《学院批评的价值和存在问题》、高楠《文学理论构入实践的问题属性》、张永禄《文艺批评是公共话语的引领者》、陈晓明《我们为什么恐惧形式——传统、创新与现代小说经验》等文章，从创刊号登载的文章及其展开的议题来看，《中国文学批评》从一开始就展现了文学各学科方向高水准的、开放性的、与当下时代文学现象密切接触的、直切问题的锐评风范，所展开的学院批评的利弊功过探讨、传统与现代（西方）的继承命题、新的小说范式和批评范式，文学批评直入实践，直面社会生活、新文学现象、新文学的生产与消费现象、甚至意识形态在思想和文化层面的探讨反思等命题，可以说，都是直击当前批评痹症，在接地气的、锋利而开放的探讨中，体现出《中国文学批评》想要撕裂当前昏沉批评，开创批评新风气的雄心。

路遥

2015年，中国当代作家，没有人再比路遥的“出镜率”高的了。

2015年3月5日，习近平总书记在谈到热播电视剧《平凡的世界》时，提及他曾和作家路遥住过同一个窑洞。习总书记说：“我跟路遥很熟，当年住过一个窑洞，曾深入交流过。路遥和谷溪他们创办《山花》的时候，还是写诗的，不写小说。”不少媒体又将习近平总书记首发于2002年第12期《全国新书目》的文章《我是黄土地的儿子》找出来，总书记在文章说，“在这一批知青中，出了不少人才”，如路遥，“他是延川的本地知青，写了《人生》”。

2015年3月29日,首届路遥文学奖颁奖盛典在青岛举行。作家阎真凭借长篇小说《活着之上》摘取首届路遥文学奖桂冠。而该奖项自设立之初就遭遇路遥家人反对等背后故事再次受到关注。虽然质疑声一片，但12月3日第二届揭晓，湖南作家何顿的长篇小说《黄埔四期》获奖。

2015年，路遥的名字也频繁出现在各类刊物上，《三联生活周刊》刊表了《回望路遥》，《南方周末》刊发了路遥的朋友高建群撰写的《一个人孤零零地在地球上行走：我认识的路遥》，新华网也刊发了《听路遥的朋友谈路遥》，其他围绕路遥的话题更是频繁见诸各类报刊。

由路遥的长篇小说《平凡的世界》改编的电视剧在2015年热播，虽然褒贬不一，但声势依旧浩大，引起广泛的争论。正如《北京青年报》在3月13日刊发的《忽视路遥评论界应该检讨》中所言，已故作家路遥及其作品《平凡的世界》在中国当代文学史里是一个特殊的存在：一个在读者中赢得很高声誉并引发了空前阅读热情的作家，却在批评界和文学研究界长期评价不高，甚至一度不被放到文学史中去讨论。这种“冷”“热”两极对比以及争议之热烈，构成了“路遥现象”。眼下电视剧《平凡的世界》热播，所引发的对作家和作品的热议，很多层面上依然重复着这种普通读者和一些精英文化人认知上“热”和“冷”的两极对立。李陀在访谈中说，路遥最后完成《平凡的世界》是1988年，从那以后，这部小说不断再版，印数海量，影响越来越大，围绕它引起的话题和争论也多年不断，越来越热，这是为什么？虽然已经过去了二十多年，这个“为什么”在今天已经成了广大读者、作家、批评家，包括做文学研究的学者都再也不能回避的一个问号。我个人觉得，这可以简洁地概括为：无论路遥有意无意，《平凡的世界》的写作在客观上，实际上是对1980年代以来中国当代文学一个全面的挑战—说它全面，是因为这个挑战首先是针对1980年代以“朦胧诗”“实验小说”“寻根文学”为代表的新写作倾向的挑战，这是很明显的；另一方面，我们还要看到，路遥的写作同时也是对这些新潮写作之外的其他各种写作倾向和潮流的挑战，这既包括对那一时期也很火的“改革文学”的挑战（比较一下《新星》和《平凡的世界》），也包括那一时期以“写实”为特色的诸家小说写作的挑战（比较一下《绿化树》和《平凡的世界》），甚至我以为他也是对“陕军”作家群体的挑战（比较一下陈忠实、贾平凹和路遥的写作）。这样说可能显得有点怪，但是事实。无论李陀此言如何，但也为我们理解路遥提供了一个新的视角。

但为路遥打抱不平的不单单是李陀，还有《路遥传》的作者、延安大学文学院院长厚夫，厚夫在接受《深圳商报》的采访时，直接跳出来为路遥打抱不平。他认为，中国当代文学史对路遥缺少必要的认识，以路遥的文学成就，文学史理应给路遥一席之地。“与备受读者青睐的状况不同，路遥的创作成就似乎不为文学史研究界所瞩目。洪子诚教授的《中国当代文学史》对路遥作品只字未提，陈思和教授的《中国当代文学史教程》只分析了《人生》，对《平凡的世界》则一笔带过。”

相对于媒体的“路遥热”，重要的理论刊物在2015年并没有对路遥展开有意义的探讨。无论“冷”与“热”，我想，中国社会科学院文学所研究员、博士生导师李建军，在接受华商报记者采访时说的较为中肯：“‘路遥热’是一件让人鼓舞的好事情，它说明了这样一些问题——文学需要有大情怀和大境界，真正的好作家读者是不会忘记的，朴实无华而充满道德诗意的现实主义作品是有生命力的，是不会过时的。”

先锋文学三十年

2015正值先锋文学走过整整三十个年头，对这一当代文学变革的标志性文学现象，批评界和先锋文学创作界展开了声势浩大的反思与回顾，意在以三十年的征程重新梳理这一重要文学现象，考量其在文学史上的意义得失。

《南方文坛》2015年第3期推出《先锋文学三十年》纪念专辑，主推洪治纲、陈晓明、孟繁华的纪念文章。这组文章都不是长篇大论，但却从各自独特的角度反思和考量了先锋文学的价值、问题和未来，提出的议题具有前瞻性。洪治纲的《先锋文学与形式主义的迷障》，从形式主义、新批评、结构主义和语言学的整个西方形式理论的演绎来考察先锋小说的“形式的空转”，指出先锋的迷误乃在于对形式的痴迷，忽略了内在精神建构与形式的互动，是为后来者之鉴。陈晓明的《先锋文学三十年：辨析与反思》，鲜明地反驳了先锋派只玩弄形式，没有现实感的论调，提出一个非常新颖的观点；“它是一个关于救赎和未来超越性的宗教想象在艺术上的投射，用艾略特的观点来看，其本质就是艺术替代宗教的形式，是美学拯救时代精神的承诺形式。”这种论点非常具有前瞻性，且遥遥对应西方马克思主义对后现代和青年文艺的推崇。它将先锋文学的反思推进到关于艺术自由和艺术生命承载的至高点上。孟繁华《先锋文学的遗风流韵》一文，举出范小青的《我的名字叫王村》、李晓华的《世纪病人》这两部新近作品对先锋文学的遥相致敬，从而揭示了先锋文学在三十年之后的承续与发展。

《文艺争鸣》在2015年第10期、12期分别以专辑形式推出，且鲜明地标举批评和创作的两大阵营，不仅全方位地展现了三十周年之际文学界对先锋文学的反思回顾，同时也凸显了时至今日，创作和批评两方面对此重要文学现象的不同认识。

陈晓明、南帆、张清华、洪治纲、张闳、谢有顺、初清华、王干、李建周组成阵容强大的批评方阵，这些人往往在先锋文学兴起之时就对其有过追踪和思考，时隔三十年后又来对这一文学现象反思发言。这组批评家的文章扎实有力，分从不同的角度立论，对先锋文学展开了深入而充分的梳理和考辩。陈晓明的文章《先锋派的历史、常态化与当下的可能性》，梳理了先锋派的历史源起，对先锋派的共同特征、登上文学舞台的相关文学环境和平台、当时跟进的相关现象追踪和评论等一一进行了回顾和揭示，言及当年自身关于先锋文学开启“后新潮”时代的理论旗帜，再次向先锋文学致敬。陈晓明同时从西方的现代主义文学的本质和影响入手，反思了先锋派的现代主义特征，提出中国的先锋派区别于西方现代主义激进派的本质在于：“先锋派小说就是对现实主义规范的僭越，因为思想方面的规范性力量过于强大，故他们就朝着形式主义的方向越过界线，开辟一条路径。中国文学这才有所谓先锋派存在。显然，中国的先锋派不是在挑衅、有意背离大众或动员大众、激进革命的意义上来诉诸文学行动，而是有限性地在文学创新性意义上来理解的‘纯文学’追寻者。”陈晓明更在先锋派之后的中国当代小说的发展考辩中，举刘震云、阎连科、王朔等的小说创作，来谈先锋派如何在后来的文学中内化为一种先锋意识而存在，揭示先锋派标举的反常规、越界、开辟汉语写作的无限可能的精神的延续和拓展，从而提出弘扬先锋精神，开辟文学创作新境界的时代文学发展思路。应该说，陈晓明对先锋派的界说和先锋派作为文学潮流的主潮消逝之后，留下先锋精神的火种的文学史现象考察，是能够使人信服的。南帆的《先锋文学的多重影像》一文，以反思性提问切入先锋文学的思考，提出先锋文学的多重影像问题：“先锋文学”作家队伍构成的不明确性、地域区划的似是而非性、模仿西方而非西方的现代主义性、另类及其形式主义的空转品性，等等，在诸般名词的反思考量中，南帆提出先锋文学本身的复杂闪烁性需要文学史多维度地考量其成败得失，而不能依据一个单向的标准从事刻板的丈量。文学史对先锋文学的研读还停留在粗糙描述的阶段，尚未从文学批评视阈转移到文学史研究的范畴。接下来，南帆步步追进，对先锋文学的叙事游戏的本质进行深入探究，认为它们体现的诸般征象都无不与后现代的审美追求和拉美魔幻现实主义追求遥相呼应。进而指出，先锋的探索、不屈、叛逆的精神是文学创作中最宝贵的精神禀赋，唯因如此，先锋文学不死。显然，南帆对先锋文学的探索更深入到先锋文学的内部性，尤其是它们呈现出来的叙事探索精神和审美反叛精神，南帆有着更深入的体认。张清华的《谁是先锋，今天我们如何纪念》一文，则是从诗歌的角度来反思先锋，从而有着和小说研究者不一样的思路。张清华着眼于新时期诗歌发展，将诗歌的先锋创作上推至60年代的地下潜在写作，梳理了贵州地下诗人群、北京的地下文艺沙龙和白洋淀诗歌群落的活动，提出了与狭义的先锋小说实验相对应的广义先锋文学的概念。在对陈晓明《无边的挑战》、张清华《中国先锋文学思潮论》两部先锋文学理论著作的考辩中，提出先锋文学的精神遗产问题，认为先锋文学有两个几本价值：其一，先锋文学最重要的精髓依然是启蒙主义的思想与激情。其二，先锋文学对个人本位价值的建立。并指出，这两个价值同时也是当代中国文学精神的核心价值与精髓所在。这样，张清华就把先锋文学的探讨领域扩大了。一方面是将先锋文学非常直接地涵盖了先锋诗歌的活动，并由此将先锋文学的源头追溯到文革时期。另一个是将先锋文学的反叛精神扩展到整个中国现代文学极为可贵的启蒙精神与本我意识，从而将先锋文学的异类归入常态化文学史范畴。这种理论和视野的延伸有助于在更深广的领域和常态文学的发展历史上定位先锋文学的价值，弘扬先锋文学的精神。难能可贵的是，张清华指出了土壤的问题。即弘扬先锋精神，纪念逝去的先锋，其目的恐怕更在于让新的先锋更有生长的土壤生存的环境，是让先锋"活"着。洪治纲的《启蒙意识与先锋文学的遗产》则指出了"后新诗潮"诗歌运动的先锋气质，并借由先锋小说创作的考辩，将先锋文学的"启蒙"探讨深入到具体的两个层面，一为精神自由、二为人性的自由书写。指出："中国当代先锋作家对人性的多维度探索，有效挣脱了以往文学对人性的单向度表达，在重构人类完整生活的过程中，纠正了因过度强调宏大生活而导致的观念化书写，恢复了人类被日常生活所遮蔽的无限丰富的生活肌理。"可以说，洪治纲的先锋文学反思在相当程度上不是在思后，而是在瞻前，对当代文学对自我意识的挥霍、对人性和人类精神的丰富复杂性开拓指明渊源和继承性。当代，尤其是新世纪以来的诸般个人风格化文学和幽暗人性探索都获得了文学史和理论视野的支撑。谢有顺则从先锋文学对乡土文学的影响上考察先锋在其高潮过后的去向：乡土文学因为有了先锋的影响，而实现了一种叙事的转变，乡土文学从文化关怀到存在关怀的变革，实得益于先锋。初清华、王干则从一个杂志《钟山》对先锋文学的刊载，梳理主流杂志平台对先锋文学的推动，展示了文学杂志和文学思潮运动之间的亲密关联。李建周的论文《形式策略与文化政治》，则以大事记的方式呈现了先锋小说经典化的最为重要的十年，试图还原了文学史对先锋小说的筛选确认过程，梳理出先锋文学这一充满矛盾与紧张的文学话语生产状况。总的说来，批评方阵诸家各从自身角度，展开先锋文学的源头考辩、现象回溯、影响探索、遗产追踪、价值判断，提出先锋小说与现代主义、先锋文学与启蒙精神、先锋文学与自我本位、先锋文学与乡土文学、先锋文学与文学生产平台机制等核心命题，可以说，是对三十年先锋文学所做的一次深入的理论考辩。

相对于批评界的长篇大论严密逻辑，创作界对先锋文学的反思就要感性随意得多。《文艺争鸣》2015年12月号以新锐批评家张莉的论文《先锋文学的困窘与回响——由新一代作家创作反观》开启创作反观的视点，刊登了北京师范大学国际写作中心举办的"通向世界性与现代性之路：纪念先锋文学三十年国际论坛"上，苏童、格非、李洱、林白、东西、艾伟、余华的一组发言。各位作家的发言风趣幽默，承前启后，相互构成对话势的回望和反省。苏童提出了先锋文学从一开始胆大妄为无所忌惮的“裸奔”到之后必得考虑“穿衣服”的现象，引出先锋作家的创作环境、创作准备、创作状态的诸般议题。格非的发言《先锋文学的幸与不幸》，一针见血地指出了先锋文学一开始的青春血性和随后而来的文学环境的变化——突然之间，青春和无畏的支撑力量已经消失。每个人都得各自正经就位。李洱自称为先锋文学的第二辈，对先辈及其先辈的影响都有深刻体会，李洱对先锋小说作家马原的重要意义提出新的见解：马原是用非虚构的经验完成了虚构的小说。马原的探索对后来的作家有影响，比如他作品里面大量写到身体，写到欲望。并由此揭示马原之后的一代先锋，既有叙事圈套，还要有现实经验，是“穿着衣服，吃着羊双肠”。林白直接抛开已有的先锋成就而向未来展望，提出反抗的侠客狂士与静穆的优人击鼓两种状态，为先锋的理想形象。余华的发言道出了先锋文学实为1980年代的社会环境所催生的、文学回归自身应有的人性和丰富性轨道而搭建的支架，是环境大潮下的文学初产。

2015年12月，《文艺报》发起了题为《我们是时间，是不可分割的河流——70后写作与先锋文学四人谈》，鲁迅文学院教研部主任、70后评论家、小说家郭艳与70后的代表作家马笑泉、李浩、弋舟从自身对先锋文学的继承、态度、反观来展开先锋文学探讨，极有意思。在对谈中，70后作家坦承自身对先锋文学的精神性尤其是技术层面的继承，而在反观自身的写作道路时，70后的写作者揭示了他们对先锋的崇拜、模仿、登堂入室之后过河拆桥的行为。他们最终抛弃过时的先锋，而回到自身的时代背景和生存境遇，抒写自身对社会、生活、人性的真诚体验和独特观察。从中可以看出，70后继承了先锋又超越了先锋，确立了自我。

12月31日，《文学报》也发起了先锋文学的讨论，参与对话的是傅小平、洪治纲、孙甘露、张闳。对话在“先锋文学与现代性”“先锋文学与现实人文环境和需求”“先锋文学与世界性”“先锋文学的文学遗产”等多个议题展开，最终指出，先锋文学的本质在于其创新性。它提出的新的文学审美和写作思路，开启了新的文学时代。

当然，仍然存在对先锋文学巨大价值的质疑之声。在纪念先锋文学三十周年的国际论坛上，在题为《先锋文学缺乏代表作，年轻人更爱看〈平凡的世界〉》的发言中，张莉对先锋的质疑之声是突出的。张莉认为，先锋文学对文学的推动作用看上去是毋庸置疑的。但恰恰是存疑的。张莉说：“我以为，如果没有先锋文学的极端的形式探索和语言实验，就没有先锋一代作家的成长。但这句话今天想来也可能有沦为“美丽修辞”的危险——三十年后，我们新一代的具有变革意义的思维方式真的被那种叙述语言“引出”了吗？站在今天返观，我是不安的，因为我的答案远不乐观。”

最富有冲击力的对先锋文学的批评之声来自于年轻一代批评家。其中，何平在2015年第5期《小说评论》中《先锋小说》专栏的批评文章《“1985年”之前》，以老成厚实的考证功底更兼明白晓畅、极具个人魅力的批评笔调梳理了先锋文学潮流奔涌之前的文学话语背景，尤其周详地考证了高行健的《现代小说技巧》在北京等文学圈的风行，旁及1985先锋诗歌和戏剧的突出成就，从而提出“85先锋”的自由探索背后具有文艺界的方向指引：“一种无形中规划的轨道”。这是对已成共识的先锋文学的开创性的质疑。

批评界和创作界对先锋小说的反思和回顾各有其鲜明的表达方式和思维逻辑，一致看法是，先锋小说是与八十年代的社会文化潮流紧密联系的，先锋小说仅是一个开始，先锋小说在1990年以后逐渐衰退而留其精神大范围地影响后来的文学。

寻根文学

相对于先锋文学纪念活动的热烈，寻根文学三十周年的纪念却冷清得多。刊物上，也只有湖南的《创作与评论》组织了《重读寻根文学》专辑，邀请陈建功、陈思和、季红真、鲁枢元、毕光明几位历史当事人展开了三十年“寻根文学”的追忆和重读，从而完成三十年寻根文学的反思和展望。

《创作与评论》编辑佘晔与韩少功的访谈《三十年后说寻根——韩少功访谈录》，以与当年的寻根文学大将韩少功对谈的形式展开三十年寻根文学的追忆和反思。在二者的交流中，可以看出，作为寻根大将和始作俑者，韩少功体现出了难能可贵的谦虚品质和反省精神。他质疑了批评界对寻根的一种固化努力，放弃寻根文学派或群的命名，而期待批评直面具体作品。同时，对寻根文学的核心——向传统文化致敬，韩少功也体现出清醒、开放和务实的态度。认为“寻根”不过是全球背景下探索中国有特色的国家发展道路的一个小事件。这个定位似乎不合批评家的期待，但却别有意义。韩少功显然将寻根放在了更长远的发展历史，更广阔的地域空间来考量，寻根已然脱离具体时代的限制，而成为一种民族发展道路探索中前瞻与后顾行为中的重要一环。陈建功的《三个“换”》一文，从1984年底杭州会议谈起，指出寻根文学兴起前夕的文化和心理期待：“换一个活法儿，换一个想法儿，换一个写法儿。”指出了“寻根文学”热潮背后变更与创新的文艺思潮。陈思和的《文学史走向转变》一文，则从1985年前后小说的对比揭示，寻根文学思潮展现的恰是当代文学的自觉和文学审美观念的转变，呈现了文学立身民间，表现文化的底蕴和生命的寄托的新境界。正是这个转变影响了1990年代文学走向民间的趋势。可以说，寻根文学影响了文学史的走向。季红真的《历史旧梦的浮现》则从寻根文学主力作家的成长经历、写作道路谈起，指出这些作家的知青身份和文革中的潜在写作，揭示了寻根文学实质在文学史上担当了承前启后功能的文学潮流，而以今日文学生产新模式来反顾寻根，则寻根文学成为浪漫主义文学最后的停靠站。文学由此分界，走向市场。鲁枢元的《现代人丢失了自己的精神之根》一文，则避开寻根文学的探寻而直击寻根文学中之“根”这一关键词，尖锐指出现代人已经失掉了自己种族原本的根器和心源。毕光明的《立足本土：寻根文学的思想遗产》一文，以韩少功文学实践的探讨为中心，从激活传统的骨血、发掘中国乡野世界和其生生不息的不规范文明、文学知识分子的人文关怀等方面展开寻根文学的深度考察，毕光明的思考显示了寻根文学可能自身的文学成就并不显赫，但它提出的文学方向和源流问题、文化命题和当代性追求的问题，都是意义深远的。寻根文学提供了很多母题却没有完成其历史任务。而时代在向前迈进中，又不断回到1980年代寻根的母题重新拓进。70后写作显示的寻根倾向和今日文艺方针中返传统、为人民的根本方向，恐也是新的时代历史呼唤的寻根之题。

地域批评家群

2015闽派文艺理论家批评家高峰论坛暨“闽派诗歌”研讨会，10月9日在中国现代文学馆召开。来自中国作协、中国文联、中国社科院以及全国各大院校的近百位文艺专家、学者、批评家、诗人和作家相聚一堂，共论“全媒体时代的文艺与批评”，并就“闽籍学者文丛”和“闽派诗歌”两个专题展开研讨。

闽派文艺理论家批评家高峰论坛是一个以闽籍和在闽工作的文艺理论家批评家为主体，同时吸纳全国优秀文艺理论批评专家参与对话的高层次学术交流平台。自2014年举办第一次高峰论坛以来，在业界和媒体引起广泛关注，被称为“复兴广义闽学”的重要举措之一。

“闽派批评”虽具有地方身份标识，却不是局限于一地之见的文艺理论家批评家群体。1980年代“闽派批评”之所以在中国文艺界引人关注，并与“京派”“海派”相提并论，就是因其以全国性视野引领文艺理论批评的潮流。但与“京派”“海派”有所不同的是，“闽派批评”还具有鲜明的乡土身份意识，身在北京、上海、广州等中心城市的闽籍文艺理论家、批评家，往往与在闽工作的文艺理论家、批评家遥相呼应，形成理论共鸣。在“朦胧诗”论争中，北京有谢冕，福建本土有孙绍振；在“方法论”革新思潮中，北京有刘再复，福建本土有林兴宅；在“后现代”理论思潮中，北京有陈晓明，福建本土有南帆。新世纪以来，“闽派批评”更是呈现出向全国各大中心城市辐射的趋势，除北京名家云集之外，还有上海的朱大可，广州的谢有顺，南京的黄发有，都是“闽派批评”的杰出代表。而南帆在2014年10月发表于《人民日报》的《闽派批评的中国立场》一文，是对闽派批评整个发展谱系的细致梳理，然后，南帆指出：“重提‘闽派批评’，制造乡贤的学术聚会或者地域文化表彰是次要目的。重要的是发现新型的话语平台，召回曾经活跃的批评精神。闽籍批评家是不是可以如同当年一般犀利骁勇，积极介入各种重大的文学话题，正本清源，激浊扬清？这也是文化环境的迫切要求。”

正是有积极进入当下文学批评现场的动力，2015年主办方将高峰论坛移师到北京召开，中国作协创研部、《文艺报》、《文学评论》和北京大学中国诗歌研究院等单位加盟成为主办单位，大大提升了本次高峰论坛的规格。特别值得一提的是，今年的与会嘉宾超过一半是非闽籍学者、作家和诗人，体现了高峰论坛的开放性姿态和全国性视野。

2015年高峰论坛的主题是“全媒体时代的文艺与批评”。与会专家围绕这个主题重点探讨文艺与批评在全媒体时代面临的变革性挑战。参加本次会议的有中国作家协会副主席李敬泽，中国文联书记处书记郭运德，中国作家协会书记处书记阎晶明，中国文联党组成员陈建文，中国文艺评论家协会主席仲呈祥，福建省文联主席张帆，中国作家协会办公厅主任胡殷红，中国文联理论研究室主任庞井君，《文艺报》总编辑梁鸿鹰，《文学评论》主编陆建德，《人民文学》主编施战军，《诗刊》常务副主编商震，《诗刊》副主编李少君，鲁迅文学院常务副院长李一鸣，鲁迅文学院副院长邱华栋和《人民日报》文艺部副主任李舫等。

文学评论家陈晓明和谢有顺是今年高峰论坛主题的主要策划人，文学评论家南帆应邀担任该主题论坛的主持人。作为“闽派批评”成员中的壮年派，早在1990年代，他们就开始关注呼之欲出的各种新兴媒体将对当代文学生产带来的深远影响，体现了“闽派批评”特有的前瞻意识和先锋精神。

除了主题论坛，今年的高峰论坛还特别设置了两个专题研讨环节。一是研讨由福建人民出版社出版的“闽籍学者文丛”（第一辑），该丛书由张炯、吴子林主编，拟新分辑出版“闽派批评”近三十年来涌现出来的主要文艺理论家批评家的代表性成果；二是研讨“闽派诗歌”。1980年代以来，福建诗歌创作独树一帜，出现了杜运燮、蔡其矫、舒婷等“朦胧诗”代表性诗人，在“第三代”诗歌潮流中又出现了吕德安这样在全国层面有着重要影响的诗人。1990年代以来，包括汤养宗、安琪、徐南鹏在内的众多福建籍诗人亦在中国诗坛广受关注。新时期“闽派诗歌”引人关注，与“闽派批评”对本土诗歌创作的介入与推动有着极大关系。

闽派批评家群开研讨会，出丛书，声势浩大。“海派”批评家群的年轻批评家也在2015年呈现出巨大的发展势头。

2015年，曾推出张新颖、郜元宝、王彬彬、罗岗、薛毅、胡河清的“火凤凰新批评文丛”由北岳文艺出版社再次启动，这次推出的是四位上海青年批评家金理、黄平、张定浩、黄德海。2015年5月8日，围绕这套丛书和四位青年批评家的研讨会在上海作家协会举行。一时间，微信被刷屏，“江南四才子”的美誉不胫而走。

上海作协党组书记汪澜表示，上海一直是文艺批评的重镇，如今，又一批年轻的批评家成长起来，将上海文艺批评的生机和活力延续下去。这一批批评家有着他们属于自身一代的显著特征，陈思和认为四个年轻人“都有强烈的人格，都是用一种强烈的生命意识投射到文字中去的知识分子”，而张新颖认为，第二辑新批评文丛的四个人最大特点是他们之间的差别很大，“他们那么不一样，我觉得这是好的，我不赞同把他们定位成80后的代际批评家。好的批评就是每个人都不一样。不能做批评的代际比较，而应个体比个体，因为对文学来说，个人远比时代重要”。

对各位年青批评家，老一辈批评家也各有评点，并寄予殷切希望。上海市委宣传部文艺处副处长、评论家徐春萍认为黄平的研究能够直面社会文化生活，非常接地气。其大量的影视评论，实际上都是老百姓很关心的热点、现象和事件的评论，包括坚持很多年对春晚语言类节目的追踪和研究，这些研究其他人关注很少。“这种研究的出发点就是，他时刻关注着当下现实的文化生态，文化现场他不离开。”郜元宝则称赞张定浩和黄德海的胆量：“我们跟作家的短兵相接、真诚坦荡的交流确实少了一点，他们两个能够合理地、更灵活地运用他们所学的知识，活泼地亮出了自己的观点，而且他们的批评都很凶。”南京师范大学何平教授曾撰文《上海青年批评家：正在崛起的新力量》，他说，从上海年轻批评家的成长可以看到，上海的文学批评在整个中国当代文学批评格局里有很独到的东西，辨识度非常高。在今天这样一种全媒体的时代，上海提供了最为多样，最为丰富的，能够给其他地域或城市启发的批评实践和批评样态。李敬泽则补充说，除了这四位，上海还有项静、木叶、刘畅、李伟长等优秀的青年评论家，“他们都非常强，在年轻作家中已有了一定的影响力”。

前辈们也给青年批评家们提出了希望，陈思和表示，希望他们能做好同代人的批评家。徐春萍则希望他们能扩大视野，对现在一些对普通人正发生很大影响的文化事件和作品，能够有所关注。《收获》执行主编程永新说，文学批评确实是孤独的，需要阅读大量的作品，要在现场。

“火凤凰新批评文丛”的专集出版，以及文学批评前辈的强力推荐，使上海的四位年青的批评家开始脱颖而出，也昭示了批评界的换代——新一辈的批评家，将带着他们鲜明的个性和风格走上批评舞台，他们将努力革除前代批评的顽疾，体现出更接地气、更趋年青性，更接地气和更有包容度的文学批评风范。也许，他们的登场，在相当程度上昭示了新批评时代的到来。

代际

代际也是2015年批评界的一个热词。

2015年6月17日，评论家雷达在《文艺报》发表了《“代际划分”的误区和影响》一文。雷达认为，以10年为单元的代际划分是近些年来文学理论界最大的误区。并指出了其危害性——“其谬误首先在于，把年龄当作了最重要的价值和审美依据，甚至直接把年龄当作美学标准。”其二，“强调代际划分阻断了作者对生活本身的全方位体验，作者不敢突破方格子里的定位，在题材范围、人物类型、切入生活的方式上，无形中恪守代际划分的框范，不敢越雷池一步。”其三，“充满了暗示和定位的规约助长了每一代作家的‘溺爱需求’和‘自恋情结’，强化了‘抱团取暖’的依赖心理。”

稍后的8月4日，《人民日报》刊发《“代际歧视”当止》，作者提出：“看待与评价一代人，应当报以同情和理解，而不是生硬地贴标签，或者居高临下地挥起道德的大棒横加指责。每个时代的人都面临着每个时代的矛盾和问题，‘一代不如一代’的论点自古已有，然而世界并没有变得更差。但愿这种‘代际歧视’的贴标签止于80后。”

雷达对代际的“责难”，主要针对80后一代，而《“代际歧视”当止》也指出，对代际的歧视当止于80后一代。

中国作协副主席李敬泽先生如斯说：“80后”批评家的成长，确实要比年轻作家的成长慢一点，难一些，某种程度上讲，需要外力从旁协助，形成话语场地，在场地中尽快成长。自2013年以来，外力对80后批评家的成长，的确起到至关重要的作用。

这几年中，中国现代文学馆去启动客座研究员机制，培养了一批70后、80后批评家；2013年5月13日，中国作协创作研究部、理论批评委员会和中国现代文学馆联合举办“青年创作系列研讨·80后批评家研讨会”，这是首次作协高级别的针对80后批评家的研讨会；年底，云南人民出版社推出“80后批评家文丛”，收录了金理的、杨庆祥、何同彬、黄平、周明全、徐刚、刘涛、傅逸尘的评论集共八种，2015年又推出“80后批评家文丛”第二辑，推出了项静、李德南、康凌三人的评论集，并选编了《80后批评家年选（2014）》，等等。各种平台也不遗余力地助推“80后”批评家的成长，使得他们的集体性形象和整体实力越发凸显。

在各种利益如此固化的批评界，80后批评家和前辈批评家对话的可能性已然微乎其微，“不容跳蚤长大”的想法给80后批评家留下的生存空间很小也很窄，面对如此境况，80后批评家们不抱团取暖并采取相互呼应式的发声方式行不行呢？他们没有体制给予的锦袍貂裘，衣履单薄地行走在丛林法则间，感到天寒地冻时抱一下团，取一点暖本属人之常情，阅尽人间沧桑的前辈们有什么值得大惊小怪的呢。

2015年，80后的批评家杨庆祥推出了他的专著《80后，怎么办》，此书反响颇大，体现了80后批评家直入当下文学现场和社会现场，酝酿自己独有的批评经验和思考谱系的尝试，显示了80后批评家独具个性的批评立场和强大的后劲力。同时，周明全的专著《80后批评家的枪和玫瑰》出版。2015年7月3日，周明全《“80后”批评家的枪和玫瑰》的研讨会在中国人民大学的联合文学课堂开展。杨庆祥、霍俊明、李壮、丛治辰、北乔、李云雷等参与了讨论。与会批评家围绕《80后批评家的枪和玫瑰》，展开了代际、80后写作、80后批评、批评的现状和反省、批评对文学现场的参与等话题考辩。其中的一些议题十分有意义。如对代际的考辩和反省，参与讨论的批评者支持者有之，质疑者有之，反思者有之，形成了多声部声音的合响。

科幻文学

自刘慈欣的《三体》获“雨果奖”之后，科幻文学成为2015年文学界的讨论热点。《山花》杂志连续用两期的版面刊登了《科幻文学与当下中国》的讨论专辑，集中地呈现了今年的科幻震荡所引发的文学思考。讨论采取笔谈形式，由张颐武主持。张颐武认为，科幻文学自近现代勃兴以来，“作为一个话题与当下中国的命运变迁之间构成一种潜在的对话关系。它不仅是一个当下的话题，也是一个历史的话题。科幻文学的当代变迁某种程度上也是中国近现代以来历史文化变迁的隐喻和象征”。由此开启了此次科幻文学七人谈。

张颐武的《主流化进程与想像的重构：科幻文学与当下中国》一文，回溯了中国近代科幻小说的兴起及其它在现代文学进程中的冷清，认为其主因在于其“未来想象”一直包含着现代性的两个矛盾：其一为现实与想象之间的矛盾。其二是伦理与人文与科技的矛盾。张颐武同时也分析了科幻小说兴旺发展的三个有利历史条件：其一，中国经济的高速增长使得中国脱离了原有的“第三世界”的境遇，这其中包含的高科技及其带来的相关问题如伦理、环境、生存等的问题成为了与普通大众息息相关的现实问题，这就为科幻小说提供了现实的需求。其二，新的人群尤其是技术包围的新生活环境和与之相适应的年轻群体为科幻小说提供了新的读者。其三，它与世界科幻类型接轨，又是全球华语文学的一个重要类型。由此，张颐武得出结论，中国的科幻小说已经开始从边缘走向主流，它的主流化进程已经开始。

徐勇《论科幻：被预支的现代性与后现代性》一文，以刘慈欣的《地球往事》系列为分析对象，认为科幻小说最本质的特征就在于其独特的时间叙事，在一种“未来完成式”叙述法中，体现出“被预支的现代性”内质。接着，徐勇以近些年活跃的科幻小说作品为例，对科幻小说的未来想象与时代现实、去主体化与人类文化命运之间的关系展开深度分析，从而得出科幻文学实为“宇宙学意义上的形而上学”的文体本质认定。郑军的《科幻，想文学舞台中心迈进》一文，则从近些年自身对科幻文学的调研经验出发，谈到主流文学界和科幻创-读界之间存在的视角差异。这个现象特别值得注意。他提示了主流批评界可能会存在的大谈科幻而不“及物”的问题。郑军同时从创作实际出发，指出科幻文学的几个基本特征：科幻小说的发展总是和科技的勃兴相伴随。创作者和读者大都具有理工科背景，科幻文学擅长表现的是科技中包含的美学因素。展望未来，郑军认为科幻的很多亚类型，与社会科技和先锋文化共同发展的类型会逐步发扬光大，随着科技对人类生活的深入影响，科幻必然成为大众流行的文学形态。

《山花》2015年第11期《科幻文学与当下中国笔谈》出场的评论家有王冰冰、任冬梅、夏笳、金涛四位。王冰冰的《国族、宇宙与天下——对当下科幻文学的一种考察》一文，从预设提问“科幻文学的异军突起是否得益于特殊的时代契机，其兴盛是否包含着某种特定的时代内涵及意识形态症候？”开始，勾连中国现代文学的主题发展历史，认为刘慈欣、刘晋康等人的作品，其宇宙意识和人类未来想象中实包含着作家对当下的国际政治、人文、文明生态等诸般现实议题的密切关注。非常有力地揭示了科幻的想象和未来实际源于现实社会关注和现实主体的个体认知这一本质。由此说明科幻文学深刻的现实性，尤其是重构社会的乌托邦性。任冬梅《中国科幻小说诞生探源—晚清至民国科幻简论》，则是非常详细地梳理了中国近代科幻小说的脉络，进一步探析了晚清、民国科幻高潮的原因，集中展现了近代科幻小说的面貌，为今天的科幻小说探讨奠定了历史基础。夏笳《科幻小说常为新？》一文，也是从质疑开始，分析科幻小说发展过程中遭遇的自身矛盾，尤其是当下科幻小说发展存在的“核心科幻”和对此模式的解构的边缘科幻之间自变、不稳定性的发展，科幻小说作者意识形态、价值观等的局限，认为科幻小说的繁荣期待不容乐观。

2015年，评论界无论是对先锋文学、寻根文学的纪念抑或反思，还是对代际的争论，对科幻文学的憧憬，都表现出极为理性的一面，值得称道。当然，由文艺座谈会开启的中国文学新的征程，刚刚起步，值得期待。

2015年中国现当代文学研究书目提要

汪静茹　崔琦　辑录

宋声泉著，《民初作为方法》，南开大学出版社，2015年1月

本书按照时间线索展开，尝试从四个方面展开对民初与文学革命关系的探讨。第一章聚焦于作为文学史话语的民国元年；第二章分析作为文学革命背景的进入民国后的共和文坛新变化；第三章立足于《新青年》与《甲寅》等刊物的差异及其与读者的互动讨论，重构民初时段文学革命发生时的历史图景；第四章阐释文学革命发生后，《新青年》同人对民初文坛的批判，以及舆论界对文学革命的接受。

王艳芳著，《异度时空下的身份书写：香港女性小说研究》，中国社会科学出版社，2015年1月

本书从后殖民主义、新历史主义、通俗文化和性别文化等向度对1970年代以来的香港女性小说的身份书写进行多重考察和剖析。从香港意识的萌生到香港历史的钩沉，从城市地图的想象到异度空间的创造，从物质主义文化的展览到性别身份的论述，香港女性小说以沉实厚重的内容和新奇强烈的风格对香港身份进行了富有象征和隐喻意味的深度诠释，将身份的建构呈现为开放多元的格局。

向荣著，《消费社会与当代小说的文化变奏：1990后的中国小说批评》，四川人民出版社，2015年1月

本书讨论和分析的主要内容是20世纪90年代以来中国消费主义文化与当代小说的审美及文化关联性。其研究视阈基本锁定在消费文化语境与当代小说发展流变的论域之内，运用文化批评的分析范式，从文化关联性这个特殊范畴进入中国当代小说的核心地带，在宏观层面分析消费文化霸权支配的文化权力结构如何影响和造成文学的边缘化历史境遇。

文史哲编辑部编，《左翼文学研究》，商务印书馆，2015年1月

本书六个部分，汇集了《文史哲》期刊近两年来发表的关于左翼文学研究的21篇论文，该六个部分各篇文章的作者从不同的角度阐述了左翼文学及左联的历史以及在当今的影响等。这对于当今把握好文艺发展正确方向，传承中华优秀文化有着借鉴的历史意义。

张建伟著，《张洁小说创作的心路历程》，光明日报出版社，2015年1月

本书作者把张洁小说中的男人形象塑造概括为“男神镜像的创生与颠覆”这一变化过程，并紧紧抓住“男神镜像”这一关键词，突出表现了张洁早期小说中男性形象“镜花水月”的理想意涵以及后来对男性形象的撕毁和批判。至于作者使用“创生与颠覆”一词，则又意在说明张洁对男性形象由膜拜到撕毁的这一过程。对于张洁小说创作的这一心路历程，作者进行了有理有据的解剖，比较有眼光，比较有涵盖力，也非常内在地揭示出了张洁创作的艺术变异以及内在的精神轨迹。

房伟编，《颠覆与重建——20世纪90年代中国小说与历史叙事思潮研究史料辑》，人民出版社，2015年1月

本书通过对原始材料和重要文献的整合，对20世纪90年代中国历史小说的发生轨迹和历史形态进行梳理，是一次比较集中的断代史、文学类型史的资料汇编。在目前国内的研究中，这类的相关资料和系统研究还比较少。该卷还通过时人的回忆与自述以及历史图片，力图还原该时代历史小说的文学现场，发现历史小说发展的轨迹和内部规律，并以此为契机，找寻中国当代历史小说变迁的内部线索。附录部分提供了比较丰富的文学史料。

高恒文著，《论“京派”》，北岳文艺出版社，2015年1月

本书作者选取了“京派”代表人物的代表作品，如废名、冯至、卞之琳等人的现代诗歌，进行了不同角度的解析。同时，改选取了一些与“京派”有关的文学论争，在再现这些文学论争的时候，对事件的起因并没有因循传统研究观点，而是结合当时的论争情况，给出了自己的见解。《论“京派”》对“京派”代表作家、代表作品、刊物、文学论争等方面的研究，可以说是对“京派”的一次全方位呈现。

黄平著，《“80后”写作与中国梦》，北岳文艺出版社，2015年1月

该书收录作者近年来对于当代文学与影视文化的论述与批评，尤其以对于韩寒、郭敬明代表的“80后写作”、春节晚会、中国电影为代表的主流叙述为主，以缜密而不乏历史洞察力的细读，将学院派的理论化研究与当下青年的生活实感相结合，通过文学与文化现象讨论青年一代的困境与突围，最终与真实的自我相遇。

金理著，《同时代的见证》，北岳文艺出版社，2015年1月

一时代有一时代之文学，每一代的创作者和研究者应该共同成长，互相砥砺、互为激发，借助“同时代”所提供的互通的历史与美学经验，同代人更能阐释对方的文学密码。基于以上设想，本书讨论了近些年来新崛起的创作思潮和文学新人。

黄德海著，《若将飞而未翔》，北岳文艺出版社，2015年1月

本书有作品论，也有作家论，还有作者有意为之的写作试验。文章在细致阅读当代文学作品的基础上，从切身的阅读感受出发，回应具体的文学现象，得出具体的结论，尝试寻找当代作品中隐而不彰的秘密，表达作者一己“发现的惊喜”。

张定浩著，《批评的准备》，北岳文艺出版社，2015年1月

本书所收录的文章，涉及近年来颇有影响的二十余位当代中国作家及其作品，分为四辑。这批文章有一些很短，另一些稍长一点，但它们相互交叉，先后引发类似的问题，与其称之为文学批评，不如视之为一种批评的准备，一种用最笨拙的方式率先清理文学现场的尝试。

周海波著，《1920—1928文化生态与文学发展》，中国社会科学出版社，2015年2月

本书以1920年代的几份重要文学媒体《学衡》《创造》《新月》《红玫瑰》《语丝》等期刊为研究对象，着力探讨这一时期中国现代文化发展的特点以及文学的生存环境，研究现代传媒对文学生态形成与发展所形成的影响，讨论不同社团流派对现代传媒的不同态度，以及报刊对文学发展的影响。

黄裔著，《学海探骊：中国现代文学与琉球汉诗研究》，海峡文艺出版社，2015年2月

本书是作者的学术论文结集，一部分是精选中国现代文学具有经典性意义的作家作品，对其艺术成就和美学价值进行独到的阐释，引导读者重新理解和阅读文学作品。另一部分因作者首开国内琉球汉诗研究，论文在国内学术界产生影响，因此将有关琉球汉诗的几篇论文也收入本书中。

李俊国著，《都市审美：海派文学叙事方式研究》，中国社会科学出版社，2015年2月

本书以“都市审美的理论与实践”为研究目标，以海派文学的叙事方式为重点研究对象。全书凡五章，分别研究“技术大地化：海派文学的物态化叙事”“都市梦魇：海派文学的超验叙事”“洋场风流：海派文学的唯美—颓废叙事”“都市女体：海派文学的女性身体叙事”“市民空间：海派通俗文学的多重叙事方式”。通过对于20世纪30—40年代海派文学的五种叙事方式的深度研究，旨在探索中国文学的都市叙事方式及其都市审美诗学。

陈颖著，《“对话”语境中的钱钟书文学批评理论》，中国社会科学出版社，2015年2月

本书首先历时性地展现钱钟书文学批评思想由探索、发展到成熟的整个演进理路，并从发生学的意义上深入探讨其思想得以形成的人文根基；然后深入到钱氏文学批评理论的潜在生成语境一“对话”之中，揭示出它的多重内蕴及其内在的文化诉求；继而从共时性的角度出发，采用现代文论的逻辑结构与话语范式，对散见于钱氏批评文本中的理论观念进行细致地梳理与阐析，寻绎出钱氏完整的、自成一脉的文学批评理论体系；最后，通过多维视角的观照与现代意味的审视，客观全面地阐发出钱氏文评思想的理论个性与学术贡献。

孙郁著，《鲁迅与俄国》，人民文学出版社，2015年3月

本书将鲁迅藏书与其自述文本对读，将其作为进入其心灵的一个视点。通过对鲁迅俄国文学艺术藏品的梳理，研究鲁迅知识结构的形态在多大程度影响了其判断事物的态度，以及其审美走向的外来文化因素占有多少。以及从中来看鲁迅的问题意识，了解鲁迅的思想来源。从他的藏品出发，梳理其翻译理念与审美逻辑过程，来发现许多隐藏在其创作背后的东西。

张志忠主编，《散文批评三十年》，武汉出版社，2015年3月

本书为张志忠教授的学术论文集，收录了近30年来有关散文批评的重要论文30篇，分为理论建设、综合评论和作家个论三大部分，大体反映了当今散文研究的重要成果，对散文理论和实践的发展有较强的借鉴意义。

张军著，《现代中国文学整体化历史编撰研究》，中国社会科学出版社，2015年3月

本书意在研究那些破除中国近代文学、现代文学、当代文学之间的人为分割，将其视为一个有机整体加以编撰的文学史著。这一文学史编撰经历了二十世纪八十年代末及九十年代初的尝试期、2000年前后的收获期和近十来年的震荡期。

刘川鄂著，《从现代到当代》，中国社会科学出版社，2015年4月

本书内容涉及中国现代自由主义文学，鲁迅和闻一多等现代名家，当代文学宏观现象的考辩，当代文学批评理论与实践等方面。从现代到当代、从文学史到文学评论、从理论探讨到文学时评、从纯文学到大众文化，是本书的学术路径。

苏美妮著，《中国现代文学主要悖论性问题研究》，湖南大学出版社，2015年4月

本书以现代作家的身份困惑为研究切入点，通过对现代作家身份困惑的表征的概括与描述，揭示现代作家群体内在的人格矛盾，并探讨作家的身份困惑与现代文学的“传统与现代”“精英化与大众化”“工具性与主体性”等悖论现象之间的关联。本书的研究重点是作家的身份困惑与现代文学上述悖论之间的联系以及对现代文学创作产生的影响。

张志忠主编，《在多重转型中兴起、全盛及分化：新时期以来北京作家群研究》，人民文学出版社，2015年4月

本书分为六卷。其一是对于新时期以来北京作家群的产生、发展和分化的整体扫描，其他五个部分是分论，包括作家论、作家比较研究和文学现象研究等内容。

张江主编，《原点、焦点与热点：“文学观象”系列论评》，人民出版社，2015年4月

本书汇集了从2014年1月至12月在《人民日报》《文学观象》专栏发表的24期专题评论，就文学与历史、文学与道德、文学与人民、文学与生活、文学与市场、文学与传媒等重大问题，直面当下的文学现状，联系文学的具体实际，大胆言说文学基本问题，率直批评种种不良现象，言简意赅，理直气壮，在理论与实际的密切结合上，表现出了实事求是的理论思考与求真务实的批评勇气。

李群编著，《邵丽、乔叶、计文君研究》，河南大学出版社，2015年4月

在当前活跃在文坛的河南作家队伍中，中青年女作家的创作不容忽视。本书选择了邵丽、乔叶、计文君三位作家作为资料整理的对象。全书共分四大部分，第一部分综论，收录了两篇对河南籍青年女作家的研究综论；第二、三、四部分分别是邵丽、乔叶、计文君的相关研究资料，按照编选顺序分为自述、访谈，研究论文选辑，创作年表和研究资料索引四项内容。

吴圣刚编著，《二月河研究》，河南大学出版社，2015年4月

本书立足于史，对著名历史文学作家二月河的研究资料进行了认真的梳理，努力把一个真实、完整的二月河呈现出来，形成对二月河作品的客观评价，并通过二月河研究资料的整理，为深化二月河研究奠定基础。全书共分四个内容：第一部分为《自述·访谈·印象记》，围绕作家的生平、经历、文学观点等选择具有代表性的文章；第二部分为《研究论文选编》，选择较有代表性和典型性的论文，先是总体批评，后是专题批评；第三部分为《作家年表》，以时间为线索整理作家作品发表过程；第四部分为《研究资料索引》，依旧以时间为线索整理对作家作品研究的论文或者著作。

吕东亮编著，《张一弓研究》，河南大学出版社，2015年4月

本书是著名作家张一弓的研究资料集萃，是在“当代文学历史化”的学术潮流中编选的。张一弓是新时期重要作家，其文学史地位已经基本确定，因而编选其研究资料的时机是成熟的。全书由以下四部分组成：自述、访谈、印象记；研究论文选辑；作家创作年表；研究资料索引。全书所本体例为现当代文学资料研究通行体例，在具体校勘方面沿用了近年来现代文学史料学的一些规范。全书内容丰富，信息搜集全面，是当代文学研究的重要参考资料。

杜昆编著，《刘庆邦研究》，河南大学出版社，2015年4月

本书对上世纪80年代初至今30多年间的刘庆邦研究进行了系统全面的资料收集、整理、编辑工作，为当代河南作家和河南文学研究提供坚实的资料和史料支撑。内容主要包括四个方面：一、自叙访谈印象记，收录刘庆邦本人的自叙文章、研究者与刘庆邦的访谈及别人关于刘庆邦的随笔、散文等。二、研究论文选辑，收录各时期关于刘庆邦文学创作的重要研究论文。三、刘庆邦作品年表，按时间顺序梳理刘庆邦发表的小说、散文、演讲、文学评论等各类文章；四、研究资料索引。按时间顺序整理关于刘庆邦的研究资料，包括期刊杂志、报纸上刊登的文章，以及硕博论文、研究专著等。

沈文慧编著，《周大新研究》，河南大学出版社，2015年4月

本书对上世纪80年代初至今30多年间的周大新研究进行了系统全面的资料收集、整理、编辑工作，为当代河南作家和河南文学研究提供坚实的资料和史料支撑。内容主要包括四个方面：一、自叙访谈印象记，收录周大新本人的自叙文章、研究者与周大新的访谈及别人关于周大新的随笔、散文等共15篇。二、研究论文选辑，收录各时期关于周大新文学创作的重要研究论文共41篇。三、周大新作品年表，按时间顺序梳理周大新发表的小说、散文、演讲、文学评论等各类文章；四、研究资料索引。按时间顺序整理关于周大新的研究资料，包括期刊杂志、报纸上刊登的文章，以及硕博论文、研究专著等。

王雨海编著，《李洱研究》，河南大学出版社，2015年4月

本书内容主要包括四个方面：一、自叙访谈印象记，收录李洱本人的自叙文章、研究者与李洱的访谈及别人关于李洱的随笔、散文等共14篇。二、研究论文选辑，收录各时期关于李洱文学创作的重要研究论文共18篇。三、李洱作品年表，按时间顺序梳理李洱发表的小说、散文、演讲、文学评论等各类文章；四、研究资料索引。按时间顺序整理关于李洱的研究资料，包括期刊杂志、报纸上刊登的文章，以及硕博论文、研究专著等。

樊会芹编著，《李佩甫研究》，河南大学出版社，2015年4月

本书共分四个内容：第一部分为自述访谈印象记，围绕作家的生平、经历、文学观点等选择具有代表性性的文章共13篇；第二部分为研究论文选编，选择较有代表性和典型性的论文，先是总体批评，后是专题批评，如陈继会《永恒的诱惑：李佩甫小说与乡土情结》、何弘《坚忍的探索者和深刻的思想者》等论文28篇；第三部分为作家年表，以时间为线索整理作家作品发表过程；第四部分为研究资料索引，依旧以时间为线索整理对作家作品研究的论文或者著作。

方志红编著，《阎连科研究》，河南大学出版社，2015年4月

本书共有四个部分，第一部分为自述访谈印象记，收录有5篇阎连科的随笔、讲演和3篇阎连科的访谈以及一篇关于阎连科的印象记。第二部分为研究资料选辑，选录20余年来阎连科研究重要论文15篇；第三部分是作品年表，按年代顺序辑录了阎连科发表在各类报刊上的论文和出版的著作。第四部分为研究资料索引，分三类，一是报刊论文索引，二是硕、博论文索引，三是专著、专题资料、有关著作索引。

王祥著，《网络文学创作原理》，中国人民大学出版社，2015年4月

当下网络文学正处于蓬勃发展的态势之中，本书旨在探索网络文学创作理论，在学理与写作实践两个层面为相关研究者、写作者提供帮助。书中表达的创作原理与创作方法，曾为许多遭遇创作瓶颈的小说作者提供了重要的灵感和启示。

段炳昌、张柠主编，《诗的还乡：从〈诗经〉到新诗》，光明日报出版社，2015年4月

本书收录了沈奇、张曙光、臧棣、耿占春、敬文东、默默、张柠等著名诗人与诗歌评论家对李森诗集《屋宇》的解析与评论。《屋宇》是诗人李森试图在当代新诗中“全面复兴古典诗意语文”的一次成功的努力。在本书中，诸多评论家和学者从专擅领域出发，以不同的学术视角来测量李森诗意的深度与文本背后的秘密。这些学力深厚的评论文章，内容涉及李森诗歌的不同侧面，为读者走进李森所搭建的澄明的诗歌“屋宇”打开了一扇扇门。

王永兵著，《欧美先锋文学与中国当代先锋小说》，人民出版社，2015年4月

本选题侧重于欧美先锋文学与中国当代先锋小说比较分析，着力厘清众多不同风格特点的中外先锋作家之间的共同性与独特性，力图对欧美先锋文学与中国当代先锋小说关系作出新的理解与认知，从而为中外文学化交流中如何把握、处理学习借鉴与改革创新之间的关系提出更有建设性和有效性的方案。选题通过对欧美先锋文学与中国当代先锋小说两者之间关系的比较研究，清晰地显现了新时期文学的走向，以及中外文学交流对中国当代文学以及当代作家的影响，材料和事件的典型性和当代性对当下文学的发展提供有益的帮助。

王蒙文学艺术馆组编，《王蒙文艺思想研究》，重庆大学出版社，2015年4月

本书收录了最近两年来有关王蒙先生的三次研讨会的发言及论文：一是2013年1月5日在北京孔子学院总部举行的王蒙《中国天机》研讨会的发言；二是2014年4月27日在北京现代文学馆举行的《王蒙文集》（45卷）出版研讨会的发言；三是2014年5月1—2日在四川绵阳王蒙文学艺术馆举行的王蒙文艺思想学术研讨会的发言及论文。研讨会有主持、有点评，发言时间有限制，这就形成了它前后呼应、有所侧重、不拘一格的一些特点。

颜敏著，《风景的重新发现：内地语境中的台港澳暨海外华文文学研究》，中国社会科学出版社，2015年4月

中国内地的台港澳暨海外华文文学传播与研究已有30多年的历史，对这段历史的回顾反思也成为新的学术增长点。本书立足于跨语境传播的视野，试图从理论意识、传播个案、文本细读、综述访谈等层面敞开台港澳暨海外华文文学内地传播史中值得挖掘的现象和学术问题，揭示内地台港澳暨海外华文文学及研究所具有的风景性质，为相关研究提供新的切入路径。

汪树东著，《黑土文学的人性风姿》，中国社会科学出版社，2015年4月

新时期黑土文学在中国文坛上成就不俗，也富有浓郁的地域特色。本书在系统梳理黑土文学人性风姿的基础上，着重分析张雅文、杨利民、阿成、张抗抗、王立纯、李琦、常新港、陈力娇、何凯旋、迟子建、徐岩等重要黑土作家的人性书写，从而指出确立超越精神的必要性和重要性。本书对于推进中国当代地域文学研究，乃至厘清中国当代文学的价值图景都具有一定的学术意义和参考价值。

王晓平著，《追寻中国的“现代”：“多元变革时代”中国小说研究1937—1949》，中国社会科学出版社，2015年4月

本书分成三个部分，它大体上对应于其时文化生产的三个区域。第一部分“调商‘梦魇的现代’”研究沦陷区文学。第二部分“重思‘分裂的现代’”研究国统区文学。第三部分“求索‘新民主主义的现代’”研究解放区的文学。

程凯华，李婷著，《中国现代农村题材小说史：1917—1949》，中国文史出版社，2015年4月

本书运用马克思主义的历史观点和美学观点、比较研究、点面结合的方法，描述评析1917年文学革命后至1949年新中国成立前这一历史时期的中国现代农村题材小说。全书分3编，共14章。每编起始都有一节“概述”，概括描述该历史阶段农村题材小说创作的全貌，勾勒其发展轨迹，以求给读者一个系统、全面、完整的印象和“史”的线索。“概述”之后，具体、深入评析著名作家的经典传世之作的思想意义、艺术成就、创作个性、艺术风格、审美价值，及其历史贡献和深远影响，也不讳言某些作家作品的局限和缺陷，以求给读者具体、深入、辩证的感知和认知。

刘增杰著，《发现与阐释：现代文学史料知见录》，中国社会科学出版社，2015年5月

现代文学史料研究是中国现代文学学科建设的基石，本书是对自己三十五年来的史料发掘、整理、研究工作作初步清理，通过对既往研究历程的回顾与总结，展示自己学术生命历程中的喜悦与苦涩，唤起特定时代、特定语境下的学术记忆。唤起记忆就是唤起责任，从而使研究接近平和理性，更具客观立场和历史眼光，本书有助于认识到不同时期文学史料发掘整理的时代特征和发展历程。

白烨主编，《中国文情报告（2014—2015）》，社会科学文献出版社，2015年5月

本书设总报告及长篇小说、中篇小说、短篇小说、纪实文学、散文、诗歌、戏剧、网络文学、理论批评与文坛热点等10个专题和附录资讯，分门别类地对2014年的中国文学、文坛的发展与走向、现象与成果、经验与问题等，进行了系统的梳理与细致的描述，特别是通过对一些焦点性和倾向性问题的捕捉与评说，更突出地显现了年度文学的宏观走向及其发展演进中存在的主要问题。

庄森著，《胡适·鲁迅·莫言：自由思想与新文学传统》，中国社会科学出版社，2015年5月

自由思想既是意识形态领域的敏感话题，还是一种思想方法。本书通过阐释20世纪中国文学最具代表性的人物胡适、鲁迅、莫言的文学思想、文学创作的文本，研究胡适的自由思想与自由思想与文学革命叙事、文学思想叙事，鲁迅的自由思想及其杂文传播的自由思想，莫言小说的自由思想、小说的批判精神，将当时的历史人物、历史事件与文本还原到日常生活逻辑上来加以考察，从经济、社会、文化等方面的材料探寻作家的自由思想与新文学的生成、发展、演变之因，梳理与研究新文学的发展脉络，提出原创性的独立见解，从一个全新的角度揭示新文学的发展演变规律，为深入研究中国现当代文学、文化提供了新的思路、新的视角。

曹霞著，《中国当代文学批评研究》，南开大学出版社，2015年5月

本书共分4章，在20世纪文学批评的背景下，洞察中国当代文学批评的发展，清理出它在“本质11论”与“工具论”之间游走、接受意识形态“询唤”的异化历程，尽量贴近历史现场，以丰富翔实的资料和鲜明的问题意识生成新的解读评析格局，廓清对这一时期文学批评原生面貌及其发展规律的认识。

胡言会著，《李大钊文艺思想研究——兼论中国马克思主义与启蒙现代性的关系》，上海社会科学院出版社，2015年5月

本书立足启蒙现代性、中国传统文化与早期中国马克思主义的复杂关系，还原多元文化的交汇、碰撞与蒸馏过程，研究李大钊在现代性知识与伦理的双重叙述中建构早期中国马克思主义文论的内在逻辑。重点阐述了李大钊的多元文化调和论、马克思主义“科学性”、文学意识形态、平民文学、文学人道主义、启蒙与救亡关系等。在此基础上，探求中国马克思主义与启蒙现代性之间互渗、互构和超越的基点和路径，并提出自己的创新性见解。

孙绍振、孙彦君著，《文学文本解读学》，北京大学出版社，2015年5月

本书基本观点是回到文本分析，回到文学审美，作者认为文学文本解读应该追求对审美感染力以及文本的特殊性、唯一性、不可重复性的阐释。落实到具体操作上，他提出：第一，微观直接分析：隐性矛盾；第二，微观间接分析之一：艺术感知的还原；第三，微观间接分析之二：情感逻辑的还原（“无理而妙”）；第四，宏观比较：古典的情景交融和现代的情理交融；第五，历史语境的还原。

吕进主编，《大后方抗战诗歌研究》，重庆出版社，2015年5月

本书从大后方诗歌运动、大后方文学理论与诗歌批评、大后方诗歌题材以及著名诗人笔下的大后方形象等方面对抗战时期的大后方诗歌艺术展开论述，提出了一些前人未曾论及的新论题，发掘了一批前人未曾注意的新材料，并力图结合具体的历史语境加以解读，得出符合实际的较为客观、公允的结论，对于包括大后方诗歌研究在内的抗战文学研究有所拓展和深化，对于抗战历史的还原亦具有一定的参考价值。

阎浩岗著，《现当代小说论稿》，人民出版社，2015年5月

本书对中国现当代小说中一些有争议名作的主题内涵、文学价值予以重新解读，试图打开理解这些作品的崭新界面。以互文性研究方法，让现代和当代不同小说文本之间、作家之间，就一些焦点问题展开“对话”，给读者以新的启发。对于中国现当代小说的风格流派、作家个性及文学史写作等问题，本书也表达了自己的独到见解。

李定春著，《八十年代文学再解读》，光明日报出版社，2015年5月

本书选取1980年代若干“热点”文学现象和文学作品作为研究考察的对象，既对“热点”之“热”有所描述，也站在今天的立场上对之重新进行更加理性而全面的审视，从中考察它们为这个时代留下的精神线索，探究1980年代文学所显现的人文内涵，寻求它在特定文学思潮以外的超越性价值内涵，并进而指出这种显现和揭示其更深入一步发展的可能路径。

蒋进国著，《吴宓视野里的新文学》，广西师范大学出版社，2015年5月

本书从吴宓一生的思想轨迹出发，从新文学思潮问题、吴宓与新文学家群体的文学论争、吴宓对新文学创作的看法三个方面梳理了新文学在吴宓视野里的变形，探究他对新文学发生偏见、隔阂、错位的原因，回到历史的语境中考察吴宓与新文学之间的关系，客观审视了言说吴宓的真实意图。作者搜集整理了大量的吴宓生平资料，作为附录，可供相关研究者查阅参考。

张舸著，《聚焦莫言文学》，西南交通大学出版社，2015年6月

本书主要包括莫言创作研究和莫言作品研究两部分。莫言创作研究主要梳理了莫言文学创作的历程、阶段、特质、背景等，莫言作品研究对《蛙》《白狗秋千架》《透明的红萝卜》《檀香刑》等作品中的某一特色进行了深入分析研究。全书对莫言的文学创作情况做出了全面的总结与概况，论述有理有据，对文本的阐述细致到位，格式规范，对研究莫言、莫言文学创作及现当代文学创作具有一定的意义。

马睿著，《文学理论的兴起——晚清民初的一份知识档案》，山东文艺出版社，2015年6月

该书以清末民初文学理论的学科建制过程为主要研究对象，在多方面清理史实的基础上，结合话语分析和历史考察，理论思辨和实证研究，个案解读和规律性描述，系统探讨了这种建制是如何在精英教育、知识群体、学术话语的变革和转型中实现的。全书上编为现代教育：文学理论学科化的体制基础；中编为新知识群体：文学理论学科化的人力资源；下编为教材与核心词汇：文学理论学科化的学术载体。

李哲著，《“骂”与〈新青年〉批评话语的建构》，山东文艺出版社，2015年6月

本书通过《新青年》《新潮》等杂志话语形态的考察，探讨“骂”这一文化现象在“五四新旧之争”中的历史意义。全书共分四部分来探讨“骂”这一话语对“新文学”传统发生的意义及后果，第一章“骂”与《新青年》言论姿态的确立；第二章“文学革命”：“骂”与《新青年》的“文学批评；第三章“骂”与《新青年》的“文化批评”；第四章“骂”、“批评”与“文化保守主义”的言论困境。

朱周斌著，《张恨水作品中的乡村与城市》，中国电影出版社，2015年6月

本书以张恨水抗战前后的小说、散文等不同文体的作品为研究对象，以现代性研究为视野，所探讨的张恨水作品几乎是以往的研究很少涉及或几乎没有涉及的，在某种程度上更新了张恨水研究的基本思路。本研究以乡村和城市之间的关系为主旨，进一步得出了在战争语境下，张恨水的作品都充满了现代都市意识，其对中国西部区域的叙述是以东部城市的体验和想象为中心的。

付祥喜著，《新月派考论》，中国社会科学出版社，2015年6月

本书以尽可能丰富的第一手文献资料为依据，从具体的文学史事实出发，对新月派作家作品的基本文献、重要史实及其他相关问题进行考察辨析。该成果不仅在新月派具体事实方面和文献资料方面有若干新的发现，丰富了中国现代文学史尤其文学流派史研究、巩固其文献基础，还通过对若干具体问题的考证和辨析，提供可信的文献和史实信息。

杨彬著，《多元化视阈中的新时期文学研究》，中国社会科学出版社，2015年6月

新时期小说的发展经历了从一元到多元的发展历程，新时期小说经过三十多年的发展呈现出“百花齐放、百家争鸣”的大好态势。本书主要从“一元到多元——新时期小说思潮研究、从边缘到前沿——新时期少数民族小说研究、从湖北到全国——新时期湖北小说研究”三个方面研究新时期小说的多元化状态，为新时期小说“百花齐放、百家争鸣”状态做理论和文本的阐释。

蔚蓝著，《批评视阈中的思情与识见：蔚蓝自选集》，中国社会科学出版社，2015年6月

本书包括七个方面的内容：一是对中国当代文学现象的思考；二是对文学批评的认识和思考；三是地域视野中的文学态势研究；四是对大陆和台湾历史小说的评析；五是研究报告文学的论文和时评；六是关于作家创作的专论；七是作品评论。

刘旭东著，《从启蒙主义到古典主义：苏雪林文学思想论》，中国社会科学出版社，2015年6月

自从苏雪林重新进入大陆学术界的研究视野，对她的界定基本仍停留在一个美文作者，或一个偏于保守的文学批评家等判断水平上。这种已有的判断，其因在于对当时文学潮流和动向考察的缺位，使研究缺少了历史的深刻性，同时还因缺乏发展变化的眼光，而使研究对象变得平面和单调。本书作者借助于近年来学界关于文学思潮研究的成果，把苏雪林纳入思潮视野下予以观照，清晰地呈现出她整个写作生涯中文学思想的流变过程，从而更准确地解释其每一阶段思想发生转向的外部和内在的原因，使一个相对真实、丰满的苏雪林走进我们今天的文学史。

夏商著，《回到废话现场》，华东师范大学出版社，2015年6月

本书是夏商的访谈演讲对话集，汇集了夏商与当代文学家、批评家的对话，在媒体和高校的演讲以及媒体对他的采访，共三辑十三篇文章。该书通过这十三篇文章，从各方面展示了夏商的文学思想，与当代文学及其现象的理解和看法，对自己的文学创作道路的想法等等，向大家展示了一个全面的夏商。

张诵圣著，《当代台湾文学场域》，江苏大学出版社，2015年6月

本书包括三大部分：“台湾文学发展趋势”“台湾重要作家作品批评”和“台湾文学史论探讨”。以“文学场域”为核心概念，阐述了当代台湾文学的场域结构，对当代台湾文学体制进行了深入系统的剖析，阐释当代台湾文学发展规律。

陈颖著，《海峡两岸抗日小说比较研究》，人民出版社，2015年6月

本书择取20世纪海峡两岸具有代表性的抗日小说作品展开纵向和横向比较研究。全书分为上下两篇。上篇从1900年反映中日甲午战争的《中东大战演义》起叙，对20世纪海峡两岸抗日小说创作的总体风貌展开历时性铺述。下篇是对海峡两岸抗日小说创作之典型现象的类析，通过对两岸乡土抗日小说、史诗抗日小说、军政抗日小说等两岸同一时期或同一内容和形式的抗日小说作品的横向比较，力图站在全民族的高度，从抗日小说创作这一独特视角揭示海峡两岸文学和文化不可割裂的民族共通性。

席扬著，《中国当代文学的"历史叙述"和"典型现象"》，人民出版社，2015年6月

本书分四部分，一中国当代文学学科相关问题研究：集中讨论了"中国当代文学学科史"的"发生发展""经典认知""文学史叙述"和"方法更移"等重要问题，凸显了中国当代文学学科价值，促进了中国当代文学学科地位的确立。二是赵树理与"山药蛋派"研究：所阐述的"赵树理与现代农民文化变迁"的关系、"山药蛋派审美"的文化价值和美学特征、赵树理的知识分子意义、赵树理文学修辞行为的独特性、赵树理与革命现实主义文学的复杂关系、赵树理所接受的儒家文化意识与其文化身份之间的隐秘关联等观点，被学术界认为直接推进了赵树理研究的深化，成为这一领域的学术前沿标示。三是文学思潮及其相关问题研究：深入辨析了"文学思潮"的学科属性、对象属性和方法论属性及其问题领域和价值意义；集中讨论了文学思潮的概念历史和命名思维、文学思潮的对象复杂性与方法的具体适用性、文学思潮的特性和文学思潮的功能与影响等理论问题；深入阐释了"文学思潮"与"创作思潮""创作方法""文学流派""文学运动""文学风格"及其"文学时期"的复杂关系；在把"文学思潮"语境化和方法化的基础上，有选择地重点考察了中国现当代文学中的若干重要现象。上述论述具有前沿性和原创性。四是文学"修辞行为"与"修辞现象"研究：主要借鉴西方现代和后现代修辞学理论，对中国现当代文学史上的若干重要现象和重要作家的"修辞行为"进行细部剖析，试图还原风格与语境的相互制约关系，为作家创新能力的评价，提供一种别样的思考方式。

杨艳伶著，《藏地汉语小说视野中的阿来》，社会科学文献出版社，2015年6月

本书将阿来及其创作放置在当代藏地汉语小说创作的大格局当中，以文化的视角切入对一个少数民族作家汉语创作的深入解读和细致研究。既分析了汉文化和藏文化对阿来小说的影响，揭示了深受汉藏文化影响的阿来小说的艺术特质和独特之处，也深入研究了"他观者"的想象与"自观者"的言说之间的相反相成，同时通过与扎西达娃、马原、马丽华、杨志军等其他从事藏地汉语小说创作作家的比较研究，对阿来小说创作的艺术成就和美学价值予以评判。

张勇著，《摩登主义：1927—1937上海文化与文学研究》，中国社会科学出版社，2015年7月

作为一种文学和文化现象，“摩登主义”对新兴的社会思潮、外来文化进行时髦化的模仿和趋附，剥离它们的实践目标和文化、现实语境，将其变成文化消费品。本书从时尚生产、日常生活美学、杂志生态等方面考察1927—1937年间上海“摩登主义”现象的形成机制；从文化消费、现代想象的角度分析“摩登主义”文学的重要特质；在20世纪30年代“摩登”与“反摩登”力量的竞争、协商之中，揭示摩登与现代之间的复杂纠缠关系。

张炯著，《文学透视学：文学理论体系新探》，中国社会科学出版社，2015年7月

本书从不同的时间与空间对文学进行多维透视，对文学本质做系统透视，对文学的美的创造与特点做新的论述，提出文学创作思维概念，对文学的历史发展规律做具有新意的探讨，提出文学生态论，对文学的内部生态和外部生态做了独到的论述。

张柠著，《民国作家的观念与艺术》，山东文艺出版社，2015年7月

本书运用多种崭新的艺术批评视角，在民国历史文化的背景上解读中国现代文学被忽略的作家，如废名等人，也解读知名作家被人忽视的一面，如张爱玲等，令人耳目一新，开启中国现代文学批评的新思路。

王彬彬、王晴飞主编，《十年论鲁迅：鲁迅研究论文选（2000—2010）》（上下册）南京大学出版社，2015年7月

本书广泛收录了2000—2010年这十年间各个方面关于鲁迅研究的重要论文，内容涉及“学者鲁迅”、鲁迅与自由主义及左翼的关系、鲁迅传统的形成，是与近年来学界风气演变关系密切的部分，此外在鲁迅思想、文本细读、翻译以及史料研究等方面也有涉及。

刘梦溪著，《现代学人的信仰》，商务印书馆，2015年7月

本书是刘梦溪先生的学术随笔集，共收录了《王国维的诸种矛盾和最后归宿》《陈寅恪的“哀伤”与“记忆”》《陈寅恪是一位贵族史家》《吴宓和“雨僧日记”》《晚年的陈寅恪与吴宓》《章太炎和晚清诸子学》等25篇文章。

彭冠龙著，《在历史与叙事之间：1946—1952年土改小说创作研究》，四川大学出版社，2015年7月

土改小说创作潮流在20世纪四五十年代伴随着土地改革运动而起，是一种特定时代与题材的文学书写思潮。其发生与推进既源自延安文艺理论与运动的指引，也是广大作家对中国共产党领导下的农村土地变革之配合与跟进。该书分三章，通过对大量原始作品的发掘，还原土改小说创作潮流的真实面貌与文学生态，分析土改小说的类型和特点，并研究了土改小说作品中存在的创作模式与文学思维，探讨了文学与政策乃至政治的关系。

吕若涵著，《现代散文的阐释空间》，人民出版社，2015年7月

作者以现当代散文作家、散文文体、散文刊物以及散文理论等为研究对象，材料丰富，视阈开阔，散文概念趋于宏阔，非“纯文学”所能限制。在研究中，主要采用历史与美学、批判与同情、史料甄别与文本细读、文类理论与文体辨析等相结合的视角与方法，对五四时期散文的“纯文学”想象与实践、三十年代论语派散文的审美个性、四十年代上海沦陷区期刊散文的特异现象以及最近三十年全国的文学思潮和散文特点进行了深入而富于学理的研究。

钱理群著，《和钱理群一起阅读鲁迅》，中华书局，2015年7月

本书稿收录了作者在“同道读书会”读鲁迅《野草》和在立人大学读鲁迅杂文的演讲录音稿，又补入演讲中文本细读或详细介绍的鲁迅作品。书中作者根据《野草》和鲁迅杂文的内容深入浅出，结合当时时代，告诉我们读一本书要知人论世，才能更好地理解一本书，同时也指出了今天重读这部经典的意义。

何志钧、秦凤珍主编，《数字化语境中新世纪文艺审美现象解析》，人民日报出版社，2015年7月

汇集了课题组成员和学术界同仁对数字化语境中新世纪以来的文艺审美现象进行专题研究和个案研究的几十篇论文，视野所及，涵盖了从网络玄幻小说、网络论坛、微电影、肖像照片、网络游戏到微博、手机审美、数字拍摄、数字屏幕等众多方面，注重现象透视和个案解析，力求使理论与现实有机结合，细处雕绘，见微知著。

陈思和著，《昙花现集》，上海人民出版社，2015年7月

这是本文学评论集，内容主要是关于现当代文学的研究文章，共分四4辑：第一辑是涉及方法论的演讲、对话和文章；第二辑是当代作家作品的评论；第三辑是一组序跋和短文；第四辑是作者对自己的学术生涯的部分总结。综观全书能感受到作者学术身姿充满了动态感，话语领域的边界拓展深远。

张炯著，《文学透视学文学理论体系新探》，中国社会科学出版社，2015年7月

本文从不同的时间与空间对文学进行多维透视，对文学本质做系统透视，对文学的美的创造与特点做新的论述，提出文学创作思维概念，对文学的历史发展规律做具有新意的探讨，提出文学生态论，对文学的内部生态和外部生态做了独到的论述。

宋喜坤著，《萧军和哈尔滨〈文化报〉》，中国社会科学出版社，2015年7月

本书从思想史角度入手，综合运用传播学、政治学、革命心理学等理论，通过对抗战胜利后东北地区文学批评语境的还原，以《文化报》的文本为基础，深度、完整、细致地探究了"《文化报》事件"的前因后果。"《文化报》事件"见证了东北新文化秩序建构的全过程，是后来全国性文化批判斗争的前奏。正是在这场文学与政治风暴中，萧军展示了他"新英雄主义"的抗争精神和独立自主的知识分子品质。他忠于自己的品性，热爱"五四"以来的启蒙事业，直面风暴奏响了一曲人生悲歌。

周明全著，《80后批评家的枪和玫瑰》，北京时代华文书局，2015年7月

本书选择了目前在批评届有很大影响的十位"80"后批评家金理、杨庆祥、何同彬、黄平、徐刚、刘涛、傅逸尘、李德南、项静、康凌，以综论和访谈的形式对每位批评家进行个案分析，对其创作的特色、主要观点等进行系统分析。这是国内第一次集中对"80后"批评家进行全面系统的解读，此书的出版，将为研究"80后"批评家的成长与批评风格提供相对完整的素材。

张红军，《文艺缀思录》，安徽文艺出版社，2015年7月

本书是山东大学博导张红军的一部学术文集，收录了他近年来撰写的文艺评论文章20余篇。内容包括国内文学作品和作家的研究、文学思潮的研究、叙事学的研究，影视作品的评论以及外国文学的鉴赏等方面，如《地方经验的承载者与阐释者——读陈全伦的小说》、《电影菊豆与刘恒的小说》、《李霁野的翻译与欧化汉语》等。本书视角独特，见解深刻，是一部具有一定学术价值的文集。

赵慧芳著，《生态批评视野中沈从文夫妇创作研究》，光明日报出版社，2015年7月

本书借用“生态批评”的概念，分析了沈从文创作中独特的生态观念和生态学意义，探讨了张兆和创作的生态追求，对二人作品中呈现的自然、社会、文化、精神等诸多问题进行了说明，认为沈从文笔下的湘西并不是一个固定不变的虚幻抽象的世外桃源，张兆和的童真描摹，也并不是单纯深情的少年追怀，更是对孩童时代被遮蔽的生态失衡的深度揭示。从生态意义上理解他们的共在，才可以领略到他们在天地间的和谐共鸣。

张柠著，《民国作家的观念与艺术——废名张爱玲施蛰存研究》，山东文艺出版社，2015年7月

本书运用多种崭新的艺术批评视角，在民国历史文化的背景上解读中国现代文学被忽略的作家，如废名等人，也解读知名作家被人忽视的一面，如张爱玲等，令人耳目一新，开启中国现代文学批评的新思路。

李雪著，《历史与当下的对话：进入当代文学史的多种方法》，人民日报出版社，2015年7月

本书选取当代文学史中三个课题——1970年代文学、被“经典化”的作家、当下文学的热点话题，通过对个案的研究，试图探索进入文学史研究的多种可能性，并通过对历史问题的清理，对当下文学展开了有效批评。

范卫东著，《抗战时期中国散文的自由精神研究》，南京师范大学出版社，2015年7月

本书力图打破过去将解放区、国统区、沦陷区“条块分割”的思维模式，努力把握抗战时期散文创作中自由精神此呼彼应的脉络，以真实地再现那个时代的“中国”特征。

吕若涵著，《现代散文的阐释空间》，人民出版社，2015年7月

本书中，作者以现当代散文作家、散文文体、散文刊物以及散文理论等为研究对象，材料丰富，视阈开阔，散文概念趋于宏阔，非“纯文学”所能限制。在研究中，主要采用历史与美学、批判与同情、史料甄别与文本细读、文类理论与文体辨析等相结合的视角与方法，对五四时期散文的“纯文学”想象与实践、三十年代论语派散文的审美个性、四十年代上海沦陷区期刊散文的特异现象以及最近三十年全国的文学思潮和散文特点进行了深入而富于学理的研究。

孙郁著，《民国文学十五讲》，山西人民出版社，2015年8月

本书集合了孙郁先生多年来在文学领域阅读与研究之所得，论述民国时期的文学风气与流派，品评作家和作品，精彩淋漓。共分15个专题，内容涉及新文学、旧派小说、旧诗词、新诗、“左派”小说等文学概念，以及鲁迅、周作人、老舍、曹禺、沈从文、张爱玲、钱钟书、萧红等多位作家及其作品。

陈晓明著，《众妙之门——重建文本细读的批评方法》，北京大学出版社，2015年8月

本书的写作，不仅是批评，探索，也是在揭示一个学者精神成长的层层积淀；有冷静犀利的分析，更有诸多鲜活的个人经验流露其间。这是本书的特殊之处。另外，小说艺术、思想特质、历史语境共同揉造成的文学经验，成为作者打开读者阅读兴趣、想象力的关节点。

贾敏著，《新时期女性“超性别意识”小说研究》，黑龙江人民出版社，2015年8月

本书主要从“超性别意识”小说文本梳理入手，对不同时代具有“超性别意识”的女性作家的小说文本进行解读，围绕“超性别意识”的层次内容，从“爱情”“写作姿态”，以及“欣赏人、看待人”三个方面分析“超性别意识”小说文本。通过作家的人生经历，研究作品的主题和作品风格。通过对不同时代的“超性别意识”小说的女性作家的文本分析，采用横向比较探究“超性别意识”小说的独特性、差异性、现实性，并给予其哲学层面的思考。

陈平原著，《刊前刊后》，生活·读书·新知三联书店，2015年8月

本书是陈平原对自己历年编书时序言、跋后的汇编，从中可见其学术演进的脉络，具有相当强的学术编年意味。本书中以书为线索，各文按照类型排列（集刊、丛书、编校），重在体现学术思路的演进，以及二十余年来的学界变迁，从中可让读者见证那个已经消逝了的、民间学术相对繁荣的时代。

陈卫著，《中国当代诗歌现场》，人民出版社，2015年8月

本书分为三部分：第一部分是“当代诗歌现象”，对当代诗坛现象的扫描与观察，集中于诗歌语言、风格、性别写作和时代的写作转向等；第二部分是“当代诗歌问题”，多对诗歌困境之因以及诗歌史写作与研究进行探讨；第三部分是“当代诗歌批评”，对当代比较有特色的代表性诗人和一些正在成长的诗人诗歌进行评论。三个部分形成三个不同的观察视角，得以扫视当代诗坛的整体与局部，给中国诗坛做了一次阶段性的总结与前瞻性的观察。

陆耀东著，《中国新诗史（第三卷）》，长江文艺出版社，2015年8月

本书是著名学者陆耀东先生著《中国新诗史》的最后一卷，作者是新诗研究的权威学者，花费几十年心血收集了新诗研究的第一手资料，用极大心力探究三十年中国新诗史源流、演变，是一部系统研究中国新诗史的力作。可惜此卷书未及完成，作者去世，全书由其学生程光炜等整理成稿。

何平编著，《范小青文学年谱》，复旦大学出版社，2015年8月

本书是《东吴学术》年谱丛书的其中一册，主要收录的是按照年份编排的范小青的文学作品。该书的编写是林建法先生首倡编撰，以此为当代文学研究提供一份作家的详细年谱，也为学科发展提供信史，为当代文学研究奠定坚实的基础。

俞敏华著，《形式的表象与深意：20世纪末中国小说艺术形式研究》，中国社会科学出版社，2015年8月

本书探讨的是1980—1990年代小说艺术形式问题，作者提出1980年代的小说艺术形式正体现了从叙述技巧到叙述策略变化的过程，1990年代既有明显受1980年代影响的形式要素，又在市场经济活跃的大环境中，受影视、网络等新媒介的影响，出现了大众审美取向的新的形式要素。

郭洪雷著，《执著于文本的批评》，人民出版社，2015年8月

全书共分四部分。第一章从文本细节出发，对格非、陈翔鹤、严歌苓的作品进行了深入分析。第二章通过对贾平凹《古炉》、马原《牛鬼蛇身》、余华《第七天》作品的解读，揭示小说创作中存在的某些媚俗思想的弊端和局限。第三章主要针对大家及其作品。作者从小说修辞、传记文学、晚景写作等角度，对苏曼殊、林语堂、汪曾祺的创作进行了系统研究。第四章是对创作中小说修辞、文学思潮及文学史写作的理论探讨。作者一方面强调评论的及物性，一方面又强调一种距离，一种学院立场。相关研究具有创新性，在学界产生影响，为作家创新能力的评价提供一种新的尝试。

熊宇编著，《重庆时期冰心的创作与活动研究》，广西师范大学出版社，2015年8月

抗战时期冰心的研究，相对于整个冰心研究来说，还是一个比较薄弱的环节。本书以“重庆时期的冰心”为论题，从其创作与活动两方面进行全面梳理和系统研究。重点首在于文本的汇校。作者根据原刊原文，对《冰心全集》做出大量的补正。其次，通过对其活动的考察，有助于重返历史现场，并进而丰富冰心此一时期的行实。

[日]吉田富夫编著，《莫言神髓》，上海文艺出版社，2015年8月

吉田富夫教授是近二十年来莫言小说日文版最主要的译者，他也因此应邀出席了2012年年底的诺贝尔奖颁奖仪式。作者在书中以资深译者、研究者的身份，阐述了自己对莫言作品的独到感受，同时记录了海外汉学家与当代中国文学逐渐深入的接触与文学跨境的过程，对当下的中国文化“走出去”战略颇有参考价值。

陈晓明著，《无边的挑战：中国先锋文学的后现代性（修订版）》，中国人民大学出版社，2015年8月

本书从现代性的角度切入中国先锋文学乃至新时期文学，从理论源头和创作实践上对中国当代文学的发展做了独到的梳理。本书是国内最早系统分析当代先锋派文学的著作，也是最早探讨了如今在中国当代文学中几乎成为常识的后现代性问题，是当代文学研究领域引用率最高的著作之一。

王敏著，《解构主义误读理论研究》，中国社会科学出版社，2015年8月

误读理论是解构主义文学批评的重要理论，涵盖了不确定性、互文性、反形而上学等重要解构思想。本书稿对解构主义误读理论的发生历程、理论背景、理论形态、历史定位、内涵、价值及其局限性作了全面的考察，视角颇为新颖，有理论阐述，也有实证分析，对增进解构主义文学批评这一思潮的认识、扩大文学阅读研究的视野，以更为丰富的理论资源来推动我国文学批评研究皆有助益。

杨益斌著，《鲁迅广告：别样的呐喊》，湖南大学出版社，2015年8月

本书主要内容包括：鲁迅广告及广告批评实践、鲁迅广告文本与广告批评文本、鲁迅的广告观、鲁迅的广告创作观和广告经营观、别样“呐喊”见精神：鲁迅广告艺术总览之一、多彩语言成高标：鲁迅广告艺术总览之二等。

周斌、厉震林主编，《中国影视文学发展的历史、现状与前景》，中国电影出版社，2015年9月

本书系中国电影文学学会剧作理论委员会成立大会暨首届学术研讨会论文集。该论文集分为八辑。第一辑为“剧作理论研究”；第二辑为“剧作史研究”；第三辑为“动画剧作研究”；第四辑为”剧作家研究”；第五辑为“类型电影剧作研究”；第六辑为“新媒体时代的剧作研究”；第七辑为“域外剧作理论研究”；第八辑为“其他相关论文”。

陈振华著，《小说反讽叙事：基于中国新时期的研究》，中国书籍出版社，2015年9月

本书在大量阅读、感受和体验的基础上，把“反讽”作为考察新时期小说的重要视点和特定角度，采取历史分析和审美阐释，理论统摄与文本支撑，史与论相结合的研究思路，首次对新时期以来的反讽叙事进行整体与系统的论析，以期通过对反讽叙事的认真梳理、仔细辨析和深入勘探，触摸到新时期文学行进的历史脉动，廓清纷繁复杂的历史烟尘和现实表象，部分抵达复杂情势下悖论中国的历史真实。

孟繁华著，《新世纪文学论稿：文学思潮》，现代出版社，2015年9月

本书这是一部特别具有现场感的文学研究文集。作为资深的文学批评家，孟繁华的文学批评敏锐而流畅，气象磅礴而不流于空疏。被批评界认为：“研究背景清晰、视野宽阔、情怀沛然而正大，他对文学的热忱真挚、坚定，对学术理想的守护亦不容置疑。他对新问题的敏感，对新作家的关切，他的史论意识与雄辩文风，他的尖锐与宽容、严肃与戏谑，都蕴含在心性可见、题材驳杂的论析之中。他对文学与政治、历史与叙事、传统与革命、学术人格与批评风习等一系列问题的重释，使批评这种易逝的文体开始分享有重量的话题，并在当下的学术格局中找寻到了别的文体所不可替代的位置。”

陈晓明著，《限度之外》，福建人民出版社，2015年9月

本书分上编和下编，上编主要收集了作者在福建学习和工作时写下的论文，反映了文学理论和批评如何渴望突破旧有的藩篱的时代要求，也显示了作者汲取新知识，表达新观念的努力。下编收录的论文与上编风格相近，重点在破解现实主义理论单一规范的限制，寻求理论向后现代的转移，并且解释那些先锋性的创作所表现出的时代意义。

孙金燕著，《武侠文化符号学》，四川大学出版社，2015年9月

武侠是中国对全世界影响最大的象征符号。迄今为止研究未有对这一至关重要的文化现象进行文化的、哲学的剖析。关于这一问题的探讨，必须回到对武侠符号本质的解读之中。只有突破将武侠符号与其他“侠客”叙述视为一体的“显见性”预定，重新准确划定“武侠”与其他侠客叙述形式之间本来就必须分出的边界，还原20世纪中国武侠符号掩藏在“伸张正义”之下的本质，才能真正理解“武侠”符号在20世纪中国的复杂命运及其流变规律。

徐兰君著，《儿童与战争》，北京大学出版社，2015年9月

本书借鉴西方儿童文史研究的理论框架，以国难读本、战时教科书、国防游戏、儿童杂志及战时儿童旅行团等为主要分析对象，将1937—1945年前后的“儿童”概念历史化的同时，也重新考察发生在战时及战后的关于救国、抗战宣传和民众教育等于现代中国“发展”密切相关的重要主题，从而提供另一种关照和理解20世纪中后期文学、文化与历史变革的方式。

王明丽著，《生态女性主义与现代中国文学女性形象》，中国书籍出版社，2015年9月

本书是对中华传统文化理念和现代性的反思，是对当下现实的深刻追问：开掘二元对立之源，铺设女性与他者、自然、世界的和解之路，为个体生命存在的境域化提供信仰维度，赋予意义和价值。

徐英春著，《倾听历史的回音：革命历史小说与新历史小说研究》，中国书籍出版社，2015年9月

本书研究的是带有深刻时代烙印的革命历史小说与新历史小说这两种文学现象。每个时代都有每个时代的文学，每个时代为下一个时代留下的文学遗产必定是那个时代的主旋律，足以真实而深刻地反映那个时代的历史气氛、历史情绪和人的心理历程。

徐向昱著，《未完成的审美现代性：新时期文论审美问题研究》，中国社会科学出版社，2015年9月

本书以新时期文论关于审美问题的研究为线索，对于“文革”后中国审美现代性的发展进行了较为全面的考察和分析。

王志华著，《灵魂之魅与中和之美：铁凝小说论》，中国社会科学出版社，2015年9月

本书从“人类的关爱与生命的体贴”这一叙事伦理角度切入，对作家铁凝的小说创作进行了全面整合，概括了其整个小说的主旨意蕴和叙事策略，从而使铁凝小说的整体艺术形象得以深刻而庄重的确立与彰显；同时将铁凝放在中国新时期宏观的文化背景和文学史背景上加以关注，对铁凝进行纵向研究和横向对比，不仅明确了铁凝小说创作的独特意义和价值，而且由她透视出中国新时期文化及文学的整体情状；并且对其进行了重新评价，加深了对铁凝小说创作丰富性和复杂性的认识。

王贵禄著，《中国西部小说叙事学》，中国社会科学出版社，2015年9月

本书分为五章，分别是“绪论”“精神结构论”“文化基因论”“冲突模式论”和“史评接受论”。“绪论”部分回顾了西部小说的研究历史及其研究现状，阐发了西部小说再研究的必要性与可能性。“精神结构论”探讨了西部作家的文学精神、创作精神和人格精神，及其演进的相关机制。“文化基因论”从地理人文环境、地域文化和民间文化精神等维度讨论了西部小说形成“本土性”叙事特征的主要原因。“冲突模式论”揭示了西部小说反复呈现的主要冲突形态，深度阐述了西部小说叙事的内在规律。“史评接受论”从文学史评价和读者接受的复合视角探讨了西部小说的命运遭际。

黄发有著，《文学与媒体》，福建人民出版社，2015年9月

本书讨论了文学期刊、文学出版、影视文化、媒体趣味与小说创作的关系，考察文学环境与文学生产的互动模式。作者黄发有在史料发掘基础上，深入进行文学传媒研究，以传媒研究印证和补充文学史，以传媒研究拓展和深化文学史。

谢冕著，《燕园集——谢冕文论精选》，福建人民出版社，2015年9月

本书收入了谢冕先生各个时期的文论作品。全书分诗潮篇、诗史篇、诗人篇、反思篇等几个部分，前三个部分主要谈诗歌、诗人和20世纪新诗的发展，最后一部分反思了中国当代文学、中国新诗、世纪之交的中国文学，属于总结之作。

林丹娅著，《书写之辨》，福建人民出版社，2015年9月

本书主要收录了林丹娅在不同研究阶段切合时代问题的，关注女性与文学书写问题，兼具学术研究性与思想性的代表性学术论文，在展现其学术思想发展踪迹的同时，凸显其一以贯之的“一家之言”。本书主题是女性文学与性别文化研究，作者视角独特，思维敏捷，观点鲜明而犀利，提出了不少独到的见解，展现出闽派文论批评的风采。

王益著，《卸下面具：王朔小说中的知识分子研究》，西南交通大学出版社，2015年9月

本书是从文艺社会学、文艺美学和文艺心理学等角度对王朔小说中的“另类”知识分子形象进行研究的学术专著。内容包括：从精英意识到平民话语的后知后觉；知识分子“有理”与“无知”的逻辑悖论；知识分子“为名而文”与“一文不名”的辩证；知识分子“灿”外“烂”中的美丑对立；知识分子物质追求与精神堕落的“异质同构”；历史文化传统与现实生存境遇碰撞下的论战。

徐兆寿著，《精神的高原：当代西部文学中的民间文化书写》，中国社会科学出版社，2015年10月

西部文学在中国当代文学的版图中，是一座不可或缺的高原。西部因其相对封闭、落后、边远的特点保存了丰富的民间文化。本书正式从西部民间文化入手来研究西部文学，第一次从民俗、民间信仰、民歌、方言等民间文化的视角全方位地对西部文学进行考察和研究，这不仅为西部文学和当代文学开启了一个广阔的美学空间，而且也为西部文学的研究与创作寻找到丰富的精神资源。

李雁著，《新时期小说中的乌托邦想象》，中国社会科学出版社，2015年10月

乌托邦是一种否定现实、向往理想的精神取向和心理追求。中西乌托邦文学都有悠久的历史。新时期文学也具有深浅不一的乌托邦精神，其包含着社会学、文化学、心理学、美学等多层面的内涵，本书试从文化研究角度探析新时期乌托邦小说诸形态，探究其理论基础、价值意识和美学特点，考察新时期乌托邦小说所具有的社会意义、文化意义，美学意义。

黄伟林、刘铁群著，《中国现当代文学研究》，中国社会科学出版社，2015年10月

本书主要对现当代的部分作家群和流派进行了研究，包括以下几个部分内容：一是文学桂军研究；二是对鸳鸯蝴蝶派作家群进行的研究；三是现当代的美女作家群进行研究；四是桂林文化城戏剧家群研究；五是关于唯美诗人群的研究。

胡峰著，《诗界革命：中国现代新诗的萌蘖》，中国社会科学出版社，2015年10月

本书以诗界革命中的诗歌本体作为主要研究对象，特别是诗歌创作文本体现出来的新鲜质素进行梳理和论析。所谓诗歌本体，主要是指构成诗歌审美世界的诸多要素（主要包括语言、声律节奏、意象、文体等）的形态及特征。通过对诗界革命倡导者和主力诗人的诗作的分析，作者认为诗界革命的主力诗人在诗学观念、精神结构、情感认知等方面与现代新诗的发起者有着密切的关联，诗界革命的载体及读者也为现代新诗的发生提供了人力资源，而诗歌本体的转型与嬗变最终成为现代新诗发生的关键。

马顿著，《小说何以艰难》，北岳文艺出版社，2015年10月

本书重点收录了作者就莫言、王小波、李骏虎等几位作家的小说作品所作的深入细致的分析评论，兼及对《三体》《第七天》等近年来影响较大的著作的阅读体会。作者将自身小说创作体悟和对世事人情的感知融入到评论之中，下笔视野高阔、充满性情，而又往往能以小见大、从细入深，提出鲜明的批评与主张，读之戚然于心。

朱晓进、杨洪承主编，《鲁迅研究教程》，高等教育出版社，2015年10月

本教程以全面系统地介绍、分析和研究鲁迅的生平、思想和创作等各方面情况和成就为主要内容。在介绍、分析和研究鲁迅时，注重将其摆在中国现代文化发展史和中国现代文学发展史的背景中来加以考察，以期学生能通过对鲁迅这一中国现代文化伟人和文学巨擘的全面把握，进而加深对整个中国现代文化思想史和中国现代文学史的理解。

董静如编著，《改革开放的中国文学》，北岳文艺出版社，2015年10月

作者长期从事赵树理作品对日本文学影响的研究，她站在日本学者的角度，选取数篇有代表性的日本学者研究赵树理作品的译作及自己对现代文学的一些评论汇编成书，充分肯定了赵树理作品对日本及世界现代文学的影响，对宣传和扩大赵树理研究有极大的意义。

谢保杰著，《主体、想象与表达——1949—1966年工农兵写作的历史考察》，北大出版社，2015年10月

本书涉及一个创作群体（1949—1966年的工人作家群），一个写作个案（士兵作家高玉宝），一个运动（1958年的新民歌运动）和一次批判（吴雁），试图通过对这些创作现象的描述和分析来还原历史现场，包括工厂史、公社史和部队史，来呈现业已消失的文化（文学）图景。

姜涛著，《公寓里的塔——1920年代中国的文学与青年》，北京大学出版社，2015年10月

本书以细密之笔，勾勒五四之后“塔”里“塔”外的青年心事及世事。为了释放文学史研究的丰富性和差异性，本书作者力求通过对史料的爬梳，回到一种动态的具体情境中，把握事件、人物、观念的生成逻辑，挖掘文学现象、观念背后更为内在、纵深的历史脉络。

刘春勇著，《文章在兹——非文学的文学家鲁迅及其转变》，吉林大学出版社，2015年10月

本书认为鲁迅一生的痕迹是从留日时期近代意义上的“文学”创作的时代经过一个大的“之间”而走向反文学的杂文写作的时代。这个大的“之间”是从《狂人日记》开始，经过《呐喊·自序》《希望》的写作并最终抵达《写在〈坟〉后面》而形成的。这个过程正是鲁迅扬弃虚无世界像而朝向虚妄世界像逐渐转变的过程，也正是在这个过程中，鲁迅才逐渐形成了其“留白”的美学观，而这构成了其杂文写作的前提。

程光炜著，《文化的转轨》，北京大学出版社，2015年11月

本书讲述的是20世纪中国革命大故事中六位经典作家的小故事：鲁迅、郭沫若、茅盾、巴金、老舍和曹禺。作者以“历史导游”的方式，从一个个小的时间节点进入，回避了学术论文的严正刻板，试图去触摸一个个不经意的细节，品味一缕缕沉香幽暗的韵味，钩沉作家们细微的生活世界，如同历史与当下间的喁喁私语。

龙其林著，《社会转型与文学想象》，社会科学文献出版社，2015年11月

本书通过对新世纪中国当代文学现象的宏观把握和梳理，力图揭示出当代文学现象背后的社会思潮和文化属性，展现新世纪文学的多样性和差异性。作者以敏锐的艺术感受力和富于激情的叙述，使文学研究与当下的生活保持着有血有肉的情感联系，读者亦能借此领略到作者所具有的批评激情、搏击时代的痛感以及直面现实的勇气。

吴志凌著，《围城内外的变奏：五四文学婚恋伦理叙事》，湖南师范大学出版社，2015年11月

本书将五四婚恋题材作品置于五四新文明活动的语境中，从伦理学角度论述五四婚恋文学创作的价值与缺失，及婚恋叙事与婚姻伦理变更的同构互动轨迹。研讨五四婚恋文学与婚姻伦理变更社会思潮的时期共振，可以拓展伦理学研讨视野，发掘五四文学的汗青意义与伦理价值。

谢泳著，《现代文学的细节》，北岳文艺出版社，2015年11月

本书收集了谢泳近年所写部分中国现代文学研究论文。本书从细节中观察真实的历史，从细节中分析历史关系。

张清华编，《他者眼光与海外视角》，北京大学出版社，2015年12月

本书主要内容是搜集编选具有国际视野的、与中国当代文学海外影响与传播有关的研究文献，以总结梳理近年有关中国当代文学的国际与世界性影响的状况。该书内容包括：一、全球化语境中中国文学的传播问题；二、关于汉语写作的国际性与世界性意义的探讨；三、境外学者对于中国当代文学的研究文献；四、重要的比较文学研究文献；五、近年该主题的重要的国际学术会议对有关问题的讨论等。

张清华编，《当代文学的世界语境及评价》，北京大学出版社，2015年12月

《当代文学的世界语境及评价》隶属于“中国海外传播研究书系”丛书，本书共分为四个单元，分别涉及两次“中国文学海外传播国际学术研讨会”上学者、作家的部分论文或发言、“顾彬‘中国当代文学垃圾说’之争”和对诗人张枣其人其文的评析，为我们提供了看待“中国文学海外传播”的不同角度，使我们感受到不同立场和评价方式的碰撞与对话，从而更加深入地思考中国当代文学到底价值几何的问题。

杨庆祥编，《寻找文学的新可能——联合文学课堂》，北京大学出版社，2015年12月

本书所收文字由80后著名学者杨庆祥、多位作家、编辑及学生的专题讨论整理而成。在有充分准备的基础上，他们讨论了蒋一谈《透明》、徐则臣《耶路撒冷》、老村《骚土》、文珍《我们夜里在美术馆谈恋爱》、李敬泽《致理想读者》、李少君《自然集》、房伟《革命星空下的坏孩子》等文本，视野涉及文学写作与社会现状、文学批评等多个方面。亮点是被讨论的对象也处身讨论现场，与批评者构成坦率、有效而深入的对话。把文学作品和作家拉进批评现场，直率交流，让批评者和被批评的对象一起“寻找文学的新可能”。

刘霞云著，《当代名家小说研究》，安徽文艺出版社，2015年12月

本书采用微观的文本细读和宏观的学理述评相结合的研究方法，以十七年以来的小说名家作品为主要研究对象，分别从作品的主题思想、人物形象、审美取向、文体选择等方面进行细致入微的分析，为读者立体还原了当代知名作家的小说创作实绩和文学审美镜像。本书共分五辑，主要研究《秦腔》《一句顶一万句》《穆斯林的葬礼》等茅盾文学奖获奖作品的影像构建和文体选择；第二辑以莫言、刘震云等茅盾文学奖获奖作家的经典作品为研究对象，细剖作家作品的主旋律题旨和突出的“跨文体”书写现象；第三辑细品当代名家新作《我不是潘金莲》《第七天》的成就得失；第四辑以述评的方式总括了十七年以来的爱情小说、长篇小说文体发展以及徐贵祥、许春樵等作家的创作等概况；第五辑为张弦研究专辑，全面展示了张弦小说创作以及小说文本影像化叙事的全貌。

张文红、刘銮娇著，《十七年时期长篇小说出版研究》，清华大学出版社，2015年12月

本书以这一时期的长篇小说为研究对象，通过考察原始版本和相关研究文献，在系统介绍其出版环境与出版概况基础上，对该时期长篇小说的出版、传播和接受情况进行重点分析；从题材类型、情节模式和人物形象出发，阐述其内容情况；从图案设计、色彩设计和版式设计角度探讨其出版形式特点；本书还对这一时期长篇小说的编辑角色进行了重点分析；并在版本比较阅读基础上阐述了“十七年”时期长篇小说版本的修改情况与修改原因。

王冰冰著，《跨民族视阈中的性别书写与身体建构：新时期以来少数民族女性创作研究》，浙江工商大学出版社，2015年12月

本书以新时期至今的少数民族女作家的汉语小说创作及部分译作为研究对象，以主题研究及社会文化批评为主，以性别研究作为重要理论依据，探讨性别话语与民族、国家、身份等话语之间或隐秘或外显的联合、博弈甚或耦合，试图对多元话语中多重主体位置的形成、分裂及弥合等问题进行纵深发掘。

石晶晶著，《被编辑的文学：编辑对上海沦陷时期文学的影响》，浙江大学出版社，2015年2月

本书对上海沦陷区的政治氛围为文学创作与出版所制造的障碍、文学编辑如何艰难应对、他们采用了怎样的文本策略均衡政治压迫与文学创作、塑造与传播文学作品、引导大众的审美趣味、上海沦陷区文学创作在编辑的影响下发生了哪些变化做了详细的分析和阐述。

吴作奎等著，《新文学批评文体研究》，武汉大学出版社，2015年12月

本书研究对象为五四以后的文学批评文体，内容包括传播媒介的转换对文学批评文体的影响的理论探讨，李长之和宗白华的批评文体研究，网络文学批评主体与批评文体研究。全书选取不同时段代表性作家批评文体为例，作了散点式的概述，对新文学批评文体这一领域试图有所理论建构。

张静著，《巴金〈随想录〉忏悔意识成因传播与影响力研究》，社会科学文献出版社，2015年12月

巴金《随想录》之所以被誉为“中国当代文坛的高峰”，在于它是“力透纸背、情透纸背、热透纸背”的“讲真话”的大书。“把心交给读者”是巴金“抒真情”方式显著的体现。《随想录》对内传播影响力在于批判“极左”思潮，启蒙国人灵魂；真诚忏悔救人心，文学救世救社会。巴金《随想录》对外传播影响力在于，巴金作品研究成为中外文化互为流播的有效媒介。

2015年中国现当代文学研究论文摘编

王秀涛 辑录

丁帆、赵普光：《中国现代（百年）文学研究的统计与简析（2014.1—2015.7）》，《中国现代文学研究丛刊》2015年第12期

本文对2014年1月至2015年7月之间的中国现代（百年）文学研究文献进行了统计、概览。基于统计可以看到当前中国现代（百年）文学研究的现状与趋势、成就与缺失、现象与问题、热点与冷寂等复杂景观。同时本文就研究现状背后的原因进行了分析，尤其是对1912年至1949年民国时期文学研究如何突破困境、新时期文学与新世纪文学研究如何沉潜与学理化、“十七年文学”及“文革”文学研究如何摆脱边缘和冷寂等问题分别做了探讨。这些思考对此后的中国现代（百年）文学研究或有裨益。

刘春勇：《论鲁迅杂文文体的确立与“文章学”视野的关系》，《中国现代文学研究丛刊》2015年第12期

从《狂人日记》开始经过《呐喊·自序》《希望》的写作并最终抵达《写在〈坟〉后面》这样一个过程，其实是鲁迅扬弃先前的虚无世界向着其正在体验的虚妄世界渐次转变的过程。其间鲁迅扬弃了早期的纯文学观而回归其师章太炎质朴的即物性文学观；其实质是一种文章的写作观念即杂文写作。

解志熙：《出色的民俗风情诗及其他——徐玉诺在“明天社”时期的创作再爆发》，《中国现代文学研究丛刊》2015年第12期

徐玉诺的创作在20世纪20年代前期曾有一个非常不错的开端，可此后的他似乎从文坛上消失了。但实情是徐玉诺的创作在1928年10月至1930年9月间又迎来了一个再爆发期，期间他在《明天》及其他刊物上发表了不少作品。此一时期徐玉诺的写作重心转向了散文，成就不俗；同时受到民俗学和民间俗曲的启发，他的诗作也不再满足于个人“生活的苦味”之倾诉而转向了对乡土社会底层的民俗风情之抒写，由此贡献出几篇特别出色的民俗风情诗，成为迄今难以超越的新诗杰作。

张帆、杨旸：《政治经济学的退出、美学的转移与“启蒙”的辩证法——“新时期”文学转型的一种解释》，《中国现代文学研究丛刊》2015年第12期

“新时期”文学既继承，又改写了左翼文学的政治经济学传统。古华的小说典型地体现了改革意识形态对社会主义历史的重述，再定义了市场、劳动、身体、伦理、权利等范畴，预示了新的“经济人”人性论的兴起。这使王润滋所坚持的政治经济学关怀终归失败，社会主义的崇高美学不再可能，去阶级化的“共同美”得以再度出场，由此开启了寻根文学等一系列美学新潮。所谓“新时期”的“启蒙”，正是建立在这一政治经济学和人性论的基础之上，但美学转型造成的认识论颠倒使这一基础隐而不彰。

齐晓红：《一个理论与一个样本——〈民族主义文艺运动宣言〉和〈大上海的毁灭〉并析》，《中国现代文学研究丛刊》2015年第12期

1930年代初期的民族主义文艺以宣扬民族主义为旨归，但是其理论支撑《民族主义文艺运动宣言》却漏洞百出，饱受诟病。民族主义文艺的中坚作家黄震遐的小说《大上海的毁灭》将上海和战争结合，给我们提供了一种在西方的唯美的堕落和左翼的革命的上海之间的另一种可能性。因此，我们在小说中可以发现，一方面是反日的民族主义主题，另一方面是对战争中机械、技术的生产力的崇拜而产生的颓废情绪，而这种情绪的来源也暗合了法西斯主义对技术主义的追求。

汪卫东：《“虚无”如何面对，如何抗击？——〈野草〉与〈查拉图斯特拉如是说〉的深度比较》，《中国现代文学研究丛刊》2015年第1期

《野草》与《查拉图斯特拉如是说》是抗击“虚无”的经典文本。“虚无”，处于文化最深层，东、西方文化对“虚无”的体验与超越方式迥然有别。在有神论的文化背景下，《查拉图斯特拉如是说》发现“彼世”的虚无，诉诸思想史的洞察，开启了现代性之门；《野草》发现的是“此世”的虚无，基于无神论的东方背景，来自感性个人体验，诉诸否定性的东方悟性，展现为现实生存的黑暗、生的厌弃与死的诱惑。但《野草》反抗“虚无”的方式，则与东方固有的将“虚无”自我化与审美化的解脱方式拉开距离，通过直抵死亡的追问，最终在“虚安”之后，重回生存的大地，以肯定性的、确定性的方式重新发现生存的价值，遂与《查拉图斯特拉如是说》殊途而同归，显示了跨文化的卓越努力。

李国华：《生产者的诗学——鲁迅杂文一解》，《中国现代文学研究丛刊》2015年第1期

鲁迅为杂文的文学性辩护时，表现出一种以生产者自喻的姿态。其杂文作为中国现代社会败落的诗史，有着突破现代知识伦理的生产性和乌托邦面向，而且与消费社会深刻纠缠，并非真正的生产者的艺术。生产者的诗学是诠解鲁迅杂文的有限的、尝试性的范畴。

国家玮：《作为反讽的“再描述”与第一人称限制叙事——〈孤独者〉重读》，《中国现代文学研究丛刊》2015年第1期

《孤独者》作为鲁迅知识分子小说最有力的代表作，在蕴含知识人对启蒙理性从坚守到犹疑以致幻灭这一思想历程的同时，融入了一种积极的反讽性的生命态度。与鲁迅其他知识分子小说相比，《孤独者》中的第一人称叙事者既没有在面对现实生活时匆匆逃离，也没有从那些在启蒙事业挫败后自暴自弃的主人公身上照见自己的影子，而是在不断对魏连殳悲剧人生的“再描述”中，瓦解了包括启蒙理性在内的终极话语对人生格局的束缚，并在对本质主义的终极话语的反讽态度中，重新确立起一种彻悟后对行动力量的信念。

葛飞：《杨邨人的苏区言说与左翼文坛的应对》，《中国现代文学研究丛刊》2015年第1期

本文考述了杨邨人湘鄂西苏区见闻以及回沪后的言说，描述他与文总、左联的恶性互动过程。鲁迅与田汉、胡风与周扬的最初矛盾，亦因杨邨人事件而起。本文通过剖析诸人行事逻辑，力图解决左联史上的多个公案。

袁一丹：《思想战中的政治性“拟态”——周作人事伪时期的官样文章》，《中国现代文学研究丛刊》2015年第1期

北平沦陷时期，周作人的官样文章是指其“落水”后以伪教育督办的身份，在公开场合发表的各种言论，主要是演讲稿的形态，散见于日伪背景的报纸杂志上。这批未入集的“官样文章”可分为两类：一类出自他人代笔，周作人不过充当传声筒；另一类则是敌伪意识形态与周氏思想的混合物。目前讨论周作人事伪时期的政治姿态与思想立场，多依赖文集材料，而收入知堂文集的正经文章，有的就是以演讲稿为底本，从官样文章改编而来的，只是剔除掉应景的套话，即与现实政治粘连过紧的成分。“假公济私”的官样文章，作为一个中间环节，一种暧昧不明的混合物，恰能重构被净化处理的正经文章与当时言论场的隐性关联，从而显现出周作人在以“大东亚”为蓝图的思想战中采取的政治性“拟态”。

胡国平：《超越“对中国的执迷”——关于顾彬的现当代中国文学研究》，《中国现代文学研究丛刊》2015年第1期

在《二十世纪中国文学史》中，顾彬分析了中国现当代文学的一种特殊现象：“对中国的执迷”，这一观念指中国作家服从于民族国家为作家提供的可能性和要求，从而使作家陷入自我视野的封闭之中，在文学上形成盲目的民族主义。其另一个后果则是与传统的断裂，对传统进行贬低。顾彬认为，现代性所要求的个体成熟状态可以通过与他人的交流和对自我的超越而获得，中国现当代文学需要与其他民族和自己民族的传统相遇，才能真正认识并提升自身。

洪子诚：《当代的文学制度问题》，《中国现代文学研究丛刊》2015年第2期

本文讲述作者在八九十年代关注当代文学制度问题的原因、过程，也反思在这方面的研究存在的问题。作者对当代文学制度的研究有一个较长时间的积累，由阅读和一些事件引发。作者最大的困惑可能是，在理解一个时期的文学，和理解个别作家创作的时候，它的可能和有效性究竟多大?

张均：《1950-70年代的文学制度与文学生态》，《中国现代文学研究丛刊》2015年第2期

1950—1970年代是中国历史上的特殊时期，高稿酬、高工资等经济待遇使文人经济条件整体超越民国时代，但“待遇”可随时被取消，私人不能投资又使经济丧失了介入文学的渠道。政治权力通过单位制度决定性地建构了文学生态，造成其时“诸家尽灭、一家独兴”的局面。但“独兴”的社会主义现实主义亦以其对“下层世界”的“爆炸”性呈现而造成中国文学“自秦汉以来最重要的变化”。遗憾的是，部分由于机会主义、派系主义的深度介入，文学“政治”中有关下层解放、国家现代化诉求等积极内涵日渐“屈服”于政权合法性论证。

傅元峰：《重提“民国文学”的文学史意义》，《中国现代文学研究丛刊》2015年第2期

“民国文学”在大陆学界率先提出并成为学术热点，这一学术现象与大陆文学生态和学术传统有深层关联。因历史形态的特殊性，“民国文学”作为文学实体的文化生态生成了相应的多元化文学景观。大陆文学与台湾文学在“民国文学”层面同根同源，在后续发展中也存在与“民国性”迥然相异的呼应关系，形成了中华文学想象的共同体。这是“民国文学”研究的学术价值所在。随着大陆文学视野的开放和两岸文学交流的加深，联合两岸学术力量开展“民国文学”合作研究的历史机遇已经到来。

胡少卿：《“层累式”北京的文学重建——顾城组诗〈城〉〈鬼进城〉索解》，《中国现代文学研究丛刊》2015年第2期

组诗《城》《鬼进城》是顾城晚期最重要的两部作品，同时又极度晦涩。本文追溯了顾城的心理结构与北京城的同构关系，肯定了“幽灵”的角色设置对于挖掘北京层累式文化记忆的功用，揭示了顾城与“大院文化”的渊源，并结合时代更迭指出，这两组诗具有纪念意义，扮演了“幽灵代言人”的角色。

毕文君：《文学体制与文学生产——以未完成的〈在严寒的日子里〉为中心》，《中国现代文学研究丛刊》2015年第2期

以丁玲《在严寒的日子里》为中心的考察是在对文本残缺性解读的同时，也从创作的前前后后、两个版本的对读中探寻小说“未完成”的深层原因。其“未完成”中透露的历史消息也表征着在当代文学制度复杂语境中作家在未完成作品中渗透的文学创作观念、写作心态与文体属性上的多重矛盾。

王晓冬：《论丁西林独幕剧对沈从文创作的影响》，《中国现代文学研究丛刊》2015年第2期

论文从“欺瞒模式”出发，分析沈从文对丁西林独幕剧“欺骗模式”的模仿、创新和颠覆，并分析其背后的深层原因。由此揭示戏剧化因素在沈从文小说中的作用，重新审视沈从文和丁西林对小说与话剧两种文体样式相互融合、影响的思考及其艺术实践，从而为现代文学史上不同文体的交流、渗透提供进一步思考的空间。

黄发有：《正在消失的文学副刊——新媒体环境下报纸副刊的变局》，《中国现代文学研究丛刊》2015年第2期

面对着新媒体的迅速崛起，报纸的生存和发展经受着严峻考验。上世纪90年代以来，传统文艺副刊的界限被突破，新闻、广告之外的题材都被纳入副刊的版图，副刊的版面不断萎缩，甚至被迫停刊。副刊新闻化和俗化的趋势日渐明朗，文学副刊在大副刊路线的冲击下，文学性逐渐淡化和泛化。副刊通过专栏化的策略，热衷于寻找与大众趣味的契合点，“小女人散文”和情感倾诉栏目的走红，是副刊消费化和娱乐化的典型例证。在报网融合的格局下，副刊的博客化渐成风尚，大批博客写手成为专栏作者的主力军，副刊文体也逐渐向博客文体靠拢，副刊在向新媒体借力的转型中，逐渐失去自身的独立性。

祝宇红：《张爱玲小说的个人主义探寻》，《中国现代文学研究丛刊》2015年第3期

张爱玲小说描写了向现代转型过程的中国文化语境中个人主义之“本真性”理想的闪现与滑落，这是对五四新文学中个人主义问题的进一步开掘。《倾城之恋》中范柳原的“真诚瞬间”和《红玫瑰与白玫瑰》中佟振保的“真人时刻”，都显示了内在于个人主义的具有超越性的“本真性”理想。然而，“向上滑落”之虚无主义，“向下滑落”之自恋主义，以及自恋受挫后逃避真实的自欺，则成为个人主义可能背离本真性理想的歧途。“平凡”/“地母”的包容仁厚也是一种“向下”的力量，这是外在于个人主义的救赎可能。

易彬：《晚年彭燕郊的文化身份与文化抉择——以书信为中心的讨论》,《中国现代文学研究丛刊》2015年第3期

诗人彭燕郊晚年与众多文艺界人士的通信，在外国文学作品的译介、出版方面所做的大量具体工作，最可见出他在新的文化语境之中所做出的文化抉择，显示了彭燕郊借助译介活动来推动当代文艺发展的自觉意识。对于中国当代文学人物的文献资料建设而言，如何获取更广泛的资料，以达成对于人物的全方位认识，彭燕郊是具有突出的个案意义的。

李章斌：《“九叶”诗群的凝成与左翼作家的“反向推动”》，《中国现代文学研究丛刊》2015年第3期

四十年代后期左翼阵营的不断扩大，“革命现实主义”和“文艺大众化”主张占据主导地位。“主流”开始把一切处于它之外的创作都视为“异端”，力图对它们实行“打击”或“收编”。处于“主流”之外的“九叶”诗人面临着越来越大的压力，因而聚集在一起以求保存自身，他们与上海的《诗创造》周围的五诗人在1948年的“聚合”更是如此。因此，左翼作家的“反向推动”实际上促成了“九叶”诗群的凝成，这是其“历史性”之关键。

李松睿：《另一种进化论——以威尔斯〈星际战争〉的晚清译本为例》，《中国现代文学研究丛刊》2015年第4期

我国对晚清翻译文学的研究主要集中在两个方向，一是研究晚清的翻译是否符合原文；一是研究晚清翻译文学如何影响清末新小说及五四新文学。两种研究思路都把晚清翻译文学作为“过渡”，或视它为不够“现代”或不够“正确”的翻译；或将它看作中国文学现代化过程中的一个环节。本文反对把晚清翻译文学视为“过渡”，而是通过对心一翻译的《火星与地球之战争》的分析，认为晚清翻译文学是东西方遭遇之际对抗的场域。晚清翻译文学正是通过这种对抗展现了那代人对中国以及世界的想象。

潘建伟：《钱锺书的旧体译诗及翻译观》，《中国现代文学研究丛刊》2015年第6期

中国现代的旧体译诗一直被新体译诗所遮蔽，长期以来得不到应有的认识和评价。钱锺书融汇新旧，贯通中西，在翻译理念上注重“达”为“信”之前提，在翻译方式上积极调动文言资源，在翻译目的上注重寻找中西诗的共通之处。通过对钱锺书西诗中译的少量实践与零散议论的总结与分析，可以增益对外国诗引入汉语世界后如何处理与固有诗歌传统关系这一问题的理解，并重新认识旧体译诗在中国现代的存在形态与艺术价值。

王晓平：《论作为“新历史主义”小说的〈白鹿原〉》，《中国现代文学研究丛刊》2015年第4期

《白鹿原》的成败得失需要将其文本放在上世纪90年代以来的时代思潮中进行审视。它在描述乡土治理与儒家传统在现代中国的命运，即礼教传统下的主奴关系构成的宗法制总体，以及现代性带来的欲望闸门的开启、体制内外的反叛者上，都比先前的各种历史小说更忠实地呈现了更为复杂的画面，但对于乡土中国的裂解，在对现代中国三股政治势力的书写上，却是极不完全的呈现。这与传统文化残存的心理结构有关，也与现代历史的未完成性有紧密关联。

张蕾：《新小说与旧体裁：〈新小说〉著译作品论》，《中国现代文学研究丛刊》2015年第4期

晚清新小说作者大都采用章回体来写作，章回体的“旧式”显然与小说的“革新”不相符。作为《新小说》的创办者，梁启超也谈到了“新小说之意境，与旧小说之体裁，往往不能相容”的问题。但分章回在梁启超、吴趼人、周桂笙等新小说家那里不属于他们所不满意的“旧小说之体裁”的范畴。“旧小说之体裁”是指传统小说的叙事方式，传统章回小说的外在形式和其内在的叙事方式在晚清新小说的著译作品中发生了分离。由此可以见出梁启超等晚清新小说家对中西小说的取舍态度。

晓苏：《论当代小说中的儿童视角》，《中国现代文学研究丛刊》2015年第6期

在当代小说创作中，儿童视角备受作家青睐。与其他视角相比，儿童视角的最大优势在于它特殊的叙述姿态，即语言无忌、趣味无邪、思维无常。这种叙述姿态给小说带来了复调与重唱、模仿与游戏、对比与反衬等艺术张力，有效地增强了小说的审美价值。

徐放鸣、李雍：《中国当代文学中国家形象构建的三个问题》，《中国现代文学研究丛刊》2015年第6期

文艺实践中的国家形象构建拥有独特的优势，它可以通过社会生活史与民族心灵史这两种呈现方式表现出构建的特殊性，在中国当代文学实践中，体现为通过史诗叙事实现了这种构建。从主体构建的角度看，国家形象的主体性分为构建的主体性与价值的主体性，中国当代文学拥有强烈的英雄主义情结，通过弘扬中华民族自强不息的进取精神、忧国忧民的济世精神、不屈不挠的奋争精神等民族精神，促进了国家形象主体性的实现。从读者接受的视角看，国家形象的主体间性分为传播的主体间性（国外接受）与接受的主体间性（国内接受）两个方面，对于国家形象的接受困境可以通过继承与发扬中国当代文学优良传统予以解决，首先是采用“他国化”的输出策略，其次是对文艺“共同美”的追求，再次是坚持深入现实的创作理念。同时，要探索文艺活动协同创新机制并思考“国家形象批评”的问题，共同促进国家形象接受的实现。

陈思：《“新方志”书写——贾平凹长篇新作〈老生〉论》，《中国现代文学研究丛刊》2015年第6期

本文试图对贾平凹《老生》中的“新方志”书写进行命名并评价。论述了《山海经》作为全书结构枢纽所勾连起的中国方志传统，标示出小说风格从奇幻到写实的断裂，并从这一裂口入手去挖掘作品对于物质之“名”“关系”和“乡村经纪”等地方性知识的呈现，深入剖析文本隐藏的“国家—地方”认知结构，进而指出小说所呈现的地方的残缺性与局限性。

张晓琴：《〈老生〉的结构与意象》，《中国现代文学研究丛刊》2015年第6期

《老生》整体结构独特，内部采用多声部配合的结构方式，运用巧妙的衔接来完成叙事结构上的转换，以一种奇特的方式实现了小说中国的初衷。《山海经》的诵读讲解与老唱师百年世事的讲述思考共同将小说的重心立于远古中国的历史与百年中国历史空间之中，实现了对百年中国人命运的关注。老唱师和讲《山海经》的饱学之人共同构成了贾平凹复杂的精神投影，他们与作者一道讲述中国故事。同时，《老生》中设置了梦和其他一些独特的意象，它们共同推进小说的发展，从某种程度上看，百年的秦岭故事就是老生的一场大梦。

宋少鹏：《马君武“女权”译介中的遮蔽和转换》，《中国现代文学研究丛刊》2015年第5期

本文从女权理论的角度考察马君武译介的斯宾塞和弥勒约翰的女权论述，试图通过与母本的对照，展示译本如何通过遮蔽和转换，维护西方的文明榜样，再塑男性的优越地位，实现女权理论地基的置换。把实践个人才能的自由，转换为摆脱专制获取自主的斗争，把个人权利转化成国民的爱国责任，从而把女权吸纳进反抗专制国家履行国民义务的轨道上，使脱胎于西方自由主义的中国女权思想，从一开始就注入了国家主义的底色。

张静：《诗的现代意义何在？——雪莱〈为诗辩护〉在中国（1905—1937）的反响》，《中国现代文学研究丛刊》2015年第7期

论文以雪莱《为诗辩护》的译介为关注点，兼顾与其具有紧密联系的英国诗人皮科克及其作品《诗的四个时代》的译介，通过梳理1905—1937年间的史料，发掘出鲁迅、郭沫若、于赓虞、梁实秋、伍蠡甫等人对于雪莱及皮科克诗学理论的不同的选择、译介与吸收，从中折射出与中国新诗理论的发展以及文艺与科学之关系变迁等议题。

张中良：《抗战时期敌后战场文学初论》，《中国现代文学研究丛刊》2015年第7期

由于种种缘故，抗战时期敌后战场文学缺少系统而全面的梳理与研究，这同文学史及抗战史历史还原的要求不符。全面抗战爆发后，中共适时调整文艺政策，适应抗战需求的文艺团体纷纷成立，边区及根据地积极办学，加速培养抗战急需的人才，大批文艺工作者走上敌后战场。书写敌后战场作品较多的是身在边区与根据地、敌后战场部队的文艺工作者。根据地干部与敌后战场官兵亦有不少创作。不同身份、不同视角、不同文体、不同风格，共同描绘出敌后战场的宏伟画卷。敌后战场文学不仅内涵深厚博大，如实地反映了抗战的历史真实，向世界传达出民族脊梁雄壮而坚韧的生命脉息，为历史留下确凿的记忆，而且在审美的民族化、大众化、多样化方面有了长足的进步，表现出区别于正面战场文学与大后方文学的独特风采。

杨华丽：《国民党抗战时期的文化统制与进步作家的“钻网术”——以茅盾为中心》，《中国现代文学研究丛刊》2015年第7期

国民党政府先后出台的系列战时文化统制政策，严重影响了当时文坛生态。在武汉失守尤其是皖南事变后的几年间，左翼作家茅盾的文集被禁、主编的杂志被禁、作品被删削，但他善于以笔钻网，以妙选题材、善择体裁以及委婉表达来展现其抗争。与茅盾相类似的大批作家在夹缝中的艰难写作，多数进步作家抵制乃至控诉国民党的文化统制政策，导致国民党日趋失去了管控力。

张旭东：《启蒙主义“伦理自觉”与当代中国文化政治——反思〈新青年〉早期论述中的文化与国家概念》，《中国现代文学研究丛刊》2015年第7期

《新青年》早期所标榜的文化革命，随启蒙主义逻辑的展开必然到达伦理领域，陈独秀关于“伦理自觉“乃为”吾人最后之自觉“的一系列论述对此作出了有力的表述。本文力图表明，新文化运动的伦理概念因在现实中缺乏国家的依托，在政治上缺乏中国国家认同的维度，因此导致内涵上的偏颇，在将文化革命逻辑引入伦理领域的过程中，未能够发掘和阐述事实存在着的伦理世界同新文化所追求的现代国家之间的积极关系。不仅如此，本文进一步指出，由于简单地将伦理世界定义为启蒙的对立面和被改造者，新文化运动也为日后长期困扰中国思想生活的一系列二元对立准备了一个原型：越是追求启蒙的自觉，就越是同这种自觉的客观指向——现代主权国家及其文化政治统一体——相对立。这种文化革命与革命国家之间的人为概念上的冲突，虽然为中国革命的历史进程在现实中予以克服，但并未在思想和意识形态领域失去其幻影般的影响。

袁一丹：《杂志联盟与阅读共同体——以〈新青年〉的交换广告为线索》，《中国现代文学研究丛刊》2015年第7期

本文以《新青年》上的交换广告为线索，结合新文化出版物的发行渠道，考察“五四”前后形成的杂志联盟及阅读共同体。根据交换广告及杂志版权页上罗列的各代售处，大致勾勒出新文化运动的“边界”，由此带入社会学、地方史的视野，循着新派期刊的销售网络，追问新文化究竟通过何种渠道传播到省城乃至市镇一级，进而渗入相对封闭的内地社会，哪些机构及个人充任了新文化运动的“地方代理”。

程光炜：《教育——莫言家世考证之三》，《中国现代文学研究丛刊》2015年第8期

这是从中国传统家谱的角度撰写的一篇文章。全文基本是铺陈史料，叙述作家莫言小学辍学、自学中学语文、在军艺和鲁迅文学院完成大专和硕士课程的大致情况。有些史料已披露报端，有些是首次引用，读者借此可知作家备尝艰辛的个人奋斗之路，也可纵横观察他生活的时代与个人之间错综的关系。而对于农村出身的作家来说，则可推演至中国七十年代农村教育制度和教育史对他思想和文学观念的影响。中国现代文学史上，不乏这种自学成才的杰出小说家，例如茅盾、沈从文等等。当然莫言的情况与他们有别，这是另一篇文章考虑的角度。但是假如从这个比较角度来观察两代作家的创作道路，也不失对百年中国教育史与文学的关系，做出进一步有意思的分析。

程旸：《莫言的文学阅读》,《中国现代文学研究丛刊》2015年第8期

将莫言小说创作定位在接受福克纳和马尔克斯的影响，并用魔幻现实主义创作手法来解释他作品的主要特色，是当下文学批评和文学史教材的基本立论。本文从莫言八九十年代的访谈录和创作谈入手，用作家的“阅读史”来重新讨论和反观这种权威性的评价。进一步说，是想通过对作家阅读史的梳理，来解释他几十年来从受影响到摆脱影响，再到最后形成自己独具一格创作风格的内外原因。笔者认为，用遗址考古学的方法，而不仅仅采用文学批评的方法，也许是最接近于作家文学道路实际的一种更谨慎的研究方式。

原帅：《莫言小说人物原型考》，《中国现代文学研究丛刊》2015年第8期

莫言小说中的主要人物都是以自己家族的亲戚为原型的：余占鳌是以大爷爷和三爷爷为原型，戴凤莲是以奶奶和二姑为原型，“二奶奶”恋儿是以三奶奶为原型。《生死疲劳》中的蓝脸是以莫言的爷爷和邻村一个姓孟的单干户为原型。《丰乳肥臀》中的母亲是以莫言的母亲为原型。莫言二十余年的农村生活经历是他小说写作的根本，它是莫言的写作素材、文学观念，也决定了莫言历史叙事的意识形态品格。

洪治纲：《论莫言小说的混杂性美学追求》，《中国现代文学研究丛刊》2015年第8期

在莫言小说中，无论是审美内涵还是叙事形式，都蕴含了各种难以协调、彼此矛盾的元素，呈现出一种混杂性的美学趣味。这种混杂性，体现在人物形象的塑造上，常常是美丑善恶齐聚一体，极富人性之张力;反映在作品的文化意蕴上，则是解构性的现代意愿、民间化的自然生命与传统真善美观念之间的相互补充或对抗，并折射了创作主体异常含混的价值立场。从叙事形式上看，这种混杂性美学追求，集中体现在莫言对西方现代叙事和中国古典叙事手法的整合性运用上。莫言的这一美学追求，具有强烈的颠覆意愿，也使他的创作长期陷入两极化评价的尴尬之境。

张莉：《书写有精神品质的人——读第六届“鲁奖”短篇小说获奖作品札记》，《中国现代文学研究丛刊》2015年第8期

通过对第六届鲁迅文学奖短篇小说五部获奖作品《俄罗斯陆军腰带》（马晓丽）、《如果大雪封门》（徐则臣）、《香炉山》（叶弥）、《我的帐篷里有平安》（叶舟）、《良宵》

（张楚）进行细读，本文认为，这些获奖小说的共性在于都关注我们时代人的精神世界，辨认并书写日常生活中那些有精神品质的人。作品中，每一个人物，都历经困难，穿过层层屏障，找到与美善、与明亮、与良知、与信仰，也与爱有关的精神归宿。挣脱对现实生活的琐屑描摹，而去书写人物精神品质与精神追求的不凡，这是这些作品之所以获奖的重要原因。

王晴飞：《人性隐微处的鬼气与先锋叙事的印迹——第六届“鲁奖”获奖中篇小说观察》，《中国现代文学研究丛刊》2015年第8期

第六届鲁奖的五篇获奖中篇小说在风格上各有不同，但多能竭力开掘人物的内心，对于人性的观察进入到潜意识层面，从而写出人心中的鬼气，人性隐微深处的光明与晦暗，认识到人性的复杂、庸常、善恶并存的状态。在叙事手法上，也多少都带有先锋写作的印记，显现出先锋叙事介入现实世界的努力。而当先锋文学所指向的经验、形式、意识形态已经破产或者无法批判，面对新的形势和经验，先锋作家如何由“破”向“立”，建构自己对世界的认识，先锋的遗产该如何继承，这是先锋以后的作家需要面对的问题。

房伟：《展现汉语诗歌的独特魅力——第六届“鲁奖”诗歌奖述评》，《中国现代文学研究丛刊》2015年第8期

本文通过对第六届鲁迅文学奖诗歌奖的述评，简要分析五位获奖诗人的获奖作品，以及他们在当代诗坛的地位与独特贡献。阎安对乡土诗的新探索，大解对现代汉诗的口语和叙事性创新的尝试，海男从个人化书写到地域自然书写的尝试，周啸天对古体诗与现代精神结合的努力，李元胜对汉语诗歌语言锤炼与内在哲思的追求，都有力地表现了当代汉语诗歌展示中国形象与“现代自我塑造”的魅力。

刘大先：《当代散文写作的几个问题——从五部“鲁奖”散文集引发的四个话题谈起》，《中国现代文学研究丛刊》2015年第8期

通过对鲁迅文学奖五部散文集的个案探讨，集中分析当代散文的情感、修辞、记忆叙述与议论的问题和症结，本文认为散文如果要走出目前的困境，一方面要超越于一己的情感与表达，另一方面则要关怀历史、现实、时代与社会的追求。具体到上述问题，则是表现为：抒情内在于抒情主体所处的整体语境之中，而不是疏离出来，事不关己；修辞表达联结语词的生产与意义的发明，而不是停留在对于修辞拜物教式的迷恋；面对过往和实际，饱含敬意和温情，而不是沉溺在褊狭与武断之中；在知识训练和思想训练中砥砺磨练，求出洞察。

徐刚：《报告文学的现实关切与文体革新——第六届“鲁奖”报告文学获奖作品述评》，《中国现代文学研究丛刊》2015年第8期

报告文学历来高度重视现实主义题材，它们往往紧抓一个夺人眼球的问题，以此呈现难得一见的公共效应。《中国新生代农民工》巧妙选取了农民工这个老问题中意味深长的新现象；《中国民办教育调查》“以点带面”聚焦中国民办教育事业的兴衰成败；而《寻找毛乌素——绿色乌审启示录》则再现毛乌素沙漠生态建设的奇迹，彰显地域生态文明与产业化建设的意义所在。与此同时，传统报告文学的文体意识又在悄然开放，散文作者任林举的《粮道》与小说家徐怀中的《底色》所呈现的鲜明异质性便是明证。五部获奖作品共同呈现出当代报告文学的艺术成就，其所展现的丰富美学层次与客观存在的不足都值得认真讨论。

范伯群、刘小源：《通俗文学的传统与网络类型小说的历史参照系》，《中国现代文学研究丛刊》2015年第8期

在2014年7月召开的“全国网络文学理论研讨会”上，就网络文学如何弘扬主流价值观等六大问题进行了较为深入的研讨。在这六大问题中以“承传与吸纳”的论述最为单薄。这说明一个问题，那就是研究网络文学的有些专家，对古代与近现代的通俗文学传统缺乏必要的知识和研究，这和作协副主席李敬泽在总结性发言中提到的“我们需要对通俗文学传统有广博和深入的认识”的要求是不相称的。本文试就通俗文学的传统漫谈网络文学的历史参照系，探讨前辈通俗作家的哪些有益经验值得网络文学作家去承传与吸纳。

陈艳：《报人生涯对刘云若小说创作的影响》，《中国现代文学研究丛刊》2015年第8期

刘云若小说创作风格的转型，与其报人生涯息息相关。作为一位颇具社会责任感的报刊记者、编辑，他对天津市民社会的生存状况一直相当关注，这也决定了从哀情小说到世情小说，其社会现实性在不断加强。而这种影响不仅体现在创作的转型上，也深入到小说的语言。同时使得小说的材料来源、情节线索乃至文体的选择都与报刊有了深刻的联系。

李永东：《论林希小说的革命戏仿叙事与互文性写作》，《中国现代文学研究丛刊》2015年第8期

林希的革命叙事存在话语风格的转向，最终走向了对革命的戏仿。“革命”与“反革命”的转化是历史对自身的戏仿，通过延长革命叙事的时间长度，林希的小说呈现了革命的复归和荒谬。林希的革命叙事不是对特定历史文本的摹仿，而是讽拟经典革命文本的类型化特征，包括身体修辞、故事情节、语言风格等。自我摹仿的互文性写作也是林希革命戏仿叙事的重要类型。两种戏仿都指向嘲弄、颠覆经典革命叙事的陈规和观念。林希对革命的戏仿，与他的家族记忆与个人体验有关。

黄灯：《韩少功的小说文体革新与精神主体生成》，《中国现代文学研究丛刊》2015年第8期

韩少功文体破坏的过程就是一步步远离小说的过程，对他而言，文体破坏不仅落实到形式层面，且是内心一种精神牵引，文体之“变”和精神追问之“常”构成了作为整体的韩少功，显示了写作行为与生存实践之间的深层联系。在现代性和反思现代性思想资源日渐无力的当下，韩少功放低姿态回到知青地，企图和生活重建一种结实的联系，以寻找新的精神能量，这固然暴露了内心的困境，但彰显了明确的担当，其行为暗示了当代知识分子企图和现实重建精神通道的努力，并在复杂思想资源的动态流脉中促成精神主体的生成。

谢江南、刘洪涛：《沈从文〈边城〉四个英译本中的文化与政治》，《中国现代文学研究丛刊》2015年第9期

中国现代杰出作家沈从文的代表作《边城》共有四个英译本，分别出版于1936年、1947年、1962年、2009年。其中，项美丽与邵洵美的合译本发挥了对诗意中国的浪漫想象，金隄与白英的合译本则强化了对现实中国的指涉，戴乃迭译本充满政治禁忌，金介甫译本则致力于对乡土区域文化的深入挖掘。这些译本呈现出鲜明的时代特色，见证了中国现代文学英译的历史，也透射了《边城》在世界文学空间中的前世今生和沧桑巨变。

黄一：《马华抗日救亡文学中的在地意识》，《中国现代文学研究丛刊》2015年第9期

马华抗日救亡文学时期是百年马华现代文学史中交织着各种复杂因素的时期。本文从马华抗日救亡文学时期的在地化进程、抗日救亡意识的深化、文学创作的“两面性”等方面展开考察，认为马华抗日救亡文学仍然构成了植根于自身现实的马华文学建构自身传统的重要一环，在中华民族的抗日文学史中占有重要地位。

李今：《汉译文学的学科位置及其编年考录的设想》，《中国现代文学研究丛刊》2015年第9期

本文在概念上厘清了汉译文学与中国翻译文学的区别，认为现代汉译文学并不是从属于外国文学翻译系统的学科，而是中国文学系统的一部分，具有广阔发展前景和有待深度开掘的学术空间；并在此基础上进一步提出研究设想，即以编年考录的方式整理爬梳汉译文学史料，建构一种以广博的目录学和扎实考述为基础的学术研究系统。

晏洁、宋剑华：《论中国现代文学多重视角下的乡俗叙事》，《中国现代文学研究丛刊》2015年第9期

在中国现代乡土文学作品中，乡土习俗的艺术书写是其不可或缺的重要组成部分，每一种思想意识形态作家都从他们的审美视角当中去诠释乡土习俗，诸如五四启蒙作家把乡土习俗看作是中国传统文化的历史毒瘤，左翼革命作家把乡土习俗看作是封建统治者的愚民政策，而自由主义作家则把乡土习俗看作是中华民族的文化精髓。中国现代文学对于乡土习俗艺术描绘的多样性，恰恰反映着乡土习俗自身价值的多样性;因此全面而科学地考察中国现代文学作家对乡土习俗的不同态度，也就成了研究者义不容辞的一项使命。

徐仲佳：《论老舍在新中国文学场的占位》，《中国现代文学研究丛刊》2015年第9期

1950年，老舍在新中国文学场中很快占据了十分显赫的位置：北京市文联主席。这一指定性的占位是新中国文学场单极化权力关系的外化，与老舍在“文协”自然形成的占位有着巨大差异。老舍的党外作家身份、在“文协”中积累起来的雄厚占位资本、相当的国际声誉则决定了他在新中国文学场中的占位。

刘家思：《论20世纪30年代初期的广播剧》，《中国现代文学研究丛刊》2015年第9期

20世纪30年代初期的广播剧是以抗战救国与社会启蒙为时代主题，承继了“五四”新文学的传统，呼应了左翼文学与国防文学潮流，一开始就关注国家、民族的命运，自觉地担负起了宣传抗日和民族复兴的神圣使命与伟大责任。抗日广播剧、现实书写广播剧和社会教育剧构成了诞生初期广播剧的艺术景观。

秦林芳：《在观念与经验之间——丁玲小说〈在医院中时〉新读》，《中国现代文学研究丛刊》2015年第9期

《在医院中时》是一篇在观念与经验之间矛盾突出的作品。丁玲以“为革命忍受一切苦痛”的观念先行，对主题、人物等作出了具有革命功利性的设计。在作品前半部分的写作中，丁玲却以经验冲破了观念的约束。在写作后半部分时，丁玲则又回归“原意”，表达了人只要“忍受”就能与环境谐和并获得“成长”的观念。作者在观念与经验之间的游移，造成了作品文本的分裂。

赵学勇：《延安女作家群创作中集体与边缘的双重叙事》，《中国现代文学研究丛刊》2015年第9期

在延安女作家的精神结构中，启蒙、革命、阶级、女性等多种身份与多重话语的纠缠与碰撞，使得她们的写作实践具有不可化约的复杂性：一方面，她们在创作中自觉弱化自身的女性立场以服膺时代与革命的需要，构成了一种集体性的“被压抑的女性叙事”现象；另一方面，性别体验与身份认同又使得她们更加关注现实社会中女性真实的生存状态与文化困境，文本内含着更为复杂的蕴意和多重阐释的空间。

陆建德：《从俄专到中俄大学——一场“专升本”运动与“三一八”惨案追责》，《中国现代文学研究丛刊》2015年第9期

本文通过中俄大学“专升本”学潮中校长任命和教育部总长职位之争这场事件剖析了当时教育部内部的权力斗争。并以此为背景，分析了“三一八惨案”后社会上出现的各种报道文章对章士钊、马君武和陈任中等人的追责、问罪与教育界内部的派系、权力之争有着深刻的联系。

范培松、何亦聪：《论“桐城谬种”之说的谬误和谬传》，《中国现代文学研究丛刊》2015年第10期

本文认为新文化人对桐城派的批判是一种策略性的批判，应视为“思想革命”而非“文学革命”的一部分。桐城派提升了散文作为文学体裁的独立性，提供了一个可以师法且易于师法的门径，并建立了一套完整的，能够兼顾审美与实用的散文理论体系。白马湖散文家避虚就实的写作策略，以及对基本的语法、句法和文章作法的重视，延续了桐城派的“义法”之说，白马湖散文承接和延续桐城文脉。

陈宗俊：《人民文学出版社与“十七年”新诗集的生产》，《中国现代文学研究丛刊》2015年第10期

“十七年”时期，人民文学出版社的出版工作担负着国家对文学出版物的宣传、传播和规训等重任，新诗集的生产就是其一。在“提高指导下的普及”和“厚今薄古”出版方针下，人文社出版了大量的新诗集和丛书。这一方面体现着国家对文学秩序的“规范”，另一方面也塑造了人文社的品牌效应。人文社也存在时代局限性，这表现在管理关系不明、选题粗糙、等级性与资源垄断等方面。

梅兰：《毕飞宇小说的叙事策略》，《中国现代文学研究丛刊》2015年第10期

毕飞宇小说承继了新写实主义世俗生活的常识合理精神，将其作为叙事的策略和语境，把新写实主义的世俗生活重新意识形态化，并坚持其意识形态批判立场。毕飞宇小说以高度修辞化的叙事策略，建构出一种立体复杂的意识形态化的现实，这尤其体现为内爆式的意识形态化的人物。毕飞宇的小说融合了现实主义文学和先锋派的审美/政治诉求。

吴小美：《抗战时期长篇小说中的〈四世同堂〉》，《中国现代文学研究丛刊》2015年第11期

本文以抗日战争时期云集在重庆等地的众多作家所创作的与抗战有关的长篇小说为依托，重点讨论了老舍的《四世同堂》在其中的占位。《四世同堂》反映了抗战的全过程，突出了国家和人民的尊严，非常生活化、世俗化，是一部史诗。文章还探讨了《四世同堂》的创作特色，指出它不但是老舍创作的一座高峰，也是抗战文学的高峰。

金理：《“关系网络”中的施蛰存》，《中国现代文学研究丛刊》2015年第11期

人的本质是一切社会关系的总和。个人生活永远处在以直接方式或通过间接媒介维系的关系网络中，它们决定了个人的社会位置并塑造其身份。相对于文学史上日趋固定的人物形象，本文倾向于在人物所置身的关系网络中呈现其面貌。施蛰存一般会被文学史置于“第三种人”“新感觉派”“现代派”等关系项所组织起来的结构中去描述，本文梳理这些结构中的样态、脉络与细节，这些结构会在特定语境与情况下遭受质疑或改写，进而辨析质疑或改写背后的缘由，以及施蛰存自身在“实践”与“表达”、“经验”与“回忆”之间可能存在的缝隙。

亚思明：《“流散”语境下北岛随笔的“失败”美学》，《中国现代文学研究丛刊》2015年第11期

随笔是北岛散文中最为庞杂的一类，可细分为“天涯记人”“闲情记趣”“浪游记历”“旅途记囧”，其美学内涵与当前被推向功利极致的个人主义、自我解放及成功理想截然相反，是“流散”语境下“失败者”与“零余人”的异国相见。这些写在路上的文字不仅与地理意义上的步履书写构成互文关系，也为其诗歌解读提供了线索，丰富了汉语文学的精神世界。

王迅：《麦家小说解读的几种可能》，《中国现代文学研究丛刊》2015年第11期

麦家的小说叙事属于独特路数，其创作很难划归哪个流派。对这种致力于叙事革新的探索性小说创作，批评主体必须摒弃传统意义上的雅俗概念，自觉充当真正独立的精神个体，充分发挥审美主体的创造性潜能，并把批评活动置于互动多维的审美运动中。以此为基础，对作者及其文本不仅给以理性观照，而且辅之以深层的"情感交流"，批评家或许能洞见另一番天地。

李建立：《转折时期文学体制的内与外——以1979年〈今天〉与〈安徽文学〉的交往为例》，《中国现代文学研究丛刊》2015年第11期

在当代文学史上，“体制内 / 体制外”是文学批评和研究中的一对重要概念，但一般用对立的、抽象的和本质化的方式予以讨论。本文以同人刊物《今天》与体制内地方刊物《安徽文学》在1979年的一段交往为例，呈现从“文革”到“改革”的转折时期“体制内 / 体制外”关系调整中出现的若干动向，以及在此前后体制内力量为“自发的文学社团与刊物”开拓生存空间所付出的积极努力和受到的阻碍。如何看待当代文学史上的同人刊物的位置及其未能在公共文化中广泛流通的事实，仍然是值得学界深思的问题。

李怡：《大文学视野下的〈吴宓日记〉》，《文学评论》2015年第3期

《吴宓日记》，尤其是《吴宓日记续编》，除了具有现当代中国的文献价值之外，更意味深长的还在于它生动地体现了“大文学”意义上的“文学”追求，属于现代中国文学中尚未引起足够重视的文类，而且就是在这样特别的文类写作中，现代中国知识分子的精神探求更为丰富和微妙的部分，获得了独特的呈现。我们可以从日记、日记文学的辨析、日记意象的提炼、多种文体的综合性写作、自觉的读者意识以及与新文学创作主流的关系等几个方面重新核定其“文学意义”。

杨庆祥：《世纪的“野兽”——由邓一光兼及一种新城市文学》，《文学评论》2015年第3期

城市写作是近年来热议的话题。什么是真正的城市写作？有没有一种新城市文学正在诞生？本文以当代作家邓一光的“深圳系列”短篇小说为范本，从三个方面进行分析：一是通过其小说中的“野兽”形象来讨论城市文学自我想象的方式；二是通过对深圳书写的辨析指出城市文学应该超越具体的城市想象而进入到人性的内部精神景深。最后，本文指出新的城市文学应该是在历史化的纵深景观中书写当代中国人的命运、挣扎和救赎，并拒绝一种以温暖、疗愈为美学旨趣的伪城市写作。

周新民：《〈人生〉与“80年代”文学的历史叙述》，《文学评论》2015年第3期

“伤痕文学”“反思文学”“改革文学”等本是关于“80年代”前期文学创作潮流的命

名。“80年代”的文学历史叙述把它们视为“80年代”文学的不同发展阶段，并赋予线性意义。这种文学的历史叙述方式观照《人生》时，忽略了《人生》“呼唤现代化”主题的丰富性，遮蔽了《人生》对于个人价值、主体价值的思考；同时，也遗漏了《人生》丰富的地域文化意蕴以及对于中国传统文化与现代化之间张力的超前思考。通过清理“80年代”文学历史叙述的特质、机制，可以发现，《人生》从传统与现代两种生活相互交织、社会政治与个人价值相互渗透的视野出发，充分表现了变革时代“交叉地带”的复杂境况。

陈晓明：《他“披着狼皮”写作——从〈怀念狼〉看贾平凹的“转向”》，《文学评论》2015年第1期

贾平凹的创作道路充满变数，他一直在不断地突破自己。在他所有的变化中，通常会认为《废都》及其遭遇的阻碍是他后期转变的一个标识。然而，本文认为，真正隐含着他转变的并且具有内在发动机制的作品当属《怀念狼》。这部小说在新千年跨年度的时间关节写作发表，小说中有一张狼皮一直在预示着情节的变异，它不只是一个惊异的意象，而且预示着一系列怪诞、奇异、甚至魔幻的情节。通过分析这部作品，可以揭示贾平凹创作世界的某些难以言喻的隐情。这部作品由狼皮辐射的艺术手法，那种内在不稳定性的力道，预示着他后来不可避免要转向更为朴实、凝重、痛楚的乡土叙事。不可忽略的是，狼皮的诡异，依然或隐或显地贯穿于那些作品的内在气蕴之中。

谢有顺：《乡土的哀歌——关于〈老生〉及贾平凹的乡土文学精神》，《文学评论》2015年第1期

贾平凹的小说关注乡土现实，根植于故乡记忆和日常经验。他近年的写作，不仅在为日益衰败的乡土中国唱一曲挽歌，也在为乡村生活保存一个肉身，而为了使这个肉身更真实，贾平凹甚至有意识地对现实、日子做着社会学意义的忠实记录，并由此创新了一种乡土文学的写法——《秦腔》仿写了日子的结构，以细节的洪流再现了一种总体性已经消失了的乡村生活；《带灯》貌似新笔记体，介于情节与细节之间，疏密有致，小处清楚，大处浑然，尽显生活中阳刚与阴柔、绝望与希望相交织的双重品质；最近发表的《老生》，则呈现国情、世情和民情，重在讲人事，并不凸显人与人之间的正面冲突，而是以个体记忆来补充历史的空白，以生命的冷暖来丰富现实的肌理。他近年一直执着于这种琐细、密实、笨拙的叙事方式，最终把当代的乡土文学带到了一个新的境地。

张丽华：《“原来死住在生的隔壁”——从夏目漱石〈虞美人草〉的角度阅读鲁迅小说〈明天〉》，《文学评论》2015年第1期

鲁迅的短篇小说《明天》形式完熟，却一直被认为是一篇内容简单之作。将之置于夏目漱石《虞美人草》的延长线上，并从“思想小说”的角度来解读小说中平行并立的空间形式——咸亨酒店与间壁的单四嫂子家，可以视为是对夏目小说中“原来死住在生的隔壁”这一观念的演绎。如果说《明天》的空间结构暗示了人与人之间的伦理，那么它的时间形式——以小说标题的形式凸显的从“暗夜”到“明天”的具有主体性的行为，置于鲁迅当时的进化论思想背景中，则指涉着生命进化的宇宙（Natur）过程。在社会批判的框架之外，《明天》还以“死亡”为媒介，在其小说的时空形式之中巧妙地蕴含了鲁迅的进化论思想中“Natur”之道与“人”之道的内在争辩。

方长安：《对新诗建构与发展问题的思考——〈新诗年选（一九一九年）〉的现代诗学立场与诗歌史价值》，《文学评论》2015年第1期

1922年上海亚东图书馆出版的《新诗年选（一九一九年）》，被誉为中国现代诗歌年选的开端。其目的是通过“选”与“评”，彰显他们的诗学主张与立场，促进新诗建构与继续发展。它反思并突破了那时分类编诗的体例，以抑制新诗坛萌发的以题材论优劣的倾向；只选中国诗人的原创新诗，不录译诗，以引导新诗写作回到民族原创轨道；以旧诗为参照审视、评说新诗，彰显旧诗对于新诗写作的资源性价值；认为白话新诗应以表现现代文明为主旨，开放性地融通中外诗艺，走多元融合的发展道路。《新诗年选（一九一九年）》在白话是否可以为诗的问题解决后，适时地以选本方式思考、回答新诗继续发展所面临的问题，强调新诗走自由开放的探索之路，为诗坛提供了有效地走出困境的方案，在新诗史上具有重要的价值与意义。

郜元宝：《为鲁迅的话下一注脚——〈白鹿原〉重读》，《文学评论》2015年第2期

陈忠实以“地方志”和“家族史”模式结撰《白鹿原》，尽管田小娥等个别人物塑造集“柳青传统”之大成，更多人物则散落于密集的事件铺排而难以获得立体呈现。“事件大于人”本质上是“文化大于人”，白嘉轩等主要人物形象驳杂并非个性丰富使然，而是作者让人物负载了太多文化信息所致。《白鹿原》在“寻根文学热”沉寂多年之后继续“寻根”，但其所寻之“根”糅合儒、佛、道而以道教文化为主导，不啻为鲁迅名言“中国根柢全在道教”下一注脚。性、暴力、污秽场面的大量描写也与此有关。《白鹿原》继承了中国古代文学与含蓄相对立的倾向暴露的另一传统，这在当代文坛亦非孤立现象。

程光炜：《论格非的文学世界——以长篇小说〈春尽江南〉为切口》，《文学评论》2015年第2期

本文以长篇小说《春尽江南》为切口，通过作家事迹材料的铺排陈用，再结合他与几种创作资源的渊源关系，试图构建格非的文学世界。笔者以为，这种构建不能单依靠问题的强势呈现，还需要有作品文本的结实填充；不对作品文本采取耐心细致的解读，作家的文学世界是无法最后被认知的。对格非这种感觉过于敏感细碎、又有巨大文学抱负的作家来说，就更应如此。

姚晓雷：《新时期以来文学中非常态民间主体形象塑造》，《文学评论》2015年第2期

新时期以来文学叙事中，为了进一步凸显民间主体存在的某方面问题或生存处境特征，作家们在塑造民间主体人物形象时，采取借用“人”和“非人”相结合的策略，塑造出了大量“非人化”的“人”或“人”的“非人化”的特殊形象——这些人物，尽管具有人的内在属性，但在存在方式和生存意境上却极大地逸出人的常态经验和生存意境、有超人力量或特殊魅性，并强烈地冲击人们固有价值认知，从而形成了非常态现象。这种“非常态”民间主体形象的塑造，以偏至的姿态开辟了和民间主体对话的特殊途径，把以往文学书写中民间进程被遮蔽的许多生命欲求乃至这种欲求系统的复杂性呈现了出来，但也出现了不少违背主体生成规律的东西，以至于过犹不及，一定程度上削弱或遮蔽了对真实人性的发掘深度。

曾一果：《市井风情里的“世俗人生”——中国当代文学中的“苏州书写”》，《文学评论》2015年第2期

从陆文夫开始的当代“苏州书写”自觉继承了“三言”“二拍”等中国传统小说的市井叙事传统，描摹世俗风情，刻画市井人物，形成了具有浓郁市井趣味的创作倾向。当然，在不同历史背景和成长环境下，每位作家的市井写作差异很大。本文试图通过对不同作家作品的解读，考察在不同时空维度下，苏州当代作家如何记忆和书写苏州，重构和开拓中国小说的市井叙事传统。

袁一丹：《易代同时与遗民拟态——北平沦陷时期知识人的伦理境遇（1937—1945）》，《文学评论》2015年第2期

抗日战争时期，沦陷区扭曲的时空结构，在一定程度上激活了业已失去制度支撑的士大夫传统，尤其是易代之际的遗民传统。1937年“七七事变”后，滞留在北平的知识人，他们的历史处境比改朝换代要复杂得多，所以他们沿袭的遗民姿态、遗民话语，包括“遗民”这个概念本身都有重新界定的必要。“遗民”不仅是一种狭义的政治身份，它还形成了自身的文化传统，为易代之际——或自以为身处易代之际的知识人提供了一整套话语资源及可效法的行为模式。之所以启用“遗民”这一“背时”的概念，意在追问在近代民族国家观念的势力范围以外，中国自身的历史经验以及已丧失政治合法性的遗民传统，对沦陷时期知识人的政治选择、道义坚持起到了怎样的作用。

赵京华：《周作人的民族国家意识》，《文学评论》2015年第1期

本文中试图就以下问题进行考察：周作人一生有关民族国家问题的思考，或者说每当面对“国家”必须做出决断的时刻，他是以何种态度并根据怎样的内在思想理路进行判断的，他的民族国家意识是如何形成的、又呈现为怎样的逻辑结构性，我们该如何理解自三十年代以后周作人对作为政治国家的中国有所失望，而其国家认同和民族意识开始逐渐转向文化历史方面，这样一种现象。这种考察未必一定要最终指向对周作人战争期间的言行做出重新解释，笔者的问题意识在于，综合分析作为一介文人的周作人其一生对国家的认识以及他与中国现代“国家”构成怎样一种关系。我们要反思的不仅是作为失败者之周作人的国家观，同时也要反思现代中国之“民族国家”凝聚、发展、演变的复杂过程本身，在将“国家”相对化和历史化的同时，深入解析周作人的政治立场及其思想文学活动的价值含蕴。

董炳月：《“文章为美术之一”——鲁迅早年的美术观与相关问题》，《文学评论》2015年第4期

青年鲁迅在仙台受日俄战争幻灯片的影响决定弃医从文，这意味着其文学意识与美术意识的双重自觉，并且意味着促成这种自觉的媒介是明治日本的“战争美术”。鲁迅从仙台回到东京之后的文艺活动中包含着丰富的美术内容，明治日本的“美术”概念给了他全面、深刻的影响，《浙江潮》《河南》等留日生杂志中的美术内容也在其作品中留下了印记。文学与美术在鲁迅这里是两种主要的文艺形式，按照同样的逻辑展开，同样包含着“美”与“用”的悖论。鲁迅对夏目漱石、森鸥外的推重之中也包含着美术因素。

杨联芬：《“自由离婚”：观念的奇迹》，《文学评论》2015年第5期

继“恋爱”之后，“离婚”成为20年代报刊媒介聚焦的公共话题及新文学热衷表现的题材。“离婚自由”作为五四新道德的重要命题，是一个立足于个人主义而与儒家伦理严重对立的激进观念，但其产生与传播过程，却因借助了男女平等、民族国家等话语，而成为一种“政治正确”的民族主义表述，由此导致的“自由离婚”社会思潮，便超越了个人自由，成为具有感时忧国崇高与正义象征的实践行为。“离婚”理论的“正确”与实践中层出不穷的悖论，使这一情感与伦理的历史变得复杂，而文学对它的表现，远未充分。

高旭东：《鲁迅：从〈斯巴达之魂〉到民族魂——〈斯巴达之魂〉的命意、文体及注释研究》，《文学评论》2015年第5期

《斯巴达之魂》是鲁迅留日时期以文学改造国民性的第一篇作品，它试图给中国的国民性注入一种奋力抗敌的阳刚性格。其后的《摩罗诗力说》《文化偏至论》推崇拜伦、尼采的恶魔风骨与强力意志，五四时期批判中国国民的阴柔性格，以及后期在历史小说中通过大禹、墨子弘扬社会责任感和正义精神，都是以《斯巴达之魂》为源头，一以贯之地表现了鲁迅文学传统中刚健雄大的力之美以及硬骨头精神。鲁迅没有丝毫奴颜和媚骨，对鲁迅之为民族魂的诋毁皆属无中生有。对这篇作品的修辞以及它以文学之笔改动历史、主体部分是虚构等方面的考据与论证，说明《斯巴达之魂》有编辑成分，但仍可视为鲁迅的第一篇历史小说。《鲁迅全集》的注释在现代中国作家全集的注释中是比较完善的，但对《斯巴达之魂》的注释却存在或大或小的问题。这些问题有的在1981年版中就已存在，在24年后的2005年版中并未得到纠正，失注之处，亦复不少。当代中国比任何时候更需要民族魂，鲁迅研究界应更加关注《斯巴达之魂》，并就这篇作品的性质及其当代意义发出科学、理性的声音。

王爱松：《论抗战时期国共两党文艺政策的分与合》，《文学评论》2015年第5期

抗战时期，无论国民党还是共产党的文艺政策，都与上一个十年既保持某种历史的连续性，也呈现出由时代变化所引起的一定程度的非连续性和断裂。共产党执行的是坚持抗日统一战线和坚守文化领导权双管齐下的文艺政策，国民党则试图达成全国一致同意的文艺政策、实行党治文化而未能成功。此时国共两党文艺政策的制订，都受到了苏联文艺政策的影响，本质上呈现出了强烈的同质化趋势。当然，双方文艺政策在具体文学空间的推行和实践，都不是均质的，由此总体上构成了抗日统一战线基础上国共两党文艺政策分中有合、合中有分的复杂面貌。

黄发有：《“十七年”文学的计划体制——以〈作家通讯〉的稀见史料为依据》，《文学评论》2015年第5期

“十七年”时期的《作家通讯》是全国文协、中国作家协会主办的不定期的内部刊物，具有独特的史料价值和学术价值。本文以《作家通讯》的稀见史料为依据，从“创作规划”“深入生活”“又红又专”三个关键词入手，考察“十七年”文学计划体制的基本框架与运行模式。“创作规划”要求作家的创作配合当时的政治任务；“深入生活”的目的是让作家以工农兵的思想感情表现工农兵的生活和劳动，同时完成自身的思想改造；“又红又专”的道路，要求作家在思想和艺术上都符合政治标准。在深入总结和反思“十七年”文学计划体制的基础上，以第四次文代会为标志的政策调整和文艺改革，推动了新时期文学的复苏与繁荣。

耿占春：《“超幻现实”与艺术的审判——读宁肯〈三个三重奏〉》，《文学评论》2015年第5期

宁肯曾在一个演讲中把我们置身其中的世界称之为“超幻现实”，这一命名意味着现实性自身超越了虚构与真实、认知与想象的固有属性。对“超幻现实”的直觉让他的小说拥有一种认识论的基石和当代史的品质。这一现实使再现体系分崩离析又引诱着叙事话语的重构。与之相应的是一种超出小说固有属性的艺术，一种从既有的再现体系中分离出来的叙事艺术。整部小说在叙事性的注释与阐释性的话语之间振荡、摆动，极大地扩展了小说的话语空间。

熊辉：《“十七年”翻译文学的解殖民化》，《文学评论》2015年第5期

中国近现代文学的殖民化因素难以随着新中国的建立而彻底根除，加上新的文化殖民形态又乘势入侵，故当代文学在建国后还肩负着解殖民化的重任。作为民族文学的构成部分，十七年”翻译文学显示出较强的解殖民化特征：与苏联和亚非拉新兴独立国家文学的结盟，增强了自身在解殖民斗争中的力量；对英美强势文学的限制，对其内部反抗精神的挖掘与呈现，有力支撑了自身解殖民的意图。但“十七年”翻译文学的解殖民化诉求也带来很多负面影响，比如主体性的削弱、翻译选材的"规定性"以及欧美经典文学翻译的缺失等。

谭桂林：《“以自己的沉没，证明着革命的前行”——“诗人之死”与鲁迅信仰转换中的命运认知》，《文学评论》2015年第4期

叶赛宁、梭波里等俄罗斯诗人死于自杀这一非常态现象，促使信仰转换中的鲁迅对革命文学家的命运问题进行了深入的思考。刻意突出和强调革命文学家“死”的前景与结局，使得鲁迅在“革命文学”论战中并不执着于革命文学内容、性质、对象等问题的讨论，而是密切关心革命作家投身革命是听从内心的召唤还是受到前景的诱惑。从“历史中间物”“过客”“诗人之死”这三个意象精神内质的相似性与联系性中可以断言，鲁迅后期信仰的转换与其说是一次飞跃，不如说是一种顺承和发展。

李杨：《“赵树理方向”与〈讲话〉的历史辩证法》，《文学评论》2015年第4期

“赵树理方向”的命名源于周扬等人将赵树理的创作视为毛泽东《在延安文艺座谈会上的讲话》的实践与收获，但无论是赵树理还是周扬对《讲话》的认知都过于简单。由于对贯穿《讲话》的“经”与“权”的历史辩证法缺乏深入的理解，赵树理在处理“政治”与“政策”、“普及”与“提高”、“为工农兵服务”与“为农民服务”等诸多关系时都遇到了无法克服的困难，“赵树理方向”成为一个昙花一现的口号，赵树理亦最终成为了中国左翼文坛上一个极具悲剧色彩的人物。赵树理与《讲话》之间的相互观照，既能帮助我们进一步解开文学史上的赵树理之谜，反过来，又能使我们得以重新思考和理解《讲话》这一现代性方案的文化政治意义。

季剑青：《什么是“现代文学”的“现代”？——中国现代文学起点问题的历史考察和再思考》，《文学评论》2015年第4期

自“现代文学”概念形成以来，围绕现代文学的起点问题曾展开过多次讨论，出现了不同的观点，且近年来分歧有扩大的趋势。现代文学的起点问题不是一个简单的史实问题，它关系到我们对现代文学性质的判定和价值的评估，甚至牵涉到现代文学学科之成立的合法性理据。对现代文学起点的不同设定，往往取决于人们对“现代文学”之“现代“的不同理解。梳理和考察相关的学术史脉络，不仅有助于我们重新思考现代文学的起点问题，对我们理解“现代文学”之“现代”所在也会提供有益的启示。

刘艳：《童年经验与边地人生的女性书写——萧红、迟子建创作比照探讨》，《文学评论》2015年第4期

萧红和迟子建，作为中国现当代文学史上著名的东北女作家，创作存在很多相似性和相关性，单纯的影响研究有失偏颇。本文旨在通过童年经验这样一个意义维度，考察童年经验是如何直接为她们的创作提供了生活原型和题材，令其对于边地人生的女性书写，呈现细节化叙述的艺术特征和属于她们的独特审美意蕴；探讨童年经验经过了成年经验的重塑和再造，是如何进入了她们的创作，甚至还直接影响了她们的小说创作理念；而且，童年经验作为先在意向结构，对于她们的文学书写尤其是边地人生的女性书写，发生着切实和深远的影响。

朱晓进、李玮：《语言变革对中国现代文学形式发展的深度影响》，《中国社会科学》2015年第1期

文学是语言的艺术，应从语言变革对中国现代文学形式发展的深度影响这一视角，呈现一部作为语言艺术的中国现代文学发展史。中国现代文学是以“五四”反对文言文、提倡白话文的语言变革为起点的，这场语言革命以及其后各历史阶段的文学语言变迁，对包括形式在内的中国现代文学的整体发展都产生过深度影响，从而成为中国现代文学形式发展、演进和主要特征形成的内在根源。深入探讨语言变革与中国现代文学形式发展的互动关系及其规律，不仅能揭示语言变迁所营构的普遍的文学创作的语言环境，而且能发现包括文学体裁和文体形式现象、作家的文体选择行为、文学作品的形式特征等历史成因，能对五四白话文运动及其后的一系列新的文学形式和文体现象，作出准确的阐释和评价。这有利于更好总结中国现代文学形式发展的经验，并为我们当今文学形式的发展找寻历史的启示意义。

李永东：《小说中的南京大屠杀与民族国家观念表达》，《中国社会科学》2015年第6期

“南京大屠杀”是中外战争史上骇人听闻的暴虐事件，不少作家以之作为创作题材。然而，目前关于南京大屠杀的文学研究却相当薄弱，还停留在单个作品分析的阶段。因此，有必要从民族国家观念出发，对中外小说中的南京大屠杀进行整体研究。中国作家、日本作家、华裔和西方作家以不同的话语立场参与了南京大屠杀的讲述，他们对日军暴行的解读或侧重“大屠杀”、或侧重“强奸”，在写法上则有“将军的写法”和“士兵的写法”两种。中国作家的大屠杀叙事存在民族国家和阶级的区分；日本人的小说既包含真实呈现和历史反省的成分，又是对中华民族的精神虐杀；美籍华人和西方作家的小说有宗教情怀和对人性、生命的反思，但仍避不掉西方中心主义的缺陷，把大屠杀演绎成西方拯救中国的故事。近年来，为秦淮河妓女立传、为外国传教士大唱赞歌的故事模式，引领了南京大屠杀叙事的潮流，是值得注意和反思的。

黄发有：《屏蔽内心：新世纪文学的外向化趋势》，《文艺研究》2015年第12期

新世纪文学在整体上表现出外向化的趋势。首先，为了应对文学边缘化的格局，文学创作向现实回归，在创作方法上从现代主义转向现实主义；其次，文学创作表现出视觉化倾向，具体表现为生活的景观化和文体的类型化；再次，文学创作表现出空心化倾向，屏蔽内心渐成风尚，在艺术表现上日益忽略心理描写，在创作情感上表现为旁观的冷漠。本文主张，文学主体应该以内在力量激活现实；文学与视觉文化的关系，应该是在竞争中共生；文学是人学，更是心学，文学应该直面内心困惑。

徐刚：《历史的野兽：〈老生〉论》，《文艺研究》2015年第12期

贾平凹的长篇小说《老生》清晰呈现出历史重建与重述20世纪中国的努力。小说以多文本的“去历史化”方式，将革命编年史还原成民间野史般的流言飞语和传说逸闻。小说在呈现历史别样意义的同时，也暴露出诸多问题。其历史叙述试图通过逃离革命史的方式标示自身的在场，以“去历史化”方式再度“历史化”，看似叙事野心宏大，实则并没超脱新历史小说的窠臼；小说中唱师这个游荡者，虽显示出作者的叙述权力，但他所探索的被压抑的历史主体，却无法建构一个完整的时代；作为一部去革命化的文本，小说通过叙述革命的消失来表明它对革命的态度，亦没能在“历史的野兽”的意义上捕捉重述革命难题的活力。

岳雯：《从何开始——关于新世纪长篇小说的开头》，《文艺研究》2015年第12期

新世纪以来，长篇小说的开头较之以前发生了显著变化。有的长篇小说将真实与虚构以悖论的方式扭结在一起，以打开小说隐藏的内部空间；有的长篇小说以讲述替代描写；有的长篇小说甚至刻意让开头消失，使结尾指向开端，客观上实现了循环往复的效果。本文认为，长篇小说的开头在形式上的种种创新之处，来源于小说家对于世界、对于我们所处的这一时代的理解的变化。当下的长篇小说，越来越将天平倾向于个人一端。以上种种表征，使长篇小说所呈现的世界成为主观化的、小说作者化的世界。之所以如此，某种程度上是因为小说家对于世界的认识出现了巨大的困难。

季进：《论海外汉学与学术共同体的建构——以海外中国现代文学研究为例》，《文艺研究》2015年第1期

本文以海外中国现代文学研究为考察对象，提出地缘与学缘、观点与方法、外部与内部三组概念，探讨海外中国现代文学研究所引发或折射出的学术史问题。从地缘到学缘，代表海外汉学研究的趋向，我们应该打开地理视界，淡化内外界限，重新审查海外汉学研究的观点与方法，反思海外汉学的洞见和不察。地缘与学缘、观点与方法、内部与外部的关系并非正反易位或直线进化，更多的是彼此修正或相互增益的关系。三组概念的辩证，有助于我们重新思考应该以怎样的心态、立场和策略来面对和研究海外汉学，实现不同学术话语的对话与融合，推进海内外中国文学研究学术共同体的建构。

周晓风：《文化理性主义与中国当代文学思潮》，《文艺研究》2015年第1期

文化精神是指文化现象背后所蕴含的精神特征。文学思潮是一种重要的文化现象，在其纷纭复杂的背后包含的精神内涵决定文学思潮的文化价值。中国当代文学思潮由于特定的社会原因和文学传统，在不同历史阶段表现出不同的主导性文化价值取向及文化精神，最有代表性的有文化激进主义、文化保守主义以及文化理性主义。其发展的经验、教训充分说明，文化激进主义已经成为中国当代文学思潮背离文学发展规律并导致当代文学走向劫难的重要思想原因，文化理性主义理应成为中国当代文学思潮文化价值取向的正确选择。在中国当代文学语境中，理性主义精神在文学中的代表就是现实主义，也可以说理性主义文化精神就是现实主义文学精神。

吴俊：《关于民族主义和世界华文文学的若干思考》，《文艺研究》2015年第2期

本文联系近代以来中国与世界关系问题演进的复杂背景，从当下中国社会民族主义思潮流行的趋势切入有关世界华文文学的探讨。文章回顾现当代民族主义思潮在政治推动下影响于文学流变的历史，突出中国内地视野对于中国文学—世界华文文学—世界文学的政治和文学立场，指出应当摒弃国家权力中心和国别文学中心等意识形态等级思维，从语言的文学形态及其语际的传播来确认世界华文文学的意义和价值，同时评价其对于世界文学建构的贡献。

程凯：《乡村变革的文化权力根基——再读〈小二黑结婚〉与〈李有才板话〉》，《文艺研究》2015年第3期

赵树理的两部成名作《小二黑结婚》与《李有才板话》从不同侧面体现作者对革命政权下乡村由“旧”转“新”所依托机制的构想。作者理想中的乡村变革不仅是革命力量促生的“外发”性转变，更是一种“内生”性转变。它植根于乡村固有的社会关系、组织机能和文化构造，诉诸民众的精神构成与情理逻辑，造就乡村原有活力的“修复”与“再生”。这种转变虽然是高度政治性的，却以文化权力的转移为中介，并打造出一个与政治权力相平衡的、属于底层民众的文化权力层面。其作品触及、呈现某种属于民众的、非意识化的精神方式与转变逻辑，具有独特的认识价值。

卢燕娟：《现代中国革命“新生”故事的复杂性——以丁玲为中心》，《文艺研究》2015年第3期

“新生”故事是新民主主义革命对启蒙"觉醒"故事的重要超越，现实历史和文化创作中大量出现的二流子改造、白毛女解放等新生故事，是新民主主义革命合法性的重要确证。而“新生”故事在现代中国革命中也同时充满复杂性。本文以丁玲本人经历国民党羁押之后的切身经历与她留存下来的文本相结合，通过重新解读其重要作品，呈现另一类“新生”故事客观遭遇的艰难和尴尬，也进一步解读丁玲对新生者自身改造和重塑之艰巨性的思考。从这些讨论中，探讨和反思现代中国革命历史合法性中内蕴的复杂性、艰巨性和残酷性。

方克强：《鲁迅与人类学思想》，《文艺研究》2015年第5期

1927年之前鲁迅的思想与写作，受到当时人类学思想的深厚影响。考察人类学历史的三点共识可以提供探讨鲁迅与人类学关系的线索，即鲁迅与19世纪人类学进化论、与西方人类学思想家以及与人类学国民性研究等方面的关系。在此基础上鲁迅形成自己独特的人类学思想，要点是“中国的原始性”，包括中国人与原始民族，中国传统社会、传统文化的原始性，中国人与中国文化中的原始思维三个方面。鲁迅的人类学思想的内在文化逻辑是将传统与现代的二元区隔转换成原始与现代的二元对立，由此造成的目标远离与难度增加则使他选择高调与激进的策略。

孟繁华：《中国当代文学经典化的国际化语境——以莫言为例》，《文艺研究》2015年第4期

莫言获得2012年“诺奖”，在中国是一件石破天惊的文学大事件。这个事件一方面表明中国文学被国际社会认同，同时也表明中国当代文学经典化的国际化语境的形成：当代文学创作的外部资源已经发生变化，与苏俄文学单向交流的状况改变之后，三十多年来我们与国际文学界的交流丰富了我们对文学的理解；过去由我们自己指认文学经典的时代业已结束，国际社会对中国文学的评价、国际文学奖项的颁发，已经成为中国当代文学经典化的一部分；中国文学在世界文学整体格局中的形象正在重新塑造，因此也日益获得了国际社会的尊重。过去那种悲怆的挫败感终于成为过去，中国文学开启了新的历史。

杨庆祥：《阿三考——由〈我爱比尔〉兼及王安忆的写作症候》，《文艺研究》2015年第4期

本文以一种考据式的研究方法，通过对比分析王安忆的小说文本和纪实文本，揭示小说《我爱比尔》中人物的社会学起源，认为王安忆在20世纪90年代的写作充满了一种新的不确定性和可能性，即从抽象的观念性写作转向具体的历史性写作。但这种转型并未顺利完成，出于一种审美的惯性以及对于更“安全”的写作的追求，王安忆放弃了对社会景深更深入的探索和考量，并在某种程度上放弃了小说叙事的复杂性。这使得王安忆的转型处于一种未完成的状态，《我爱比尔》以及相关的《白茅岭纪事》等作品正是这一转型期的产物。对这一“未完成”的症候学分析，也是本文的要点。

张清华：《论<蝴蝶>的思想超越与语言内省——一个历史的和解构主义的细读》，《文艺研究》2015年第6期

对于《蝴蝶》这篇小说的分析，涉及当代文学历史的若干问题，应该首先置于历史主义的考察视野之中；如何进入这篇作品，应从其特殊而超前的“话语嬉戏”中找到入口；主人公与作者尽管都存在着立场与认知方面的局限，但作品却意外地超越了个人和历史的局限，通过对革命话语的反思与分析，找到了历史的谜底；从解构主义的方法看，《蝴蝶》中充满了对革命权力与意识形态的生成、构造及演变历史的深刻认识，其讽喻与颠覆的力量应得到充分的重视。

李遇春：《贾平凹长篇小说文体美学的新探索——以〈老生〉为中心》，《文艺研究》2015年第6期

贾平凹的长篇小说创作一直致力于中国古代文学（小说）文体传统的创造性转化，而《老生》显示了他的这种长篇小说文体美学追求的新探索。首先，贾平凹以前的长篇小说习惯于以《金瓶梅》和《红楼梦》为代表的单体式叙事结构，而《老生》则转向了以《山海经》和《西游记》为代表的组合式叙事结构，其表层是时间性的串联结构，而深层则是空间性的并联结构。其次，《老生》继续发扬了贾平凹此前长篇小说以《金瓶梅》和《红楼梦》为代表的白话闲聊体叙事风格，但又吸收了《山海经》的文言闲聊体叙事风骨。再次，《老生》追求的是整体象征而不是局部象征，作者通过强大而绵密的写实，营构诗性的日常生活象征体系。《老生》的象征性突出地表现在小说中神话文本与现实文本之间的彼此隐喻上。

沈杏培：《沿途的秘密：毕飞宇小说的修改现象和版本问题》，《文艺研究》2015年第6期

修改是毕飞宇文学实践中的重要现象。一类修改是作家出于艺术的自洽或编辑意志的介入而导致的文学修改，并形成了不同文学版本，这类以《推拿》大陆版和台湾版、《相爱的日子》期刊版和文集版为代表。另一类是文本发表之前作家的增删、改写所形成的“前文本”，“前文本”常常秘不示人，但蕴含了创作的诸多秘密，这类以《玉秀》发表前的洁化修改和《平原》的大量删减为代表。本文以版本学的方法考察毕飞宇文学创作中的修改现象，勾勒同一文本的版本变迁和异文增删，分析版本流变的内外因素，评价不同版本的表达效果和叙事逻辑。同时，通过渊源批评的方法，分析毕飞宇创作中的“前文本”空间及其与定本之间的转化，以此呈现作家修改作品过程中体现的艺术调整和审美变化。

吴秀明：《“文化中国”视阈下的世界华文文学史料》，《文艺研究》2015年第8期

杜维明提出的涵盖三个意义世界的“文化中国”概念，尽管有过于泛化之嫌，但是他强调“中国文化”与外来文化对话交流以及所作的跨疆越界的多元建构，对世界华文文学史料整理和研究无疑是有启迪的。就“文化中国”及整体性的视阈来看，世界华文文学史料主要包括留学生文学、新移民文学、海外汉学等七种类型，具有自己的存在方式与特点。因此，不应简单照搬中国现当代文学史料标准对之进行衡诂。目前，世界华文文学史料工作处于后进迟缓状态。为了推进该学科的发展，有必要在强化史料意识的基础上，从“观念性思维”和“实体性机制”两个向度入手，进行突破及调整。

程光炜：《“60后”的小说观——以李洱的〈问答录〉为话题》，《文艺研究》2015年第8期

“60后”作家崛起二十年来，相关评论并不缺乏，但这代作家的思想和小说观念与“50后”作家究竟存在什么差异，支撑这种思想和小说观念的社会思潮、文化语境究竟应该怎样去理解，上述差异性在读者阅读和文学史评价上又牵引出哪些问题，这些都是本文所关心的议题。本文以李洱的《问答录》为具体案例，采用“必须能够进入他整个人之中，以他的眼光来看，以他的感受来感受，以他的准则来评判这种理解式的研究方式”。笔者向来以为，以研究对象所认为的那种方式来理解研究对象，并与他们的历史建立勾连，才能够使问题成为他们的也是研究者能够看清楚的问题。

王彬彬：《高晓声小说修辞艺术初论》，《文艺研究》2015年第8期

高晓声是一个修辞意识极其强烈的作家，也确立了自己独特的语言风格。在遣词造句上自我要求十分严格，一字一音都不苟且。高晓声非常注意语言的节奏，既在“义”上也在“音”上精心选字择词。高晓声的叙述语言，往往散体中夹杂着骈偶，还常常交错地押脚韵，使语言特别富有音乐美。高晓声的语言，还表现出美学意义上的“刻毒”，既有观察生活的“毒眼”，也有表现生活的“毒手”。高晓声语言还表现出一种特有的“粗俗美”，也表现出颇有特色的幽默、机智。

张莉：《现实感与想象历史的可能——以苏童近年创作为例》，《文艺研究》2015年第8期

本文以苏童近十年来的重要代表作《西瓜船》《河岸》《黄雀记》为例，关注他在历史写作方面的变化：重写香椿树街上的少年记忆、重述“文革”史、勾勒三十年中国社会变迁轨迹，并分析其在重建历史方面遇到的困难。本文中的“现实感”，指的是写作者在历史与现实面前的理解力、想象力、判断力、整体眼光和对表象事物的穿透能力。本文认为，只有具有强烈现实感的作家，才能在文本中与读者完成情感对接，才能经由文学叙述与读者自觉凝结成“感受共同体”。现实感是一位优秀作家介入社会历史的关键，它决定一位作家重建历史工作的成败。

丁帆：《中国当代文艺批评生态及批评观念与方法考释》，《文艺研究》2015年第10期

本文首先通过古今文艺批评词义的考释，对其本质进行学理性界定，从而对“批评”和“评论”做出区分，并进而强调批判性对于文艺批评的重要意义。其次，本文对中国“学院派”批评家的批评观念与方法进行分析与解剖，尤其是对近三十年来“先锋批评”理论和“泛商品化评论”现象进行反思，并提出重构多元化文艺批评格局的理想。最后，本文试图通过对中国当代文学中“颂歌”与“战歌”式的批评观念的讨论，对当下文艺批评生态乱象的描述，试图建构具有马克思主义批判精神的文艺批评。

王尧：《周扬与新时期文学》，《文艺研究》2015年第10期

命名并推动了“新时期文学”进程的周扬，从20世纪70年代末到80年代初再次处于文艺界的关键位置，他与20世纪中国文学的关系有了新的内容。周扬在新时期文学中，既承接了左翼文艺运动的历史，又关联了他所处的文化现实，这样的复杂性使周扬不时处于紧张的冲突之中。周扬对文艺界“左”的思想的清理和批判，是新时期文学发生的思想资源之一；他对历史责任的担当和道歉，呈现了重新处理个人与历史关系的新特点；作为理论家和批评家，他的理论建树与制定和阐释文艺政策相关，又落实在当代文学制度的重建中。周扬和他同时代人在80年代形成的关于文学艺术基本问题的共识与分歧，经过近三十年文学发展证明的经验或者教训以及正确或者错误的观点与方法，仍然是我们讨论当下问题的基础。

刘江凯：《“经典化”的喧哗与遮蔽：余华小说创作及其批评》，《文艺研究》2015年第10期

当代文学的“经典化”应该在历史化和国际化两个向度展开，并且这种历程不仅仅涉及文学作品，还应该包括文学批评。在此格局中，不论是对国内创作与批评关系的分析，还是对国际间文学品质的判断，都会帮助我们在一片喧哗声中看到某些被遮蔽的内容。余华作为当代文学最重要的作家之一，其创作大体可分为初创、先锋、传统、当代性写作四个阶段，而批评则经历了发现、震惊、经典化、经典质疑四个波次。文章以余华作品重读为基础，结合中外批评反应进行分析比较，对余华创作与批评关系中的问题与现象提出自己的解释，并认为当代文学只有同时经历了历史化和国际化的检验，才会产生真正意义上的经典作品。

沈卫威：《“学衡派”文化理念的坚守与转变》，《文艺研究》2015年第9期

本文首先阐明确立“学衡派”成员的依据，随之明晰《学衡》“弁言”与“宗旨”的内在关联，进而概括出《学衡》时期“学衡派”的精神特征：批评、制衡新文化—新文学运动；坚守旧体诗词创作；译介传播白璧德的新人文主义；尊孔奉儒，倡扬传统国学的精粹；坚守学人独立之精神，自由之思想。在对”“学衡派”核心人物的人性本色进行考察的基础上，本文还指明“学衡派”无力抗衡新文化运动的内在原因。

徐勇、王迅：《全球化进程与“中间地带”的“乡镇写作”——以迟子建的长篇小说〈群山之巅〉为中心》，《文艺研究》2015年第9期

迟子建的小说创作虽然时空跨度很大，但对变与不变之间辩证关系的思考却是其一以贯之的线索。这一思考在她的那些乡镇写作中表现得尤其明显且具有症候性。对迟子建而言，“乡镇写作”是试验场，是城与乡、全球化与边缘化等多重矛盾交织的“中间地带”，这样一种时空背景所带来的不仅仅是另一重看问题的角度，更是作者思考世界与自身关系的新的基点和起点。她虽然无力也不可能解决上述矛盾，但她能在自己的小说中给予这些矛盾以充满诗意的表现。她的这些小说代表了现代性视阈下“乡镇写作”的美学高度。

孙晓娅：《如何为新词命名？——论民国初年的“翻译名义”之争》，《文艺研究》2015年第9期

如何“正名”是清末民初翻译界的一个重要问题。章士钊在一系列文章中提出译音胜于译义的观点，引起一场关于“翻译名义”的争论。虽然音译派的观点并没有得到广泛的支持，并在实践中逐渐失败，但音译派的翻译策略与文化立场值得分析。音译拒绝采用归化策略，而只是纯粹通过语音转写的方式表现源语言，这种看似消极的“有所不为”其实也是一种“作为”——既不以汉语词汇误读源语言，也不曲解源语言以迎合汉语，彰显的正是互不归化、彼此尊重的文化姿态。这显然体现音译派在民国初年对中西文化主体性和差异性的深刻认识。

赵京华：《在东亚历史剧变中重估鲁迅传统——关于鲁迅对“东亚”的淡漠与他在战后该地区影响力的考察》，《学术月刊》2015年第1期

鲁迅一生少谈日本，对于同属东亚区域的台湾地区和朝鲜半岛也在思想文字里没有更多的表现，这的确是一个历史之谜。而这种情况又与他在战后东亚区域的广泛传播和深远影响力构成了巨大悖论。从东亚近现代历史剧变的视角出发可以看出，鲁迅生前工作重心始终在于中国民族的自我改造，对本民族因袭思想和传统文化的批判反思耗尽了他的主要精力。而在他身后，尤其是1949年以后，在中国渐渐失落的以“反抗”为核心的“鲁迅精神”，却在异域经历新殖民压迫和民主化运动的日本和韩国得以广为传播，从一个侧面显示出其思想文学的“世界意义”。

李怡：《国家与革命——大文学视野下的郭沫若思想转变》，《学术月刊》2015年第2期

跨出个人趣味，在文学与历史、文学与思想的丰富场景中梳理文学现象的方法一般被称为“大文学视野”，“大文学视野”可以帮助我们在历史与思想的复杂场景中深入梳理郭沫若的思想转变。郭沫若的文学思想转折源于文学之外的社会交往与思想交流，信奉了马克思主义的郭沫若与信奉国家主义的孤军社同人有着相同的知识起点，但是后来的分歧却促使他们分道扬镳；然而，分歧同样不能掩饰郭沫若对于国家立场的新的重视，由此出发，他和其他左翼知识分子一样从“民国批判”走向了“共和国认同”，这里显然存在内在的逻辑关系，对于郭沫若与中国左翼文化的理解和反省都必须以此为基。

杨扬：《南移与北归——20世纪中国文学今古之变的历史图像》《学术月刊》2015年第5期

20世纪中国文学的历史变迁，从地域空间的角度，可以归结为南移与北归。南移，就是20世纪前50年，中国文学的活动中心从传统的北方南移上海，形成了以上海为中心的中国现代文学辐射源。而北归，是指1949年后中国文学活动中心回归北京。这种文学活动中心的移动，带来20世纪中国文学的一系列变化，给我们的研究提供了新的视野。

张业松：《战区“风景”与文本三重性——东平佚书〈向敌人的腹背进军〉发掘报告》，《学术月刊》2015年第8期

《向敌人的腹背进军》出版于1939年，为七月派作家丘东平生前出版的最后一部作品集。由于是新四军建军初期的军中出版物，当时流传不广，之后长期失传，埋没七十余年，原版全本迟至现在才得以发现。原书保存形态完好，体现新四军军中出版物特征。收录的8篇作品按部队进军过程排列，是新四军成军后挺进敌后的初期过程的原始记录，保存了新四军建军初期陈毅等领导人言论、部队作风、战区老百姓生活和精神风貌等重要史料。作为战地创作，“风景的发明”体现东平的创作特色和造境能力。书中所收《武装的政治工作队》等篇曾在期刊发表过，与书籍版对照，体现出复杂的“文本三重性”，是抗战时期国共两党在书刊出版领域的博弈情况的写照，也是文学版本学研究的重要材料。

高玉：《清末汉字汉语变革方案及其对国语建设的影响》，《学术月刊》2015年第7期

晚清时期，在日益强大的西方和日益衰落的中国的大背景下，与西方语言相比，汉语被认为有两个明显的缺陷：一是汉字繁难，二是汉语言文分裂。清末语言学领域汉字汉语改革主要就是为了解决这两个问题，其基本的方案就是在汉字以外创造切音字、简字或快字等。清末语言学领域对于汉字汉语改革的态度大致可以划分为两种倾向，一种是保守的，主张在汉语文言文体系之外另建立一种汉语白话体系，在汉字之外另创立简字；一种是激进的，主张废除汉字和汉语，改用“万国新语”，但不管是保守的方案还是激进的方案，都是理论上的，并且理论上也是很粗浅的，很难实施。清末语言学讨论汉字汉语变革问题，已经深入涉及白话文的问题，但遗憾的是并没有深入地讨论这个问题。

刘晓丽：《东亚殖民主义与文学——以伪满洲国文坛为中心的考察》，《学术月刊》2015年第10期

日本在中国东北炮制的满洲傀儡国，是其在东亚地区制造的特殊类型的殖民地。该殖民地的文学不仅有日本殖民者和被殖民者本土中国人的文学，还有在此殖民构架中谋生的朝鲜人和俄罗斯人的文学，其国家身份、民族认同、语言等方面呈重层多元状态，与东亚殖民主义以非常复杂的样态纠缠在一起。一方面，各个语族的文学都有反殖民主义的诉求和表现；另一方面，因其在殖民地的位置不同，抵抗的目的、抵抗的方式和抵抗的强度都不一样，有直接的反殖文学，有迂回的解殖文学，还有欲利用殖民政策与之周旋协作的迎合文学。而在这抵抗与迎合中，殖民伤痕都深深地刻印在殖民地人们的精神深处。对东亚殖民主义与文学的考察，可以在现有的民族主义理论和后殖民主义理论之外，发现另外一种解读殖民主义与文学的可能性，为解读殖民地文学提供新思路。

吴景明：《新世纪社会转型与底层写作、生态文学的兴起》，《当代文坛》2015年第1期

社会转型的本质是人思维方式转变，这一转变对作家的文学创作观念构成了直接影响，使文学书写呈现裂变与演进发展的态势。新世纪以来中国社会的转型，形成了“底层写作”与“生态文学”创作思潮，体现了文学参与社会建构的两种姿态：生存视角下对底层生命的关注及生态视域中对生命整体观、经济发展观的反思，表现了文学从“人学”到“生命学”的深化与超越。

何锡章：《论新时期前期文学的浪漫主义特质》，《当代文坛》2015年第2期

新时期前期文学具有鲜明的浪漫品格。人的自我意识的再度觉醒和重新确认以及由此延伸出的个性发展与人格独立精神，与生命存在融为一体的感性动力和青春激情，文学走向世界的历史趋势及其渴求艺术解放的内在需要，是浪漫主义得以张扬的社会历史基础。基于此，深刻的忧患意识与悲剧精神、哲学和文化反思的思想、传奇历史现实相融汇的艺术表现观念、人的自然情感欲望的呈现、英雄主义等理想人格的探索，构成了此时期文学的浪漫特质，并确认着人的主体意义。

程光炜：《参军——莫言家世考证之五》，《当代文坛》2015年第3期

莫言在军队服役21年，这是他从成长到成熟，文学创作从起步到走向高潮的最重要的时期。过去的莫言研究，实际上是他的创作研究，关于他小说世界之外的人生故事基本没有涉及。对一个经典作家来说，不把他的人生故事与其文学创作相互参照，加以对读，这种研究其实很难真正展开也无法深入下去。或者说过去的莫言研究就其思想和文学创作而言，除创作技巧和方法外，基本属于宏观史观范围，并没有重视到微观史观的问题，而我所说的微观史观，就经典作家研究而言，就是他的家世研究。直白地说，就是弄清楚他是怎么一个人的问题。

韩松刚：《有多认真就有多疼痛——评〈一号命令〉兼论叶兆言新世纪以来的小说创作》，《当代文坛》2015年第3期

叶兆言是一个很难归类的作家，“新历史”“新写实”“先锋派”，种种时髦的标签似乎都能和他扯上点关系。这种难以归类在其新世纪的小说写作中有过之而无不及，“文革”、神话、成长、爱情以及各种时尚都成为他创作的题材。其中，既有对历史的追问、对人生的喟叹、对成长的感触，亦夹杂着难言的痛苦、挣扎和躁动。在我的阅读感受里，叶兆言的小说叙事始终含有一种“温水煮青蛙”式的慢吞吞的危机感，在他自然流畅甚至有些快意恩仇的文字里，日常化的生活有着火辣辣的灼热感。作为一位孤独的写作者，他的内心疼痛定是在书写中得到了一定程度的缓解，然而绝不是遗忘，因为在这个极易忘却什么的时代，和苦痛的抗争才刚刚开始。

王迅：《人性的端点——试论麦家小说中的恶魔性因素》，《当代文坛》2015年第4期

麦家小说主人公呈现出两种极端的人性状态，一种是超乎世俗的天赋和禀性，一种是远远低于常人的智力水平和心理承受能力。极端强大而又极端脆弱，主人公常常在两个端点转换并存，这内在地决定了他们生存的悲剧性：走向顶点之后又滑向深渊，无比辉煌而又痛彻心扉。

晓苏：《论当代小说的错位结构》，《当代文坛》2015年第5期

在当代小说创作中，错位结构备受作家青睐，运用十分广泛。与其他结构形态相比，错位结构的最大特点在于矛盾对峙的设计。错位结构的小说经常出现三大矛盾，一是理想与现实的反差，二是物质与精神的失衡，三是欲望与伦理的冲突。笔者在归纳以上三大矛盾对峙的基础上，具体探讨了中国新时期以来部分作家驾驭错位结构的基本思维方式，即对照与比较、误会与巧合、辩证与开放。

史建国：《网络小说影视改编调查研究》，《当代文坛》2015年第6期

网络小说的影视改编已经经历了十几年的发展历程，从最初的不温不火到当下备受关注的改编热潮，可以说网络小说的影视改编已经成为当下国民文学生活的重要组成部分。但各方对网络小说影视改编的反应并不一致，一方面有主管部门的“不提倡”，另一方面也有网络文学公司在利益驱使下的着力推动。至于普通受众，虽然绝大多数人都表现出了对网络小说影视改编的期待，但也不乏冷眼旁观的忧虑。从未来发展走向看，基于类型化网络小说改编的影视作品同样呈现出严重的类型化、模式化倾向，如不思创新，迟早会在市场化的文化环境中被淘汰。

邵燕君：《“媒介融合”时代的“孵化器”——多重博弈下中国网络文学的新位置和新使命》，《当代作家评论》2015年第6期

经过十几年的爆发，网络文学的发展格局在二〇一四年发生了重大变化。声势浩大的“净网”行动和同样声势浩大的“资本”行动，让网络文学感受到前所未有的震动。至此，网络文学才真正从某种意义上的“化外之地”成为布尔迪厄所说的“文学场”——在这里，至少有三种核心力量在博弈——政治力量、经济力量、网络文学“自主力量”，同时还有一种看不见的力量，就是媒介革命的力量。如果说，媒介革命的力量曾是网络文学发展的内在“核动力”，随着媒介革命的深入，ACG（动画Animation、漫画Comic、电子游戏Game）产业文化的兴起，以文字为载体的网络文学还是最受大众和资本“宠爱”的文艺样式吗？在“有钱”的挤压下，“有爱”的“粉丝文化”会受到什么影响？原生的“网文机制”又会受到什么影响？如果网络文学要被纳入“主流化”的进程，这个“主流化”和网络文学自身的“部落化”又构成什么样的关系？随着媒介革命的深入，网络文学需要重新定位。是否能在“媒介融合”的时代寻找到自己的新位置，承担起新使命，不仅影响着网络文学自身的发展，也直接影响着需要以之为“孵化器”的其他文艺形式的发展。

张均：《“十七年文学”研究的分歧、陷阱与重建》，《文艺争鸣》2015年第2期

时间进入21世纪，“十七年文学”也从“重写文学史”“再解读”带来的数番震荡中稳定下来——稳定为某种对峙、板结的格局。对峙表现在该研究领域“聚讼纷纭”，“（往往）讨论尚未开始，剑拔弩张的阵势已一字排开”。这种“剑拔弩张”也是知识界新自由主义与“新左派”激烈冲突的重要部分。板结则表现在，在相互的质疑与否定中，“左”“右”两种“十七年文学”研究路向都遭遇了相似的理论陷阱，不同程度地陷入重复、无所作为的状态，以致钱理群早就指出的“二十年来我们思想界最重大的一个失误”（即“对中国的社会主义思潮没有经过认真的清理和研究”），在文学研究领域未能得到有力的纠正。那么，怎样激活已经逐渐板结、凝固的“十七年文学”研究并打开新的问题空间呢？要回答这一问题，必须先对该领域的立场分歧、理论陷阱予以必要的辨析。

杨晓帆：《“走异路，逃异地，去寻求别样的人们”——改定版〈心灵史〉与二十世纪八九十年代“转折”》，《文艺争鸣》2015年第6期

1991年《心灵史》出版，如张承志今日所说“它经受了褒贬毁誉的各种顶级的遭遇”哲赫忍耶令人敬畏的“束海达依主义”，苏菲主义与张承志式抒情文体的密合，荒芜英雄走进大西北的孤独身影———无论是跟进阅读，还是就此分道扬镳，在《心灵史》之后，人们似乎已经接受了这样一个完成了的、无须再用作品更新的“张承志”形象。就此而言，2012年《心灵史》改定版仿佛“复活”了时光。如果存在一个超稳定结构般所谓张承志“红卫兵情结”，那么二十世纪六十年代的历史坐标，为何要迟滞到改定版中，才明确成为重述哲合忍耶教派史的依据？回到《心灵史》最初的创作年代，1984年初入西海固，1989年9月开始写作，1990年写成交付花城出版社，1991年正式出版，如果说《心灵史》脱胎于二十世纪八九十年代之交的历史转折，那么对于张承志来说，它所终结的二十世纪八十年代是什么，这次总结又为回应二十世纪九十年代以来的中国现实提供了什么？从1966年创造“红卫兵”的名字，到1978年创作蒙文诗处女作以笔名“人民之子”携“六八年”理想进入新时期，再到2012年《心灵史》改定版自称“二十世纪六十年代的儿子”，这三个自我命名之间是否可以完全画等号？如何理解八九十年代对于张承志的意义，以及《心灵史》在他不同时期思想转换之间发挥的中介作用？

李建军：《此人皆意有所郁结——论钱锺书与新时期文学的精神重建》，《当代作家评论》2015年第6期

虽然钱锺书研究的兴趣不在当代文学，但是，他关注当代文学的发展，也了解当代文学创作的基本状况，了解当代文学批评最新的变化和突破。不仅如此，他还通过参与学术活动、接受访谈和撰写论文等方式，参与了“新时期”文学精神重建的进程，推动了新时期的文学创作和文学批评的变革和进步。

杨早：《改写历史与文学重建——晚清小说与当下网络小说异同辨》，《文艺争鸣》2015年第6期

晚清的文学环境，与当下比较，相似之处颇多。而小说的发展，从大众文化的层面考察，亦有很多的共同点。自然，相隔百年的两个文学时代，作品的形式、风格，文学机制的运作，与作品背后的价值观，都会有巨大的不同。考察两者之间的同异，或对我们认知百年来文学环境对文学发展的影响，如何推动转型期的“文学重建”，有所帮助。

罗岗：《回到“事情”本身：重读〈邪不压正〉》，《文艺争鸣》2015年第1期

赵树理的小说《邪不压正》1948年10月13日起在《人民日报》上连载，马上就引起了激烈的争论。本文借助对这些争论的梳理，来对《邪不压正》进行重新解读。我们认为，赵树理通过“问题”，把“事”“理”“情”三者勾连起来，在动态中把握三者的关系，让“事”不断地处于“大道理”和“小道理”“新道理”和“旧道理”以及“人情”“爱情”“阶级情”等不断冲突、更新与融合；“时间”成为理解《邪不压正》的一个重要的因素。因为不同时间所对应的是不同的力量、不同的人物和不同的习惯。

袁洪涛：《“乡绅”阶层的蜕变与断裂———重读王统照长篇小说〈山雨〉》,《文艺争鸣》2015年第1期

《山雨》刚一出版，即应声得到其时文艺界的热烈欢迎。不过与发表其时文艺界同行的赞誉相比，在随后文学史叙述中《山雨》却有些落寞。以至于在作家逝世以后，时而会有研究者为这部小说没有得到应有的重视而叫屈。其实小说随后的命运大概在当时已有迹可寻，当根源于它与其时兴起的“革命文学”叙事模式的差异和距离，而这集中体现在它所塑造的陈庄长（陈宜斋）这个人物形象身上。通过对“乡绅”形象的分析，展现时代巨变下“乡绅”阶层的变异。

季红真：《回归〈水经注〉的大游记传统——漫谈近年来文化生态主题的游记》，《当代作家评论》2015年第4期

《水经注》区别于短小的纯文学游记，应该称之为大游记，不独为地理学著作，而是开启了一类游记文体之先河。与狭义的游记之别，在主客体关系不同重心的倾斜中，也体现着认知主体自身的雄强，而且在风格上最接近古希腊开启的西方古典美学“模仿自然”的艺术理想，相对于纯粹文学游记的“优美”，更近于黑格尔所谓崇高的美学境界。而且，这个文体适应着全球化时代旅游热与环境保护的主题，正在为越来越多的作家所激赏，从内容到形式，都影响了近几十年来中国游记文学的发展，并且诱发了文体的演变。

吴义勤：《绝望的反抗》，《南方文坛》2016年第6期

长篇新作《篡改的命》是一部呈现了这种艺术探索品质的优秀长篇小说。读《篡改的命》的感觉，就如同聆听柴可夫斯基的《悲怆交响曲》，主人公悲怆而绝望的命运，构成了小说跌宕起伏、循环反复的旋律，令人久久不能释怀。与同类小说不同的是，东西没有止步于对底层生存状态的一般呈现与渲染，而是向前推进一步，开始关注和思考反抗与改变底层命运的可能与方式。作为被侮辱与被损害者，像主人公汪长尺这样的底层人物，他们被生活强加了种种悲惨的命运，把亲生儿子送到权贵的家中，让自己的孩子成为权贵的子嗣，以身份和“血统”的篡改来实施命运的拯救，这样自残和自戕式的以尊严和生命为代价的血淋淋的反抗是极端的、绝望的、荒诞的，他们既是不公平的社会秩序的受害者和牺牲者，又是他们自身命运的帮凶和催化剂，他们的焦虑、愤怒和绝望是生活的黑暗和他们内心的黑暗共同制造的，他们的反抗与呐喊既让人痛彻心扉，又让人五味杂陈。

北乔：《里下河文学流派的叙事伦理》，《小说评论》2015年第6期

“温暖的忧伤”是里下河文化中一个极为显著的特征，而在文学叙事中则是基因式地成长。换而言之，在里下河文学流派这一生命体中，“温暖的忧伤”是精神基因。而在忧伤中活出温暖，在焦虑中不失从容，既是里下河文学流派一种个性化的气质，也是里下河文化的精神内质。在文学中，里下河文学流派的“温暖的忧伤”的行走式叙事渐成气象，而在现实生活中，“温暖的忧伤”也不失为一种自信、有尊严的活法。

洪治纲、曹浩：《历史背后的日常化审美追求——论叶兆言的小说创作》，《当代作家评论》2015年第1期

叶兆言是一位异常勤勉且作品颇丰的作家。他善于将叙事置于底层的市井生活中，执着于建构各种世态风情式的日常生活诗学，但在叙事的背后，又明确地折射了创作主体对历史的微观审视与思考，也洋溢着江南士人的流韵和风骨。他喜欢对人物的性格和命运进行极致化的处理，但又不给人以残暴、血腥或冷酷等情感上的震慑。他的小说充满了某种传奇化的审美特质，但其故事本身又不仅仅停留在通俗的传奇之上，而是包含了大量的现代叙事技巧。因此，读叶兆言的小说，我们常常会沉浸在一种世俗情怀之中，又不乏某些生命的怀想和启迪。这种情形，在他的长篇新作《驰向黑夜的女人》中，再一次获得彰显。

王彬彬：《留学生的归国体验与新文化运动》，《文艺争鸣》2015年第10期

“五四”新文化运动的发生、发展，都与归国留学生有十分密切的关系。完全可以说，是众多的归国留学生掀起和坚持了新文化运动。没有清末开始的留学运动，就没有“五四”新文化运动。从留学经历、体验的角度谈论、研究归国留学生与新文化运动的关系者，已颇不乏人。而本文要说的，则是留学生的归国体验与新文化运动的关系。所谓归国体验，是指留学生结束留学回国后与中国的现实相遇而形成的感受、认识。“五四”时期的留学生，有留学欧美和留学日本两类。这两类人留学之地不同，归国体验自然也会有差别。留学生的留学经历、体验，当然影响着、决定着他们介入新文化运动的姿态、方式。但仅仅强调留学经历、体验却又是不够的。实际上，是留学的经历、体验与结束留学归国后的经历、体验的碰撞，影响和决定了他们介入新文化运动的姿态、方式。

钱理群：《鲁迅杂文》，《南方文坛》2015年第4期

杂文不但不是鲁迅才华衰竭的表现，恰好是他终于找到的一种最适合他自己，以及他和自己时代关系的一种文体。我们讨论鲁迅杂文，首先要注意他的杂文和时代的关系，具体说就是要注意鲁迅杂文和现代报刊、现代传播的密切关系。学的最直观的一个感觉：同样自称是“杂文”，许多人（包括今天一些著名的杂文家）写出来的，在我看来，都只是思想政治文化学术评论，而不是文学；而鲁迅的杂文却是真正的文学。今天说说我体会到的鲁迅杂文的一些特点。一是鲁迅杂文类型化写作所具有的超越性。二是鲁迅的杂文思维：往深处看，仔细看；换一个角度看；正面文章反面看；几乎无事的悲剧与喜剧。三是鲁迅杂文表达的特点。

张涛：《是“起源”，还是“过渡”？——王德威的“被压抑的现代性”刍议》，《文艺争鸣》2015年第6期

王德威确实是用“晚清”解构了“五四”，在这个意义上，“被压抑的现代性”是一个“解构性”命题。他是“通过解构‘晚清’与‘五四’的二元对立来进一步解构‘传统’与‘现代’的二元对立，并进而质疑历史的进化论、发展论和方向感”。王德威确实不像我们主流文学史所叙述的那样，把“晚清”看成是“五四”发展中的一个“过渡”，把“晚清”到“五四”看作是文学的进步与发展。这种进化论、进步论的文学史观，是他一直要进行质疑和致力拆解、解构的重要部分。然而，王德威提出“被压抑的现代性”的命题，远非止于李扬所言的“解构”。他是要通过对线性文学史观的质疑，进而对于“五四”文学的现代性“标准”提出质疑。在质疑“五四”文学的现代性“标准”的同时，他通过对晚清小说的解读，发现了开启于晚清的“另一种现代性的努力”。这也正与柯文的“在中国发现历史”不谋而合了。从这个意义上讲，王德威并非像他所译介的福柯那样，是一个彻底的“解构主义”者，他的“被压抑的现代性”命题，也并不如李扬所言的那样，是要消解传统与现代的二元对立，是要消解文学的“起源论”。如果说，此前的文学史叙述是从“五四”看“晚清”，形成了一种传统与现代的二元对立。那么，王德威的“被压抑的现代性”，则是从“晚清”看“五四”，形成了一种“现代”与“狭隘现代”新的二元对立。

黄发有：《网络空间的本土文学传统》，《当代作家评论》2015年第6期

新世纪以来，在产业化与娱乐化的潮流中，随着类型小说成为网络文学创作的主流。本土文学传统对网络文学的影响日益彰显。在某种意义上，玄幻小说、武侠小说、言情小说、官场小说、历史小说等类型小说，都能从晚清至民国的文学史上找到对应的文体型。鸳鸯蝴蝶派的小说传统在网络空间中被重新激活，一些题材和故事也被重新讲述。在消费文化盛行的网络时代，中国古典文学名著的纸面读者日渐寂寥。但是，根据古典文学名著改编的网络游戏却长盛不衰，玩家络绎不绝。网络文学的发展与突破，要重视从本土文学资源中吸取营养，并以创造性的化用将其转换为源头活水。

黄发有：《文学的“早春天气”——以〈文艺情况〉（1979—1985）为窗口》，《文艺争鸣》2015年第1期

从1979年到1985年，新时期文学气候逐渐转暖，发展动力慢慢恢复，活力不断增强，伴随着乍暖还寒的反复和新旧交替的震荡，这一时期的文学生态波诡云谲。值得欣慰的是，尽管一些保守的文学力量和陈腐的文学观念不时搅局，但滚滚的春潮已经无法阻挡。《文艺情况》较为全面地反映了这一阶段文坛的“文艺领导新精神”“文艺运动新趋势”“文艺思想新动向“文艺创作新情况”“文艺工作新问题”，刊载了大量有关文艺政策、思想论争、文艺争鸣的信息与资料，尤其是转载了不少内部报刊的文献，这为考察当时文学多变的态势与格局，提供了大量第一手史料。透过《文艺情况》这扇窗口，能够多角度、多层面地观察新时期初期文学发展的动态进程。

邢丽凤：《文学期刊与文学评奖》，《当代作家评论》2015年第4期

“文革”结束以后，从一九七八年全国优秀短篇小说奖开始，文学评奖的种类越来越多，既受到媒体和公众的广泛关注，也备受争议。从上世纪八十年代开始，文学期刊设立的文学奖项从星星之火渐成燎原之势，尽管其影响力比不上茅盾文学奖和鲁迅文学奖，但在新时期文学评奖的历程中具有不可忽略的地位。文学期刊举办的文学评奖与其办刊的定位密切相关，在奖项设置和宣传策略上都追求社会关注度，具有鲜明的时代特色。因此，系统考察文学期刊主办的文学评奖，对于探讨新形势下文学期刊和文学评奖的发展策略，具有理论意义和现实意义。

洪治纲：《先锋文学与形式主义的迷障》，《南方文坛》2015年第4期

有关先锋文学与形式主义实验的纠葛，至今仍未得到很好的盘点。从最初的马原、洪峰、残雪到后来的余华、格非、苏童、孙甘露，他们都曾在形式主义的探索中，倾注了巨大的叙事热情，也奉献了诸多的艺术智慧，并引发了很多有关先锋文学的肯定性评述。这些肯定无疑是重要的，也是颇有益的，它至少让中国作家真正地意识到了“怎么写”的内在价值。然而，我们也必须意识到，从整个世界文学发展格局来看，将先锋文学的重要特质始终安置在形式实验上，其实已隐含了某些审美认知上的误区，甚至严重阻碍了我们对于先锋文学内在价值与历史作用的判断。对这一误区进行重新反省，至少可以帮助我们全面而理性地认识两个基本问题：一是形式主义实验的意义与局限，以及它对先锋文学所产生的作用；二是更科学地理解那些当代先锋作家为什么在后来的创作中或多或少出现了变化，这种变化究竟是形式实验激情的衰退，还是原创精神的后撤？尤其是第一个问题，必须将之放到世界文学发展的大格局中，才能获得更科学的认识。

朱德发：《现代文学史书写在突围解惑中创新趋优——治学修史的粗浅体会》，《当代作家评论》2015年第2期

若是问我三十多年来研究并书写中国现代文学史的主要经验教训是什么？一言以蔽之，在突围中困惑，在困惑中力求创新趋优：突破“反智论”的重围，回归文学史的学术本体；解开思想困惑，更新文学史观；“破门而出”，重构文学史学科范畴。

郜元宝：《现代中国文学语言论争的五个阶段》，《南方文坛》2015年第1期

现代中国文学语言论争分为五个阶段。五四白话文运动在语言观念上比较松散多元，此后历次论争对五四的先驱性开拓不无补苴罅漏之功，但往往因一时潮流的引导而偏于一端，未能妥善处理语言诸要素的关系，突出某一要素而压抑其他，或出于政治的需要拟想出并不存在的语言而要求作家采用，甚至从政治原则的高度勒令作家放下一种被贴了政治标签的语言，去学习另一种同样被贴了政治标签的语言。随着历史的演进，语言观念反而呈现混乱退化之势。将上述五个阶段视为连续展开的过程来考察，检讨后起的讨论如何应对先前的讨论所获得的认识成果，并结合各个时期文学创作与批评的语言实践，或可看出每个阶段语言论争的核心问题、进步意义和认识误区，为研判当下中国文学语言状况提供有益的借鉴。

王尧、王慧君：《许广平回忆录与“鲁迅”形象的建构——以〈欣慰的纪念〉〈关于鲁迅的生活〉〈鲁迅回忆录〉为中心》，《南方文坛》2015年第2期

对于许广平回忆录里的“鲁迅”形象研究，多数学者更多关注于1961年出版的《鲁迅回忆录》一书，对许氏“奉旨之作”中的“鲁迅”形象，作年份、身份的分类研究。本文以相继于1951年、1954年、1961年出版的《欣慰的纪念》《关于鲁迅的生活》《鲁迅回忆录》三部回忆专著为研究对象，对许广平所塑造的“鲁迅”形象及其塑造方法作详细爬梳，并在此基础上，从许广平的“委曲”和另一种“反抗”，回忆录创作与接受过程中的“形象”真实，回忆录“话语”本质及其与各级“语境”的关系等方面，对许广平建构“鲁迅”形象的“罪”与“罚”进行客观而深入的评判。

金理：《造人·“伪士”·日常生活——重读〈伤逝〉，兼及五四新文化运动的意义》，《南方文坛》2015年第5期

鲁迅有着强大的叙述自觉，在《伤逝》中，作家的态度似乎介于“可靠的叙述者”与“不可靠的叙述者”之间，有的时候鲁迅分享着涓生的困境与无奈，有的时候又起身与涓生展开辩难，正是这种游移/犹疑的姿态造成了《伤逝》的歧义性以及巨大的阐释空间。或许更有意思的追问是，这种游移到底是鲁迅在表达形式上精心甚至是理性的选择？抑或本就源自作者自身的内在困惑和分裂？鲁迅是新文化运动最伟大的体现者，也是这场运动最深刻的批判者。我把《伤逝》理解为启蒙之父对五四启蒙的反思。鲁迅的批判和反思，主要从如下几个方面展开——“从解放中把自己解放出来”：“造人”神话的反省；拒绝“从外部被赋予的救济”：“伪士”批判的形象化书写；“重返人间现实”：日常生活的辩证法。

颜炼军：《重新编码的传统和当代诗意景观——试论新时期汉语新诗古典意识的嬗变》，《文艺争鸣》2015年第8期

纵览当代诗歌写作的盛况，诗人们都站在各自的想象和经验限度之内，将古典传统全编织进当代诗歌写作之中，赋予了它新的延展和生长形态。笔者以为，中国古典传统在当代诗歌写作中先后被赋予了如下功能：作为对抗和摆脱政治抒情，革新诗歌语言和诗意内涵的资源；作为诗人文化和身份认同的精神皈依；作为现代性追求与文化批判的文化和诗学资源。当然，上述这三方面的功能之间，存在交叉、重合的部分。下文中，笔者将以众多当代诗人的诗作及相关论述为基础，来呈现当代新诗在不同的历史和文化语境下，对古典传统进行重新编码和再造的诗学立场及嬗变历程。

文学出版与阅读概况

文学报刊名录

崔琦 辑录

报刊代号	报刊名称	刊期
1-102	文艺报	一周三报
1-115	中国文化报	日报
1-190	作家文摘	一周两报
1-220	中国艺术报	一周三报
2-3	中国戏剧	月刊
2-4	人民文学	月刊
2-25	文艺研究	月刊
2-26	文学评论	双月刊
2-35	民间文学	月刊
2-46	中国语文	双月刊
2-84	北京纪事	月刊
2-85	北京文学（精彩阅读）	月刊
2-102	东方少年	月刊
2-132	章回小说（中旬刊）	月刊
2-156	儿童文学（上）	月刊
2-161	当代	双月刊
2-163	十月	双月刊
2-203	人物	月刊
2-206	民族文学	月刊

2–209	剧本	月刊
2–210	小说选刊	月刊
2–2100	《读者》精华本	双月刊
2–2101	《读者》乡土人文版精华本	双月刊
2–2102	《杂文选刊》2015合订本	半年刊
2–231	世界文学	双月刊
2–243	《新华文摘》小字本	半月刊
2–244	《新华文摘》大字本	半月刊
2–260	词刊	月刊
2–274	诗刊	半月刊
2–275	读书	月刊
2–301	青年文摘	半月刊
2–302	青年文摘（彩版）	半月刊
2–314	作品与争鸣	月刊
2–450	外国文学	双月刊
2–454	戏剧・中央戏剧学院学报	季刊
2–457	戏曲艺术	季刊
2–468	神剑	双月刊
2–516	海外文摘（上旬刊）	月刊
2–525	民族语文	双月刊
2–541	俄罗斯文艺	季刊
2–545	中国作家・文学	月刊
2–600	国家大剧院	月刊
2–653	中国作家・影视	月刊
2–667	中国现代文学研究丛刊	月刊
2–686	文学研究文摘	季刊
2–869	啄木鸟	月刊
2–899	青年文学・（上旬刊）	月刊
3–22	文学报	周一报
4–4	萌芽（上半月版）	月刊
4–7	收获	双月刊
4–119	上海戏剧	月刊
4–196	少年文艺	月刊

4–219	上海文学	月刊
4–225	故事会	半月刊
4–286	外国文艺	双月刊
4–323	文艺理论研究	双月刊
4–399	故事大王	月刊
4–411	现代中文学刊	双月刊
4–425	上海故事	月刊
4–436	小说界	双月刊
4–452	上海滩	月刊
4–486	上海采风	月刊
4–546	东方剑	月刊
4–560	中国比较文学	季刊
4–683	少年文艺・少年读者文摘	月刊
4–818	萌芽（下半月版）	月刊
6–2	天津文学	月刊
6–25	小说月报（原创版）	月刊
6–38	小说月报	月刊
6–39	散文	月刊
6–97	蓝盾	月刊
6–104	微型小说月报	月刊
6–107	散文・海外版	双月刊
6–111	文学自由谈	双月刊
6–112	童话王国（侦探幽默大本营）	月刊
6–139	小说月报・中篇小说专号	季刊
6–229	童话王国（美绘版）	月刊
6–260	快乐青春・绝妙小小说	月刊
8–7	鸭绿江（上半月版）	月刊
8–12	海燕	月刊
8–16	芒种	月刊
8–17	诗潮	月刊
8–46	中国图书评论	月刊
8–77	奇闻怪事	月刊
8–121	辽河	月刊

8-144	满族文学	双月刊
8-157	文学少年（中学）	月刊
8-158	文学少年（小学低年级）	月刊
8-159	文学少年（小学中高年）	月刊
8-183	当代作家评论	双月刊
8-200	民间故事	月刊
8-341	意文（散文诗世界）	月刊
12-1	作家	月刊
12-3	电影世界	月刊
12-8	电影文学	半月刊
12-13	延边文学（朝）	月刊
12-14	天池小小说	月刊
12-17	短篇小说	月刊
12-50	民间故事（旧闻新知）	月刊
12-51	戏剧文学	月刊
12-78	参花（上半月）	月刊
12-81	作家（下半月）	月刊
12-99	文艺争鸣	月刊
12-115	小说月刊	月刊
12-130	杂文选刊（上旬版）	月刊
12-156	长白山（朝）	双月刊
12-305	长白山诗词	双月刊
12-329	小作家选刊（教师版）	月刊
12-367	参花·文艺视界	月刊
12-401	女人坊·悦他	月刊
12-501	文学与艺术（朝）	双月刊
14-1	北方文学	月刊
14-7	小说林	双月刊
14-16	剧作家	双月刊
14-26	青年文学家	月刊
14-49	诗林	双月刊
14-86	《章回小说》下旬刊·最推理	月刊
14-92	雪花	双月刊

14–117	文艺评论	月刊
14–124	章回小说（上旬刊·文学版）	月刊
14–157	北极光	双月刊
14–171	岁月（上半月·原创版）	月刊
14–291	北大荒文化	月刊
14–317	岁月（下半月·推理）	月刊
14–353	石油文学	双月刊
16–4	内蒙古画报（蒙、汉）	双月刊
16–7	草原（汉）	月刊
16–8	花的原野（蒙）	月刊
16–9	世界文学译丛（蒙）	双月刊
16–13	金钥匙（蒙）	双月刊
16–20	鸿嘎鲁（蒙）	月刊
16–29	花蕾（蒙）	月刊
16–43	哲里木文艺（蒙）	月刊
16–57	锡林郭勒（蒙）	双月刊
16–59	西拉沐沦（蒙）	双月刊
16–61	呼伦贝尔文学（蒙）	双月刊
16–65	阿拉腾甘德尔（蒙）	双月刊
16–83	陶茹格萨茹娜（蒙）	双月刊
16–84	鄂尔多斯	月刊
16–93	潮洛蒙（蒙）	季刊
16–150	鹿鸣（汉）	月刊
16–288	意林	月刊
16–290	意林（少年版）	月刊
16–295	法制文萃报（合订本）	月刊
16–390	意林环球儿童文学	月刊
16–392	意林小文学	半月刊
18–5	青少年文学	半月刊
18–8	大舞台	月刊
18–28	民间故事选刊	半月刊
18–39	当代人	月刊
18–44	国外文学	季刊

18-45	大众文艺	半月刊
18-66	长城	双月刊
18-85	散文百家	月刊
18-87	诗选刊	月刊
18-102	红楼梦学刊	双月刊
18-189	小小说月刊	半月刊
18-275	杂文月刊	半月刊
18-306	杂文月刊（合订本）	季刊
22-2	山西文学	月刊
22-18	黄河	双月刊
22-54	名作欣赏（上旬）	月刊
22-59	民间传奇故事（上旬）	半月刊
22-61	火花	月刊
22-87	对联·民间对联故事（下半月）	月刊
22-88	对联·民间对联故事（上半月）	月刊
22-89	童话大王	月刊
22-152	名作欣赏（下旬）	月刊
22-155	小品文选刊（精华版）	月刊
22-160	都市	月刊
22-167	名作欣赏（中旬）	月刊
22-190	小品文选刊（休闲版）	月刊
22-201	名家名作	双月刊
22-228	民间传奇故事（下旬）	月刊
22-432	娘子关	双月刊
24-3	山东文学	月刊
24-21	青岛文学	月刊
24-29	当代小说	月刊
24-37	小葵花·故事画刊	月刊
24-40	幼儿园	半月刊
24-66	新校园·阅读	月刊
24-84	时代文学	双月刊
24-159	蒲松龄研究	季刊
24-251	小葵花·故事宝库	

24–252	小葵花・快乐读写	
24–260	前卫文学	双月刊
26–30	清明	双月刊
26–76	传奇・传记・文学选刊	月刊
26–176	诗歌月刊	月刊
26–177	安徽文学	月刊
28–3	钟山	双月刊
28–11	青春	月刊
28–14	少年文艺	月刊
28–29	雨花	月刊
28–34	古典文学知识	双月刊
28–45	少年文艺・我爱写作文	月刊
28–49	当代外国文学	季刊
28–52	译林	双月刊
28–86	翠苑	双月刊
28–92	苏州杂志	双月刊
28–161	金山	月刊
28–167	太湖	双月刊
28–217	明清小说研究	季刊
28–261	世界华文文学论坛	季刊
28–270	扬子江诗刊	双月刊
28–271	扬子江评论	双月刊
28–310	钟山（长篇小说）	半年刊
32–26	西湖	月刊
32–79	江南	双月刊
32–88	幼儿故事大王	半月刊
32–98	山海经（上半月）	月刊
32–198	山海经（下半月）	月刊
32–226	少年作家	半月刊
34–11	福建艺术	双月刊
34–13	福建文学	月刊
34–23	中篇小说选刊	双月刊
34–25	中篇小说选刊（增刊）	半年刊

34-38	台港文学选刊	双月刊
34-39	故事林（半月刊）	半月刊
34-73	泉州文学	月刊
34-96	读写天地（上半月）	月刊
34-97	读写天地（下半月）	月刊
34-130	厦门文学	月刊
36-8	传奇故事—周刊	月刊
36-11	故事家	月刊
36-14	牡丹	月刊
36-20	东京文学	月刊
36-29	百花园	半月刊
36-48	莽原	双月刊
36-70	《散文选刊》（原创版）	月刊
36-77	《散文选刊》（选刊版）	月刊
36-80	名人传记（上半月）	月刊
36-81	时代报告	月刊
36-82	小小说选刊	半月刊
36-103	故事世界	半月刊
36-114	时代报告·中国报告文学	月刊
36-148	武侠故事	旬刊
36-209	传奇故事百家讲坛二周刊	月刊
36-213	躬耕	月刊
36-231	故事家·爆笑校园	月刊
36-319	传奇故事·百家讲坛三周刊	月刊
36-350	躬耕·文化精粹	月刊
36-392	躬耕·传媒天下	月刊
38-6	长江文艺	月刊
38-11	外国文学研究	双月刊
38-15	新传奇	周刊
38-33	芳草·小说月刊	月刊
38-62	中华传奇·传统版	双月刊
38-83	今古传奇·传统版（单月号）	双月刊
38-113	东坡赤壁诗词	双月刊

38-127	知音漫客	周刊
38-134	中国故事·虚构版	月刊
38-159	中国故事·专栏版	月刊
38-166	中华传奇·纪实版	月刊
38-198	中国故事·非虚构版	月刊
38-230	今古传奇·故事版（月末版）	月刊
38-232	芳草文学杂志	双月刊
38-233	最小说·文艺风象	月刊
38-235	最小说	
38-236	中外童话画刊·经典读本	月刊
38-237	中外童话画刊	月刊
38-266	中华传奇·人物	月刊
38-288	旧闻新读	月刊
38-298	漫客小说绘	半月刊
38-306	三峡文学	月刊
38-318	今古传奇·传统版（合订本）	季刊
38-319	今古传奇·纪实版（合订本）	季刊
38-323	今古传奇·故事版（合订本）	月刊
38-326	今古传奇·武侠版（合订本）	月刊
38-338	新传奇（合订本）	双月刊
38-349	今古传奇·故事版（上、下半月）	半月刊
38-368	读书文摘	月刊
38-370	今古传奇·武侠版（上、下半月）	半月刊
38-373	今古传奇·纪实版（双月号）	双月刊
38-423	文学教育	半月刊
38-429	芳草·经典阅读	月刊
38-438	心潮诗词	双月刊
38-441	长江文艺·选刊版·好小说	月刊
42-6	文艺生活·艺术中国	月刊
42-26	芙蓉	双月刊
42-31	创作与评论	半月刊
42-40	小溪流·故事作文	月刊
42-101	中华传奇·传统版	月刊

42–116	散文诗（上半月）	月刊
42–150	书屋	月刊
42–154	中国文学研究	季刊
42–207	散文诗·下半月（校园文学）	月刊
42–214	文学天地	半月刊
42–238	小溪流·成长校园	月刊
42–293	中国韵文学刊	季刊
42–313	小溪流·作文画刊	月刊
42–320	湖南文学	月刊
44–3	微型小说选刊·金故事	月刊
44–11	百花洲	双月刊
44–13	星火·中短篇小说	双月刊
44–22	微型小说选刊	半月刊
46–37	作品	月刊
46–54	广州文艺	月刊
46–90	随笔	双月刊
46–92	花城	双月刊
46–100	特区文学	双月刊
46–214	粤海风	双月刊
46–215	华文文学	双月刊
46–263	人间	月刊
46–328	佛山文艺	月刊
48–5	广西文学	月刊
48–23	红豆	月刊
48–42	三月三	月刊
48–62	南方文学	双月刊
48–75	金田	月刊
48–87	南方文坛	双月刊
52–6	延河	月刊
52–19	百花	半月刊
52–91	延安文学	双月刊
52–108	小说评论	双月刊
52–110	童话世界（超阅）	月刊

52–115	美文（上半月）	月刊
52–169	家庭心理医生·百家故事	半月刊
52–197	童话世界（启蒙）	月刊
52–227	美文（下半月）	月刊
54–5	飞天	月刊
54–36	北方作家	双月刊
54–67	西北军事文学	双月刊
56–1	章恰尔（藏）	季刊
56–2	青海湖	月刊
56–22	雪莲	双月刊
58–3	柯尔克孜文学（柯）	双月刊
58–22	新疆文化（维）	双月刊
58–26	新玉文艺（维）	双月刊
58–39	绿风诗刊（汉）	双月刊
58–40	吐鲁番文艺（维）	季刊
58–43	绿洲（汉）	双月刊
58–47	阿克苏文艺（维）	季刊
58–51	文学译丛（维）	月刊
58–52	世界文学选译（维）	双月刊
58–57	塔尔巴哈台（哈）	季刊
58–59	哈密文学（维）	双月刊
58–60	美拉斯（维）	双月刊
58–61	吐鲁番（汉）	季刊
58–62	喀什噶尔（维）	双月刊
58–65	西部（新文学版）	月刊
58–66	塔里木（维）	月刊
58–67	曙光（哈）	月刊
58–68	木拉（哈）	双月刊
58–69	启明星（蒙）	双月刊
58–74	伊犁河（汉）	双月刊
58–75	伊犁河（维）	双月刊
58–76	伊犁河（哈）	双月刊
58–77	阿勒泰春光（哈）	季刊

58-78	回族文学（汉）	双月刊
58-83	天尔塔格（维）	双月刊
58-105	地平线（哈）	季刊
58-108	布拉克（源泉）（维）	双月刊
58-124	西部蒙古论坛（蒙）	季刊
58-162	哈密文学（哈）	季刊
62-1	四川文学	月刊
62-16	龙门阵	月刊
62-53	凉山文学（汉）	双月刊
62-62	凉山文学（彝）	季刊
62-69	草地	双月刊
62-89	西南军事文学	双月刊
62-97	星星诗刊	月刊
62-102	看电影	半月刊
62-130	青年作家	月刊
62-157	星星诗刊.诗歌理论	月刊
62-172	看电影（午夜场）	月刊
62-173	当代文坛	双月刊
62-250	散文诗世界	月刊
64-2	边疆文学	月刊
64-9	《滇池》文学月刊	月刊
64-17	边疆文学·文艺评论	月刊
64-33	金沙江文艺（汉）	双月刊
64-61	大家	双月刊
66-1	山花·A版（上半月）	月刊
66-3	贵州画报	月刊
66-15	南风	月刊
66-70	山花·B版	月刊
68-6	西藏文艺（藏）	双月刊
68-24	西藏文学（汉）	双月刊
74-2	朔方	月刊
74-31	六盘山文学	双月刊
78-2	红岩	双月刊

80–140	艺术评论	月刊
80–194	当代·长篇小说选刊	双月刊
80–268	十月·长篇小说	双月刊
80–355	长篇小说选刊	双月刊
80–400	儿童文学（选粹版）	月刊
80–526	中国作家·纪实	月刊
80–664	读友	半月刊
80–746	儿童文学（时尚版）	月刊
80–959	民族文学（藏文版）	双月刊
80–960	民族文学（蒙文版）	双月刊
80–961	民族文学（维文版）	双月刊
82–106	北京文学中篇小说月报	月刊
82–168	橄榄绿	双月刊
82–205	文艺理论与批评	双月刊
82–325	外国文学评论	季刊
82–334	民族文学研究	双月刊
82–370	传记文学	月刊
82–373	中国校园文学（中学读本）	月刊
82–497	中华文学选刊（中文版）	月刊
82–508	博爱	月刊
82–521	中外童话故事·兴趣语文与阅读	月刊
82–522	中外童话故事·爱上写作文	月刊
82–549	地火	季刊
82–779	品读	月刊
82–827	中华诗词	月刊
82–835	外国文学动态	双月刊
82–930	当代文萃	月刊
84–9	椰城	月刊
84–12	天涯	双月刊

主要文学网站

崔琦辑录

澳华文学网	http://www.aucnln.com/
八斗文学	http://www.8dou.net/
巴金文学馆	http://www.bjwxg.cn/
八月居小说网	http://www.bayueju.com/
白鹿书院	http://www.cnblsy.com/
北京文学杂志社	http://bjwx.qikan.com/
北京作家网	http://www.bjwl.org.cn/wwwroot/bjzjw/publish/article/index.shtml
冰心网	http://www.bingxin.org/
半壁江文学网	http://read.banbijiang.com/
博看小说网	http://www.bokon.net/
草根文学网	http://www.cgwenxue.com/
重庆作家网	http://www.cqwriter.com/
春韵	http://www.chunyun.net/index.html
滇池文学网	http://www.dchwx.com/
东北作家网	http://www.xdbzjw.com/
东方文学网	http://www.chinadfwx.com/
21世纪少年作家网	http://china.sharpwriter.net/
飞库网	http://www.feiku.com/
飞卢小说网	http://b.faloo.com/
凤凰读书——凤凰网	http://book.ifeng.com/
广东作家网	http://www.gdzuoxie.com/

故事中国	http://www.storychina.cn/
河北作家网	http://www.hbzuojia.com/
红杜鹃文学网	http://www.hdjwx.com/
红袖添香	http://www.hongxiu.com/
幻剑书盟	http://hjsm.tom.com/
湖北作家网	http://www.hbzjw.org.cn/
湖北写作网	http://www.hbzjw.net.cn/
湖南作家网	http://www.frguo.com/
黄金书屋	http://www.hjswbook.com/
极囧校园文学网	http://www.jjyuyue.com/
江南杂志社	http://www.jiangnan.org.cn/
江山文学网	http://www.vsread.com/
江苏作家网	http://www.jszjw.com/
江西散文网	http://www.jxsww.com.cn/
晋江文学城	http://www.jjwxc.net/
90后文学网	http://www.90wenxue.com/
看书网	http://www.kanshu.com/
连城读书	http://www.lcread.com/
辽宁作家网	http://www.liaoningwriter.org.cn/
猫扑文学	http://www.mopwx.com/
萌芽	http://www.mengya.com/portal.php
闽文学网	http://www.mwenw.com/
民族文学网	http://www.mzwxzz.com/
起点女生网	http://www.qdmm.com/
起点中文网	http://www.qidian.com/Default.aspx
青海作家网	http://www.qhwriter.com/gb/
青藤文学	http://www.7cd.cn/
人民文学杂志社网	http://www.rmwxzz.com/
榕树下	http://www.rongshuxia.com/
散文吧	http://www.sanwen8.cn/
散文在线	http://sanwenzx.com/
山东作家网	http://www.sdzj.org/
17k小说网	http://www.17k.com/

诗生活	http://www.poemlife.com/
守望原创文学网	http://www.sw020.com/
书海小说网	http://www.shuhai.com/
四川作家网	http://www.sczjw.cn/
搜狐读书	http://book.sohu.com/
腾讯读书	http://book.qq.com/
天津作家网	http://www.tjwriter.net/
天涯文学	http://ebook.tianya.cn/buke/41320.aspx
TOM读书	http://html.dushu.tom.com/
网络作家网	http://www.wlzuojia.com/
网易原创文学	http://yc.163.com/
文学自由谈	http://wxzy.qikan.com/
文章阅读网	http://www.duwenzhang.com/
梧桐细雨文学网	http://www.wtxy.net/
西北文学网	http://www.gszj.net/
西藏文学	http://xiza.qikan.com/
现在原创	http://vip.book.cnxianzai.com/
新疆文学网	http://www.xjbgwx.com/
小作家网	http://202.102.89.92:81/about.asp
新华副刊-新华网	http://www.xinhuanet.com/xhfk/
新浪文化读书	http://book.sina.com.cn/
新华悦读-新华网	http://www.xinhuanet.com/book/
杨柳青文学网	http://www.ylqwx.com/
彝良文学	http://ylwx.qikan.com/
雨枫轩	http://www.rain8.com/
阅读网	http://www.zubunet.com/
阅路小说网	http://www.yueloo.com/
云文学	http://www.yunwenxue.com/
浙江少年作家网	http://www.zjsnzj.com/
浙江作家网	http://www.zjzj.org/
中国报告文学网	http://www.zgbgwx.com/
中国国土资源作家网	http://zj.gtzyb.com/
中国散文网	http://www.chinasanwen.com/

钟山杂志社	http://www.zhongshanzazhi.com/home.asp
中国少年作家班	http://www.snzjb.org/
中诗网	http://www.yzs.com/index.html
中国网络文学联盟	http://www.ilf.cn/
中国文学网	http://www.literature.org.cn/
中国文学家园	http://www.wenxuejiayuan.com/
中国西部散文网	http://www.cnxbsww.com/
中国作家网	http://www.chinawriter.com.cn/
中国校园文学	http://www.xywx.org/
中国青少年文学网	http://www.zgqsnjz.com/
中华原创儿童文学	http://www.zh61wx.com/
中国作家杂志社网站	http://www.zgzjzzs.com/
中华诗词学会	http://www.zhscxh.com/
中篇小说选刊杂志社	http://www.zpxsxk.com/portal.php
逐浪文学	http://www.zhulang.com/
纵横中文网	http://www.zongheng.com/
作家网	http://www.zuojiawang.com/
左岸文化	http://www.eduww.com/thinker/portal.php
作家在线	http://www.haozuojia.com/

文学活动纪事

2015年中国文坛大事记

姚明　李立云　张寅秋　辑录

1月

1月1日

作家吕雷同志在广州逝世　著名作家，中国作家协会主席团委员，广东省作家协会原副主席、原党组成员吕雷同志因病于2015年1月1日在广州逝世，享年68岁。吕雷，1947年3月出生，中共党员。中国作协第五、六届全委会委员，第七、八届主席团委员。1972年开始发表作品，1982年加入中国作协。著有长篇小说《大江沉重》（合作）、小说集《浪尖上的信笺》、电视剧本《眩目的海区》等多部作品。《海风轻轻吹》《火红的云霞》分获1980年、1982年全国优秀短篇小说奖，长篇报告文学《国运——南方记事》获中宣部第11届“五个一工程”优秀作品奖，1988年获庄重文文学奖。

作家阿红同志在沈阳逝世　辽宁省作家协会原副主席、顾问阿红同志，因病于2015年1月1日在沈阳逝世，享年87岁。阿红，原名王占彪，中共党员，著名诗人、诗歌理论家。阿红1950年开始发表作品，1979年加入中国作家协会，著有诗集《淮河——我心中的河》《窗外不是梦》，诗论集《漫谈诗的技巧》《探索诗的奥秘》，以及散文、小说等多部作品，其诗作被翻译成多种文字。

1月2日

吕剑同志在北京逝世　中国文学杂志社原编委吕剑同志，因病医治无效，于2015年1月2日在京逝世，享年95岁。吕剑，1938年开始从事文学创作，1949年加入中国作家协会。著有诗集《进入阵地》《英雄碑》《溪流集》《喜歌与酒歌》等，散文杂文集《一剑集》《双剑集》《燕石集》等，诗论集《诗与斗争》《诗与诗人》等。

1月6日

北二外驻校作家基地举办“回望2014年中国文学”主题论坛 2015年1月6日下午，“回望2014中国文学”主题论坛在北京第二外国语学院和北京文联合作建设的驻校作家基地举行。北二外2014年度驻校作家、《人民文学》杂志副主编邱华栋与《十月》杂志副主编、著名作家宁肯，作为论坛嘉宾应邀莅临二外求是厅，就“回望2014年中国文学”的主题，畅叙了各自的见闻和感受，并与二外师生展开对话互动。这也是北京文联与北京地区的高校合作建设的首家驻校作家基地，进入第三个年度的首场活动。论坛主要围绕三方面议题展开：一、2014年文坛热点现象；二、2014年青年创作动态；三、2014年海内外文学交流动态。

1月8日

王跃文长篇小说《爱历元年》研讨会在京举行 研讨会由中国作协创作研究部、中国作协小说委员会、湖南省作家协会、湖南文艺出版共同主办。中国作家协会副主席李敬泽，湖南省委宣传部巡视员魏委，湖南省作协党组书记、常务副主席龚爱林，中南传媒副总经理、湖南文艺出版社社长刘清华出席会议。会议由中国作协创研部副主任何向阳主持。《爱历元年》是王跃文的最新长篇小说，该小说2014年8月由湖南文艺出版社正式出版后，在各方面引起了强烈的反响，深受广大读者的欢迎。专家认为，小说提出新的爱情伦理，认同传统道德对婚姻家庭的稳定作用，是从中华传统文化基因中寻找精神资源，并在社会生活中进行现代性的转化。小说艺术上，采用了“现实主义精神和浪漫主义情怀”相结合的方法，叙述睿智风趣，话语风格隽永，体现了湖湘文化的浪漫气质和忧患情怀，并打上了作家个体叙事风格的深深烙印。研讨会上，作者王跃文介绍了《爱历元年》的创作初衷和创作历程，表示今后将持续致力于书写生活之真和人性之痛，努力创造出无愧于我们伟大时代的优秀作品。

1月10日

“希望原创”第二届论坛“写实主义与儿童文学”——反法西斯题材作品李东华《少年的荣耀》研讨会在京召开 2015年1月10日下午，由山西出版传媒集团、希望出版社主办的“希望原创”第二届论坛“写实主义与儿童文学”——李东华反法西斯主题作品《少年的荣耀》研讨会在北京召开。中国作协副主席高洪波、李敬泽，国家新闻出版广电总局出版管理司副司长王然，山西出版传媒集团副总经理琚林勇，希望出版社社长、总编辑梁萍等出席并讲话。束沛德、樊发稼、金波、王泉根、张之路、曹文轩、海飞、刘绪源、胡平、白烨、刘海栖、徐德霞、牛玉秋、王玮、杨平等专家学者40余人参加了会议并发言。

《少年的荣耀》是70后优秀青年作家李东华历经5年潜心创作的儿童抗战小说。讲述的是十一岁的男孩沙良和他的伙伴们在战争岁月里的成长故事。作品用跌宕起伏的故事，引发着当今少年与抗战时期少年的一次内心交流。作品由希望出版社于2014年3月出版后，获得了媒体高度关注，大众广泛认可，先后多次入选重要榜单，并荣获了中宣部2014年第十三届精神文明建设“五个一工程”优秀作品奖。2015年是世界反法西斯战争暨中国抗日战争胜利70周年，《少年的荣耀》是一部聚焦和表现抗日战争，记录和展现一群少年拥有坚定信念、一路如风成长的文艺作品。作品用跌宕起伏的故事，深层次引发着当今少年与抗战时期少年的一次内心交流。评论家刘绪源认为，这部作品是战争题材儿童文学的根本性突破。作家曹文轩也撰文指出，《少年的荣耀》是一部高品质的厚重之作。评论家安武林也同时指出：作品站在二战以来优秀儿童战争小说的高起点上，彰显了“写实性儿童文学的意义”。他们说，作品中的“荣耀”属于勇气和智慧，更显示出中国少年抗争力量绽放之后的喜悦。作品所呈现出的中国抗战背景下少年特有的生活状态和珍贵品质，对当今少年的价值观的培养及成长历程有重大启示。

“70后”以下青年创作现状观察研讨会举行　1月10日，“私人经验·历史记忆与公共空间——‘70后’以下青年创作现状观察”研讨会在京举行。中国作协副主席李敬泽出席会议，近30位专家学者与会。

李敬泽谈到，近年来青年作家创作出越来越多必须认真对待和研究的作品。我们应该思考，沿用传统的批评话语和研究框架来解读和阐释他们的创作，是否依旧有效。他期待年轻一代的批评家能立足于青年作家们丰富的生活经验和创作经验，从特定的概念、角度去阐释这代人的写作。

与会者围绕“70后”“80后”的代际命名展开讨论。陆建德认为，简单地以代际来命名一个写作群体和现象是可疑的，在文学语境里不宜把生于某个时代看得太重要。陈晓明谈到，代际命名事实上反映出了时代的焦虑，对于如何理解当下的文学、新的文学现象的焦虑，对于新的批评话语建构的焦虑。孟繁华谈到，今天同一时代的写作者已经呈现出了千差万别的面目。年轻一代的写作者当下最需要警惕的是创作同质化问题。

1月11日

中国小说学会2014年度中国小说排行榜揭晓　1月11日，由中国小说学会主办，中共兴化市委宣传部承办的2014年度中国小说排行榜在江苏兴化揭晓。25部上榜作品综合体现了本年度中国小说创作的精神风貌和艺术水准。

来自全国各地的二十五位评委，在公平、公正、准确的原则指导下，经过严肃认真、细致深入的遴选和讨论，遵循严格的投票程序，最终评出二十五部上榜作品。计有长篇小说《蟠虺》（刘醒龙）、《日头》（关仁山）、《耶路撒冷》（徐则臣）、《老生》（贾平凹）、《我的名字叫王村》（范小青）五部，中篇小说《所有路的尽头》（弋舟）、《良霞》（李凤群）、《世间已无陈金芳》（石一枫）等十篇，短篇小说《虚拟》（毕飞宇）、《一段被虚构掩盖的家史》（薛忆沩）、《小尾巴》（曹文轩）等十篇。

中国小说学会会长雷达表示，2014的中国小说收获颇为丰硕，题材广阔，风格多样，叙事方式复杂多变，总体而言，呈现出多色调、多方位的文学场景。如何讲好百年中国故事，如何表述丰富驳杂的现实经验，如何探寻人性、灵魂的深层隐秘以及人生命运的壮阔或奇诡，继续构成作家们所共同面对、思考和书写的，一个宏大的精神主题和叙事空间。这里面，有不少作品做出了令人振奋的贡献，也有的作品的探求不尽如人意。但无论成功还是失败，都将是我们的文学健步前行所赖以参照的重要的艺术经验。坚守着“历史深度、人性内涵、艺术创新”的价值立场和艺术尺度，中国小说学会的年度小说排行榜活动迄今为止已持续进行十五届。通过密切关注、及时总结和科学评价新世纪以来历年小说创作的成就，该活动在海内外均产生了重要的影响力。本次排行榜的图书也将由全国百佳出版社之一的二十一世纪出版社继续支持出版。

1月12日

“人民文艺为人民”中华辞赋爱心公益行启动式在京举行 1月12日，由《中华辞赋》杂志社联合中国作家出版集团、中华诗词学会、中国楹联学会等单位共同发起的“人民文艺为人民——名家荐名家·中华辞赋爱心公益行”活动10日上午在北京梅地亚会议中心正式启动。活动以何建明、李东东、翁永曦、闵凡路、杨晓阳、李文朝、蒋有泉、林岫、张虎、启骧、刘建武、徐忠志、顾建平、袁志敏等名家为爱心公益发起人，共同向全国广大文艺界发出倡议，践行习近平总书记文艺座谈会精神，牢记“文艺为人民”的崇高使命，弘扬中国精神，坚守中华文化立场，深入生活、扎根人民。用诗、词、歌、赋、联、曲、书、画的形式讴歌中国社会普通人的奋斗人生，刻画美丽人物，为人民创作，为人民点赞。活动现场得到多位名家的积极响应。

与此同时，由中国诗歌学会和绵阳市李白诗歌协会共同主办的“李白诗歌奖”首届作品征集工作也随之启动，100万元重奖最终将花落谁家，必将掀起诗坛波澜。据李白诗歌奖组委会介绍，参评体裁为诗歌（含散文诗、旧体诗）；首届“李白诗歌奖”的奖项设置为：“李白诗歌奖”1名，奖金50万元；提名奖5名，奖金各10万元。所有获奖诗人将参加2015年5月23日在绵阳举办的首届“李白诗歌奖”颁奖活动。

1月13日

《发现宁都》出版发布暨研讨会在京举行 1月13日，由中国作家出版集团和中共宁都县委、宁都县人民政府共同主办的《发现宁都》出版发布暨研讨会在京举行。

2013年6月和11月，由中国作家出版集团组织、中国作协副主席何建明和叶辛分别带队的“中国名家看宁都”采风团分两批前往江西赣州宁都县采风。采风作品结集为《发现宁都——中国名家看宁都》一书，由作家出版社出版。《发现宁都》一书由何建明主编并作序，收录了作家们创作的20篇作品。这些作品涵盖散文随笔、游记、诗歌等多种体裁，从不同视角、不同侧面展现了宁都之美。此外，书中还穿插了不少宁都的历史人文景观和自然风光图片，以及作家们在当地采风的一些照片。何建明表示，此次宁都之行给人留下了美好而难忘的印象，但我们对这座城市的发掘仍远远不够。广大作家要更好地参与“深入生活，扎根人民”主题实践活动，满怀对人民和生活的热爱进行文学创作。与会者谈到，此次采风活动使自己对宁都有了更加全面而深入的了解，也是一次难得的学习机会，收获颇丰，今后将继续用心走进基层，深入火热的生活之中，努力创作出更多优秀的文学作品。

1月16日

《雨花·中国作家研究》创刊　1月16日，《雨花·中国作家研究》创刊座谈会在江苏徐州举行。江苏省作协主席范小青、江苏师范大学党委书记徐放鸣、徐州工程学院院长张新科、江苏师范大学文学院院长黄德志等参加了座谈会。《雨花·中国作家研究》为月刊，是《雨花》杂志的下半月刊，由江苏省作协主办，中国当代文学研究会协办。刊物以发表长篇小说的研究文章与原创长篇作品为主，兼及当代作家作品和其他文学体裁。该刊单月为学术版，双月为原创版。据悉，该刊将紧密追踪当下文学，将原创作品和学术评论相结合，努力形成作品与研究相互辉映、互为镜鉴的良性局面。

1月17日

《中华辞赋》高端论坛在京举行　2015年1月17日，由《中华辞赋》杂志社、中国作家出版集团主办，中华诗词学会、中国新闻文化促进会协办的“《中华辞赋》高端论坛”在北京中国现代文学馆举行。中国作协副主席、中国作家出版集团管委会主任、《中华辞赋》杂志社社长何建明出席研讨会。李东东、闵凡路、周笃文、蔡世平、黄彦、袁志敏、褚水敖、彭崇谷、张福有等诗人、作家、评论家参加此次研讨。会议由《中华辞赋》杂志总编辑顾建平主持。大家围绕辞赋等传统文体在新的历史时期如何传承、创新，更好地表达人民心声，更紧密地联系时代与社会等问题进行讨论。

与会者认为，为人民而写作是一个非常重要的写作伦理。在辞赋等传统文体的创作中，我们不仅要表达狭小的“个人感伤”，更要讲述大时代下广大人民群众的普遍心声。个体经验是我们进行写作的切入点，但要从这一小点出发，漫延到整个时代与社会的内在心理结构。这样就让宏大的时代氛围通过鲜活的细节呈现，变得清晰起来。在我们丰富的现实生活中，在我们广大的人民群众里，每天都发生着或令人振奋或令人沮丧的故事，辞赋作家应该更加密切地加以关注，运用自己的艺术思维加以概括、提炼，挖掘出故事背后的深刻原因，发出另读者感到信服的感慨。唯其如此，辞赋等传统文体才得以在新的时代焕发出新的活力。

中国诗歌学会迎春诗会暨与人民网合作意向发布会在天津举行 1月17日，中国诗歌学会迎春诗会暨与人民网合作意向发布会在天津举行，评论家谢冕、吴思敬等参加此次活动。与会者对中国诗歌学会近年来的工作给予充分肯定，并为中国诗歌学会与中国新诗的发展积极献言献策。

中国诗歌学会副会长兼秘书长李小雨汇报了学会换届以来的工作。她特别谈到了移动时代新媒体对诗歌的影响，表示在办好会刊《诗志》的同时，将充分利用网络媒体的快捷传播优势，做大做强中国诗歌网，让“中国诗歌学会”微信公众号得到更广泛的传播。中国诗歌学会副会长程步涛在介绍2015年中国诗歌学会工作打算时表示，在新诗百年到来之际，中国诗歌学会将开展更多积极有效的、对社会能产生正能量的工作。会上，中国诗歌学会副会长曾凡华介绍了学会与人民网达成合作意向的有关情况，中国诗歌学会副秘书长大卫介绍了中国新诗排行榜的最新消息。据悉，2015年1月上榜的头条诗人是近期颇受关注的湖北农民女诗人余秀华。

1月20日

范稳长篇小说《吾血吾土》研讨会在京举行 1月20日，由中国作协重点作品扶持办公室、中国作协小说委员会、云南省作家协会、北京十月文艺出版社联合主办的著名作家范稳长篇小说《吾血吾土》研讨会在京举行。中国作协副主席、党组成员、书记处书记李敬泽，中国文联副主席、中国作协名誉副主席丹增，北京十月文艺出版社总编辑韩敬群、云南省文联主席郑明、云南省作协主席黄尧等出席会议并讲话。与会专家就本书的文学特质与艺术探索进行了充分解读与深入探讨。会议由中国作协创研部副主任彭学明主持。

《吾血吾土》是著名作家范稳继“藏地三部曲”之后，蛰伏四年创作出的一部西南联大时期一代知识分子投笔从戎御敌救亡，并在不同的历史时期起落沉浮的英雄史诗。本书为中国作家协会2014年重点作品扶持项目、抗日战争胜利70周年专项长篇小说，2014年9月由北京十月文艺出版社出版。座谈会中，与会专家学者对作品的成功给予充分肯定的同时，也对作品的不足提出了中肯的批评建议。著名文学评论家贺绍俊指出，战争题材一直是当代文学的重要题材，但也是让人们备感失望的题材，虽然作品不少，然而真正令我们感到骄傲的没有几部。检讨其原因，就是我们的战争叙事形成了思维定势，要从中突围并不容易。不过，范稳的《吾血吾土》让我们看到了可喜的突破。此书以新的视角去书写抗日战争，将中国远征军老兵与现代知识分子的命运相融合，表现知识精英的家国情怀。此外，作品视角特别，气势也丝毫不弱于那些正面强攻的作品，同样具有史诗性。白烨同样指出，当下的的作家作品，更多关注的是日常化的生活，平民化的人物，而着眼于题旨较为宏大的叙事，形象较为光辉的人物的写作，作品为数不是很多，力作更是少见。从这个意义上说，范稳的《吾血吾土》，在当下的小说写作中，具有显而易见的重要突破。陈晓明认为，《吾血吾土》直接切入历史深处，通过“过去”

与“现在”的巨大世事反差，凸显出有意味的对比与关照，将丰富的事件、关联的线索放入交叉的时空轨道，将时代的荒谬、历史的纠葛、乱世浊流中个人铜板一样的命运、对错不过毫厘之间的悲剧体现得更为入力。岳雯则认为，阅读需要走向大地，只有走向大地，才能理解赵广陵为什么一次次更名，才能理解每一个不能说、不愿意说的背后的隐痛，才能理解那一段相隔未远已然有些缥缈的历史是如何决定了一个人的命运，也决定了我们这个民族的未来。

范稳在谈及创作体会时说：“《吾血吾土》是我在完成‘藏地三部曲’之后的一部转型之作，是从藏民族历史文化书写到汉民族历史文化书写的回归，是从大地走向历史纵深处的尝试。这是一次冒险之旅，也是一次全新的挑战，更是一次向我们的民族英魂致敬的补赎。正是在这部书的写作中，我方逐步认识到：历史从来不会被无端割裂，也不会被轻易掩盖。它可能会被遗忘，但只要我们拒绝遗忘，历史就正如我们的文化传统一样，会代代传承下去。这些可敬的老兵，过去一直隐匿在历史的纵深处，现在我们将他们推到历史的前台，把他们的光荣昭示于天下，让他们接受人们的致敬，以告慰他们饱经沧桑的心灵。或许，这就是我能为他们做的些微有意义的事情，也是一次作为一个普通的中国人面对历史的义务和责任。”

江苏省第五届紫金山文学奖颁奖　1月20日上午，江苏省第五届紫金山文学奖颁奖座谈会在南京召开。江苏省委常委、宣传部部长王燕文，宣传部副部长梁勇，部务委员李朝润，江苏省作协党组书记、主席范小青，副书记张王飞，党组成员、书记处书记王朔，副巡视员、创研室主任汪政，省作协副主席周梅森、丁帆，各市作协主席，获奖作家以及媒体记者出席了颁奖座谈会。

三年一届的紫金山文学奖是江苏省最高的综合性文学大奖，举办五届以来，已在江苏及全国形成了一定的权威和影响。2014年是第五届紫金山文学奖的评审之年，本届奖的特点是申报数量为历届之最，达283项，呈现出江苏文学大丰收的景象。经评委会评审和投票表决，张新科的长篇小说《远东来信》等46名作家获得了创作类奖和评论类奖，吴秀坤等3人获优秀文学编辑奖、何同彬等3人获文学新人奖。本届紫金山文学奖获奖作家的年龄层次比较宽，70后、80后占到了32%，比上届增加了十个百分点。女作家的获奖比例也占到了19%，显示了江苏女作家的不俗实力。专家认为：本届紫金山文学奖是江苏文学成果的一次整体展示，也是江苏作家队伍的一次集中亮相。略有缺憾的是，本届文学翻译奖空缺，网络文学奖也只有一名获奖者。

《新时期少数民族文学作品选集》第三批卷本终审会议在京举行　1月20日，中国少数民族文学发展工程优秀作品出版扶持专项——《新时期少数民族文学作品选集》第三批卷本终审会议在京举行。中国作协书记处书记白庚胜出席会议并讲话。来自高山族、京族、毛南族、怒族、独龙族、门巴族、珞巴族、基诺族、布朗族、德昂族、阿昌族、傣族、拉祜族、裕固族、赫哲族、达斡尔族、鄂温克族、鄂伦春族、土族、保安族、撒拉族、柯尔克孜族、塔吉克族、俄罗斯族、乌孜别克族、塔塔尔族等26个民族卷的主编及在京专家共30余人与会。此次终审会议就《新时期少数民族文学作品选集》第三批卷本所选作品进行了终审，并对下一步修改、补充及出版工作提出了具体要求。

白庚胜代表中国作协党组、书记处对《新时期少数民族文学作品选集》第一、二批29个民族卷共38册的出版成果予以肯定，并向各民族卷主编为少数民族文学事业繁荣发展付出的辛劳表示感谢。他说，《新时期少数民族文学作品选集》的编选工作在坚持基本选编原则、统一体例、出版规范的基础上进行，充分尊重各民族文学发展现状，尊重各卷编委会的编选权，尊重文学发展规律，尊重少数民族文学特点，取得了骄人的成绩。希望第三批26个民族卷主编能够充分认识这项工作的重要性、神圣性，认真履行职责，编选出不负党和人民期望、令读者满意、令本民族作家满意的作品选。各卷主编分别介绍了各自的编选工作情况，普遍反映通过编选工作更加清楚地了解了本民族的文学创作现状，清晰地梳理了本民族文学自改革开放以来的发展脉络，更加感受到党和国家对少数民族文学、文化的关心、爱护与尊重。同时，他们也提出了一些编选工作中遇到的问题和困难，比如卷本体例、前言、后记具体要求、作品入选排序等，并得到作家出版社编辑的现场解答。

在随后的分组审读中，各组专家分别对入选作品在民族宗教、思想内容、代表性与重点性、平衡性与整体性以及有无著作权争议等方面进行了认真审读，提出了具体的修改意见。经过充分沟通、讨论后，所有卷本顺利通过终审，决定在适当补充完善后于2月底交由作家出版社正式出版。

1月21日

“当代·长篇小说年度论坛”在北京举办 1月21日，“当代·长篇小说年度论坛”在北京举办，中国作家协会主席、著名作家铁凝出席论坛，并获得“荣誉作家”称号。铁凝肯定了《当代》杂志存在的意义，并谈到对写作的看法，“为读者不断奉献出积攒希望、颐养深情的好作品，就应当是我们写作者不能懈怠的本分”。

铁凝将今天的论坛称之为“盛会”，言语之间充满认可之意，“能和诸位文学前辈、作家同行们一同成为《当代》杂志的荣誉作家，这是我本人的荣幸”。每一部作品的出版，无不凝结编辑的心血。铁凝也说过，每当感到在文学创作遭遇失败的时候，听到鼓励声音最多的是来自那些文学编辑，“我要向《当代》几代编辑家表达我的敬意，是你们诚朴、严谨、敬业的精神，35年来成就了一本响亮的刊物”。《当代》创刊于1979年。这个名字在铁凝看来是勇气与担当，也是昂扬面对中国当代社会变革的持久坚守，“也是文学不会避嫌的责任”。

湖南省报告文学学会发起人座谈会暨筹备工作会议召开 1月23日，湖南省报告文学学会发起人座谈会暨筹备工作会议在长沙召开。湖南省作家协会党组成员、专职副主席兼秘书长王跃文，省作家协会党组成员、机关党委书记、毛泽东文学院管理处主任游和平，湖南省社会组

织管理局处长龙吉士等领导，以及来自全省各地的20余位报告文学作家参加会议。会议由王跃文同志主持。

会上，游和平同志首先介绍了湖南省报告文学的现状及发展情况，阐明了筹备成立湖南省报告文学学会的必要性和重要意义。会议介绍了学会筹备情况和发起人情况，酝酿商议了拟任负责人的人选，并对《湖南省报告文学学会章程（草案）》《湖南省报告文学学会会员发展工作具体办法（草案）》《湖南省报告文学学会第一批会员发展办法（草案）》“湖南省报告文学学会入会申请表”进行了充分的讨论，并提出修改意见。同时，会议还对学会资金的筹措、办公场所的选定以及学会成立暨第一次会员大会等相关事项进行了充分的讨论和协商，形成了会议决议。王跃文同志表示，对于湖南省成立报告文学学会一事，中国报告文学学会、湖南省民政厅和湖南省作协高度重视，给予了大力帮助和具体指导，以后省作协将加大力度做好指导、管理和服务工作，希望学会的成立，团结全省广大会员，共同提升学会的服务水平和社会影响，推进湖南报告文学事业的发展。

1月23日

《作家文摘》揭晓2014年度十大非虚构好书　1月23日，第3届《作家文摘》年度非虚构好书揭晓。《作家文摘》总编辑张亚丽表示，非虚构好书的评选，始终立足于《作家文摘》本身的文化品质定位，立足于“求真、深度”的办报宗旨。

《找寻真实的蒋介石——还原13个历史真相》，《王明年谱》，《一个戴灰帽子的人》，《中国生存启示录》，《我的家庭回忆录》，《沈从文的后半生：1948—1988》，《庭院深深钓鱼台：我给江青当秘书》，《革命时代的士大夫：汪曾祺闲录》，《梁漱溟日记》，《南京大屠杀全纪实》荣登《作家文摘》2014年度十大非虚构好书榜。《不信青史尽成灰：彭德怀的铁骨与柔肠》《林立果“小舰队”兴亡始末》获“最受读者欢迎奖”。

1月25日

王妹英长篇小说《山川记》研讨会在京举行　1月25日，由《中国作家》杂志社和陕西省作协主办的王妹英长篇小说《山川记》研讨会在京举行。中国作协书记处书记阎晶明、中国现代文学馆馆长吴义勤、《中国作家》主编王山、陕西省作协副主席李国平等与会。

王妹英的长篇小说《山川记》通过对桃花川三代人命运的演绎，讲述了陕西农村从解放初期至改革开放的蜕变、发展，以及当地人的困惑、进取和思考。与会者谈到，《山川记》是一部从土地里生长出来的作品，山川、历史、心灵、风俗是小说的主题词，土地和人的关系，在小说里得到清晰的诠释。作家把桃花村几代人的命运同历史演变结合在一起，呈现的是人的精神、情感和伦理。在塑造人物方面，每一个人都体现出旺盛的、原始的生命力，尤其以蓝花为代表的一系列乡村女性更是体现出人性的美好。作家笔下的乡村充满善意，她的乡土中国充满了阳光和温暖。与会者还谈到了作品存在的问题。他们认为，小说虽是虚构的艺术，但要保证涉及的大历史真实可靠，作家善于写日常生活，但在写宏大的社会历史方面略显薄弱。正面人物塑造得不够生动，文学作品如何塑造立得住的正面人物需要作家有更深的艺术功底。此外，小说思维要求跳出个人体验，去体会人物的所思所想，然后从客观角度结构小说，《山川记》在这方面也需要改进。

1月26日

鲁迅文学院第二十五届中青年作家高级研讨班结业　经过在鲁迅文学院为期两个月的学习研修，来自全国各地的52名网络作家近日圆满完成了各项学习任务，顺利结业。1月26日，鲁迅文学院第二十五届中青年作家高级研讨班（网络作家班）结业典礼在京举行。中国作协主席铁凝，中国作协党组书记、鲁迅文学院院长钱小芊，中国作协副主席何建明、陈崎嵘、李敬泽，中国作协书记处书记白庚胜、阎晶明出席结业典礼，为学员们颁发了结业证书，并与大家合影留念。

本届网络作家高研班是在全国深入学习贯彻习近平总书记文艺工作座谈会重要讲话精神的热潮中举办的，是鲁迅文学院第一次举办网络作家高研班，旨在推进网络文学健康发展，帮助网络作家牢固树立以人民为中心的创作导向，弘扬社会主义核心价值观，不断提高学养、涵养、修养，为人民奉献更多文质兼美的精神食粮。通过两个月的学习，学员们获得了精神上的熏陶和艺术感觉上的滋养，在思想认识、知识积累、文学训练和个人成长方面收获良多，为今后的文学成长作了良好的铺垫，学员之间也结下了文学道路上同行的珍贵友谊。据介绍，本届网络作家高研班突出思想性引领，把深入学习贯彻文艺工作座谈会精神作为首要任务，安排一周时间分专题对习近平总书记在文艺工作座谈会上的重要讲话精神进行集中学习研讨。整个学习讨论紧密结合我国网络文学发展的实际，结合网络作家的创作实践，内容涵盖了领读讲话全文、专家辅导、围绕专题分组学习、全体学员集中交流等环节。通过学习研讨，学员们认识到，网络作家要高举社会主义核心价值观的旗帜，努力做到德艺双馨，更加注重作品的社会效益和社会价值，努力创作出饱含正能量、富有感染力，温润心灵、启迪心智，传得开、留得住，为人民群众所喜爱的优秀网络文学作品。

1月28日

雷加百年诞辰纪念座谈会在京举行　1月28日，由中国作家协会主办的雷加百年诞辰纪念座谈会在中国现代文学馆举行。中国作协主席铁凝出席会议并致辞。中国作协党组书记、副主席钱小芊主持会议。中国作协副主席李敬泽、中国作协副主席陈建功、北京市文联党组书记程慧民，以及束沛德、郑伯农、周明、解玺璋、陈漱渝、崔道怡、张守仁、张同吾、李霄明、刘慧英、郭娟等专家学者和雷加的亲属80余人出席了座谈会。

在座谈会上，铁凝高度评价了雷加的创作道路及文学成就，尤其肯定了其对“延安精神”和现实主义文学的执着坚守，并指出其深入生活的文艺道路和以生活真实为基础的审美追求，在今天尤具学习价值。陈建功、程慧民、邢培红、杨聪凤、马尚瑞、卢新华、邵济安等也从不同的方面对雷加从事文学创作所取得的成就给予高度评价。座谈会后，雷加亲属向中国现代文学馆捐赠了雷加部分手稿。

余秀华当选钟祥市作协副主席　1月28日，该市作家协会召开第七次代表大会，总结部署工作，审议并通过《钟祥市作家协会章程》，还选举产生了新一届理事会及领导机构。其中余秀华当选为湖北省钟祥市作家协会新一届副主席。这位近期在网上爆红的湖北农妇、诗人在谈到当选市作协副主席的心情时说，“没有什么异样，我还是感觉自己很平凡啊。也没啥多说的啊”。当了市作协副主席，会有较多的机会与其他作家同行交流，“我也愿意跟大家交流的”。余秀华透露，自己即将去北京，“是出版方安排的一次诗集签售活动。具体还会不会有朗诵活动，我还不知道”。

1月29日

2014年度“中国作家出版集团奖”颁奖　1月29日，2014年度“中国作家出版集团奖”颁奖会在京举行。中国作协副主席、中国作家出版集团党委书记何建明出席颁奖会并讲话。中国作家出版集团所属各报刊社全体职工参加颁奖会。

2014年度“中国作家出版集团奖”共评选出特别贡献奖1名，优秀作家贡献奖5名，优秀编辑（记者）奖10名。人民文学杂志社《人民文学》外文版编辑部获特别贡献奖，刘心武、曾庆瑞、关仁山、李洁非、荣荣获优秀作家贡献奖，顾建平、哈闻、徐则臣、徐健、彭敏、郭汉睿、张克军、翟民、姬小琴、顾超获得优秀编辑（记者）奖。

何建明在致辞中向获奖者表示祝贺，并代表出版集团向与会作家和在过去的一年里为出版集团建设和发展作出贡献的干部职工们表达了敬意和感谢。他说，“中国作家出版集团奖”自2009年创办，已成功举办6届。设立和颁发这一奖项，目的就是要更好地履行中国作协赋予中国作家出版集团团结、服务作家的基本职能，鼓励各报刊社编辑记者爱岗敬业、推出更多更优秀的文学精品，进一步提升集团所属报刊社的影响力、吸引力和凝聚力。他希望广大作家朋友能更多地关注出版集团所属报刊社的文学平台，发挥好文学报刊社网的阵地作用；希望出版集团广大干部职工保持高昂的工作激情，为出版集团和报刊社的发展自觉奉献每一个人的智慧和力量，胜任并快乐地工作。会上，何建明回顾了2014年中国作家出版集团的工作，并对2015年的重点工作进行了部署。他说，2015年出版集团要深入认真学习宣传贯彻习近平总书记系列重要讲话，特别是在文艺工作座谈会上的重要讲话精神，坚持“深入生活、扎根人民”，持续以改革的姿态面对和处理发展中的问题，进一步统合旗下资源，继续打造好原创文学的报刊出版平台，为我国文学事业的繁荣发展作出自己的贡献。葛笑政代表评奖委员会对“中国作家出版集团奖”的评奖情况作了说明。各位获奖作家评论家、特别贡献奖获奖集体代表邱华栋和优秀编辑（记者）奖获奖代表徐则臣、姬小琴等在会上发言。颁奖会由中国作家出版集团管委会副主任徐忠志主持。

1月30日

《生命线上的奇迹》作品座谈会在京举行　1月30日，由中共绥江县委、绥江县人民政府、中国报告文学学会和作家出版社共同主办的云南绥江县移民工作经验汇报交流暨《生命线上的奇迹》作品座谈会在京举行。中国作协副主席、中国报告文学学会会长何建明出席座谈会并致辞。作家出版社社长葛笑政、总编辑张陵及部分作家、评论家与会研讨。

王鸿鹏创作的长篇报告文学《生命线上的奇迹》讲述了云南绥江县6万移民群众为支援国家开发金沙江、建设向家坝而告别世代生活的家园、举城搬迁的动人故事。与会专家就这部作品的现实意义、时代价值和艺术特色等方面进行了深入探讨。与会者认为，这部作品以豪迈的气势、饱满的激情和诗意的表达，充分展示了我国进行西部水电能源大开发的生动实践。全书塑造了众多基层干部群众和企业职工形象，赞美了绥江人高尚的家国情怀和坚韧执著的“纤夫精神”。

1月31日

首届“阿克塞”哈萨克族文学奖揭晓　“阿克塞”哈萨克族文学奖由中国少数民族作家学会和甘肃省阿克塞哈萨克族自治县人民政府共同主办，《民族文学》杂志社协办，是奖掖全国哈萨克族作家创作的各类文学作品和哈萨克文文学创作及翻译的文学奖项，旨在弘扬和体现社会主义核心价值观，唱响爱国主义主旋律，加强中华多民族文学交流，繁荣少数民族文学，推进哈萨克族文学发展。该奖由阿克塞哈萨克族自治县人民政府长期支持。“阿克塞”哈萨克族文学奖自2014年8月3日启动，截至2014年11月25日，共收到来自新疆各级文联、作协、出版单位，以及民族文学杂志社、民族出版社和贵州台江县文联申报的107部参评作品，其中哈萨克文作品102部（包括翻译作品），汉文作品5部，经过评奖办公室审核，共有94部作品参评。

吉狄马加、李敬泽、白庚胜、叶梅、银雁、石一宁、李霄明、赵晏彪、叶尔克西·胡尔曼别克、哈里别克·苏里坦、于锐华等组委会领导和评委出席评审会，大家认为该奖项既是对哈萨克族文学的一次大检阅，也是在国家对文化高度重视、中国作协对少数民族文学大力支持的情况下，少数民族文化大发展大繁荣的具体体现，不仅是哈萨克族文学的盛事，也是中国文学的盛事。

各位评委恪守评奖条例，秉承专业的学术精神和良知，经过严谨、认真、细致的评审和充分的交流讨论，以实名投票方式评选出9部获奖作品，即“阿克塞”哈萨克族文学奖大奖1部，“阿克塞”哈萨克族文学奖创作奖4部，“阿克塞”哈萨克族文学奖翻译奖2部，“阿克塞”哈萨克族文学奖新锐奖2部。

2014《民族文学》年度奖颁奖会在京举办 1月31日，“2014《民族文学》年度奖”颁奖会在中国现代文学馆举行。全国人大原副委员长司马义·买提、司马义·铁力瓦尔地，中国作协党组成员、书记处书记、副主席何建明、李敬泽，新疆建设兵团原副司令伯塔依·库平，中国少数民族作家学会常务副会长叶梅，《民族文学》主编石一宁、中国作协机关党委常务副书记李霄明，中国民族语文翻译局副局长李万瑛等出席颁奖会。颁奖会由《民族文学》副主编赵晏彪主持。

2014《民族文学》年度奖从本年度的汉、蒙古、藏、维吾尔、哈萨克、朝鲜六种文版中共评选出了39篇（首）获奖作品，其中包括9篇（首）“中国梦”征文获奖作品，涉及小说、散文、诗歌、纪实文学、翻译作品、母语原创六种类别。这些获奖作品，带着多民族作家独特的生活体验和个人经验，在题材表现、创作手法等方面都有所突破。获得本届年度奖的10篇母语原创作品彰显了少数民族母语创作的实力。翻译作品则更加注重多民族文学之间乃至与世界文学的沟通，12篇获奖作品得到了少数民族母语读者的广泛赞誉。

《民族文学》主编石一宁在致辞中提出，过去的一年中，少数民族文学在党和国家的重视关怀下，在中国作协“少数民族文学发展工程”的大力推动下，在广大作家和文学工作者的勤奋耕耘下，绚丽夺目，活跃生辉。展望新的一年，《民族文学》将秉承办刊宗旨，以刊物为园地，继续鼓励少数民族作家深入生活，扎根人民，努力创作，以无愧于时代的优秀作品，开阔各民族读者的审美视野，丰富各族人民的精神生活，鼓舞各族人民朝气蓬勃迈向美好未来。出席颁奖会的还有其其格、彭学明、何向阳、徐忠志、白崇人、王干、牛玉秋、高深、艾克拜尔·吾拉木等汉文版部分在京评委和编委，降边嘉措、陈岗龙、扎巴军乃、扎巴、加羊达杰、拉先加、阿合买提、艾尔肯·阿热孜、穆合塔尔、木耐、李元吉、朴文峰等少数民族文字版评委和审读员，中国民族语文翻译局各文室主任，以及周文琴、钟翔等《民族文学》部分创作基地代表。作家和翻译家们都表示，这是一次各民族大团结的会，是一次对民族文学检阅的大会，在这送旧迎新的时刻，大家朝着首都北京而来，朝着文学而来，朝着繁荣兴旺民族文化而来。希望在中国作协党组的领导下，民族文学越办越好。

获奖篇目

小说

《一眼望不到头》（汉文版2期）作者：于怀岸（回族）

《蛋壳》（汉文版3期）作者：阿舍（维吾尔族）

《耳顺之年》（汉文版4期）作者：孙春平（满族）

《房间》（汉文版6期）作者：于晓威（满族）

《猎狼犬》（蒙古文版6期）作者：苏尤格（蒙古族）

《霪雨》（藏文版6期）作者：华赞（藏族）

《愧疚》（维吾尔文版3期）作者：吐尔逊江·买买提（维吾尔族）

《土香》（哈萨克文版4期）作者：哈布丁·我叫拜（哈萨克族）

《金窝》（哈萨克文版5期）作者：巴哈尔·别尔德别克（哈萨克族）

《呆子们的盛宴》（朝鲜文版5期）作者：姜再熙（朝鲜族）

散文

《百年梨树记》（汉文版7期）作者：丹增（藏族）

《怒江东流去》（汉文版11期）作者：敏洮舟（回族）

《铸造巴尔虎文化之魂》（蒙古文版5期）作者：布仁巴雅尔（蒙古族）

诗歌

《诗歌，词语，春天》（汉文版8期）作者：曹有云（藏族）

《玫瑰赞》（汉文版9期）作者：麦麦提敏·阿卜力孜（维吾尔族）

《这些天》（藏文版4期）作者：桑格多杰（藏族）《向苹果发问》（维吾尔文版3期）作者：阿迪力·吐尼亚孜（维吾尔族）

《蒲公英》（朝鲜文版5期）作者：姜孝三（朝鲜族）

翻译作品

《骆驼的眼泪》（诗歌·汉文版6期）作者：金哲（朝鲜族）译者：朱霞（朝鲜族）

《飞翔天宇》（诗歌·汉文版9期）作者：哈志别克·艾达尔汗（哈萨克族）译者：海纳尔·达列力别克（哈萨克族）

《哈扎尔辞典》（小说·蒙古文版1期）译者：那仁毕力格（蒙古族）

《大淖记事》（小说·蒙古文版4期）译者：阿拉坦巴根（蒙古族）

《七十岁出门远行》（小说·藏文版1期）译者：边巴顿珠（藏族）

《忆大山》（散文·藏文版5期）译者：普日科（藏族）

《哈扎尔辞典》（小说·维吾尔文版1期）译者：帕尔哈提·吐尔逊（维吾尔族）

《北方》（诗歌·维吾尔文版6期）译者：帕尔哈提·伊力亚斯（维吾尔族）

《高楼万丈平地起》（小说·哈萨克文版2期）译者：巴拉番·热巴吐（哈萨克族）
《长河》（小说·哈萨克文版3期）译者：哈地拉·努尔哈力（哈萨克族）
《她的名字》（小说·朝鲜文版6期）译者：金虎雄（朝鲜族）
《背对桃花》（诗歌·朝鲜文版3期）译者：全春梅（朝鲜族）

“中国梦”征文

《青蛇》（小说·汉文版9期）作者：温新阶（土家族）
《悠远的长歌》（散文·汉文版10期）作者：赵玫（满族）
《飞天逐梦醉酒泉》（诗歌·汉文版10期）作者：吴基伟（侗族）
《满语课》（散文·汉文版12期）作者：格致（满族）
《门卫大叔》（散文·蒙古文版4期）作者：毕力格（蒙古族）
《希望》（散文·藏文版3期）作者：万玛仁增（藏族）
《喜鹊的欢声》（散文·维吾尔文版4期）作者：艾克拜尔·卡迪尔（维吾尔族）
《家乡》（诗歌·哈萨克版6期）作者：马汗·拜对山（哈萨克族）
《希望和梦想》（诗歌·朝鲜文版2期）作者：南永前（朝鲜族）

2月

2月1日

“我与中国散文30年联谊会”在京举办　2月1日，由中国散文学会主办的“我与中国散文30年联谊会”在京举办。王巨才、周明、贺捷生、石英、吴泰昌、王宗仁、柳萌、叶梅、红孩等100多位散文作家参会，一起交流、总结30年来中国散文学会的工作情况。

中国散文学会1984年8月在天津成立。30年来，学会会员由最初的两三百人发展到如今的近5000人，学会组织开展了大量助推散文创作的活动，如创办《中国散文报》、举办各类征文评奖活动，组织研讨会、采风笔会，出版各种散文书籍等。周明谈到，中国散文学会在30年的工作中积极加强学会与社会各界联系，通过多种途径为会员服务，为散文的繁荣发展起到了很好的推动作用，但在散文理论建设和对外交流方面还有待加强。联谊会上，中国散文学会对30年来在散文领域作出突出贡献的散文名家、散文编辑、散文理论家和组织机构进行了表彰。为庆祝中国散文学会成立30周年，学会去年启动了“我与中国散文30年”征文比赛，获奖名单也在联谊会上公布。

2月3日

2014年度辽宁文学奖在沈阳颁发 2月3日，辽宁省作家协会第九届理事会第六次全体会议暨辽宁文学奖颁奖大会在沈阳召开。省作协党组书记、副主席朱庆昌做了题为《认真学习贯彻习总书记文艺座谈会讲话精神，努力出人才，出精品，推进辽宁文学的新发展新繁荣》的工作报告。会议对第六届鲁迅文学奖、第九届全国优秀儿童文学奖、2014年度辽宁文学奖、“中国梦”主题征文奖获得者进行了表彰。省委宣传部副部长盖成立出席会议并作讲话，省作协主席、党组副书记刘文艳主持会议。

本届辽宁文学奖共评出文学评论奖3部，文学翻译奖2部，曹雪芹长篇小说奖提名奖3部，2人获得青年作家奖；获得“中国梦”主题文学创作征文奖的作品共43部。12部作品获得省作协第二届重点作品扶持立项。会上还对获得第六届鲁迅文学奖的三位作家马晓丽、孟繁华、贺绍俊以及获得第九届全国优秀儿童文学奖的作家单瑛琪进行了再奖励。省作协主席团成员、理事、顾问、名誉成员、各市文联、作协负责人，获奖作家等100余人参加会议。

2月6日

民族文学景宁创作基地、浙江省作家协会景宁创作基地挂牌 “中国作家协会民族文学景宁创作基地”和“浙江省作家协会景宁创作基地”在浙江省景宁畲族自治县挂牌成立，同时启动的还有全国“山哈杯”畲族文学大奖赛。

中国少数民族作家学会常务副会长、中国作协主席团委员叶梅到会讲话并宣布：全国“山哈杯”畲族文学大奖赛正式启动。《民族文学》副主编赵晏彪宣读了中国作家协会书记处书记白庚胜和中国少数民族学会石柱创作基地、民族文学彭水创作基地分别发来的贺信，并向景宁畲族自治县宣传部长潘晓泉授“民族文学景宁创作基地”牌匾。浙江省作协党组成员、秘书长王益军向景宁畲族自治县宣传部长潘晓泉授“浙江省作家协会景宁创作基地”牌匾。两年一届的“山哈杯”全国畲族文学大奖赛的启动，将一定程度引领畲族文学整体实力的提升、畲族作家创作队伍的发展壮大。景宁畲族自治县的文学爱好者和畲族作家等三十余人参加了授牌及“山哈杯”全国畲族文学大奖赛的启动仪式。

2月9日

杨宪益百年诞辰纪念座谈会在京举行 2月9日，由中国作家协会主办的杨宪益百年诞辰纪念座谈会在中国现代文学馆举行。中国作家协会主席铁凝出席座谈会并讲话。中国作家协会副主席李敬泽主持会议。

铁凝在讲话中谈到，杨宪益是一位卓有成就的翻译家，他将中国文学宝库中的精品译介到国外，为促进各国人民了解中国、增进友谊和团结，做出了巨大贡献；同时他也翻译了大量外国古典名著，开拓了中国读者的眼界，传播了世界优秀文化。他为翻译事业奉献了毕生精力，值得后人景仰、学习。在研讨会上，屠岸、叶廷芳等专家学者先后作了发言，从不同的方面对杨宪益的翻译成就给予高度评价。

著名翻译家文洁若、著名导演谢飞、鲁迅博物馆副馆长黄乔生、旅美作家范玮丽等在京的专家、学者和杨宪益的亲属画家赵蘅等近百人出席了座谈会。

“草根诗人”现象与诗歌新生态研讨会在京举行　2月9日，由中国作协创作研究部、诗刊社、文艺报社联合主办的“草根诗人”现象与诗歌新生态研讨会在京举行。中国作协副主席李敬泽，《文艺报》总编辑梁鸿鹰，《诗刊》常务副主编商震、副主编李少君，中国作协创研部副主任何向阳、彭学明，以及十多位诗人和批评家与会，大家就“草根诗歌”的特征、诗歌与现实的关系、新媒体对诗歌生态的影响、诗歌批评的标准等问题展开研讨。研讨会以余秀华、郭金牛、陈亮、曹利华、笨水、老井、玉珍等15位诗人为研讨对象，由点及面地讨论草根诗歌。

2月10日

中国作协举行2015年迎春茶话会　八骏奔腾传捷报，五羊跳跃展新图。新春伊始，万象更新，神州大地一派生机盎然。在2015乙未羊年即将到来之际，中国作家协会在首都大酒店举行老作家老同志迎春茶话会。中国作协主席铁凝，中国作协党组书记、副主席钱小芊，中国作协副主席何建明、陈崎嵘、李敬泽，中国作协书记处书记白庚胜、阎晶明，同在京的400多位老作家老同志欢聚一堂，共迎新春。

迎春茶话会由钱小芊主持，他一一介绍了出席迎春茶话会的中国作协党组书记处各位同志，向老作家老同志们致以新春的祝福和问候，感谢大家对中国作协工作和我国文学事业繁荣发展的关心和支持。铁凝在迎春茶话会上致辞。她说，过去的一年是不平凡的一年，特别是10月15日，习近平总书记主持召开文艺工作座谈会并发表重要讲话，体现了对全国文艺工作者的殷切希望和郑重嘱托。我们强烈感受到一个国家、一个民族对文学的尊重与期待，强烈感受到在新的历史时期沉甸甸的使命和责任，获得了再次出发的动力。我们要认真贯彻落实讲话精神，深刻领会肩负的责任和使命，深入生活，扎根人民，振奋精神，团结一心，为推动我国社会主义文学事业的繁荣发展不懈努力，作出新的更大的贡献。铁凝谈到，过去的一年更是难忘的一年。这一年，中国作协各方面工作都有了新的进展。我们集中学习习近平总书记系列重要讲话，结合文学界实际深入研究如何有效地引领文学创作、服务作家，增强了使命意识、责任意识、阵地意识和岗位意识。很多的文学前辈、师长、朋友，都以远见卓识和浸润了时间重量的智慧，给作协工作提出了宝贵意见和建议。“知史而智，持智而勇”，这些饱含着热情、经验与智慧的意见和建议，让我们倍加珍惜。在新的一年里，中国作协将一如既往，千方百计地开辟更加广阔的空间，不遗余力地推动中国文学的繁荣发展，让每一个作家的创造力尽情涌流，让我们的文学园地百花竞放，群星灿烂。

春日的首都大酒店笑语盈盈，暖意融融，到处洋溢着喜庆祥和的节日气氛。中国作协党组书记处同志与前来参加迎春茶话会的作家朋友逐一握手，互致问候，送上对羊年新春的真挚祝福。茶话会务实简朴，情真意切，许久未见的老同志们互相拥抱致意、共话家常，祝愿彼此身体健康、万事如意。中国作协作家权益保障办公室还在活动现场设立了法律咨询台，并向前来咨询的作家赠送《作家权益》一书。

《民族文学》广西中青年作家专号研讨会在京召开　2月10日，《民族文学》广西中青年作家专号研讨会在中国现代文学馆召开。中国作协党组成员、书记处书记白庚胜，中国出版集团公司原总裁、韬奋基金会理事长聂震宁，《民族文学》主编石一宁，广西文联党组成员、副主席石才夫，《民族文学》副主编赵晏彪，以及梁鸿鹰、何向阳、雷达、范咏戈、白烨、贺绍俊、王必胜、黄宾堂、王彬、王久辛等评论家出席了研讨会。严风华、凡一平、张柱林、林虹等广西作家亦赴京参会。

《民族文学》主编石一宁向与会作家、评论家介绍了《民族文学》1期广西中青年作家专号从筹备到出刊的总体情况。1期专号共收录了7个民族的7篇小说，5篇散文、44位诗人的诗歌，黄佩华、凡一平、冯艺、严风华、李约热、何述强、陶丽群、光盘、黄土路、石才夫、杨仕芳等中青年作家的创作各有千秋，引人关注。尤其值得一提的是，专号策划了大学生诗页，集中发表了33位80后和90后青年诗人的诗作，形成集体的冲击力，是这期专号的又一特色和亮点。

2月11日

李小雨同志在北京逝世　中国共产党优秀党员，当代著名诗人，诗刊社原常务副主编、中国诗歌学会副会长李小雨同志，因病于2015年2月11日在北京去世，享年64岁。

2月12日

柳杞同志逝世在北京逝世　北京军区政治部创作室原副主任柳杞同志，于2015年2月12日在京逝世，享年94岁。柳杞，原名蔺风萼，后改名蔺柳杞，1937年开始发表作品，1956年加入中国作家协会。著有长篇小说《长城烟尘》《战争奇观》、小说集《好年胜景》《苍苔履痕》《山径崎岖》、散文集《九尽杨花开》等。

2月25日

黎汝清同志在南京逝世　南京军区政治部创作室原创作员黎汝清同志，因病医治无效，于2015年2月25日在南京逝世，享年88岁。

黎汝清，中共党员。1979年加入中国作家协会。著有长篇小说《海岛女民兵》《皖南事变》等，儿童文学集《秘密联络站》，诗歌散文集《在祖国的土地上》等，电影文学剧本《长征》等，评论集《黎汝清研究专集》等。曾获全国第二届图书奖金钥匙奖、全军第三届文艺新作品一等奖、1988年华表奖、第二十一届《大众电影》百花奖等。

2月26日

孟伟哉同志在北京逝世　中国文联原党组副书记、秘书长，中国作协名誉委员孟伟哉同志，因病医治无效，于2015年2月26日在京逝世，享年82岁。

孟伟哉，1950年开始发表作品。1979年加入中国作家协会。著有长篇小说《昨天的战争》《访问失踪者》，中篇小说《夫妇》《黎明潮》，短篇小说《归途》《一百名死者的最后时刻》《战俘》等百余篇，作品集《孟伟哉诗选》《孟伟哉小说选》，论文评论集《作家的头脑怎样工作》，散文集《人在风云幻化中》等。《一座雕像的诞生》获首届解放军文艺奖。

2月28日

刘茵同志在北京逝世　人民文学出版社专家委员会委员、《中华文学选刊》杂志社原常务副主编刘茵同志，因病于2015年2月28日在京逝世，享年79岁。

刘茵，女，中共党员。1954年开始发表作品。1984年加入中国作家协会。发表散文、报告文学、评论作品几十万字，著有《徐曼小姐》《陆游》。报告文学《播鲁迅精神之火》（合作）获全国优秀报告文学奖、《当代》文学奖等。编辑作品多次获全国优秀报告文学奖、徐迟报告文学奖、鲁迅文学奖、精神文明建设“五个一工程”奖等。

3月

3月1日

长篇报告文学《雷锋在1958》研讨会在雷锋故乡举行　3月1日，在“向雷锋同志学习”活动开展52周年之际，长篇报告文学《雷锋在1958》研讨会在湖南雷锋纪念馆召开。此次研讨会由毛泽东文学院、长沙市文明办、长沙市作家协会、长沙市望城区委宣传部、湖南雷锋纪念馆联合主办，长沙市望城区文明办、长沙市望城区作家协会承办。研讨会由湖南省作家协会党组成员、机关党委书记、毛泽东文学院管理处主任游和平主持。望城区党政主要领导也出席了此次研讨会。

中国作家协会副主席谭谈在研讨会上指出，作者用文学的形式反映雷锋的先进事迹，弘扬雷锋精神，对于推进社会主义核心价值体系建设，发挥文化引领风尚、教育人民、服务社会、推动发展的功能，增强民族凝聚力和创造力，具有十分重要的意义。何宇红的《雷锋在1958》肩负着历史和时代的责任，用报告文学的形式生动展示了雷锋的不平凡历程，展示了他“把有限的生命投入到无限的为人民服务中去”的崇高精神和品格，再一次给人以教益和启迪。谭谈认为，多年来，雷锋已经成为一块道德丰碑，许多人特别是青少年，对雷锋的了解较为单一，更多的是当作一种精神的图腾，民众希望了解到一个更真切和生动的雷锋。这部作品正是以鲜活的故事、生动的细节、颇有灵气的文字，多侧面、全方位、原汁原味地体现了青少年雷锋的青春经历和革命岁月。省作协副主席梁瑞郴评论说，虽然雷锋的名字家喻户晓，关于他的文艺作品也层出不穷，但像《雷锋在1958》这样，集中笔墨描写其18岁时的故事，尚属首次，这部作品中采访到的许多故事为雷锋精神的研究提供了珍贵的原始资料。

与会的专家认为，多年以来，对雷锋的了解和认识已经趋于固定化和概念化，民众也希望了解到一个更真切和生动的雷锋。长篇报告文学《雷锋在1958》史料翔实、立意高远、视角独特、文笔清新，具有强烈的时代感和感染力，特别是以全新的视角、生动活泼的形式再现了18岁的雷锋在团山湖的可爱、可亲、可敬的形象。龚旭东、胡良桂、何力柱、章罗生、龚盛辉、余艳、娄成、吴刘维、雷鸣、肖立生、谢宗玉、纪红建、刘哲、胡述斌、唐樱、奉荣梅、胡启明、王杏芬等评论家、作家、媒体专家参加了此次研讨会。

3月2日

第四届唐弢青年文学研究奖颁奖仪式在京举行　3月2日，第四届“唐弢青年文学研究奖”颁奖仪式在中国现代文学馆举行。中国作协副主席李敬泽出席会议并讲话。中国现代文学馆馆长吴义勤主持会议。

第四届“唐弢青年文学研究奖”于2014年7月9日正式启动。经过20位推荐评委的推荐，共有68篇论文进入初评，并有20篇论文进入终评。全体终评评委经严格评审、多轮投票，最终5篇作品获奖，分别是：贺桂梅的《1940—1960年代革命通俗小说的叙事分析》、黄平的《革命时期的虚无：王小波论》、岳雯的《抒情话语与八十年代小说家的命运》、刘大先的《从时间拯救历史——文学记忆的多样性与道德超越》、李永东的《上海模式的中国乌托邦叙事》。获奖论文是反映本年度中国现当代文学研究最新水平的力作，体现了青年学者透辟的思辨力和敏锐的创新精神，得到了评审专家的一致好评。5篇获奖作品及入围作品已收入已出版的《2014年度唐弢青年文学奖论文集》。终评评委李敬泽、汪晖、王鸿生、南帆、丁帆分别为五位获奖者颁奖。黄平代表获奖者发言。

李敬泽代表中国作家协会发表了重要讲话。他高度评价唐弢先生在文学创作、鲁迅研究及文学史研究等领域的成就，热情赞扬了其家属将唐弢先生全部藏书捐赠中国现代文学馆的善举以及对中国现代文学馆事业的支持与贡献。阎晶明、梁鸿鹰、何向阳、陈思和、王鸿生、丁帆、南帆、施战军、程光炜、陈晓明、孟繁华、汪晖、王尧、张清华、孙郁、刘慧英等专家学者也纷纷发言，就“文学史叙事：整体观、历史化与现实感”议题进行了多角度的讨论，下午继续召开了第四届“唐弢学术论坛”，就此议题展开深入讨论。天津微像文化传播有限责任公司董事长孙戈表示，将继续支持“唐弢青年文学研究奖”的评选，唐弢先生的家属和与会专家对此表示诚挚的谢意。

《中国现代文学研究丛刊》2014年度优秀论文奖颁奖仪式在京举行　2015年3月2日，“《中国现代文学研究丛刊》2014年度优秀论文奖”颁奖仪式在中国现代文学馆举行。中国作协副主席李敬泽出席会议并讲话。中国现代文学馆馆长吴义勤主持会议。

2014年度《中国现代文学研究丛刊》优秀论文的评奖于2014年12月正式启动，经过执行编委和责任编辑的推荐，经编辑部审定，共有12篇论文进入终评。终评评委经过严格评审，通过多轮投票，最终6篇论文获奖，分别是：李书磊的《作为异文化体验的“梁启超游美”——重读〈新大陆游记〉》，刘勇的《关于文学编年史现象的思考》，程光炜的《张承志与鲁迅和〈史记〉》，李今的《伍光建对〈简爱〉的通俗化改写》，张学昕的《海外汉学、本土批评与中国当代小说》，袁一丹的《隐微修辞：北平沦陷时期文人学者的表达策略》。终评评委阎晶明宣读获奖名单，终评评委孙郁宣读授奖词，终评评委李敬泽、吴义勤、施战军、梁鸿鹰、陈剑澜、陈汉萍分别为获奖者颁奖。袁一丹代表获奖者发言。

李敬泽代表中国作家协会发表了重要讲话。他高度评价《中国现代文学研究丛刊》取得的成绩，以及设立年度优秀论文奖这一举措的意义，肯定了刊物的论文质量，以及在引领学科发展、扶植青年学者等方面的所作出的贡献。

3月3日

阎真长篇小说《活着之上》研讨会在京举行　3月3日，中国作协创作研究部、中国作协小说委员会、湖南省作协、湖南文艺出版社共同为《活着之上》在京举办了作品研讨会。中国作协副主席李敬泽、湖南出版投资控股集团党委书记龚曙光、湖南省作协党组书记龚爱林及20余位专家学者与会研讨。研讨会由中国作协创作研究部主任何向阳主持。

在李敬泽看来，阎真的写作节奏沉着、态度严谨，其作品在当下中国文学的总体格局中有自己的价值和分量。《活着之上》像钉子一样将所有力量集中在一点，直指当代青年知识分子的精神世界，在喧闹而又欲望鼎沸的世俗生活中确立了一种知识分子的精神追求。研讨这部作品的利弊得失，总结梳理阎真的创作历程，不仅对作家自身颇具意义，也有助于我们理解中国当代文学现在所面临的困难和可能性。

与会者认为，作为现实生活的反省者和心灵世界的探索者，阎真始终注重描写人内心深处的世界，揭示隐藏在表象世界后的本质。在为数不多的作品中，他将自己置身于现实中，自觉地成为生活的体察者、伤痛的安抚者和信仰的呐喊者，与作品中的主人公同呼吸、共命运。《活着之上》既最大限度地还原了生活的真实，又给人以超越现实的勇气和力量，表现出作家对当下社会文化的深切关怀。龚曙光谈到，《活着之上》不仅是对知识分子的自我审判，也是借此对社会所作的一种反思。施战军认为，阎真在作品中没有对社会问题直接进行抨击，从他对社会的理解、体恤和宽容中，可以感受到作家的成长。雷达说，作品以生活化的笔墨和纪实性的色彩，体现出强烈的真实感和当下性。白烨表示，作品以很小的切入点挖了一口深井，通过文风和学风的问题反映了世风的问题。在这部作品中看到了阎真以前少有的幽默，对主人公的心理刻画也十分细致。李建军谈到，作品使用第一人称写作，在主观化与客观化、修辞和叙述上都达到了很好的平衡。

曾彦修同志在北京逝世 人民出版社原社长、总编辑曾彦修同志，因病医治无效，于2015年3月3日在京逝世，享年96岁。

曾彦修，笔名严秀。中共党员。1941年开始发表作品。1955年加入中国作家协会。著作有《平生六记》《严秀杂文选》《一盏明灯与五十万座地堡》《天堂往事略》《微觉此生未整人》《京沪竹枝词》，主编《中国新文艺大系杂文卷》等。

3月4日

郭雪波长篇《蒙古里亚》研讨会在北京召开 由中国作协创研部、北京作协、北京十月文艺出版社联合主办的郭雪波长篇小说《蒙古里亚》研讨会在北京召开。中国作协党组成员、副主席、书记处书记李敬泽参加会议并讲话。北京作协常务副主席王升山、十月文艺出版社总编韩敬群以及评论家、作家等与会研讨。会议由中国作协创研部主任何向阳主持。

《蒙古里亚》作为中国作协重点扶持项目、北京作协精品工程项目之一，是蒙古族作家郭雪波回家乡内蒙古科尔沁草原，历时七年创作出的一部长篇小说。郭雪波长期扎根生活、关注民族的历史命运，其作品以深厚的生活底蕴、绵长的家国情怀，昭示了生活是文学的源泉，人民是艺术的母亲这一颠扑不破的真理。与会专家学者十分认可《蒙古里亚》所取得的成就，认为这是一部追寻历史与现实、人与自然碰撞的文化小说，充分展示了草原文化的宽厚、包容、自由和浪漫，具有鲜明的优秀民族文化烙印。作品中所表达的对人类与生存环境之间关系的深刻的宗教与哲学层面思索，及对急功近利、杀鸡取卵式的破坏环境的发展模式的批判，不仅体现出作家对北方游牧民族文化和地域文化潜心洞察，也体现了作家的文化良知和历史使命感。郭雪波在研讨会上表示，我们的文学正在失去大自然的属性，也正在失去大自然赐予我们的丰富的想象力、无穷的灵感和五彩斑斓的生命色彩，而一个好的作家必须要有俯瞰人类万物的气概，才能寻找我们优秀的传统文化之根。作家只有扎根厚重的土地，才会产生无愧于时代和民族的厚重的作品。

3月12日

李伯勇长篇小说《抵达昨日之河》作品研讨会在京召开　3月12日，由中国作协创研部，中共江西赣州市委宣传部，江西省作家协会、小说评论杂志社联合主办，赣州市文联、赣州市作家协会承办的李伯勇长篇小说《抵达昨日之河》研讨会在北京举行。中国作协党组成员，书记处书记阎晶明致辞，江西省文联主席叶青，中共赣州市委宣传部副部长、文联主席钟小平，调研员、作协主席张秀峰出席会议并讲话。会议由中国作协创研部主任何向阳主持。

与会者认为，《抵达昨日之河》作为一部书写20世纪六七十年代赣南乡村生活的作品，同样强劲地传达出了21世纪行走乡村的思想呼吸，是作者数十年扎根赣南乡土，着眼赣南乡土的百年变迁和文化兴衰，奉献的又一部长篇力作，作者李伯勇对“知青”的思考和表达视角独特，有思想的深度。在个人经验如何成为可持续的文学资源，文学创作如何介入思想史的可能性的开掘等方面，李伯勇的写作都有着丰富的“独异性”。

3月14日

一合长篇报告文学《中国葫芦峪》研讨会在北京举行　3月14日，作家一合长篇报告文学作品《中国葫芦峪》研讨会在北京中国现代文学馆举行。中国作家协会副主席何建明出席研讨会并讲话。河北省作协党组书记魏平、中国作家杂志社主编王山，以及李炳银、胡殷红、何向阳、彭学明、李一鸣、刘玉琴、徐可、徐忠志、李朝全、萧立军等20余位专家学者与会研讨。

与会专家学者谈到，长篇报告文学《中国葫芦峪》体现了作家的社会担当和责任感。主人公刘海涛和他的朋友们将太行山几万亩荒山凸岭改造成现代农业产业园的故事，表达了中国梦和每一个普通人梦想的有机融合。他们的经历对于发展现代农业模式、建设生态文明也提供了必要的借鉴，具有重要的现实意义。这部近16万字的作品是一部激情之作，在字里行间都可见作家本人的真情实感，具有鲜明的时代特点和现代气息，写出了人物的情怀、理想和境界，具有真实性和鲜活性，是一部值得称道的作品。

3月15日

第六届“茅台杯”《小说选刊》奖在北京颁奖　3月15日，由《小说选刊》杂志社和中国贵州茅台酒厂（集团）有限责任公司共同主办的第六届“茅台杯”《小说选刊》奖颁奖典礼在京举行。中国作协副主席张健、陈建功、何建明，中国作协书记处书记阎晶明、中国贵州茅台酒厂（集团）有限责任公司董事长袁仁国，及百余位作家、评论家、编辑家出席颁奖典礼并为获奖作家颁奖。

经过评委会严肃、认真的评审，叶广芩的《太阳宫》、红柯的《故乡》、王十月的《人罪》获中篇小说奖，邓一光的《我们叫作家乡的地方》、王方晨的《大马士革剃刀》、蔡骏的《北京一夜》获短篇小说奖，周李立的《八道门》获得新人奖。本届“茅台杯”《小说选刊》奖增设微小说奖，游睿的《父亲的证明》获奖，李伶伶的《数学家的爱情》、赵明宇的《饿刑》等获提名奖。

何建明代表中国作协向获奖作家表示祝贺，向茅台集团对文学事业的支持表示感谢。他说，经过连续六届评奖的积累，“茅台杯”《小说选刊》奖已成为发掘年度力作、推介优秀作家、传播社会正能量的平台，作用和意义也越来越大，成为一个颇具分量的文学奖项。《小说选刊》主编其其格介绍了本次评奖的评选过程，她说，本次评奖的获奖作品既是2014年中国好小说的代表，也是中国文学年度创作实际的一个缩影，《小说选刊》愿意发挥更大作用，发现更多好作家和好作品。获奖作家代表发表了获奖感言，畅谈各自的创作历程和心得体会。坐在轮椅上的李伶伶由父亲陪同从辽宁起来领奖，她关于文学创作坚强心灵、改变生活的肺腑之言，感动了在场所有的人。

首届全国微型小说（小小说）高峰论坛在京举行 由《小说选刊》杂志社主办，以“微型小说（小小说）发展展望：创造力，优化、普及与提高”为主题的“首届全国微型小说（小小说）高峰论坛”在北京举行。中国作协党组成员、书记处书记阎晶明，评论家雷达、白烨、何向阳、贺绍俊和来自全国各地的微小说理论研究机构代表、作家、期刊编辑代表等参加了会议。

本次论坛着眼于微型小说（小小说）发展现状，围绕微小说的现状和趋势，重点探讨微小说如何实现“大众化”和“精品化”同步发展；如何有效运用移动互联网推动微小说写作和阅读热情；如何建设微小说理论评论体系，将微小说纳入中国文学传统等根本性课题，进行了深入研讨交流。同时大家就《小说选刊》《微小说》栏目的版面策略及优化手段；筹划“微型小说（小小说）十年盘点”活动及其操作等具体项目积极建议献策。

会议通过了《首届全国微型小说（小小说）高峰论坛宣言》。呼吁加强全国各地微型小说（小小说）创作和研究机构相互间的密切交流，促进微型小说（小小说）加入中国文学发展格局之目标的实现；增进微型小说（小小说）与中、短篇小说的平等对话，彰显微型小说（小小说）所具有的“独立品质和尊严”，推动使用精湛汉语表达的写作风气；积极利用移动互联网等新兴传播载体，与“微阅读”时代相契合，促进微型小说（小小说）的传播，以有特色的形式弘扬真善美、传递正能量。

3月17日

鲁迅文学院第二十六届中青年作家高级研讨班举行开学典礼　中国作协主席铁凝，中国作协党组书记、鲁迅文学院院长钱小芊，中国作协副主席何建明、陈崎嵘、李敬泽，中国作协书记处书记白庚胜、阎晶明出席开学典礼，并与学员们合影留念。

钱小芊在讲话中介绍了高研班的沿革发展，对学员们的到来表示热烈欢迎。他指出，文艺需要评论，评论促进创作。要实现文学的大繁荣，就必须有文学评论的大发展。举办这期文学评论高研班的目的，就是要进一步贯彻落实习近平总书记在文艺工作座谈会上的重要讲话精神，加强文学评论工作和文学评论队伍建设，更好地推动文学批评在文学创作、文学人才队伍成长和文学事业繁荣发展中发挥积极作用。钱小芊强调，我们要认真学习领会习近平总书记关于加强文艺评论工作的重要论述，结合实际，深入思考，深刻认识文学批评是文学创作的一面镜子、一剂良药，是引导创作、多出精品、提高审美、引领风尚的重要力量，文学批评家要自觉高扬艺术理想，坚持批评操守，引领文艺正气；深刻认识我们的文学批评要坚持正确方向，以马克思主义文艺理论为指导，继承创新中国古代文艺批评理论优秀遗产，批判借鉴现代西方文艺理论，把好文学批评的"方向盘"，推动涌现更多反映中国人审美追求，体现中华文化精神，思想性、艺术性、观赏性有机统一的精品力作；深刻认识文学批评要的是批评，要褒优贬劣、激浊扬清，在艺术质量和水平上敢于实事求是，对各种不良文艺作品、现象、思潮敢于表明态度，在大是大非问题上敢于表明立场，要像鲁迅所说的，致力做"剜烂苹果"的工作，"把烂的剜掉，把好的留下来吃"；深刻认识开展文学批评要大力提倡说真话、讲道理，积极营造开展文学批评的良好氛围。

叶淑媛、郑润良、王敏、叶君等学员代表在开学典礼上先后发言，结合各自实际交流了从事文学评论工作的经历和感受，畅谈了对文学评论的理解和思索。学员们表示，将珍惜此次难得的学习和"充电"机会，紧密结合学习领会习近平总书记在文艺工作座谈会上的重要讲话精神，深入思考、认真研究有关文学评论的各种实际问题，以积极的态度和勤勉的作风投入到学习当中去，保质保量地完成鲁院规定的学习计划和学习任务，力求取得更大的收获和进步，提升自己的综合素养，增强"鲁二十六"的集体凝聚力和荣誉感，塑造文学评论高研班的良好形象。

3月18日

多民族作家走进漾濞开展文艺实践活动　3月18日，由《民族文学》杂志社和中共漾濞彝族自治县委、县人民政府共同主办的以"深入生活、扎根人民"为主题的"多民族作家艺术家走进漾濞"的文艺实践活动在大理漾濞县举行。《民族文学》杂志社主编石一宁、副主编赵晏彪，中共大理州委常委、宣传部部长张剑萍，以及谢欣、纳张元、字旭东、李智红、赵振王等20多位作家艺术家参加了活动。大家深入革命老区漾江镇，走滇缅路、读筑路史，了解"红色

记忆，历史丰碑”的老区革命斗争史，感受“漾江逶迤，田园入画”的老区幸福家园。

其间，来自《民族文学》《诗刊》《文艺报》《边疆文学》的编辑参加了“漾濞重点作者改稿会”，大家一起分析讨论了常建世、左中美、蒙正和、阮镇、赵建钧、杨木华、吉海珍、杨晓洁、江静龙、赵继梅、姚静等11位作者的作品，充分肯定了基层作家对生活、对人民、对家乡饱含的赤子深情，同时分析了他们作品中存在的时代感不够强，对生活之美、人性之美表现还不够深刻等问题。大家谈到，作家艺术家应该投身于火热的社会生活，创作出更多鲜活的、为人民群众所喜闻乐见的文学艺术作品。

3月19日

鲁迅文学院第八届网络文学作家培训班开班　3月19日，鲁迅文学院第八届网络文学作家培训班开班仪式在京举行。中国作协党组书记、鲁迅文学院院长钱小芊，中国作协副主席陈崎嵘，中国作协书记处书记白庚胜出席开班仪式，并与学员们合影留念。

鲁迅文学院常务副院长李一鸣在开班仪式上讲话，向学员们介绍了鲁迅文学院的有关情况和本届培训班的安排，并向大家提出希望和要求。起点中文网推荐的刘勇（耳根）、大佳网推荐的赵秋兰（兰心）、公安部文联推荐的马拓、言情小说吧推荐的赖晓平（米西亚）等学员代表先后发言。他们表示将珍惜此次难得的培训机会，努力学习，充实自我，力求取得更多收获。出席开班仪式的还有中国作协办公厅主任胡殷红等。开班仪式由鲁迅文学院副院长王璇主持。本届培训班为期半个月，共有来自不同网站、不同地域的55位网络文学作家参加培训。

辛铭抒情长诗《一个人与一个民族的梦》作品研讨会在京召开　3月22日，由文艺报社、《中国作家》杂志社共同主办的“辛铭抒情长诗《一个人与一个民族的梦》作品研讨会”在中国现代文学馆举行。中国作协副主席李敬泽，中宣部学习出版社社长董俊山，中宣部党建杂志社总编刘汉俊，《中国作家》主编王山，以及叶延滨、吴义勤、商震、刘玉琴、胡殷红、何向阳、彭学明、张同吾、徐可、胡军、刘立云、张颐武、李宏伟、邱华栋、李建军、张熙、霍俊明、梁彬、程绍武、陈亚军等评论家、诗人们出席了研讨会，大家就辛铭诗歌的文学价值、社会意义和艺术特色等热烈发言，研讨会由《文艺报》总编梁鸿鹰主持。

评论家认为，《一个人与一个民族的梦》的出现向当下诗坛注入了一股时代正气，一股艺术清风，体现了一种向上、向美、向善的引领。大家认为，诗人在新疆和基层生活的体验，使长诗有了丰富的艺术资源，为作者提供了丰富的大自然意象、生活素材和独特的视角。该诗通篇洋溢着诗人内心的激情，读来回肠荡气，体现了诗人精神视野的拓展、思想认知的升华、历史感悟的深化和对艺术感觉的精微把握，是一部“有筋骨、有道德、有温度”的佳作，彰显了信仰之美与崇高之美，为长篇抒情诗创作提供了启迪。

3月21日

中国新诗百年论坛在江苏启动 由中国作协诗歌委员会与江苏省作协联合主办的“中国新诗百年论坛”在江苏无锡启动。中国新诗诞生至今，已有接近百年的历史。在这期间，中国新诗从草创、实验到建设，历经无数诗人的艰苦努力，取得了辉煌成就，部分作品经历时间沉淀，成为经典。但中国新诗在发展过程中也存在一系列问题需要进一步梳理与探讨。

中国作协诗歌委员会副主任叶延滨谈到，理论的创新始终伴随着新诗发展的进程。特别是在新诗百年的特殊节点上，应该提供更多开放的交流平台，让持有不同观点的诗人、批评家对新诗发展取得的成就和存在的问题进行发言，促进新诗更好发展。江苏省作协主席范小青介绍说，“中国新诗百年论坛”并非一次性举办的论坛，它将连续举办3年，每年举办3至5场讨论，每次讨论围绕特定的主题进行。这些主题的设置有一个大致的规划，但会随着讨论的进行而不断修改、拓展。这些讨论在整理后将陆续刊发于《扬子江》诗刊。

启动仪式后举行了首场论坛，吴思敬、张王飞、汪政、何言宏、霍俊明、张德明、胡弦等诗人、评论家围绕“新诗百年自身传统的构建及其不足”这一主题展开讨论。

3月23日

鲁迅文学院与文艺报社召开座谈会学习总书记讲话 3月23日，鲁迅文学院和文艺报社共同在京举办鲁院第二十六届中青年作家高级研讨班（文学评论班）学员座谈会，大家围绕学习习近平总书记在文艺工作座谈会上的讲话精神，热议加强和改进文学批评。鲁迅文学院常务副院长李一鸣，《文艺报》总编辑梁鸿鹰，副总编辑徐可、胡军，中宣部文艺局办公室副主任杨玉飞，鲁迅文学院教研部主任郭艳参加座谈会。之后，学员们还将就相关话题继续展开讨论。

学员在发言中认为，习近平总书记在文艺工作座谈会上的讲话，深刻揭示了文艺繁荣发展的内在规律，为文艺批评的健康有序发展指明了前进方向。青年批评家应牢固树立文艺为人民的价值立场，把人民作为文艺审美的鉴赏家和评判者；坚持以社会主义核心价值观为引领，传递向上向善的核心价值观；弘扬中华传统文化，把中国精神作为社会主义文艺评论的灵魂；保持明辨方向的能力、坚守“独立”品格和“说真话”的操守、定力。批评家应心怀责任道义，以自己的独立品格点评创作，真诚表达审美情趣。一方面密切关注现实，深入生活，扎根人民；另一方面，要特别关注文学现场中涌现的新人新作，发出自己的声音。大家还谈到，贯彻讲话精神，就是要使批评的尊严、批评的责任成为批评家必须认真对待的问题。

3月24日

《民族文学》重点作家改稿班在广西举办 3月24日，由《民族文学》杂志社、广西文联、广西作协主办，中国少数民族作家学会、大新县人民政府协办的“2015《民族文学》重点

作家改稿班”在广西崇左市大新县开班。此次改稿班为期6天，共有来自10多个民族的30位作家参加。中国作协名誉副主席、少数民族文学委员会主任丹增，广西文联名誉主席潘琦、副主席石才夫，《民族文学》主编石一宁、副主编赵晏彪，广西作协主席东西等出席了开班典礼。

丹增对改稿班的举办表示祝贺，并希望作家们在改稿班期间坦诚交流、相互启发、共同进步。他说，民族文学是展现各民族地区发展情况和各民族人民精神风貌的重要艺术载体。此次改稿班的举办，有利于促进民族作家之间的交流，推出更多更好作品。潘琦、石才夫、东西在致辞中对来自全国各地的作家们表示欢迎，并介绍了广西文学的发展概况。他们希望参加改稿班的广西作家多参与交流，不断提升自己的文学视野。

改稿班期间，主办方邀请丹增、孙春平、侯健飞等作家评论家为学员们授课、与学员们座谈，并组织学员就“作家深入体验生活”“文学如何深刻反映现实”“民族文学的前景”等话题进行讨论。开班典礼上同时举行了“《民族文学》大新创作基地”授牌仪式。

3月25日

中国作协召开八届七次主席团会议　中国作家协会第八届主席团第七次会议于3月25日在北京召开。中国作家协会主席铁凝主持会议。会议深入学习贯彻习近平总书记在文艺工作座谈会上的重要讲话精神和全国宣传部长会议精神。会议审议了《中国作家协会2014年工作总结（审议稿）》和《中国作家协会2015年工作要点（审议稿）》，同意提交中国作家协会第八届全国委员会第五次全体会议审议。会议提名吉狄马加同志为中国作家协会第八届全国委员会副主席候选人，提交中国作家协会第八届全国委员会第五次全体会议选举。推举吉狄马加同志为中国作家协会第八届书记处书记。李冰同志由于已超过任职年龄，不再担任书记处书记职务。会议高度评价李冰同志为我国文学事业和作协工作做出的贡献，并对李冰同志表示衷心感谢。会议根据《中国作家协会章程》第26条规定，审议通过了部分团体委员变更事项。同意刘广迎、崔国哲同志分别接替贾英华、安国贤同志为中国作家协会第八届全国委员会委员。

3月26日

中国现代文学馆建馆30周年回顾展在京开幕　3月27日中国现代文学馆在C座二层展厅举办“记忆与守望——中国现代文学馆建馆30周年回顾展”，回顾和展示文学馆的发展历程，重温老一辈作家们为文学馆事业做出的努力与贡献。开幕式由吴义勤馆长主持。中国现代文学馆原常务副馆长李荣胜、原副馆长周明、原副馆长吴福辉、原征集部主任刘屏先后致辞。中国现代文学馆原馆长舒乙撰文《开馆大典》庆祝文学馆建馆30周年。

中国作协八届五次全委会在北京召开　中国作家协会第八届全国委员会第五次全体会议在北京召开。会议深入学习贯彻习近平总书记在文艺工作座谈会上的重要讲话精神，回顾总结中

国作协2014年工作，研究部署中国作协2015年工作。中宣部常务副部长黄坤明出席会议并讲话。

中国作协主席铁凝主持会议。中国作协党组书记、副主席钱小苄作工作报告。黄坤明在讲话中对八届四次全委会以来中国作协各项工作和自身建设取得的新进展给予充分肯定，对广大作家潜心创作，推出一大批高质量、高品位的优秀作品表示感谢。黄坤明指出，深入学习贯彻习近平总书记系列重要讲话，是文艺界的一项重要任务。要深化对“四个全面”战略布局的学习贯彻。文艺工作要围绕中心、服务大局，就必须着眼“四个全面”来谋划、来展开；文艺创作要取得突破，也必须立足这个大的背景。要深化对文艺工作座谈会重要讲话精神的学习贯彻。在已有基础上，巩固学习成果，向更深层次拓展，着重在“全面”“准确”“深入”上下功夫。坚持学以致用、学用结合，把讲话精神贯穿结合融入到实际工作之中，转化为改进工作的思路和措施，取得实实在在的成效。黄坤明指出，让深入生活、扎根人民成为出大作力作的根基。要到生活中去、到人民中去丰富自己，发现孕育其中的筋骨、道德和温度，锻造精品力作。今年，还要紧紧围绕中国人民抗日战争暨世界反法西斯战争胜利70周年，创作推出一批优秀文学作品，大力弘扬民族精神和时代精神。黄坤明希望，中国作协以更为开阔的胸襟、更为高远的眼界、更为创新的思路，把吸引团结新的作家群体作为突破口，与时俱进地更好发挥新形势下的桥梁纽带作用，延伸联系手臂，改进工作方式，努力把更多优秀的青年作家、网络作家、业余作者吸纳到作协的大家庭来，成为文学创作的生力军。

钱小苄在报告中回顾总结了中国作协2014年工作。主要是：认真学习贯彻习近平总书记在文艺工作座谈会上的重要讲话精神，牢牢把握文学发展的正确方向；采取多种形式组织作家深入生活，广泛开展主题采风活动；大力弘扬和践行社会主义核心价值观，努力催生精品力作；努力改进文学评论和评奖，充分发挥对文学创作的引导作用；加强与网络作家的联系，积极引导网络文学健康发展；扎实做好文学人才培训工作，不断拓展鲁院培训领域和规模；继续推进少数民族文学发展工程，不断增强吸引力和影响力；深入开展对外文学交流，持续推动中国文学“走出去”；切实加强自身建设，努力建设学习型服务型和谐作协。钱小苄强调，2015年中国作协要高举中国特色社会主义伟大旗帜，以深入学习贯彻习近平总书记在文艺工作座谈会上的重要讲话精神为主线，围绕“四个全面”的战略布局，积极引导广大作家和文学工作者深入生活、扎根人民，服务大局、创作精品。牢固树立全心全意为作家服务理念，不断拓宽联系作家、团结作家的新途径，大力加强机关作风建设，进一步增强作协的吸引力凝聚力引导力，推动社会主义文学事业大发展大繁荣。他提出了中国作协2015年六项重点工作任务：一是继续深入学习贯彻习近平总书记在文艺工作座谈会上的重要讲话精神；二是扎实开展“深入生活、扎根人民”主题实践活动；三是努力探索催生精品力作的方法途径；四是高度重视和切实加强文学评论；五是积极开展对外及对港澳台文学交流；六是努力加强和改进作协服务工作。他对这些重点工作任务作了说明。

黄坤明的讲话在与会委员中引起热烈反响。大家认为，黄坤明讲话论述了文学工作的重要地位和作用，对深化“四个全面”战略布局的学习贯彻和把学习贯彻习近平总书记在文艺工作座谈会上的重要讲话精神引向深入提出了明确要求，对作家深入生活、扎根人民进行了再动员，对做好新形势下的作协工作提出了重要意见，立意高远，思想性、指导性和针对性、操作性都很强。委员们对钱小芊的工作报告和《中国作协2015年工作要点》进行了分组审议。大家充分肯定了2014年中国作协的工作，认为工作报告和《工作要点》体现了习近平总书记文艺工作座谈会重要讲话精神，主题突出，主线清晰，求真务实，切实可行。大家就如何进一步深入学习贯彻习近平总书记在文艺工作座谈会上的重要讲话精神，深入生活、扎根人民，加强文学理论评论，扩大对外文学交流、推动文学翻译，维护作家合法权益等，发表了很好的意见。

本次全委会还听取文学界的意见，对会议的开法进行了新的尝试，安排分组进行文学专题讨论。在新形势下小说家如何深入生活、扎根人民，如何艺术地讲好中国故事、传播中国精神；当前报告文学创作的新走向；如何看待与评价当前诗歌新生态；自媒体时代散文发展的可能性；如何改进文学批评工作，进一步增强文学批评对创作的引导作用，文学批评如何“说真话、讲道理”，建立良好的批评氛围等，成为大家热烈讨论的话题，引发了大家对文学创作和文学批评的深层次思考。与会委员纷纷建言献策，显现了浓厚的创新精神和文学气氛。会议对李冰在担任中国作协党组书记、书记处书记期间为中国作协工作和我国文学事业发展付出的艰辛劳动和作出的重要贡献表示崇高敬意和衷心感谢。会议增选中国作协党组成员、书记处书记吉狄马加为中国作家协会副主席。中组部、中宣部等有关部门负责同志到会指导。中国作协各直属单位、机关各部门主要负责人列席会议。

3月28日

孙方友《陈州笔记》研讨会召开　由河南省作协、河南省文学院、河南文艺出版社共同举办的孙方友《陈州笔记》研讨会3月28日在河南举行。孙方友新笔记小说《陈州笔记》以陈州文学地理为中心，融合笔记小说、公案小说、白话小说的叙事传统，吸收民间文学、评书、曲艺、戏剧的长处，对新笔记小说文体的发展作出贡献。与会者认为，孙方友继承中国古典文学的精髓，营造了一个特立独行的文学世界。他的创作与他在《陈州笔记》里提炼出的对于民族价值观的担当精神值得关注。《陈州笔记》在社会学、人类学、文化学等方面具有独特价值与意义。作品题材内容广博，人物涵盖士农工商、三教九流，是生活的百科全书，也是现实生活的浮世绘，对于过往历史、逐渐消亡的传统行业来说是很珍贵的文字活化石。

3月30日

中国作协组织作家“走近高科技”采访采风　3月30日，中国作家协会组织作家开展以

“走近高科技”为主题的采访采风活动，这也是中国作协深入生活、扎根人民主题实践活动的重要组成部分。中国作协副主席李敬泽，中国作协创作联络部主任彭学明、副主任冯德华，带领京津冀三地作家赴中科集团、科诺伟业、中科曙光、联想集团等企业采访采风，了解生物制药、节能环保、信息技术等产业情况。对作家们来说，此次采访接触到的几乎是一个全新的领域，他们走进生产车间、研发一线，与科学家和科研人员对话，希望填补生活的“空白”，讲述新的时代条件下科技工作者的故事。

4月

4月2日

“沙家浜精神”纪念抗战胜利70周年全国征文活动在北京启动　在中国人民抗日战争胜利70周年之际，为牢记中国历史，弘扬抗战精神，由中国作家出版集团联合江苏常熟市委宣传部、沙家浜镇共同举办的纪念抗战胜利70周年全国征文活动，于4月2日在北京启动。中国作家协会副主席、中国作家出版集团管委会主任何建明出席活动新闻发布会并讲话。

何建明在讲话中表示，2015年是中国人民抗日暨世界反法西斯战争胜利70周年，中国人民抗日战争是世界反法西斯战争的重要组成部分。70年前，中国人民经过艰苦卓绝的抗战，无数英勇军民身先士卒浴血奋战，最终取得了抗战的伟大胜利，为世界反法西斯战争的胜利做出了巨大贡献。作为后人，我们应该牢记这段历史，身为作家和创作者，理应拿起手中的笔，创作出更多弘扬中国抗战精神的好作品，重温那段火与血铸就的英雄史诗，传承爱国主义为核心的民族精神。

中国作家出版集团管委会副主任徐忠志主持新闻发布会。据徐忠志介绍，征文截稿日期为7月31日，届时将经过专家评审遴选出一、二、三等奖及优秀奖项，并于9月3日在常熟沙家浜举行颁奖大会。张陵、施战军、何向阳、胡殷红、商震、王山、崔艾真、孔平、周建宏、李忠等出席本次新闻发布会。

4月3日

茅盾研究高端论坛举办　茅盾研究高端论坛暨“茅盾研究丛书”首发式在浙江省桐乡市举办。此次活动由浙江传媒学院茅盾研究中心与桐乡市文化广电新闻出版局联合主办，钟桂松、王嘉良、张直心、吴秀明、余连祥、周兴华、商昌宝等20多位专家学者与会讨论。大家谈到，新世纪以来，茅盾研究在持续推进，每年都有数百篇相关学术论文发表。茅盾的作品呈现出

“社会现代性”和“审美现代性”交错、混杂的景观，依然存在巨大的阐释空间。特别是茅盾作品中所表现的现实主义品格，恰恰是当下文坛所缺乏的。他在小说中对历史事件和社会生活的真实再现、对人性复杂性的深刻揭示，都是留给中国文学的宝贵遗产。

为了更好地传承茅盾的文学遗产，浙江传媒学院茅盾研究中心组织编撰“茅盾研究丛书”。丛书首批两部著作《茅盾研究年鉴（2012—2013）》和《新世纪语境下茅盾的多维透视》在论坛上首发。

鲁迅文学院第八届网络文学作家培训班结业　4月3日，为期半个月的鲁迅文学院第八届网络文学作家培训班在京举行结业仪式。中国作协副主席、鲁迅文学院院长吉狄马加，中国作协副主席陈崎嵘，中国作协书记处书记白庚胜出席结业仪式，向学员们颁发了结业证书，并与大家合影留念。

陈崎嵘在结业仪式上讲话，系统总结了鲁迅文学院近年来已成功举办的8届网络文学作家培训班取得的成绩。他说，本届培训班处在一个特定的历史节点上，习近平总书记提出的“四个全面”战略布局正付诸实施，文艺界正深入学习贯彻习近平总书记在文艺工作座谈会上的重要讲话精神，网络文学发展也正呈现出新的良好态势。网络文学要提供更多具有正能量的优秀作品，网络文学作家就要深入生活、扎根人民，以更好地滋养和促进自己的创作。陈崎嵘还就到鲁院要注重学习什么、网络文学作家如何融入文学大家庭等问题与大家进行了交流，表示中国作协将采取多种措施，一如既往地为网络文学作家提供支持和帮助。

结业仪式上，鲁迅文学院常务副院长李一鸣作总结讲话，回顾了本届培训班的学习、研讨和社会实践、文艺观摩等情况，并对学员们今后的创作提出希望。腾讯创世推荐的宋晓宇（小刀锋利）、汉王书城推荐的程荫（信手绾红尘）、看书网推荐的刘伟光（刘阿八）、腾讯云起推荐的甘海晶（度寒）等学员代表先后发言，交流分享了各自的学习收获和心得体会，表达了对鲁迅文学院的感激和难舍之情，表示今后将继续努力创作出优秀的网络文学作品。出席结业仪式的还有中国作协办公厅主任胡殷红等。结业仪式由鲁迅文学院副院长王璇主持。

4月7日

中国作协五十六个民族作家红色赣州行在北京启动　中国作协在京举行56个民族作家红色赣州行活动启动仪式。中国作协副主席何建明、书记处书记白庚胜出席启动仪式并讲话。中国作协创作联络部主任彭学明主持启动仪式。《民族文学》主编石一宁、河北省作协主席关仁山作为采风团代表接受授旗。朝鲜族诗人南永前代表作家发言。本次采风活动由中国作家出版集团、中国作协创作联络部、中共赣州市委宣传部共同组织。自4月7日至13日，何建明、白庚胜作为采风团团长将带领56个民族作家，赴江西赣州，走进红色革命根据地瑞金、宁都、兴国、赣县、会昌、寻乌、龙南等地，接受革命传统的教育和洗礼，在生活中挖掘文学创作素材，努力创作出优秀作品。

4月8日

《民族文学》务川创作基地成立 4月8日，中国作协《民族文学》务川创作基地挂牌仪式在贵州务川举行。中国作协副主席高洪波出席仪式并致辞。《民族文学》副主编赵晏彪向务川县颁发了“中国作协《民族文学》务川创作基地”的牌匾。据悉，《民族文学》杂志社从2007年开始已在全国建立了11个民族文学创作基地。6个少数民族文字版都不断推陈出新，力争以民族文化引领传统文学刊物的前沿，加强对少数民族地区的宣传、服务与推介。

4月9日

深圳青年作家研讨会在北京举行 4月9日，由中国作协创研部与广东省作协、深圳市文联共同主办的“2015文学深军新势力——深圳青年作家研讨会”，在中国现代文学馆举行。中国作协党组成员、副主席、书记处书记李敬泽，广东省作协党组副书记、副主席孙丽生，深圳市文联党组书记、主席罗烈杰，深圳市文联专职副主席顾焕金等出席了会议。出席会议的专家还有雷达、胡殷红、潘凯雄、张陵、刘玉琴、施战军、王山、李一鸣等，以及入选本次研讨的深圳青年实力作家代表萧相风、钟二毛、弋铧、徐东、阿翔、刘静好、老家阁楼、郭海鸿、吕布布。会议由深圳市作协主席李兰妮主持。

本次会议研讨的九位作家，是继2013年12月由中国作协创研部、广东省作协、深圳市文联研讨的盛可以、吴君、梅毅、谢宏、涂俏、蔡东、谢湘南、陈诗哥、毕亮、厚圃、秦锦屏、陈再见“文学深军新势力”之后涌现出来的有一定影响的深圳青年作家中的优秀代表。李敬泽副主席在研讨会上盛赞深圳有一批生机勃勃、值得期待的青年作家，一支引人注目的创作力量。深圳市委宣传部，深圳市文联、市作协这些年来为推动深圳的文学发展做了大量卓有成效的工作。罗烈杰在致辞中介绍了深圳文学创作的总体情况，他说，这次研讨会给深圳作家主要是青年作家提供了向全国展示整体阵容和创作成绩的机会，也使深圳文学能够在更广阔的视野下，审视自身发展，查找存在的问题，寻求新的文学突破。

与会专家对深圳青年作家的作品，逐一进行了深度剖析。专家认为深圳为建构当代中国文学的城市叙事，提供了新鲜的经验。同步性，互文性，在场性，是深圳城市文学的突出特点。本次研讨会的青年作家，写出了各自体验到的深圳人的生存面貌。在艺术形式上，各显神通，各具特色，其丰富性、先锋性、多元性，在国内任何一座城市的文学版图中都是少见的。会上，专家们就他们创作的不足也进行了研讨，提出了深圳青年作家群存在的创作的方向感、超越生活经验之后的发展空间等方面存在的需作改进的地方，对深圳青年作家群今后的创作提出了更高的期许。

4月10日

2015年湖南省长篇小说作家培训班开班　4月10日，2015年湖南省长篇小说作家研讨班在毛泽东文学院开班。给研讨班学员讲授的首堂课为《阅读碎片和长篇困境》，主讲人为当代著名评论家、《长篇小说选刊》主编顾建平。此次长篇小说作家研讨班开班时间为4月10日至18日，16名来自湖南省各地、5名来自新疆生产建设兵团的长篇小说作家参加研讨班学习。来自省内外的著名作家、评论家、编辑家将为研讨班学员授课。

根据中国作协安排，在湖南省作协与新疆维吾尔自治区开展文学合作交流的基础上，与新疆生产建设兵团开展文学“结对子”活动，签订了《文学交流合作协议》，从2012年起，连续举办了三届新疆作家班，受训作家学员近90人。

宁波青年诗群研讨会在北京举行　4月10日，由中国作协创作研究部、中国作协诗歌委员会、《诗刊》社、浙江省作协、宁波市文联联合主办的“诗坛新声：宁波青年诗群研讨会”在京举行。中国作协副主席吉狄马加、中国作协诗歌委员会副主任叶延滨、浙江省作协党组书记臧军、宁波市文联党组书记邹大鸣，以及谢冕、吴思敬等20多位专家学者与会研讨。研讨会由《诗刊》常务副主编商震主持。

研讨会围绕高鹏程、张巧慧、陈德根、钱利娜、寒寒、金黄的老虎、哑者无言、山叶、应诗虔、袁志坚、顾宝凯、札拉里·琴、秦旭、宇文珏、朱夏楠等15位宁波诗人的作品展开讨论。他们以各具特色的诗歌创作展现了宁波诗歌的崭新气象。会上，专家学者以多对一的方式对每位青年诗人的作品进行了点评。大家认为，从日常生活细节发掘诗意，是这些诗人在诗歌创作中的共同倾向。与会者还就每位诗人作品中的不足和有待提高之处提出了中肯的意见与建议，并对宁波青年诗群今后的创作提出了更高的期许。

“陕西新世纪长篇小说研讨会”在西安召开　4月10日，由陕西省作家协会和文艺报社共同主办的“陕西新世纪长篇小说研讨会”在西安召开。中国作协书记处书记阎晶明，陕西省委常委、省委宣传部部长景俊海，陕西省委宣传部副部长陈彦，陕西省作协主席贾平凹，陕西省作协党组书记蒋惠莉，以及来自全国各地和陕西的40余位批评家，共同就陕西新世纪长篇小说的发展情况、特点和未来前景等展开了讨论。会议由李国平主持。

景俊海、阎晶明先后发表了致辞。吴秉杰、李星、王鸿生、王山、畅广元、王干、白烨、贺绍俊、张陵、孟繁华、施战军等著名评论家纷纷就陕西长篇小说创作发表见解。

4月12日

青年报告文学作家论坛在北京举行　由中国报告文学学会和中国作家出版集团主办、中国报告文学学会青年创作委员会承办的首届中国青年报告文学作家论坛在京举行。中国作协副主席、中国报告文学学会会长何建明出席论坛并讲话。张胜友、李炳银、黄传会、徐忠志、李朝

全与来自全国各地的青年报告文学作家近50人与会交流讨论。

中国青年报告文学作家论坛今后将定期举行，旨在为全国青年报告文学作家、评论家、编辑等建立一个共商报告文学采访创作、编辑出版、理论批评、经验交流及其他相关问题的对话平台。本届论坛以主题报告、集体探讨、现场对话等形式进行。论坛已收到论文40余篇，可谓成果丰硕，对青年报告文学作家进一步明确创作方向、激发创作热情具有积极意义。

《人民文学》推出法文版　在中法文化之春活动举办10周年之际，人民文学杂志社在北京法国文化中心举行以“女性写作与翻译”为主题的活动，推介第一期《人民文学》法文版。中国作协书记处书记阎晶明，中国作协外联部主任张涛，《人民文学》主编施战军、副主编邱华栋等参加了此次活动。女作家徐坤、盛可以，法语翻译家燕汉生和吕华共同探讨了女性写作在题材和语言上的独特之处，以及翻译不同时代女性文学作品的体会。

阎晶明在致辞中说，现今的中国文学已经发展到一个新高度，需要有适合的桥梁和纽带把中国当代作家创作的最新作品介绍到世界。《人民文学》法文版的出版，是在中国文学译介成法语方面迈出了重要一步，其影响力波及整个法语地区，对中法文学的交流也是一个有力的支持。有感于中国文学和外国文学相互译介之间的不对等状况，施战军认为，《人民文学》法文版正是为推动中国文学走向法语世界所做的一项重要工作。他介绍说，《人民文学》法文版每年出版一期，第一期出版后，已经受到法国文学爱好者和中国作家的关注，目前第二期正在筹备中。

4月15日

诗人纪弦先生文物文献捐赠仪式在中国现代文学馆举行　4月15日，诗人纪弦先生文物文献捐赠仪式在中国现代文学馆举行，中国现代文学馆副馆长梁海春，原馆长周明，馆长助理李洱，文学馆研究员北塔以及纪弦先生的家人们出席了捐赠仪式。梁海春、周明代表文学馆接受了捐赠，并且表示一定将这些珍贵的资料完好保存，留供后世进行研究。纪弦的家人们纷纷表示这不但是纪弦先生的文献的回归，更是他精神的回归，希望能够把他的诗与思想，永远地留在文学馆，发挥其更大的作用。

中国现代文学馆第三批客座研究员离馆暨第四批客座研究员聘任仪式在北京举行　中国作协主席铁凝，中国作协党组书记钱小芊，中国作协副主席李敬泽出席聘任仪式。聘任仪式由中国现代文学馆馆长助理李洱主持。

客座研究员制度是中国现代文学馆为加快研究中心和学术中心的建设而设立的。第四批客座研究员的招聘对象仍为70后、80后的青年批评家，中国现代文学馆希望通过客座研究员这个平台，加快青年批评家的培养和成长速度，努力打造一个新的青年批评家群体。经过各省作协推荐和中国现代文学馆学术委员会的严格评审，项静、黄德海、杨晓帆、马兵、季亚娅、艾翔、周明全、方岩、王鹏程、王迅等10位优秀青年评论家入选。

中国作协党组书记钱小芊总结了第三批12位青年评论家受聘一年来所取得的成绩，并高度肯定了设立中国现代文学馆客座研究员制度的重要意义。对于10名新成员加入中国现代文学馆客座研究员队伍，他表示热烈祝贺，并对他们的未来寄予了深切的希望。他强调了习近平总书记在文艺工作座谈会上的讲话对文学批评工作的重大指导意义，高度评价了文学评论以及青年批评家对于文学事业的重要性，对于文学评论目前面临的问题进行了深入的分析。号召青年评论家们加强理论学习，努力提高思想、业务水平，尽快成长，为中国当代文学的繁荣做出更大的贡献。

中国作协副主席李敬泽宣读了第四批客座研究员名单。铁凝和钱小芊为客座研究员颁发聘书。第三批客座研究员代表丛治辰和第四批客座研究员代表项静分别发言，感谢中国现代文学馆对现当代文学批评事业的关心，并决心以此为契机不断提高自己，为当代文学评论事业尽力尽责。中国现代文学馆学术委员会委员梁鸿鹰、施战军、刘勇、刘慧英以及中国作协相关单位、部门的领导何向阳、李一鸣、梁海春、郭艳等出席仪式。

中国作协主席铁凝会见尼泊尔作家　中国作协主席铁凝在北京会见尼泊尔司法部长夫人、女作家沙拉达·沙玛，双方进行了友好的交谈。铁凝欢迎沙玛来中国作协做客，并与她一起回顾了中尼两国在文学领域的交流与合作。铁凝说，2013年12月，我与贵国驻华大使马斯基一起见证了中国作协与尼泊尔学院签订合作协议的重要时刻。根据该协议，中国作家代表团在2014年10月访问了尼泊尔，见证了尼泊尔人民的友谊和热情。她说，现在“一带一路”是热门词汇，文学不应落在经贸互联之后。中尼正在商谈将青藏铁路延伸到尼泊尔境内，两国文学之路同样需要延伸。

沙拉达·沙玛表示，中尼两国关系密切，许多中国学生赴尼学习尼泊尔语。文学有助于人们的相互理解，使人们通过阅读彼此亲近。尼泊尔读者渴望读到反映当代中国社会方方面面的文学作品。我期待双方加强文学作品的直接互译，通过多种方式深化文学交流。铁凝还同沙玛就两国女性文学和儿童文学创作情况进行了交流。中国作协书记处书记阎晶明等参加了会见。

4月16日

鲁迅文学院第十七期少数民族文学创作培训班开班　4月16日，鲁迅文学院第十七期少数民族文学创作培训班开班仪式在京举行。中国作协副主席、鲁迅文学院院长吉狄马加，中国作协书记处书记白庚胜出席开班仪式。

吉狄马加在讲话中向学员们介绍了鲁迅文学院的发展历史和近年来开展少数民族文学创作培训活动的有关情况。他说，我国的少数民族文化是中华优秀传统文化的重要方面，我国的少数民族文学是我国社会主义文学的重要组成部分，繁荣发展我国少数民族文学是繁荣发展我国社会主义文学的题中应有之义。深入落实习近平总书记在文艺工作座谈会上的讲话精神，认真贯彻党的文艺方针和民族政策，加强少数民族文学人才成长，推动少数民族文学发展，是鲁迅文学院当前和今后一个时期的重要工作。他希望学员们继续认真学习、深刻领会习近平总书记在文艺工作座谈会上的重要讲话精神，虚心学习，认真思考，尽快适应新的角色，努力增强“鲁民十七”的集体凝聚力、荣誉感，以昂扬的姿态和不竭的热情勤奋学习、积极创作，收获人生和事业的锦绣华章。肖开提·肉斯坦木（维吾尔族）、常霞（蒙古族）、索朗拥青（藏族）、李智红（彝族）等学员代表在开班仪式上先后发言，表示要珍惜此次难得的培训机会，抓紧时间学习充电，力求使自己的思想认识与文学创作水平都迈上新的台阶。

本期培训班为期一个月，共有来自全国14个省区市、17个少数民族的56名学员参加。为办好本期培训班，鲁院进行了精心准备，将在充分吸纳以往办学经验基础上，根据学员的具体特点对教学环节进行有针对性的设计和调整，以更好地满足学员的学习需求。

4月17日

吕铮纪实文学《猎狐行动》研讨会在北京举行　4月17日，由全国公安文联、作家出版社共同主办的吕铮纪实文学《猎狐行动》研讨会在京举行。全国公安文联主席祝春林，中国作家协会副主席何建明，作家出版社社长葛笑政、总编辑张陵，作家出版社副社长扈文建，全国公安文联副主席武和平，“猎狐行动”行动办主任、公安部经侦局副局长刘冬出席会议并发言。李炳银、胡平、贺绍俊、彭程、徐可、徐忠志、李朝全、李云雷等专家学者围绕作品展开深入探讨，研讨会由全国公安文联秘书长张策主持。

中国作家出版集团召开第三次党员大会　4月17日，中国共产党中国作家出版集团第三次党员大会在京举行。中国作协党组成员、副主席、书记处书记吉狄马加、何建明，机关党委常务副书记李霄明出席了大会。

大会审议通过了何建明代表第二届集团党委所做工作报告和集团纪委工作报告，选举产生了第三届集团党委和纪律检查委员会。大会选举何建明为党委书记，葛笑政、梁鸿鹰为党委副书记，党委委员共9人（按姓氏笔画为序）：王山、石一宁（壮族）、何建明、施战军、徐忠志、黄国辉（土家族）、商震、梁鸿鹰、葛笑政。大会选举梁鸿鹰为集团纪委书记，徐忠志为纪委副书记，纪委委员共5人（按姓氏笔画为序）：刘方、李晓东、金燕馨（女）、徐忠志、梁鸿鹰。吉狄马加代表党组和机关党委讲话。他首先代表作协党组、机关党委对集团第三次党员大会的顺利召开、各项议程的顺利完成表示祝贺。他说，何建明的工作报告实事求是地总结了上一届集团党委的工作，4年来，集团党委始终坚持高举中国特色社会主义伟大旗帜，以邓小平理论、“三个代表”重要思想和科学发展观为指导，全面落实党的十八大和十八届三中、四中全会精神，始终立足于加强和改进党建工作，努力推动集团和所属报刊社网各项工作的蓬勃开展，取得了明显的进步。他代表党组和机关党委对新一届集团党委、纪委提出了工作期望。他要求，集团党委要按照“四个全面”要求，深入学习贯彻习近平总书记系列重要讲话精神，扎实推进争做“三个表率”活动；要不断强化理论武装，加强思想工作力度，着力建设一支政治坚定、素质过硬的党员队伍；要继续抓好党的群众路线教育和基层党组织建设，着力营造和建设和谐有力、风清气正的工作环境；要立足改革发展，锐意创新，力争开创文学出版事业的新局面。集团和所属各单位共141名党员参加了党员大会。

4月18日

人文阅读大使读者见面会在北京举办 4月18日，中国作家出版集团联合《作家文摘》报社、全国大学生文学社团联盟在京举办“人文阅读大使读者见面会”。中国作家协会副主席何建明，著名作家陆天明、石钟山出席活动。

何建明与读者畅谈阅读和写作的体会。他指出：在人生的不同阶段，阅读都具有不同的意义。多读书、读好书，是生活从自然状态到自觉状态的重要转变。当代大学生的手里要捧起好书，我们作家更要多读好书，才能创作出更贴近人民、有益社会的作品。中国作家出版集团管委会副主任徐忠志主持了对三位作家的访谈。通过思想碰撞和互动交流，结合脍炙人口的《落泪是金》《大雪无痕》《激情燃烧的岁月》等作品，三位作家与到场的200余位读者分享了自己的阅读体会、创作经历和人生感悟。徐忠志为何建明、陆天明、石钟山颁发人文阅读大使聘书。为了以第二十个“世界阅读日”为契机倡导全民阅读，建设书香社会，在3月份发起的“那些年，影响我的那本书”读者征集活动中，共遴选出王蒙、刘心武、蒋子龙、何建明、张平、张海迪、陆天明、石钟山、周国平、汪国真等10位著名作家、学者担任全国人文阅读大使。本次活动是首场读者见面会。

曾德强报告文学《脚上有路——一个修脚工的中国梦》研讨会在北京举办 4月18日，报告文学作品《脚上有路——一个修脚工的中国梦》在京研讨。此次研讨会由文艺报社和中国作家杂志社联合主办。中国作协副主席何建明、书记处书记阎晶明出席研讨会并讲话。《文艺报》总编辑梁鸿鹰、《中国作家》主编王山、中宣部文艺局赵海虹等近30位专家、学者与会研讨。

与会者谈到，这部作品之所以具有独特的感染力，是因为作者生动讲述了一个普通、平凡的中国人追梦、逐梦的故事。今天，处于转型期的中国社会充满了像郑远元这样自强不息、百折不挠、开拓进取、无私奉献的小人物，他们从事各行各业，身处社会的各个角落，内心深处始终有一个属于自己的中国梦，那就是凭借勤劳和智慧走向富裕，并在富裕后去帮助应该帮助的人。这正是中国人的质朴和善良，也是每个人心中都存有的中国精神和中国力量。作者曾德强选择了一个很好的题材和切入口，修脚工郑远元的经历和命运极具典型性和感染力，值得读者去思考。

周大新长篇小说《曲终人在》首发　关注现实状况、书写人在超越现实困境过程中所做出的努力是作家周大新很多作品的特点，其聚焦官场的长篇新作《曲终人在》亦是如此。4月18日，人民文学出版社在京举办《曲终人在》新书发布会。中国作协副主席李敬泽出席。

《曲终人在》从清河省原省长欧阳万彤的死开始写起，通过26个采访对象的回忆，讲述这位省长的日常生活。小说提出了一个严肃的问题——假若有一天把管理社会的权力交给你，你将会成为一个什么样的官员？小说在结构、叙事上都做出了新的尝试，真实与虚构的界限被打破，给读者带来新鲜的阅读感觉，作者把对现实生活的深入思考融入其中，给人强烈的思想震撼。

4月20日

《根据地——冀鲁豫的中国故事》座谈会在北京召开　为纪念中国人民抗日战争暨世界反法西斯战争胜利70周年，长篇报告文学《根据地——冀鲁豫的中国故事》座谈会在京举行。研讨会由中宣部《党建》杂志社、中国作协创研部、文艺报社、《时代报告·中国报告文学》杂志社、中共山东省委宣传部、山东省作协、山东省菏泽市有关方面主办。中国作协副主席何建明出席并讲话。

《根据地》由山东作家李延国、李庆华共同创作完成，中宣部《党建》杂志社以增刊刊发。作品以大量珍贵资料展示了冀鲁豫革命根据地在抗日战争、解放战争中的重要作用，展示了中国共产党与人民群众的血肉联系，以及共产党人的坚定信念和高尚情操。与会者谈到，这部作品史料丰富翔实，故事感人至深，生动表现了冀鲁豫根据地军民在战争中同呼吸、共命运的情形，再现了冀鲁豫根据地从无到有、从小到大、由弱到强、发展壮大的历史，突出了“中国共产党是全民族抗战的中流砥柱，人民是党永远的根据地”的主题，是一部珍贵的党史读物和群众路线教育的好教材。这是一部有筋骨、有道德、有温度的历史报告，具有强烈的艺术感染力。作品融入了作家真挚的情感，两位作家深入实地采访、调研，收集到大量第一手的鲜活素材，以厚重的笔墨书写人物，挖掘出崇高的精神世界，体现了文艺工作者为人民抒写的责任担当和自觉的艺术追求。

4月21日

“2015海峡两岸中青年散文家交流会暨散文创作高研班”在福州举行　4月21日，由中国作协港澳台办公室和福建省文联联合主办的“2015海峡两岸中青年散文家交流会暨散文创作高研班”在福州举行。福建省委常委、宣传部部长李书磊，中国作协书记处书记阎晶明，福建省文联主席张帆、党组书记张作兴出席活动并致辞。

李书磊说，散文写作最大的特点是自由，我们既可以精心构思，也可以率性而为，既可以写成宏篇大制，也可以三言两语成为一篇。它是最实用的文体，在日常生活中经常要用到，但也极为讲究艺术性。在网络时代，人人可以写作散文，但因此也更需要经典作品的出现。阎晶明说，作为一种宽泛的文体，散文写作却有着极为严格的艺术要求。它要求写作者仔细观察生活细节，并以自己的思想加以概括、提升，使用生动的语言将之呈现出来。这次高研班的举办，可以让散文家们静下心来，就散文写作进行充分的交流。本次活动为期5天，来自海峡两岸的50多位散文家参加。贾平凹、何向阳、马照南、谢有顺、宁肯、吴钧尧、亮轩等作家评论家围绕"散文写作的几点感想""一本春秋：散文台湾""体验散文的国度""新媒体与散文写作""散文写作与解读"等主题授课。与会作家还就各自写作散文的经验与困惑进行了交流。

4月22日

陈崎嵘到湖南专题调研　4月22日至26日，中国作协党组成员、副主席、书记处书记陈崎嵘同志一行4人来湘开展专题调研。此次调研主要是了解文学界学习贯彻习近平总书记文艺工作座谈会重要讲话精神的做法、举措和建议，各地作协组织开展"深入生活，扎根人民"主题实践活动的情况、做法、困难及建议，对催生精品力作采取了哪些举措，对加强文学评论工作的意见和建议，对更广泛地联系、团结广大作家和文学工作者，特别是青年作家和新的文学群体的意见建议，以及当地著名作家目前的创作情况等。

陈崎嵘一行听取了省作协工作情况汇报，出席了湖南作家座谈会、湖南网络作家座谈会。24日上午到中南大学调研，通过协商，拟由中国作协、湖南省作协、中南大学共同建设网络文学研究基地，基地建在中南大学文学院；25日上午陈崎嵘副主席一行赴湘潭市调研，了解市县作协的情况；25日下午还看望了老作家。在调研过程中，陈崎嵘肯定了湖南的文学工作成绩，同时提出了期望和要求。他说，习总书记重要讲话精神是中国特色社会主义的文艺论，具有自身的完整性和长远的指导意义，对现实工作具有极强的推动作用，应该从其理论性、长远性、指导性和针对性继续加强认识和理解。在理论的贯彻当中如何让作家成为主体，实现自我教育和自我提高是目前工作的重点。坚持文艺的人民性，文学的导向性和作家的责任感是文艺界的共同任务，文艺工作者应当将个人审美与社会主义核心价值观相统一。这就需要进一步增加"深入生活、扎根人民"活动的参加人数，扩大活动影响，尤其是吸引一批有创作实力，有培养潜力的作家参与到活动中来，不断探索长远机制。此外，加强对于网络文学等新文学形态的关注，建立健全全新的引导和组织思路，设立网络文学研究基地也是一个新的课题。针对文艺工作者们提出的意见和建议陈崎嵘一一作答，并表示将如实向中国作协反应，最大限度为作家为基层服务。

4月23日

江苏省作协第八次代表大会在南京举行　4月23日至24日，江苏省文学艺术界联合会第九次代表大会、江苏省作家协会第八次代表大会在南京举行。中国文联党组书记、副主席赵实，中国作协党组书记、副主席钱小芊出席会议开幕式并致辞。中共江苏省委书记、省人大常委会主任罗志军在开幕式上讲话。

赵实代表中国文联向大会的召开表示祝贺。她希望江苏广大文艺工作者高扬社会主义核心价值观旗帜，自觉担当起建设文化强省、文化强国，实现中国梦的历史使命和时代责任；希望江苏广大文艺工作者努力追求德艺双馨，自觉遵守文艺工作者职业道德公约，率先成为时代风气的先觉者、先行者、先倡者；希望江苏省文联以改革创新精神切实加强自身建设，不断提高科学化工作水平和服务能力。

钱小芊代表中国作协向大会的召开表示祝贺。他说，江苏是我国的文学大省，当代江苏文学是中国文学的一支重要力量。几代江苏作家在坚守中求变，勇于承担时代赋予的使命和责任，始终保持着旺盛的创造力。在中国文学阵营中，江苏作家群无疑是一支文学劲旅，有着重要地位，产生着广泛影响，不断谱写着江苏文学和中国文学的美丽篇章。党的十八大以来，以习近平同志为总书记的党中央高度重视文学艺术事业的繁荣发展，去年10月15日，习近平总书记亲自主持召开文艺工作座谈会，并发表了重要讲话，中国文学迎来了难得的发展机遇。我们要抓住机遇，趁势而为，努力创作出更多无愧于时代无愧于人民的精品力作，把我国文学事业的发展推向新高度。钱小芊向江苏省作协提出三点希望和要求。一是要深入学习贯彻习近平总书记在文艺工作座谈会上的重要讲话精神，以此引领文学工作和文学创作；二是要扎实开展作家“深入生活、扎根人民”主题实践活动，为时代放歌、为人民立言；三是要广泛团结联系服务作家，把作协建成作家之家。

罗志军在讲话中说，身处伟大时代，面临重大机遇，完成光荣使命，文艺作用不可替代，文艺工作大有可为。江苏省文艺战线要坚持以习近平总书记重要讲话为指引，高举中国特色社会主义伟大旗帜，坚持以人民为中心的创作导向，紧紧围绕中国梦的时代主题，积极投身建设新江苏的生动实践，努力创作更多无愧于时代、无愧于历史、无愧于人民的优秀作品，推动江苏文化建设迈上新台阶、攀登新高峰。希望广大文艺工作者切实担负起引领时代前进的神圣职责，大力弘扬社会主义核心价值观，始终坚持以人民为中心的创作导向，多出传得开留得住的精品力作，争当德艺双馨的艺术家。

江苏省作协第八次代表大会的主要任务是：深入学习贯彻党的十八大、十八届三中、四中全会精神和习近平总书记系列重要讲话精神，以党的文艺方针为指导，总结五年来江苏省文学事业取得的成就与经验，规划江苏省未来五年文学发展蓝图。会议审议通过了范小青受江苏省作协第七届理事会委托向大会所作的工作报告，审议通过了经过修改的《江苏省作家协会章程》，选举产生了江苏省作协第八届理事会。在江苏省作协八届理事会第一次会议上，范小青当选为江苏省作协主席，朱苏进、苏童、叶兆言、周梅森、储福金、毕飞宇、丁帆、许钧、张文宝、鲁敏、汪政、王尧、祁智、叶弥当选为江苏省作协副主席。

4月24日

广西诗歌双年展作品研讨会在北京举行　4月24日，由中国作协诗歌委员会、《广西文学》杂志社和广西文艺理论家协会联合主办的“广西诗歌双年展作品研讨会”在京举行。中国作协副主席吉狄马加出席研讨会。来自全国各地的20余位评论家与来自广西的诗歌创作者们会聚一堂，对广西诗歌的现状与发展进行了深入探讨。

为鼓励广西诗歌创作，呈现广西诗歌创作的实力与成绩，《广西文学》从2005年起以“双年展”的形式展出本土诗人诗作，对广西诗歌各个阶段的创作进行梳理与总结，目前已举办了5届。2014年，《广西文学》第12期推出《诗集盛宴》专号，分区域展示了广西各地共140位诗人的诗作。与会者谈到，广西诗歌创作历史悠久，长盛不衰，相对其他文体，创作者人数最多，尤其是近十年来，广西诗歌创作丰富多彩，涌现出一批创作成绩斐然的诗人。他们的创作深受当地民风民歌的浸染，呈现出一种独特的、开阔的张力和活力。在一片喧嚣的诗坛之中，广西诗人保持了一种相对平稳的创作心态，坚持在各自的艺术道路上执著探索，以灵动的思维和敏锐的视角把握住了诗歌应该捕捉的永恒命题，因此其诗作鲜活，具有丰富性。

大家谈到，广西诗歌给人留下深刻印象的曾经是“扬子鳄”“自行车”等诗歌创作群体，近几年广西诗人的个体风格和面貌更加鲜明和突出，而一些基本功扎实、具有天赋的诗人日益显露出光芒。无论是先锋的、传统的，还是抒情的、口语的，各种风格在广西诗人创作中都有体现。但与此同时，在全国有影响力的诗人数量相对较少，这是需要广西诗歌界重视的问题。广西诗人需要着眼于更长远、更广阔的写作目标，创作出更多更优秀的作品。

4月25日

2014年度《诗刊》“诗人奖”颁奖　2014年度“诗人奖”颁奖典礼暨“诗意增城”音乐诗歌晚会在广东增城举办。中国作协副主席吉狄马加、中国作协原党组副书记王巨才、中国文联书记处书记郭运德、《诗刊》常务副主编商震、广东省作协主席蒋述卓、《诗刊》副主编李少君以及数十位来自全国各地的诗人、评论家参加了此次颁奖活动。胡弦获得2014《诗刊》年度诗人奖，余秀华、王单单获得2014《诗刊》年度青年诗人奖。

4月26日

汪国真同志在北京逝世　中国艺术研究院文学艺术创作中心主任汪国真同志，因病医治无效，于2015年4月26日在京逝世，享年59岁。汪国真，1979年开始发表作品。1991年加入中国作家协会。著有诗集《年轻的潮》《年轻的风》《年轻的思绪》《年轻的潇洒》《汪国真诗文系列》《汪国真爱情诗卡》《汪国真抒情诗赏析》等。曾获全国图书金钥匙奖。

4月28日

谷运龙作品研讨会在北京举行　4月28日，羌族作家谷运龙作品研讨会在北京举行，会议由中国作家出版集团、中国少数民族作家学会、《民族文学》杂志社、四川省作协主办。中国作协党组成员、副主席、书记处书记吉狄马加，中国散文学会会长王巨才，中国少数民族作家学会常务副会长叶梅，《民族文学》主编石一宁，四川省作协主席阿来，四川省作协党组书记邹瑾等出席研讨会并讲话。会议由中国作家出版集团管委会副主任徐忠志主持。

4月29日

中国作协"梦想烛照未来"文学作品朗诵会在京举办　为纪念五四青年节暨中国人民抗日战争、世界反法西斯战争胜利70周年，由中国作家协会机关党委主办，中国作家出版集团党委协办的"梦想烛照未来"文学作品朗诵会在中国现代文学馆举办。中国作协主席铁凝，中国作协副主席、党组书记钱小芊，中国作协副主席、机关党委书记吉狄马加，党组成员白庚胜观摩了朗诵会。朗诵会共分"白山黑水第一枪""浴血奋战""梦想与未来"三个篇章。

5月

5月2日

第五届全国高校文学征文活动颁奖　5月2日，第五届"包商银行杯"全国高校文学作品征文活动在京颁奖。此次活动由作家网、人民文学杂志社、包商银行、北京大学中国新诗研究所主办。来自全国各高校的获奖作者、评委及文学艺术界人士180余人参加了颁奖仪式。此次活动共评出117篇（首）获奖作品。山东艺术学院夏小风的诗歌《与母亲一起洗澡》、四川省乐山师范学院朱灿的散文《听椅子慢慢坏掉》、广东韶关学院吴霞霞的小说《城》获一等奖，陕西理工学院程川等9人的作品获二等奖，中国传媒大学林侧等15人的作品获三等奖，湖南省湘潭大学吴辉等90人的作品获优秀奖。《2014中国高校文学作品排行榜》同时由漓江出版社推出。

5月3日

骆家诗集《青皮林》在京研讨　5月3日，由海南省诗歌学会和凤凰网读书频道联合主办的骆家诗集《青皮林》首发式暨研讨会在京举行，十多位诗人、评论家与会研讨。骆家上世纪80年代开始写诗，后来中断了诗歌写作。进入新世纪，他又重新捡回诗情，出版了诗集《驿》。

而近期出版的诗集《青皮林》收录了他定居海南后创作的100多首诗作。骆家说，这是一本“关于海南、关于海、关于爱、关于时光与生命的诗集”。研讨会由《诗刊》副主编李少君主持。

5月6日

2015两岸笔会在台湾举行　以“写意美之岛　相会阳明山”为主题的2015两岸笔会5月6日在台北拉开序幕，来自全国的70余位艺术家相聚台湾岛，就中华文化传承进行了交流和探讨。本次笔会具有“高端、民间、公益”三大特点，参会嘉宾包括王蒙、郭枫、王秋童等来自两岸四地70余位作家、书法家、画家和摄影家。笔会期间将举行两岸名家见面会、艺术家座谈会、音乐茶话会和校园座谈会等系列活动。两岸笔会由海峡两岸（海南）文化交流联合会牵头，组织两岸民间机构共同主办。

5月7日

星星年度诗人奖、诗评家奖揭晓　5月7日，2014中国·星星年度诗人奖、诗评家奖在成都揭晓。诗人王小妮获得年度诗人奖，“80后”诗人戴潍娜获得年度大学生诗人奖，诗评家张德明获得年度诗评家奖。四川省作协党组成员罗勇、《星星》诗刊主编梁平、成都文理学院院长唐小林等为获奖者颁奖。大学生们朗诵了获奖者的诗作《致凌晨》《南方生活》《雪下进来了》等，初夏的校园里回荡着诗意与生机。本次评奖活动由《星星》诗刊与成都文理学院共同主办，这也是这项评奖走过的第8个年头。

第四届“周庄杯”全国儿童文学短篇小说大赛颁奖　5月7日，第四届“周庄杯”全国儿童文学短篇小说大赛颁奖典礼在水乡周庄举行。本届大赛共有25篇作品获奖，其中孟飞的《玛雅人的预言》荣获特等奖，韩青辰的《龙卷风》、方先义的《梵天城的服装师》同获一等奖。“周庄杯”全国儿童文学短篇小说大赛始于2011年，每年一届，由上海市作协儿童文学专业委员会、江苏省作协儿童文学工作委员会、少年儿童出版社和文学报社联合主办，《少年文艺》编辑部承办，是专门针对儿童文学短篇小说创作的赛事。本届大赛获奖作品既有传统的校园小说、乡土小说、成长小说等，也有类型化的科幻小说、奇幻小说，题材丰富多样。上海世纪出版集团副总裁李远涛，上海市作协副主席秦文君，江苏省作协副主席祁智，以及刘绪源、周晴、马昇嘉、周基亭、金建鸿等参加颁奖。第五届大赛即日起正式启动。

5月8日

陆建华散文创作研讨会在扬州市举行　5月8日上午，由江苏省作家协会、江苏省文艺评论家协会、扬州市文联主办的陆建华散文创作研讨会在扬州召开。省作协党组书记、主席范小青，正厅级巡视员张王飞，党组成员、书记处书记、副主席汪政，副主席储福金，扬州市文联主席刘俊，市作协主席杜海，作家、批评家黄毓璜、费振钟、张泽民、吴周文、叶橹、张宗刚、薛冰、陈社、刘仁前等以及媒体记者参加了研讨会。《陆建华散文自选集》近期由江苏文艺出版社出版。该书为线装本，收录了陆建华的数十篇散文作品。

天山的祝福——新疆诗歌全国行诗歌朗诵会　今年是新疆维吾尔自治区成立60周年。5月8日，“天山的祝福——新疆诗歌全国行”诗歌朗诵会在北京举行。来自新疆的少数民族诗人与首都高校师生共同朗诵了一首首打动人心的诗歌作品，把来自天山的祝福带给现场的每一位观众。据悉，“天山的祝福——新疆诗歌全国行”将在北京、上海、新疆等多地举行，朗诵作品以弘扬爱国主义精神、反映时代风貌、讴歌幸福生活为主题。

5月9日

湖南省报告文学学会成立　5月9日，湖南省报告文学学会在长沙成立。中国作协副主席、中国报告文学学会会长何建明，湖南省作协主席唐浩明、党组书记龚爱林、专职副主席王跃文及60余位报告文学作家、评论家与会。会议通过了《湖南省报告文学学会章程》，选举游和平为会长，余艳、章罗生、王硕男、甘建华、阮梅、纪红建、何兵军、杨少波、周文杰、赵志超、胡勇平、龚盛辉为副会长，纪红建为秘书长，谭谈、梁瑞郴、张步真、余三定为名誉会长。

2015年中韩诗歌对话会在太仓举行　5月9日至10日，由江苏省作协、中韩作家会议筹委会、韩国驻上海文化院、太仓市委宣传部联合主办的“第四届沙溪新诗论坛·中韩诗歌对话会”在太仓市沙溪镇举行。中国作协副主席李敬泽，江苏省作协主席范小青、巡视员张王飞出席会议。与会中韩诗人、评论家在对话中分享了彼此对传统的回应方式。

5月11日

《萧红与生命中的他们》新书座谈会举行　近年来，随着电影《萧红》《黄金时代》的上映，将萧红反复推至舆论风口，并招致无端的羞辱、谩骂。萧红的人生苦难，成了今人消费的对象。5月11日，在鲁迅文学院举办“《萧红与生命中的他们》新书座谈会”对萧红的有关问题进行研讨。鲁迅文学院第26届中青年作家高级研讨班学员呼吁：生活在祥和平静的当下，更应该珍视自己手中的笔，写出更多、更优秀的文学作品和批评文章。

《宋家客厅：从钱锺书到张爱玲》首发　11日下午，翻译家宋以朗作品《宋家客厅：从钱锺书到张爱玲》（以下简称《宋家客厅》）在北京举办发布会。该书执笔陈晓勤与宋以朗一同追述当年的文化沙龙主人宋淇的传奇一生，梳理其与作家张爱玲、钱锺书的交游往事，还原诸位作家的“文人本色”。《宋家客厅》是围绕宋以朗之父宋淇所作的一部传记。宋淇是20世纪著名的文艺评论家、翻译家，在红学研究、电影等诸多领域均有建树，与张爱玲、钱锺书等人亦有深交，并长期以朋友身份担任张爱玲的文学经纪人和顾问。据悉，张爱玲去世前将遗物（包括遗稿）交给宋淇、邝文美夫妇保管，宋以朗便是在私家资料、家族记忆和公开资料的基础上完成此书，在披露那一代文化人的“相知相惜”的同时，也呈现了20世纪华语文学、电影和大时代的一个侧影。

第八届中国散文诗天马奖揭晓　5月12日，2014年度（第八届）中国散文诗天马奖揭晓，经读者推荐投票、评委评选，马东旭、王琪、转角、陈亮、王信国等5位散文诗作者获2014年度（第八届）中国散文诗天马奖。获奖作品均选自2014年《伊犁晚报·天马散文诗专页》一至十二期所刊发的作品。2014年度（第八届）中国散文诗天马奖获奖名单（以发表先后为序）：

马东旭（河南）	故乡辞（组章）	（2014年第01期）
王　琪（陕西）	爱上（组章）	（2014年第02期）
转　角（黑龙江）	日光与憧憬（组章）	（2014年第08期）
陈　亮（山东）	悲悯之书（四章）	（2014年第11期）
王信国（新疆）	雪继续下（外三章）	（2014年第11期）

5月13日

鲁院第十七期少数民族文学创作培训班结业　5月13日，为期一个月的鲁迅文学院第十七期少数民族文学创作培训班在京举行结业仪式。中国作协副主席、鲁迅文学院院长吉狄马加出席仪式，并为学员们颁发了结业证书。出席结业仪式的还有鲁迅文学院常务副院长李一鸣、副院长王璇等。结业仪式由鲁迅文学院副院长邱华栋主持。

5月14日

《人民文学》意大利文版推介会举办　5月14日晚，《人民文学》杂志社在意大利使馆文化处举行了《人民文学》意大利文版推介会。中国作协外联部主任张涛、《人民文学》主编施战军、意大利驻华使馆文化参赞史芬娜（Stefania Stafutti）到场致辞，作家李洱、翻译家吴正仪、意大利驻华使馆文化处文学出版项目负责人李莎（Patrizia Liberati）以及外文出版社副总编胡开敏互相交流了自己对这本杂志与推广中国文学的看法。这本意大利文版《人民文学》由外文出版社出版，翻译者为意大利翻译家，收录的作品均出自中国当代具有较高知名度的作家，如铁凝、李洱、范小青、李敬泽、麦家、盛可以、鲁敏、于坚、笛安、任晓雯等，作品题材多样，尽可能全景式地展示中国当代文学的风貌。

专家研讨“警察生命美学”　5月14日，由鲁迅文学院、全国公安文联主办的“王晓琳《警察美学的生命话语——公安文学研究》出版座谈会”在京举行。鲁迅文学院常务副院长李一鸣、副院长邱华栋，全国公安文联秘书长张策，以及鲁迅文学院第二十六届高研班的同学与会讨论。王晓琳是云南省凤庆县的一名普通民警，平日的工作就是缉毒、破案、维持治安，有时候甚至还要冒着枪林弹雨的危险。但在业余的时间里，他坚持写作，发表了数十篇散文和评论文章，多次获得文艺评论类奖项。他持续关注、研究公安题材作品，写出了专著《警察美学的生命话语》。

信息时代的文学教育暨《中国现代文学史综合教程》座谈会举行　5月14日，由北京师范大学出版社主办的“信息时代的文学教育暨《中国现代文学史综合教程》座谈会”在北京举行，来自全国各地的30多位专家学者围绕这本教材以及信息时代的文学教育等话题展开了深入研讨。

《中国文情报告（2014—2015）》发布　5月14日，由中国社会科学院文学所研究员白烨主编的《中国文情报告（2014—2015）》首发式暨研讨会在京举行。报告中分门别类地对2014年的中国文学、文坛的发展与走向、现象与成果、经验与问题等进行了系统的梳理和细致的描述。报告指出，2014年的文学创作，整体上呈现出故事中国化，讲述本土化，艺术本色化的突出特征。

5月15日

梅里长篇小说《佛耳山歌》获业界好评　5月15日—17日，河北作家梅里长篇小说《佛耳山歌》作品研讨会在秦皇岛举行。《佛耳山歌》讲述了大学生宋清宇为改变家乡佛耳峪村闭塞、贫困的面貌毅然返乡，将所学专业知识和家乡实际结合，最终使佛耳峪村村民走上了共同富裕之路。研讨会由作家出版社、中华读书报社、河北省作协创联部、秦皇岛文学创作院等单位共同主办。冯立三、葛笑政、岳建一、曾镇南、李建军、章德宁、王玮、刘建东、胡学文、张辉利、苏君礼等来自京冀两地的作家、评论家参加研讨。 梅里本名席立新，现为中国作家协会会员，著有长篇小说《河戒》《恒哥》《大鹰窝》等，其中《河戒》获河北省2014年度“五个一工程奖”。

中国之声“青春与诗”校园原创诗作颁奖典礼举行　5月15日，中央人民广播电台中国之声“青春与诗”（北京场）校园原创诗作颁奖典礼在北京大学举行。本次活动评委会成员作家王蒙，诗人欧阳江河、骆英，中国诗歌评论学者李黎，中国之声专职副书记魏漫伦，中国之声编辑部主任武俊山，颁奖嘉宾诗人扎西拉姆·多多等出席仪式并为获奖者颁奖。中央人民广播电台播音员于芳携手中国之声青年主播与喜爱诗歌、心怀理想的学生们共诵获奖诗作，同赞美好青春。

2015“北大培文杯”全国青少年创意写作大赛启动仪式在北京大学举行　5月15日，第二届“北大培文杯”全国青少年创意写作大赛在京启动，首届“北大培文杯”全国青少年英语创意写作大赛也同时启动。中国作协副主席李敬泽出席并致辞。本次创意写作大赛由北京大学、清华大学、中国当代文学研究会和北大培文创意研究院联合主办。

5月16日

第十四届中国文学论坛·福建三明诗群研讨会在鲁迅文学院举办　2015年5月16日—18日，由中国文学论坛组委会、福建省作家协会、福建三明市文联、天津市写作协会新媒体写作分会在北京鲁迅文学院共同举办第十四届中国文学论坛·福建三明诗群研讨会，以鲁迅文学院第九届高级研讨班评论家为主体的文学评论家、作家、诗人40余人出席活动。

忽培元《我想延安苍生三部曲》出版座谈会在京举行　由中国作家协会创研部、中央文献出版社、中国红色文化研究会和中国传记文学学会联合主办的作家忽培元所著《我想延安苍生三部曲：群山、长河、浩海》出版座谈会于2015年5月16日上午在中国现代文学馆举行。会议由中国作协副主席、党组成员何建明，中国传记文学学会会长王丽，北京榆阳商会秘书长郭文娟联席主持。这部由中央文献出版社出版的传记文学作品，共一百五十万字，分为《群山》《长河》《浩海》三部。该书是作家忽培元近二十年间深入采访和潜心创作的文学成果。王巨才、李敬泽、阎晶明、郑伯农、白烨、梁鸿鹰、叶梅、周明等三十多位著名评论家和作家、学者参加研讨。

铁凝获法国文学艺术骑士勋章　5月16日，中国作家协会主席铁凝在北京获颁法国文学艺术骑士勋章。法国外长洛朗·法比尤斯代表法兰西共和国授予铁凝勋章并致辞，他肯定了铁凝在文学艺术创作领域取得的卓越成就，及其为中法文化交流做出的重要贡献。他称赞，铁凝的作品中涌动着“一种既抒情又浪漫的声音，致力于描述普通百姓的内心世界，尤其是女性的内心世界”。法国驻华大使顾山，中国作协书记处书记阎晶明、对外联络部主任张涛，作家、翻译家、编辑家徐坤、格非、树才、包兰英等参加活动。法国文学艺术骑士勋章1957年由法国政府文化部设立，以表彰在文学界、艺术界有杰出贡献的人物，或在世界范围内为宣传法国文化作出突出贡献者。目前有50余位华人获此勋章。

第五届全国文学批评期刊建设暨陕西文学批评论坛举行　5月16日，“第五届全国文学批评期刊建设暨陕西文学批评论坛”在陕西西安举行。此次论坛由陕西省作家协会、西安工业大学主办，《文学评论》《文艺争鸣》《当代作家评论》《小说评论》等近20家文学批评期刊的主编、编辑和多位文学评论家与会，大家围绕文学批评期刊建设、文学批评的责任等话题展开讨论。

鲁光艺术馆开馆　5月16日，鲁光艺术馆在浙江省永康市博物馆开馆。中国作协副主席高洪波出席并致辞。鲁光是从永康山村走出去的作家、画家。如今，他在家乡创办艺术馆，捐赠自己103幅画作和100多件作品手稿，是为了表达对故乡的感恩之情。

首届陵水诗歌节聚焦山水诗写作　5月16日至18日，首届陵水诗歌节在海南省陵水黎族自治县举办。此次诗歌节由《诗刊》社、陵水县委宣传部主办，以“美丽中国与诗意山水”为主题。20多位诗人相聚于此，寄情山水、以诗言志，共同探讨山水诗的发展等问题。

《儿童文学的多维思考》出版研讨会 5月16日上午，由未来出版社、童话世界杂志社组织举办的“三秦书月·儿童文学活动周”启动仪式暨《儿童文学的多维思考》研讨会在西安召开。省委宣传部常务副部长薛保勤，全国政协委员、中国版协副主席、国际儿童读物联盟中国分会创始人、著名童书评论家海飞，省作协党组副书记齐雅丽，陕西出版传媒集团总编辑张炜，省委宣传部出版处处长张雄，省新闻出版广电局出版处处长高彦平，陕西师范大学教授、博士生导师、著名文艺评论家畅广元，陕西师范大学教授、博士生导师裴亚莉，著名儿童文学作家安武林、谭旭东，陕西日报社主任记者、资深文化编辑、影视制片人李向红等30多位专家学者参加了启动仪式，并对《儿童文学的多维思考》一书进行研讨。

5月17日

吴重生诗歌作品朗诵会暨研讨会在京召开 5月17日，由《诗刊》社、人民文学出版社和中国新闻出版传媒集团共同主办的“吴重生诗歌作品朗诵会暨研讨会”在京举行。中国作协副主席吉狄马加、陈建功，国家新闻出版广电总局副局长阎晓宏，中国文联书记处书记郭运德等出席。数十位文学界人士相聚一堂，朗诵并研讨吴重生诗歌作品。

蒙古族作家叶尔达作品研讨会在京举行 5月17日，蒙古族母语作家叶尔达散文集《天边遥远的月光》作品研讨会在中央民族大学举行。此次研讨会由中央民族大学蒙古语言文学系和《民族文学》杂志社联合主办。北京、内蒙古、天津的数十位作家评论家，以及来自蒙古国的学者与会研讨。

首届呀诺达生态文学奖启动 生态文学是以自觉的生态意识反映人与自然关系的文学，它将自然作为书写对象，呈现人对待自然的态度，倡导人与自然和谐相处。为推动生态文明建设、繁荣生态文学，5月17日，由中国国土经济学会主办、海南呀诺达雨林文化旅游区协办的首届呀诺达生态文学奖评奖活动在京启动。中国作协副主席何建明出席。

5月18日

鲁迅文学院第二十六届中青年作家高级研讨班结业 经过为期两个月的研修培训，来自全国各地的50名学员近日圆满完成了在鲁迅文学院的各项学习任务，顺利结业。5月18日，鲁迅文学院第二十六届中青年作家高级研讨班（文学评论班）结业典礼在京举行。中国作协党组书记、副主席钱小芊，中国作协副主席、鲁迅文学院院长吉狄马加出席结业典礼，并为学员们颁发了结业证书。出席结业典礼的还有鲁迅文学院常务副院长李一鸣、副院长王璇等。结业典礼由鲁迅文学院副院长邱华栋主持。

中国作家代表团访问拉美参加“中国—拉丁美洲人文交流研讨会” 应哥伦比亚文化部、秘鲁文化部的邀请，以中国作家协会主席铁凝为团长的中国作家代表团于5月18日启程访问哥伦比亚和秘鲁。代表团成员包括莫言、麦家、格非、阎晶明及张涛等。此次访问的重要任务，是参加在哥伦比亚首都波哥大举行的“中国—拉丁美洲人文交流研讨会”及其他一系列重要文化交流活动。

5月19日

中国作家出版集团举办采编业务骨干培训班 为提升中国作家出版集团文学编辑出版的业务能力，更好地发挥出版集团所属报刊、出版社及网站在团结作家、服务作家、打造精品力作、推动文学事业发展中的作用，中国作家出版集团于5月19日至21日在京举办第一期采编业务骨干培训班。开班仪式上，中国作协副主席、中国作家出版集团管委会主任何建明作了动员讲话。

“21世纪文学之星丛书”2015年卷入选作品审定 经过两天的审读、讨论，5月19日，全体编委以无记名投票方式选定“21世纪文学之星丛书”2015年卷的入选作品。入选的10部作品是：陈宏伟的小说集《如影随形》、包倬的小说集《风吹白云飘》、张遂涛的小说集《陌生人来到马巷》、李晁的小说集《朝南朝北》、小昌的小说集《小河夭夭》、谭广超的诗集《圈地运动》、杨犁民的散文集《露水硕大》、赵兴红的评论集《小说戏剧性》、王颖的评论集《谜面与迹底》、季亚娅的评论集《文学的行间距》。

5月20日

“深入生活、扎根人民”弘扬柳青精神研讨会在京召开 为深入贯彻落实习近平总书记在文艺工作座谈会上的重要讲话精神，把“深入生活、扎根人民”主题实践活动引向深入，5月20日，中国作家协会、中共陕西省委宣传部、光明日报社在京联合召开“深入生活、扎根人民”弘扬柳青精神研讨会。中国作协党组书记、副主席钱小芊，中共陕西省委常委、宣传部部长景俊海，《光明日报》总编辑何东平，中宣部文艺局局长汤恒出席研讨会并讲话。来自全国多地的10余位作家、评论家、学者在会上发言，对如何更好地弘扬柳青精神进行了深入研讨。研讨会由中国作协副主席李敬泽主持。

5月21日

鲁院山东中青年作家研修班开班 5月21日，鲁迅文学院山东中青年作家研修班在山东济南开班。中国作协副主席、鲁迅文学院院长吉狄马加，鲁迅文学院常务副院长李一鸣，山东省作协党组书记杨学锋、党组成员李军出席开学典礼。开学典礼由鲁迅文学院副院长邱华栋主持。

湖北省作协文学院签约余秀华等26位作家　5月21日，湖北省作协文学院第11届共26位签约作家亮相，凭借《穿过大半个中国去睡你》而成名的诗人余秀华位列其中，曾被誉为“诗歌天使”的17岁高中生王芗远则成为本届年龄最小的签约作家。

5月22日

中国—拉丁美洲人文交流研讨会　当地时间5月22日上午，“中国—拉丁美洲人文交流研讨会”在波哥大的圣卡洛斯宫隆重举行。国务院总理李克强、哥伦比亚总统桑托斯出席研讨会。到访的中国作家、艺术家和哥伦比亚文化界人士近两百人参加研讨会。中国文化部部长雒树刚主持了研讨会。两国文学、艺术界代表分别发言，着重介绍了各自国家文学发展现状，并就中拉、中哥文学交流互鉴发表了独到见解。

天津市作家协会四届三次全委会暨“天津作家走西青采风”活动举行　5月22日，在即将迎来毛泽东同志《在延安文艺座谈会上的讲话》发表74周年之际，天津市作家协会四届三次全委会暨“天津作家走西青采风”活动在本市西青区举行。天津市作家协会党组副书记、秘书长万镜明，天津市作家协会主席赵玫，天津市西青区委宣传部部长刘红，中共天津市委宣传部相关负责人，天津作协第四届委员会全体委员及本市各区县、行业作协主要负责人、律师代表等共计70余人参加了活动。

5月23日

中国作家代表团访问秘鲁　当地时间5月23日，中国作家代表团访问秘鲁，参加两国文化部门举办的“中国—拉丁美洲文明互鉴系列活动”，聆听了李克强总理关于中秘乃至中拉人文交流互鉴的重要讲话。在紧张的访问行程中，李克强总理还亲切接见中国作家代表团，鼓励大家为促进中外文化交流作出贡献。

首届李白诗歌奖颁奖　5月23日，由中国诗歌学会和绵阳市李白诗歌协会主办的首届李白诗歌奖颁奖典礼在四川绵阳举行。中国作协副主席吉狄马加出席颁奖典礼。洛夫的《洛夫诗全集》获得首届李白诗歌奖，于坚的《我述说你所见》、西川的《小主意》、沈苇的《沈苇诗选》、欧阳江河的《如此博学的饥饿》、杨炼的《饕餮之问》等5部诗集获得李白诗歌奖提名奖。

5月24日

第二届“魅力临夏”全国散文诗歌大赛启动　5月24日，由中国少数民族作家学会、中国散文学会、中国诗歌学会、《民族文学》杂志社主办的第二届“魅力临夏·良恒杯”全国散文诗歌大赛启动仪式在京举行。王巨才、白庚胜、石一宁、周明、何向阳、徐忠志、赵晏彪、红孩等及甘肃临夏回族自治州有关方面人士出席启动仪式。

5月25日

纪念《平凡的世界》创作完成27周年研讨会召开　5月25日，由清涧县委、县政府主办的“纪念路遥《平凡的世界》创作完成27周年暨路遥精神研讨会”在西安召开。当日，由清涧县路遥纪念馆编辑出版的《路遥》杂志正式创刊发行。来自全省各地的30余位专家、学者出席研讨会，并就《平凡的世界》及“路遥精神”作了发言。

《中国作家》成立德江创作基地　5月25至27日，由《中国作家》杂志社、贵州省作协等主办的“《中国作家》杂志社德江文学创作基地授牌暨全国著名作家德江采风活动”在贵州省德江县举行。《中国作家》杂志社主编王山、贵州省作协主席欧阳黔森、中共德江县委书记张珍强等为“中国作家德江创作基地”授牌，鼓励贵州作家立足本土，在文学创作的道路上不断进取，向更高的目标迈进。在此后三天的活动中，主办方安排了何士光、王山、刘庆邦、欧阳黔森为当地作家做专题讲座，不仅解决了一些作家在创作中遇到的困惑和问题，也为他们开阔了视野，打开了思路。

5月26日

“青春·梦想——巴金生平展”在上海开幕　2015年5月26日，由巴金故居、上海财经大学图书馆、上海财经大学团委主办的“青春·梦想”巴金生平展系列活动开幕式在上海财经大学图书馆举行。上海市作家协会副主席、作家孙甘露致辞。

5月27日

美国书展中国主宾国活动开幕　2015年美国书展“全球市场论坛”中国主宾国活动27日在纽约贾维茨中心正式拉开帷幕。这是中国继法兰克福书展、伦敦书展之后第三次在西方主要发达国家举办大型对外文化出版交流活动，是中美建交以来中国出版业在美举办的规模最大的出版交流活动，也是今年中美人文交流高层磋商机制框架下举办的一次重要文化交流活动。本次中国主宾国活动主题为“感知中国，共创未来”，由国家新闻出版广电总局主办，中国图书进出口（集团）总公司和环球新闻出版发展有限公司联合承办。

诗人汪国真追思会在京举行　27日，由中国艺术研究院主办的“青春犹在——诗人汪国真追思会”在京举行。追思会上，汪国真生前所在单位的同事、好友和家人，以及众多自发前来的汪国真诗歌的爱好者共同追述与缅怀了诗人的艺术历程，回忆了与诗人的相知往事，表达了他们的怀念之情。

《民族文学》普洱创作基地挂牌 27日，《民族文学》普洱市总工会职工文联创作基地授牌仪式在云南省普洱市举行。文学评论家朱向前、《民族文学》副主编赵晏彪以及当地的数十位作家参加活动。活动期间，朱向前、赵晏彪等为普洱市作家作了文学创作讲座。

5月28日

刘仁前“香河三部曲”研讨会在南京举行 5月28日下午，由人民文学出版社、江苏省作协、南理工诗学研究中心、泰州市文联联合主办的刘仁前“香河三部曲”研讨会在南京举行。作家刘仁前的“香河三部曲”是一次长达10年的写作，三部长篇小说《香河》《浮城》《残月》，串联起自上世纪六七十年代至今江苏“里下河”的生生息息，记录了柳家四代人的命运变迁。从乡村到县城再到城市，作家的写作体量不断扩大，却始终扎根在故乡的土地上。何向阳、张陵、徐可、应红、丁帆、张王飞、汪政等与会。

第三届两岸青年文学会议在京举行 由中国作协港澳台办公室主办，台湾文学馆合办，台湾《文讯》杂志社和中国现代文学馆协办的“第三届两岸青年文学会议”5月28日在京拉开帷幕。来自海峡两岸四地的60余位青年作家、文化学者共聚一堂，在为期4天的交流中，聚焦新世纪以来两岸长篇小说最新创作动态和学术研究成果，围绕“文体与叙事”“小说与传媒”“小说与城市”“小说与历史”等议题，展开了深度对话。

5月29日

河北文学院创作座谈会暨京津冀文学论坛举行 2015年5月29日，河北文学院创作座谈会暨京津冀文学论坛——第七期中国（唐山）作家写作营活动在唐山举行。河北省作协主席关仁山、副主席李延青，河北文学院院长司敬雪，唐山市委常委、宣传部长杨洁，唐山市委宣传部副部长王小勇，唐山市文联主席袁宁、党组书记刘宝富、副主席杨晓松、秘书长李秋利，唐山市作协主席王家惠出席会议。

5月30日

广东作家研讨“原乡的写作” 5月30日上午，由广东省作家协会举办的“原乡的写作——岭南本土作家作品研讨会”在广州召开。参加研讨会的有广东省作协党组副书记、副主席孙丽生，党组成员、专职副主席杨克，著名作家陆天明，《长篇小说选刊》主编顾建平，《收获》杂志编辑部主任廖增湖，以及本省批评家和作家田瑛、王十月、陈剑晖、徐肖

楠、郭冰茹、申霞艳、龙扬志、杨汤琛、陈培浩、胡传吉、李德南等人，研讨会的成员还包括“80后90后作家创作培训班”的全体学员。研讨会由广东省作协副主席、文学院院长熊育群主持。

《两岸新锐作家精品集》新书发布会在京举行　5月30日，由作家出版社主办的《两岸新锐作家精品集》新书发布会在京举行。作家出版社社长葛笑政及第三届两岸青年文学会议部分与会者参加了此次活动。《两岸新锐作家精品集》由中国现代文学馆主编，作家出版社出版，共收录了付秀莹、许正平、吕志鹏、朱宥勋、伊格言、阿乙、言叔夏、陈栢青、杨富闵、甫跃辉、郑小驴、神小风、徐则臣、笛安、黄丽群、黄崇凯、童伟格、葛亮、蒋峰、蔡东等20位两岸青年新锐作家的中短篇小说代表作。

第二届鲁彦周文学奖颁奖　5月30日上午，由省作家协会、省文学艺术院、省电影电视艺术家协会、清明杂志社、鲁彦周研究会联合主办的第二届鲁彦周文学奖颁奖典礼，在合肥稻香楼宾馆举行。中国作协副主席李敬泽出席。弋舟的《战事》、胡学文的《红月亮》获得长篇小说奖，小岸的《余露和她的父亲》、娜彧的《母亲的花样年华》、李亚的《将军》、陈斌先的《吹不响的哨子》获得中篇小说奖；杨小凡的《药都往事》获得电影编剧奖，谢熹的《徽州往事》获得戏剧编剧奖，禹扬的《美丽背后》获得电视剧编剧奖。

6月

6月1日

阎志童话绘本《小维故事书》首发　6月1日，诗人阎志创作的系列童话绘本《小维故事书》出版座谈会暨首发式在武汉举行。《小维故事书》共5册，由长江少年儿童出版社出版。作者用诗一样的语言、浪漫的想象，以小学生小维旅行、玩耍等日常生活为内容，分别讲述了5个关于宽容、承诺、坚强、友爱和乐观的故事。

儿童文学需要“大家”的关注　中国作协长期高度重视儿童文学创作与评论，设立全国优秀儿童文学奖，专门成立儿童文学委员会，从创作、研究、出版多方面促进儿童文学的发展，力争为少年儿童提供更好的精神食粮。近期，中国作协创作研究部与《人民日报》文艺部合作，在《人民日报》合办《繁荣儿童文学大家谈》栏目。该栏目目前已经发表了高洪波、张之路的两篇文章，并于6月1日儿童节当天刊出一个整版——《文学，最好的节日礼物》，集中登载儿童文学作家曹文轩、秦文君、杨红樱以及少儿文学出版人李学谦的文章。

6月2日

《时代文学》2014年度散文奖颁奖典礼　6月2日—4日，由山东省作家协会《时代文学》杂志社、莱州市文学艺术界联合会、莱州市文化广电新闻出版局主办，莱州市作家协会承办的“莱州杯”《时代文学》2014年度散文奖颁奖典礼暨《印象莱州》征文评选采风活动在莱州举行。省作家协会副主席谭好哲、许晨、李掖平及当地文联、宣传部等有关部门领导出席活动。各地获奖作者、作协代表、散文作家、文学爱好者60余人参加了活动。本次2014年度散文奖共有22名作者获奖。活动期间，还举行了《印象莱州》征文评选采风活动。

6月3日

鲁迅文学院第27届中青年作家高级研讨班开学典礼举行　6月3日，鲁迅文学院第二十七届中青年作家高级研讨班（文学编辑班）开学典礼在京举行。中国作协主席铁凝，中国作协党组书记、副主席钱小芊，中国作协副主席、鲁迅文学院院长吉狄马加，中国作协副主席何建明、陈崎嵘、李敬泽，中国作协书记处书记阎晶明出席开学典礼，并与学员们合影留念。出席开学典礼的还有中国作协办公厅主任胡殷红，鲁迅文学院常务副院长李一鸣、副院长王璇等。开学典礼由鲁迅文学院副院长邱华栋主持。本届高研班为期两个月，共有来自全国各地的52名文学报刊社、出版社编辑参加。来自北京、内蒙古、西藏、新疆、青海、吉林、黑龙江等地的蒙古族、藏族、维吾尔族、哈萨克族、朝鲜族70多位作家翻译家参加培训班。

2015《民族文学》少数民族文字版作家翻译家培训班在京开班　6月3日，由《民族文学》杂志社主办，中国民族语文翻译局、中国少数民族作家学会协办的“2015《民族文学》少数民族文字版作家翻译家培训班”在北京开班。中国作协书记处书记白庚胜发来贺信。蒙古族作家玛拉沁夫，中国少数民族作家学会常务副会长叶梅，《民族文学》原主编金哲，中国作协机关党委常务副书记李霄明，《民族文学》主编石一宁，中国民族语文翻译局副局长金英镐，新疆文联副主席、作协副主席阿拉提·阿斯木，内蒙古作协名誉副主席布仁巴雅尔，中国少数民族作家学会副会长南永前等出席开班仪式。开班仪式由《民族文学》副主编、中国少数民族作家学会秘书长赵晏彪主持。

6月4日

“中国儿童阅读提升计划”研讨活动举行　2015年6月4日至6日，首届“中国校园童话节”暨“中国儿童阅读提升计划”研讨活动在广州市萝岗区举行。本届“中国校园童话节”的主题是“读促成长”，活动由北京师范大学基础教育对外合作办学部、广州市萝岗区教育局联合主办，广州市萝岗区教育科研与发展中心、广州市萝岗区萝峰小学承办。广州市萝岗区教育局副局长谢庆文，著名儿童文学作家金波、罗丹，北京师范大学基础教育对外合作办学部副部长杨雪、儿童阅读研究中心主任，鲁迅文学奖获得者谭旭东，北京教育科学研究院课程教材发展研究中心教研员、课程室主任朱传世、儿童文学作家刘第红、叶刚、张菱儿、杜梅、海嫫以及陈诗哥及萝岗区学校相关领导参与了此次活动。来自全国各地近百所学校、近500人参加了活动，从作家、专家、教研员、学校领导、一线教师等不同角度共同探讨童话教学的价值，解决实际教学中的问题。

6月5日

《如何讲述中国——大陆与海外的不同视角》主题研讨会举办　2015年6月5日上午9点，由北师大国际写作中心举办《如何讲述中国——大陆与海外的不同视角》主题研讨会在北京师范大学京师学堂第二会议室举行。会议邀请了著名学者、哈佛大学东亚系教授王德威先生进行主题报告，并与学者、作家及北京师范大学的学生们对话交流。作为当前海外汉学界的领军人物，王德威教授对国内当代文学的研究和批评产生了巨大影响。研讨会由北京师范大学国际写作中心执行主任张清华教授与北京大学中文系陈晓明教授共同主持。张清华教授介绍了王德威教授在当代文学研究界的重要地位，并邀请王德威教授就讲述中国经验、中国故事这一近年来大陆批评界的热门话题发表见解。

6月6日

《文学报·新批评》优秀评论奖颁发　6月6日，第四届《文学报·新批评》颁奖典礼暨“我们这个时代的世界与文学”研讨会在上海举行。王彬彬、耿占春、江枫、刘琼、杨扬、顾骏等获得优秀评论奖，周明全、王恺文获优秀评论新人奖。

6月9日

江西新散文创作群研讨会在京举行　6月9日，由中国作协创研部、人民文学出版社、江西省作家协会联合主办的江西新散文作家群研讨会在北京举行。中国作协副主席李敬泽，人民文学出版社社长管士光，江西省文联主席叶青出席会议并讲话。会议由中国作协创研部主任何向阳主持。与会专家有雷达、梁鸿鹰、古耜、祝勇、王兆胜、李舫、王国平、汪惠仁、王雁翎、彭程、李一鸣、韩小蕙、李晓虹、刘洁、邱华栋、李兰玉、王冰、宁肯、李朝全、赵宁、岳雯、陈彦瑾等。

《民族文学》巴马创作基地授牌　6月9日，《民族文学》巴马创作基地在广西巴马县举行授牌仪式。中国韬奋基金会理事长聂震宁，作家出版社社长葛笑政，《民族文学》主编石一宁、副主编赵晏彪，巴马县委书记奉海峰等参加授牌仪式。

6月10日

鲁院第十八期少数民族文学创作培训班开班　6月10日，鲁迅文学院第十八期少数民族文学创作培训班开学典礼在京举行。中国作协副主席、鲁迅文学院院长吉狄马加出席。出席开学典礼的还有鲁迅文学院常务副院长李一鸣、副院长王璇等。开学典礼由鲁迅文学院副院长邱华栋主持。本期培训班为期一个月，共有来自全国13个省区市、17个少数民族的56名学员参加，平均年龄40岁。

周小平任四川省网络作协主席 阿来为协会名誉主席　6月10日下午，四川省网络作家协会第一次常务理事会举行。选举结束，周小平当选主席。会议决定聘任阿来为协会名誉主席。协会集合了四川网络文学最有影响力的作家，网络文学平台营运人。

6月11日

专家研讨“刘震云与文学乡村的复活”　6月11日，由北京大学中国诗歌研究院、北京大学国际批评理论中心、腾讯文化主办的“刘震云与文学乡村的复活”高端论坛在京举行。中国作协书记处书记阎晶明出席论坛，梁鸿鹰、张清华、李洱、陈福民、邵燕君、梁鸿等专家学者与会研讨。论坛由北京大学国际批评理论中心主任张旭东、北京大学中国诗歌研究院执行院长陈晓明主持。

6月12日

第三届中韩日东亚文学论坛新闻发布会在京举行　6月12日，由中国作家协会主办的第三届中韩日东亚文学论坛新闻发布会在北京举行。中国作协主席铁凝、中国作协副主席莫言、韩国团团长崔元植、日本团团长岛田雅彦出席新闻发布会并发言。中国作协书记处书记阎晶明主持新闻发布会。来自中日韩三国的媒体记者就相关话题提问。

“创新报国70年”报告文学项目启动　6月12日，“创新报国70年”报告文学项目启动会暨指导委员会、编辑委员会第一次联席会议在北京召开。中国作协党组成员、书记处书记白庚胜，中国科协党组成员、书记处书记王春法出席会议并致辞，中科院院士杨国桢、林惠民、袁亚湘、周忠和，中国报告文学学会副会长张胜友、李鸣生，第二炮兵政治部创作室主任徐剑，《十月》杂志社副主编宁肯等科学家、作家出席启动会。中国科学院副秘书长谭铁牛主持会议，并宣读了中科院院长白春礼的致辞。“创新报国70年”报告文学项目是由中科院、中国作协、中国科协三方合作的纪实性大型科学文化与科普文学丛书，旨在宣传重大创新成就及杰出科技工作者群体，倡导科学精神和奉献精神，提高全民族科学文化素养与科学文化水平，是三方在科学文化方面开展深入合作的新探索。

6月13日

第三届中韩日东亚文学论坛在京举办　6月13日上午，第三届中韩日东亚文学论坛在北京开幕。中国作协主席铁凝、韩国作家崔元植、日本作家岛田雅彦在开幕式上做主旨发言。中国作协副主席李敬泽主持开幕式。来自中日韩三国的作家、评论家、媒体记者，鲁迅文学院学员，北京高校学生百余人参加活动。本届论坛的主题是“现实生活与创作灵感”。

诗人李小雨追思会在京举行　6月13日，由中国诗歌学会主办的“飘逝的红纱巾——诗人李小雨追思会”在京举行。众多诗歌界人士以及李小雨的亲朋好友与会，共同追忆诗人工作生活的点点滴滴，探讨她在诗歌创作、诗歌编辑等方面所取得的成就。由中国诗歌学会主编的《李小雨诗选》和纪念文集《润物细无声——悼念与追思诗人李小雨》也在会上与读者见面。

中国科幻文学研讨会举行　近些年，随着刘慈欣科幻小说《三体》的火热，越来越多的人开始重新关注科幻文学领域。6月13日，中国科幻文学创作及衍生价值开发战略研讨会在京举行，尹传红、冯志刚等作家就科幻文学的前景展开探讨。北京九志天达文化公司总编辑韩薇表示，目前是科幻文学发展的一个机遇。有不少专家提到，科幻文学不能把自己当做小众文学来看待。应该打破这种小众观点，当作畅销书来运作。

6月14日

科幻作家超侠读者见面会在京举行　6月14下午，科幻作家超侠读者见面会在京举行。科技文化产业网总裁郑军、“科幻文学馆”系列图书主编成追忆作为嘉宾，与超侠对谈。超侠是云南德宏人，中国作协会员，中国科普作协会员，近年来创作了《少年冒险侠系列》《狙击手们的战争》等一系列带有武侠悬疑色彩的科幻小说，深受读者欢迎。

童庆炳同志逝世　中国作家协会会员，北京师范大学教授、博士生导师童庆炳同志，因病医治无效，于2015年6月14日逝世，享年79岁。童庆炳，中共党员。1993年加入中国作家协会。著有长篇小说《生活之帆》《淡紫色的霞光》，散文随笔集《日子 甜日子》，理论著作《文学概论》《艺术创作与审美心理》《中国古代诗学与美学》《文学审美特征论》《中国古代文论的现代意义》等。主编《中西比较诗学体系》《现代心理美学》《文学创作与文学评论》《文学理论教程》等。《文学理论教程》获国家教学成果奖，多部专著获教育部人文社科著作奖和北京市社科优秀著作奖。

6月15日

报告文学《永不褪色：南京路上好八连纪实》首发　6月15日，为配合“学习践行强军目标、做新一代革命军人”主题教育活动，开展“新一代革命军人样子”大讨论，由解放军出版社出版的长篇报告文学《永不褪色：南京路上好八连纪实》（杨绣丽著）首发暨赠书仪式在北京举行。中央军委原副主席、国防部原部长迟浩田上将为本书题词并作序。中国作家协会副主席、书记处书记、中国报告文学学会会长何建明出席会议并讲话。全国双拥办、总政宣传部、国防大学、军事科学院等单位领导、专家和基层部队官兵近百人出席了活动。上海作协副书记马文运也赴京出席了本次活动。

6月16日

“童心里的诗篇”首届全国少儿诗会评奖揭晓　6月16日由江苏省委宣传部、省文明办和江苏省教育、文化、广电等部门联合主办的“童心里的诗篇”中国江苏首届全国少儿诗会作品终评会今天在京举行。终评邀请国内著名诗人和专家担任评委，10首作品获一等奖。

6月17日

蔡伟璇短篇小说集《凤凰花地》研讨会在京举行　6月17日，由厦门市作协主办的“蔡伟璇短篇小说集《凤凰花地》研讨会”在京举行。李一鸣、宁小龄、邱华栋、白烨、杨晓升等30多位专家与会研讨。厦门作家蔡伟璇是鲁迅文学院第二十一届高研班学员。其短篇小说集《凤凰花地》近期由厦门大学出版社出版，收录了作者近10年创作的18篇短篇小说。

“2015腾讯书院文学奖”颁发　2015腾讯书院文学奖，17日下午在北京揭晓。本届腾讯书院文学奖由包括李敬泽、刘恒、阿来、杨炼、张楚等在内的专家学者评审团提名并评选。最终的获奖者分别是：年度致敬小说家刘慈欣、年度小说家猫腻，年度致敬剧作家邹静之、年度剧作家刘和平，年度致敬非虚构作家陈徒手、年度非虚构作家袁凌，年度致敬诗人西川、年度诗人侯马，年度致敬作词人崔健、年度作词人武玮。

赵振江、董燕生获“智者阿方索十世勋章”　2015年6月17日，西班牙驻华大使曼努埃尔·巴伦西亚先生在大使官邸，以西班牙国王费利佩六世的名义，为北京大学教授赵振江、北京外国语大学教授董燕生颁发 “智者阿方索十世十字勋章”。阿方索十世是卡斯蒂利亚王国国王，于公元1252至1284年在位，他提倡文化科学，不分国籍种族或宗教信仰，只要对文化有贡献者一律欢迎。以他名字命名的勋章授予世界范围内，对西班牙语语言和文化传播有突出贡献的学者。此前我国获该项荣誉的只有著名学者、翻译家杨绛先生。赵振江曾获得过鲁迅文学奖翻译奖和中坤国际诗歌翻译奖，西班牙“伊莎贝尔女王骑士勋章”、阿根廷“五月骑士勋章”、智利“聂鲁达百年诞辰勋章”。董燕生曾获西班牙“伊莎贝尔女王勋章”、西班牙艺术文化勋章，译著《堂吉诃德》2001年获第二届鲁迅文学奖。

6月18日

甘肃研讨雷达散文 6月18日下午，由西北师范大学党委宣传部、西北师范大学传媒学院等共同主办的“雷达对话陇上学者、作家暨散文集《皋兰夜语》研讨会”在兰州举行。邵振国、叶舟、高平、彭金山、管卫中、程金城、马步升、徐兆寿、高凯等50多位作家、学者与会。

中国诗歌网正式上线 6月18日，由中国作家出版集团主办的国家重点文化工程——中国诗歌网（www.zgshige.com）正式上线。中国作协副主席、中国作家出版集团管委会主任何建明出席上线新闻发布会并致辞。郑欣淼、欧阳江河、唐晓渡等参加了此次活动。

6月19日

漳浦举办第五届诗人节 6月19日至21日，第五届漳浦诗人节在福建省漳浦县举办。张炯、刘登翰、曾镇南、欧阳江河、陈毅达、霍俊明等60多位诗人、评论家与会，参加“行进的节奏——在漳浦大地上”诗歌朗诵会，并就“新死亡诗派主要作品及漳州部分诗人作品”进行研讨。

6月20日 *第二届“精卫杯”中国·天津诗歌节颁奖朗诵会在天津举行* 6月20日，第二届“精卫杯”中国·天津诗歌节颁奖朗诵会在天津举行。中国作协副主席高洪波、书记处书记阎晶明，天津市作协主席赵玫、党组副书记万镜明，以及乔富源、何向阳、林希、冯秋子、胡军、冯景元、黄桂元、宋曙光等参加活动。本届诗歌节由天津市作协、文艺报社、天津日报社、今晚报社等共同主办。本届天津诗歌节共征集到来自全国各地的3万余首诗作和50余部诗集，最终，18部作品、作者获奖。诗人雷平阳获得本届诗歌节的“双年度中国诗人奖”。杨匡满的《航班延误》获得一等奖，张建民的《在民间》、熊焱的《河西的诗篇》获得二等奖，虞晓翔的《一切完好如初》、张庆岭的《夕阳，夕阳》、刘功业的《一枚椰子落在海上》获得三等奖。此外，《红尘之忧》《诗十首》《不老集》《心域的淬火》《眼前飘过的风景》《故事》6部作品获得优秀作品奖，《农耕时代的挽歌》《深深的呼吸》《布袋里的信仰》《一号楼》《泥人歌》5部诗集获得优秀诗集奖。第二届“精卫杯”中国·天津诗歌节诗歌论坛同时举行。

第四届南太湖诗会在湖州举行 以“诗人还乡”为主题的第四届南太湖诗会，于6月20日至22日在浙江湖州衣裳街历史文化街区举行。本届诗会由《诗刊》社、浙江作协诗歌创委会、湖州师院中国散文诗研究中心、湖州市文联主办，来自全国各地的湖州籍诗人、在湖州学习和工作过的诗人、湖州本土诗人及特邀诗人共70余人参加诗会。

福清举办首届诗歌节 福清市首届诗歌节开幕式暨第二届“海子诗歌奖”颁奖礼在福清市文化艺术中心举行，江非获得主奖，徐俊国、江离、李宏伟、熊焱获得提名奖。著名诗人舒婷、北大著名教授谢冕、福建师范大学著名教授孙绍振等近30人参加了颁奖活动。本次活动由

福建省作家协会主办，福清市委宣传部、福清市文联承办，旨在弘扬中华诗歌传统，探索诗歌反映时代、走向群众的新途径和新形式，推动闽派诗歌繁荣发展。

6月21日

2015世界华文创意写作大会在上海召开　6月21—22日，世界华文创意写作大会在上海举行，来自澳大利亚、新西兰、新加坡、中国的100多名创意写作者、创意教育者和创意产业界代表汇聚一堂，围绕创意写作理论与教学方法、创意产业原创力提升等议题展开深入交流，集思广益，共享创意盛宴。中国作协副主席何建明、上海市作协党组书记汪澜等出席开幕式并致辞。大会同时还举办了创意写作文学博士、青年作家叶炜“乡土中国三部曲”新书发布会等活动。本次大会是由中国作家协会所属中华文学基金会与世界华文创意写作协会主办，由上海市华文创意写作中心、上海大学文学与创意写作研究中心、《探索与争鸣》杂志社等6家单位承办。

“复杂社会与青春文学”文化沙龙在京举办　2015年6月21日，由《历史学人》、《东方历史》评论、搜狐教育和东方出版社主办的“复杂社会与青春文学”文化沙龙在京举办。李敬泽、顾彬、梁鸿、任晓雯与“00后”作家朱夏妮，以自身的文学体验入手，对当下复杂社会与青春写作进行分析。

6月23日

中国作协组织网络作家“走进抗战历史”　为纪念中国人民抗日战争胜利暨世界反法西斯战争胜利70周年，中国作协采取多种形式开展系列纪念活动。6月23日，在雄壮的国歌声中，中国网络作家“走进抗战历史”活动在北京卢沟桥启动。由此出发，在接下来的十天时间里，网络作家将走访有代表性的抗战遗址、纪念场馆和抗战幸存者，通过实地考察、采访采风、座谈讨论等形式，走进抗战历史。中国作协副主席陈崎嵘、办公厅主任胡殷红，以及30多位网络作家、网络文学编辑参加了启动仪式。

6月24日

中国文艺评论家协会成立理论委员会　6月24日，中国文艺评论家协会理论委员会成立大会在京举行。中国文联副主席夏潮，中国文艺评论家协会主席仲呈祥，中国文艺评论家协会副主席于平、王一川、王丹彦、向云驹、庞井君、傅谨、路侃和梁鸿鹰、乔晓光、祁述裕等专家与会。经中国文艺评论家协会主席团决定，王一川为第一届理论委员会主任，白建春、张法、蒋述卓为副主任，周志强和张金尧分别为秘书长和副秘书长，丁帆等45人被聘为理论委员会委员。

徐光耀文学创作研讨会在石家庄举行　6月24日，由中国作协和中共河北省委宣传部主办、河北省作协承办的徐光耀文学创作研讨会在石家庄举行。中国作协主席铁凝作了题为《苍生不老，碧树长青》的书面致辞，代表中国作协向徐光耀致以诚挚问候和崇高敬意。中国作协副主席陈建功、 中国作协书记处书记阎晶明、中共河北省委宣传部副部长武鸿儒、河北省作协党组书记魏平及来自北京、河北等地的作家、专家学者与会研讨。研讨会由河北省作协主席关仁山主持。

6月25日

曹文轩《火印》研讨会召开 6月25日下午，由人民文学出版社、天天出版社、曹文轩儿童文学艺术中心共同举办的“曹文轩最新长篇小说《火印》研讨会”在中国作家协会隆重召开。研讨会邀请了中国出版集团副总裁李岩、著名文学评论家等十一位文坛重量级嘉宾出席。人民文学出版社总编、天天出版社社长刘国辉主持了会议。《火印》是著名儿童文学作家曹文轩先生最新长篇力作，也是2015年人民文学出版社、天天出版社的重点图书。《火印》以战争年代的北方草原为背景，故事生动曲折，人物立体丰富；同时，在抗日战争和世界反法西斯战争胜利七十周年之际，《火印》这部战争题材儿童文学作品的出版意义深远。

6月27日

第十六届百花文学奖颁奖 6月27日，由天津出版传媒集团、百花文艺出版社主办的“见证文学的力量”第十六届百花文学奖颁奖仪式在天津举行。铁凝、贾平凹、严歌苓、王海鸰、方方、迟子建、赵玫等知名作家获奖。第十六届百花文学奖共评选出短篇小说奖11篇，中篇小说奖14部，长篇小说奖2部，小说双年奖2部，小说新人奖1部，散文奖13篇，散文特别奖1篇。本次百花文学奖还首次新增散文奖和散文特别奖。

在本届评奖中，获得短篇小说奖的是晓苏的《回忆一双绣花鞋》、毕飞宇的《大雨如注》、贾平凹的《倒流河》、徐则臣的《六耳猕猴》、铁凝的《火锅子》、苏童的《她的名字》、蒋一谈的《林荫大道》、张楚的《野象小姐》、王方晨的《大马士革剃刀》、秦岭的《女人和狐狸的一个上午》、尤凤伟的《金山寺》。

获得中篇小说奖的是方方的《涂自强的个人悲伤》、迟子建的《晚安玫瑰》、蒋韵的《朗霞的西街》、胡学文的《风止步》、叶广芩的《太阳宫》、邵丽的《第四十圈》、弋舟的《所有路的尽头》、石一枫的《世间已无陈金芳》、赵玫的《蝴蝶飞》、陈应松的《滚钩》、王十月的《人罪》、普玄的《资源》、林那北的《雅鲁藏布江》、凡一平的《非常审问》。

获得长篇小说奖的是王海鸰的《新恋爱时代》和严歌苓的《老师好美》。获得小说双年奖的是徐皓峰的《师父》和蔡骏的《北京一夜》。获得小说新人奖的是向春的《被切除》。获得散文奖的是王开岭的《夜泊笔记》、周晓枫的《素描簿》、丁燕的《断裂人》、小茶的《断章》、于坚的《盐津的蜂蜜》、朱以撒的《流水》、祝勇的《永和九年的那场醉》、塞壬的《悲迓》、艾平的《锯羊角的额吉》、鲍尔吉·原野的《童年的梯子通向天堂》、麦家的《致父信》、刘亮程的《驴叫是红色的》。荣获散文特别奖的是马雁的《马雁散文小辑》。20余位编辑获得编辑奖。

湖南省散文学会成立　6月27日，湖南省散文学会成立大会暨第一次会员代表大会在长沙召开。中国作协副主席谭谈，中国散文学会会长王巨才，作家白描，湖南省省文联主席谭仲池，湖南省作协主席唐浩明、党组书记龚爱林、专职副主席王跃文等参加会议。来自湖南各地的115名散文作家聚集一堂，共商湖南散文事业发展的大计。

作家艺术家共话生态文化　生态文明建设是建设美丽中国的必然要求。为响应党中央、国务院加快推进生态文明建设的战略部署，践行文艺界“深入生活、扎根人民”主题活动，6月27日至29日，由安徽迎驾集团主办的第二届迎驾大别山生态文化笔会在安徽六安霍山举行。蒋子龙、叶辛、张炜、韩少功、周大新、王树增、徐贵祥、陈世旭、刘醒龙、刘庆邦、叶兆言、施战军、储福金、季宇、周志友等作家和吴善璋、石岳峰等书法家参加了此次活动。

黄土派文学研讨会举行　6月28日，白鹿书院成立十周年庆贺暨黄土派文学研讨会在西安思源学院学术交流中心举行。陕西白鹿书院于2005年6月28日成立，致力于传承中华传统文化，传播时代心声，十年间开展了一系列文化教育、学术交流活动，得到了社会的普遍好评，为陕西文化事业的发展做出了贡献。《人民日报》高级编辑刘琼、《光明日报》领衔编辑韩小蕙、山西省作协副主席葛水平、中南大学文学院教授闫真、中国社科院文学研究所研究员李建军及我省文艺界近30名专家学者参加了纪念研讨活动。

7月

7月2日

纪录片《百年巨匠——郭沫若》开机　7月2日，人物传记纪录片《百年巨匠——郭沫若》开机仪式在北京郭沫若纪念馆举行。国家艺术基金理事会理事长、《百年巨匠》总顾问蔡武，中国作协书记处书记阎晶明，中国艺术研究院副院长牛根富，北京市西城区区委书记王宁，郭沫若纪念馆馆长冯林，以及郭沫若亲属、主创团队参加开机仪式。

7月3日

周大新长篇小说《曲终人在》在京研讨 7月3日，由中国作协创作研究部、中国作协小说委员会、人民文学出版社联合主办的周大新长篇小说《曲终人在》研讨会在京举行。中国作协副主席李敬泽出席会议并讲话。雷达、胡平、吴秉杰、梁鸿鹰、彭学明、张陵、王山、贺绍俊、高叶梅、孟繁华、牛玉秋、陈福民、李建军、李洱、李朝全、徐虹、肖惊鸿等参加了研讨会。会议由人民文学出版社副总编辑应红主持。

“中国多民族作家山东行”采风活动举行 7月3日至7日，由中国作协少数民族文学委员会、中国少数民族作家学会、山东省作协、山东省旅游局主办，民族文学杂志社协办的“中国多民族作家山东行”活动顺利举行。中国作协主席团委员、中国散文学会会长王巨才，中国作协主席团委员、中国少数民族作家学会常务副会长叶梅等18位来自汉、回、满、壮、土家、苗等民族的作家在济南、聊城、泰安、济宁等地进行了为期4天的参观考察。山东省作协党组书记杨学锋，山东省作协党组成员、纪检组长李军，山东省伊斯兰教协会会长、山东散文学会会长王树理等先后陪同考察。

第十届海内外华语文学创作笔会和颁奖仪式举行 7月3日至7月6日，第十届海内外华语文学创作笔会和颁奖仪式在美丽的新疆喀纳斯湖畔举行。湖北知名作家陆令寿《莫斯科，守着自己的灵魂》荣获一等奖。此次活动由《海外文摘》《散文选刊》杂志社主办。著名作家叶延滨、蒋建伟、巴根等出席颁奖仪式。

7月4日

《芳草》汉语诗歌双年十佳揭晓 由《芳草》文学杂志举办的“第四届汉语诗歌双年十佳”评选活动4日揭晓，桑克等国内10位诗人获此殊荣。 据介绍，《芳草》文学杂志延续以往大评委制的惯例，特邀全国十位诗人、文学期刊主编、高校教授、资深媒体人、文学批评家、诗评家等，推荐出了国内当年度有代表性的十部作品。它们分别是桑克的《哈尔滨》、马铃薯兄弟的《热爱》、刘年的《沉默》、叶丽隽的《颤栗》、杜绿绿的《幻术》、泉子的《秘密》、东篱的《唐山风物》、张尔客的《辽阔的寂寞》、曹有云的《梦中昆仑》，以及周庆荣的散文诗《预言》。桑克是黑龙江日报文体中心编辑。

《丁玲传》出版座谈会召开 7月4日，“丁玲与二十世纪中国革命——《丁玲传》出版座谈会”在京举行。中国作协书记处书记阎晶明，中国大百科全书出版社副总编辑马汝军、学术分社社长郭银星，以及陈漱渝、吴福辉、颜海平、解志熙、解玺璋、贺桂梅等40余人与会研讨。会议由中国丁玲研究会会长王中忱主持。

7月7日

鲁院第十八期少数民族文学创作培训班结业　7月7日，为期一个月的鲁迅文学院第十八期少数民族文学创作培训班在京举行结业典礼。中国作协副主席、鲁迅文学院院长吉狄马加出席结业典礼，并为学员们颁发了结业证书。

7月8日

“血肉筑起的长城——抗战中的文学”展览在京开幕　为纪念中国人民抗日战争暨世界反法西斯战争胜利70周年，7月8日，由中国作家协会主办、中国现代文学馆承办的“血肉筑起的长城——抗战中的文学”展览在北京开幕。中国作协主席铁凝出席开幕式并讲话。中国作协党组书记钱小芊，副主席吉狄马加、陈崎嵘、李敬泽，书记处书记阎晶明出席开幕式。

“烽火燎原”抗战题材原创少年小说丛书发布会在京举行　日前，长江少年儿童出版集团推出了“烽火燎原”抗战题材原创少年小说，丛书由张品成的《水巷口》、肖显志的《天火》、牧铃的《少年战俘营》、汪玥含的《大地歌声》、王巨成的《看你们往哪里跑》、毛芦芦的《如菊如月》、毛云尔的《走出野人山》、赵华的《魔血》8部作品组成，从不同角度展现了全民族抗战的波澜壮阔的历史。7月8日，该丛书新书发布暨学术研讨会在京举行。

慕白诗歌创作研讨会在京召开　7月8日，首都师范大学驻校诗人慕白诗歌创作研讨会在京举行。赵敏俐、吴思敬、商震、胡军、刘福春、孙晓娅、朱向海、叶坪、臧棣等40多位诗人、评论家与会。此次会议对慕白来说有着特别的意义，因为这代表着他即将结束自己为期一年的“驻校生活”。慕白说，在这一年里能够安静地坐下来读书，偶尔与学生们进行诗歌交流，并为《诗刊》《诗探索》编辑一些稿件，这都极大地提升了自己的诗歌审美能力。

纪念陆文夫先生逝世十周年座谈会　7月9日是著名作家陆文夫先生逝世十周年纪念日，8日，江苏省作家协会与苏州市文联共同举办了“梦中的天地——纪念陆文夫先生逝世十周年座谈会”。与会者深情缅怀了陆文夫先生为人为文的高尚风范，以及他一生挚爱苏州，用文学作品为苏州城市文化留下宝贵遗产的动人传奇。中国作协副主席、书记处书记何建明，江苏省作协主席、党组书记范小青等与省、市作家、评论家近50人出席了座谈会。

7月9日

全国儿童文学创作出版座谈会在京举行　中央宣传部、中国作协7月9日在京召开全国儿童文学创作出版座谈会，学习贯彻习近平总书记系列重要讲话精神，着眼满足少年儿童阅读需要，繁荣儿童文学创作，研究如何更好地推动多出精品、多出人才，为少年儿童提供最好的精神食粮。会议由中国作家协会党组书记、副主席钱小芊主持，中国作家协会主席铁凝，中宣部副部长庹震，国家新闻出版广电总局党组成员、副局长吴尚之出席会议并讲话，中国作家协会副主席李敬泽作会议总结。共青团中央、教育部、国家新闻出版广电总局等有关部门负责同志，百余位儿童文学作家、评论家和29家专业少儿出版单位主要负责人参加会议。

共青团中国作家协会代表大会在京召开　7月9日，中国共产主义青年团中国作家协会代表大会在京召开。中国作协副主席、机关党委书记吉狄马加，中直团工委书记吴佳松，中国作协机关党委常务副书记李霄明、青年委员李梅参加会议。

《断裂带上的断裂》研讨会　7月9日，由《中国作家》杂志社、云南昭通市委宣传部共同主办的杨莉长篇报告文学《断裂带上的断裂》研讨会在北京举行。中国作协副主席何建明出席会议并发言。《断裂带上的断裂》为云南省作协重点扶持作品，是忠实、全景式记录鲁甸“8·03”地震灾害中，军、地、民万众一心、众志成城抗震救灾的长篇报告文学作品，发表于《中国作家》纪实版2015年第六期。研讨会由《中国作家》副主编高伟主持。出席研讨会的专家有：张胜友、胡平、徐忠志、程绍武、王干、徐可、萧立军、李建军、李朝全、顾建平、陈亚军、汪雪涛、夏天敏、吕亚平、胡性能等。

7月10日

第六届青春回眸诗会在太仓举行　7 月10日，由《诗刊》社、太仓市文联主办的第六届青春回眸诗会在太仓市浏河镇举行。据《诗刊》副主编李少君介绍，“青春回眸”诗会是诗刊社于2010年打造的、与“青春诗会”相对应的一项诗歌品牌活动，每年邀请部分曾参加过“青春诗会”的诗人，以及一些没有参加过“青春诗会”但依然活跃在诗坛的诗人参加，他们的年龄大都在50岁以上。此次参加诗会的诗人有张烨、周所同、沈苇、龚学敏、陆健、叶舟、冉冉、张战、龚璇、王学芯、刘金忠、哈雷、郑文秀、高建刚、张慧谋等。

7月11日

陕西研讨陈毓小小说作品　陈毓是陕西省作协文学院第二届签约作家，从1997年至今已发表各类作品上百万字，曾获得两届中国小小说金麻雀奖。7月11日，陕西省作协文学院在西安举办了“陈毓小小说作品研讨会”。贾平凹、蒋惠莉、李国平、杨晓敏、方英文、王维亚、邢小利、仵梗、冯希哲、段建军等作家、评论家与会研讨。

7月12日

何建明报告文学暨《何建明评传》研讨会召开　7月12日，由中国新文学学会、浙江师范大学、舟山市文联、舟山北纬三十度文化传播公司主办，舟山市吾策文化传媒公司承办的“何建明报告文学作品暨《何建明评传》研讨会”在浙江舟山群岛新区召开。与会专家围绕何建明的《国家行动》《中国高考报告》《落泪是金》等作品进行了深入研讨。何建明现为中国作协副主席、党组成员、书记处书记，作品7次获全国报告文学奖，3次获鲁迅文学奖，先后多次获中宣部“五个一”工程奖、国家图书奖、中华优秀读物奖。

7月13日

《田东照全集》座谈会在京举行　7月13日下午，由太原市盖世奇勋文化传播公司主办的《田东照全集》座谈会在北京中国现代文学馆举行，中国作协书记处书记阎晶明，以及邱华栋、安武林、周瑟瑟、毛梦溪等40多位作家评论家与会研讨。座谈会由作家周瑟瑟主持。

7月14日

回良玉散文随笔《七情集》研讨会在京举行　7月14日，中国言实出版社新近出版的回良玉散文随笔《七情集》研讨会在北京中国现代文学馆举行。近30名著名作家、文学评论家和相关领域的专家、学者以及读者代表，从各自不同的角度对《七情集》一书的思想性、艺术性进行了深入研讨。研讨会由中国言实出版社、文艺报社共同主办。

杨文林同志逝世　中国作家协会会员，中国作协名誉委员，甘肃省文联原副主席，《飞天》杂志社原总编辑杨文林同志，因病医治无效，于2015年7月14日逝世，享年84岁。杨文林，笔名文林叶。中共党员。1948年开始发表作品。1979年加入中国作家协会。著有组诗《响在田野上的短笛》，诗集《北疆风情》，散文《陇头水泊》《天鼓大音》《豆饭养食忆》等。组诗《伊犁风情》《南粤鹧鸪天·诗之祭》《绍兴三首》分别获甘肃省第一、二、三届优秀文学作品奖。获中国作协全国文学期刊编辑荣誉奖，国家新闻出版总署文字老编辑、老出版工作者荣誉证书。

7月15日

鲁迅文学院西南六省（区市）第四届青年作家培训班开班　7月15日，由鲁迅文学院主办、广西作协承办的鲁迅文学院西南六省（区市）第四届青年作家培训班在南宁开班。中国作协副主席、鲁迅文学院院长吉狄马加，广西壮族自治区党委宣传部副部长刘咏梅，广西文联主席洪波，四川省作协党组书记郐瑾，广西文联副巡视员冯艺，广西文联副主席石才夫等出席开班仪式，仪式由鲁迅文学院副院长邱华栋主持。

第十届“海峡诗会”在福建举行　7月15日至17日，第十届“海峡诗会”在福建建宁举行。本届“海峡诗会”由中国作协港澳台办公室、福建省文联、三明市人民政府共同主办，来自大陆和港澳台地区的40余位诗人与会。中共福建省委常委、宣传部部长李书磊，中国作协书记处书记阎晶明等出席活动。

7月16日

第十六届国际诗人笔会在南宁举办　7月16日，“美丽南方·第16届国际诗人笔会”在广西南宁举办，10多个国家和地区的近百名诗人汇聚一堂，共同交流诗歌创作的经验。此次活动由广西侨务办公室、广西文联、广西民族大学、国际诗人笔会组委会联合主办。中国作协名誉副主席贺敬之致信祝贺。国际诗人笔会创会主席野曼、广西壮族自治区人民政府副主席张晓钦等出席开幕式并致辞。

“魅力仙女山”文学笔会举行　7月16日，“魅力仙女山——全国知名作家散文笔会”在重庆武隆举办，陈世旭、王剑冰、鲍尔吉·原野、尧山壁、红孩、范稳、吴克敬、韩小蕙、刘兆林、乔忠延、邢秀玲、梅洁等参加。笔会期间，作家们参观了天生三桥、龙水峡地缝等处，并到下石院天坑访问村民。大家表示，要以优秀作品描绘祖国的秀美河山，展现当地百姓艰苦创业的精神。

“乡土中国三部曲”新书首发式暨媒体见面会　16日下午，叶炜“乡土中国三部曲”《富矿》《后土》《福地》新书首发式暨媒体见面会在徐州举行。“乡土中国三部曲”《富矿》《后土》《福地》是青年作家叶炜历时15年创作完成的长篇小说。《富矿》主要写的是改革开放前后的煤矿以及农村，其着眼点是现代化煤矿对乡村生活的影响；《后土》关注的是改革开放直到新世纪以来的农村，其着眼点是乡村的政权建设和新农村建设；《福地》则回到了民国和改革开放以前的农村，其着眼点在于农民对乡村的坚守、对土地的热爱以及农民对革命的理解和贡献。江苏省作家协会党组书记、主席范小青，江苏师范大学党委书记徐放鸣，徐州市文联党组书记、主席王雪春，徐州市文化局副局长韩如海，江苏师范大学文学院院长黄德志，南京师范大学文学院教授、评论家何平等参加了新书首发式。活动由徐州市作家协会主席王建主持。

7月18日

诗意中原系列活动举办　7月18日，“诗意中原”系列活动在洛阳举办。此次诗歌活动内容丰富多彩，包括第四届“河南十佳诗人”颁奖、第三届“中国·大河主编诗歌奖”颁奖、第五届“陈贞杯”全国新诗大赛颁奖暨《洛阳诗人》首发式等。晓雪、叶延滨、李少君、霍俊明、马新朝、梁晓明、高金光、高旭旺、周庆荣等百余人参与活动。这一系列活动由河南文艺出版社、河南日报社、世界汉诗协会河南分会、大河诗刊社、洛阳市作家协会、《洛阳诗人》杂志社等联合举办。

全国青年批评家高峰论坛召开　7月18日至19日，由中国现代文学馆、河北省作家协会联合举办的“崇礼·全国青年批评家高峰论坛”在张家口市崇礼县召开。本次论坛的主题为“城与乡：想象中国的方法”，中国作协副主席、党组成员、书记处书记李敬泽，省作协副主席、秘书长王力平出席会议并讲话。李洱、孟繁华、程德培、刘建东、胡学文、郭宝亮、李云雷、金赫楠、杨庆祥等40余位省内外的作家、批评家参加了会议。

首届安徽诗歌奖颁奖　18日下午，由《诗歌月刊》杂志社、安徽省诗歌学会主办的首届“安徽诗歌奖”颁奖典礼在合肥举行。中国作协副主席、书记处书记吉狄马加，安徽省文联主席吴雪，诗人严阵、王明韵、莫幼群等共100多人参加颁奖典礼。严阵获得首届安徽诗歌奖终身成就奖，薛庆国获得杰出翻译家奖，荣光启获得优秀评论家奖，卢炜获得海外华文优秀诗人奖，李承恩、罗亮、徐春芳获得最佳诗人奖，夏午、陈巨飞获得新锐诗人奖，星芽、应文浩、侯存丰、朱克献、张文斌、贞子、查耿、纪开芹、喻文、刘应姣获得入围奖。

7月19日

两岸报告文学作家畅谈“直面人生的文学”　7月19日，由中国作协台港澳办公室和中华两岸和平发展联合会共同主办的题为“现实的·文学的——直面人生的两岸文学”座谈会在台北纪州庵文学森林召开，座谈会由东华大学华文系主任须文蔚主持，台湾作家莫那能、郑鸿生、赵刚、蓝博洲与大陆作家赵瑜、李春雷、朱文颖、路小路、闫学军就两岸文学创作的环境、题材、技巧，乃至于彼此的异同，展开交流。李春雷、路小路、闫学军从现实的角度向台湾作家和读者介绍了自己走上文学之路的历程以及创作报告文学的心得体会。

纪念夏衍逝世二十周年研讨会举行　由中国人民大学文学院、《当代电影》杂志社联合主办的“可见的左翼——纪念夏衍逝世二十周年暨30年代反法西斯电影研讨会”于7月19日在中国人民大学开幕。抗战期间，以夏衍为代表的一代左翼电影人怀抱强烈的民族精神和人道主义精神，协同摄制了一批反法西斯影片，不仅将反法西斯的阵地扩展到新兴的电影领域，同时开拓了电影的精神和艺术深度，使20世纪30年代左翼电影在中国电影史上占据重要地位。本次研讨会即聚焦于探讨以夏衍为代表的左翼电影人的艺术成就及历史贡献。

专家学者研讨金融文学创作　7月19日至20日，纪念中国当代文学研究会女性文学委员会成立20周年暨中国女性文学第十二届国际学术研讨会在内蒙古呼和浩特举行。此次会议由中国当代文学研究会女性文学委员会和《职大学报》编辑部主办，国内外140多位专家学者参加了会议。研讨会期间举行了女性文学委员会理事会扩大会，选举产生了新一届中国当代文学研究会女性文学专业委员会的组织机构。乔以钢任女性文学委员会主任，林丹娅、林树明、董丽敏、李玲、王侃任副主任，董丽敏兼任秘书长；谭湘为名誉主任，金燕玉、刘思谦为顾问。会上还颁发了由女性文学委员会主办、冰心文学馆协办的第四届女性文学研究成果表彰奖，刘慧英、张莉等10人的研究著作获奖。

7月20日

“2015中国·星星大学生诗歌夏令营”在四川广安举行　7月20日至22日，“2015中国·星星大学生诗歌夏令营”在四川广安举行。四川省作协副主席、《星星》诗刊主编梁平，成都文理学院院长唐小林等参加此次活动。在为期3天的时间里，来自海内外的21位学子因诗歌汇聚一堂，通过诗歌朗诵会、座谈会、讲座、参观采访等多种活动交换彼此对诗的热爱和理解，结下了深厚的友谊。

7月21日

海田诗集《长剑当歌》研讨会在京举行　7月21日，由中国诗歌学会和第二炮兵政治部宣传部联合主办的海田诗集《长剑当歌》研讨会在京举行。中国作协副主席吉狄马加以及20多位诗人、专家学者与会研讨。海田现任第二炮兵政治部文工团副团长。入伍30多年来，她始终扎根在二炮部队的沃土上勤奋笔耕，创作了歌剧、歌曲、诗歌等一大批文艺作品，并先后出版了5部诗集，是一位有着浓厚军旅情怀和丰富想象力的诗人。解放军文艺出版社2014年推出的诗集《长剑当歌》收录了作者近年来创作的19首军旅题材长诗、组诗，艺术地表达了对火箭兵这支英雄群体的热情讴歌。

湖北山东作协文学评论工作座谈会举行　7月21日，由湖北省作协党组成员、副主席梁必文和湖北省作协副主席樊星、刘川鄂率领的湖北省作协考察团一行17人到山东参观考察。为加强两省文学工作和文学评论工作的交流，两省举行了湖北山东作协文学评论工作座谈会。山东省作协党组书记杨学锋，省作协党组成员、纪检组长李军，省作协副主席、《时代文学》主编、《百家评论》社长谭好哲，省作协副主席、《山东文学》和《百家评论》主编李掖平，省作协有关部室、单位负责人和部分山东省签约文学评论家参加了座谈。

7月22日

鲁迅文学院第十九期少数民族文学创作培训班开班　7月22日，鲁迅文学院第十九期少数民族文学创作培训班（改稿班）开学典礼在京举行。中国作协副主席、鲁迅文学院院长吉狄马加，中国作协书记处书记白庚胜出席开学典礼。出席开学典礼的还有中国作协创作联络部副主任邢春等。开学典礼由鲁迅文学院副院长王璇主持。

7月23日

第八届“文心雕龙杯”校园文学写作大赛颁奖　7月23日第八届“文心雕龙杯”全国校园

文学写作大赛现场决赛颁奖典礼在京举行。金波、张之路、曹文轩、庄之明等作家参加此次活动并为现场学生做了写作指导讲座。由中国当代文学研究会校园文学委员会等单位组织的这项活动以“真实的体验、新鲜的创意、确切的表达”为总要求，鼓励学生自主写作，心灵写作，写人之常情，立足生活去写实实在在的作文，做到语言艺术、表现艺术和思想内容的有机统一。以“文心雕龙”命名，体现了继承与弘扬母语文学艺术表现规律的写作立场，期望引领当下的写作教学朝着健康有效的方向发展。

7月24日

《民族文学》藏文版作家翻译家培训班举办　7月24日至28日，由《民族文学》杂志社、阿坝州文联、阿坝县委、县人民政府联袂主办的“多民族作家看阿坝暨2015年《民族文学》藏文版作家翻译家培训班”在四川省阿坝藏族羌族自治州阿坝县举办。《民族文学》副主编赵晏彪，《中国作家》原副主编萧立军，《散文选刊》主编葛一敏，阿坝州委副秘书长阿郎，州文联党组书记、主席周文琴，阿坝县政协主席严扎甲，县委副书记文定清，县委常委、宣传部长蒋刚等出席开班仪式。阿坝州委副书记谷运龙和中共阿坝县委书记杨宏寿到会看望了与会作家翻译家代表。

中国作协机关团委组织青年干部参观“抗战中的文学”展　为纪念中国人民抗日战争暨世界反法西斯战争胜利70周年，缅怀革命先烈，7月24日，中国作协机关团委组织40岁以下青年干部职工走进中国现代文学馆，参观“血肉筑起的长城——抗战中的文学”展览。当天，十几位青年干部职工还同鲁迅文学院第二十七届高研班学员座谈，围绕“20世纪1945年之前的主流文学”展开交流。中国作协机关党委常务副书记李霄明、鲁迅文学院副院长邱华栋等参加有关活动。

7月25日

作家网庆祝上线12周年　7月25日，作家网在京举行仪式，庆祝网站上线12周年。80余位文学艺术界人士参加了此次活动。活动现场，作家网正式宣布聘请谢冕、冯双白、张旭光、叶延滨、陈旭光、王谨、李树峰、张清华等8人为网站学术顾问。当天，作家网和漓江出版社还共同主办了《呦呦往事》新书发布会暨内蒙古“呦呦诗群现象”研讨会，数十位诗人、专家学者和从各地赶来的当年的诗社成员与会研讨。

7月26日

中青社推出“中国好诗”丛书　7月26日，由中国青年出版社出版的“中国好诗”丛书

（第一季）在京首发。作品入选该丛书的多位诗人现场朗诵诗作，并与读者分享自己的创作感想。“中国好诗·第一季”推出10位优秀诗人的10本诗集，包括陈超的《无端泪涌》、汤养宗的《去人间》、臧棣的《必要的天使》、雷平阳的《悬崖上的沉默》、路也的《山中信札》、江非的《白云铭》、刘年的《为何生命苍凉如水》、宇向的《女巫师》、杜绿绿的《我们来谈谈合适的火苗》和王单单的《山冈诗稿》。

杨庆祥新作探讨“80后”困境与出路　青年评论家杨庆祥近期推出了个人最新随笔集《80后，怎么办？》，对“80后”青年人与时代的关系进行了深入探讨。7月26日，凤凰网读书频道和北京十月文艺出版社联合在京举行读书会，邀请作家阎连科、张悦然与作者就“80后”一代人的困境与出路展开对谈，引起现场读者广泛共鸣。读书会由北京十月文艺出版社总编辑韩敬群主持。

7月27日

第四届《中国作家》剑门关文学奖颁奖　7月27日，第四届《中国作家》剑门关文学奖颁奖仪式在四川省广元市剑阁县举行。长篇小说《天乳》获得本届文学奖大奖。电影剧本《黄克功案件》（作者：王兴东 张志强）、《凤凰涅槃》（作者：柳建伟），中篇小说《十六岁的生命册》（作者：宋启）、长篇小说《他时光》（作者：鹤蜚）获优秀奖。中国作协主席团委员张胜友出席并为大奖获奖作家颁奖。《中国作家》副主编程绍武、高伟等参加了此次活动。

7月29日

“中国当代文学与英语世界的互动”研讨会在京举行　7月29日，由人民文学杂志社与鲁迅文学院共同主办的“中国当代文学与英语世界的互动”研讨会暨《人民文学》杂志英语版PATHLIGHT（《路灯》）介绍会在京举行。中国作协副主席吉狄马加出席并致辞。《人民文学》主编施战军、鲁迅文学院常务副院长李一鸣、中国作协外联部主任张涛、加拿大驻华大使馆公共外交处官员刘增阅等与会研讨。研讨会由鲁迅文学院副院长邱华栋主持。

“北大培文杯”全国青少年创意写作大赛颁奖　7月29日，2015第二届“北大培文杯”全国青少年创意写作大赛颁奖典礼在京举行。比赛按照高中组与初中组评选出一、二、三等奖，另有37所中学获得“组织奖”、23位指导老师获得“伯乐奖”。

7月30日

艾青抗战诗集《我爱这土地》首发　7月30日，由中国作家协会和浙江省金华市市委、市政府联合主办的艾青抗战诗集《我爱这土地》首发式在艾青的家乡金华市举行。艾青夫人高瑛、中国作协副主席吉狄马加、金华市委书记徐加爱、金华市市长暨军民等出席了首发式。艾青抗战诗歌朗诵会也同时举行。今年是爱国诗人艾青诞辰105周年。此次由中国青年出版社出版的艾青抗战诗集《我爱这土地》，是艾青抗战诗歌的首次结集出版。

第九届茅盾文学奖评奖委员会第一次全体会议举行　7月30日，第九届茅盾文学奖评奖委员会在北京举行第一次全体会议，为期18天的第九届茅盾文学奖集中评选工作拉开序幕。中国作协主席、第九届茅盾文学奖评奖委员会主任铁凝出席会议。中国作协党组书记、副主席、书记处书记钱小芊出席会议并讲话。

7月31日

鲁迅文学院第二十七届中青年作家高级研讨班结业　经过为期两个月的研修培训，来自全国各地的52名学员日前圆满完成了在鲁迅文学院的各项学习任务，顺利结业。7月31日，鲁迅文学院第二十七届中青年作家高级研讨班（文学编辑班）结业典礼在京举行。中国作协党组书记、副主席钱小芊，中国作协副主席、鲁迅文学院院长吉狄马加，中国作协副主席何建明，中国作协书记处书记白庚胜出席结业典礼，并为学员们颁发了结业证书。出席结业典礼的还有鲁迅文学院常务副院长李一鸣、副院长王璇，中国作协办公厅副主任徐光等。结业典礼由鲁迅文学院副院长邱华栋主持。

2015年第一二季度中国网络小说排行榜揭晓　7月31日，由全国网络文学重点园地工作联席会议主办、中国作家网承办的2015年第一、二季度中国网络小说排行榜揭晓。

第一、二季度中国网络小说排行榜精品榜

（以得票多少为序，得票相同者以首发时间先后为序）

序号	作品名称	作者	推荐网站	首发时间
1	《烽烟尽处》	酒徒	中文在线	2012年7月
2	《惊门》	徐公子胜治	起点中文网	2012年7月
3	《寻找爱情的邹小姐》	匪我思存	网易云阅读	2013年12月
4	《天才相师》	打眼	起点中文网	2012年3月
5	《凤倾天阑》	天下归元	潇湘书院	2013年5月
6	《唐砖》	孑与2	起点中文网	2012年9月
7	《英雄联盟之谁与争锋》	乱	创世中文网	2013年5月

8	《莲上仙》	寂月皎皎	红袖添香	2012年5月
9	《第六感之探险旅程》	若菀	云文学网	2013年10月
10	《投行男女》（原名《我们住在一起》）	红九	晋江文学城	2014年2月

第一、二季度中国网络小说排行榜新书榜

（以得票多少为序，得票相同者以首发时间先后为序）

序号	作品名称	作者	推荐网站	首发时间
1	《修真四万年》	卧牛真人	起点中文网	2015年2月
2	《原始战记》	陈词懒调	起点中文网	2015年3月
3	《刑侦大明》	宣大总督	塔读文学网	2015年3月
4	《他知道风从哪个方向来》	玖月晞	晋江文学城	2015年4月
5	《金陵春》	吱吱	起点女生网	2014年10月
6	《万古仙穹》	观棋	中文在线	2015年4月
7	《诛砂》	希行	起点女生网	2015年3月
8	《远山的梦》	赵延昌	中国作家网	2015年4月
9	《逍遥渔夫》	醛石	起点中文网	2015年3月
10	《大顺宝藏》	夏龙河	半壁江中文网	2015年6月

8月

8月2日

《风雨无悔——对话王光美》在京首发 8月2日下午，由人民文学出版社出版的《风雨无悔——对话王光美》新书发布暨读者见面会在京举行。会上，刘少奇、王光美的子女刘亭、刘丁，以及王光美生前的老友金日光、葛振江等与读者分享了他们曾经与刘少奇、王光美夫妇相处与交往的回忆。

湖南省诗歌学会成立 8月2日，湖南省诗歌学会第一次会员大会暨成立大会在长沙召开。中国作协副主席吉狄马加、谭谈，中国诗歌学会副会长曾凡华，湖南省文联主席谭仲池，湖南省作协主席唐浩明、党组书记龚爱林、专职副主席王跃文，《诗刊》常务副主编商震、副主编李少君等与会。梁尔源当选湖南省诗歌学会首任会长，罗鹿鸣、匡国泰等14人当选副会长。罗鹿鸣兼任秘书长。

8月3日

“诗意中国·北戴河”诗歌朗诵会弘扬爱国精神　8月3日晚，以“爱国、民族、乡愁”为主线的《八月的海天——诗意中国·北戴河》大型诗歌朗诵会，让避暑胜地北戴河更加充满诗情画意。多位著名艺术家参加了此次义演。此次诗歌朗诵会由秦皇岛市委、市政府主办，秦皇岛市委宣传部、北戴河区委、区政府承办。百集大型电视纪录片《诗意中国·北戴河》的启动仪式同时举行。

8月4日

《海燕》散文创作座谈会在大连举办　8月4日下午，《海燕》散文创作座谈会在新华书店大连作家森林举办。《人民文学》杂志社编辑部主任、著名诗人朱零，大连市委宣传部副巡视员宁明，大连市作家协会主席素素，以及十多位大连市骨干散文作者参加了座谈会。

8月5日

河北首届“孙犁文学奖”揭晓　8月5日，河北省首届“孙犁文学奖”获奖作品揭晓，20部（篇）作品获得此项荣誉。小说获奖作品有何玉茹的长篇小说《葵花》、陈冲的中篇小说《紫花翎》、申跃中和张小鑫的长篇小说《中和人家》、李浩的长篇小说《镜子里的父亲》、胡学文的中篇小说《风止步》、张楚的短篇小说《野象小姐》和刘荣书的短篇小说《浮屠》；报告文学获奖作品有傅剑仁的《上访》、李春雷的《朋友——习近平与贾大山交往纪事》、雪小禅的《裴艳玲传》和梅洁的《为了润泽北方大地》；诗歌获奖作品有李南诗集《时间松开了手》、简明诗集《朴素》、北野诗集《分身术》和殷常青诗集《岁月帖》；散文获奖作品有刘萌萌散文集《她日月》与李树泽散文集《丝绸之路上的佛光塔影》；评论获奖作品有李致文学评论《五四传统与左翼戏剧观念内核的建构》，郭宝亮、李建周、周雪花、王丽杰的文学研究专著《新时期小说文体形态研究》和金赫楠文学评论《〈第七天〉：盛名之下的无效文本》。

中国作协“丝路文学之旅”采访活动启动　由中国作协主办，陕西、甘肃、新疆等8个省区与行业作协协办的中国作家“丝路文学之旅”采访采风活动5日在西安启动。此次采访是中国作协“深入生活、扎根人民”主题实践活动的重要组成部分。来自北京、江苏、宁夏、陕西、新疆等11个省区市和解放军的16位作家将行经陕西、甘肃、新疆三省区，考察丝绸之路沿线文化交流遗址、遗物、遗迹，采访沿线重大合作项目、工程，倾听与记录沿线机构与民众声音，进行以纪实作品为主、多种体裁的文学创作。

中国诗歌学会加强诗歌推介工作　8月5日，中国诗歌学会召集在京部分诗人、评论家、编辑等，就“中国诗歌排行榜”的推介工作和《中国新诗》杂志的出版工作征求意见，并进行了研讨。据介绍，中国诗歌排行榜由中国诗歌学会组织人员进行推荐，荐稿者既有优秀诗人、诗评家，也有广大诗歌爱好者。排行榜每月制定并发布一次，按“榜中榜”和“光芒涌入（单篇佳作）”形式编排。《中国新诗》杂志暂定为双月刊，每逢单月出版，首期为2014年10月至2015年9月的《排行榜》专号。中国诗歌学会副会长骆英、程步涛、曾凡华等谈到，中国诗歌学会要以中国诗歌排行榜为抓手，以《中国新诗》杂志为平台，团结广大华语诗人，及时、准确地将优秀新诗推到前台，做到有时效性、有公信力。

8月6日

《中国故事：21世纪边地文学的价值与方位》研讨会举行　8月6日，西藏作协与《芳草》杂志社共同举办的纪念西藏自治区成立50周年暨《中国故事：21世纪边地文学的价值与方位》研讨会在拉萨举办。会上，来自区内外的文艺评论家、作家围绕边地文学的价值和方位，进行了深入的研讨。

孙幼军同志逝世　中国作家协会会员、外交学院副教授孙幼军同志，因病医治无效，于2015年8月6日在京逝世，享年82岁。孙幼军，1961年开始发表作品。1980年加入中国作家协会。著有长篇童话《小布头奇遇记》，系列童话集《怪老头儿》《小猪唏哩呼噜》，中篇童话《神奇的房子》，散文集《怪老头儿随想录》，译著《聪明的小狐狸》等。曾获国际安徒生文学奖提名奖、全国优秀儿童文学奖、宋庆龄儿童文学奖等。

8月7日

第五届青海湖国际诗歌节举行　8月7日，第五届青海湖国际诗歌节在西宁开幕。这片积淀着爱与美的高原圣地再次张开宽广的臂膀，迎接来自五湖四海热爱诗歌的人们。中国作协副主席、青海湖国际诗歌节组委会主任吉狄马加，青海省副省长严金海、韩建华，以及来自44个国家和地区的180多位诗人、翻译家、评论家齐聚一堂，共同见证本届诗歌节的盛况。

8月8日

中国江苏首届全国少儿诗会颁奖　8月8日，“童心里的诗篇”中国江苏首届全国少儿诗会在江苏广播电视总台教育频道演播厅举行颁奖典礼。来自全国的著名学者诗人谢冕、吴思敬、丁芒、孙友田、冯亦同等出席颁奖仪式。省委常委、宣传部部长王燕文出席颁奖仪式。省委常委、宣传部部长王燕文出席颁奖仪式。本届少儿诗会由江苏省委宣传部、江苏省文明办、江苏省教育厅、共青团江苏省委、江苏省作家协会、江苏省广播电视总台主办，江苏省中华诗学研究会、江苏省少年儿童文化艺术促进会承办，参与范围覆盖全国31个省区市的2万余所中小学校，内容包括创作大赛、结集出版、颁奖典礼、朗诵巡演、专家讲座等。

8月10日

鲁院第十九期少数民族文学创作培训班结业　8月10日，鲁迅文学院第十九期少数民族文学创作培训班（改稿班）在京举行结业典礼。学员们圆满完成为期20天的培训任务，顺利结业。鲁迅文学院副院长王璇为本期培训班作了总结。出席结业典礼的还有中国作协创作联络部副主任邢春等。

8月11日

第四届《中国作家》郭沫若诗歌奖颁奖　“太阳礼赞”第四届《中国作家》郭沫若诗歌奖颁奖典礼8月11日在江苏连云港市举行，中国作协主席团委员张胜友出席。叶延滨的《行走的风景》获大奖，傅天琳的《爱情天梯》、雷霆的《官道梁诗篇》、亚楠的《新疆记忆》、第广龙的《城市的明与暗》获优秀奖。

四川诺苏艺术馆诗人之家开馆　8月11日，位于四川西昌邛海湖畔的诺苏艺术馆诗人之家正式开馆。中国作协副主席吉狄马加出席开馆仪式。四川诺苏艺术馆诗人之家由彝族诗人、策展人倮伍木嘎和彝族文化企业界人士共同筹资建立，主要用于传播彝族文化和开展国际诗人作家交流活动。

8月12日

4位上海女诗人作品讲谈会举行　上海女诗人徐芳、孙思、冬青、杨绣丽作品讲谈会在上海作协举行。著名评论家王纪人谈到，身处多元飞速的城市进程中，这群女诗人深入城市腹地，摄取了城市中的众多物象，为城市诗意的表达作出了有益的探索。从事创作30余年的徐芳，从校园诗人成长为城市诗人，她的代表诗作《上海：带蓝色光的土地》近300行，以诗人独到眼光去发现和提炼意象，并不拒绝城市喧嚣与嘈杂中的诗性。她还以日历的结构创作了《日历诗》。孙思著有诗集《剃度》《月上弦月下弦》，随笔集《走进大学生心里》。杨绣丽著有诗集《梦中的新嫁娘》《桑之恋》《雪山的心跳》等。诗人冬青著有诗集《红尘蝉吟》《矮小的幸福》《冬青诗选》等。

8月15日

首届当代爱情诗大奖赛揭晓　8月15日，首届“中国·红豆绒杯”当代爱情诗大奖赛颁奖典礼在江苏无锡举行。湖南诗人宋志刚以《红豆，那颗磅礴的心跳》组诗获特等奖，胡云昌的《唐诗宋词里的红豆标本》、王太贵的《在一首诗里邂逅红豆》获一等奖。梁平、贾梦玮、龚学敏、王学芯、李自国等为获奖者颁奖。

首届武汉诗歌节举行　8月15日至16日，由《中国诗歌》编辑部、长江日报社等单位联合主办的“2015首届武汉诗歌节”在湖北武汉举行。叶延滨、商震、舒婷、王家新、雷平阳、朱零、刘向东、余秀华等20多位诗人来到武汉卓尔书店，与参加“2015新发现诗歌夏令营活动”的诗歌新人们进行面对面交流。

8月16日

第九届茅盾文学奖揭晓　第九届茅盾文学奖8月16日在北京揭晓，格非《江南三部曲》、王蒙《这边风景》、李佩甫《生命册》、金宇澄《繁花》、苏童《黄雀记》五部长篇小说获得该项殊荣。

8月18日

“茅台杯”诗歌征文大赛颁奖　8月18日，由诗刊社和茅台集团主办的“茅台杯”全球诗歌征文大赛颁奖典礼在京举行。汤养宗的长诗《举人》获一等奖，叶舟的《在丝绸之路上痛饮》、阿华的《醉酒歌》、聂鑫森的《酒香飘袅的汉字》获二等奖，另有34位诗人的作品获三等奖、优秀奖。中国作协副主席吉狄马加，《诗刊》常务副主编商震、副主编李少君，茅台集团党委副书记赵书跃，以及大赛部分评委、获奖诗人参加颁奖典礼。颁奖仪式由中央广播电台著名主持人苏扬主持。

8月19日

《中原作家群研究资料丛刊》首发式　8月19日，《中原作家群研究资料丛刊》首发式在北京中国现代文学馆举行。首发式由中国现代文学馆、信阳师范学院、河南大学出版社联合主办。著名作家刘震云，著名学者及评论家洪子诚、白烨、陈晓明、程光炜、陈福民、何弘，信阳师范学院党委书记卢克平，河南大学副校长张宝明、信阳师范学院副校长齐城等出席丛书首发式。《中原作家群研究资料丛刊》为当代文学研究资料丛书，第一辑包括白桦、周大新、刘震云、二月河、张一弓、阎连科、刘庆邦、李佩甫等十五位作家的研究资料专集。丛书严格依照中国现代文学界业已形成的文献整理规范，每册研究专集均由自述·访谈·印象记、研究论文选辑、作家创作年表、研究论著索引等四个部分组成，着力呈现这一作家群体的创作实绩、作品价值和当代河南文学的整体面貌。

李骏虎长篇小说《中国战场之共赴国难》研讨　抗日战争胜利70周年到来之际，8月19日至21日，由山西省作家协会、山西出版传媒集团、临汾市委宣传部联合主办的长篇抗战历史小说《中国战场之共赴国难》研讨会在永和县举行。山西省党组书记、作协主席杜学文，山西省作协党组副书记、副主席杨占平及来自省内外的多名专家学者、出版界人士齐聚一堂，对作家李骏虎的作品《中国战场之共赴国难》进行研讨交流。李骏虎是中国当代著名作家，洪洞人。现任山西省作协副主席，作品曾获第十二届庄重文文学奖、第五届鲁迅文学奖、赵树理文学奖等荣誉。

山东省抗战题材文学作品研讨会在济南召开　8月19日，为纪念中国人民抗日战争暨世界反法西斯战争胜利70周年，由中国作协文艺报社、省作家协会联合举办的山东省抗战题材文学作品研讨会在济南召开。来自省内外近30位专家对新中国成立以来山东作家创作的抗战题材文学作品进行了集中研讨。省委宣传部副部长王红勇，文艺报社总编辑梁鸿鹰，山东省作协党组书记杨学锋，中国作协小说委员会副主任胡平，中国作协创研部主任何向阳，文艺报社副总编辑胡军，山东省作协副主席、济南军区政治部创作室主任苗长水，省作协党组成员、纪检组长李军，省作协副主席、《山东文学》主编李掖平出席研讨会，省作协副主席、《时代文学》主编谭好哲主持研讨会。省作协机关各部室、所属事业单位主要负责人，山东省第一批签约文学评论家，驻济南的部分签约作家，有关新闻媒体记者参加会议。

8月20日

专家学者研讨叶炜长篇小说《福地》　为纪念抗战胜利70周年，8月20日，叶炜长篇小说《福地》故事发生地座谈会在山东枣庄举办。专家学者、当地作家和读者代表20余人齐聚八路军抱犊崮抗日纪念园，在小说的故事发生地对作品进行了研讨交流。《福地》是“乡土中国三部曲”的收官之作，取材于苏北鲁南。小说以麻庄为故事主要发生地，既反映了鲁南抗日根据地革命历史，又反映了新中国成立后直到改革开放以来的农村建设成就，以一个村庄的历史折射整个国家波澜壮阔的历史进程。

鲁迅文学院吉林省中青年作家培训班开班　8月20日，鲁迅文学院吉林省中青年作家培训班在长春开班。中国作协副主席、鲁迅文学院院长吉狄马加，中共吉林省委宣传部副部长张志伟，吉林省作协主席张未民出席开班仪式。本期研修班共有来自吉林省各地市的64名中青年作家参加学习。出席开班仪式的还有吉林省作协副主席宗仁发、孙喜军等。开班仪式由鲁迅文学院常务副院长李一鸣主持。

江西省首届文艺评论骨干高级研修班开班　为壮大江西文艺评论队伍、振兴江西文艺评论工作，8月20日，由中共江西省委宣传部、江西省文联主办的江西省首届文艺评论骨干高级研修班在“中国最美小城”——九江市武宁县开班。全省各地从事文艺研究和文艺评论的40余位学员参加了研修。中共江西省委宣传部副部长黎隆武，江西省文联党组成员、主席叶青，中共江西省委宣传部文艺处处长黄小蓉，江西师范大学文学院教授、博士生导师、江西省文联原副主席、江西省文艺评论家协会主席赖大仁，中共武宁县委常委、县委宣传部部长朱必香，九江市文联主席朱凌出席开班式。

《狼图腾》作者姜戎获蒙古文豪奖 8月20日，世界蒙古族作家联合会在蒙古国授予中国小说《狼图腾》的作者姜戎该联合会最高奖“文豪”奖章。“文豪奖”是四年一度的由世界蒙古族作家联合会颁发的最高奖项。2004年4月出版的《狼图腾》讲述了上个世纪六七十年代一位中国知青在内蒙古草原与草原狼、游牧民族相依相存的故事。该书在国内出版后，被译为30种语言，在全球110个国家和地区发行。截至今年6月，该书在国内再版了160多次，销售近600万册，还被拍摄成同名电影。2010年《狼图腾》被翻译成蒙文在蒙古国出版，迅速成为蒙古国最畅销的小说。

中华诗词学会第四次全国会员代表大会在京举行 8月20日，中华诗词学会第四次全国会员代表大会在京举行。中共中央政治局常委、中央书记处书记刘云山，中共中央政治局委员、中央书记处书记、中宣部部长刘奇葆分别对大会作出批示。中共中央政治局委员、国务院副总理马凯向大会发来贺信和贺诗。中宣部副部长王世明，中国作协党组书记、副主席钱小芊，全国人大华侨委员会副主任委员令狐安等出席大会开幕式。

2015·中国少数民族当代文学论坛在甘肃举办 8月20日至21日，由中国作协和中共甘肃省委宣传部主办的第三届中国少数民族当代文学论坛“丝路文学语境下的多民族文学审美——2015·中国少数民族当代文学论坛”，在千古丝路的重要驿站甘肃兰州举行。中国作协名誉副主席、中国作协少数民族文学委员会主任丹增，中国作协书记处书记白庚胜，中共甘肃省委常委、宣传部部长连辑，中共甘肃省委宣传部副部长、省文联主席邵明等出席。

8月21日

张志民诗歌研讨会召开 8月21日，在抗日战争胜利70周年到来之际，在当年的平西抗日根据地斋堂镇，中共北京市门头沟区委宣传部、北京市作协、首都师范大学中国诗歌研究中心联合主办了“张志民诗歌创作研讨会”。高洪波、刘恒、王升山、吴思敬、杨匡汉、骆英、沈奇、马淑琴等诗人、学者与会。

作家艺术家走进双流 为深入学习贯彻习近平总书记在文艺工作座谈会上的重要讲话精神，广泛开展“深入生活、扎根人民”主题实践活动，8月21日至24日，四川省双流县委宣传部、县文联举办“文艺名家看新双流”活动。中国作协副主席吉狄马加、中共四川省委宣传部副部长朱丹枫、四川省作协党组书记邹瑾出席活动。在为期四天的活动中，来自全国各地的27位作家艺术家深入农村、社区、企业采访，感受新双流创新农业发展带来的喜人变化，了解双流县经济发展、城乡规划统筹建设的成就。

长篇小说《老镇》研讨会在山东大学召开 8月21日，由山东省当代文学研究会主办的长

篇小说《老镇》研讨会在济南举行。长篇小说《老镇》是作家牛余和的一部近作，该书由长江文艺出版社出版，讲述了“文革”期间发生在长岭山下古镇的故事，小说通过岳、尚、梁等几个家族的荣辱兴衰与命运起伏，记述了北方农村的众生万象和生存图景。

8月22日

中国当代首届长诗金奖大赛颁奖大会在京举行　由中国萧军研究会、华夏新诗研究会、《新国风》诗刊联合主办的“中国当代首届长诗金奖大赛”颁奖大会，于2015年8月22日在北京隆重举行。大赛部分评委和获奖诗人与会。长诗金奖大赛关注“诗歌创作中的大题材、大格局”，鼓励诗人在作品中展现出社会责任感和历史担当精神。经过大赛评委的评选，峭岩的《烛火之殇——李大钊诗传》、绿岛的《骨头的硬度——鲁迅诗传》、蔡丽双的《比翼云天》获得本届大赛的金奖；刘振国的《吕梁山的欢笑》、冬原的《高原走来的女人》、许泽夫的《渡江颂》、雷中鸣的《放歌呼伦贝尔》、蔡诗国的《诗化梁山伯祝英台》获得优秀奖。

“中国多民族作家临夏行”活动举办　8月22日至25日，由中国少数民族作家学会、《民族文学》杂志社、《民族文学》临夏创作基地主办的“中国多民族作家临夏行”活动在临夏回族自治州举办。来自全国各地的汉、回、满、维吾尔、土家、藏、东乡、鄂温克、保安、土等10个民族的30余位作家，走进临夏州的积石山、和政、广河、康乐、东乡、永靖等县，深入了解古河州深厚悠久的历史文化，回、东乡、保安等少数民族的风土人情，并在“魅力临夏”多民族文学论坛上，围绕“民族精神与边缘文化的文学呈现”“一带一路与民族文学”等话题展开了深入研讨，为临夏多民族文学建言献策。中国少数民族作家学会秘书长、《民族文学》副主编赵晏彪，甘肃省作协主席邵振国，协办单位甘肃良恒实业有限公司董事长马成良等出席活动并讲话。

8月23日

刘慈欣《三体》获科幻最高荣誉雨果奖　北京时间8月23日，当地时间8月22日，在美国华盛顿州斯波坎市举行的第73届世界科幻小说大会上，中国作家刘慈欣凭借科幻小说《三体》获得科幻文坛最高荣誉雨果奖，这是中国人首次获得这一奖项。为纪念20世纪世界著名科幻作家雨果·根斯巴克，由世界科幻协会颁发的这一科幻文学奖项被命名为雨果奖。本次获长篇小说类雨果奖的是英文版“三体”系列的第一部。作为译者的刘宇昆代表刘慈欣参加了本届世界科幻小说大会并上台领奖。

8月24日

“海峡两岸抗日题材作品座谈会”召开　8月24日，由中国作协港澳台办公室主办，台湾中华两岸和平发展联合会、台湾抗日志士亲属协进会和《中国作家》杂志社协办的“海峡两岸抗日题材作品座谈会”在京举行。中国作协副主席何建明，台湾抗日志士亲属协进会理事长丘秀芷出席座谈会并致辞。

8月25日

彭学军作品研讨会在京举行 8月25日下午，由二十一世纪出版社举办的“彭学军作品研讨会”在北京举行。自1989年发表首部作品以来，彭学军已出版了《腰门》《一篮鲜枣》《你是我的妹》等多部长篇小说、中短篇小说集和散文集。她的文字不抖机灵，也不炫耀、不抱怨，总是由衷地发现美、表现美。高洪波、阎晶明、张拥军、海飞、何向阳、樊发稼、张之路、朱自强、方卫平、安武林、汤素兰等作家、批评家出席了研讨会。

2015年中外文学翻译研修班在京举行 8月25日至29日，文化部、中国作协在京联合举办2015年中外文学翻译研修班。中宣部副部长景俊海、文化部副部长丁伟、中国作协副主席李敬泽出席座谈会。来自澳大利亚、法国、德国、英国、美国、日本等30多个国家热爱和从事中国文学翻译及出版工作的中青年翻译、出版人才和世界知名出版专家等50余人参加座谈。在为期5天的时间里，这些关心、热爱中国文学的“文化使者”将围绕中外文学翻译出版课题开展深入研讨、交流经验，共同推动中国文学走向世界。

8月26日

《可爱的中国》中英文版在京首发 为纪念方志敏烈士就义80周年，8月26日，《可爱的中国》中、英文版首发暨《方志敏全集》等系列图书多语种出版启动仪式日前在北京国际书展举行。《可爱的中国》中、英文版由方志敏后人徐思阳编译，中国外文出版社出版，是即将启动的《方志敏全集》等系列多语种图书出版计划的首部作品。

长篇报告文学“首钢三部曲”出版 8月26日，在中国国际展览中心（新馆）举行的第二十二届北京国际图书博览会和第十三届北京国际图书节上，《曹妃甸》《首钢大搬迁》《大海上的钢城》首钢三部曲媒体推介会举行。长篇报告文学、首钢三部曲之三——《大海上的钢城》于2015年8月出版，是由作家王立新历时五年创作而成，是继《曹妃甸》《首钢大搬迁》之后的又一力作。整部作品讲述了首钢在战略决策、搬迁过程中感人的故事，刻画了首钢人团结奋进的群体形象。王立新是中国作家协会会员、中国报告文学理事、国家一级作家、首钢名誉职工，曾在国防科工委酒泉卫星发射中心和西昌卫星发射中心工作十余年。后转业到地方，历任唐山市文联编辑、主编、副主席。

长篇纪实文学《刺刀书写的谎言》作品研讨会在京召开 由中国作家协会、总政治部宣传部艺术局、广东人民出版社等联合主办的《刺刀书写的谎言：侵华战争中的日本“笔部队”真相》作品研讨会，8月26日在北京西直门宾馆举行。这部由成都军区青年作家王龙创作的长篇

纪实文学作品，是国内文学界首部深刻揭露二战期间日本作家“协力”侵华历史真相的拓荒之作，成为今年纪念抗战胜利七十周年出版热潮中的一个新亮点。该作翔实描写了日本侵华“笔部队”作家们，对侵略战争从迷惘到接受、从屈从到肯定，最后集体屈服于日本军国主义压力,自愿充当文化侵华的“思想刺刀”， 蘸血为墨、以笔助战，炮制大量颠倒黑白的战争谎言，不遗余力地为侵华战争推波助澜，大肆煽动日本国民的战争狂热。这些恶魔的吹鼓手所犯下的累累罪行，丝毫不逊于“枪部队”给中国人民制造的沉重苦难。

8月27日

抗战题材文学创作研讨会在京举行　为纪念中国人民抗日战争暨世界反法西斯战争胜利70周年，8月27日，由中国作家出版集团主办、《长篇小说选刊》杂志社承办的抗战题材文学创作研讨会在京举行，这也是第22届北京图博会中国作家馆的一项主题活动。中国作协副主席何建明出席研讨会并讲话。

张炜小说《古船》西班牙文版全球首发　山东省作家协会主席，中国著名作家张炜先生的经典著作《古船》西班牙文版全球首发式，于2015年8月27日在北京国际图书博览会全球首发。《古船》是一部具有深厚历史和文化底蕴的小说，自1986年出版以来一直畅销不衰。小说以20世纪末期中国农村发生的巨大变化为背景，通过洼狸镇隋、赵、李三大家族40多年间错综复杂的恩怨纠葛，生动刻画了古老农村嬗变中的心灵阵痛与文化冲突。《古船》曾经获得庄重文文学奖、人民文学奖等重要奖项。

8月28日

黄国荣《极地天使》新书对谈会在京举行　8月28日，作家出版社在北京国际图书博览会“中国作家馆”举行纪念抗日战争胜利70周年系列作品黄国荣《极地天使》新书对谈会，作家出版社社长葛笑政致辞。此次活动邀请了人民文学杂志副主编李东华和北京晚报知名文化记者孙小宁与作者黄国荣深度对谈，为读者讲述乐道院集中营不为人知的故事。

第二届中印文学论坛在京举行　8月28日，以“当代的本土文学与世界文学”为主题的第二届中印文学论坛在京举行。中国作协书记处书记白庚胜、印度驻华大使馆政务参赞维诺德·雅各出席论坛并致辞。

辽宁儿童文学创作座谈会在沈阳召开　8月28日至29日，辽宁儿童文学创作座谈会在辽宁文学院召开，会议传达了全国儿童文学创作出版座谈会精神，对辽宁儿童文学学会成立三十年以来的工作做了总结，还为我省儿童文学新人新作举办了改稿会。省作协副主席邵永胜出席会议并讲话。省作协副主席、创研部主任高海涛主持了会议。

8月29日

刘慈欣在京举行读者见面会 8月29日，科幻作家、雨果奖得主刘慈欣在北京国际图书博览会书展现场举行读者见面会，并为其科幻小说“三体”系列第二部《黑暗森林》的英文版举行签售活动。

当代中国文学与创意写作论坛在沪举行 创意写作是西方不少国家在文学创作方面应用的一种教学模式，近年来逐渐开始在中国兴起，许多高校纷纷开设了相关专业。8月29日，由中国作家出版集团、《中国作家》杂志社主办，上海大学文学与创意写作研究中心承办的“当代中国文学与创意写作论坛”在沪举行。中国作协副主席何建明、《中国作家》主编王山、上海大学党委书记罗宏杰、上海市作协副主席杨扬、中国作家出版集团管委会副主任徐忠志、上海大学文学与创意写作研究中心主任葛红兵等30多位作家、评论家与会研讨。

8月30日

“《人民文学》杂志外文版介绍会”在京举行 8月30日，作为第二十二届北京国际图书博览会文学沙龙之一的“《人民文学》杂志外文版介绍会”在京举行。《人民文学》杂志主编施战军、《人民文学》杂志法文版译审吕华、《人民文学》杂志英文版编辑兼译者Dave Haysom等与会，沙龙由作家徐则臣主持，PATHLIGHT译者Canaan Morse翻译。与会的中外专家谈了中外翻译以及《人民文学》杂志外文版办刊历程等问题。

蒋巷村“中国作家·《雨花》读者俱乐部”成立 8月30日，蒋巷村“中国作家·《雨花》读者俱乐部”成立，成为“中国作家·《雨花》读者俱乐部”在全国选定安家的首个村级俱乐部。当天，中国作家出版集团“深入生活，扎根人民”文学报纸杂志读者见面会同时举行，与会代表对于“俱乐部运营经验；杂志内容、选题、设计”等广泛交流。中国作家协会党组成员、副主席何建明、江苏省作家协会主席范小青、常熟市委常委、宣传部长潘志嘉和支塘镇蒋巷村党委书记常德盛共同为蒋巷村“中国作家·《雨花》读者俱乐部”成立揭牌。

长篇纪实文学《烽烟平型关》研讨会举行 由山西省作家协会、人民出版社、忻州市文联联合举办的作家糜果才长篇纪实文学《烽烟平型关》研讨会，8月30日上午在省作协召开。参加研讨会的有省委宣传部、山西省作家协会、人民出版社、忻州市文联的有关领导及山西文艺界的专家、学者等共40余人。作家糜果才在会上介绍了《烽烟平型关》的创作体会。《烽烟平型关》讲述的是1937年秋天国共两党合作在平型关下抗击日军进犯的真实历史。该书34万字，分20章，内容翔实、权威、新颖，有许多资料鲜为人知，是首次公开披露。

9月

9月1日

“《三体》与中国科幻原创力研讨会”在京举行 由中国作协创研部、《光明日报》文艺部共同主办的“《三体》与中国科幻原创力研讨会”在京举行。中国作家协会副主席、党组成员、书记处书记李敬泽，中宣部文艺局理论文学处处长彭云，《光明日报》文艺部主任彭程出席研讨会。会上，国内众多科幻文学研究专家围绕中国科幻文学的现状及未来发展展开了热烈讨论。与会专家认为，当前中国科幻文学界已经出现了许多《三体》这样水准上乘、读者众多、拥有国际竞争力的作品，并且有一批更年轻的科幻作家正在涌现，中国科幻文学在未来拥有很大的发展空间。但中国科幻文学原创力的可持续发展仍然存在一些问题。与会者指出，当前的高校文学教育在科幻文学方面存在不足，许多中文系学生对科幻文学的经典作品及发展现状缺乏了解，拥有科幻文学硕士博士学位授予点的高校数量不多。这种情况对科幻文学创作、研究人才的培养工作较为不利。科幻文学作为“类型文学”的一种，如何避免过度重复、如何协调好市场需求与作品思想性艺术性之间的关系，也是一个值得注意的问题。

辽宁作协纪念抗日战争胜利70周年征文活动圆满落幕 在中国人民抗日战争暨世界反法西斯战争胜利70周年纪念日来临之际，辽宁作协纪念抗日战争胜利70周年征文活动圆满落幕。此次征文活动历时5个月，征集作品近500篇，安勇的小说《尊严》，孙广文的散文《城市上空的鹰》，魏德广的诗歌《中国地》等31篇作品获奖，其中小说8篇，散文8篇，诗歌10组（首），纪实文学5篇。征文活动激发了广大作家和文学爱好者的创作热情，他们纷纷以鲜活的文字回忆东北抗战往事、抒写家国情怀。同时，阅读这些征文作品也使人们更加铭记东北人民抗战的那段历史，缅怀先烈精神。

“岭南风——四作家作品研讨会”在广东举办 9月1日，由广东省作家协会举办的“岭南风——四作家作品研讨会”在广东省作协大楼举办。多位批评家出席会议，对鲍十、盛琼、吴君、郑小琼四位入粤作家的作品进行了品读。

9月2日

《姚雪垠抗战作品选》出版并召开姚雪垠抗战作品座谈会 为纪念中国人民抗日战争暨世界反法西斯战争胜利70周年，《姚雪垠抗战作品选》于近日出版。由中华文学基金会、中国现代文学馆、中国新文学学会、湖北省作家协会、中共邓州市委市政府主办的“姚雪垠抗战作品座谈会”9月2日在京举行。中国作协副主席何建明出席座谈会。与会者在发言中回顾了姚雪垠在抗战时期从事抗日救亡文化工作所作出的重要贡献，对他的抗战文学作品给予高度评价。

与会者谈到，抗战时期姚雪垠的社会活动和文学创作的基点在于强烈的爱国主义精神和坚定的反帝反封建的政治立场。他视抗战阶段为中国人民挣脱一切枷锁、开创崭新未来的历史过程中的一个环节。他明确地提出了文学必须为“改造社会”服务，因此他热情地讴歌战斗的、觉醒的人民大众，抨击一切压制民主阻碍进步的黑暗势力，毫不懈怠地用艺术形式昭示历史发展的必然趋势。他笔下的农民和救亡青年的典型艺术形象，已成为抗战文学人物画廊中不可或缺的一部分。

9月5日

陈慧明作品研讨会在内蒙古巴彦淖尔举行　中国作协副主席陈建功、《文艺报》总编辑梁鸿鹰、内蒙古自治区作协名誉副主席布仁巴雅尔等30余人参加研讨会。陈慧明多年来一直克服各种困难坚持写作，陆续出版了长篇小说《尘飞雨落》《第二次还是你》《人字架》、非虚构文学作品《人非草木》以及散文、歌词等共计100多万字。研讨会上，陈建功谈到，陈慧明用手中的笔记述了她自己的生活和生活中的自己，许多细节保留着生活的原味，体现了朴素的人文情怀。作品不光是写了自己的命运，也书写了中国妇女的命运。他同时寄语陈慧明，在生活中感悟写作，要有一个跳进去再跳出来的过程，要把自己的文学观提升到一个新境界，不断开阔思路，努力前行，捕捉文学本质的追求。

9月6日

首都文学界“纪念中国人民抗日战争暨世界反法西斯战争胜利70周年”座谈会召开　9月6日，中国作家协会隆重召开首都文学界“纪念中国人民抗日战争暨世界反法西斯战争胜利70周年”座谈会。中国作协主席铁凝出席座谈会并讲话。中国作协党组书记、副主席钱小芊主持座谈会。中国作协副主席吉狄马加、陈崎嵘、李敬泽、高洪波，书记处书记白庚胜、阎晶明，主席团委员王巨才、张胜友等出席。

铁凝在讲话中首先向那些在血与火的岁月中以笔为枪的老战士、老作家们致以最崇高的敬意和最深切的祝福。她说，抗日战争的胜利昭示着中华民族对正义、和平与人民的庄严信念。9月3日，习近平总书记发表重要讲话，深刻揭示了这一伟大胜利的重大意义，表达了中华民族铭记历史、缅怀先烈、珍爱和平、开创未来的坚定决心。抗日战争是中华民族最危险的时刻，更是中华民族凤凰涅槃、浴火重生的时刻，正如习近平总书记指出的，“中华儿女不屈不挠、浴血奋战，彻底打败了日本军国主义侵略者，捍卫了中华民族五千多年发展的文明成果，捍卫了人类和平事业，铸就了战争史上的奇观、中华民族的壮举”。

9月8日

中土两国当代作家汇聚历史古都伊斯坦布尔进行文学交流　中国作家苏童、胡学文、葛水平、曹有云、谢有顺先后在座谈会上发言，畅谈耕耘文学的感受，介绍中国当代文学发展的现状和趋势，并与土耳其作家艾哈迈德·于米特等进行交流。

9月9日

“纪念中国人民抗日战争暨世界反法西斯战争胜利70周年文学征文”评选揭晓　由中共山东省委宣传部和山东省作协举办的“纪念中国人民抗日战争暨世界反法西斯战争胜利70周年文学征文”评选揭晓，共评出获奖作品132部（篇）。其中一等奖12部（篇）、二等奖23部（篇）、三等奖39部（篇）、优秀奖58部（篇）。活动自今年2月启动至7月底结束，共收到征文作品1058件。其中，刘强、解永敏的《盘踞》、常芳的《第五战区》获长篇小说一等奖；张锐强的《卖鬼子》、张鸿福的《锡王》获中篇小说一等奖；刘照如的《蓝头巾》、张世勤的《那个夜晚》获短篇小说一等奖；弓车的《今天，我必须跑得比子弹还要快》、东涯的《我曾见过的最悲哀的事》获诗歌一等奖；宋长征的《物的革命主义光芒》、阿占的《半抽屉勋章》获散文一等奖；谢维衡的《草民的抗战》、高金业的《北方之鹰》获纪实文学一等奖。本次征文获奖作品题材广泛，主题鲜明，感情饱满，富于创新，具有较强的思想性、艺术性。获奖作品从不同角度丰富了抗日战争的文学书写，生动展示了这场艰苦卓绝的伟大战争。

9月11日

“多民族文学创作讲座”于重庆市石柱土家族自治县举行　9月11日至14日，鲁迅文学院常务副院长李一鸣、《民族文学》副主编赵晏彪、《山东文学》执行主编高艳国、《中国艺术报》副刊部主任邱振刚、《中国作家》编辑部副主任汪雪涛一行，到重庆市石柱土家族自治县举行“多民族文学创作讲座”，为地方业余作者授课。5位作家从散文创作素材到小说创作技巧，从诗歌语言艺术到报告文学创作选题，从少数民族作家的优势到少数民族文学创作的弱势，深入浅出，指导创作，受到全体学员欢迎。

9月12日

冯牧先生手稿及生前藏品入藏中国现代文学馆　中国现代文学馆又喜获新馆藏，冯牧先生的女儿女婿程小玲、任肖兵夫妇将冯牧先生的珍贵手稿《战地手记》等以及生前收藏的作家著作签名本一千多册、名家书法作品等捐赠给文学馆，同时著名雕刻家宋小鸿先生也将他创作的《冯牧》铜像原创青铜定稿捐赠给文学馆收藏。9月12日，中国现代文学馆举行了隆重的捐赠仪式。捐赠仪式由中国现代文学馆馆长吴义勤主持。中国作协党组成员、书记处书记、副主席李敬泽到会讲话。中国作协副主席陈建功、高洪波，以及徐怀中、贺捷生等在京的冯牧先生亲属、朋友、文学界知名人士近50人出席仪式，并纷纷发言，深情怀念这位文学前辈。

陈崎嵘、彭捷诗书长卷捐赠仪式在中国现代文学馆举行 9月12日，陈崎嵘、彭捷诗书长卷捐赠仪式在中国现代文学馆举行。中国作协副主席陈崎嵘、中国现代文学馆馆长吴义勤、中国人民解放军总参谋部大校彭捷等参加捐赠仪式。2013年10月1日，中华人民共和国迎来第64个华诞。当日上午，习近平总书记等党和国家领导人在雨中向人民英雄纪念碑敬献花篮。细雨霏霏，寄托着人们对革命先烈的哀思，锦簇的花团，表达了亿万人民对祖国的真挚情感。有感于此，国庆节期间，陈崎嵘创作写就了百行长诗《向人民致敬——从向人民英雄纪念碑敬献花篮仪式写起》。诗作在《人民日报》发表后，引起读者关注，许多人在网上表达自己的阅读感受，他们认为，《向人民致敬》气势恢宏、催人奋进，作者把实现中华民族伟大复兴中国梦与党的群众路线教育诗意的表达、呈现出来，对读者来说是一次难得的、有意义的爱国主义教育。书法家彭捷正是在阅读此诗后思绪万千、激情澎拜，为创作了60多米的书法长卷，他说，自己从中受到了精神的洗礼和启迪，因此虽与诗人素昧平生，却书写了这样的作品，并希望与诗人分享这份独特的感悟与体会。

“首届建安文学奖”揭晓 9月12日，由邯郸市作协、临漳县委宣传部等主办的“中国邺城·首届建安诗歌节”在邯郸举行，邯郸市作协主席赵云江、邯郸市文联主席张全民等出席了开幕式。本次诗歌节还揭晓了“首届建安文学奖”，其中共包括三个奖项，即诗歌奖、文学评论奖和小说奖，分别由霍俊明、杨庆祥和李浩获得。在同期举行的“中国邺城·首届建安诗歌节高峰论坛”上，郁葱、宁肯、罗振亚、徐则臣、刘向东、张艳梅等作家、批评家围绕建安精神与当下诗歌写作进行了深入讨论。大家认为，以曹操为代表的建安诗人具有大胸怀、大气概，他们的创作根植于燕赵大地，不仅在当时代表了诗歌创作的新高度，更体现了诗人个体的纯粹性、经典性。在当下，一些诗人、作家缺乏的正是这种胸怀和气概，他们“完成了作品，却没有完成自己”，这也在另一方面限制了作品的高度。

9月14日

鲁迅文学院第二十八届中青年作家高级研讨班（深造班）在京开班 9月14日，鲁迅文学院第二十八届中青年作家高级研讨班（深造班）在京举行开学典礼。中国作协主席铁凝，中国作协党组书记、副主席钱小芊，中国作协副主席、鲁迅文学院院长吉狄马加，中国作协副主席陈崎嵘、李敬泽，中国作协书记处书记白庚胜、阎晶明出席开学典礼，并与大家合影留念。

本届高研班的42名学员是从首届到第十五届鲁院高研班的600多位作家中遴选出的创作成就突出、发展潜力巨大的作家。为办好本届高研班，鲁迅文学院进行了精心准备，在充分吸纳以往办学经验基础上，根据本届高研班的具体情况和办学目标，对教学、社会实践等环节进行了科学探讨和精心规划。除继续保持原有的“学习习近平总书记在文艺工作座谈会上讲话”“国情时政”“文学理论和态势”“创作知识和技巧”“文化艺术”“研讨、交流、自修”“社会实践”等7个部分之外，还将着力增加我国各领域发展现状介绍、各学科前沿学术成果展示、国内外文学经典分析研读等课程，充分利用本届学员创作经验丰富、知识储备丰富、艺术成就突出的特点，加强作家之间的交流和探讨。本届高研班将采取授课、辅导、研讨、交流、自修相结合的方式，开展讲座式、案例式、启发式、互动式教学，努力使学员们获得较大教益。

第31届青春诗会举行　9月14日至18日，第31届青春诗会在福建省龙岩市永定区举行。此次诗会由诗刊社、福建省作协、中共龙岩市委宣传部、中共龙岩市永定区委联合主办。中国作协副主席吉狄马加，福建省委常委、宣传部部长李书磊，中国作协主席团委员张胜友，《诗刊》常务副主编商震、副主编李少君，福建省文联副主席陈毅达等出席开幕式。杨庆祥、袁绍珊、宋尚纬、白月、江汀、李其文、天岚、张二棍、武强华、秋水、林宗龙、赵亚东、茱萸、钱利娜、黎启天等15位青年诗人参加此次诗会。

诗会期间，青年诗人们到永定土楼参观，一路上互相分享对诗歌写作的看法。他们提出了自己对青春、诗歌的理解：“诗歌，特别是青年诗人的作品，必须独立、自由、富有个性。青春并不是简单的年龄的限定，而是颠覆成规，对一切禁锢心灵的东西进行不屈不挠的抵抗。”

与往年一样，《诗刊》社推出了“第31届青春诗会诗丛”，为每一位参会诗人出版了一本诗集。《诗刊》将于第12期推出《第31届青春诗会》专号，并择时为这些青年诗人举办作品研讨会。

9月15日

长篇报告文学《伤口》研讨会召开　9月15日，由湖南省报告文学学会主办的长篇报告文学《伤口》研讨会在长沙召开。湖南省作协副主席梁瑞郴出席并讲话。研讨会由湖南省作家协会党组成员、机关党委书记、毛泽东文学院管理处主任、湖南省报告文学学会会长游和平主持。作家熊立秀长篇报告文学《伤口》，真实而深刻地记录了1943年一支意欲迂回包围常德城的日军，在慈利疯狂践踏、残酷掠杀的历史真相。熊立秀作为在慈利这块土地上成长起来的作家，饱含着对这块土地的深情厚谊，重走了这条难以回望的悲惨路线。历时3年，走访了全县14个乡镇，126个村落，632名受害者、见证者、经历者，取得大量珍贵的第一手材料。在此基础上，精心创作了长篇报告文学《伤口》。

长篇报告文学《与魔鬼博弈：留给未来的思考》出版　为纪念中国人民抗日战争暨世界反法西斯战争胜利70周年，黑龙江作家张雅文的长篇报告文学新作《与魔鬼博弈：留给未来的思考》日前由重庆出版社推出，受到广泛关注。9月15日，中国作协报告文学委员会、中共重庆市委宣传部、中共黑龙江省委宣传部、文艺报社在京共同为该书举办研讨会。中国作协书记处书记阎晶明，中日友好21世纪委员会中方副秘书长王泰平，中国图书评论学会名誉会长高明光，中共重庆市委宣传部副部长张永才，中共黑龙江省委宣传部副部长赵德信，《文艺报》副总编辑崔艾真，重庆出版集团总编辑陈兴芜、董事长吴茂见及20余位作家、评论家与会研讨。研讨会由中国作协创作研究部主任何向阳主持。

9月16日

“邓一光城市小说研讨会”在京举行　9月16日，由中国作协小说委员会、广东省作协、深圳市文联共同主办的“邓一光城市小说研讨会”在京举行。中国作协党组成员、副主席、书记处书记李敬泽，广东省作协党组成员、专职副主席杨克，深圳市文联党组成员、专职副主席顾焕金，深圳市作协主席李兰妮等出席会议并讲话。会议由中国作协创研部主任何向阳主持。

研讨会上，专家们对邓一光深圳题材系列城市小说作品进行了深入分析，认真研究。普遍认为，邓一光是新时期以来不多的几个能在数个相互割裂的题材领域游刃有余地穿插往返的文学大家，在他身上集中了几种不同的思维方式，他给新时期文学和新世纪城市文学写作提供了独特的多方面的审美经验。与会专家指出，邓一光城市小说作品呈现繁富的情感世界，体现了人在逆境中的力量、尊严与梦想，语言结构修辞富丽精工、圆熟鲜明，充满一种内在的力量。他通过对“深圳”的思考和表达，找到了作为一位作家，与城市、与时代以及与自己最好的对话方式，通过想象建构起了他自己的城市诗学。邓一光已经成功超越地理学意义、范式化意义上的深圳书写和城市书写，建立起了一种新的城市书写方式。与会专家还对邓一光城市小说的语言、结构、叙事伦理、城市与文学关系、城市文学写作的面向等进行了探讨对话。

中国作协作家维权工作经验交流会在京召开　为促进作家维权工作交流、提高各地作协维权工作水平、探索作家维权工作新思路，9月16日—17日，中国作协作家维权工作经验交流会在京召开。16日上午，中国作协书记处书记白庚胜，中国作协副主席张抗抗，中国作协创作联络部主任彭学明，国家版权局版权管理司副司长段玉萍等出席了会议开幕式，开幕式由中国作协创作联络部副主任邢春主持。

开幕式还特别邀请了中国作协副主席、作家权益保障委员会副主任、著名作家张抗抗。多年来，张抗抗一直致力于作家维权，为自己维权，也为作家群体争取权益，还积极参与著作权法修改，为我国的版权保护事业做出了重要贡献，并荣获“第四届世界知识产权保护组织版权金奖”。张抗抗现身说法，向与会者介绍了自己的作家维权经验和体会。

作家维权工作经验交流会为期2天，除召开座谈会交流经验外，还邀请北京市高级人民法院知识产权庭审判长谢甄柯和北京金诚同达律师事务所高级合伙人李德成作专题讲座，分别讲授北京法院作家维权案件综述和当前作家维权面临的常见法律问题与对策。来自全国各省级地方作协和产业（行业）作协分管维权工作的同志及中国作协作家权益保障办公室等40余人参加了会议。

9月18日

“2015中国（武汉）期刊交易博览会”在武汉举行 9月18日至20日，“2015中国（武汉）期刊交易博览会”在武汉国际会展中心举行。本届刊博会以“新常态、新融合、新发展”为主题，共推出12大类主题展区、117场各类主题活动，其中既有高端论坛、峰会、研讨会、交流会等，还有突出“中文期刊200年回顾”“互联网+”“动漫文化”等诸多主题的展示活动，在当地引起了期刊阅读和订阅的热潮。

此次刊博会上，中国作家出版集团携所属《文艺报》《人民文学》《诗刊》《民族文学》《中国作家》《小说选刊》《作家文摘》《长篇小说选刊》《中国校园文学》《中华辞赋》，以及中国作家网、作家在线、中国诗歌网等十余家出版传媒机构集体亮相，举办开幕式及5场精彩的文学活动。在18日上午的开幕式上，中国作家出版集团管委会副主任徐忠志介绍，今年是中国作家出版集团及其下属报刊社第一次以整齐梯队的方式亮相刊博会，希望通过这次活动的举办，让读者朋友们离作家更近、离文学更近。

9月19日

冯至先生纪念座谈会在京举行 9月19日上午，冯至先生纪念座谈会在京举行。中国作协副主席、鲁迅文学院院长吉狄马加到会讲话，中国社会科学院原副院长汝信、中国社会科学院外国文学研究所所长陈众议、中国社会科学院文学研究所党委书记陆健德，以及屠岸、范大灿、童道明、黄燎宇等知名作家、翻译家、学者和亲友近百人出席，缅怀冯至先生为人为文的品德及其卓著贡献。会上，冯至先生的女儿冯姚平女士代表亲属将冯至先生的手稿、信札、藏书等珍贵资料捐赠给中国现代文学馆，文学馆接受捐赠并回赠入藏证书和纪念品。纪念座谈会由中国现代文学馆副馆长梁海春主持。

《新时期中国少数民族文学作品选集》成果发布会在京举办 9月19日，由中国作家协会主办，中国作家协会创作联络部与中国作家协会少数民族文学委员会承办的“《新时期中国少数民族文学作品选集》成果发布会”在中国现代文学馆举行。中国作协党组成员、副主席、书记处书记吉狄马加，中国作协少数民族文学委员会主任丹增发表讲话。中国作协创联部副主任冯秋子受中国作协党组成员、书记处书记白庚胜委托，作有关工作通报。国家民委、社科院、作家出版社等相关单位的代表出席会议并发言。在京各民族卷主编、编委，鲁迅文学院少数民族文学创作培训班的学员等百余人参加发布会。

《新时期中国少数民族文学作品选》是中国作协少数民族文学发展工程出版扶持专项成果之一，由中国作协党组领导，中国作协创联部具体组织，18个省区的作家协会协办，500余位各民族作家、专家、学者参与编选，中国作家出版社精心制作，历时三年完成，较完整呈现了新时期中国少数民族文学面貌。该丛书以民族立卷，500万人口以上民族各1卷2册，不足500万人口的民族各1卷1册、人口较少民族合卷1册，总计55卷60册。丛书共收录2218位作者的4279篇作品，其中小说792篇，散文1413篇，诗歌2010首，报告文学63篇，影视剧本1篇，长篇作品仅列目录。

9月21日

“残雪国际学术研讨会”在长沙举行 9月21日，由湖南省社会科学院、湖南省作家协会联合主办的“残雪国际学术研讨会”在长沙举行。中共湖南省委宣传部巡视员魏委、湖南省社会科学院院长刘建武、湖南省作家协会主席唐浩明出席会议，来自中国、美国、瑞典、日本等地30多名专家学者参加研讨。会议开幕式由湖南省作家协会党组成员、专职副主席兼秘书长王跃文主持。此次研讨会以“残雪的文学”为主题，从残雪小说的主题与人物、思想文化背景、小说艺术、文本解读、美学特征、文学价值等角度，着重探讨了残雪的写作实践与文学价值，残雪的文学创作与中国当代文学，残雪文学在当代世界文学中的位置，超现实写作的功能及意义——以残雪文学为例，残雪小说的叙事转型等重要议题。参加研讨会的专家学者还有中国当代文学研究会副会长贺绍俊、美国耶鲁大学出版社社长John Donatich（约翰·唐纳蒂契）、瑞典汉学家Goran Sommardal（夏谷）、日本“残雪研究会”成员泉朝子，以及邓晓芒、谭桂林、敬文东等。

中国作协举办全国省级作协负责人学习研修班 9月21日至9月24日，中国作协在北京举办全国省级作协负责人学习研修班。学习研修班主题是：深入学习贯彻习近平总书记在文艺工作座谈会和中央党的群团工作会议上的重要讲话精神，研究做好新形势下作协工作的改革创新问题。中宣部副部长景俊海，中国作协党组书记、副主席钱小芊在研修班讲话。中国作协主席铁凝，中国作协党组书记处吉狄马加、何建明、李敬泽、白庚胜、阎晶明出席了研修班活动。各省、自治区、直辖市作协，新疆建设兵团作协、延边作协等中国作协团体会员主要负责人参加了学习研修班。

学习研修班上，吉狄马加、何建明、李敬泽等同志分别就坚持以人民为中心的创作导向、文学报刊社网建设和发展、引导文艺思潮作了讲座，国家行政学院常务副院长马建堂作了关于经济形势的报告，新华社研究员钱文荣作了关于国际形势与中美关系的报告，文学评论家雷达作了文学讲座。

在研修讨论中，大家认为，举办省级作协负责人学习研修班很有必要，参加学习研修活动很有收获。大家围绕学习贯彻习近平总书记系列讲话精神，联系作家协会的工作实际，交流了学习体会。大家表示，要进一步深入学习习近平总书记重要讲话精神，不断提高认识、明确任务、理清思路、开拓创新。要结合各地各单位实际，找准工作着力点，以扎实有效的工作推进作协工作改革创新，开创作协工作新局面。要抓住难得的发展机遇，牢记肩负的职责使命，更广泛更紧密地把广大作家团结在党的周围，引导广大作家和文学工作者坚持以人民为中心的创作导向，弘扬社会主义核心价值观，深入生活、扎根人民，潜心创作出更多无愧于伟大民族、伟大时代的精品力作。

9月24日

长篇报告文学《寻找平山团》作品研讨会在京举行　为纪念中国人民抗日战争暨世界反法西斯战争胜利70周年，9月24日，由中国作家出版集团、中国作协创作研究部、中共河北省委宣传部、河北省作家协会和河北出版传媒集团联合主办的长篇报告文学《寻找平山团》作品研讨会在北京中国现代文学馆举行。中国作协副主席何建明出席研讨会并讲话。作家出版社社长葛笑政，河北省作协党组书记魏平、主席关仁山，河北出版传媒集团副总经理张晨光，花山文艺出版社总编辑张采鑫及20余位专家学者与会研讨。

与会者认为，《寻找平山团》不仅是作家的呕心沥血之作、反映时代精神的力作，也是当代报告文学创作的重要收获。该书着眼于反映和歌颂蕴含于人民之中的伟大精神和力量，强调了中国人民是抗击日本侵略者、取得战争最后胜利的决定性力量，这既是对历史的反思和对英雄的歌颂，也具有积极的现实价值，对当代抗战题材创作颇具启示意义。作品中还生动描写了人民群众支持平山团的细节，写出了独到之处和更为丰富的精神内涵。作者在这些人物身上投入的深情与心血，使作品更显厚重之感。

首届中国网络文学论坛在上海举行　为进一步明确网络文学的现实意义和社会担当，深入探讨网络文学的艺术特质和发展方向，推进网络文学健康发展，9月24日至25日，由中国作协与上海、广东、浙江、江苏四省（市）作协联合举办的首届中国网络文学论坛在上海举行。中国作协副主席陈崎嵘、上海市委宣传部副部长潘敏出席并致辞。各地作协负责人汪澜、汪政、杨克、曹启文、马文运、陈村和网络作家李虎（天蚕土豆）、刘炜（血红）、刘勇（耳根）、陈政华（烽火戏诸侯）及阅文集团吴文辉等文学网站负责人共100余人参加论坛。上海作协党组书记汪澜对本次论坛活动作小结。

本次论坛分设各地网络作协经验交流、理论研讨和作品点评等三大板块活动。与会人员从网络文学组织与业态、网络文学的使命与担当等角度，围绕网络作协如何与网站一起推动网络文学健康发展、网络文学如何坚持以人民为中心的创作导向，以及网络文学如何在坚持传统中实现创新、网络文学的自我定位与艺术拓展等问题进行了深入探讨和交流。四家主办单位和安徽、重庆作协就网络文学组织领导工作进行了交流；国家新闻出版广电总局数字出版司有关负责人就国家网络出版政策作了解答。

9月29日

第九届茅盾文学奖颁奖典礼在北京举行　9月29日晚，备受社会瞩目的第九届茅盾文学奖颁奖典礼在北京中国现代文学馆举行。中国作协主席、第九届茅盾文学奖评奖委员会主任铁凝，中国作协党组书记、副主席钱小芊出席颁奖典礼并分别致辞。中宣部副部长景俊海出席颁奖典礼。

铁凝在致辞时首先向获奖作家表示崇高敬意和热烈祝贺。她说，这五部书不会辜负珍贵的信任，每一部都如同一盏明亮的灯，照亮了这边风景，每一部都凝聚着作家深厚的体验和精湛的功力，在漫长的时光、寂寞的劳作中淬炼而成，它们拓展了汉语文学的精神空间，标记着2011到2014年间中国长篇小说创作的辉煌成就。铁凝感谢评委们的辛勤付出，认为评奖工作体现了对文学的纯洁信念，保证了茅盾文学奖的公平和公正。铁凝在致辞中对广大读者的热情参与表示感谢。她说，好的文学作品不仅是评出来的，更是读出来的，一部作品在读者的深入阅读中才能不断获得生命，在这个意义上，是伟大的读者造就了伟大的作家和作品。中国文学是属于人民、为了人民的文学，各种文学奖的设立，本质上也是为了鼓励作家创作出更多更好的作品，以服务于我们的人民。当无数读者以文学之灯照亮自己灵魂的时候，他们的真诚和执着也照亮了文学前行的道路。铁凝希望广大作家牢记中国现代文学伟大开创者们的初衷和期望，牢记肩上的使命和责任。祝福所有在文学之路上寂寞辛劳地跋涉攀登的人们创作出更多更精彩的作品，以无愧于我们的时代，无愧于我们的人民。

10月

10月4日

陈涌同志逝世　中国作家协会会员，中国作家协会名誉委员，中共中央政策研究室顾问陈涌同志，因病医治无效，于2015年10月4日在北京逝世，享年96岁。陈涌，原名杨熹中，又名杨思仲。1938年开始发表作品。上世纪50年代加入中国作协。曾任《文艺报》主编，中国社会主义文艺学会会长，《文艺理论与批评》主编。长期从事鲁迅专题研究和文艺理论研究，曾参加《鲁迅全集》新版本的注释工作。著有《文学评论集》《文学评论二集》《鲁迅论》《陈涌文学论集》《在新时期面前》等。《“五四”文化革命的再评价》一文获第二届鲁迅文学奖理论评论奖。

10月9日

“广西后三剑客”田耳、朱山坡、光盘作品研讨会在京举行　由中国作家协会创研部、《文艺报》、《南方文坛》、广西作家协会联合主办的“广西后三剑客”田耳、朱山坡、光盘作品研讨会在京举行。中国作协副主席李敬泽，书记处书记阎晶明，广西壮族自治区党委宣传部副部长卢仲云，广西文联党组书记、主席洪波等领导和专家出席了研讨会。研讨会上，与会专家对“广西后三剑客”小说创作进行了深入的剖析和解读。评论家普遍认为，“广西后三剑客”都有犀利尖锐的特点，都有锋芒和独到的小说技艺。既有“诡异”的共性，又个性分明。

2015闽派文艺理论家批评家高峰论坛暨“闽派诗歌”研讨会在京举行　10月9日，2015闽派文艺理论家批评家高峰论坛暨“闽派诗歌”研讨会在北京中国现代文学馆举行。此次论坛由福建省文联、中国作协创研部、文艺报社、《文学评论》编辑部、北京大学中国诗歌研究院联合主办，福建省文学院、福建省作协、海峡文艺网承办。来自北京、福建等全国多地的近百位专家学者齐聚一堂，对“全媒体时代的文艺与批评”进行深入研讨，并就“闽籍学者文丛”和“闽派诗歌”展开讨论。中国作协副主席李敬泽、福建省文联主席张帆、中国文联书记处书记郭运德、北京大学中国诗歌研究院院长谢冕、《文学评论》主编陆建德出席论坛并致辞。中国文艺评论家协会主席仲呈祥、中国作协书记处书记阎晶明、中国文联书记处书记陈建文、福建省文联党组书记张作兴等有关方面领导，中国文联理论研究室主任庞井君、《文艺报》总编辑梁鸿鹰，张炯、张胜友等闽籍和在闽工作的文艺理论家、批评家、诗人，部分在京专家学者等与会研讨。

中译出版社与《民族文学》杂志、中国少数民族作家学会签署战略合作协议　10月9日，中译出版社与《民族文学》杂志、中国少数民族作家学会战略合作协议签署仪式在中译出版社6楼会议室举行。中译出版社总编辑张高里，《民族文学》杂志副主编、中国少数民族作家学会秘书长赵晏彪出席仪式。仪式上，张高里对《民族文学》杂志、中国少数民族作家学会长期给予的帮助与支持表示感谢。双方一致认为，中译出版社与《民族文学》杂志、中国少数民族作家学会有着良好的合作关系，将尽快制定具体合作计划，就共同发现、培养、推荐优秀多民族原创作品及影视剧本的改编、加强少数民族作品的海外翻译出版，让更多的少数民族作家走出国门，推动中国当代文学“走出去”等事宜进行深入合作。

10月10日

“柳青的文学精神及其影响”座谈会在西安举行　10月10日，由陕西省作家协会与西安财经学院主办的“柳青的文学精神及其影响”座谈会在西安财经学院长安校区举行，陕西省作家协会党组书记黄道峻、陕西省作家协会主席贾平凹，西安财经学院党委书记杨涛、院长胡健出席研讨会。与会作家、评论家纷纷发言，展开热烈讨论。大家认为，柳青的一生，是满怀对国家民族的责任感投身火热生活和革命实践的一生，是与人民群众同呼吸共命运的一生。他一生都把文学事业作为人民的事业，书写人民群众的伟大实践，讴歌人民群众的精神品质。柳青的创作实践就是扎根生活，从人民群众的伟大实践中汲取营养。优秀文艺作品的产生需要许多条件，但最根本、最重要的条件，就是创作主体必须心中有人民，脚下有生活，笔墨中充满真情实感，声韵中高扬时代精神。大家表示要像柳青那样俯下身去、沉下心来，走与时代与人民相结合的文学创作道路，创作出现更多反映时代、反映生活的优秀文学作品。

10月11日

江西长篇小说重点扶持工程签约仪式在南昌举行　10月11日，江西长篇小说重点扶持工程签约仪式在南昌举行。这意味着不久的将来，中国作家出版集团将利用自身资源、平台优势，扶持江西长篇小说创作，推动江西文学发展繁荣。签约仪式开始前，中共江西省委书记强卫、江西省副省长朱虹分别会见了参加签约仪式的何建明一行，向中国作协一直以来对江西文学的支持表示感谢，双方还就江西文学文化的发展交换了意见。“这是一块可以出大作家的土地，大作家要有大作品，想出大作品必须得下大工夫。”中国作协副主席、中国作家出版集团党委书记何建明说：“我们的视野要向上看，盯着好作品；情感要向下延伸，发现更多文学的种子。文学应该影响、启迪更多人的灵魂，融入普通百姓的情怀和理想。”

据介绍，江西长篇小说重点扶持工程首批将推出10位作家的作品，小说要求在思想性、艺术性等方面有独到之处，有面向文学界推广的价值。中国作家出版集团希望通过这项工程，鼓励更多的江西作家深入到生活的富矿中去，创作出更多更好的文学作品，促进江西文学的繁荣发展。

10月12日

湖南省第十四期中青年作家研讨班和第四期新疆作家班开班　10月12日，由湖南省作协举办，毛泽东文学院承办的湖南省第十四期中青年作家研讨班和第四期新疆作家班在长沙举行开学典礼。中国作协副主席谭谈，湖南省作家协会主席唐浩明，新疆建设兵团作协主席、新疆维吾尔自治区作协副主席丰收等出席了开学典礼。本期湖南省中青年作家班集结了来自湖南省当前在文学创作上较为活跃、创作实绩较为突出的48名中青年作家，而新疆作家班则汇集了来自新疆维吾尔自治区和新疆生产建设兵团的32名在文学事业上已经取得不俗成绩的中青年作家。两个作家班教学将根据实际情况，采取以讲座为主的方法，请国内知名作家、学者授课，并组织学员进行创作研讨、创作交流、社会实践及采风活动。毛泽东文学院举办新疆作家班，这也是新疆维吾尔自治区和湖南省进行文学交流的一件盛事。根据中国作家协会统一安排，新疆建设兵团与湖南省在文学上“结对子”。中西部作协“结对子”是一个新作法，对于两地作家互相取长补短、开阔眼界、提高创作水平、进而促进两地文学事业的发展，会有着非同寻常的深远意义。新疆作家班将在新疆湖南两省区的团结协作下，办成民族团结友爱、文学紧密交流的模范班。

“科幻作家走近科学家，走进顶尖物理实验室”活动举办 10月12日上午，中国科普作协科学文艺委员会和中国科学院物理研究所举办了一场“科幻作家走近科学家，走进顶尖物理实验室”的活动。这是一次科幻作家响应文艺界号召“深入生活，扎根人民”为主题的实践活动。科幻作家、编辑星河、杨平、凌晨、超侠、成全等，与物理所的科学家李世亮、赵林、金魁、单磊、杨义峰和罗会仟等进行了一场科学与幻想的对谈，并且就经典科幻电影《阿凡达》《星球大战》《2001太空漫游》中的科学设定等进行了讨论。

10月13日

辽宁省儿童文学学会召开年度在沈常务理事扩大会议 10月13日上午，辽宁省儿童文学学会召开了2015年度在沈常务理事扩大会议，在利用网络媒体、阅读推广、招募儿童文学志愿者等事项达成重要共识，决定开通辽宁儿童文学学会官方博客和微信公众号。在沈的常务理事以及高校文学志愿者20余人参加了会议。副会长兼秘书长薛涛主持会议，会长赵郁秀讲话勉励辽宁儿童文学要迈上新的台阶。

10月14日

“中国作家北大讲坛·刘慈欣与中国科幻文学”交流活动在北京大学举行 10月14日，“中国作家北大讲坛·刘慈欣与中国科幻文学”交流活动在北京大学举行。此次活动由中国作协创作研究部、北京大学中国诗歌研究院、重庆出版社和腾讯文化频道联合主办。作家刘慈欣与陈晓明、姚海军、邵燕君、杨庆祥等评论家就科幻文学与学生进行交流。

10月16日

2015中国桃花潭国际诗歌艺术节暨中国诗歌启蒙精神论坛在安徽举行 10月16日至18日，由诗刊社、鲁迅文学院、北京师范大学中国当代新诗研究中心、国际汉语诗歌协会、宣城市人民政府共同主办的2015中国桃花潭国际诗歌艺术节暨中国诗歌启蒙精神论坛在安徽宣城泾县桃花潭镇举行。中国作协副主席、鲁迅文学院院长吉狄马加出席有关活动，来自国内外的200余位诗人、翻译家、学者参加。本届诗歌艺术节内容丰富，形式多样。开幕式上，各国诗人用不

同语种或方言深情朗诵了《赠汪伦》，触动了现场观众的心弦。在诗刊社诗歌翻译论坛和中国诗歌启蒙精神论坛上，与会者分别围绕诗歌翻译推介和中国诗歌启蒙精神的现实意义、实现方法等话题畅所欲言。在中国诗歌荣耀盛典上，诗刊社桃花潭诗歌创作中心揭牌仪式、鲁迅文学院桃花潭创作培训中心启动仪式、万村书院暨田野图书馆成立揭牌仪式、《万村》杂志创刊号首发仪式、"中国诗歌田野调查影像文献馆"揭牌仪式相继举行，并颁发了一系列奖项。艺术节期间还举办了桃花潭诗与歌篝火之夜、"中国诗人田野调查小组"成立仪式、李笠吴少东黄明祥作品研讨会、余秀华读者见面会、"与李白、汪伦同眠一夜"影像观念艺术活动、桃花潭人类学摄影展等活动。

10月19日

严文井百年诞辰纪念座谈会在京举行 10月19日，中国作协在中国现代文学馆举行严文井百年诞辰纪念座谈会。中国作协主席铁凝出席座谈会并致辞。中国作协党组书记、副主席钱小芊主持座谈会。中国作协副主席陈建功、高洪波、李敬泽、张抗抗等出席座谈会。严文井曾任中国作协党组副书记、《人民文学》主编、作家出版社社长、人民文学出版社社长等职务。铁凝回顾了严文井参加革命、投身创作，与祖国人民荣辱与共的人生和创作生涯。铁凝对严文井的儿童文学创作给予高度评价。她说，严文井总是从时代的高度、大局的要求来构思作品，他特别注重培养孩子们高尚的品格。他注重内容与形式的和谐统一，重视语言的优美和意境的创造。严文井不仅创作童话，还写了许多创作心得与理论。他为中国的儿童文学创作与理论的发展提供了宝贵的经验，并影响着新中国一代代读者的人格成长。屠岸、金波、阎纲、杨匡满、聂震宁、王涛、周明、覃琨、管士光等满含深情地讲述了与先生交往共事的点滴往事。

"中国梦·梦驻童心——浙江新生代儿童文学作家群研讨会"在浙江省金华市召开 10月19日至21日，由中国作协儿委会、文艺报社、浙江作协、金华市委宣传部主办的"中国梦·梦驻童心——浙江新生代儿童文学作家群研讨会"在浙江省金华市召开，中国作协副主席高洪波，文艺报社副总编辑徐可，浙江省作协党组副书记曹启文，金华市委常委、宣传部部长何杏仁，金华市文联党组书记、主席金云平以及蒋风、张之路、海飞、刘海栖、韦苇等作家、评论家参与了讨论。本次研讨会主要集中探讨毛芦芦、小河丁丁、王路、金旸、常立、赵海虹、汤汤、孙昱、吴新星、吴洲星、慈琪等人的作品。高洪波对浙江新生代儿童文学作家群提出了中肯的期望。大家认为，浙江新生代儿童文学作家的作品共同体现了强烈的人文关怀和自觉的童年意识，很好地处理了浅显和深刻之间的关系。同时，专家们也中肯地指出，目前儿童文学创作有着格局不够大、想象力不够丰富等问题，需要作家们在之后的写作中不断探索和突破。

10月20日

2015年全国报告文学创作会在济南举行　10月20日至22日，由中国报告文学学会、中国作协报告文学委员会和山东省作协共同主办的2015年全国报告文学创作会在济南举行。中国作协副主席、中国报告文学学会会长何建明出席会议并讲话。来自全国各地的200余位报告文学作家和作者参加了此次会议。何建明在讲话中向广大与会者表示欢迎，向中共山东省委宣传部、山东省作协给予中国报告文学学会工作的大力支持表示感谢。他希望广大报告文学作家认真学习贯彻习近平总书记在文艺工作座谈会上的重要讲话精神和《中共中央关于繁荣发展社会主义文艺的意见》，坚守信念，保持定力，勤奋创作，为繁荣中国报告文学造就“百名强将、千人队伍”，推动报告文学创作不断迈上新台阶。何建明还就报告文学创作的具体问题同与会作家进行了交流。

中国作协报告文学委员会主任张胜友、中共山东省委宣传部常务副部长姜铁军、山东省作协主席张炜在会上致辞。中国报告文学学会常务副会长李炳银、黄传会主持会议。山东省作协党组书记杨学锋介绍了山东省作协近年来加强报告文学工作、促进报告文学创作繁荣发展的工作措施及取得的显著成效。中国报告文学学会青年创作委员会主任丁晓平介绍了委员会成立一年来的工作情况。

与会者认为，报告文学应当在现实社会和文学的复杂环境中鲜明自己的个性品格与价值作用；应从作家和作品创作的初始阶段端正文学态度，提高作品的社会、思想和文学艺术性；应提升理论批评水准，以更加理论化的姿态参与其创作和社会影响推动；应不断加强新人培养，积极壮大队伍，建构组织联络机制，助推创作持续发展。相信通过广大报告文学作家的不懈努力，报告文学一定能不断提高文学表达和建设能力，在推进实现中华民族伟大复兴中国梦进程中发挥更大的作用。

鲁迅文学院第二十期少数民族文学创作培训班结业　10月20日，鲁迅文学院第二十期少数民族文学创作培训班结业仪式在京举行。中国作协副主席、鲁迅文学院院长吉狄马加，中国作协书记处书记白庚胜出席结业仪式，为学员们颁发结业证书。本期培训班共有50位学员，他们来自全国13个省、市、自治区，涵盖了13个少数民族。在30多天的时间里，他们以饱满的热情、刻苦的精神投入到学习当中，认真聆听老师授课，积极参与对话研讨，互相交流学习体会，一起商讨创作计划，既收获了丰厚的文学知识，又增进了彼此间的友情。作为少数民族作家，学员们在培训期间积极就文学的民族性与全球化语境之间的关系进行讨论。大家认为，弘扬民族优秀文化传统是少数民族作家的责任，同时也必须关注整个时代与社会的发展变迁，这样才能写出既有民族特色又饱含时代气息的文学作品。

10月21日

“马克思主义理论家的风范——陈涌先生追思会”在北京召开　10月21日，由中国艺术研究院马克思主义文艺理论研究所与《文艺报》社联合主办的“马克思主义理论家的风范——陈涌先生追思会”在北京召开。40余位专家学者及陈涌先生家人出席，深切缅怀陈涌先生，共同探讨马克思主义文艺理论与批评的历史与未来。

10月22日

中国作协党组理论学习中心组开展“三严三实”第三专题学习研讨会　10月22日，中国作协党组理论学习中心组召开“三严三实”第三专题“严以用权”专题学习研讨会。中国作协主席铁凝和党组成员吉狄马加、何建明、李敬泽、白庚胜、阎晶明以及中国作协机关各部门、各直属单位主要负责同志参加学习研讨。中国作协党组书记钱小芊主持学习研讨会。

大家认为，习近平总书记在中央政治局第二十六次集体学习时的重要讲话，深刻阐明了新形势下坚持全面从严治党、一鼓作气抓作风建设的重要意义，对领导干部践行“三严三实”提出了明确要求，对善始善终搞好“三严三实”专题教育作出了部署。我们要认真按照习近平总书记提出的立根固本、落细落小、修枝剪叶、从谏如流的要求，坚定理想信念，加强党性修养，严守党的政治纪律和政治规矩，实实在在谋事创业做人。要进一步落实好中国作协党组关于作风建设、制度建设的一系列要求，以身作则，带头按规则、按制度办事，把中国作协建设成为风清气正、团结民主和谐的作家之家。

第六十九次全国网络文学重点园地工作联席会议在京举行　10月22日，第六十九次全国网络文学重点园地工作联席会议在京举行。中国作协副主席李敬泽出席会议并讲话。中国作协办公厅主任胡殷红、创作研究部主任何向阳出席会议。中国作家网、阅文集团、中文在线、作家在线、大佳网、铁血网、汉王书城、晋江文学城、纵横中文网、旗峰天下、塔读文学、网易云阅读、凤凰网、百度多酷、看书网、半壁江中文网、掌阅文学、爱读文学、创别书城、天涯读书、蔷薇书院、晨星盛世网、飞库网、中国诗歌网、云阅文学网等20余家网站相关负责人参加会议。会议主要围绕深入学习习近平总书记在文艺工作座谈会上的重要讲话精神，贯彻落实《中共中央关于繁荣发展社会主义文艺的意见》展开。来自铁血网、晋江文学城、掌阅文学、半壁江中文网等网站代表，分别介绍了各自网站的学习情况并畅谈了学习体会。与会者谈到，中国精神是网络文学的灵魂。大家要认真深入领会讲话精神和《意见》的内涵，不偏离主旋律，不迷失方向，强化精品意识，向读者传播正能量，进一步繁荣发展网络文学事业，实现社会效益和经济效益相统一。

10月23日

中国作家协会第八届主席团第八次扩大会议在北京召开　中国作家协会第八届主席团第八次扩大会议于2015年10月23日在北京召开。中国作协主席铁凝主持会议。中国作协党组书记、副主席钱小芊代表书记处作工作报告。中宣部副部长景俊海出席会议并讲话。

会议深入学习贯彻习近平总书记在文艺工作座谈会上的重要讲话精神，认真学习中共中央《关于繁荣发展社会主义文艺的意见》，对中国作协今年以来的工作进行了总结，对深入学习贯彻习近平总书记在文艺工作座谈会上的重要讲话精神、学习贯彻《关于繁荣发展社会主义文艺的意见》作出部署。

大家在讨论中认为，习近平总书记在文艺工作座谈会上的重要讲话，为新的时代条件下做好文艺工作划定了基本遵循、标注了价值航向。在讲话精神指引下，我国文艺事业呈现崭新的发展气象。《关于繁荣发展社会主义文艺的意见》确立了具有战略性、针对性、可操作性的顶层设计，对繁荣发展我国社会主义文艺作出了重大战略部署，必将推动我国文学事业在新起点上实现新跨越。大家对深入学习贯彻讲话精神，改进作协工作提出了意见和建议。会议审议通过八届八次主席团扩大会议决议。陈崎嵘同志由于已超过任职年龄，不再担任书记处书记职务。会议对陈崎嵘同志为我国文学事业和作协工作所作出的贡献，给予高度评价并表示衷心感谢。

会议同意成立中国作协网络文学委员会，加强对网络文学的研究，更好地团结联系广大网络作家，促进网络文学健康发展。

中国作协主席团成员出席会议。中国作协各单位、各部门负责人列席会议。

10月24日

“天山的祝福——新疆诗歌全国行”诗歌朗诵会在长沙举行　10月24日，饱含着新疆各族人民深情的“天山的祝福——新疆诗歌全国行”诗歌朗诵会在长沙举行，此次活动由新疆维吾尔自治区文联、湖南作家协会主办，新疆作家协会、中南大学文学院、湖南省诗歌学会承办。新疆维吾尔自治区文联主席、新疆作家协会主席阿扎提·苏里坦、湖南作协主席唐浩明出席并发表了讲话。此次活动，在新疆、湖南等地共朗诵19位各民族诗人的优秀诗作19篇，作品主要是以弘扬爱国主义精神、反映时代风貌、讴歌幸福生活为主题。希望点燃听众的热情，为全国各族人民带去理性、坚定、包容、团结的声音。也期盼这项活动推动各民族和睦相处、和谐发展，讴歌人间真情、呼唤人性向善，传递社会正能量，共同建设美丽家园，树立健康美好的新疆形象，起到积极的作用。

草婴同志逝世　中国作家协会会员，上海市作协原副主席，著名翻译家草婴同志，因病医治无效，于2015年10月24日在上海逝世，享年93岁。草婴，原名盛峻峰。浙江镇海人。中共党员。1942年开始发表作品。1949年加入中国作家协会。译著《战争与和平》《安娜·卡列尼娜》《复活》《一个地主的早晨》《哥萨克》《克鲁采奏鸣曲》《哈吉·穆拉特》《童年·少年·青年》等12部，及《当代英雄》《新垦地》《一个人的遭遇》《顿河故事》《拖拉机站站长和总农艺师》等，2003年出版《我与俄罗斯文学》。1987年获莫斯科国际翻译苏联最高文学奖高尔基文学奖。

第二届“魅力临夏·良恒杯”全国散文诗歌大奖赛评选结果揭晓　10月24日，由中国少数民族作家学会、中国散文学会、中国诗歌学会、《民族文学》杂志社主办、甘肃良恒实业有限公司、《民族文学》临夏创作基地、西北文学网协办的第二届“魅力临夏·良恒杯”全国散文诗歌大奖赛评选结果在京揭晓，马进祥（东乡族）的散文《一顶白盖头》，彭俐辉的诗歌《在临夏三景，采摘一片幽思》分获一等奖。

10月25日

韩雅梅《碎片：那些行走的记忆》作品研讨会在北京召开　10月25日，由《民族文学》杂志社、中国少数民族作家学会举办的锡伯族女作家韩雅梅《碎片：那些行走的记忆》作品研讨会在北京召开。中国作协党组成员、书记处书记白庚胜，《民族文学》杂志社主编石一宁，鲁迅文学院常务副院长李一鸣，北京大学教授张颐武，中国散文学会名誉会长周明，中国当代文学研究会副会长贺绍俊等出席了会议，研讨会由《民族文学》副主编、中国少数民族作家学会秘书长赵晏彪主持。

10月26日

“感应时代精神力求形式创新——传统文学流变与当下青年文学创作主题论坛”在京举　10月26日，由中国作协机关党委、辽宁省作协主办，中国作协机关团委承办的“感应时代精神力求形式创新——传统文学流变与当下青年文学创作主题论坛”在京举行。中国作协机关党委常务副书记李霄明，辽宁省作协主席刘文艳、副主席周建新等出席论坛。据介绍，此次活动是中国作协机关党委创新工作思路、探索工作新形式的积极之举，旨在深入学习贯彻习近平总书记在文艺工作座谈会和中央党的群团工作会议上的重要讲话精神，践行“三严三实”要求，实现中国作协机关党委工作与作协中心工作紧密结合，拓展作协组织服务作家的领域和方式，使中国作协机关党团组织的工作延伸到地方作协和基层青年作家的创作实践中去，为中国作协青年干部职工、业务骨干与地方作协和基层青年作家交流搭建起一个平台。今后这项活动将形成定期化、常态化机制，中国作协机关党委也将采取更多举措，为培养推动青年作家、青年职工成长作出新贡献。论坛上，20余位来自中国作协所属各部门、各单位的青年作家、编辑代表和10余位来自辽宁各地的作家、评论家齐聚一堂，围绕传统文学流变的有关话题畅所欲言。活动期间，《人民文学》副主编宁小龄为与会者作了文学专题讲座，令大家受益匪浅。

第三届宁波文学周拉开帷幕　10月26日，由中共宁波市委宣传部、宁波市文联主办，以“梦想照亮现实，文学走进大众”为主题的第三届宁波文学周拉开帷幕。在为期10天的时间里，包括文学颁奖、作品研讨、高峰论坛、作家讲座等活动如期举行。中国作协副主席吉狄马加，浙江省作协主席麦家、党组书记臧军，以及数十位作家评论家参加活动。为了集中推介宁波的青年作家，文学周期间举办了多场作品研讨会、推介会。与会作家评论家分别对西维、陈慧燕、韩文建、赵挺的小说，金黄的老虎、应诗虔、宇文珏的诗歌，干亚群、李九伟的散文等作家作品进行有针对性的点评。文学周还举办了一系列主题鲜明的开放式活动，为普通读者提供了与文学界人士直接对话的机会。金宇澄和走走进行了主题为“讲故事的人”的文学对话；汪政与文学爱好者交流了关于“价值、知识与话语”的思考；多位儿童文学作家走进社区和中小学，与小朋友们进行互动交流。

文学周期间还揭晓了2015年度《文学港》杂志“储吉旺文学奖”，东君和胡弦分别凭借短篇小说《约伯记·第廿四章十八节》和组诗《定风波》获奖。而在首届网络文学双年奖评选中，猫腻的《将夜》获得金奖，海宴的《琅琊榜》、沧月的《听雪楼之忘川》、烽火戏诸侯的《雪中悍刀行》获得银奖。

10月27日

“灯都古镇杯·中国作家报告文学奖”在中山市古镇镇启动　10月27日，由《中国作家》杂志社与古镇镇人民政府联合设立的“灯都古镇杯·中国作家报告文学奖”在中山市古镇镇启动。据介绍，“灯都古镇杯·中国作家报告文学奖”奖项设置如下：年度最佳获奖作品3部，其中长、中、短篇各一部。奖项由《中国作家》邀请知名评论家、编辑从当年在《中国作家·纪实版》发表的作品中遴选产生。同时特设“中国灯都之星”年度获奖作家一名，由中山市和古镇镇根据作家在创作中关注地方文化建设和民生民情情况予以推荐，以鼓励作家深入生活、扎根人民。

活动期间，还举行了“灯光文化与文学艺术座谈会”，以及《中国作家》中山市古镇镇文学创作基地揭牌仪式。《中国作家》主编王山，中山市政协主席丘树宏，中山市作协主席郑万里，古镇镇党委书记、人大主席刘建辉共同为创作基地揭牌。

10月28日

第十四届全国文学院院长联席会议举行　10月28日，第十四届全国文学院院长联席会议在贵阳举行，来自22个省区市的26个文学院的代表参加了会议。中国作协副主席、鲁迅文学院院长吉狄马加，贵州省人大常委会党组副书记、副主任张群山，中共贵州省委宣传部副部长谢念出席会议并讲话。

与会代表结合各地文学院工作实际，着重就如何鼓励、支持和帮助作家通过多种形式深入生活，扎根人民，为人民创作；如何采取措施加大青年作家的培训力度、拓展培训模式；如何创新和完善合同制作家和签约制作家的管理体制机制；如何发掘文学人才资源并团结不同类型作家、壮大作家队伍、实现文学人才可持续发展；各文学院如何跨地区合作、整合资源、优势互补、发挥协同效应、繁荣文学发展等方面问题展开深入交流和探讨，提出了许多务实而富有建设性的建议和意见。

10月29日

“陆上丝路文学创作”采风活动圆满结束　2015年10月29日，由陕西省作家协会组织的“陆上丝路文学创作”赴甘肃、新疆采风活动圆满结束。这次采风活动历时10天，是陕西作协“深入生活、扎根人民”主题实践活动的重要组成部分。通过此次采风活动，希冀陕西作家能够更深入地了解西部少数民族地区，用心去感受、体验历史与今天丝路人文历史的发展状况，使作家的思想情感通过采访，在今后的创作中得到升华，创作出围绕“丝绸之路”为主题的精品力作。

采风团自西安出发，途经兰州、嘉峪关、敦煌、乌鲁木齐、库尔勒、喀什等地。每到一地，陕西作家同当地作家分别进行了座谈交流，并参观考察了丝绸之路沿线重要的历史文化遗址，深入感受丝路沿线建设所取得的重大成就。通过参观、走访、座谈，作家们对“丝绸之路核心区”有了更加直观的了解和认识。大家纷纷表示，要创作一批反映“丝绸之路”文化的文学作品，为繁荣西部的文学创作尽绵薄之力。

10月30日

“首届中国好诗歌颁奖典礼”在海南陵水举行　10月30日，由《诗刊》社、中共陵水黎族自治县委宣传部共同举办的“首届中国好诗歌颁奖典礼”在海南陵水举行，李元胜的《栅栏的另一边》、西娃的《“哎呀”》获得首届中国好诗歌奖，叶丽隽的《山国碎念》、阿信的《那些年，在桑多河边》、王自亮的《钟表馆》、胡桑的《滞留者素描》获提名奖。活动现场还宣布，“中国好诗歌”奖将永久落户海南陵水。颁奖当天还举行了题为“新媒体状态下诗歌传播的利弊”的诗歌论坛，商震、李少君、古月、郑文秀、梅国云、李元胜等来自全国各地的诗人围绕相关话题展开了讨论。

少数民族作家代表团赴韩国首尔进行交流　10月30日至11月2日，应韩中文化艺术contents协会邀请，由《民族文学》杂志社副主编、中国少数民族作家学会秘书长赵晏彪、《民族文学》汉文版编辑室副主任哈闻、《民族文学》朝鲜文版编辑徐海玉组成的少数民族作家代表团赴韩国首尔进行了为期三天的文学交流活动。期间代表团参加了由韩国文人协会、韩中文化艺术contents协会主办，青语（音译）出版社、南北统一文学委员会、《创造文学》杂志、《朝鲜文学》杂志、韩国文化报协办的“FTA环境下的中韩文化艺术合作与现存问题”研讨会。来自韩国国内各地的50余位作家、诗人、评论家参加了此次研讨。

研讨会上赵晏彪作了题为《中国少数民族文学在国外的“版图”》的主题发言，介绍了当下中国少数民族文学创作及翻译状况，并从搭建作家和翻译家交流的平台、解决翻译作品在目的语国家的“本土化”问题，积极拓展中韩两国文学交流渠道等方面探讨了中国文学，特别是中国少数民族文学通过文学翻译及文学交流活动“走出去”，与世界“无缝对接”的可能性。哈闻作了《书写中国人民抗日战争的中流砥柱》的发言，介绍了中国作家对于抗日战争的认识、反思和相关创作情况。

11月

11月1日

第三届“紫金·人民文学之星”颁奖仪式在苏州举行　11月1日，由人民文学杂志社和江苏省作协共同主办的第三届“紫金·人民文学之星”颁奖仪式在苏州大学举行。李敬泽、王燕文、施战军、李朝润、范小青、韩松林、朱秀林等出席颁奖仪式并为获奖者颁奖。

李敬泽在致辞中向年轻的获奖作家们表示祝贺。他说，本届获奖者中出现了不少来自各专业的非中文系作家，他们拥有更为丰富的经验背景，创作不拘成规，相信这些变化一定会体现在他们的作品中，给中国文学带来新的气象。他希望广大青年作家珍惜青春年华，继续潜心写作，不断推出更多无愧于时代、无愧于人民的优秀作品。

徐艺嘉、于一爽、祁媛、胡竹峰、梁书正、杨晓帆分获长篇小说奖、中篇小说奖、短篇小说奖、散文奖、诗歌奖、文学评论奖，非虚构奖空缺；彭扬、孙一圣和常小琥、王苏辛和国生、羌人六、周渝和王大骐、黄相宜分别获得长篇小说、中篇小说、短篇小说、散文、非虚构、文学评论佳作奖，诗歌佳作奖空缺。

2015年第三季度中国网络小说排行榜揭晓　11月1日，由全国网络文学重点园地工作联席会议主办、中国作家网承办的2015年第三季度中国网络小说排行榜揭晓。

此次评选工作于9月15日启动，共征集来自全国22家文学网站推荐的159部作品。经过网上投票、预审、专家终审等环节，最终现场投票选出20部上榜作品（榜单附后）。陈崎嵘、胡殷红、何向阳、徐可、张柠、邵燕君、何平、庄庸、夏烈、桫椤、王祥、肖惊鸿、刘颋、马季、杨晨、栗洋、谢思鹏、刘晓闻等18名专家学者和文学网站代表参与终审，对参选作品发表意见，结合作品实际，探讨了中国网络小说排行榜的定位和特色，对作品推荐及评审机制提出了意见和建议。

中国作协副主席、中国网络小说排行榜专家评审委员会主任陈崎嵘强调，中国网络小说排行榜是中国作协贯彻习近平总书记在文艺工作座谈会上的重要讲话精神、落实《中共中央关于繁荣发展社会主义文艺的意见》、推进网络文学繁荣发展的一项重要工作，旨在展示网络文学创作实绩、研讨网络文学评价体系、引领网络文学创作、前瞻网络文学发展。中国网络小说排行榜要注重弘扬社会主义核心价值观，坚持向上向善的总基调，为社会提供正能量，旗帜鲜明地反对“三俗”，遴选出具有较高文学艺术价值同时又具备网络特质的作品。

11月3日

鲁迅文学院第二十一期少数民族文学创作培训班开学典礼在京举行　11月3日，鲁迅文学院第二十一期少数民族文学创作培训班开学典礼在京举行。中国作协书记处书记白庚胜出席并讲话。鲁迅文学院常务副院长李一鸣为学员们作入学教育。洛松尼玛（藏族）、乌兰托亚（蒙古族）、赵敏（景颇族）、铁菁好（回族）等学员代表先后发言，表示将珍惜此次难得的培训机会，抓紧时间学习充电，力求在各方面取得新的收获和提高。本期培训班为期一个月，共有来自全国15个省区市、19个少数民族的51名学员参加。

11月4日

首届骆宾王诗歌奖启动仪式在京举行　11月4日，由诗刊社主办、浙江省义乌市人民政府承办的首届骆宾王诗歌奖启动仪式在京举行。中国作协副主席吉狄马加，《诗刊》常务副主编商震、副主编李少君，浙江省义乌市市长盛秋平等参加启动仪式。

11月5日

沈洋长篇小说《万物生》研讨会在京举行　11月5日，由中国作协作家定点深入生活办公室、作家出版社主办的“沈洋长篇小说《万物生》研讨会”在京举行。中国作协书记处书记白庚胜出席并致辞。他说，沈洋通过长期的深入生活，获得了对农村发展的深切认识。他在作品中写出了一个村庄在挣扎中蜕变的轨迹，张扬了中国农民百折不挠、敢于创造的拼搏精神。希望有更多的作家朋友深入基层生活，从广大群众的生活中汲取营养，以优秀作品回报时代、奉献人民。与会专家谈到，这部作品全景式地展现了年轻基层干部带领村民共建美丽乡村的绚丽画卷。作者把工作队队长文雅琪的形象塑造得尤为生动、可信，她既理想又务实、既有原则又不死板，勇敢而智慧地与村民们一同面对村庄发展过程中碰到的重重困难。这样接地气的作品必须有作家的深切体会作为基础。

11月6日

重点网络文学网站座谈会在京召开　11月6日，国家新闻出版广电总局在京召开重点网络文学网站座谈会，学习贯彻习近平总书记在文艺工作座谈会上的重要讲话和《中共中央关于繁荣发展社会主义文艺的意见》。国家新闻出版广电总局数字出版司副司长宋建新、中宣部文艺局网络文艺处处长刘涛及国内29家网络文学网站的主要负责人与会座谈。

座谈会上，来自阅文集团、大佳网、阿里巴巴文学、中文在线、百度文学、晋江文学城、掌阅科技等9家重点网络文学网站的主要负责人从自身工作实践出发，围绕如何坚持以人民为中心的创作导向、怎样践行社会主义核心价值观、如何提高网络文学作品质量等问题，探讨了当前网络文学面临的形势，对网络文学作品弘扬中华优秀传统文化、唱响爱国主义主旋律、在网络文学创作中贯穿创新精神、推动原创网络文学走向世界等提出建议。

11月10日

中国文学博鳌论坛在海南省博鳌镇开幕　本次论坛由中国作家协会主办，主题是“世界视野中的中国文学与中国精神”，60余位作家和评论家将围绕4个议题交流研讨，分别是：在新的历史条件下，中国文学如何立足本土，认识中国和表达中国；在全球化背景下，在世界文学格局中，中国文学如何保持自己的主体性，增强文化自觉与文化自信；文学创作如何弘扬中华美学精神，如何回应和激活传统资源；文学在民族精神和文化认同的建设中有何作用，中国文学如何在实现中华民族伟大复兴中国梦的进程中发挥精神引领和精神支撑作用。

中国作协主席铁凝表示：“无论是作家，还是批评家和学者，甚至包括每个读者，都必须思考，中国文学和中国精神之于世界究竟意味着什么，这关系到中国文学在新的历史条件下如何塑造自己，也关系到世界如何看待中国文学，关系到中国的文学家们如何为丰富人类的精神生活作出贡献。”60余位作家和评论家参加了论坛。

“多民族作家2015年汶川行”活动在汶川举行　11月10日至12日，由《民族文学》杂志社和四川省作协主办的“多民族作家2015年汶川行”活动在汶川举行。中国作协书记处书记白庚胜、《民族文学》主编石一宁、四川省作协党组书记邹瑾，以及叶梅、王必胜、石才夫等20多名作家参加采访。作家们先后赴汶川县雁门乡萝卜寨村、映秀镇震中纪念馆、漩口中学遗址、绵虒镇羌锋村等地参观采访，深入汶川各族群众之中，实地感受汶川发展的新面貌。活动期间，羌族人民迎来了他们最盛大的节日——羌历新年。作家们走进古老羌寨，与当地百姓一起感受羌历新年的喜庆。在此次活动的交流座谈会上，作家们倾心交流，为汶川呈现出的盎然生机感到欣慰。

11月13日

盛慧长篇小说《闯广东》研讨会在佛山举行　11月13日，“盛慧长篇小说《闯广东》研讨会”在佛山举行，来自全国文学界的专家张陵、王干、陈东捷、周昌义、钟红明、詹秀敏、田瑛、谢欣、杨泥、刘颋、王雪瑛、宗仁发、刘向东、赵萍、张健、周李立、蓝野、郑曈等二十余位出席研讨会。广东省作协党组成员、专职副主席杨克代表主办方致辞。研讨会由广东省作协副主席、广东文学院院长熊育群主持。研讨会上，专家充分肯定了《闯广东》的文学价值，认为其是一部兼具可读性及思想性的长篇小说。专家们认为，小说通过一个普通人的命运，折射出伟大而复杂一个时代的风云，更加深刻地反映了现实生活，进而反映普通人的生存状态和精神状态，看到他们抗争命运的背后所付出的人性道德的代价，看到他们创造自己新生活的人性光辉，从而丰富了小说的思想内涵，是一部具有正能量效应的好作品。与会专家在肯定作品的社会价值和艺术价值的同时，也在小说表现生活的广度和深度上对盛慧提出更高的要求。

中科院、中国作协、中国科协联合举办“创新报国70年”报告文学丛书创作签约仪式　11月13日，中科院、中国作协、中国科协联合在京举办“创新报国70年”报告文学丛书创作启动会暨首批选题签约仪式。该项目已纳入中国作协“深入生活、扎根人民”主题实践活动，由中国作协书记处书记白庚胜担任主编，创联部将做好协调服务工作，跟踪关注作家深入生活、采访与创作情况，并继续做好后续选题参与作家的遴选推荐等工作。与会专家认为，“创新报国70年”报告文学丛书的推出，对于传播科学思想、弘扬科学精神、推动科学文化建设，具有十分重要的意义。

11月14日

郑文秀诗集《梦染黎乡》作品研讨会在京召开　11月14日，由中国少数民族作家学会主办的郑文秀诗集《梦染黎乡》作品研讨会在北京中国现代文学馆召开。中国作家协会副主席、书记处书记、中国少数民族作家学会会长吉狄马加，中国少数民族作家学会常务副会长叶梅，《诗刊》杂志常务副主编商震，《民族文学》主编、中国少数民族作家学会副会长石一宁，鲁迅文学院常务副院长李一鸣，《民族文学》副主编、中国少数民族作家学会秘书长赵宴彪等评论家、作家及共40余人出席了会议。会议由叶梅主持。大家对郑文秀诗歌的创作风格与艺术特色进行了全面的分析和研究，分别从诗歌创作与生活的关系、诗歌意义的文学指向、诗歌文本的美学解读、民族诗人的身份特质、民族文化对诗歌写作的渗透与影响、诗歌语言表达的审美性、作家视野与格局对作品创作的精神导向、海洋文化与陆地文化的区别、新的时代语境下少数民族诗歌的文学走向、少数民族作家的创作优势与局限等多个角度与层面，对诗集《梦染黎乡》进行了多维详尽的阐释、碰撞与交流。

“2015年女性文学研究青年论坛：跨媒体视野中的新世纪女性文学”学术研讨会在上海召

开 11月14日，由中国当代文学研究会女性文学委员会、上海大学妇女研究中心与冰心文学馆举办的“2015年女性文学研究青年论坛：跨媒体视野中的新世纪女性文学”学术研讨会在上海大学召开。来自全国多所院校的十多位青年学者参加了会议。大家围绕“宏观视野中的女性文学”“代际意识与性别书写”“媒介转型与女性写作新变”“跨媒体时代的性别文化生产”等主题展开讨论，思想的火花不断碰撞，思路也在不断扩展。大家表示，在老中青三代学者的共同努力下，女性文学研究将会不断向纵深发展。

11月15日

熊元义同志逝世　中国作家协会会员，中共党员，《文艺报》编审、理论部主任熊元义同志，因病医治无效，于2015年11月15日在京逝世，享年51岁。熊元义，湖北仙桃人。1989年开始发表作品。2000年加入中国作家协会。著有文艺理论专著《回到中国悲剧》《中国悲剧引论》《当代文艺思潮的走向》，文艺理论和文艺评论文集《拒绝妥协》《中国作家精神寻根》《眩惑与真美》等。

11月16日

“中国故事”征文颁奖典礼在京举行　11月16日，由人民日报社和中国作家协会联合举办的“中国故事”征文颁奖典礼在北京中国现代文学馆举行。中国作协副主席吉狄马加、《人民日报》社副总编辑杜飞进及中国作协副主席高洪波出席颁奖典礼并为获奖作家颁奖。马娜、梅洁、贺捷生等获奖作家，以及鲁迅文学院第28届中青年作家高级研讨班学员等文学界、新闻界近百人参加了颁奖典礼。颁奖典礼由中国作协书记处书记白庚胜主持。

“中国故事”征文活动，自去年9月启动，到今年9月结束，历时一年，共收到包括散文、随笔、诗歌、报告文学等在内的各类稿件万余件，《人民日报》副刊从来稿选发40篇作品，其中头条作品32篇。中国作家网也同步开设了“中国故事”征文专题。经过征文评选委员会的反复筛选，《天路上的吐尔库》（作者：马娜）、《为了润泽北方大地》（作者：梅洁）、《你好，水仙花》（作者：贺捷生）、《大地・花朵・川流》（作者：鲍尔吉・原野）、《炼钢工的眼睛》（作者：徐禾）、《阿仁的王国》（作者：苏沧桑）、《蓝莓谷》（作者：李青松）、《回家的路》（作者：荆永鸣）、《阿妈拉巴的酥油灯》（作者：丹增）、《冰湖上的小木屋》（作者：高建国）共10篇作品获征文优秀奖。

马娜、梅洁、李青松分别代表获奖作家在颁奖典礼上发言，感谢人民日报社和中国作协为作家们搭建了讲述中国故事的平台，表示今后将继续参加此类活动，为伟大祖国与人民而书写。

鲁迅文学院广东中青年作家深圳研修班在深圳开班　11月16日，鲁迅文学院广东中青年作家深圳研修班在深圳举行开学典礼。鲁迅文学院常务副院长李一鸣、广东省作协党组书记吴伟鹏、深圳文联党组书记罗烈杰等参加开学典礼并发言，对学员的学习和创作提出要求并寄予希望。开学典礼由广东省作协副主席熊育群主持。据悉，该研修班是2009年、2011年鲁迅文学院、广东省作协和深圳市文联合举办广东作家培训班的延续。本次研修班主要侧重非虚构文学创作方面的培训，在接下来的12天里，50名来自广东省和深圳市的中青年作家将聆听12位文学大家的讲座。

11月18日

中国作协产（行）业团体会员座谈会在京举行　11月18日，中国作协产（行）业团体会员座谈会在京举行。中国作协党组成员、书记处书记白庚胜出席会议并讲话。中国作协创联部主任彭学明主持会议。中国作协创联部副主任冯德华、邢春以及中国作协11家产（行）业团体会员单位负责人与会。

白庚胜在讲话中谈到，中国作协一直以来都非常重视产（行）业作协的建设和发展。长期以来，产（行）业作协为团结、联络各条战线的作家、评论家、文学工作者做出了重要贡献，各单位积极采取措施推动本行业、本领域文学发展繁荣，鼓励作家以文学形式反映国家重点建设工程，重视培养、壮大基层创作队伍，在繁荣发展社会主义文学事业、丰富人民精神文化生活方面发挥了不可替代的作用，以此为依托，各领域涌现出一批优秀的作家作品，产生了较大影响。他希望各产（行）业作协认真学习贯彻习近平总书记在文艺工作座谈会上的重要讲话精神和《中共中央关于加强和改进党的群团工作的意见》，结合各行业各领域特点，组织开展“深入生活，扎根人民”主题实践活动，加强体制、机制、队伍、平台建设，充分发挥团结引导、联络协调、服务管理、自律维权的职能，开展形式多样的文学活动，引导广大作家坚持以人民为中心的创作导向，书写各行业人民追梦、逐梦的奋斗历程。

各产（行）业作协负责人分别针对自身产（行）业文学特点，结合本领域文学创作及文学活动开展情况，做了发言，相互间进行了沟通与交流，会议气氛热烈。与会人员还围绕产（行）业作协在新形势下的存在方式、运行模式，产（行）业作协体制机制建设，新媒体环境下产（行）业职工的文学需求与文学创作，产（行）业文学及产（行）业作协在中国当代文学及中国作协工作中的作用与地位等议题展开讨论，并对中国作协今后的工作提出了宝贵意见和建议。

第四届徐志摩诗歌节在浙江省海宁市举办　11月18日至19日，由中国诗歌学会、浙江省作协、海宁市人民政府共同主办的第四届徐志摩诗歌节在浙江省海宁市举行。中国作协副主席陈崎嵘，中国诗歌学会副会长曾凡华、李松涛，浙江省作协党组副书记曹启文出席活动。

诗歌节期间，举办了以“新媒体时代的诗歌写作”为主题的“中国诗会”。大家谈到，微博、微信等新媒体为广大诗歌写作者提供了发表的平台。但对于写作者来说，新媒体只是一种发布、获取信息的途径，更深入的阅读还是要回到书本之中，然后静心写作。

第四届徐志摩诗歌奖颁出。何三坡的《灰喜鹊》、阿信的《草地诗篇》、李南的《时间松开了手》、李宏伟的《有关可能生活的十种想象》、冬箫的《江南的墨记》和何婧婷的《白日梦蓝》6部诗集获奖。

11月21日

“首届湖南小说创作研讨会”在中南大学举行　11月21日下午，由湖南作家研究中心主办的“首届湖南小说创作研讨会”在中南大学文新院举行。湖南作家阎真，鲁迅文学奖理论奖得主欧阳友权，省文艺评论家协会主席余三定，毛泽东文学奖获得者薛媛媛、潘绍东、卓今，湖南青年文学奖获得者于怀岸、聂茂、晏杰雄，长篇小说作家曹旦昇、楚荷、刘萧、舒中民，《十月》小说新干线入选者匡瓢，小小说名家戴希，还有龚旭东、杨经建、胡良桂等知名评论家、作家共五十余人出席会议。本次会议以“习总书记讲话语境下的湖南小说创作”为主题，与会专家、作家就新语境下湖南小说发展及重大关键问题进行了深入热烈的探讨。会议指出，作为时代重要的文体，湖南小说创作应抓住当前中央大力推进文艺事业契机，认真学习讲话精神，勇于接起重振文学湘军的使命。

“经典福建创意闽南——闽派诗会走进漳州”系列活动在漳州市举行　11月21日至23日，由福建省作协、闽南师大文学院、漳州市作协主办的“经典福建创意闽南——闽派诗会走进漳州”系列活动在漳州市举行。中国作协副主席吉狄马加，福建省文联主席张帆、副主席陈毅达，以及100多位诗人、评论家一起参加了闽派诗歌朗诵会、漳州诗群作品研讨会以及采风创作等活动。

吉狄马加在开幕式上谈到，当前诗歌活动非常活跃，这说明在物质文明不断发展的今天，人们越来越积极地寻找新的精神空间。地域性诗歌的崛起更是为当下诗歌的繁荣增添了新的力量。诗人写作，总是喜欢从个体的东西出发，抒写身边的人与事，挖掘地域性的元素，这是保持诗歌独特面貌的基础。但是，真正伟大的诗歌还要进入到普遍人性的层面，深刻反映人的存在状态和精神意识，体现出人类意识。这样的诗歌会对人与人、群体与群体之间的关系起到弥合的作用。

11月22日

陕西省儿童文学创作培训研讨会在西安召开　11月22日，由陕西省作协儿童文学专业委员会主办的全省儿童文学创作培训研讨会在西安召开，来自全省的50余名从事儿童文学创作的作家参加了会议。会议由省作协儿童文学专业委员会主任蒋惠莉主持。省作协党组副书记、专职副主席齐雅丽出席会议并致辞。

这次培训研讨活动，邀请中国作协儿童文学委员会委员、《儿童文学》杂志主编徐德霞和全国著名儿童文学作家、第九届全国优秀儿童文学奖获得者安武林为我省儿童文学作家授课，两位老师分别从作家、编辑的角度为到场作家讲授了儿童文学选题创作、稿件编选等方面的内容。中国作协儿童文学委员会委员、陕西省作协儿童文学专业委员会委员王宜振向与会人员传达了全国儿童文学创作出版座谈会会议精神。

11月23日

《人民文学》德文版在京研讨　11月23日，由《人民文学》杂志社主办、德国大使馆文化处协办的《人民文学》杂志德文版LEUCHTSPUR研讨会在京举行。中国作协书记处书记阎晶明、德国大使馆文化参赞郝志强、《人民文学》主编施战军与会并致辞。

阎晶明谈到，作为一本重要的文学期刊，《人民文学》推出德文版，将会有助于推动对外文学交流的发展。近百年来，德国作家的作品对中国文学有很大的影响，但德语世界对中国文学的了解还不多，希望今后德语读者能够通过这本杂志欣赏到更多中国文学作品。

郝志强说，德国年轻人对中国作家的作品了解不多，这与文学翻译太少有关，希望以后能增强双方的文化交流。《人民文学》德文版的推出，就是一个很大的进步。希望能够看到LEUCHTSPUR的数字化出版，能更快、更高效地推动双向传播。

研讨会上，鲁迅文学院副院长邱华栋，LEUCHTSPUR译审韩瑞祥、编辑总监龚迎新，作家林白、李浩等就中国当代文学的德语翻译以及海外传播等问题进行了深入探讨。

11月27日

《在河以北——燕赵七子诗选》首发式暨作品研讨会在京举行　11月27日，由中国作协创研部、中国作协诗歌委员会、诗刊社、河北省作协、花山文艺出版社联合主办的《在河以北——燕赵七子诗选》首发式暨作品研讨会在京举行。由东篱、李寒、北野、见君、李洁夫、宋峻梁、石英杰7位河北优秀诗人组成的“燕赵七子”首次公开集体亮相。据悉，此次“燕赵七子”集体出发被文坛称作是文学冀军继“三驾马车”“河北四侠”之后再次集结发力。此次活动由《诗刊》常务副主编商震主持。叶延滨、商震、关仁山、郁葱等来自京津冀的40多位诗人、作家和评论家参加了此次研讨会。大家就近年河北诗歌的发展、新变及存在的问题和“燕赵七子”的诗学价值进行了深入探讨和研究。

河南省作家协会第六次代表大会在郑州举行　11月27日，河南省作家协会第六次代表大会在郑州举行，作家李佩甫被河南省委、省政府授予“河南省文学创作杰出贡献奖”。邵丽当选为新一届省作家协会主席。中国作协副主席、书记处书记吉狄马加，河南省委常委、宣传部长赵素萍等出席大会。作为会议开幕式的一项重要内容，省委、省政府对作家李佩甫进行特别表彰。会议选举产生了省作协新一届领导机构。邵丽当选省作协主席，乔叶、马素芳（鱼禾）、冯杰、刘先琴、孙郁（墨白）、何弘、张鲜明、韩达、南飞雁等12人当选为副主席。乔叶兼任秘书长。

11月28日

2015中国女性作家峰会在深圳举行　11月28日，由中国作协创研部、广东省作协、深圳市文联等发起主办的2015中国女性作家峰会在深圳举行，与会者围绕“性别认知与女性想象——女性作家眼中和笔下的世界”这一主题展开学术探讨。胡殷红、何向阳、潘凯雄、范小青、赵玫、张欣、孙惠芬、李兰妮等作家、评论家与会研讨，并与深圳作家、学者和文学爱好者展开互动。在当天的对谈会上，女作家们结合各自的成长背景、生活经验、创作经历等进行了交流，并就女性作家的身份认知、性别视角、想象世界的方式等话题交换了看法，奉献给深圳读者一场精神盛宴。作家们还结合自身创作实践，解答了现场观众和作家、文学爱好者们提出的各种问题。共有500多人参加了此次活动。

11月30日

何建明先生向中国现代文学馆捐赠　11月30日，何建明先生向中国现代文学馆捐赠其长篇报告文学作品《南京大屠杀全纪实》《中国高考报告》以及作品文稿。馆长吴义勤代表中国现代文学馆接受捐赠并向何建明颁发了入藏证书。

鄂温克族作家涂克冬·庆胜小说作品研讨会在北京召开　11月30日，由《民族文学》杂志社、中国少数民族作家学会联合主办的鄂温克族作家涂克冬·庆胜小说作品研讨会在北京召开，就其长篇小说《第五类人》《跨越世界末日》《萨满的太阳》以及中短篇小说集《陷阱》同时进行研讨。中国作协副主席李敬泽、中国少数民族作家学会常务副会长叶梅、《民族文学》主编石一宁、《文艺报》总编辑梁鸿鹰等出席会议，研讨会由《民族文学》副主编赵晏彪主持。与会专家一致认为，庆胜的文学创作，被大家公认为具有批判现实主义风格，而且他是个成长很快的作家，他的作品几乎都集中在短短几年中，并且每一部作品的出版，都在社会上产生了影响，这是极为难能可贵的。更难得的是他的作品中，除了文学自身的力量，还有着作为文化学者的精神自觉，这也使得他的作品格外具有了一种文学之外的意义与深度。

鲁迅文学院第二十一期少数民族文学创作培训班结业典礼在京举行　11月30日，鲁迅文学院第二十一期少数民族文学创作培训班结业典礼在京举行。学员们圆满完成为期近一个月的学习培训任务，顺利结业。

据介绍，根据本期培训班学员们的创作特点，鲁迅文学院精心组织和安排了48课时高水平的课程，邀请诸多知名作家、评论家、学者前来授课，并安排了改稿和交流相结合的文学对话课，受到学员们的欢迎和好评。学员们还前往上海中共一大会址和浙江嘉兴南湖、鲁迅故居等地开展社会实践活动，实地接受了爱国主义教育，感受到祖国厚重的历史文化。结业典礼上，鲁迅文学院常务副院长李一鸣作本期培训班总结讲话，并向学员们提出希望和要求。孟羽柱（达斡尔族）、冉仲景（土家族）、吴艳妮（侗族）、包倬（彝族）等学员代表先后发言，畅谈了各自的学习心得和收获，表达了对鲁院的感激和留恋之情。

12月

12月1日

全国文学报刊工作会议在北京开幕　12月1日，由中国作家协会主办、中国作家出版集团承办的全国文学报刊工作会议在北京开幕。中国作协党组书记、副主席钱小芊出席会议并讲话。中宣部出版局巡视员刘建生、国家新闻出版广电总局新闻报刊司司长李军出席并致辞。中国作协副主席何建明主持会议开幕式。来自全国近百家文学报纸、期刊的负责同志参加会议。《人民文学》主编施战军、《当代》社长孔令燕、《文艺报》总编辑梁鸿鹰、《花城》主编朱燕玲、《文学自由谈》副主编董兆林代表与会文学报刊在开幕式上先后发言，分享交流了各自的办报办刊经验。此次会议为期两天。其间，与会者就如何发挥文学报刊在繁荣文学工作中的作用，更好地推动出精品、出人才，如何进一步推动文学报刊的改革与发展，如何在全媒体格局中保持文学报刊的竞争优势等话题进行了分组讨论。在同期举行的“文学名刊名编论坛”上，与会者还围绕“文学期刊和文学编辑的责任与担当”进行了交流。

12月2日

全国文学报刊工作会议在京闭幕　12月2日，由中国作家协会主办、中国作家出版集团承办的全国文学报刊工作会议在京闭幕。中国作协副主席何建明出席会议闭幕式并作总结讲话。当天，全国文学报刊联盟正式宣告成立，并依据联盟章程产生了首届联盟组织机构。

全国文学报刊联盟的成立旨在推动各文学报刊之间的交流，建立起经常性联系协作制度，认真研究和努力推动解决共同面临的问题，促进文学报刊社共同发展。共有56家文学报刊成为联盟理事单位，104家文学报刊成为联盟会员单位。《人民文学》为联盟理事长单位，《人民文学》《十月》《当代》《收获》《花城》《诗刊》《民族文学》《文学评论》《小说月报》《文艺报》《文学报》等11家文学报刊（排序不分先后）为联盟常务理事单位，徐忠志为联盟秘书长。新当选的全国文学报刊联盟理事长施战军致辞。

闭幕式上，《天涯》主编王雁翎、《作家》主编宗仁发、《文学报》副总编辑陆梅、《橄榄绿》杂志社社长郭海涌、《民族文学》主编石一宁代表与会者先后作了交流发言，总结回顾了各文学报刊社近年来取得的成绩，详细分析了文学报刊社在发展过程中面临的问题，并就做好今后工作提出了切实可行的意见和建议。

陈辽同志逝世　中国作家协会会员，江苏省作协名誉理事、江苏省社会科学院文学研究所原所长陈辽同志，因病医治无效，于2015年12月2日在南京逝世，享年84岁。陈辽，笔名曾亚、曾阳。中共党员。1979年加入中国作家协会。著有《露华集》《陈辽文学评论选》《新时期的文学思潮》《中国革命军事文学史略》《叶圣陶评传》《月是故乡明》等作品。

12月3日

中国作协作家法律服务团成立仪式在京举行　12月3日，中国作协作家法律服务团成立仪式在北京中国现代文学馆举行。中国作协党组书记、副主席钱小芊，国家新闻出版广电总局副局长、国家版权局副局长阎晓宏，中国法学会副会长张文显，中国作协副主席张健、陈建功、张抗抗等出席成立仪式。中国作协书记处书记白庚胜主持仪式并宣读了作家法律服务团成员名单。

国家版权局版权管理司原巡视员许超、北京市双全律师事务所主任邓江华、中伦律师事务所赵刚分别发言。他们表示，作家法律服务团是中国知识产权保护发展历程的标志，是法学界与文学界的第一次合作，是我国版权保护模式的一次创新。作家法律服务团的律师将充分尊重作家的意愿，严格依照法律规定，通过司法、行政多种途径有效制止侵权行为，让作家的权益得到最大化的维护，激发作家的创作积极性，促进全社会形成尊重作家知识产权的良好的法制环境。大家将运用自己的智慧与才能，为作家法律服务团出谋划策，为作家提供专业化服务，共同为维护作家合法权益贡献力量。

12月4日

中国作协举办作家法律服务工作座谈会　12月4日上午，中国作协作家法律服务工作座谈会在中国作协十楼会议室举行。来自全国各省级地方作协和产业（行业）作协分管维权工作的30多名同志与中国作家法律服务团的专家、律师代表进行了深入交流。国家版权局版权管理司原巡视员许超，最高人民法院知识产权庭原庭长蒋志培，金诚同达律师事务所高级合伙人李德成、律师乔芳，双全律师事务所主任邓江华，浩天信和律师事务所律师朱玉子、张樱山等作家法律服务团成员，以及中国作协创联部主任彭学明、副主任邢春，作家权益保障办公室主任吕洁等参加了座谈会。会议由彭学明主持。

来自陕西、广东、江苏、天津、湖北、宁夏、安徽等省作协的同志踊跃发言，交流为作家提供法律服务的经验，并为中国作协作家法律服务团如何开展工作提出了一些宝贵建议。

大家还就作家维权工作中遇到的个案向到会的专家、律师进行了面对面的咨询，也让专家、律师们对各地作家被侵权的情况有了直观、深入的了解，为作家法律服务团下一步开展工作打下基础。

12月8日

张贤亮纪念馆开馆仪式暨张贤亮文学成就研讨会在宁夏银川市举行　12月8日是作家张贤亮的诞辰日。当天，张贤亮纪念馆开馆仪式暨张贤亮文学成就研讨会在宁夏银川市镇北堡西部影城举行。中国作协副主席陈崎嵘，宁夏回族自治区党委常委、宣传部长蔡国英为张贤亮纪念馆揭牌。陈崎嵘为张贤亮纪念馆开馆赋诗一首。在张贤亮文学成就研讨会上，宁夏师范学院副院长郎伟作了“张贤亮：文学与西部大地”的主题发言，贺绍俊、马知遥、高耀山、石舒清、顾建平、高小立、白草、牛学智、张铎等作家评论家从不同角度对张贤亮在文学上取得的成就进行评价。大家认为，张贤亮的文学成就和贡献是一笔宝贵的精神财富，它不仅属于宁夏，也属于整个中国当代文学。此次活动由宁夏回族自治区党委宣传部、宁夏文联等单位主办，宁夏作协、镇北堡西部影城、《朔方》编辑部承办。

萧殷诞辰100周年纪念研讨会在广州举行　12月8日，萧殷诞辰100周年纪念研讨会在广州举行。广东省文联专职副主席李劲堃、省作协专职副主席杨克分别致辞。崔艾真代表文艺报社向《文艺报》创办人之一、前辈萧殷先生致以真挚的敬意。广东省作协主席、暨南大学党委书记蒋述卓主持研讨会。来自全国各地的100余位专家学者汇聚一堂，共同探讨了萧殷的文学成就及其对当前文艺评论和创作的价值和意义。会上还播放了《高山景行风范长存》纪念萧殷诞辰100周年专题片。纪念研讨会由广东省文联、作协，羊城晚报社，广东省评协联合举办。

与会人员表示，萧殷在一生中帮助无数青年走上文学道路。他对文学创作规律、创作方法有着深刻的体会和丰富的经验，并形成自己的文学理论主张。他通过作品评论、读稿通讯、家中座谈等方式，辅导文学青年，阐明自己的文学理论主张和文学创作规律。他一生从事报刊编辑、文艺教学、文艺理论研究，其既敢说真话、又能讲道理的文艺家品格和无私奉献精神，在当前尤其值得学习和弘扬。

12月9日

第二届《大家》·丽江中国（国际）当代文学论坛举行　12月9日至11日，第二届《大家》·丽江中国（国际）当代文学论坛举行。本次活动以“回溯传统、对话世界、展望未来”为主题，邀请国内外作家、诗人、评论家、媒体主编、读者、文学爱好者共话中国当代文学现状，审视中国文学传统，眺望世界文学与中国文学的未来。中国作协名誉副主席丹增、中国作协副主席吉狄马加出席论坛并致辞。

大家谈到，文学论坛的重要性在于对历史的回望和对未来的憧憬。来自国内外的优秀青年作家、优秀汉学家、出版人齐聚丽江，共同探讨个体写作与世界文学的关系，关注中外文学的交流，剖析文学市场的最新动态，对当代文学的传统资源、先锋性等进行梳理。论坛为大家搭建起了中外对话、思想碰撞的交流平台，许多观点富有建设性和启示性。

美国作家西蒙·范布伊，阿根廷作家贝拉·贾柯妮，墨西哥作家贝尔纳多·费尔南德斯，英籍华人作家虹影，俄罗斯翻译家瓦列里·鲁登科、李雅兰夫妇，中国作家马原、叶兆言、王祥夫、欧阳江河、王家新、胡学文、李浩、陈东东、桑克、邹昆凌，评论家孟繁华、李建军、耿占春、王艺涵、胡彦等50余人参加论坛。活动由中共丽江市委宣传部主办，丽江市旅游发展委员会、世界文化遗产丽江古城保护管理局、《大家》杂志社共同承办。

12月10日

中国朝鲜族首届“檀君文学奖”评奖结果揭晓　12月10日，首届“檀君文学奖”评奖会在延吉举行。“檀君文学奖”是由中国少数民族作家学会和中国朝鲜族檀君文学奖理事会共同举办的文学奖项。自2015年启动，每两年评选一次，旨在繁荣少数民族文学，推进朝鲜族文学的发展，传承朝鲜族文化。

各位评委恪守评奖宗旨，秉承专业的学术精神和良知，经过严谨、认真、细致的评审和充分的交流讨论，以实名投票方式评选出获奖作品9部，其中檀君文学奖大奖空缺，小说、散文、诗歌、报告文学、评论、儿童文学创作奖各1部，汉文创作奖2部，文学新人奖1部。中国朝鲜族首届“檀君文学奖”颁奖会将于12月26日在延边龙井举行。

12月11日

铁凝深入江西省基层作协走访调研　中国作协主席铁凝继12月11日在红军长征出发地于都参加纪念中国共产党建党95周年暨红军长征胜利80周年系列文学主题活动启动仪式后，于12月12日至16日先后到江西瑞金、南昌、婺源、鄱阳、景德镇等地进行了走访调研。中共江西省委书记强卫，江西省省长鹿心社，中共江西省委常委、宣传部部长姚亚平等江西省有关领导同志会见了铁凝一行，并就江西省文学持续繁荣发展的具体措施进行了探讨交流。在江西调研期间，铁凝一行先后五次与基层作协负责人、作家、文学爱好者进行座谈，广泛认真地听取大家的意见和建议。

铁凝在座谈时说，通过在江西革命老区与基层作家面对面交谈和真心交流，我们看到了基层文学大地的广博厚实和文学土壤的肥沃纯净，看到了文学的蓬勃生机和生命，同时也看到了基层作家积极的精神面貌。基层作家们对文学的痴迷、热情和热爱，对文学的坚守、坚持和奉献，令人敬佩和感动。地市县级的基层作协是文学发展最基本的细胞和文学生长最基本的骨血，文学工作的源头在基层，文学创作的源头在基层，传播优秀文化不可忽视的群体力量也在基层。基层文学工作者的努力与付出，永远是文学繁荣发展的根脉和基石。我们要更多了解基层作协同志们工作的甘苦，更多感受基层作者在创作中的所思所需。

调研期间，铁凝还特地登门拜访了老作家杨佩瑾、胡辛，代表中国作协表达对他们的问候和祝福，并听取老作家对中国作协工作的意见和建议。

中国作协办公厅主任胡殷红、中国作协创作联络部主任彭学明、江西省文联党组书记汪天行、江西省文联主席叶青随行调研。

2015年度“茅台杯”人民文学奖颁奖典礼在京举行　12月11日，2015年度“茅台杯”人民文学奖颁奖典礼在京举行。中国作协副主席何建明、茅台集团副总经理杜光义、《人民文学》主编施战军以及部分评委、获奖作家出席此次活动。本届人民文学奖的评选范围是2014年11月至2015年10月期间刊发在《人民文学》上的作品。今年是中国人民抗日战争暨世界反法西斯战争胜利70周年，涌现出一批抗战题材文学佳作。此次人民文学奖特别奖授予何建明的长篇报告文学《南京大屠杀》和黄国荣的长篇小说《极地天使》，两部作品分别从不同角度铭记历史、呼唤和平。

小说方面，获得优秀长篇小说奖的是周大新的《曲终人在》和孙慧芬的《后上塘书》，二者在题材和叙述上都有突破。荆永鸣的《较量》和刘建东的《阅读与欣赏》获得优秀中篇小说奖，金仁顺的《金枝》和叶广芩的《鬼子坟》获得优秀短篇小说奖。

本届优秀散文奖颁给何士光的《日子是一种了却》。在年过七旬的老作家笔下，这个命题发人深省，辞淡心平旨远。白描的《翡翠纪》获得优秀非虚构奖，李琦的《伶仃之美》和颜梅玖的《守口如瓶》获得优秀诗歌奖。

今年的翻译奖授予韩斌、程异、伊萨贝尔·毕蓉3位译者，他们分别因翻译孙一圣的《猴者》、傅玉丽的《一句该死的话》、阿乙的《忘川》等作品而获奖。据悉，《人民文学》除推出英文、法文、德文、俄文、意大利文、日文版等外文版外，今后还将推出西班牙文、韩文、阿拉伯文等版本，向世界译介更多优秀的华语作品。

12月12日

第二届全国高校文学社团高峰会举行　12月12日，由全国大学生文学社团联盟主办的第二届全国高校文学社团高峰会在江苏徐州江苏师范大学举行。中国作协副主席何建明，共青团中央学校部副部长、全国学联副秘书长石新明，江苏师范大学党委书记徐放鸣出席会议并讲话。来自全国各地30多所高校的文学社团负责人、江苏师范大学学生代表等参加此次活动。

本届高峰会以“弘扬中国精神，聚焦一带一路”为主题。何建明在讲话中阐述了这一主题对文学创作的重要意义，并向青年学子们提出殷切希望。他同时表示，今后将组织百位作家参与到全国大学生文学社团联盟的工作中来，力求为高校文学社团发展、培养文学新人提供实实在在的指导和帮助。会上，何建明还作了题为“文学改变人生”的报告，引起与会者的共鸣和好评。

此次活动特别邀请了部分作家、评论家和文学报刊社负责人参与。范小青、刘醒龙、欧阳江河分别围绕“丝绸之乡的中国故事”“小说、人生与国家”“诗歌、人生与一带一路”等作了主题报告。欧阳江河、李少君、顾建平就诗歌创作和赏析的有关话题展开对谈，并同与会社团代表互动交流。现场气氛热烈踊跃，洋溢着青春的活力。

会议同期发表了《全国大学生文学社团联盟网络行动宣言》，号召青年学子继承传统文化、弘扬中国精神，牢记前进方向、聚焦“一带一路”，以网络为平台、推动优秀文学作品的创作与传播，为我国文学事业发展奉献青春和活力。

12月15日

鲁迅文学院第二十二期少数民族文学创作培训班（文化文学理论班）开学　12月15日，鲁迅文学院第二十二期少数民族文学创作培训班（文化文学理论班）开学典礼在京举行。中国作协副主席、鲁迅文学院院长吉狄马加，中国作协书记处书记白庚胜出席开学典礼。本期培训班为期一个月，共有来自全国18个省区市、17个少数民族的54名学员参加，平均年龄40岁。

中国作协影视文学委员会召开影视文学现状及趋势研讨会　12月15日，由中国作协创研部主办的中国作协影视文学委员会2015年年会暨影视文学现状及趋势研讨会在京举行。中国作协副主席李敬泽出席会议并讲话，中国作协副主席、影视文学委员会主任陈建功主持会议。与会委员回顾了2015年委员会工作，并对委员会2016年工作要点进行了深入探讨。与此同时，各位委员及特约专家学者还对2015年影视剧创作现状进行了系统的梳理与盘点，并据此预测了2016年影视文学的发展趋势，对未来影视剧创作提出了建设性意见。

李敬泽说，认真贯彻落实习近平总书记在文艺工作座谈会上的重要讲话、认真学习《中共中央关于繁荣发展社会主义文艺的意见》是当下文艺工作的重中之重，2016年，中国作协将继续大力支持、协助影视文学委员会开展各项工作，希望影视文学委员会积极发挥影视文化的引领作用，推动人民精神生活不断迈上新台阶。

会议还邀请了曾庆瑞、刘晔原等影视专家与会。曾庆瑞认为，尽管我们已跻身世界第二大电影市场，但影视文化的国际传播和国内票房不成正比。因此，我们不能甘于做市场的奴隶，要重视中国电影的美学精神。刘晔原希望在国家顶层设计层面要大力保护原创、尊重原创，建立起一个能够培养更多年轻优秀编剧的制度，讲好中国人自己的故事。会上，《中国作家》主编王山、北京电影学院文学系原主任刘一兵、中央电视台电视剧制作中心原副主任李汀、《文艺报》艺术评论部主任高小立、中国作协创研部研究员肖惊鸿也对影视文学委员会下一步的工作提出了建议。

12月16日

第八届《中国作家》鄂尔多斯文学奖颁奖　12月16日，第八届《中国作家》鄂尔多斯文学奖颁奖典礼在内蒙古鄂尔多斯举行。中国作协书记处书记白庚胜、中共鄂尔多斯市委书记白玉刚，中共鄂尔多斯市委常委、宣传部部长苏建荣，以及梁衡、叶梅、张占林、张月清、石艳杰等出席颁奖仪式。活动由《中国作家》主编王山主持。

白庚胜在致辞中说，鄂尔多斯文学奖一直以来坚持有利于出人才、出精品的评奖机制，推出了一批精品力作。许多作家从这里获得创作的动力，开始为文学界熟悉。这一奖项以自己的努力助推文学事业的发展，在文学界产生了较大影响，同时也提升了鄂尔多斯市的文化软实力建设。他希望鄂尔多斯文学奖今后能继续坚持自己的评奖立场，发现更多新人新作。

本届评奖大奖空缺。王妹英的长篇小说《山川记》、艾克拜尔·米吉提与裔兆宏合著的长篇报告文学《黄河金岸》、紫金的长篇报告文学《泣血长城》、赵葆华的电影文学剧本《邓小平在黄山》、王若冰的长篇纪实文学《渭河传》五部作品获得优秀奖，靳莉的中篇小说《蓝天正蓝》获得新人奖。

12月17日

中国作协网络文学委员会召开第一次全体会议　为响应中央关于大力发展网络文艺的号召，更好推动我国网络文学繁荣有序发展，拓展中国作协工作领域，中国作协日前成立了网络文学委员会。12月17日，中国作协网络文学委员会第一次全体会议在京召开。中国作协党组成员、副主席李敬泽出席会议并讲话，中国作协副主席、中国作协网络文学委员会主任陈崎嵘主持会议。

与会委员围绕网络文学委员会的职能和2016年工作要点展开了认真讨论，发言踊跃，气氛热烈。大家热切期望2016年起好步、开好局，赞同《工作要点》提出的主要工作任务：筹建一至两个网络文学理论研究基地，主办两至三次网络文学作品或文学现象研讨会，编辑出版两至三部网络文学理论专著，发布中国网络文学年度发展白皮书；积极参与第二届中国网络文学论坛的组织工作；通过创建中国网络作家创作基地、研究基地、活动基地，开展网络作家网上教学培训，组织网络文学作品研讨等方式团结广大网络作家，推动网络文学创作的发展；继续做好中国网络文学排行榜的评选工作，对上榜的作品要进行认真审读、推介，进一步增强优秀网络文学作品的影响力。与此同时，切实加强委员会自身建设，分设工作小组，分解工作任务，制订议事规则、活动规则和内部管理制度，使委员会有序运转。

会上，委员们还积极为网络文学委员会如何具体开展工作献计献策。大家谈到，网络文学委员会要真正服务好广大网络作家，就要从最具体最细致的工作做起。比如，制订出标准规范的签约合同，使网络作家与网站、影视公司签约时有据可循；对于知识产权受到侵害的网络作家，要积极给予帮助，采取维权措施。研究确定网络文学抄袭的大体标准，曝光严重抄袭案例。在网络文学理论研究方面，要从研究网络文学自身特点和规律做起，建立网络文学的评价话语体系，消除大众对网络文学的种种误解。在网络文学作品评选、推介方面，要少而精，真正能够让广大网络作家、网民读者信服。同时，要积极拓展委员会的信息发布渠道，通过建立网络论坛、微信公众号、电子刊物等途径，发出有价值的声音，逐步实现网络文学工作“网来网去”。

12月18日

刘庆邦长篇小说《黑白男女》研讨会在京举行　由上海文艺出版社推出的《黑白男女》是作家刘庆邦新近出版的一部长篇小说，该书曾被评为中国作协重点作品扶持项目，中国文艺原创精品出版工程项目。12月18日，由中国作协创研部、上海文艺出版社共同主办的刘庆邦长篇小说《黑白男女》研讨会在京举行。中国作协副主席陈建功致信祝贺。中国作协副主席李敬泽出席会议。雷达、吴秉杰、胡平、贺绍俊、胡殷红、邱华栋、徐忠志、陈世崇、王升山、李建军、陈东捷、牛玉秋、谢锦、梁鸿、徐迅等与会。研讨会由中国作协创研部主任何向阳主持。

陈建功在贺信中表示，刘庆邦的新作是一部感天动地的作品。作者沿用细腻绵密的叙事风格，为读者塑造了众多矿难家属的形象，尤以女性形象为成功。这些女性，无论她们恪守传统还是通达开放，无论她们是忍气吞声还是放浪自纵，都在作家的大悲悯中得到理解和同情。

李敬泽谈到，《黑白男女》以小说家独特的眼光呈现了经历过矿难的人们在废墟上重建生活的复杂经历，作家对笔下的人物怀着真挚、深切的情感，是对矿井人生有情有义的书写。刘庆邦的这部作品以矿难为切入点，写出了与生命有关的复杂的生活和情感特质，其中有悲悯、有温暖，也有人性之恶，却始终贯穿着对人的祝福。

12月19日

诗刊社举办《子曰》评刊会　12月19日，诗刊社《子曰》评刊会在河北省霸州市举行。评刊会是诗刊社为了践行“开门办刊”理念而举办的一系列深入基层的活动，以听取各地诗人对刊物提出的建议和意见。《子曰》是诗刊社为了繁荣传统诗词创作而创办的增刊，在多次试刊之后，即将转为正式的月刊推出。在评刊会上，《诗刊》常务副主编商震、副主编李少君，诗歌评论家苗雨时以及《诗刊》编辑们还就当下诗歌创作存在的一些共性问题进行了探讨。

12月20日

第二届“魅力临夏·良恒杯”全国散文诗歌大赛颁奖会在京举办　12月20日，由中国少数民族作家学会、中国散文学会、中国诗歌学会、《民族文学》杂志社主办，甘肃良恒实业有限公司、《民族文学》临夏创作基地、西北文学网协办的第二届“魅力临夏·良恒杯”全国散文诗歌大赛颁奖会在中国现代文学馆举办。

中国作协党组成员、书记处书记、副主席何建明，中国作协党组成员、书记处书记白庚胜，中国散文学会名誉会长周明，中国作协机关党委常务副书记李霄明，《民族文学》主编、中国少数民族作家学会副会长石一宁，《民族文学》副主编、中国少数民族作家学会秘书长赵晏彪，甘肃十二届人大民族侨务委员会副主任马少青，甘肃省文联第五届委员会主席邵明，甘肃良恒实业有限责任公司董事长马成良等人出席了颁奖会。

本届“魅力临夏·良恒杯”征文评奖旨在贯彻中央文艺工作座谈会精神，开展临夏州委“花儿为什么这样美”文艺创作和全国民族团结进步示范州创建活动，迎接临夏回族自治州建州60周年。

自今年5月发出征稿启事以来，全国各省市自治区的汉、回、东乡、撒拉、维吾尔、满、土、蒙古、土家、保安等多民族作家、文学爱好者广泛响应，积极投稿参赛。大赛截稿后，组委会共收到来稿676篇，其中散文216篇，诗歌460组（首），评委会通过匿名评审的方式，依照公开、公正、公平的原则，认真审读，严格评奖，初评、复评、终评，共评出散文组、诗歌组一等奖各1名，二等奖各2名，三等奖各5名，优秀奖各10名。其中一等奖奖金1万元。马进祥（东乡族）的散文《一顶白盖头》、彭俐辉的诗歌《在临夏三景，采摘一片幽思》分别获得一等奖。

12月21日

中国作协儿委会2015年年会在京举行　12月21日，中国作协儿委会举行2015年年会，会议以“立足本土原创放飞中国梦想——学习十八届五中全会精神把握和迎接儿童文学发展新常态”为主题，总结分析了2015年儿童文学创作状况和问题，并就引导儿童阅读、促进原创作品的推广等问题展开了讨论。中国作协副主席、党组成员、书记处书记李敬泽，中国作协副主席、中国作协儿童文学委员会主任高洪波，《文艺报》总编辑梁鸿鹰，中国作协创研部主任何向阳，中国作协儿委会副主任王泉根、张之路、曹文轩，以及儿童文学作家、批评家王宜振、朱自强、刘海栖、汤锐、汤素兰、李国伟、张晓楠、徐德霞、黄蓓佳、梅子涵、董宏猷、韩进、薛涛、薛卫民、刘颋、陈晖、纳杨就相关问题进行了讨论，会议由高洪波、曹文轩主持。

李敬泽总结了中国作协儿委会在这一年的工作。他说，对于儿童文学来说2015年是一个非常重要的年头。中国作协儿委会在2015年举行了许多会议和活动：在刘奇葆同志对儿童文学系列化问题做批示之后，中国作协召开了专门会议，学习、讨论其中的问题；与《人民日报》合作进行了繁荣儿童文学大家坛的系列研讨活动；与中宣部出版局一起召开了全国儿童文学创作座谈会、举办了中青年儿童文学作家培训班等等。同时，就国家层面而言，几个重大政策和意见的推出，对于儿童文学未来的发展具有重要意义。2015年10月颁布的《中共中央关于繁荣发展社会主义文艺的意见（全文）》是总书记在新的历史条件下，对于中国文学文化发展、文学发展的一个纲领性的论述，既有强大的现实针对性，又有长远的理论指导意义。此外，在《中国共产党第十八届中央委员会第五次全体会议公报》中提出，“全面实施一对夫妇可以生育两个孩子政策”，这无疑将会导致儿童文学读者数量的增长，对儿童文学发展来说是新的机遇。

高洪波指出，2015年儿童文学发展出现了很多新的现象和变化，但是作家们对于文学事业的热爱、对时代和孩子们的责任感没有变。随着社会的发展，读者的素质也会越来越高，儿童文学作家的任务就是帮助孩子们享有一个有教养、有文化的美好童年，让他们拥有正常的、健全的人格，同时有理想、有抱负对社会和人类有大的悲悯情怀。

在新的形势下，儿童文学的发展必将进入新的阶段。不少专家提出，从重数量到重质量的转变，是未来儿童文学作家、批评家、出版人应该关注的重点。

12月22日

张者《桃李》《桃花》《桃夭》三部曲研讨会在京举行　12月22日，由中国作协创研部、重庆市作协、人民文学出版社、《人民文学》杂志社主办的张者《桃李》《桃花》《桃夭》三部曲研讨会在京举行。中国作协副主席李敬泽、重庆市作协主席陈川、《人民文学》杂志社主编施战军出席会议。雷达、吴秉杰、胡平、潘凯雄、梁鸿鹰、胡殷红、孟繁华、贺绍俊、牛玉秋、白烨、李一鸣、王山、王干，徐坤、张颐武、陈晓明、邱华栋、马玉霞、周晓风、顾建平等评论家参加研讨。研讨会由中国作协创研部主任何向阳、人民文学出版社副总编辑应红主持。

12月23日

中国作协诗歌委员会召开第一次全体会议　12月23日，中国作协诗歌委员会2015年年会暨第一次全体会议在京召开。中国作协副主席吉狄马加出席并讲话。中国作协诗歌委员会主任叶延滨主持会议。会议总结了2015年诗坛的各种现象和问题，明确了诗歌委员会2016年的工作重点和具体任务。

吉狄马加谈到，为了贯彻落实习近平总书记在文艺工作座谈会上的重要讲话精神和《中共中央关于繁荣发展社会主义文艺的意见》，中国作协通过各种措施、途径来促进文学的繁荣发展，而专业委员会就是推进文学工作的重要抓手。在当下，诗歌正在回暖，呈现出繁荣发展的态势，但是也存在诸多的问题，诗歌委员会应该起到导向性的作用。

叶延滨回顾了诗歌委员会2015年的工作成绩，以及对下一年度工作的展望。与会委员们积极发言，为诗歌委员会如何具体开展工作献计献策。大家谈到，在中国作协的指导下，诗歌委员会要发挥对于中国诗歌发展的专业的、权威的、正面的引导作用。

谈到当下诗歌繁荣背后的乱象，与会委员谈到，诗歌委员会要团结起来，真正做一些富有实效的工作，发出有价值的声音。这样才能让诗歌委员会得到广大诗人、诗歌爱好者的认可，并进而起到导向性的作用。诗歌委员会20多年来一直在编选诗歌年选，今后要继续坚持，并发挥委员会的整体力量，把选本做得更好。同时，要进一步加强诗歌理论与批评工作，尤其是要发现、培养和推出年轻的诗歌研究者，让他们对当下诗坛的各种新现象和新问题进行及时梳理、准确分析。比如，近两年新媒体尤其是微信平台给诗歌生态带来了巨大的影响，就需要研究者对芜杂的诗歌现象进行辨析，正确认识新媒体与诗歌之间的复杂共生关系。为了呈现诗歌研究的现状和成果，每年应该推出诗歌理论与批评的年度研究文集。

12月24日

中国作协组织编选《中国新诗百年志》　为了纪念新诗诞生百年，中国作协组织人员编选《中国新诗百年志》，计划出版新诗作品精选3卷、理论批评1卷，以较为全面地呈现新诗的发展历程和创作实绩。受中国作协委托，诗刊社具体承担编选任务的组织工作，并设立编委会对这项工作的各个环节进行严格把关。12月24日，《中国新诗百年志》编委会在京举行。中国作协副主席、《中国新诗百年志》编委会主任吉狄马加出席会议并参与讨论。谢冕、吴思敬、叶延滨、朱先树、寇宗鄂、林莽、刘福春、张清华、唐晓渡、娜夜、刘立云、霍俊明等编委会成员与会，《诗刊》常务副主编商震主持会议。会议主要围绕前期编辑工作中碰到的具体问题展开讨论，确定进一步完善选本的原则、方针。经过编选人员认真、持续的努力，以及前几次编委会的深入讨论，《中国新诗百年志》的作品卷和理论批评卷都形成了较为完善的目录。在此次编委会上，编委会的专家们再次对这份目录提出了自己的看法。

2015年港澳台文学交流大事记

郭瑾 辑录

1. 澳门散文创作研修班在澳门举办

2015年4月10日至13日，为增进内地与澳门的文学创作交流，应澳门笔会之邀，以中国作家协会创联部主任彭学明为团长，《十月》杂志副主编宁肯、鲁迅文学院教研部主任郭艳和中国作家协会外联部综合处调研员常援援为团员的内地作家代表团前往澳门，为澳门“散文作家研修班”学员讲课。代表团成员受澳门基金会、澳门日报邀请，参加在教科文中心举行“第二十届澳门中学生读后感征文比赛”颁奖礼活动，并为获奖学生颁奖。此次活动，感受到澳门对文学和文化事业的重视，喜欢创作的人越来越多，其中不少历届的获奖者，已成为当下澳门学术界和文艺界的重要成员。

2. 陈崎嵘率中国作家协会代表团赴香港、澳门交流

2015年5月8日至13日，应《香港文学》杂志社、澳门笔会邀请，以中国作协副主席、书记处书记陈崎嵘为团长，《人民文学》杂志主编施战军、《芳草》杂志主编刘醒龙、《小说选刊》杂志副主编王干、中国青年报文艺部主任徐虹和中国作协港澳台办调研员常援援为团员的内地作家代表团一行6人赴香港、澳门两地进行文学交流，参加《香港文学》杂志社举办“香港新世纪小说趋势”文学研讨会、香港作联主办“中国作协代表团访港文艺交流会”和澳门笔会在澳门大学举办的“中国当代文学新常态讲座”。其间，代表团还先后与香港中联办、澳门中联办有关领导及澳门基金会负责人会晤，感谢他们多年来对中国作协工作的支持。梳理内地

文学、港澳文学近年来的发展脉络与文学成果、总结其内质特色及重要价值，成为双方感兴趣的重要议题。

3. 第三届两岸青年文学会议在京举办（见上一篇文章《2015年中国文坛大事记》）

4. 大陆青年诗歌代表团赴台参加第二届两岸青年诗歌创作座谈会

2015年6月6日至6月12日，以《诗刊》常务副主编商震为团长的大陆青年诗歌代表团一行14人，赴台参加“第二届两岸青年诗歌创作座谈会”。此次活动由台湾《创世纪》诗刊社、东华大学华文系共同主办，是中国作协主办的2014两岸青年诗歌创作座谈会的后续活动。期间，两岸40余位诗人、诗评家先后参加了在台北和花莲举办的“流转中的青春诗歌”专题座谈会和“山海中的青春诗歌”诗歌朗诵会等活动，增加了两岸青年诗歌创作的相互了解，增进了两岸诗人的友谊。《创世纪》将增加对大陆诗作的介绍，《诗刊》也将研究推出《诗刊》港澳台版，集中推介港澳台诗人、诗作，凝聚两岸诗歌力量。

5. “澳门文学丛书”新书发布会在澳门举办

2015年6月，由澳门基金会、中华文学基金会及作家出版社策划、出版的第二批“澳门文学丛书”（21种）推出，在作家出版社社长葛笑政带领下，中华文学基金会秘书长李小慧及作家出版社王元、冯京丽、邢宝丹、秦悦一行六人于2015年7月11日至14日赴澳门参加该丛书新书发布会等活动。澳门基金会行政委员会副主席张裕，作家出版社社长葛笑政，中华文学基金会秘书长李小慧，澳门笔会会长、“澳门文学丛书”执行主编李观鼎，“澳门文学丛书”执行主编穆欣欣以及作家出版社随行四人，“澳门文学丛书”作者等出席。《澳门日报》等澳门当地多家媒体在现场进行采访和报道。发布会上，主办单位负责人分别向本澳出版协会、大学图书馆等代表赠书。为飨澳门读者，主办单位邀请众作者亲临现场分享丛书的内容及写作经验，与读者近距离交流。

6. 两岸儿童文学创作座谈会在沪举办

2015年7月3日至8日，由中国作家协会港澳台办公室主办，台湾儿童文学学会、上海市作家协会、《中国校园文学》杂志社协办“两岸青年儿童文学创作座谈会”在上海举办。座谈会旨在增进两岸青年儿童文学作家对彼此文学创作的关注，推动两岸青年作家的深入交流与合作。期间，台湾青年儿童文学作家代表团一行10人，先后与北京、上海、江苏等地20余位儿童文学作家、编辑、出版单位负责人进行交流，增进两岸儿童文学作家间的对话与了解。台湾儿童文学学会理事长邱各容表示，在任期内，要将两岸青年作家交流作为一项重要工作，会刊《火金姑》将给予更多关注。访问期间，台湾作家先后走访了侵华日军南京大屠杀遇难同胞纪念馆、中山陵、南京博物馆等地。

7. 张健率大陆作家团赴台参加“两岸报告文学创作座谈会”

2015年7月18日至24日，以中国作家协会副主席张健为团长的中国作协代表团一行8人，赴台参加“两岸报告文学创作座谈会”。代表团成员有山西作协副主席、报告文学学会副会长赵瑜，河北作协副主席、中国报告文学学会副会长李春雷，中国石油作协常务副主席、中国报告文学学会副秘书长路小路，中国金融作协主席、报告文学作家阎雪君，江苏作家朱文颖等。期间，代表团走访了台北、苗栗、嘉义等地，采访一九五〇年代台湾“白色恐怖”时期爱国进步人士及政治受难人士，对这一时期的台湾历史有了更多了解。

8. 港澳2位作家加入中国作家协会

2015年7月31日，香港作家李大洲、澳门林玉凤加入中国作家协会。

9. “海峡两岸抗日题材作品座谈会”在京举行

2015年8月23日至29日，由中国作家协会港澳台办公室主办，台湾中华两岸和平发展联合会、台湾抗日志士亲属协进会和《中国作家》杂志社协办的“铭记民族历史，珍爱两岸和平——海峡两岸抗日题材作品座谈会”在北京举行。中国作家协会副主席、书记处书记何建明在致辞中强调，海峡两岸的中华儿女在反抗日本侵略和殖民统治，实现民族解放、民族独立的伟大历史进程中所凝聚和展现的自强不息、不屈不挠的抗战精神，是取之不尽、用之不竭的创作源泉。台湾中华两岸和平发展联合会主席、报告文学作家蓝博洲等15位台湾作家和大陆18位作家参加上述活动。台湾作家还实地走访参观了台儿庄、沂蒙、北京等地的抗战纪念馆。增进了台湾作家对抗战历史的了解，台湾“陆委会”前副主任、抗日将军郑干棻之子郑定国多次表示，希望两岸共同研究撰写抗战史。

10. “两岸青年作家文学营”在京举办

2015年8月4日至8月21日，由中国作家协会港澳台办公室主办，鲁迅文学院、台湾师范大学全球华文写作中心、台湾青年创作者协会合办的“两岸青年作家文学营”在北京举办。文学营分为研习营和研修班共2期。期间，台湾师范大学全球华文写作中心主任胡衍南等一行22人和台湾青年创作者协会秘书长陈榕笙等一行9人，与大陆高校在校青年创作者和青年作家们共同参加上述活动，并一同走访参观了茅盾、老舍等北京文化名人故居等。

11. 香港诗歌创作研修班在深圳举办

2015年9月11日至13日，由中国作协港澳台办公室主办，香港作家联会、深圳市文联和鲁迅文学院协办的“2015香港诗歌创作研修班”在深圳举办。来自香港和深圳的22位诗人，参加此次研修班。由《诗刊》杂志社常务副主编商震、著名诗人欧阳江河、《作品》杂志社社长杨克主讲。参加此次活动年龄最大有80高龄的林子诗人，72岁的马觉老先生，“80后”“90后”学员占大多数，还有在读高校学生，他们不论年纪，对诗歌的创作热情不分伯仲。香港学员反响强烈，表示开阔视野、受益良多，期待这样高品质的文学活动能持续下去。

12. “海峡两岸散文创作座谈会”在西安举办

2015年9月18日至22日，由中国作家协会港澳台办公室和陕西省作家协会共同主办，台湾《联合报》副刊、《幼狮文艺》协办，陕西师范大学文学院承办的“海峡两岸散文创作座谈会”在陕西西安举行。期间，以台湾《联合报》副刊主任、散文家宇文正为团长的台湾作家一行15人，先后在西安、安康参加了“海峡两岸散文创作座谈会”“两岸经典散文朗诵会”和“台湾与安康作家座谈会”等活动。

13. 澳门笔会作家代表团赴湖北交流

2015年10月9日至14日，应中国作家协会港澳台办公室邀请，以澳门笔会会长李观鼎为领队的澳门作家代表团一行13人，对湖北省进行了为期6天的访问。成员有名汤梅笑、李公荣、林惠娴、赵阳、黄春年、罗卫强、杨颖虹、陈逸梅、初歌今、林振星、郭济修和冯美娴，中国作家协会港澳台办公室调研员常援援陪同。期间代表团与当地作家进行了文学座谈与交流。此次澳门作家到湖北访问，开启了两地文学交流的新篇章。澳门回归时主题曲《七子之歌·澳门》是1925年湖北著名诗人闻一多先生创作，代表澳门喊出了母亲我要回来的呼声，是文学的机缘让澳门选择了湖北，也会让两地作家更加紧密地走向未来。代表团参观湖北省博物馆、黄鹤楼，并深入神农架采风，对湖北深厚的文化积淀和丰富的人文自然景观赞赏，增强对祖国文化的认同感和自豪感。

14. 2015两岸文学对话在南京开幕

11月11日至15日，由中华文化联谊会和中国作家协会共同主办的“2015两岸文学对话”在南京举办，邀请来自全国的知名作家以“新媒体环境下的文学变革”和“文学写作与民族记忆”为主题展开对话，探讨文学发展，传承民族记忆，共商在中华民族伟大复兴进程中如何发挥文学的作用。文化部副部长、中华文化联谊会会长丁伟，江苏省副省长曹卫星，中国作家协会书记处书记阎晶明出席活动开幕式并致辞。来自两岸四地知名作家等120名嘉宾参加了活动。

2015年中外文学交流大事记

赵夏点 辑录

一月

“海外汉学与比较文学研究新方向”研讨会举行

日前，“跨文化论坛2014：海外汉学与比较文学研究新方向”研讨会在北京语言大学召开。此次学术研讨会由北京语言大学比较文学研究所和北京外国语大学中国文化走出去协同创新中心共同举办。来自中国、英国、意大利、西班牙、比利时、日本、南非等地的60余位专家学者围绕“海外汉学与比较文学研究”的主题，就“新世纪以来国外的中国文化研究的发展趋势与特点”“新世纪以来中国学术界对海外汉学的研究”“海外汉学对比较文学研究的新拓展”“比较文学的新视角：海外汉学研究的方法、理论”和“回归文学性：比较文学研究新方向”等议题展开讨论。

在“中国文化研究”这一主题下，北京大学教授乐黛云、严绍璗分别从“文化自觉”以及“国际中国文化研究的文化学本质”的角度提出自己的看法。乐黛云认为中国文化自古以来就赞成和而不同，体现在文化上就是其多元性。要想在世界文化浪潮中站稳脚跟，中国文化需要找到自己的核心价值，解决中国文化主体性的问题。中国文化从根本上是重视交流的，在文化发展中，要能把不同的文化精髓结合在一起，创造新的文化，向未来的文化展开新的起点并提出新的要求；同时也要重视文化自省，而中国文化自省的源头应该回到古典，从传统中汲取力量。严绍璗在探讨国际中国文化研究的学术特征时特别强调，应注重对象国学者研究以及中国学者对对象国学者研究的反馈；同时他认为，用“国际中国学”或“国际中国文化研究”的说法来代替“国际汉学”这一说法更具科学性。

近年来，中国学术界对海外汉学的研究有了蓬勃发展，此次研讨会上，很多学者关注了海外如日本、德国、美国等国家汉学家的文化研究和阐释情况。王晓平、赵季就从不同角度探讨了日本文学中独特的文学样式——汉诗以及由此衍生出的诗话文化，梳理了日本诗话发展的脉络，从中可见中国文化在对外流传中对异域文化产生的影响和流变。李庆本分析了美国汉学家宇文所安对中国文学的跨文化阐释，认为宇文所安的阐释以自己的文化视角和思维习惯为基础，细致解读中国文学作品，是一种生命体验和理性思维并重的阐释模式，这种模式与美国汉学发展的新方向一致，可以突破区域研究的限定，使中国文学有可能被更广泛的西方读者所理解接受，有利于中国文学的对外传播。张西平则从宏观角度关注了西方汉学家翻译中国典籍这一文化现象，他认为，要进入历史研究中国典籍外译的入口和基础，并从历史和语言两个角度肯定了汉学家在中国文化传播过程中的根本性作用。

中国文化的译介传播自古有之，与外界的交流也给中国文化自身的发展带来别样的色彩，探讨中国文化的对外传播离不开方法论和对具体形式的观照。贺莉莹从戏剧主题、舞台设计和表演技术三个方面来论述德语戏剧中的中国元素，17世纪维也纳宫廷中就已经出现中国题材的娱乐戏剧，到20世纪末21世纪初，中德戏剧交流进入新阶段，两国艺术家合作创作戏剧，使不同的戏剧文化有了深层次的互动，诞生了新的舞台形式。杜庆龙则通过梳理莫言作品在美国的基本译介现状，集合其作品的研究和传播情况，探讨其作品在美国的影响，他认为，莫言作品在美国的译介和传播的成功成为其获得诺贝尔文学奖的前奏。

此外，刘小枫、耿幼壮、陈跃红、阎纯德等学者分别围绕世界史观与启蒙史观、汉学研究与文学研究、汉学范式与中国问题以及汉学与国学等多个主题展开研讨。

首届新移民文学研讨会在南昌召开

近日，由南昌大学主办的首届中国新移民文学研讨会召开，此次会议的宗旨是总结多年来中国新移民文学的成就，以促进新移民文学和中国当代文学的发展和提高。严歌苓、张翎、虹影、陈河、陈谦、少君、陈瑞琳、刘荒田等近百位海外华文作家，中国作协名誉副主席、世界华文文学学会名誉会长张炯，学者陈公仲、王列耀、赵稀方、刘俊、陆士清、曹惠民等参加了研讨会。

新移民文学主要指改革开放之后，长期居于海外的华人所创作的文学作品。新移民作家在中西多重文化的碰撞中生发出创作灵感，书写出自身特有的审美经验、文化视野和生存体验。到了上世纪90年代，新移民文学创作呈现井喷之势，对中国当代文学产生了极大影响。在创作实践上，新移民文学作品涉及历史记忆和现实生活多个层面，具有明显的文化多元性，进入新世纪，新移民文学创作更呈现出多样性。正如张炯所说，新移民作家的创作题材更为广泛，风格与体裁也相当多样。他们更多地从新的文化视角透视大陆城乡的历史和现实生活。作家在不同文化中穿梭，作品扎根于乡土，并因主体意识获得新的文化视角。学者陈公仲认为，新移民作家所取得的文学成就表明，他们已经成为世界华文文学领域的生力军。

“30年前，我们这一代游子带着梦想漂洋过海，开始在海外书写我们这一代人的故事。今天，我们带着作品回来，与其说是一次作品展示，不如说是对我们的鼓励。”新移民作家代表陈瑞琳这样表达自己激动的心情。陈瑞琳认为，海外新移民文学走过30多年的风雨探索，无论是社会人生的积累还是文学意识的酝酿都已走向成熟。同时，新移民文学如何追踪新移民的心灵演变，如何表现他们最具共性的人生经验，如何展现大部分已成为中产阶级的新移民所面临的新的文化冲击，如何加深海内外的交流互动等，都是需要海内外华文文学界共同面对和探索的。

为鼓励和肯定海外华人作家的贡献，会议颁发了“杰出成就奖”“突出贡献奖”“优秀创作奖”及“荣誉奖”，严歌苓、张翎、虹影、刘荒田、陈河等10人获“杰出成就奖”。同时，会议期间还举办了新移民文学高峰论坛和首届中国新移民文学成果展。

三月

澳大利亚流浪诗人左哈将在成都进行口语诗创作表演

3月下旬，成都将迎来一年一度的澳大利亚文学周活动。3月2日从澳大利亚驻成都总领事馆获悉，今年的文学周将以冒险和旅行为主题，来自澳洲的三位知名作家将在成都老书虫餐吧向读者介绍他们的作品，分享他们的创作经历，探讨多元文化对写作的影响。

3月20日，流浪诗人左哈·泽·克汗（Zohab Zee Khan）将进行口语诗现场创作表演。他是2014年度澳大利亚口语诗比赛冠军得主，从13岁起开始进行口语诗的创作和表演。3月21日，集作家、教师、演说家和自行车运动员于一身的A.J.贝斯（A.J.Betts）将介绍她的第三部年轻人小说《Zac&Mia》，这部作品获得了2014年Ethel Turner青年文学奖。

乌克兰诗人谢甫琴科诞辰201周年纪念活动在京举行

乌克兰伟大诗人谢甫琴科诞辰201周年纪念活动9日在北京举行。该活动由乌克兰驻华大使馆和北京金台艺术馆联合举办。乌克兰驻华大使焦明和全国政协常委、金台艺术馆馆长袁熙坤等出席活动。

在向谢甫琴科铜像献花后，焦明大使表示，感谢中国各界朋友多年来对乌克兰文化以及谢甫琴科的诗歌和绘画作品的推荐与传播。袁熙坤表示，希望更多的中国年轻人能够了解谢甫琴科这位伟大的乌克兰诗人。

为感谢袁熙坤对推动乌克兰文化传播所作的贡献，焦明大使向其颁发了感谢信并赠送了乌克兰画家维克多·克夫通创作的谢甫琴科画像。

塔拉斯·谢甫琴科（1814—1861）是乌克兰历史上最具影响力的文化名人之一，他的作品被译成几十种语言。目前矗立在金台艺术馆的谢甫琴科铜像是袁熙坤的作品。

“中国最美的书”亮相德国莱比锡

3月12日至15日举行的德国莱比锡书展首设中国上海馆，“中国最美的书”首次集中展示。

莱比锡书展是近代国际书展的起源，每年三四月在莱比锡展览中心举办。据介绍，今年首设的中国上海馆为120平方米，除展出250余种“中国最美的书”获奖作品和外文版“文化中国”丛书外，也为随团出访的中国书籍设计师提供展出个人作品的机会。该馆将举行中欧书籍设计家论坛和中欧书籍设计家沙龙等活动，以“东西方书籍设计语言的交融与碰撞”为主题，让中欧设计家展开对话。为配合书展，上海市新闻出版局将12年来“中国最美的书”获奖图书结集出版，由上海设计家陈楠设计，取名《书衣人面》，在莱比锡书展首发。

中国首家普希金书店打造“中俄文化沙龙”

3月30日黑龙江省黑河市委宣传部称，中国首家以俄罗斯文学之父普希金命名的书店在边境黑河开业。该书店将打造成为中俄文化艺术沙龙。由该书店打造的中国首家实体书店全民阅读网络电台也同期开播。

中国黑河市是中国首批沿边开放城市，与俄罗斯布拉戈维申斯克市隔江相望，是东西方文化的融汇点。在黑龙江出版集团和黑龙江省图书音像发行集团的支持下，位于黑河中央步行街的新华书店经过转型改造，建成一个具有浓郁俄罗斯风格的“黑河·普希金书店”。

在黑河中央商业步行街上，现代俄国文学始创人、俄国伟大诗人普希金的雕像成为一道风景。拥有这座雕像的普希金书店除销售中文图书外，还为俄罗斯读者提供了大量的俄文图书。书店空间设计借鉴俄罗斯轻盈、华丽、精致、细腻的风格，为中俄读者提供了古典幽雅的阅读环境，同时提供咖啡、西点、红酒等时尚饮食，呈现全新的阅读休闲业态。

在全民阅读时代，被誉为最美“国门书店”的黑河·普希金书店成为游客和市民读书的好去处。该书店内设小型舞台，将常年组织音乐、舞蹈、绘画、戏剧等方面的中俄文化交流展演活动以及理论研讨沙龙。在书店举办的“普希金诗会”“双子城新起点：黑河和布拉戈维申斯克文化异同与交流共融论坛”活动中，中俄友人共同探讨中俄文化的发展和未来。

澳大利亚文学周的第八年

3月14日，澳大利亚作家、电影制片人、冒险家蒂姆·寇普的获奖纪录片《追寻成吉思汗的足迹》放映讲座在北京一个叫“胡同”的地方举办，标志着第八届澳大利亚文学周活动拉开序幕。10多天后，3月27日，中澳合资成立的TIME-AACP出版社在上海召开了首次董事会，意味着本届文学周进入尾声，覆盖中国9个城市的50场活动陆续落幕。

7年前，为了将澳大利亚最优秀的当代文学作品带到中国，前澳大利亚驻华大使芮捷锐发起了澳大利亚文学周活动。当时的首届文学周，邀请了7位澳大利亚作家到中国，先后与北京外国语大学、北京大学等高校师生一起探讨了中国的澳大利亚研究状况以及澳大利亚当代文学。

“自发起以来，文学周活动在中国得到了各界积极响应，规模也越来越大——2008年只在北京和成都两个城市举办活动，今年在北京、上海、苏州、合肥、呼和浩特、宁波等9个城市开展了活动。”现任澳大利亚驻华大使孙芳安在接受本报记者采访时说，从第一届至今，共有40多位作家参与了活动，今年有8位作家来到中国。

今年文学周重点关注澳大利亚新生代作家，他们在9个城市的国际文学节、书店、图书馆、中小学和大学与中国读者展开了近距离接触和交流。北京作为澳大利亚驻华大使馆所在地，活动安排最密集，地点包括三里屯、书虫北京、瑜舍酒店和首都图书馆等，除一些免费项目之外，还有收费60元至280元不等的项目，这在文化活动丰富且多为免费或很少收费的北京，多少是个“门槛”。孙芳安对此表示理解，“一些合作活动是收费的，但我们还组织了很多有意思的免费活动，比如作家达蒙·杨在首都图书馆举行的《我的奶奶是忍者》儿童双语活动，各高校澳研中心的活动也吸引了很多师生。”

近几年，随着中国社交媒体的发展，文学周活动也陆续出现一些新变化。今年3月，两个与文学周有关的视频出现在优酷网，一个是短短24秒的2015 Australian Writers’ Week简介，一个是孙芳安寄语2015年澳大利亚文学周——希望中国的文学爱好者们在活动之后能够了解到澳大利亚文学创作的未来充满活力。此外，孙芳安还和3位澳大利亚诗人一起在微信公众号“为你读诗”中朗读诗歌，关注者可以在这个平台上听到他们的声音。

除了分布在9个城市的公众活动外，澳大利亚文学周的另一个重要组成部分是澳中出版论坛。现在出版论坛已经成为北京出版行业一个重要活动，而且已经产生了显著的商业成果，即本次文学周期间签署成立的澳中合资公司TIME-AACP Pty Limited——由中国的时代出版传媒股份有限公司旗下安徽美术出版社和澳大利亚的ATF Press共同投资组建。据介绍，新公司注册地址在澳大利亚阿德雷德，主要业务包括传统的版权贸易合作以及新形式的文化交流合作，前者指版权交易、合作出版、实物出口和期刊合作出版等，后者则指包括文化旅游、影视制作、中介服务等在内的多种合作。

“这一方面有利于增进双方对对方国情的了解，规避双方在对方市场开展业务时可能产生的风险；另一方面，中方可以依托澳方在澳洲、欧洲和美国完善的销售渠道、按需印刷渠道和馆配渠道，更便捷地实现图书‘走出去’合作，而澳方则可依托中方在旅游、影视和国内出版行业的资源，开展游学、影视和配套图书的制作等多种形式的文化交流合作。”安徽美术出版社社长武忠平告诉记者。

在3月24日举行的合资公司签约仪式之前，澳大利亚ATF出版社负责人Hilary Regan接受了记者采访，他说曾参加过BIBF（北京国际图书博览会），觉得中国文化出版的一个使命就是推广历史和文化，而在澳大利亚做出版，往往只是做“读物”。BIBF的一次经历让Hilary Regan对中国出版物有了直观感受，而参加澳中出版论坛则使他对中国出版业有了更深的了解，并建立起业务联系，“出版业是靠业内联系来运作的”。谈到新公司的未来发展，Hilary Regan强调不限于传统的书籍出版，还有其他多媒体形式的出版物。

这些在3月27日的首次股东会谈上得到了细化，据武忠平介绍，双方除了确定将要翻译出版的书目之外，还就以下几方面进行了讨论；图书版权由新公司代理并向全球发行，动画电影版权的代理全球发行，包括电影节旅游、教育旅游、文化旅游在内的相关旅游项目，艺术品的代理和售卖，画展策展和艺术家交流活动。

“目前，国内出版社与国外出版社成立合资公司共同开展文化交流工作还处在起步阶段，先例不多，此次TIME-AACP运营成功的话，将为中国文化走出去带来新亮点。”武忠平认为。

四月

铁凝会见尼泊尔作家

中国作协主席铁凝4月15日在北京会见尼泊尔司法部长夫人、女作家沙拉达·沙玛，双方进行了友好的交谈。

铁凝欢迎沙玛来中国作协做客，并与她一起回顾了中尼两国在文学领域的交流与合作。铁凝说，2013年12月，我与贵国驻华大使马斯基一起见证了中国作协与尼泊尔学院签订合作协议的重要时刻。根据该协议，中国作家代表团在2014年10月访问了尼泊尔，见证了尼泊尔人民的友谊和热情。她说，现在“一带一路”是热门词汇，文学不应落在经贸互联之后。中尼正在商谈将青藏铁路延伸到尼泊尔境内，两国文学之路同样需要延伸。

沙拉达·沙玛表示，中尼两国关系密切，许多中国学生赴尼学习尼泊尔语。文学有助于人们的相互理解，使人们通过阅读彼此亲近。尼泊尔读者渴望读到反映当代中国社会方方面面的文学作品。我期待双方加强文学作品的直接互译，通过多种方式深化文学交流。

铁凝还同沙玛就两国女性文学和儿童文学创作情况进行了交流。

中国作协书记处书记阎晶明等参加了会见。

朱天文获第四届“纽曼华语文学奖”

曾以小说《世纪末的华丽》享誉世界华语文坛的台湾作家朱天文，3月在美国领取了第四届“纽曼华语文学奖”（Newman Prize for Chinese Literature）。与此同时，连续六天的朱天文编剧、侯孝贤导演的电影展活动，分别在俄克拉荷马大学及休斯顿美术馆及莱斯大学放映。

纽曼华语文学奖是由美国俄克拉荷马大学美中关系研究院在2008年设立的奖项，是美国境内第一个为世界华语文学设立的奖项，每两年评选一次，诺贝尔文学奖得主莫言是首位得奖者，前三届得主分别为：莫言、韩少功、杨牧。与朱天文一同角逐第四届美国纽曼文学奖的华语作家有阎连科、格非、余华及马来西亚华人作家张贵兴，经过五位国际专家评审四轮投票，奖项最终授予朱天文，这也是该奖成立以来首次授予女性作家。

3月9日，朱天文以“文学与电影之间”为题在休斯敦莱斯大学发表演讲，阐述她对文学与电影的思考。在演讲中，朱天文介绍了“台湾新电影浪潮”的崛起。朱天文指出：“在那个年代，电影正处在一个转型时代，我因为短篇小说创作被青睐，一脚踏入了电影界。”

说到台湾的“新电影”，朱天文以侯孝贤导演的影片为例，介绍他拍摄电影的影像美学。在说明“长镜头”的拍摄手法时，朱天文认为长镜头需要有观众的参与，因为充满暧昧与复杂，镜头延伸出去的现实更接近我们的状态，所以观众阅历越多，感受力就越强。

在提到文学与电影的关系时，朱天文以“一棵树的成长”来代表两者密不可分的关系。她认为，这就如同有人会对着树诉说秘密一般，树就好像是最称职的聆听者，它将过往的历史、长久的秘密都变成了土壤的养分。

身为侯孝贤的长期电影编剧，朱天文比喻两人的关系像“两个打球的人”一来一往，虽然扮演不同角色，但频率却很相同，常常得到共鸣。因为这绝妙关系，让两人至今合作了逾16部电影，第17部《聂隐娘》将于今年内杀青。她最喜欢的侯孝贤的电影是《海上花》，认为这部电影将现实主义的细节力量发展到极致。

当被问及“当年你写《世纪末的华丽》，如今已是新世纪初，你的创作感受有了什么改变”时，朱天文回答：“以文学的眼光来看，当今世纪初的景象却比世纪末更糟。现在最需要的是对文学如宗教般的坚守，就如同在修道院里，任凭外面的世界如何变换，如何喧嚣，我们也要守住文学！”

朱天文还透露，目前她正在创作新的长篇小说《在民国的黄昏里》。

五月

高莽赠画赛珍珠纪念馆

中国社会科学院荣誉学部委员、《世界文学》原主编高莽先生将画作《赛珍珠》赠送给镇江赛珍珠纪念馆。一同赠予的还有高莽先生亲笔题赠纪念馆的由他绘画编撰、莫言题签的《桂冠——诺贝尔文学奖作家肖像和传略》一书。

在镇江赛珍珠纪念馆举行的简短座谈会上，赛珍珠研究者表示，高老的赛珍珠画像，传达的是一个快乐的赛珍珠形象，正像赛珍珠接过诺贝尔文学奖证书之时，由衷地感谢中国人民和中国文化的养育之恩的喜悦之情。

铁凝获法国文学艺术骑士勋章

5月16日，中国作家协会主席铁凝在北京获颁法国文学艺术骑士勋章。法国外长洛朗·法比尤斯代表法兰西共和国授予铁凝勋章并致辞，他肯定了铁凝在文学艺术创作领域取得的卓越成就，及其为中法文化交流做出的重要贡献。他称赞，铁凝的作品中涌动着“一种既抒情又浪漫的声音，致力于描述普通百姓的内心世界，尤其是女性的内心世界”。

铁凝在致答谢词时表示，今天在这里接受法国文学艺术骑士勋章，感到十分高兴和荣幸。她向长期以来支持她的家人、作家同行、翻译家、出版家表示感谢，称这份爱与支持是她创作的动力。铁凝谈到，记得有位诗人说过，一个民族对文学的亲近程度，决定着这个民族整体素质的高低。而中国和法国都拥有悠久、深厚的文学传统和文化积淀。文化应该是一所教导谦卑的学校，它终生教导我们如何理解自己并且有能力欣赏他者。文学艺术是人生旅途上的路灯，它照亮心灵并使我们对时光和生命心存眷恋。铁凝说，“我从事的职业恰巧能和这两者发生关联，这已经是我本人的幸运和荣光。作为作家，写作是我生活的一部分；作为中国作家协会主席，为作家服务和开展国际合作是我的职责。我将会继续努力，和我的同行们一道，加强同法国文学界的合作，推动两国之间文学作品的互译，促进中法两国人民在这个新世纪更多的相互了解，以更具体、更活泼的方式提升两国文学交流水平”。

随后，铁凝与洛朗·法比尤斯就中法两国文学文化交流展开对话，中法两国知名作家、艺术家、翻译家的名字不时被提起。铁凝谈到，中法两国文化存在许多相通之处，两国在历史上一直都有密切的文化往来，应该让更多喜欢彼此文化的年轻人在未来参与到中法文化交流之中，因为，文学和艺术总是能超越政治、经济、社会的种种差异，实现人与人之间的心意相通，而那种状态是非常美好的。

法国驻华大使顾山，中国作协书记处书记阎晶明、对外联络部主任张涛，作家、翻译家、编辑家徐坤、格非、树才、包兰英等参加活动。

法国文学艺术骑士勋章1957年由法国政府文化部设立，以表彰在文学界、艺术界有杰出贡献的人物，或在世界范围内为宣传法国文化作出突出贡献者。目前有50余位华人获此勋章。

七月

中日出版界友好交流会在东京举行

7月2日，以“中日出版界的交流和对两国关系改善的作用”为主题的第四届中日出版界友好交流会在东京举行。本次交流会由中国环球新闻出版发展有限公司和日本侨报社主办，中日两国出版界人士约150人参加此次交流会。

中外学者共话“红学”与世界

《红楼梦》作为中国古典小说的巅峰之作，一直以来都是学者关注研究的重点。近代以来“红学”更是走出国门，产生了极大影响。近日，赵振江、孙伟科、周晓枫、计文君、刘琼、李耀宗、佩特科等作家、翻译家、学者共聚河北廊坊，以“红学与世界”为主题进行对话，针对《红楼梦》文本、“红学”发展与中国文化的主体性建设等展开探讨。活动由梦幻红楼公司主办。

论坛第一部分与会者围绕“传播史奇迹：一本书一种文化的时空漫步”，探讨了不同语境下《红楼梦》的翻译传播。计文君认为，《红楼梦》的传播早已超出小说范畴，成为世界性显学。但《红楼梦》的翻译无论对母语还是非母语译者来说都非常艰难。赵振江与他人合译的西班牙文版是《红楼梦》较早的外语译本，而佩特科的译本在保加利亚也备受瞩目，他们在翻译中都面临一个难题，即如何翻译小说中大量的古典诗词。赵振江说，《红楼梦》诗词的翻译几乎是翻译家本人的再创造，而佩特科则是翻译完小说主体后再专门研究诗词部分。

论坛第二部分议题为“红学看世界，寻找中国文化的‘自我’”，大家着眼于“红学”的学术演变与中国文化主体性建构的内在关系，探讨《红楼梦》对当代小说家的启发。大家认为，如何描述中国是今天小说必须面对的问题。孙伟科说，“红学”发展到现在，它的主题就是艺术改编，应该通过更多的艺术形式把这部百科全书式的小说呈现出来。刘琼谈到，《红楼梦》的语言十分精致，文本蕴含了很多现代性的东西，因此对阅读设置了一定门槛，其中所折射的价值观念、社会情感，也有颇多的意味。一部《红楼梦》就这样跨越时空界限，成为世界文化传播史上的一个经典案例。

"中国当代文学与英语世界的互动"研讨会在京举行

7月29日，由人民文学杂志社与鲁迅文学院共同主办的"中国当代文学与英语世界的互动"研讨会暨《人民文学》杂志英语版PATHLIGHT（《路灯》）介绍会在京举行。中国作协副主席吉狄马加出席并致辞。《人民文学》主编施战军、鲁迅文学院常务副院长李一鸣、中国作协外联部主任张涛、加拿大驻华大使馆公共外交处官员刘增阅等与会研讨。研讨会由鲁迅文学院副院长邱华栋主持。

吉狄马加在致辞中说，中国文学作为世界了解中国经济社会的一个窗口，日益受到国外读者的关注。中国正在朝着文化强国迈进的过程中，需要向外推介代表我们民族精神高度的文学作品、文化作品。一直以来，中国文学对外译介的情况与中国翻译外国文学作品的情况相比极为不对等，这有历史的原因，也与缺少文化对话、沟通的平台和渠道有关。中国作家协会很重视文学的对外译介，投入很大力量，做了很多工作，也取得了一些成绩。总的来看，中国文学的对外翻译和推介还在一个摸索过程中，应该听取多方面的建议，形成规划或制度，能整体呈现出一个国家的文化风貌。

会上，PATHLIGHT编辑总监艾瑞克、旅美华文作家陈谦、外文出版社原总编辑徐明强与作家冯唐、李洱、徐则臣、阿乙等就中国当代文学的英语翻译以及海外传播等问题进行了深入探讨。关于中国文学对外推介，冯唐用三句话概括：时候到了；不能急；如何加快进程。他认为，在文学对外推介的过程中要坚持不懈，对推介作品的题材要慎重选择。同时，作家自身在写作中要不断深挖人性，脚踏实地用作品说话。陈谦谈到，中文写作在英语世界的接受度不高，文学推介需要时间，不能急。她还特别强调文学翻译的重要性，认为译作与原作在气质上要相吻合。阿乙也表示，一本杂志对文学推介的效果可能不会立现，但未来中国文学如果在世界文坛成为一股潮流，源头也许就是今天的点滴译介。艾瑞克在发言中打了一个比喻说明中国文学走出去的路还很长，也并不平坦："中国文学走向世界后可能会发现，并不是走到了一个大舞台，而是去到了类似KTV的一个个包间，有大有小。所谓得到认可，不过是每个包间都有认识你和喜欢你的人。"

"外国读者选择中国作家作品时与中国作家的自我期待有差距，他们更希望知道'你怎样生活'，而不是'你怎样思考'。中国作家既要表达人类复杂的精神活动，也要书写出当代人的真实生活。"李洱的话点出了中国文学对外译介面临的一个问题：作家要了解读者，但是否要迎合读者的喜好进行创作？徐则臣介绍说，拉美读者对中国当代文学非常感兴趣，他们期待能读到更多中国作家的优秀作品。但我们同样应认真考虑文学走出去遇到的问题和艰难程度，中国文学的译介不仅要靠作家的努力，同样也离不开媒体和读者的支持。

施战军介绍说，PATHLIGHT自2011年创刊以来，已出版12期，向英语世界推荐介绍了上百位中国当代作家的作品，并策划了一系列主题，话题涉及未来、性别、重构历史与神话、自然文学等。PATHLIGHT的办刊宗旨不仅是向英语世界的读者传达中国声音和中国故事，还要让人从中体会到中国文学的世界气质和对人类共同话题的观照。人民文学杂志社将致力于把PATHLIGHT打造成为中国当代文学英语翻译和海外传播的重要平台。

据悉，在英语版的基础上，《人民文学》杂志于2014年又推出了法语版和意大利语版，反响强烈。今年还将继续推出德语版、日语版、俄语版、西班牙语版、阿拉伯语版和韩语版等也在筹备之中。

八月

《人民文学》杂志外文版沙龙在京举行

8月30日，作为第二十二届北京国际图书博览会文学沙龙之一的“《人民文学》杂志外文版介绍会”在京举行。《人民文学》杂志主编施战军、《人民文学》杂志法文版译审吕华、《人民文学》杂志英文版编辑兼译者Dave Haysom等与会，沙龙由作家徐则臣主持，PATHLIGHT译者Canaan Morse翻译。与会的中外专家谈了中外翻译以及《人民文学》杂志外文版办刊历程等问题。

施战军以自己与中外翻译的故事为缘起，谈到《人民文学》创办外文版的初衷。他说，《人民文学》杂志一直有专门栏目将域外文学作品翻译到国内，除此之外，《人民文学》希望通过一个平台，凭借自身拥有的中国当代文学资源，结合外国读者的意愿，向国外推介当代中国文学，于是2011年酝酿、创办了英文版PATHLIGHT。PATHLIGHT有稳固的翻译队伍，为了保证语言的纯正性和文学趣味的对接，翻译家都是外籍人士，母语是英语。另外，PATHLIGHT的编辑思路从为某个国际书展做专刊发展为主题化模式，以某种写作倾向、思潮或者类型形成主题，在浩如烟海的中国文学作品中进行选择，形成一种国际化的文学表达。英文版至今已经出版12期，做出影响之后，又扩大了语种规模。先后出版了法文版、意大利文版，今年还将出版德语版、俄语版、日语版，西班牙语版、阿拉伯语版、韩语版、瑞典语版等也在筹备当中。

PATHLIGHT编辑总监Eric Abrahamsen获得了第九届中华图书特殊贡献奖之青年成就奖。施战军介绍，以艾瑞克为代表的PATHLIGHT翻译团队对于当代中国文学的了解、语言的认知和艺术感悟都很出色，翻译既准确又文学，有艺术韵味，可以保证英语阅读者、接受者感受到中国文学的魅力，得到了众多专家的肯定。

谈到法文版PROMESSES LITTERAIRES，吕华认为，这是一本用地道的法语在讲中国故事的杂志，具有文学性和趣味性。PROMESSES LITTERAIRES同样拥有豪华的法语翻译团队，如凭借翻译《废都》获得法国女评委奖的安博兰等，《人民文学》依靠以目标语言为母语的译者是正确的选择。

Canaan Morse谈到了中英文翻译的再创作问题。他认为文学翻译的确是再创作，但与单语言的文学创作有根本的区别。原文和译文不是上下关系、附属关系，因为原文本身也是一种翻译，把存在于语言结构之外的意象、经历、回忆呈现到语言当中，同样是一种翻译。

Dave Haysom补充说，从PATHLIGHT的网站以及各个营销平台的售刊率和反馈来看，绝大部分购买刊物的人都是通过谷歌等搜索引擎搜索某位作家的名字而找到PATHLIGHT的，这为外国读者对于中国作家的了解比以往更为深入提供了一个很有力的证据和信息。

针对现场观众提出的《人民文学》杂志外文版读者反馈的问题，施战军回答说，国外读者很多是想通过文学作品了解中国的政治、经济、社会生活，而文学作品除了要承载这样的内容，更应该指向人类共有的精神状态、心灵需求以及想象力能够延展到的可能性，所以最终文学表达的还应该是人类的精神共识。在这种共识的基础上，《人民文学》杂志外文版希望做到两点：让外国读者了解中国人的基本生活情况、生活中的心思和对世界的看法；另外，也让他们看到中国作家的想象力以及在文体方面所达到的艺术程度，以此达成中国文学与外国文学平等的、对视的对话关系。

九月

中美盲文出版交流活动揭幕

9月21日中美盲文出版交流活动日前在美国华盛顿州有声读物及盲文图书馆揭幕。中国国务院新闻办公室副主任郭卫民、华盛顿州州务卿金·怀曼和中美盲文出版、教育和图书馆服务机构代表出席剪彩仪式。

这次活动以“阅读让生活更精彩”为主题，于9月21日至27日举办，是中国国家主席习近平对美国进行国事访问期间举行的中美人文交流活动之一，由中国国务院新闻办公室主办，中国盲文出版社、美国国家盲文出版社、华盛顿州有声读物及盲文图书馆和中国图书进出口总公司联合承办。

华盛顿州有声读物及盲文图书馆位于西雅图市中心，其向特殊需求群体提供的服务在全美国居于领先地位。这家图书馆的网站首页以英文、中文和盲文推介本次交流活动。活动以文字、图片、实物和信息无障碍技术方式介绍中美盲文出版交流情况，展示数字时代的盲文出版，讲述中国盲人通过学习和阅读成长、成才、成功的故事，向美国民众展现中美两国在残疾人人权事业发展方面交流合作的积极成果，倡导盲文和阅读对重建盲人信心以及促进盲人教育和就业、丰富盲人文化和生活的重要意义。

剪彩仪式上，怀曼州务卿致辞，赞许华盛顿州有声读物及盲文图书馆与中国盲文出版社成为合作伙伴，认为这次交流将是一个新的起点。

中国盲文出版社社长张伟说，这次中美交流旨在促进两国盲文出版机构分享服务经验，互鉴服务模式；中方将与美方盲人朋友和盲人服务机构研讨数字化服务、阅读推广和志愿服务等话题。

怀曼州务卿在网络上发布此次交流活动信息，并引述华盛顿州有声读物及盲文图书馆馆长丹妮尔·米勒所作评价："这次（交流）展览令人兴奋，既显现盲文在全球的重要作用，又显现中美在向盲人和视觉障碍群体提供服务方面建立合作伙伴关系的重要意义。"

2015年傅雷翻译出版奖将在上海颁奖

9月23日，傅雷翻译出版奖评委会公布了今年入围傅雷翻译出版奖的10部由法语译为中文的译著。入围译著包括5部文学类图书和5部社科类图书，作者中有茨维坦·托多罗夫、菲利普·索莱尔斯、弗朗西斯·雅姆等不同风格的作家。

据傅雷翻译出版奖组委会主席董强介绍，2015年傅雷翻译出版奖将于11月28日在孕育傅雷先生的文化名城上海召开颁奖典礼，文学类、社科类和新人类的三位得主将在颁奖典礼上揭晓。出席典礼的还将有评委会和中法文学界重量级嘉宾。此外，法方还邀请到法国作家玛丽·尼米埃、演员兼作家菲利普·托赫冬作为此次傅雷翻译出版奖的特约嘉宾。

傅雷翻译出版奖已经举办了7年，该奖项的设立旨在促进法语文学在中国的翻译和传播。每年，傅雷翻译出版奖评选出两部译自法语的最佳中文译作，其中文学类和社科类各一部；自2013年起，还设立了"新人奖"，以鼓励新一代年轻译者。据评委介绍，该奖项的入围译者呈现年轻化倾向，"70后""80后"译者发挥着越来越重要的作用，这在今年入围作品中有较为明显的体现，10位译者中，有7位是"70后""80后"。评委们也谈到，在法语翻译界，很多年轻译者也开始担纲大部头的文学经典的翻译，与作品进行着跨越时空的对话，使经典作品焕发出新生命。

十一月

瑞典畅销童书作家马丁·维德马克和小读者对话

作为今年中国上海国际童书展嘉宾之一，瑞典畅销童书作家马丁·维德马克带着最新出版的《拉塞-玛娅侦探所》中文版来到上海。曾经当过老师的马丁说，与孩子的接触、了解孩子的心理，为他们讲故事，是他创作灵感的来源之一，能与中国小学生面对面交流是他此行来沪的重要收获。

马丁讲述故事的方式很特别，投影屏幕上，展示出五幅人物漫画：占卜师、牛仔、记者、侦探和画家。“像占卜师一样尝试预测故事的走向，像牛仔一样善于抓取要点提炼总结，像记者一样乐于提问、深入思考，像侦探一样仔细寻找关键词句，像画家在脑海中构建画面感”，马丁告诉小读者，这是他身为一名侦探故事作者的创作心得，也是孩子们进入故事、成为好读者的关键。他拿出一本厚厚的本子，里面有密密麻麻的文字与有趣的图画。“这是我的创意书”，马丁向小读者介绍，每次一有什么点子，他就记在本子上，动笔写故事前，也会将故事构思与人物设定细致地写下来或画下来，“像这样的本子，我已经写了85本。这就是我成为作家的秘诀。”现场，马丁尝试让孩子们“复制”他的创意方法，创造自己的人物。他提示孩子，“你的人物应该叫什么名字？是男孩还是女孩？”“他（她）喜欢什么？讨厌什么？”“他（她）擅长什么？不擅长什么？”马丁将孩子们的奇思妙想一一记录在黑板上，随着问题的深入，可爱的人物形象逐渐显现。

身为畅销童书作家，马丁·维德马克已出版60余种作品，被译成30多种语言在全球范围内传播。《拉塞-玛娅侦探所》系列小说目前已出版两辑共20册，马丁还在创作续集。“在瑞典，每出版10部书籍，就有一本是儿童读物。瑞典童书涵盖各种主题，强调个体意识，擅长用简洁的语言阐释一些复杂而严肃的问题，诸如生与死、爱与生活等”，《拉塞-玛娅侦探所》出版方中国少年儿童新闻出版总社图书中心副总监缪惟说，《拉塞-玛娅侦探所》系列小说作为中瑞文化交流合作项目引进，希望给国内儿童文学创作者一些借鉴。

中法作家学者聚会武汉

11月14日，大型国际文学活动——法国文学周开幕式在湖北省图书馆举行。华中科技大学第八季“春秋讲学”之喻家山文学论坛也于15日开幕。勒·克莱齐奥、玛丽·尼米埃、安尼·居里安、曼努埃尔·卡尔卡松等法国著名作家、评论家、出版家将与张炜、韩少功、毕飞宇等中国著名作家以及一批法语文学研究专家、翻译家齐聚武汉，将开展不同场次、不同主题的交流对话活动。

法国驻华大使馆文化参赞罗文哲在开幕式上说，法国巴黎遭受前所未有的袭击，我们相聚在此见证团结。文学是没有国界的，我们联合在一起用文学的力量抵制恶性事件的伤害。

法国文学周由湖北省作家协会与湖北省图书馆主办，由华中科技大学中国当代写作研究中心、武汉大学外国语学院、法国驻武汉总领事馆协办。14日的简短开幕式后，与会嘉宾参观“中法文学的邂逅”主题图片展。在湖北省图书馆一楼报告厅，勒·克莱齐奥发表主题为《文学与人生》的演讲；下午15时，南京大学教授、博士生导师许钧发表主题为《翻译是历史的奇遇——我译法国文学》的演讲。

15日举行的喻家山文学论坛上，众多作家、学者围绕“存在与发现”的主题各抒己见。与此同时，在湖北省图书馆内，茅盾文学奖获得者张炜与法国翻译家安妮·居里安进行“半岛故事与法兰西情怀”的主题对话；茅盾文学奖获得者毕飞宇、法国作家玛丽·尼米埃与翻译家袁筱一将同台言说“记忆与虚构”话题。

中法嘉宾还将启程前往宜昌，开始“中法作家看湖北”之三峡采风活动。期间将举办两场主题座谈会，并根据勒·克莱齐奥的提议，中法两国作家以水为主题，同题作文。

法国文学周搭建了一个全新的国际文学交流平台。活动为期一周，至11月21日结束，期间还举行了多种形式的文化交流、论坛等分活动。

十二月

贝宁中国文化中心为非洲作家发布新书

尼日利亚作家阿金乌米在贝宁中国文化中心多功能厅为其诗集《夜曲》举办新书发布会，贝宁多所高校的文学教授出席了仪式，为诗集的首发宣传造势。

阿金乌米是尼日利亚籍作家，现居贝宁，曾从事翻译、播音员、教师等工作。在这本名为《夜曲》的诗集中，她将浪漫主义风格与非洲的文化背景完美结合，以乐观向上的笔触描绘了她对生活的憧憬，以及对非洲美好未来的信心。

在致辞中，阿金乌米对贝宁中国文化中心为诗集的发布所做的积极贡献表示深深的感谢。她指出，贝宁中国文化中心多年来为非洲文艺工作者提供了良好的交流平台，为非洲文化的推广做出了巨大的努力。

在签名售书环节，当地读者踊跃购书，现场气氛十分热烈。

中国作家赴滑铁卢大学孔子学院进行文化交流

成立8年的加拿大滑铁卢大学孔子学院多年来致力于中加文化交流，进行了多种形式的摸索和尝试。据孔子学院院长、作家李彦介绍说，为了进一步向世界推介中国文学，孔子学院尝试了不同方式，启发培养海外大学生对中国文学的兴趣，包括与其他孔子学院合作，共同邀请国内的专家学者分批到北美巡回讲课，促进交流。

近期，孔子学院就邀请评论家何向阳做了题为《身体中的“灵魂”》的讲座。何向阳从女性的特殊视角切入，观察、分析、评论中国文学自上世纪80年代至今的发展。何向阳着重介绍了铁凝、王安忆、方方、池莉、徐坤、魏微、潘向黎等女作家的创作情况和作品特点，认为中国女作家群体正日益壮大，她们从女性视角，以女性笔调，为读者讲故事，倾诉她们的心声和诉求。

《人民文学》主编施战军、副主编李东华，编辑部主任徐则臣以及英文期刊编辑总监Eric Edwin Abrahamsen组成的代表团也于近日到访滑铁卢大学，并向学校图书馆赠送全套英文期刊。施战军还介绍了《人民文学》杂志的历史和现状，以及中国文坛现阶段对推动中国文学走向世界所作的努力和尝试。期间，代表团还与滑铁卢大学、多伦多大学、约克大学等世界文学领域的学者座谈，听取学者们对《人民文学》杂志英文版《路灯》在加拿大传播的建议。

2015年中国作家协会公报

赵夏点 辑录

2015年度中国作家协会所属单位招聘公告

为加强中国作家协会所属单位管理人员及专业技术人员队伍建设，根据国家《事业单位公开招聘人员暂行规定》的要求，现将2015年度中国作家协会所属单位招聘计划公告如下：

一、中国作家协会所属单位2015年招聘人员计划表（见附表）。

二、报名时间：2015年1月16日至2015年2月27日。

三、报名方法：

考生下载并填写考生情况表，发送至中国作家协会人事部。

电子邮箱：zuoxierenshibu@126.com，电子邮件标题及考生情况表命名格式为：报考单位+职位+姓名+学历+学校+专业。

同时将个人材料邮寄至：北京市朝阳区东土城路25号中国作家协会人事部，邮政编码：100013。

考生请在信封右上角注明报考职位，邮寄材料应包含：

考生情况表、个人简历、本人有效身份证件复印件、就业推荐表复印件（应届）或本人户口本复印件（非应届）、学历学位证书复印件（非应届）等。

四、考试时间：2015年3月中下旬（具体时间于报名截止后在中国作家网上公告并电话通知简历初选通过的考生本人）。

五、联系电话：010-64221705。

中国作家协会人事部

2015年1月15日

附表一：中国作家协会所属单位2015年招聘人员计划表

附表二：考生情况登记表（略）

中国作家协会所属单位2015年度拟招聘工作人员计划表

计划招聘人数：14人

用人单位	单位性质	职位名称	职位简介	招考人数	专业	学历要求	政治面貌	其他条件	备注
创作研究部	财政补助事业单位	综合一处综合岗	评奖、重点作品扶持的组织工作，文学作品研讨会和文学活动的组织工作，办公室其他日常工作	1	中文（中国现当代文学或文艺理论）	本科及以上	不限	热爱文学事业，熟悉现当代文学发展状况，文字能力较强，有一定的组织协调能力	限应届
		办公室出纳岗	负责创作研究部的会计工作	1	财会及相关专业	本科及以上	不限	具有会计从业资格证书，热爱财务工作，工作踏实肯干	限应届
作家活动中心	经费自理事业单位	办公室行政岗	从事办公室日常行政管理及公文撰写等工作	1	中文相关专业	本科及以上	不限	熟悉计算机、公文写作，有较好的沟通协调能力	限非应届
		财务部财务出纳岗	出纳工作	1	财会	大专及以上	不限	具有会计从业资格证书，熟悉财务软件，有良好的沟通、交流能力	限非应届
文艺报社	财政补助事业单位	文学部编辑岗	负责报纸相关版面的选题策划、内容选摘、编辑等工作	1	中国现当代文学	硕士研究生及以上	不限	有良好的文学功底和文学理论水平，热爱文学事业；了解当代文学发展状况，能吃苦，熟悉文学编辑业务	限应届
		办公室会计岗	制定财务管理制度及相关规定，并监督执行，编制年度、季度等财务报表并完成相关税务申报工作	1	会计	本科及以上	不限	具有会计从业资格证书，熟悉财务电脑软件，有一定的文学功底。工作严谨细致，责任心强	限应届
人民文学杂志社	财政补助事业单位	编辑部编辑岗	负责稿件的编辑、校对、审核等工作，运用专业知识及对文学创作现状的了解与把握，组织、策划新选题	1	中国现当代文学	博士研究生	不限	具有文学编辑与创作经验者优先	限应届
诗刊社	财政补助事业单位	编辑部编辑岗	负责旧体诗栏目的文字采编、稿件撰写、编辑校对等工作	1	中文相关专业	本科及以上	不限	对古体格律诗词有鉴赏能力，有一定的写作经历与研究能力	限应届
中国作家杂志社	企业	影视部编辑岗	从事编辑工作；负责杂志社对外合作等方面法律、经济问题	1	法律、经济相关	硕士研究生及以上	不限	熟悉著作权法、知识产权法、合同法等相关法律知识，有良好的文字功底与沟通能力；有相关工作经验者优先	限应届
作家出版社	企业	编辑部编辑岗	负责图书选题策划，进行市场调研，对图书进行初步预测，编写选题报告，提交公司论证；负责组稿、稿件编辑加工和初审等工作	1	不限	本科及以上	不限	具有丰富的出版工作经验，持有出版专业技术人员中级职业资格证书，所编图书获国家级奖项者优先	限非应届
		总编室编务岗	负责搜集、整理、汇编各种市场出版数据，提供用于出版选题的数据支撑；负责图书动销品种的数据分析；配合参加营销宣传、展销活动	1	不限	本科及以上	不限	具有丰富的出版工作经验，熟悉出版及发行业务流程和运作情况，熟悉出版专业的政策法规，有良好的业务成绩，获行业优秀称号者优先	限非应届
作家文摘报社	企业	编辑部内容编辑岗	报纸内容选摘编辑	2	中文、新闻传播	硕士研究生及以上	不限	文史知识丰富，了解现当代中外文学，有同类报刊工作经验者优先	限应届
		编辑部美术编辑岗	封面、版面、广告设计	1	美术	硕士研究生及以上	不限	具有较强的创新设计能力，有优秀作品者优先	不限

注：非应届限北京市户口，年龄除特别标注外一般在35岁以下。

各职位正式聘用后可办理进京落户手续。

中国作家协会公告

鉴于冯伟林（湖南省）、周镇宏（广东省）触犯《中华人民共和国刑法》，已被定罪判刑，根据《中国作家协会章程》第26条规定，中国作家协会书记处决定，取消上述2人中国作家协会会籍。

中国作家协会

2015年1月20日

关于征集2015年度中国作家协会重点作品扶持选题的通知

一、2015年度中国作家协会重点作品扶持项目，自本通知发布之日起，至3月31日接受选题申报。

二、凡符合《中国作家协会重点作品扶持工作条例》（2012年12月5日修订）所列条件的作者，无论是否中国作家协会会员，均可申报。

三、中国作家协会团体会员单位和总政宣传部艺术局为重点作品扶持项目推荐单位。作者向所在地、所在行业中国作家协会团体会员单位申报，解放军（含武警部队）作者向总政宣传部艺术局申报，中直、国直系统作者直接向中国作家协会重点作品扶持办公室申报。申报者可从中国作家网（http://www.chinawriter.com.cn）下载申报表格。

四、推荐单位接受申报后，进行论证和遴选，填写推荐意见，报送重点作品扶持办公室。每单位报送的选题，一般不超过五部。

五、重点作品扶持办公室同时向部分出版单位、文学期刊、重点文学网站和中国作家协会创作联络部定向征集选题。上述单位在征得作者同意后推荐申报。

六、2015年重点作品扶持工作设立以下专项：

1. “中国梦”主题专项

鼓励讲述实现国家富强、民族复兴、人民幸福中国梦的历程中多姿多彩的中国故事，深刻反映时代变化，生动表现人民群众创造美好生活的精神风貌。

本专项以长篇小说、长篇报告文学和纪实文学等的创作作品选题为主，鼓励创新，鼓励艺术手法和创作风格的多样性，力求思想性和艺术性的统一。

2. “深入生活、扎根人民”主题专项

接受“深入生活、扎根人民”主题实践活动中提出的创作选题。鼓励作家深入基层、深入生活，表现人民创造历史的伟大实践，表现中国特色社会主义事业的辉煌成就，热爱人民，讴歌人民，弘扬中国精神。

七、作者可依据上述专项申报，也可另行提出选题。

八、申报者须认真填写申报表格，说明创作计划，提供详细的构思大纲和作品部分文本。

九、曾获重点作品扶持的选题，如尚未完成出版，其作者不能申报本年度选题。

十、不接受征集截止日之前已出版作品的申报。

十一、中国作家协会书记处将聘请专家组成重点作品扶持项目论证委员会，对选题价值和申报者完成选题的能力进行综合评估。委员会以投票方式决定重点作品扶持项目，报中国作家协会书记处审批。最终确定的重点作品扶持项目将在《文艺报》和中国作家网公布。

重点作品扶持办公室地址：北京朝阳区东土城路25号

邮政编码：100013

联系电话：（010）64489989、64489987、64489847

中国作家协会重点作品扶持办公室

2015年2月1日

关于征集2015年度中国作家协会少数民族文学重点作品扶持选题的通知

一、2015年度中国作家协会少数民族文学重点作品扶持项目，自本通知发布之日起至3月31日接受申报。

二、凡符合《中国作家协会少数民族文学重点作品扶持工作条例》所列条件的作者，无论是否中国作家协会会员均可申报。

三、中国作家协会团体会员为少数民族文学重点作品扶持项目推荐单位。作者向所在地、所在行业中国作家协会团体会员单位申报；解放军（含武警部队）作者向总政宣传部艺术局申报；中直、国直系统作者，直接向中国作家协会少数民族文学发展工程办公室申报。申报者可向上述推荐单位索取申报表格，也可从 中国作家网（http://www.chinawriter.com.cn）下载。

中国作家协会少数民族文学发展工程办公室同时向部分出版单位、文学期刊定向征集选题。有关单位须在征得作者同意后推荐申报。

四、推荐单位对申报选题进行论证和遴选后填写推荐意见，报送中国作家协会少数民族文学发展工程办公室。

五、内蒙古、广西、西藏、宁夏、新疆等5个自治区作协，以及重庆、云南、贵州、四川、甘肃、青海等省作协报送选题，一般各不超过15部；总政宣传部艺术局和延边州作协报送选题，一般各不超过10部；其他团体会员报送选题，一般各不超过5部。

六、2015年度少数民族文学重点作品扶持项目分作品原创与理论评论两部分。

（一）作品原创部分：本年度重点扶持长期“深入生活、扎根人民”，文化底蕴深厚、思想境界高远的申报项目。分汉语文原创与少数民族语文原创两类，列以下重点选题：

1.表现少数民族地区“五位一体”社会主义现代化建设事业成果，歌颂各族人民坚持改革开放、建设美好家园的伟大壮举。

2.纪念“红军长征胜利80周年”“中国抗日战争胜利70周年”，讲述各族人民在党的领导下进行人民革命及争取民族独立、国家解放的英勇事迹和感人故事。

3.反映“一带一路”沿线社会历史变化，讲述丝绸之路周边地区及有关民族的悠久历史文化与社会发展进步。

（二）理论评论部分：凡科学总结新中国成立以来、特别是改革开放以来少数民族文学发展繁荣的历程与经验，关注少数民族优秀作家及作品创作，深度探讨当下少数民族文学热点问题、突出现象及理论建设问题之选题均可申报。

作者可依据上述重点选题申报，也可自行另定选题申报。

七、申报者应认真填写申报表格，注明创作计划，提供详细的构思大纲和不少于3万字的作品文本。

八、本项目仅限重点作品创作扶持。优秀作品出版、翻译出版须另行申报其他相应扶持专项。

九、本项目与中国作家协会重点作品扶持项目不重复申报。

十、不接受征集截止日期前已出版的作品申报。

十一、中国作家协会书记处将聘请专家，组成少数民族文学重点作品扶持项目论证委员会，对选题价值和申报者完成选题的可行性进行综合评估。委员会以投票方式确定重点作品扶持项目报中国作家协会书记处审批。最终确定的重点作品扶持项目，将在《文艺报》和中国作家网公布。

地址：北京朝阳区东土城路25号创联部会员处

邮编：100013

电话：010-64489864 64489865 64489863

传真：010-64221703

联系人：李军杰 张敬敬

中国作家协会少数民族文学发展工程办公室

2015年2月9日

关于中国作家协会征集2015年定点深入生活专项活动申报的通知

为贯彻落实习近平总书记在文艺工作座谈会上重要讲话精神，坚持以人民为中心的创作导向，催生文学精品力作，2015年，中国作家协会将继续组织实施定点深入生活专项活动，并将其纳入中国作协“深入生活、扎根人民”主题实践活动。现将有关事项通知如下：

一、本年度定点深入生活申报工作从2月9日开始，至3月20日截止。

二、凡符合《中国作家协会定点深入生活工作条例》所列条件的作者，无论是否为中国作家协会会员均可申报。

三、中国作家协会团体会员为推荐单位，各地、各行业作者向中国作家协会团体会员提出申报。各团体会员在对申报人进行遴选和论证后填写推荐意见，报送中国作家协会定点深入生活办公室。每个团体会员推荐10人。解放军（含武警部队）写地方题材的作者及中直、国直系统的作者，可向中国作家协会定点深入 生活办公室直接申报。申报表格可从中国作家网（http://www.chinawriter.com.cn）下载。

四、定点深入生活办公室同时向鲁迅文学院、部分出版单位、文学期刊、持有互联网出版许可证的重点文学网站、部分文学社团定向征集有关定点深入活动计划，各推荐5人，但须征得作者同意。

五、定点深入生活的地点为城乡基层、改革开放和生产建设一线，鼓励深入革命老区、民族地区、边疆地区、贫困地区基层，时间为4至6个月。

六、申报者需具备以下条件：

1.身体健康，年龄在65周岁以下；

2.具备相应的创作实力，有成熟的创作计划；

3.有充实基层生活体验的迫切需要。

七、2015年定点深入生活方向有如下4项供参考选择，亦可自行确定方向。

1.“中国故事”方向。用文学形式，通过反映基层发生的变化，以小见大，真实、生动、鲜活地讲述中国故事，揭示反映中国社会各方面正在经历的深刻变迁和发展进步。

2.“城市新移民”方向。鼓励关注在城市化进程中流动的青年人群，如大学毕业生、新生代农民工和城市白领等的生活方式、情感体验和价值追求，展现他们追求和实践美好梦想的精神风貌。

3.“一带一路”方向。弘扬和平、开放、包容、互信、互利的丝绸之路精神，展现丝绸之路沿线人情风物、商贸往来、经济社会建设、文化交流等，集中反映丝绸之路的悠久历史、价值意义及其新时代的发展变化。

4.纪念“红军长征胜利80周年”“中国抗日战争胜利70周年”方向。纪念为人民革命、民族独立与国家解放而英勇献身的先烈，铭记历史、警示未来，大力培育和弘扬爱国主义精神，激励各族人民为实现中华民族伟大复兴的中国梦而共同奋斗。

八、申报者不得同时申报本年度中国作协重点作品扶持项目和少数民族文学重点作品扶持项目。

九、定点深入生活作家名单由论证委员会论证，并报经中国作家协会书记处审批后通知推荐单位，另在《文艺报》《作家通讯》和中国作家网公布。

十、入选者请于名单公布之日起至2015年12月底期间实施所申报计划。定点深入生活办公室将采用多种方式与各团体会员和作家保持联系，以了解落实情况，协调解决有关困难。

十一、对入选者，中国作家协会将给予适当经费补贴。

十二、入选者的创作选题，将择优纳入中国作协重点作品扶持项目，或中国作协少数民族文学重点作品扶持项目。

十三、定点深入生活办公室将请知名评论家和资深编辑对部分作品初稿提出修改意见，帮助提高完善，力求推出成熟作品。对已出版作品，将择优组织现场座谈。

十四、作家完成定点深入生活项目后，须于2015年12月底前向定点深入生活办公室提交经团体会员单位签署意见的个人小结。作家定点深入生活经历及创作成果将纳入中国作协定点深入生活数据库备案。

地址：北京市朝阳区东土城路25号

邮编：100013

电话：010-64489869 64489874

邮箱：64489874@163.com

联系人：范党辉 孟英杰

中国作家协会定点深入生活办公室

2015年2月9日

关于征集第九届茅盾文学奖参评作品的公告

第九届茅盾文学奖评奖工作现已启动，兹将参评作品征集事宜公告如下：

一、征集办法

1. 第九届茅盾文学奖参评作品由中国作家协会团体会员单位、中国人民解放军总政治部宣传部艺术局、出版单位、大型文学期刊、持有互联网出版许可证的重点文学网站推荐。

2. 每个推荐单位可推荐不超过3部作品，推荐时须获得作者授权。

3. 作者可向上述推荐单位提出作品参评申请。评奖办公室不接受个人申报。

二、作品参评条件

1. 第九届茅盾文学奖评奖年限为2011—2014年。

2. 参评作品须体现长篇小说体裁特征，版面字数13万字以上，于评奖年限内在中国内地地区首次成书出版。出版时间以书籍版权页标明的第一版出版时间为准。

3. 用少数民族文字创作的长篇小说，应以其汉语译本参评。

4. 多卷本作品，应以全书参评。

5. 作品如有修订版，原版首次出版时间和修订版出版时间须均在评奖年限内，作者只能授权其中一种版本参评。

6. 文学期刊推荐的作品，须在本刊发表并已在评奖年限内成书出版。

7. 文学网站推荐的作品，须在评奖年限内在本网站独家发表完成并成书出版。

三、征集程序及时间

1. 推荐单位须填写“参评作品推荐目录”和“参评作品推荐表”（在中国作家网http://www.chinawriter.com.cn/下载），并加盖公章。每部推荐作品须附推荐意见、作者简介、3000字以上作品梗概和作者授权签字。上述各项材料须同时提供纸质文本和电子文本。

2. 推荐单位须提供参评作品每部30本（套）。文学期刊推荐的作品须提供原发刊物每部2本，另须提供每部单行本30本（套）。

3. 纸质材料和参评作品须挂号或快递寄至中国作家协会第九届茅盾文学奖评奖办公室。勿用包裹。

电子版“参评作品推荐目录”和“参评作品推荐表”发至：mdwxj9@163.com。

4. 征集截止日期为2015年4月30日，以邮件发出日期为准。

四、评奖办公室联系方式

通讯地址：北京市朝阳区东土城路25号

中国作家协会第九届茅盾文学奖评奖办公室

邮政编码：100013

电　话：010-64489989、64489987、64489729

传　真：010-64221879

对各推荐单位和作者的协作支持，谨致衷心感谢！

中国作家协会第九届茅盾文学奖评奖办公室

2015年3月15日

附：茅盾文学奖评奖条例

附件一：《第九届茅盾文学奖参评作品推荐目录》（略）

附件二：《第九届茅盾文学奖参评作品推荐表》（略）

茅盾文学奖评奖条例

（2015年3月13日修订）

茅盾文学奖是根据茅盾先生遗愿，为鼓励优秀长篇小说创作、推动中国社会主义文学的繁荣而设立的，是中国具有最高荣誉的文学奖项之一。

茅盾文学奖由中国作家协会主办。

一、指导思想

茅盾文学奖评奖工作以马列主义、毛泽东思想、邓小平理论、“三个代表”重要思想和科学发展观为指导，深入贯彻落实习近平总书记系列重要讲话精神，遵循文艺为人民服务、为社会主义服务的方向，贯彻百花齐放、百家争鸣的方针，弘扬主旋律，提倡多样化，鼓励深入生活、扎根人民，坚持导向性、权威性、公正性，褒奖体现中国当代长篇小说创作思想高度和艺术水准的优秀作品。

二、评奖范围

茅盾文学奖每四年评选一次。

参评作品须体现长篇小说体裁特征，版面字数13万字以上，于评奖年限内在中国内地地区首次成书出版。

用少数民族文字创作的长篇小说，应以其汉语译本参评。

多卷本作品，应以全书参评。

三、评奖标准

茅盾文学奖评奖坚持思想性与艺术性有机统一的原则。获奖作品应具有深刻的思想内涵，有利于倡导爱国主义、集体主义、社会主义的思想和精神；有利于倡导改革开放和现代化建设的思想和精神；有利于倡导民族团结、社会进步、人民幸福的思想和精神；有利于倡导用诚实劳动争取美好生活的思想和精神。对于深刻反映现实生活和人民主体地位、体现中国精神、弘扬社会主义核心价值观、书写中华民族伟大复兴中国梦的作品，尤应予以关注。应重视作品的艺术品位，鼓励题材、主题、风格的多样化，鼓励在继承中国优秀传统文化和借鉴外国优秀文化成果基础上的探索和创新，鼓励具有中国作风和中国气派、为人民大众所喜闻乐见的作品。

四、评奖机构

茅盾文学奖评奖工作在中国作家协会书记处领导下，由茅盾文学奖评奖委员会负责。

评奖委员会成员应为关注和了解全国长篇小说创作情况的作家、评论家和文学组织工作者，均以个人身份参与评奖工作。年龄一般不超过70岁。

评奖委员会设委员若干名。由中国作家协会书记处聘请部分符合条件的人员；同时各省、自治区、直辖市作家协会和中国人民解放军总政治部宣传部艺术局各推荐一名符合条件的人选，由中国作家协会书记处审核聘请。

评奖委员会设主任、副主任，由中国作家协会书记处聘请。

评奖委员会下设评奖办公室，承担事务性工作。

五、评奖程序

1. 参评作品的征集与审核。

茅盾文学奖评奖办公室向中国作家协会团体会员单位、中国人民解放军总政治部宣传部艺术局、出版单位、大型文学期刊和持有互联网出版许可证的重点文学网站等征集参评作品。作品的参评条件以评奖办公室公告为准。

作者可向上述单位提出作品参评申请。评奖办公室不接受个人申报。

评奖办公室依据参评条件对所征集的作品进行审核，参评作品目录经审核后向社会公示。如发现不符合参评条件的，评奖办公室有权取消其参评资格。

2. 评选和产生获奖作品。

茅盾文学奖评奖实行票决制，评奖细则由中国作家协会书记处制订。

评奖委员会在对参评作品阅读、讨论的基础上，选出不超过十部提名作品；在提名作品中选出不超过五部获奖作品。

提名作品向社会公示。

投票实行实名制。投票、计票在公证机构监督下进行。

评奖委员会主任主持评奖工作，不参与投票。

3. 评奖结果发布和颁奖。

评奖结果经中国作家协会书记处批准后发布。举行颁奖大会，公布授奖辞，向获奖作品的作者颁发证书、奖牌和奖金；向获奖作品的责任编辑颁发证书。

六、评奖纪律

1. 严禁行贿受贿等违纪违法行为和人情请托等不正之风。评奖委员会成员和评奖办公室工作人员，须自觉遵守本条例和评奖细则规定的评奖纪律，不得有任何可能影响评奖结果的不正当行为。如有违反，有关人员的工作资格和有关作品的参评资格均予以取消。

2. 评奖委员会成员和评奖办公室工作人员中，如系参评作品的作者或责任编辑、参评作品作者或责任编辑的亲属、参评作品发表或出版单位的主要负责人、参评作品所属的文库或丛书的主编，应主动回避。相关人员可选择退出评委会，或作品退出评选。

3. 中国作家协会组成专门的纪律监察组监督评奖过程。

七、评奖经费

1. 茅盾文学奖创立经费由茅盾先生捐赠。

2. 茅盾文学奖评奖和奖励经费由中国作家协会书记处筹措。

八、本条例由中国作家协会书记处负责修订、解释。

中国作家协会所属单位2015年度招聘考试公告

中国作家协会定于2015年3月30日—4月3日进行2015年所属单位工作人员招聘考试。

一、参加考试的考生名单（见附表）

二、考试工作安排

1. 报到时间：

2015年3月30日14：00—15：00。

2. 报到地点：北京市朝阳区东土城路25号中国作家协会十楼会议室。

3. 乘车路线：乘123、130路公交车，东土城路南口站下车；或乘地铁13号线柳芳站往南300米。

4. 考生需提供材料：

考生应提供本人有效身份证件（身份证，学生证或工作证等）原件、所在学校盖章的就业推荐表（应届）或本人户口本（非应届）、学历学位证书，报考财务岗位人员需提供会计从业资格证书。上述材料，除原件外须提供复印件1套。一寸彩色近照两张（背面注明考生姓名）。

三、联系电话：010-64221705

中国作家协会人事部

2015年3月18日

附表：中国作家协会所属单位2015年度招聘工作人员参加考试考生名单

中国作家协会所属单位2015年度招聘工作人员参加考试考生名单

单位	岗位	参加考试的考生名单
创作研究部	综合一处综合岗	李壮、拓璐、胡鹏、耿韵、李鹃、陆海霞、李琳、沈绚楠、刘晶晶、徐慧
	办公室出纳岗	段熠婕、王玉、李怡雯、万贺欣、黄雯睿、段文天、徐聪、李敏、白蕊、杜雨萌
文艺报社	文学部编辑岗	陈文静、李健韬、谷琳、杨啸远、孙艳秋、孙海燕、贾彬、柳绪为、孙涛
	办公室会计岗	陈璐、殷晓东、程捷、李雪、刘奕君、吕英巧、方晨、高天琦、姚柃吉、易署孟
人民文学杂志社	编辑部编辑岗	李立超、刘汀、曹梦琰、李淑英
诗刊社	编辑部编辑岗	冯坤、隋伦、徐昕鹏、韩志君、樊月美子、连洁雨、王小琴、白茹冰
中国作家杂志社	影视部编辑岗	孙李科、王康、冯汝、赵云贵、张田、刘庆风、武华、许婉霓、耿玮琪、马卓妮
作家出版社	编辑部编辑岗	赵超、秦悦、赵莹、徐乐、孙宇
	总编室编务岗	张婷、杨阳、李静
作家文摘报社	编辑部内容编辑岗	白阳、李佳佳、邱雯、曾乐、申金贤、赵社娜、汪莹、张琳、宋瑞、赵宇恒、郭雅然、樊金凤、刘丽娟、李宗秀、姚越超、尤洋、马文静、刘倩
	编辑部美术编辑岗	刘永畅、好思、丁舒格、武子晗、崔瑶、胡美玲、陈红辉
作家活动中心	办公室行政岗	李楠、薛宏飞、陈中钰、郭静、严妍、李会杰
	财务部财务出纳岗	因报考人数未达到开考比例，不能形成有效竞争。经研究，取消该职位招聘计划。

中国作家协会2015年部门预算

中国作家协会2015年部门预算

目　录

第一部分 中国作家协会概况

一、主要任务

（一）组织作家学习马克思列宁主义、毛泽东思想、邓小平理论、“三个代表”重要思想，科学发展观和习近平总书记系列重要讲话精神，学习党的方针政策，坚持社会主义核心价值观，不断提高文学队伍的思想道德修养、科学文化素养、文学艺术学养。

（二）坚持文学创作的正确方向，树立精品意识，实施精品战略；提倡题材、体裁、形式的多样化，推动多种艺术风格、流派的充分发展；继承和发扬中华民族优秀文学传统和革命文学传统，学习和借鉴世界各国优秀文化成果，鼓励探索和创新，不断提高作品的思想水平和艺术水平，多出优秀作品，把最好的精神食粮贡献给人民。

（三）加强文学理论建设和文学评论工作。提倡和鼓励不同学术观点和学派的自由讨论；开展健康、科学的文学评论，树立和发扬与人为善、实事求是的文学批评风气，切实加强对创作思想的引导。

（四）坚持贴近实际、贴近生活、贴近群众的原则，鼓励和帮助作家从现实生活中汲取营养，丰富自己，努力反映以爱国主义为核心的民族精神和以改革创新为核心的时代精神，反映人民群众建设新生活的伟大实践，为建设和谐文化、巩固社会和谐的思想道德基础作出贡献。

（五）发现和培养文学创作、评论、编辑、翻译的新生力量，关心青年文学人才的成长，发展和壮大社会主义文学队伍。

（六）大力培养少数民族作家。尊重少数民族文学的传统和特色；尊重少数民族作家使用本民族语言文字进行创作。加强各民族之间的文学交流，促进各少数民族文学的繁荣与发展。

（七）努力办好本会所属的报纸、杂志、出版社和网站。坚持正确导向，不断提高质量，努力实现思想性和艺术性的统一、社会效益与经济效益的统一。

（八）高举爱国主义的旗帜，巩固和扩大全国各民族作家的大团结，增进同香港特别行政区、澳门特别行政区和台湾地区作家以及海外同胞中作家的联系、交流和友谊，加强民族团结，维护祖国统一。

（九）推进中外文学交流，参加国际文学活动，增进同世界各国作家的友谊，维护世界和平，促进社会进步。

（十）依据宪法和法律的规定，加强协会管理，倡导会员自律，反映会员的意见和要求，维护会员的民主权利和其他合法权益，保障会员从事正当的文学活动的自由。

（十一）组织全国性文学评奖活动，对优秀的创作成果和文学人才，给予表彰和奖励。

（十二）加强与社会各界的联系，并与政府有关部门密切合作，为会员从事创作、评论和其他文学活动创造良好的环境和氛围，提供必要的条件和服务；举办作家的福利事业，积极帮助会员解决生活、工作、学习等方面的困难。

（十三）广泛联系志在繁荣社会主义文学的文学社团，做好业务由本会主管的全国性文学社团的管理工作。

二、部门预算单位构成

中国作家协会2015年部门预算包括作协本级预算及所属11个事业单位预算，纳入中国作家协会2015年部门预算编制范围的单位详细情况见下表：

序号	单位代码	单位名称
1	212001	中国作家协会本级
2	212116	鲁迅文学院
3	212117	中国现代文学馆
4	212118	中国作家协会创作研究部
5	212119001	中国作家出版集团本级
6	212119111	《文艺报》社
7	212119112	《诗刊》社
8	212119113	《人民文学》杂志社
9	212119114	《民族文学》杂志社
10	212119115	《中国作家》杂志社
11	212120	中国作家协会机关服务中心
12	212121	中国作家协会作家活动中心

第二部分 中国作家协会2015部门预算表

部门公开表1

财政拨款收支总表

单位：万元

收入		支出			
项目	预算数	项目	合计	一般公共预算财政拨款	政府性基金预算财政拨款
一、本年收入	17,942.94	一、本年支出	21,134.05	21,134.05	
（一）一般公共预算拨款	17,942.94	（一）文化体育与传媒支出	19,584.84	19,584.84	
（二）政府性基金预算拨款		（二）社会保障和就业支出	868.77	868.77	
		（三）住房保障支出	680.44	680.44	
二、上年结转	3,191.11				
（一）一般公共预算拨款	3,191.11				
（二）政府性基金预算拨款					
		二、结转下年			
收　入　总　计	21,134.05	支　出　总　计	21,134.05	21,134.05	

部门公开表2

一般公共预算支出表

单位：万元

功能分类科目		2014年执行数		2015年预算数				2015年预算数比2014年执行数		2015年预算数比2014年执行数（扣除发改委基建）	
科目编码	科目名称	执行数	扣除发改委基建后执行数	年初预算数			扣除发改委基建后预算数	增减额	增减%	增减额	增减%
				小计	基本支出	项目支出					
205	教育支出	50.00	50.00					-50.00	-100.00%	-50.00	-100.00%
20508	进修及培训	50.00	50.00					-50.00	-100.00%	-50.00	-100.00%
2050803	培训支出	50.00	50					-50.00	-100.00%	-50.00	-100.00%
207	文化体育与传媒	17,601.84	17,601.84	16,494.17	3,725.16	12,769.01	16,494.17	-1,107.67	-6.29%	-1,107.67	-6.29%
20701	文化	13,567.23	13,567.23	14,139.56	3,095.55	11,044.01	14,139.56	572.33	4.22%	572.33	4.22%
2070101	行政运行	1,449.07	1,449.07	1,445.49	1,445.49		1,445.49	-3.58	-0.25%	-3.58	-0.25%
2070102	一般行政管理事务	2,300.00	2,300.00	2,400.01		2,400.01	2,400.01	100.01	4.35%	100.01	4.35%
2070103	机关服务	23.11	23.11	23.11	23.11		23.11	0.00	0.00%	0.00	0.00%
2070105	文化展示及纪念机构	3472.07	3472.07	3472.07	772.07	2,700.00	3,472.07	0.00	0.00%	0.00	0.00%
2070110	文化交流与合作	394.00	394.00	494.00		494.00	494.00	100.00	25.38%	100.00	25.38%
2070111	文化创作与保护	5,628.98	5,628.98	6,104.88	854.88	5,250.00	6,104.88	475.90	8.45%	475.90	8.45%
2070199	其他文化支出	300.00	300.00	200.00		200.00	200.00	-100.00	-33.33%	-100.00	-33.33%
20705	新闻出版	1,929.61	1,929.61	2,049.61	629.61	1,420.00	2,049.61	120.00	6.22%	120.00	6.22%
2070505	出版发行	1,929.61	1,929.61	2,049.61	629.61	1,420.00	2,049.61	120.00	6.22%	120.00	6.22%
20799	其他文化体育与传媒支出	2,105.00	2,105.00	305.00		305.00	305.00	-1,800.00	-85.51%	-1,800.00	-85.51%
2079902	宣传文化发展专项支出	305.00	305.00	305.00		305.00	305.00	0.00	0.00%	0.00	0.00%
2079903	文化产业发展专项支出	1,800.00	1,800.00				0.00	-1,800.00	-100.00%	-1,800.00	-100.00%
208	社会保障和就业	870.69	870.69	868.77	868.77		868.77	-1.92	-0.22%	-1.92	-0.22%
20805	行政事业单位离退休	870.69	870.69	868.77	868.77		868.77	-1.92	-0.22%	-1.92	-0.22%
2080501	归口管理的行政单位离退休	750.37	750.37	757.45	757.45		757.45	7.08	0.94%	7.08	0.94%
2080503	离退休人员管理机构	120.32	120.32	111.32	111.32		111.32	-9.00	-7.48%	-9.00	-7.48%
221	住房保障支出	511.00	511.00	580.00	580.00		580.00	69.00	13.50%	69.00	13.50%
22102	住房改革支出	511.00	511.00	580.00	580.00		580.00	69.00	13.50%	69.00	13.50%
2210201	住房公积金	310.00	310.00	310.00	310.00		310.00	0.00	0.00%	0.00	0.00%
2210202	提租补贴	51.00	51.00	60.00	60.00		60.00	9.00	17.65%	9.00	17.65%
2210203	购房补贴	150.00	150.00	210.00	210.00		210.00	60.00	40.00%	60.00	40.00%
	合　计	19,033.53	19,033.53	17,942.94	5,173.93	12,769.01	17,942.94	-1,090.59	-5.73%	-1,090.59	-5.73%

部门公开表3

一般公共预算基本支出表

单位：万元

经济分类科目		2015年基本支出		
科目编码	科目名称	合计	人员经费	公用经费
	工资福利支出	**1,565.57**	**1,565.57**	
30101	基本工资	532.55	532.55	
30102	津贴补贴	849.38	849.38	
30103	奖金	34.61	34.61	
30104	社会保障缴费	15.90	15.90	
30106	伙食补助费	73.00	73.00	
30199	其他工资福利支出	60.13	60.13	
	对个人和家庭的补助	**2,369.76**	**2,369.76**	
30301	离休费	352.99	352.99	
30302	退休费	1,333.45	1,333.45	
30304	抚恤金	37.00	37.00	
30305	生活补助	8.43	8.43	
30307	医疗费	10.00	10.00	
30309	奖励金	5.89	5.89	
30311	住房公积金	310.00	310.00	
30312	提租补贴	60.00	60.00	
30313	购房补贴	210.00	210.00	
30399	其他对个人和家庭的补助支	42.00	42.00	
	商品和服务支出	**1,238.60**		**1,238.60**
30201	办公费	120.00		120.00
30202	印刷费	19.50		19.50
30203	咨询费	1.00		1.00
30204	手续费	9.20		9.20
30205	水费	41.00		41.00
30206	电费	72.60		72.60
30207	邮电费	109.05		109.05
30208	取暖费	173.00		173.00
30209	物业管理费	164.29		164.29
30211	差旅费	44.00		44.00
30213	维修（护）费	15.50		15.50
30215	会议费	26.00		26.00
30216	培训费	13.00		13.00
30217	公务接待费	1.00		1.00
30218	专用材料费	20.79		20.79
30226	劳务费	23.50		23.50
30227	委托业务费	28.00		28.00
30228	工会经费	31.30		31.30
30229	福利费	16.00		16.00
30231	公务用车运行维护费	129.14		129.14
30239	其他交通费用	108.78		108.78
30299	其他商品和服务支出	61.95		61.95
31002	办公设备购置	10.00		10.00
	合计	**5,173.93**	**3,935.33**	**1,238.60**

部门公开表4

一般公共预算“三公”经费支出表

单位：万元

2014年预算数						2014年预算执行数						2015年预算数					
合计	因公出国（境）费	公务用车购置及运行费			公务接待费	合计	因公出国（境）费	公务用车购置及运行费			公务接待费	合计	因公出国（境）费	公务用车购置及运行费			公务接待费
		小计	公务用车购置费	公务用车运行费				小计	公务用车购置费	公务用车运行费				小计	公务用车购置费	公务用车运行费	
626. 81	330. 39	183. 42		183. 42	113. 00	626. 81	330. 39	183. 42		183. 42	113. 00	607. 53	330. 39	164. 14		164. 14	113. 00

部门公开表5

政府性基金预算支出表

单位:万元

科目编码	科目名称	单位代码	本年政府性基金预算财政拨款支出		
			合计	基本支出	项目支出
	合计				

注：中国作家协会没有政府性基金预算拨款收入，也没有使用政府性基金安排的支出，故本表无数据。

部门公开表6

部门收支总表

单位：万元

收　　入		支　　出	
项目	预算数	项目	预算数
一、一般公共预算拨款收入	17, 942. 94	一、文化体育与传媒支出	25, 030. 93
二、政府性基金预算拨款收入		二、社会保障与就业支出	1, 004. 31
三、事业收入	2, 778. 91	三、住房保障支出	824. 76
四、事业单位经营收入			
五、其他收入	2, 947. 04		
本年收入合计	23, 668. 89	本年支出合计	26, 860. 00
用事业基金弥补收支差额		结转下年	
上年结转	3, 191. 11		
收　入　总　计	26, 860. 00	支　出　总　计	26, 860. 00

部门公开表7

部门收入总表

单位：万元

科目		合计	上年结转	一般公共预算拨款收入	政府性基金预算拨款收入	事业收入		事业单位经营收入	上级补助收入	下级单位上缴收入	其他收入	用事业基金弥补收支差额
科目编码	科目名称					金额	其中：教育收费					
207	文化体育与传媒	25,030.93	3,090.67	16,494.17		2,749.83					2,696.26	
20701	文化	19,977.34	3,090.67	14,139.56		1,063.73					1,683.38	
2070101	行政运行	1,605.49		1,445.49							160.00	
2070102	一般行政管理事务	2,444.64	29.63	2,400.01							15.00	
2070103	机关服务	827.94		23.11		795.03					9.80	
2070105	文化展示及纪念机构	3,562.07		3,472.07							90.00	
2070110	文化交流与合作	494.00		494.00								
2070111	文化创作与保护	10,255.50	3,061.04	6,104.88							1,089.58	
2070199	其他文化支出	787.70		200.00		268.70					319.00	
20705	新闻出版	4,748.59		2,049.61		1,686.10					1,012.88	
2070505	出版发行	4,748.59		2,049.61		1,686.10					1,012.88	
20799	其他文化体育与传媒支出	305.00		305.00								
2079902	宣传文化发展专项支出	305.00		305.00								
208	社会保障和就业	1,004.31		868.77							135.54	
20805	行政事业单位离退休	1,004.31		868.77							135.54	
2080501	归口管理的行政单位离退休	869.99		757.45							112.54	
2080503	离退休人员管理机构	134.32		111.32							23.00	
221	住房保障支出	824.76	100.44	580.00		29.08					115.24	
22102	住房改革支出	824.76	100.44	580.00		29.08					115.24	
2210201	住房公积金	409.40	41.68	310.00		19.51					38.21	
2210202	提租补贴	85.68	23.08	60.00		0.50					2.10	
2210203	购房补贴	329.68	35.68	210.00		9.07					74.93	
	合计	26,860.00	3,191.11	17,942.94		2,778.91					2,947.04	

部门公开表8

部门支出总表

单位：万元

科目编码	科目名称（单位名称）	单位代码	合　计	基本支出	项目支出	上缴上级支出	事业单位经营支出	对下级单位补助支出
207	文化体育与传媒	212	25,030.93	7,191.25	17,839.68			
20701	文化	212	19,977.34	4,827.66	15,149.68			
2070101	行政运行	212	1,605.49	1,605.49				
2070102	一般行政管理事务	212	2,444.64		2,444.64			
2070103	机关服务	212	827.94	827.94				
2070105	文化展示及纪念机构	212	3,562.07	862.07	2,700.00			
2070110	文化交流与合作	212	494.00		494.00			
2070111	文化创作与保护	212	10,255.50	944.46	9,311.04			
2070199	其他文化支出	212	787.70	587.70	200.00			
20705	新闻出版	212	4,748.59	2,363.59	2,385.00			
2070505	出版发行	212	4,748.59	2,363.59	2,385.00			
20799	其他文化体育与传媒支出	212	305.00		305.00			
2079902	宣传文化发展专项支出	212	305.00		305.00			
208	社会保障和就业	212	1,004.31	1,004.31				
20805	行政事业单位离退休	212	1,004.31	1,004.31				
2080501	归口管理的行政单位离退休	212	869.99	869.99				
2080503	离退休人员管理机构	212	134.32	134.32				
221	住房保障支出	212	824.76	824.76				
22102	住房改革支出	212	824.76	824.76				
2210201	住房公积金	212	409.40	409.40				
2210202	提租补贴	212	85.68	85.68				
2210203	购房补贴	212	329.68	329.68				
	合计		26,860.00	9,020.32	17,839.68			

第三部分 中国作家协会2015年部门预算情况说明

一、关于中国作家协会2015年财政拨款收支预算情况的总体说明

中国作家协会2015年财政拨款收支总预算21134.05万元。收入全部为一般公共预算拨款，无政府性基金预算拨款，包括：当年财政拨款收入17942.94万元、上年结转3191.11万元；支出包括：文化体育与传媒支出19584.84万元、社会保障和就业支出868.77 万元、住房保障支出680.44万元。

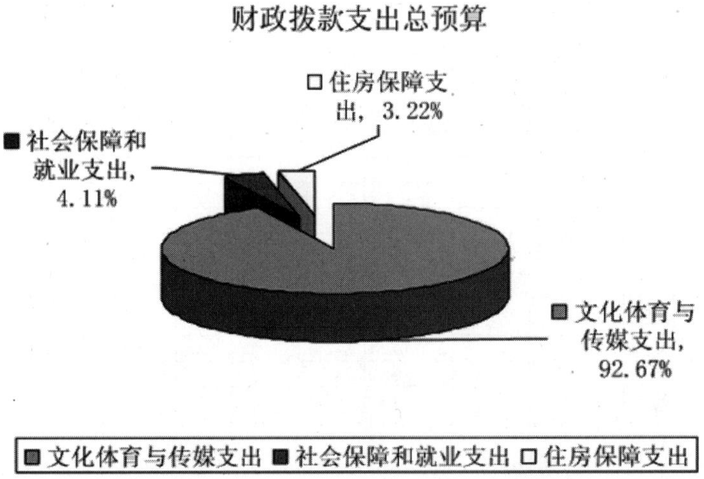

二、关于中国作家协会2015年一般公共预算当年财政拨款情况说明

（一）一般公共预算当年财政拨款规模变化情况。

中国作家协会2015年一般公共预算当年财政拨款17942.94万元，比2014年执行数减少1090.59万元，主要是2014年财政部追加了文化产业发展专项资金，2015年没有此项预算。

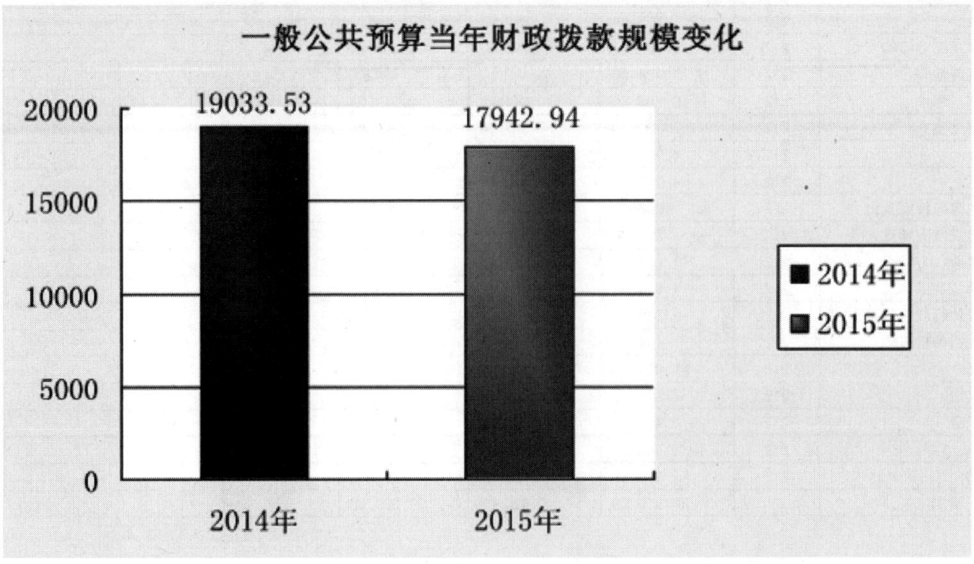

（二）一般公共预算当年财政拨款结构情况。

文化体育与传媒（类）支出16494.17万元，占91.93%；社会保障和就业（类）支出868.77万元，占4.84%；住房保障（类）支出580万元，占3.23%。

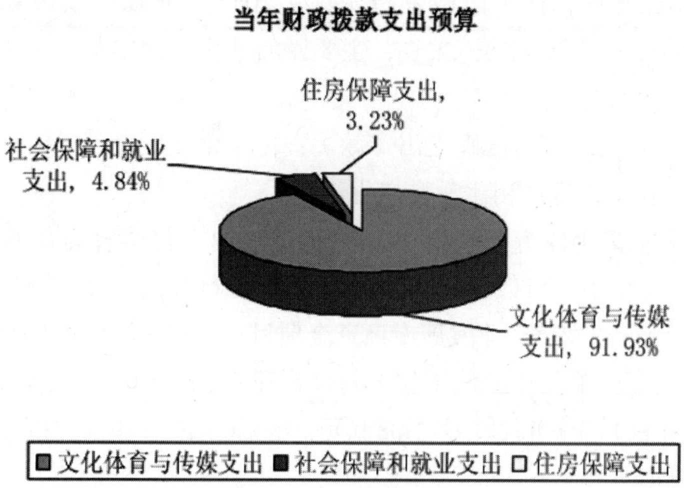

（三）一般公共预算当年财政拨款具体使用情况

1. 教育支出（类）进修及培训（款）培训支出（项）2015年财政拨款预算数为零，比2014年执行数减少50万元，减少100%，主要原因是我会2014年在此类款项反映的“网络及青年作家培训经费”调至其他类款项。

2. 文化体育与传媒（类）文化（款）行政运行（项）2015年财政拨款预算数为1445.49万元，比2014年执行数减少3.58万元，减少0.25%。

3. 文化体育与传媒（类）文化（款）一般行政管理事务（项）2015年财政拨款预算数为2400.01万元，比2014年执行数增加100.01万元，增长4.35%，主要原因是我会2015年增加“设备设施改造”经费100万元。

4. 文化体育与传媒（类）文化（款）机关服务（项）2015年财政拨款预算数为23.11万元，同2014年执行数相比没有变化。

5. 文化体育与传媒（类）文化（款）文化展示及纪念机构（项）2015年财政拨款预算数为3472.07万元，同2014年执行数相比没有变化。

6. 文化体育与传媒（类）文化（款）文化交流与合作（项）2015年财政拨款预算数为494万元，比2014年执行数增加100万元，增长25.38%，主要原因是我会“海峡两岸文学交流活动经费”100万元由2014年的其他类款项调至此类款项中。

7. 文化体育与传媒（类）文化（款）文化创作与保护（项）2015年财政拨款预算数为6104.88万元，比2014年执行数增加475.90万元，增长8.45%，主要原因是我会2015年增加离退休人员规范津贴补贴基本支出，以及组织文学评奖活动和文学创作扶持等项目支出。

8. 文化体育与传媒（类）文化（款）其他文化支出（项）2015年财政拨款预算数为200万元，比2014年执行数减少100万元，减少33.33%，主要原因是2015年减少所属单位房屋修缮费100万元。

9. 文化体育与传媒（类）新闻出版（款）出版发行（项）2015年财政拨款预算数为2049.61万元，比2014年执行数增加120万元，增长6.22%，主要原因是我会2015年增加“出版《人民文学》杂志外文版”等项目支出。

10. 文化体育与传媒（类）其他文化体育与传媒支出（款）宣传文化发展专项支出（项）2015年财政预算数为305万元，同2014年执行数相比没有变化。

11. 文化体育与传媒（类）其他文化体育与传媒支出（款）其他文化体育与传媒支出（项）2015年财政预算数为零，比2014年执行数减少1800万元，下降100%，主要原因是2014年预算执行中追加安排用于作家出版社的文化产业发展专项资金项目，2015年无此项预算。

12. 社会保障和就业（类）行政事业单位离退休（款）归口管理的行政单位离退休（项）2015年财政拨款预算757.45万元，比2014年执行数增加7.08万元，增幅0.94%，主要原因是我会2015年增加离退休人员所需基本支出。

13. 社会保障和就业（类）行政事业单位离退休（款）离退休人员管理机构（项）2015年财政拨款预算为111.32万元，比2014年执行数减少9万元，减少7.48%。

14. 住房保障支出（类）住房改革支出（款）住房公积金（项）2015年财政拨款预算为310万元，同2014年执行数相比没有变化。

15. 住房保障支出（类）住房改革支出（款）提租补贴（项）2015年财政拨款预算为60万元，比2014年执行数增加9万元，增幅17.65%，主要原因是2014年为消化历年结转经费，当年申请财政拨款较少，2015年已无结转经费，本年申请经费有所增加。

16. 住房保障支出（类）住房改革支出（款）购房补贴（项）2015年财政拨款预算210万元，比2014年执行数增加60万元，增幅40%，主要原因是2014年为消化历年结转经费，当年申请财政拨款较少，2015年已无结转经费，本年申请经费有所增加。

三、关于中国作家协会2015年一般公共预算基本支出情况说明

中国作家协会2015年一般公共预算基本支出5173.93万元，其中：人员经费3935.33万元，主要包括：基本工资、津贴补贴、奖金、社会保障缴费、伙食补助费、绩效工资、其他工资福利支出（款）、离休费、退休费、抚恤金、生活补助、医疗费、助学金、奖励金、住房公积金、提租补贴、购房补贴、其他对个人和家庭的补助支出；日常公用经费1238.60万元，主要包括：办公费、印刷费、咨询费、手续费、水费、电费、邮电费、取暖费、物业管理费、差旅费、因公出国（境）费、维修（护）费、租赁费、会议费、培训费、公务接待费、专用材料费、劳务费、委托业务费、工会经费、福利费、公务用车运行维护费、其他交通费、其他商品和服务支出、办公设备购置、专用设备购置。

四、关于中国作家协会2015年“三公”经费预算情况说明

中国作家协会2015年“三公”经费预算数为607.53万元，其中：因公出国（境）费330.39万元，公务用车购置及运行费164.14万元，公务接待费113万元。

2015年“三公”经费比2014年减少19.28万元，其中：因公出国（境）费、公务接待费与2014年预算数持平，公务用车购置及运行费减少19.28万元。公务接待费主要用于接待国外境外文学团组和作家来访，2014年我会接待18批，188人次的外宾，支出接待费91.34万元。公务用车购置及运行费减少的主要原因是为贯彻落实中央和国家机关公务用车制度改革精神，未安排公务用车购置费预算，同时减少公务用车运行费。

五、关于中国作家协会2015年收支预算情况的总体说明

按照综合预算的原则，中国作家协会所有收入和支出均纳入部门预算管理。收入包括：上年结转、财政拨款收入、事业收入、事业单位经营收入、其他收入、用事业基金弥补收支差额；支出包括：一般公共服务支出、外交支出、教育支出、文化体育与传媒支出、社会保障和就业支出、住房保障支出等。中国作家协会2015年收支总预算26860万元。

六、关于中国作家协会2015年收入预算情况说明

中国作家协会2015年收入预算26860万元，其中：上年结转3191.11万元，占11.89%；一般公共预算拨款收入17942.94万元，占66.80%；事业收入2778.91万元，占10.35%；其他收入2947.04万元，占10.97%。

中国作家协会2015年收入预算

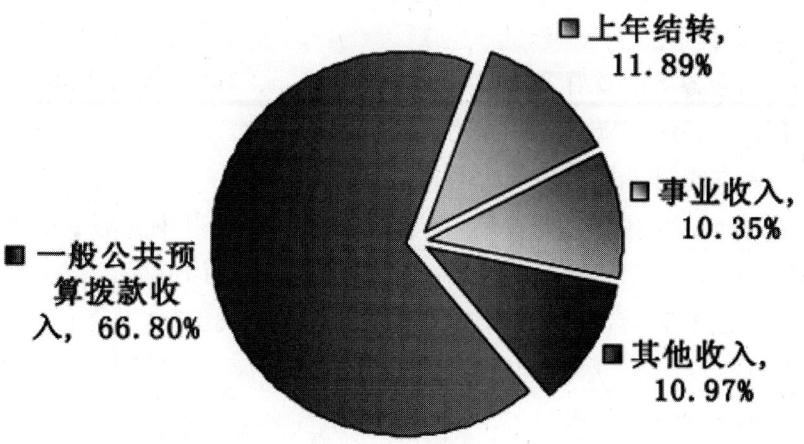

七、关于中国作家协会2015年支出预算情况说明

中国作家协会2015年支出预算26860万元，其中：基本支出9020.32万元，占33.58%；项目支出17839.68万元，占66.42%。

中国作家协会2015年支出预算

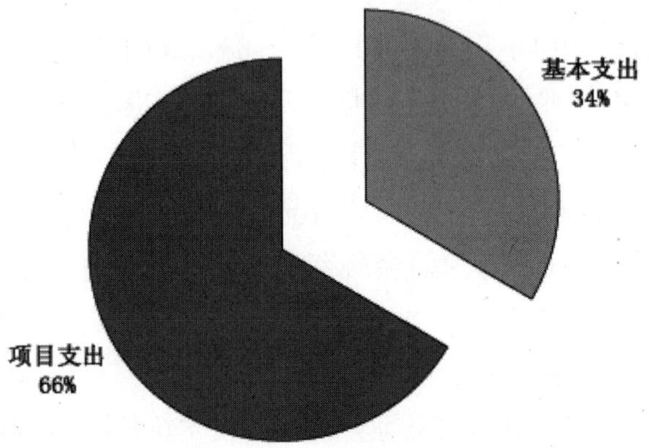

八、其他重要事项情况说明

（一）基本支出变动情况

2015年中国作家协会一般公共预算基本支出5173.93万元，较2014年预算增加630.96万元，增幅13.89%。主要原因为2015年预算中增加了用于在京中央国家机关和事业单位离退休人员规范津贴补贴支出预算592.85万元。

（二）政府采购情况

2015年中国作家协会各单位政府采购预算总额158.1万元，其中：政府采购货物预算67.10万元、政府采购工程预算0万元、政府采购服务预算91万元。

（三）国有资产占有使用情况

截至2014年12月31日，中国作家协会各单位共有车辆57辆，其中，部级领导干部用车11辆、一般公务用车46辆、一般执法执勤用车0辆、特种专业技术用车0辆、其他用车0辆。单位价值20万-50万元的大型设备10台（套），50万—200万的大型设备2台（套），没有单位价值200万以上大型设备。

2015年部门预算未安排购置车辆。

（四）预算绩效情况

2014年实行绩效目标管理的项目2个，涉及一般公共预算拨款800万元；纳入绩效评价试点的项目2个，涉及一般公共预算拨款800万元。2015年实行绩效目标管理的项目3个，涉及一般公共预算拨款2200万元；纳入绩效评价试点的项目3个，涉及一般公共预算拨款2200万元。

第四部分 名词解释

（一）一般公共预算拨款收入：指中央财政当年拨付的资金。

（二）事业收入：事业单位开展专项业务活动及辅助活动所取得的收入，如作协所属事业单位报刊发行收入、后勤服务收入、鲁迅文学院函授教学收入等。

（三）事业单位经营收入：指事业单位在专业业务活动及其辅助活动之外开展非独立核算经营活动取得的收入。

（四）其他收入：除“财政拨款收入”“事业收入”“事业单位经营收入”等以外的收入，主要是指利息收入、其他部门拨款、按规定动用的售房款收入等。

（五）用事业基金弥补收支差额：指事业单位在预计用当年的“财政拨款收入”“事业收入”“事业单位经营收入”“其他收入”不足以安排当年支出的情况下，使用以前年度积累的事业基金（事业单位当年收支相抵后按国家规定提取、用于弥补以后年度收支差额的基金）弥补本年度收支缺口的资金。

（六）上年结转：指以前年度尚未完成、结转到本年仍按原规定用途继续使用的资金。

（七）文化体育与传媒（类）文化（款）行政运行（项）：指作协本级人员工资及机构正常运转、履行职责所需的基本支出。

（八）文化体育与传媒（类）文化（款）一般行政管理事务（项）：指作协本级组织作家深入生活等各项支出。

（九）文化体育与传媒（类）文化（款）机关服务（项）：指作协本级后勤人员工资支出。

（十）文化体育与传媒（类）文化（款）文化展示及纪念机构（项）：指中国现代文学馆人员工资支出、公用支出、中国现代文学馆设备改造及运行所需的各项支出。

（十一）文化体育与传媒（类）文化（款）文化交流与合作（项）：指作协本级组织作家对外交流所需的各项支出。

（十二）文化体育与传媒（类）文化（款）文化创作与保护（项）：指作协本级及所属单位开展扶持文学创作活动和鲁迅文学院开展教学活动所需的各项支出。

（十三）文化体育与传媒（类）新闻出版（款）出版发行（项）：主要指作协所属报刊社出版发行的相关支出。

（十四）文化体育与传媒（类）其他文化体育与传媒支出（款）宣传文化发展专项支出（项）：主要指中国作家出版集团按规定使用的宣传文化发展专项支出。

（十五）社会保障和就业（类）行政事业单位离退休（款）归口管理的行政单位离退休（项）：主要用于我会本级离退休人员离退休费和公用支出。

（十六）社会保障和就业（类）行政事业单位离退休（款）离退休人员管理机构（项）：指用于我会离退休人员管理机构人员支出和公用支出。

（十七）住房保障支出（类）住房改革支出（款）住房公积金（项）：是按照《住房公积

金管理条例》的规定，由单位及其在职职工缴存的长期住房储金。该项政策始于上世纪九十年代中期，在全国机关、企事业单位在职职工中普遍实施，缴存比例最低不低于5%，最高不超过12%，缴存基数为职工本人上年工资，目前已实施近20 年时间。行政单位缴存基数包括国家统一规定的公务员职务工资、级别工资、机关工人岗位工资和技术等级（职务）工资、年终一次性奖金、特殊岗位津贴、艰苦边远地区津贴，规范后发放的工作性津贴、生活性补贴等；事业单位缴存基数包括国家统一规定的岗位工资、薪级工资、绩效工资、艰苦边远地区津贴、特殊岗位津贴等。

（十八）住房保障支出（类）住房改革支出（款）提租补贴（项）：是经国务院批准，于2000 年开始针对在京中央单位公有住房租金标准提高发放的补贴，中央在京单位按照在编职工人数和离退休人数以及相应职级的补贴标准确定，人均月补贴90元。

（十九）住房保障支出（类）住房改革支出（款）购房补贴（项）：是根据《国务院关于进一步深化城镇住房制度改革加快住房建设的通知》（国发[1998]23号）的规定，从1998年下半年停止实物分房后，房价收入比超过4 倍以上地区对无房和住房未达标职工发放的住房货币化改革补贴资金。中央行政事业单位从2000年开始发放购房补贴资金，地方行政事业单位从1999 年陆续开始发放购房补贴资金，企业根据本单位情况自行确定。在京中央单位按照《中共中央办公厅国务院办公厅转发建设部等单位〈关于完善在京中央和国家机关住房制度的若干意见〉的通知》（厅字[2005]8号）规定的标准执行，京外中央单位按照所在地人民政府住房分配货币化改革的政策规定和标准执行。

（二十）结转下年：指以前年度预算安排，由于客观原因发生变化无法按原计划实施，需延迟到以后年度按原规定用途继续使用的资金。

（二十一）基本支出：为保证机构正常运转，完成日常工作任务而发生的人员支出和公用支出。

（二十二）项目支出：指在基本支出之外，为完成特定行政任务和发展目标所发生的支出。

（二十三）“三公经费”：纳入中央财政预决算管理的“三公经费”，是指中央部门用财政拨款安排的因公出国（境）费、公务用车购置及运行费和公务接待费。其中，因公出国（境）费反映单位公务出国（境）的住宿费、旅费、伙食补助费、杂费、培训费等支出；公务用车购置及运行费反映单位公务用车购置费及租用费、燃料费、维修费、过路过桥费、保险费、安全奖励费用等支出；公务接待费反映单位按规定开支的各类公务接待（含外宾接待）支出。

第九届茅盾文学奖评奖办公室公告[2015年]第1号

第九届茅盾文学奖参评作品征集工作于2015年3月15日启动，2015年4月30日结束。经审核，初步认定共有252部作品符合《茅盾文学奖评奖条例》所规定的参评条件。现将参评作品目录在《文艺报》和中国作家网（http://www.chinawriter.com.cn/）公示。若发现其中有不符合参评条件的作品，请向评奖办公室反映。

公示期为2015年5月15日至6月15日。

评奖办公室电话：010-64489987、64489989。

评奖办公室电子邮箱：mdwxj9@163.com。

特此公告。

第九届茅盾文学奖评奖办公室

2015年5月15日

附：第九届茅盾文学奖参评作品目录

第九届茅盾文学奖参评作品目录

序号	作品名称	作 者	出版单位	出版日期	推荐单位
1	《遗忘与宽容》	阿慈兰若	鹭江出版社	2013年12月	鹭江出版社
2	《时间悄悄的嘴脸》	阿拉提·阿斯木	人民文学出版社	2013年9月	新疆作协
3	《纪年绣》	阿蛮	长江文艺出版社	2014年7月	重庆作协
4	《艾多斯 · 舒立凡》	艾多斯·阿曼泰	新疆青少年出版社	2013年4月	新疆青少年出版社
5	《南方》	艾伟	人民文学出版社	2014年11月	浙江作协
6	《东望》	安力达	作家出版社	2012年10月	中国电力作协
7	《忽必烈大汗》	巴根	作家出版社	2012年11月	总政宣传部艺术局
8	《云横秦岭》	巴陇锋	西安交通大学出版社	2014年3月	西安交通大学出版社
9	《大凉山往事》	北来	人民文学出版社	2014年5月	中国铁路作协
10	《大地》	布仁特古斯	作家出版社	2014年11月	内蒙古作协
11	《大英雄本色》	采风楼主	中国民主法制出版社	2014年10月	中国民主法制出版社
12	《家园万岁》	蔡测海	北京大学出版社	2013年3月	湖南作协
13	《遍地杏黄》	曹华鹏	山东人民出版社	2014年3月	山东人民出版社
14	《魔气》	曹军庆	长江文艺出版社	2014年5月	长江文艺出版社
15	《嗜血的皇冠》	曹昇	时代文艺出版社	2011年7月	浙江作协
16	《第五战区》	常芳	山东文艺出版社	2014年9月	山东文艺出版社
17	《一个女人的五故事》	陈家桥	安徽文艺出版社	2011年8月	安徽文艺出版社
18	《江州义门》	陈启文	花城出版社	2012年1月	花城出版社
19	《羊哭了，猪笑了，蚂蚁病了》	陈亚珍	北京燕山出版社	2011年11月	山西作协、北京燕山出版社

20	《花儿是心上的油》	陈元魁	人民文学出版社	2014年10月	青海作协
21	《九曲回肠》	陈占敏	山东文艺出版社	2014年6月	山东文艺出版社
22	《甑子场》	成都凸凹	百花洲文艺出版社	2014年12月	百花洲文艺出版社
23	《大三线》	成都凸凹	现代出版社	2014年10月	现代出版社
24	《黑白·白之篇》	储福金	江苏文艺出版社	2014年8月	江南杂志社
25	《祖宗在上》	丛培申	辽宁人民出版社	2014年1月	辽宁人民出版社
26	《命定》	达真	四川文艺出版社	2011年11月	四川文艺出版社
27	《浪漫时代》	戴谙	百花文艺出版社	2014年1月	百花文艺出版社
28	《辛亥舰队》	邓晨曦	海风出版社	2011年8月	福建作协
29	《南方有令秧》	笛安	长江文艺出版社	2014年11月	长江文艺出版社
30	《依偎》	丁捷	人民文学出版社	2012年8月	钟山杂志社
31	《悬崖边》	董新建	中国检察出版社	2014年4月	中国检察出版社
32	《有啥别有病》	杜禅	华夏出版社	2013年1月	华夏出版社
33	《大车帮》	杜光辉	作家出版社	2012年3月	海南作协
34	《江河水》	杜卫东、周新京	东方出版社	2014年9月	东方出版社
35	《仓央嘉措》	多杰才旦	青海人民出版社	2012年9月	青海作协
36	《土地》	范力国	远方出版社	2013年10月	中国国土资源作协
37	《吾血吾土》	范稳	北京十月文艺出版社	2014年10月	十月杂志社
38	《我的名字叫王村》	范小青	作家出版社	2014年6月	作家出版社
39	《战起1938》	疯丢子	江苏文艺出版社	2014年1月	晋江文学城
40	《最后的蚁王》	冯光辉	凤凰出版社	2012年6月	凤凰出版社
41	《粉碎》	冯积岐	文汇出版社	2012年1月	陕西作协
42	《变声期》	凤鸣	时代文艺出版社	2012年11月	吉林作协
43	《红树》	符兴全	天地出版社	2014年8月	海南作协、天地出版社
44	《风雨伊洛河》	傅金保	河南大学出版社	2014年12月	河南大学出版社
45	《雪落高原》	傅泽刚	作家出版社	2014年2月	云南作协
46	《农民父亲》	高鸿	文汇出版社	2012年12月	文汇出版社
47	《统万城》	高建群	太白文艺出版社	2012年12月	太白文艺出版社
48	《江南三部曲》	格非	上海文艺出版社	2012年4月	上海文艺出版社、作家杂志社
49	《裸地》	葛水平	北岳文艺出版社	2014年12月	北岳文艺出版社
50	《田韩堡》	耿翔	西安出版社	2012年12月	西安出版社
51	《日头》	关仁山	人民文学出版社	2014年8月	河北作协、人民文学出版社
52	《工人》	管新生、管燕草	上海人民出版社	2013年1月	上海人民出版社

53	《英雄水雷》	光盘	漓江出版社	2014年12月	广西作协
54	《东门破》	郭明辉	安徽文艺出版社	2014年9月	安徽作协
55	《蒙古里亚》	郭雪波	北京十月文艺出版社	2014年10月	北京十月文艺出版社
56	《青旗·嘎达梅林》	郭雪波	新星出版社	2011年6月	新星出版社
57	《野沙》	郭严隶	作家出版社	2014年12月	中国作家杂志社
58	《想爱》	果园	花城出版社	2012年5月	中国电力作协
59	《向延安》	海飞	浙江文艺出版社	2011年6月	浙江作协
60	《热带时间》	海男	江苏文艺出版社	2013年1月	云南作协
61	《粮票》	韩乃寅	东方出版社	2013年11月	东方出版社
62	《七七级》	韩乃寅	北方文艺出版社	2012年9月	黑龙江作协
63	《日夜书》	韩少功	上海文艺出版社	2013年3月	海南作协、上海文艺出版社、收获杂志社
64	《胜算》	何常在	中国言实出版社	2014年5月	中国言实出版社
65	《来生再见》	何顿	江苏文艺出版社	2013年11月	湖南作协
66	《葵花》	何玉茹	人民文学出版社	2013年6月	河北作协
67	《百鸟朝凤》	红柯	上海文艺出版社	2013年5月	作家杂志社
68	《喀拉布风暴》	红柯	重庆出版社	2013年9月	陕西作协、重庆出版集团
69	《少女萨吾尔登》	红柯	北京十月文艺出版社	2014年12月	十月杂志社
70	《家人们》	黄蓓佳	人民文学出版社	2011年6月	江苏作协
71	《碑》	黄国荣	解放军文艺出版社	2012年1月	解放军文艺出版社
72	《深圳梦》	黄国晟	九州出版社	2014年10月	九州出版社
73	《大帅府》	黄世明	长江文艺出版社	2013年4月	辽宁作协
74	《京西胭脂铺》	黄晓阳、冷海	中国言实出版社	2014年1月	中国言实出版社
75	《上庄记》	季栋梁	北京十月文艺出版社	2014年5月	宁夏作协
76	《古炉》	贾平凹	人民文学出版社	2011年1月	当代杂志社
77	《老生》	贾平凹	人民文学出版社	2014年9月	陕西作协
78	《负案在逃》	贾文成	群众出版社	2013年7月	中国铁路作协
79	《汉口之春》	姜燕鸣	长江文艺出版社	2013年1月	湖北作协
80	《火鲤鱼》	姜贻斌	湖南文艺出版社	2012年5月	湖南作协
81	《囚界无边》	蒋子丹	人民文学出版社	2012年1月	作家杂志社
82	《繁花》	金宇澄	上海文艺出版社	2013年3月	上海作协、上海文艺出版社、收获杂志社
83	《关东乱世》	景文玺	群众出版社	2014年1月	群众出版社
84	《援疆兄弟》	鞠利	上海文艺出版社	2013年9月	新疆作协
85	《天天都有大太阳》	康志刚	百花文艺出版社	2013年1月	百花文艺出版社

86	《离婚记》	老梅	漓江出版社	2013年8月	漓江出版社
87	《西施乳》	老藤	群众出版社	2014年7月	辽宁作协
88	《抵达昨日之河》	李伯勇	作家出版社	2014年8月	江西作协
89	《花儿为什么这样红》	李成虎	青海人民出版社	2013年8月	青海作协
90	《大江边》	李凤群	江苏文艺出版社	2011年1月	江苏文艺出版社
91	《农历》	李国仁	四川人民出版社	2014年4月	四川人民出版社
92	《镜子里的父亲》	李浩	北京十月文艺出版社	2013年11月	北京十月文艺出版社
93	《木垒河》	李健	湖南文艺出版社	2012年10月	新疆作协
94	《城事》	李劲松	太白文艺出版社	2014年3月	重庆作协
95	《中国战场之共赴国难》	李骏虎	北岳文艺出版社	2014年12月	山西作协、北岳文艺出版社
96	《生命册》	李佩甫	作家出版社	2012年3月	作家出版社
97	《季节深处》	李芮	新华出版社	2011年11月	中国煤矿作协
98	《张马丁的第八天》	李锐	江苏文艺出版社	2011年12月	江苏文艺出版社
99	《血地》	李西岳	花山文艺出版社	2013年1月	花山文艺出版社
100	《黑瞎子沟传奇》	李尊秀	北方文艺出版社	2013年5月	黑龙江作协
101	《北去来辞》	林白	北京出版社	2013年1月	北京出版社
102	《我的唐山》	林那北	海峡书局	2011年12月	福建作协
103	《一座塔》	刘建东	重庆出版社	2012年10月	河北作协
104	《天宝往事》	刘建华	江西人民出版社	2014年3月	江西作协
105	《大商埠》	刘杰	青岛出版社	2014年12月	青岛出版社
106	《黄泥地》	刘庆邦	北京十月文艺出版社	2014年11月	北京作协
107	《拯救》	刘诗伟	作家出版社	2011年7月	湖北作协
108	《箪军之城》	刘萧	中国青年出版社	2014年6月	中国青年出版社
109	《飘窗》	刘心武	漓江出版社	2014年6月	漓江出版社
110	《蟠虺》	刘醒龙	上海文艺出版社	2014年4月	湖北作协
111	《天日》	刘云生	中国华侨出版社	2011年1月	中国煤矿作协
112	《浮生》	柳岸	河南文艺出版社	2014年4月	河南文艺出版社
113	《历史转折中的邓小平》	龙平平、黄亚洲、张强、魏人	四川人民出版社	2014年8月	四川人民出版社
114	《六人晚餐》	鲁敏	北京十月文艺出版社	2012年6月	江苏作协
115	《花街往事》	路内	上海文艺出版社	2013年7月	上海作协
116	《红狼毒》	路远	作家出版社	2014年9月	内蒙古作协
117	《太阳底下》	罗伟章	作家出版社	2012年6月	四川作协
118	《掩面》	吕新	江苏文艺出版社	2014年3月	花城杂志社

119	《赎罪无门》	吕铮	外文出版社	2013年3月	全国公安作协
120	《名提》	吕铮	江苏凤凰文艺出版社	2014年12月	全国公安作协
121	《金沙县》	绿笙	海风出版社	2014年7月	福建作协
122	《马兰花开》	马金莲	宁夏人民教育出版社	2014年3月	宁夏人民教育出版社
123	《铸剑为犁》	马奇昌	三秦出版社	2014年1月	三秦出版社
124	《怒江往事》	马瑞翎	晨光出版社	2014年4月	云南作协
125	《阿娜的憨敦敦》	马自祥	甘肃民族出版社	2014年12月	甘肃民族出版社
126	《八年官司》	苗培兴	黄河出版社	2014年3月	黄河出版社
127	《曾溪口》	苗勇、李国军	中国工人出版社	2011年7月	中国工人出版社
128	《梦焰》	苗长水	安徽文艺出版社	2014年1月	总政宣传部艺术局
129	《手的十种语言》	墨白	作家出版社	2012年4月	河南作协
130	《大地，苍生》	凝隽	作家出版社	2012年9月	黑龙江作协
131	《三个三重奏》	宁肯	北京十月文艺出版社	2014年10月	北京作协
132	《江湖凶猛》	欧阳乾	新世界出版社	2012年12月	半壁江中文网
133	《百年血脉》	帕蒂古丽	北京时代华文书局	2014年12月	北京时代华文书局
134	《黑旗旋风：刘永福传奇》	潘大林	漓江出版社	2014年12月	广西作协
135	《一席之地》	潘习龙	中国人民大学出版社	2013年10月	中国人民大学出版社
136	《无尽藏》	庞贝	作家出版社	2014年2月	广东作协
137	《倾斜至深处》	彭名燕	作家出版社	2012年6月	广东作协
138	《认罪书》	乔叶	北京十月文艺出版社	2013年11月	河南作协
139	《苍黄尧天》	乔忠延	北岳文艺出版社	2013年4月	北岳文艺出版社
140	《河之影》	裘山山	湖南文艺出版社	2014年12月	湖南文艺出版社
141	《战长沙》	却却	广东人民出版社	2014年8月	晋江文学城
142	《水牛坟》	冉祥熙	黄河出版社	2013年10月	黄河出版社
143	《银鱼来》	冉正万	重庆出版社	2012年11月	重庆出版集团
144	《大富水》	阮德胜	解放军文艺出版社	2012年6月	安徽作协
145	《多布库尔河》	萨娜	文化艺术出版社	2013年7月	内蒙古作协
146	《黔上听香——在最美的地方遇见你》	山峰	九州出版社	2013年3月	九州出版社
147	《新养老时代》	陕西玉周	中国书籍出版社、北京希望电子出版社	2012年7月	北京希望电子出版社
148	《文化商人》	尚建国	作家出版社	2012年7月	中文在线
149	《我的生存质量》	邵丽	人民文学出版社	2013年5月	河南作协
150	《红军家族前传》	绍武、会林	北京十月文艺出版社	2012年10月	北京十月文艺出版社
151	《弹头十字架》	施放	四川文艺出版社	2013年1月	四川文艺出版社

152	《十城记》	宋安娜	作家出版社	2014年11月	天津作协
153	《1968年的雪》	宋清海	长江文艺出版社	2014年8月	江西作协
154	《黄雀记》	苏童	作家出版社	2013年8月	江苏作协、收获杂志社
155	《生死十日谈》	孙惠芬	人民文学出版社	2013年4月	人民文学出版社
156	《流动的黑金》	孙秋生	中国文联出版社	2014年12月	中国石油作协
157	《一只猫在人间》	檀丽	广东人民出版社	2013年8月	广东人民出版社
158	《岁月是朵两生花》	唐七	中国言实出版社	2014年5月	中国言实出版社
159	《沧桑武陵三部曲》	唐玉林	贵州人民出版社	2014年5月	贵州作协
160	《凉山热雪》	傥城稻香	语文出版社	2014年10月	语文出版社
161	《铁血英雄末路情》	天尘	南京大学出版社	2013年9月	南京大学出版社
162	《迷局》	田冲	广东旅游出版社	2014年4月	广东旅游出版社
163	《夏天糖》	田耳	湖南文艺出版社	2011年1月	钟山杂志社
164	《天体悬浮》	田耳	作家出版社	2014年8月	广西作协、江南杂志社
165	《生门》	凸凹	中国书籍出版社	2014年1月	中国书籍出版社
166	《天香》	王安忆	人民文学出版社	2011年5月	上海作协、人民文学出版社
167	《公敌》	王方晨	湖南文艺出版社	2014年12月	山东作协
168	《城市门》	王海	太白文艺出版社	2011年7月	太白文艺出版社
169	《花河》	王华	人民文学出版社	2014年9月	贵州作协
170	《时代·农民·命运三部曲》	王焕庆	作家出版社	2012年6月	天津作协
171	《逃出母宇宙》	王晋康	四川科学技术出版社	2013年12月	四川科学技术出版社
172	《山川记》	王妹英	太白文艺出版社	2014年5月	中国作家杂志社
173	《这边风景》	王蒙	花城出版社	2013年4月	花城出版社
174	《儒仁的图腾》	王佩飞	宁夏人民教育出版社	2014年4月	宁夏人民教育出版社
175	《度戒》	王青伟	湖南人民出版社	2014年12月	湖南人民出版社
176	《寺门》	王少华	河南文艺出版社	2013年1月	河南文艺出版社
177	《隆重纪念一个无用的人》	王石	群众出版社	2014年3月	群众出版社
178	《同袍》	王甜	解放军文艺出版社	2012年1月	解放军文艺出版社
179	《花儿》	王维胜	兰州大学出版社	2014年4月	兰州大学出版社
180	《大地》	王永利	中国对外翻译出版有限公司	2014年12月	中国对外翻译出版有限公司
181	《开埠》	王雨	人民文学出版社、重庆出版社	2014年10月	重庆作协、重庆出版集团
182	《爱历元年》	王跃文	湖南文艺出版社	2014年8月	湖南文艺出版社
183	《无尽结——西藏六年的青春浪漫》	王者鲲	团结出版社	2013年7月	团结出版社
184	《百年农民三部曲》	王子庆	河南人民出版社	2014年7月	河南人民出版社

185	《临时夫妻》	王子群	陕西师范大学出版总社	2011年9月	陕西师范大学出版总社
186	《葵花女》	魏玉明	中国文联出版社	2013年9月	中国文联出版社
187	《虎啸八年》	温靖邦	花城出版社	2011年5月	花城出版社
188	《周恩来的四个昼夜》	吴保安、田运章、李娟娟	新华出版社	2014年12月	新华出版社
189	《珠山八友》	吴昊、凌云	江西高校出版社	2014年12月	江西高校出版社
190	《镜花水月——游士孔子》	吴礼权	暨南大学出版社	2014年4月	暨南大学出版社
191	《远水孤云——说客苏秦》	吴礼权	云南人民出版社	2011年9月	云南人民出版社
192	《钓鱼城》	吴蔚	中国民主法制出版社	2014年9月	中国民主法制出版社
193	《老爸老妈的春天》	夏景	中国青年出版社	2014年6月	中国青年出版社
194	《河套平原》	向春	作家出版社	2012年1月	甘肃作协
195	《记忆洪荒》	项小米	北京出版社	2013年1月	北京出版社
196	《生铁开花》	肖克凡	北京十月文艺出版社	2011年5月	天津作协
197	《天津大码头》	肖克凡	中国青年出版社	2011年11月	中国青年出版社
198	《遥远的湄公河》	晓荔	中国文联出版社	2014年7月	中国文联出版社
199	《忏悔录：一个青年艺术家的自画像》	行者	江苏凤凰美术出版社	2014年9月	江苏凤凰美术出版社
200	《食物链：我妻子的故事》	行者	江苏凤凰美术出版社	2014年9月	江苏凤凰美术出版社
201	《创世纪：伏羲与女娲》	行者	江苏凤凰美术出版社	2014年9月	江苏凤凰美术出版社
202	《连尔居》	熊育群	作家出版社	2013年10月	广东作协
203	《美手》	熊正良	百花洲文艺出版社	2011年7月	百花洲文艺出版社
204	《藏茶秘事》	徐杉	四川大学出版社	2012年11月	四川大学出版社
205	《耶路撒冷》	徐则臣	北京十月文艺出版社	2014年3月	北京作协
206	《荒原问道》	徐兆寿	作家出版社	2014年4月	甘肃作协
207	《夏》	许大雷	人民文学出版社	2014年7月	山西作协
208	《空巢》	薛忆沩	华东师范大学出版社	2014年7月	花城杂志社
209	《野狐岭》	雪漠	人民文学出版社	2014年7月	甘肃作协
210	《妈阁是座城》	严歌苓	人民文学出版社	2014年1月	人民文学出版社
211	《陆犯焉识》	严歌苓	作家出版社	2011年10月	作家出版社
212	《活着之上》	阎真	湖南文艺出版社	2014年12月	湖南文艺出版社
213	《我们家》	颜歌	浙江文艺出版社	2013年5月	四川作协
214	《风云·党崇雅 明末清初三十年》	杨广虎	西安出版社	2014年11月	西安出版社
215	《汉武大帝》	杨焕亭	长江文艺出版社	2013年1月	长江文艺出版社
216	《兵团儿女 》	杨眉	新疆生产建设兵团出版社	2013年7月	新疆生产建设兵团出版社
217	《双人舞》	杨沐	中国华侨出版社	2013年1月	中国国土资源作协

218	《尊严》	杨廷玉	时代文艺出版社	2011年9月	吉林作协
219	《西藏的战争》	杨志军	人民文学出版社	2012年1月	山东作协、当代杂志社
220	《世事天机》	杨志鹏	中国文联出版社	2014年3月	中国文联出版社
221	《西门坡》	姚鄂梅	上海文艺出版社	2013年10月	钟山杂志社
222	《虚拟的伤痛》	姚良	北京时代华文书局	2014年3月	北京时代华文书局
223	《状元媒》	叶广芩	北京十月文艺出版社	2012年4月	十月杂志社
224	《天边有只红鹘鸟》	叶鸣	内蒙古文化出版社	2013年12月	内蒙古文化出版社
225	《后土》	叶炜	青岛出版社	2013年9月	青岛出版社
226	《安江事件》	叶辛	东方出版社	2014年6月	东方出版社
227	《驰向黑夜的女人》	叶兆言	江苏文艺出版社	2014年4月	江苏文艺出版社
228	《后患》	易卓奇	新华出版社	2013年10月	全国公安作协
229	《玛庵梦》	英布草心	团结出版社	2014年7月	团结出版社
230	《范蠡：从兵家奇才到东方商圣》	余耀华	新华出版社	2012年11月	新华出版社
231	《世纪情缘之狗来儿》	玉洁	山西经济出版社	2013年6月	山西经济出版社
232	《老大这辈子》	曾孟群	太白文艺出版社	2012年10月	中国电力作协
233	《局》	查舜	宁夏人民出版社	2012年5月	宁夏作协
234	《我们生长在这里》	张殿权	黄山书社	2014年5月	黄山书社
235	《大红门》	张凡军	青岛出版社	2011年1月	青岛出版社
236	《绝秦书》	张浩文	太白文艺出版社	2014年5月	太白文艺出版社
237	《眷恋蓝土》	张静	海洋出版社	2011年9月	海洋出版社
238	《大山惊梦》	张奎	中国言实出版社	2014年11月	中国金融作协
239	《阵痛》	张翎	作家出版社	2014年3月	中国作家杂志社
240	《望》	张仁良	上海锦绣文章出版社	2014年8月	上海锦绣文章出版社
241	《太太万岁》	张巍	北京联合出版公司	2012年7月	半壁江中文网
242	《人脉》	张学东	河南文艺出版社	2011年5月	宁夏作协
243	《命令无情》	张艳荣	华夏出版社	2014年7月	华夏出版社
244	《拉萨河畔》	张祖文	作家出版社	2012年5月	西藏作协
245	《黑丧鼓》	召唤	长江文艺出版社	2014年5月	四川作协
246	《乾道坤道》	赵德发	安徽文艺出版社	2014年10月	山东作协
247	《望乡台》	赵伟	北京出版社	2012年3月	北京出版社
248	《红绸》	赵雁	人民文学出版社	2014年9月	辽宁作协
249	《狮吼平型关》	赵云常	团结出版社	2014年11月	团结出版社
250	《科技活财神》	智广俊	内蒙古人民出版社	2011年8月	内蒙古人民出版社

251	《挖井记》	朱日亮	时代文艺出版社	2012年11月	吉林作协
252	《魂断西河》	朱仲宽	山东人民出版社	2013年7月	山东人民出版社

中国作协所属单位2015年拟招聘工作人员公示公告

按照国家人力资源社会保障部下发的《事业单位公开招聘人员暂行规定》要求，经笔试、面试、体检、考察等程序，拟聘用李壮等10名同志(具体情况见附表)为我会所属单位工作人员。现将有关情况予以公示。公示期间，如有异议，请向中国作家协会人事部反映。

公示时间：2015年5月22日至5月28日

监督电话：010-64221705

中国作家协会人事部

2015年5月22日

附：

姓 名	性 别	报考岗位	毕业院校
李 壮	男	创作研究部综合一处综合岗	北京师范大学
白 蕊	女	创作研究部办公室出纳岗	北京物资学院
严 妍	女	作家活动中心办公室行政岗	北京电影学院
刘 汀	男	人民文学杂志社编辑部编辑岗	北京师范大学
赵社娜	女	作家文摘报社编辑部内容编辑岗	中国社会科学院
隋 伦	男	诗刊社编辑部编辑岗	吉林大学
刘奕君	女	文艺报社办公室会计岗	北京理工大学
许婉霓	女	中国作家杂志社影视部编辑岗	清华大学
赵 超	男	作家出版社编辑部编辑岗	北京印刷学院
杨 阳	男	作家出版社总编室编务岗	甘肃农业大学

中国作协所属单位2015年递补拟聘用工作人员公示公告

我会创研部办公室出纳岗拟聘用考生因个人原因放弃签订三方协议，递补该职位段熠婕同志为拟聘用工作人员。现将有关情况予以公示。公示期间，如有异议，请向中国作家协会人事部反映。

公示时间：2015年6月9日至6月15日

监督电话：010-64221705

中国作家协会人事部

2015年6月9日

附：

姓 名	**性 别**	**报考岗位**	**毕业院校**
段熠婕	女	创作研究部办公室出纳岗	中央财经大学

中国作家协会2015年接收安置军转干部面试公告

根据国务院军转办关于2015年接收安置军转干部工作的统一部署，现就中国作家协会所属诗刊社岗位面试工作有关事项公告如下：

一、参加面试人员名单

根据笔试成绩从高到低的顺序，以下人员进入面试：

准考证号	**面试最低分数线**
004201504106	72
001201506617	
015201502202	
007201504303	
016201505017	
001201506227	
001201506715	
015201506421	

二、面试时间和地点

时间：2015年7月23日14：00报到

地点：中国作家出版集团大楼10层会议室（北京市朝阳区农展馆南里10号，地铁团结湖站）

三、注意事项

面试当天请携带本人军官证、学历学位证书原件和笔试准考证，以备查验。考生对报考信息的真实性负责，在资格复审或组织考察时，如发现报考信息不实的将取消面试或录用资格。

联系电话：64221705

中国作家协会人事部

2015年7月14日

中国作家协会2014年部门决算

中国作家协会2014年部门决算

目　录

第一部分 中国作家协会概况

一、主要职能

（一）组织作家学习马克思列宁主义、毛泽东思想、邓小平理论、“三个代表”重要思想、科学发展观，学习贯彻习近平总书记系列重要讲话精神，学习党的方针政策，坚持社会主义核心价值体系，不断提高文学队伍的思想道德修养、科学文化素养、文学艺术学养。

（二）坚持文学创作的正确方向，树立精品意识，实施精品战略；提倡题材、体裁、形式的多样化，推动多种艺术风格、流派的充分发展；继承和发扬中华民族优秀文学传统和革命文学传统，学习和借鉴世界各国优秀文化成果，鼓励探索和创新，不断提高作品的思想水平和艺术水平，多出优秀作品，把最好的精神食粮贡献给人民。

（三）加强文学理论建设和文学评论工作。提倡和鼓励不同学术观点和学派的自由讨论；开展健康、科学的文学评论，树立和发扬与人为善、实事求是的文学批评风气，切实加强对创作思想的引导。

（四）坚持深入实际、扎根人民，鼓励和帮助作家从现实生活中汲取营养，丰富自己，努力反映以爱国主义为核心的民族精神和以改革创新为核心的时代精神，反映人民群众建设新生活的伟大实践，为建设和谐文化、巩固社会和谐的思想道德基础作出贡献。

（五）发现和培养文学创作、评论、编辑、翻译的新生力量，关心青年文学人才的成长，发展和壮大社会主义文学队伍。

（六）大力培养少数民族作家。尊重少数民族文学的传统和特色；尊重少数民族作家使用本民族语言文字进行创作。加强各民族之间的文学交流，促进各少数民族文学的繁荣与发展。

（七）努力办好本会所属的报纸、杂志、出版社和网站。坚持正确导向，不断提高质量，努力实现思想性和艺术性的统一，社会效益与经济效益的统一。

（八）高举爱国主义的旗帜，巩固和扩大全国各民族作家的大团结，增进同香港特别行政区、澳门特别行政区和台湾地区作家以及海外同胞中作家的联系、交流和友谊，加强民族团结，维护祖国统一。

（九）推进中外文学交流，参加国际文学活动，增进同世界各国作家的友谊，维护世界和平，促进社会进步。

（十）依据宪法和法律的规定，加强协会管理，倡导会员自律，反映会员的意见和要求，维护会员的民主权利和其他合法权益，保障会员从事正当的文学活动的自由。

（十一）组织全国性文学评奖活动，对优秀的创作成果和文学人才，给予表彰和奖励。

（十二）加强与社会各界的联系，并与政府有关部门密切合作，为会员从事创作、评论和其他文学活动创造良好的环境和氛围，提供必要的条件和服务；举办作家的福利事业，积极帮助会员解决生活、工作、学习等方面的困难。

（十三）广泛联系志在繁荣社会主义文学的文学社团，做好业务由本会主管的全国性文学社团的管理工作。

二、部门决算单位构成

中国作家协会（简称中国作协）2014年部门决算包括中国作协本级决算及所属11个事业单位决算，同比不变。纳入2014年部门决算编制范围的单位详见下表：

序号	单位代码	单位名称
1	212001	中国作家协会本级
2	212116	鲁迅文学院
3	212117	中国现代文学馆
4	212118	中国作家协会创作研究部
5	212119001	中国作家出版集团本级
6	212119111	《文艺报》社
7	212119112	《诗刊》社
8	212119113	《人民文学》杂志社
9	212119114	《民族文学》杂志社
10	212119115	《中国作家》杂志社
11	212120	中国作家协会机关服务中心
12	212121	中国作家协会作家活动中心

第二部分 中国作家协会2014年度部门决算表

收入支出决算总表

公开01表

部门：中国作家协会　　单位：万元

收入			支出		
项　目	行次	决算数	项　目	行次	决算数
栏　次		1	栏　次		2
一、财政拨款收入	1	19033.53	一、一般公共服务支出	29	
二、上级补助收入	2		二、外交支出	30	
三、事业收入	3	3406.07	三、国防支出	31	
四、经营收入	4		四、公共安全支出	32	
五、附属单位上缴收入	5		五、教育支出	33	50.00
六、其他收入	6	3245.37	六、科学技术支出	34	
	7		七、文化体育与传媒支出	35	22280.31
	8		八、社会保障和就业支出	36	738.62
	9		九、医疗卫生与计划生育支出	37	
	10		十、节能环保支出	38	
	11		十一、城乡社区支出	39	
	12		十二、农林水支出	40	
	13		十三、交通运输支出	41	
	14		十四、资源勘探信息等支出	42	
	15		十五、商业服务业等支出	43	
	16		十六、金融支出	44	
	17		十七、援助其他地区支出	45	
	18		十八、国土海洋气象等支出	46	
	19		十九、住房保障支出	47	846.49
	20		二十、粮油物资储备支出	48	
	21		二十一、国债还本付息支出	49	
	22		二十二、其他支出	50	
	23			51	
本年收入合计	24	25684.97	**本年支出合计**	52	23915.42
用事业基金弥补收支差额	25	18.10	结余分配	53	43.29
年初结转和结余	26	7740.43	年末结转和结余	54	9484.80
	27			55	
合计	28	33443.50	**合计**	56	33443.50

注：本表反映部门本年度的总收支和年末结转结余情况。

收入决算表

公开02表

部门：中国作家协会　　　　单位：万元

项目		本年收入合计	财政拨款收入	上级补助收入	事业收入	经营收入	附属单位上缴收入	其他收入
功能分类科目编码	科目名称							
栏次		1	2	3	4	5	6	7
合计		25,684.97	19,033.53		3,406.07			3,245.37
205	**教育支出**	50.00	50.00					
20508	进修及培训	50.00	50.00					
2050803	培训支出	50.00	50.00					
207	**文化体育与传媒支出**	23,716.04	17,601.84		3,398.32			2,715.88
20701	文化	16,874.23	13,567.23		769.33			2,537.67
2070101	行政运行	1,811.99	1,449.07					362.92
2070102	一般行政管理事务	2,314.96	2,300.00					14.96
2070103	机关服务	680.79	23.11		630.39			27.29
2070105	文化展示及纪念机构	3,600.94	3,472.07					128.87
2070110	文化交流与合作	394.00	394.00					
2070111	文化创作与保护	7,270.01	5,628.98					1,641.03
2070199	其他文化支出	801.54	300.00		138.93			362.60
20705	新闻出版	4,578.11	1,929.61		2,628.99			19.50
2070505	出版发行	4,578.11	1,929.61		2,628.99			19.50
20799	其他文化体育与传媒支出	2,263.71	2,105.00					158.71
2079902	宣传文化发展专项支出	463.71	305.00					158.71
2079903	文化产业发展专项支出	1,800.00	1,800.00					
208	**社会保障和就业支出**	870.69	870.69					
20805	行政事业单位离退休	870.69	870.69					
2080501	归口管理的行政单位离退休	750.37	750.37					
2080503	离退休人员管理机构	120.32	120.32					
221	**住房保障支出**	1,048.24	511.00		7.75			529.49
22102	住房改革支出	1,048.24	511.00		7.75			529.49
2210201	住房公积金	342.47	310.00		7.02			25.45
2210202	提租补贴	51.34	51.00					0.34
2210203	购房补贴	654.42	150.00		0.73			503.69

注：本表反映部门本年度取得的各项收入情况。

支出决算表

公开 03 表

部门：中国作家协会　　　　单位：万元

项目		本年支出合计	基本支出	项目支出	上缴上级支出	经营支出	对附属单位补助支出
功能分类科目编码	科目名称						
栏次		1	2	3	4	5	6
合计		23,915.42	8,098.92	15,816.50			
205	**教育支出**	50.00		50.00			
20508	进修及培训	50.00		50.00			
2050803	培训支出	50.00		50.00			
207	**文化体育与传媒支出**	22,280.31	6,513.81	15,766.50			
20701	文化	15,622.83	4,236.08	11,386.74			
2070101	行政运行	1,375.93	1,375.93				
2070102	一般行政管理事务	2,286.33		2,286.33			
2070103	机关服务	698.90	698.90				
2070105	文化展示及纪念机构	3,693.86	852.72	2,841.15			
2070110	文化交流与合作	406.15		406.15			
2070111	文化创作与保护	6,412.04	817.85	5,594.20			
2070199	其他文化支出	749.61	490.70	258.91			
20705	新闻出版	4,393.77	2,277.72	2,116.05			
2070505	出版发行	4,393.77	2,277.72	2,116.05			
20799	其他文化体育与传媒支出	2,263.71		2,263.71			
2079902	宣传文化发展专项支出	463.71		463.71			
2079903	文化产业发展专项支出	1,800.00		1,800.00			
208	**社会保障和就业支出**	738.62	738.62				
20805	行政事业单位离退休	738.62	738.62				
2080501	归口管理的行政单位离退休	629.82	629.82				
2080503	离退休人员管理机构	108.80	108.80				
221	**住房保障支出**	846.49	846.49				
22102	住房改革支出	846.49	846.49				
2210201	住房公积金	347.63	347.63				
2210202	提租补贴	71.48	71.48				
2210203	购房补贴	427.37	427.37				

注：本表反映部门本年度各项支出情况。

财政拨款收入支出决算总表

公开04表

部门：中国作家协会　　　　单位：万元

收入			支出				
项目	行次	金额	项目	行次	合计	一般公共预算财政拨款	政府性基金预算财政拨款
栏次		1	栏次		2	3	4
一、一般公共预算财政拨款	1	19,033.53	一、一般公共服务支出	30			
二、政府性基金预算财政拨款	2		二、外交支出	31			
	3		三、国防支出	32			
	4		四、公共安全支出	33			
	5		五、教育支出	34	50.00	50.00	
	6		六、科学技术支出	35			
	7		七、文化体育与传媒支出	36	16,718.03	16,718.03	
	8		八、社会保障和就业支出	37	738.62	738.62	
	9		九、医疗卫生与计划生育支出	38			
	10		十、节能环保支出	39			
	11		十一、城乡社区支出	40			
	12		十二、农林水支出	41			
	13		十三、交通运输支出	42			
	14		十四、资源勘探信息等支出	43			
	15		十五、商业服务业等支出	44			
	16		十六、金融支出	45			
	17		十七、援助其他地区支出	46			
	18		十八、国土海洋气象等支出	47			
	19		十九、住房保障支出	48	562.29	562.29	
	20		二十、粮油物资储备支出	49			
	21		二十一、国债还本付息支出	50			
	22		二十二、其他支出	51			
	23			52			
本年收入合计	24	19,033.53	**本年支出合计**	53	18,068.93		
年初财政拨款结转和结余	25	3,688.25	年末结转和结余	54	4,652.85		
一般公共预算财政拨款	26	3,688.25		55			
政府性基金预算财政拨款	27			56			
	28			57			
合计	29	22,721.78	**合计**	58	22,721.78		

注：本表反映部门本年度一般公共预算财政拨款和政府性基金预算财政拨款的总收支和年末结转结余情况。

一般公共预算财政拨款支出决算表

公开 05 表

部门： 单位：万元

项目		本年支出合计	基本支出	项目支出
功能分类科目编码	科目名称			
栏次		1	2	3
合计		180,689,326.07	4,542.97	13,525.97
205	**教育支出**	50.00		50.00
20508	进修及培训	50.00		50.00
2050803	培训支出	50.00		50.00
207	**文化体育与传媒支出**	16,718.03	3,242.06	13,475.97
20701	文化	12,835.31	2,764.34	10,070.97
2070101	行政运行	1,291.03	1,291.03	
2070102	一般行政管理事务	2,286.33		2,286.33
2070103	机关服务	23.11	23.11	
2070105	文化展示及纪念机构	3,504.24	723.85	2,780.39
2070110	文化交流与合作	406.15		406.15
2070111	文化创作与保护	5,065.53	726.35	4,339.18
2070199	其他文化支出	258.91		258.91
20705	新闻出版	1,777.72	477.72	1,300.00
2070505	出版发行	1,777.72	477.72	1,300.00
20799	其他文化体育与传媒支出	2,105.00		2,105.00
2079902	宣传文化发展专项支出	305.00		305.00
2079903	文化产业发展专项支出	1,800.00		1,800.00
208	**社会保障和就业支出**	738.62	738.62	
20805	行政事业单位离退休	738.62	738.62	
2080501	归口管理的行政单位离退休	629.82	629.82	
2080503	离退休人员管理机构	108.80	108.80	
221	**住房保障支出**	562.29	562.29	
22102	住房改革支出	562.29	562.29	
2210201	住房公积金	315.16	315.16	
2210202	提租补贴	71.14	71.14	
2210203	购房补贴	175.99	175.99	

注：本表反映部门本年度一般公共预算财政拨款实际支出情况。

一般公共预算财政拨款基本支出决算表

公开06表

部门：中国作家协会 单位：万元

项目		本年支出合计	人员经费	公用经费
经济分类科目编码	科目名称			
栏次		1	2	3
合计		4,542.97	3,598.04	944.93
205	**教育支出**			
20508	进修及培训			
2050803	培训支出			
207	**文化体育与传媒支出**	3,242.06	2,360.82	881.24
20701	文化	2,764.34	1,903.10	861.24
2070101	行政运行	1,291.03	826.00	465.03
2070102	一般行政管理事务			
2070103	机关服务	23.11	23.11	
2070105	文化展示及纪念机构	723.85	382.80	341.05
2070110	文化交流与合作			
2070111	文化创作与保护	726.35	671.19	55.16
2070199	其他文化支出			
20705	新闻出版	477.72	457.72	20.00
2070505	出版发行	477.72	457.72	20.00
20799	其他文化体育与传媒支出			
2079902	宣传文化发展专项支出			
2079903	文化产业发展专项支出			
208	**社会保障和就业支出**	738.62	674.94	63.68
20805	行政事业单位离退休	738.62	674.94	63.68
2080501	归口管理的行政单位离退休	629.82	622.69	7.13
2080503	离退休人员管理机构	108.80	52.25	56.55
221	**住房保障支出**	562.29	562.29	
22102	住房改革支出	562.29	562.29	
2210201	住房公积金	315.16	315.16	
2210202	提租补贴	71.14	71.14	
2210203	购房补贴	175.99	175.99	

注：本表反映部门本年度一般公共预算财政拨款基本支出明细情况。

一般公共预算财政拨款“三公”经费支出决算表

公开07表

部门：中国作家协会

单位：万元

2014年度预算数						2014年度决算数					
合计	因公出国（境）费	公务用车购置及运行费			公务接待费	合计	因公出国（境）费	公务用车购置及运行费			公务接待费
		小计	公务用车购置费	公务用车运行费				小计	公务用车购置费	公务用车运行费	
1	2	3	4	5	6	7	8	9	10	11	12
626.81	330.39	183.42		183.42	113	599.93	315.29	171.64		171.64	113

注：2014年度预算数为“三公”经费年初预算数，决算数是包括当年财政拨款预算和以前年度结转结余资金安排的实际支出。

政府性基金预算财政拨款收入支出决算表

公开08表

部门：

单位：万元

项目		上年结转和结余	本年收入	本年支出			年末结转和结余
功能分类科目编码	科目名称			小计	基本支出	项目支出	
栏次		1	2	3	4	5	6
合计							

注：本表反映部门本年度政府性基金预算财政拨款收入支出及结转和结余情况。

第三部分 中国作家协会2014年度部门决算情况说明

一、2014年度收入支出总体情况说明

中国作协2014年度收入合计33443.5万元，支出合计33443.5万元。与2013年相比，收、支合计各增加2.75万元，同比增长0.01%，增长的主要原因是其他收入同比略有增长。

二、2014年度收入决算情况说明

中国作协2014年总收入33443.50万元，其中年初结转7740.43万元，占总收入的23.15%；当年财政拨款收入19033.53万元，占总收入的56.91%；事业收入3406.07万元，占总收入的10.19%；其他收入3245.37万元，占总收入的9.7%；用事业基金弥补收支差额18.1万元，占总收入的0.05%。

2014年当年收入与2013年当年收入相比：财政拨款下降8.11%，事业收入增长11.16%，其他收入增长11.57%。

中国作家协会2014年收入分布图

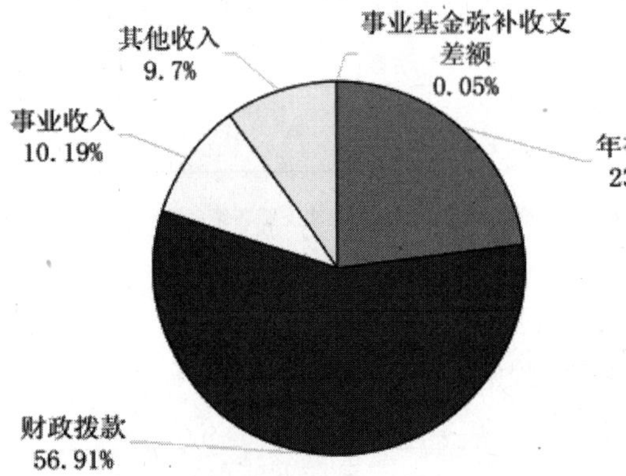

三、2014年度支出决算情况说明

中国作协2014年总支出23915.42万元，其中基本支出8098.92万元，占总支出的33.86%；项目支出15816.50万元，占总支出的66.14%。总支出中财政拨款支出18068.93万元，占总支出的75.55%，其他资金支出5846.48万元，占总支出的24.45%。

基本支出中人员经费支出6463.25万元，占基本支出的79.8%；公用经费支出1635.66万元，占基本支出的20.2%。项目支出中基本建设类项目支出187.79万元，占项目支出的1.19%；行政事业类项目支出15,628.71万元，占项目支出的98.81%。

2014年当年支出与2013年当年支出相比：基本支出增长7.36%，项目支出下降11.32%，经营支出下降100%。

中国作家协会2014年支出分布图

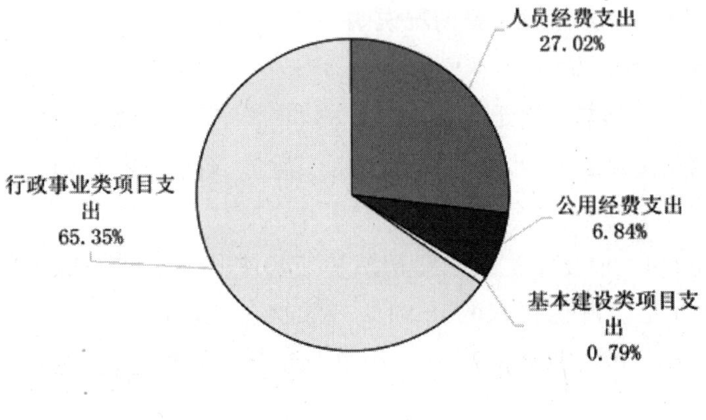

四、2014年度财政拨款收入支出总体情况说明

中国作协2014年财政拨款收支总决算22721.78万元。与2013年相比，财政拨款收、支合计各减少1231.58万元，降低5.14%。主要原因是2013年有用于中国现代文学馆二期工程的基建拨款，而本年没有基建拨款，所以财政拨款收支决算相应减少。

中国作家协会财政拨款收、支决算合计变动情况图

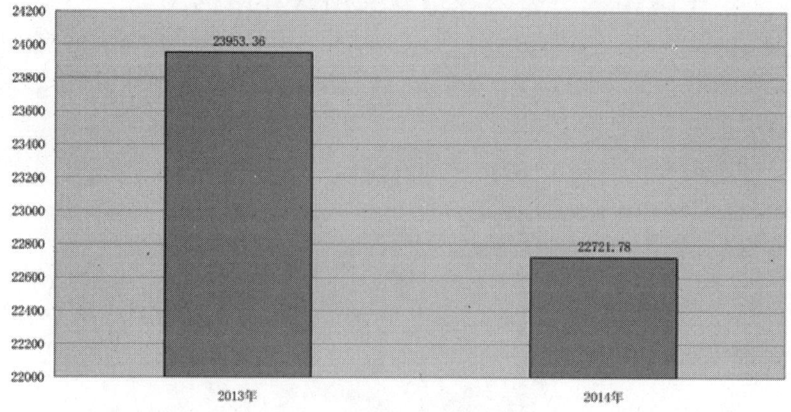

五、2014年度一般公共预算财政拨款支出决算情况说明

（一）财政拨款支出决算总体情况

中国作协2014年当年财政拨款支出18068.93万元，占本年支出合计的75.55%。与2013年相比，财政拨款支出减少2196.18万元，降低10.84%。主要原因是中国现代文学馆二期工程基建完工，财政拨款支出相应减少。

2014年财政拨款支出中基本支出4542.97万元，占财政拨款支出的25.14%，项目支出13525.97万元，占财政拨款支出的74.86%。

中国作家协会财政拨款支出对比图

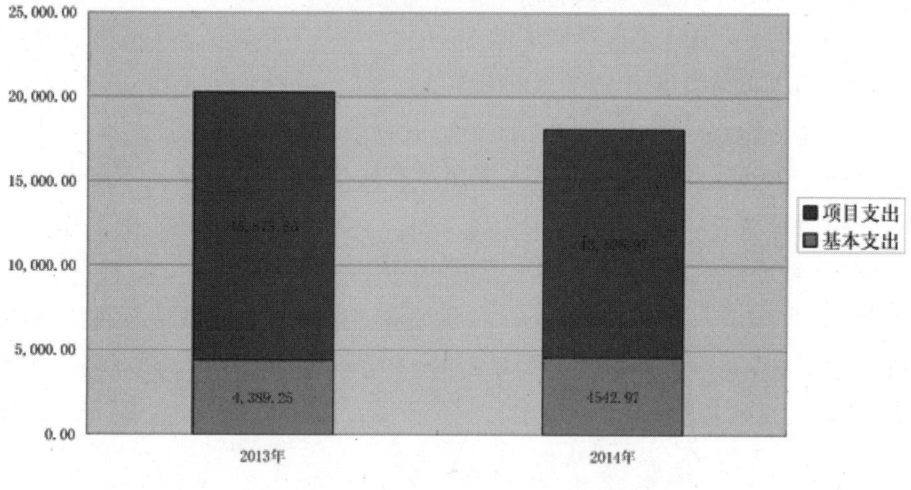

（二）财政拨款支出决算结构情况

中国作协财政拨款支出主要用于以下方面：教育支出50万元，占财政拨款支出的0.28%；文化体育与传媒支出16718.03万元，占财政拨款支出的92.52%；社会保障和就业支出738.62万元，占财政拨款支出的4.09%；住房保障支出562.29万元，占财政拨款支出的3.11%。

中国作家协会财政拨款支出决算结构图

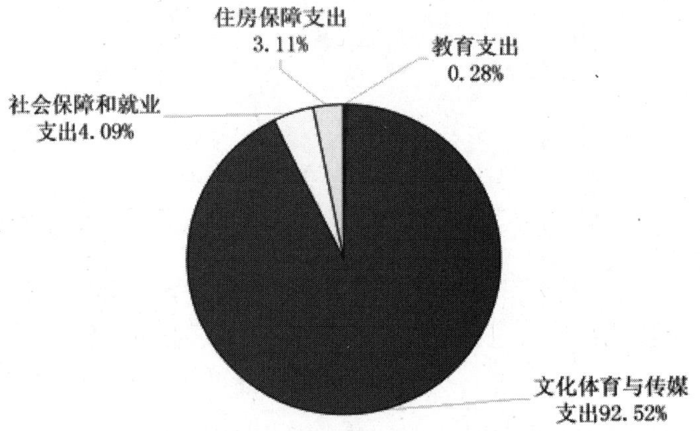

（三）财政拨款支出决算具体情况

中国作协2014年年初财政拨款支出预算为16198.68万元，支出决算为18068.93万元，决算比预算增加了1870.25万元，增长11.55%。主要是财政部给作家出版社追加文化产业发展专项资金。具体支出如下：

1. 教育支出（类）进修及培训（款）培训支出（项）年初财政拨款支出预算50万元，决算50万元，决算与预算相同。上年无此项支出。

2. 文化体育与传媒（类）文化（款）行政运行（项）年初财政拨款支出预算1198.17万元，决算1291.03万元，决算比预算增加92.86万元，增长7.75%。上年支出1291.03万元，同比不变。此项经费主要用于中国作协本级的基本支出。

3. 文化体育与传媒（类）文化（款）一般行政管理事务（项）本年财政拨款支出预算2392.86万元，决算2286.33万元，决算比预算减少106.53万元，下降4.45%。上年支出2430.35万元，同比减少144.02万元，下降5.93%，此项经费主要用于中国作协本级组织作家深入生活等经常性项目支出。

4. 文化体育与传媒（类）文化（款）机关服务（项）本年财政拨款支出预算23.11万元，决算23.11万元，决算与预算相同。上年支出23.11万元，同比持平。此项经费主要用于中国作协机关服务中心人员的基本支出。

5. 文化体育与传媒（类）文化（款）文化展示及纪念机构（项）本年财政拨款支出预算3423.85万元，决算3504.24万元，决算比预算增加80.39万元，增长2.35%。上年支出5879.89万元，同比减少2375.65万元，下降40.40%。此项经费主要用于中国现代文学馆的基本支出和文学研究等项目支出，本年支出减少的原因是中国现代文学馆二期工程基建项目完工，相应支出减少。

6. 文化体育与传媒（类）文化（款）文化交流与合作（项）本年财政拨款支出预算394万元，决算406.15万元，决算比预算增加12.15万元，增长3.08%。上年支出370.82万元，同比增加35.33万元，增长9.53%。此项经费主要用于中国作协本级组织全国各地作家进行对外文学交流等项目支出。本年支出增长的原因是用于举办第三次汉学家文学翻译国际研讨会。

7. 文化体育与传媒（类）文化（款）文化创作与保护（项）本年财政拨款支出预算5126.35万元，决算5065.53万元，决算比预算减少60.85万元，下降1.19%。上年支出4735.58万元，同比增加329.95万元，增长6.97%。此项经费主要用于中国作协所属鲁迅文学院和创作研究部两个单位的基本支出、中国作协本级重点作品扶持等项目支出、鲁迅文学院举办中青年作家高研班等项目支出。本年支出增长的原因是用于文学理论研究等项目经费有所增加。

8. 文化体育与传媒（类）文化（款）其他文化支出（项）本年财政拨款支出预算300万元，决算258.91万元，决算比预算减少41.09万元，下降13.70%。上年支出260万元，同比减少1.09万元，下降0.42%。此项经费主要用于中国作协所属报刊社举办文学活动的项目支出。

9. 文化体育与传媒（类）新闻出版（款）出版发行（项）本年财政拨款支出预算1777.72万元，决算1777.72万元，决算与预算相同。上年支出1504.39万元，同比增加273.33万元，增长18.17%。此项经费主要用于中国作协所属报刊社的基本支出和出版《民族文学》汉、蒙、藏、维、哈、朝文版本等项目支出。本年支出增长的原因是用于出版《人民文学》杂志英文版等项目经费有所增加。

10. 文化体育与传媒（类）其他文化体育与传媒支出（款）宣传文化发展专项支出（项）本年财政拨款支出预算305万元，决算305万元，决算与预算相同。上年支出305万元，同比持平。此项经费主要用于中国作协所属中国作家出版集团举办文学活动的项目支出。

11. 文化体育与传媒（类）其他文化体育与传媒支出（款）文化产业发展专项支出（项）本年财政拨款年初预算未安排，实际执行中申请追加了1800万元，决算1800万元。上年支出2300万元，同比减少500万元，下降21.74%。此项经费主要用于中国作家出版集团所属文化改制企业所需的文化产业发展专项资金支出。本年支出减少的原因是作家出版社的文化产业发展项目经费同比减少。

12. 社会保障和就业（类）行政事业单位离退休（款）归口管理的行政单位离退休（项）本年财政拨款支出预算587.82万元，决算629.82万元，决算比预算增加42万元，增长7.15%。上年支出632.08万元，同比减少2.26万元，下降0.36%。此项经费主要用于中国作协本级离退休人员的基本支出。

13. 社会保障和就业（类）行政事业单位离退休（款）离退休人员管理机构（项）本年财政拨款支出预算108.8万元，决算108.8万元，决算与预算相同。上年支出100.8万元，同比增加8万元，增长7.94%。此项经费主要用于中国作协本级离退休人员管理机构的基本支出。

14. 住房保障支出（类）住房改革支出（款）住房公积金（项）本年财政拨款支出预算310万元，决算315.16万元，决算比预算增加5.16万元，增长1.66%。上年支出325.14万元，同比减少9.98万元，下降3.07%。此项经费主要用于中国作协本级及所属事业单位的住房公积金支出。

15. 住房保障支出（类）住房改革支出（款）提租补贴（项）本年财政拨款预算51万元，决算71.14万元，决算比预算增加20.14万元，增长39.49%。上年支出69.52万元，同比增加1.62万元，增长2.33%。此项经费主要用于中国作协本级及所属事业单位的提租补贴支出。

16. 住房保障支出（类）住房改革支出（款）购房补贴（项）本年财政拨款预算150万元，决算175.99万元，决算比预算增加25.99万元，增长17.33%。上年支出212.75万元，同比减少36.76万元，下降17.28%。此项经费主要用于中国作协本级及所属预算单位的购房补贴支出。

六、2014年度一般公共预算财政拨款基本支出决算情况说明

中国作协2014 年度财政拨款基本支出4542.97万元，其中：人员经费3598.04万元，主要包括：基本工资、津贴补贴、奖金、社会保障缴费、伙食补助费、绩效工资、其他工资福利支出、离休费、退休费、抚恤金、生活补助、医疗费、助学金、奖励金、住房公积金、提租补贴、购房补贴、其他对个人和家庭的补助支出；公用经费944.93万元，主要包括：办公费、印刷费、咨询费、手续费、水费、电费、邮电费、取暖费、物业管理费、差旅费、因公出国（境）费、维修（护）费、租赁费、会议费、培训费、公务接待费、专用材料费、劳务费、委托业务费、工会经费、福利费、公务用车运行维护费、其他交通费、其他商品和服务支出、办公设备购置、专用设备购置。

七、2014年度一般公共预算财政拨款“三公”经费支出决算情况说明

（一）“三公”经费财政拨款支出预算执行情况说明。

中国作协2014年度“三公”经费财政拨款支出预算为626.81万元，支出决算为599.93万元，完成预算的95.71%，其中：因公出国（境）费支出决算为315.29万元，完成预算的95.43%；公务用车购置及运行费支出决算为171.64万元，完成预算的93.58%；公务接待费支出决算为113万元，完成预算的100%。

2014年度“三公”经费支出决算数小于预算数的主要原因是认真贯彻落实中央“八项规定”精神和厉行节约要求，进一步从严控制“三公”经费开支，全年实际支出比预算有所节约。

（二）“三公”经费财政拨款支出决算具体情况说明。

2014年度“三公”经费财政拨款支出决算中，因公出国（境）费支出决算315.29万元，占52.55%；公务用车购置及运行费支出决算171.64万元，占28.61%；公务接待费支出决算113万元，占18.84%。具体情况如下：

1. 因公出国（境）费支出315.29万元。中国作家协会是个人民团体，出国费主要用于组织全国各地作家出国进行对外文学交流活动，全年出国团组26个，参加其他单位组织的出国团组4个，全年因公出国（境）团组共计30个，累计147人次。

2. 公务用车购置及运行费支出171.64万元。其中：公务用车购置支出为0。公务用车运行支出171.64万元。主要用于机要文件交换、市内因公出行等工作所需车辆燃料费、维修费、过桥过路费、保险费等。2014年，中国作协本级及所属事业单位开支财政拨款的公务用车保有量为51辆。

3. 公务接待费支出113万元。其中：外事接待支出92.31万元，主要用于中国作协开展对外文学合作与交流等工作发生的外宾接待支出。2014年共接待国（境）外来访团组18个、来访外宾188人次（不包括陪同人员）。国内公务接待支出20.69万元。主要是用于所属事业单位接待作家而发生的公务接待支出。

八、其他重要事项的情况说明

（一）机关运行经费支出情况。

2014年中国作协本级机关运行经费支出1038.45万元，比2013年的1143.6万元，减少105.15万元，下降9.19%，主要原因是设备设施改造等费用减少。

（二）国有资产占用情况。

截至2014年12月31日，中国作协共有车辆57辆，其中，部级领导干部用车11辆、一般公务用车46辆；没有单位价值200万元以上大型设备。

第四部分 名词解释

一、财政拨款收入：中央财政当年拨付的资金。

二、事业收入：事业单位开展专项业务活动及辅助活动所取得的收入，如中国作协所属事业单位报刊发行收入、后勤服务收入、鲁迅文学院函授教学收入等。

三、经营收入：指事业单位在专业业务活动及其辅助活动之外开展非独立核算经营活动取得的收入。

四、其他收入：除“财政拨款收入”“事业收入”“事业单位经营收入”等以外的收入，主要是指利息收入、其他部门拨款、按规定动用的售房款收入等。

五、用事业基金弥补收支差额：指事业单位在当年的“财政拨款收入”、“财政拨款结转和结余资金”“事业收入”“经营收入”“其他收入”不足以安排当年支出的情况下，使用以前年度积累的事业基金（事业单位当年收支相抵后按国家规定提取、用于弥补以后年度收支差额的基金）弥补本年度收支缺口的资金。

六、上年结转：指以前年度尚未完成、结转到本年仍按原规定用途继续使用的资金。

七、文化体育与传媒（类）文化（款）行政运行（项）：指中国作协本级行政人员工资及机构正常运转、履行职责所需的基本支出。

八、文化体育与传媒（类）文化（款）一般行政管理事务（项）：指中国作协本级组织作家深入生活等各项支出。

九、文化体育与传媒（类）文化（款）机关服务（项）：指中国作协本级后勤人员工资支出。

十、文化体育与传媒（类）文化（款）文化展示及纪念机构（项）：指中国现代文学馆人员工资支出、公用支出、中国现代文学馆设备改造及运行所需的各项支出。

十一、文化体育与传媒（类）文化（款）文化交流与合作（项）：指中国作协本级组织作家对外交流所需的各项支出。

十二、文化体育与传媒（类）文化（款）文化创作与保护（项）：指中国作协本级及所属单位开展扶持文学创作活动和鲁迅文学院开展教学活动所需的各项支出。

十三、文化体育与传媒（类）新闻出版（款）出版发行（项）：主要指中国作协所属报刊社出版发行的相关支出。

十四、文化体育与传媒（类）其他文化体育与传媒支出（款）宣传文化发展专项支出（项）：主要指中国作家出版集团按规定使用的宣传文化发展专项支出。

十五、社会保障和就业（类）行政事业单位离退休（款）归口管理的行政单位离退休（项）：主要用于中国作协本级离退休人员离退休费和公用支出。

十六、社会保障和就业（类）行政事业单位离退休（款）离退休人员管理机构（项）：指用于中国作协离退休人员管理机构人员支出和公用支出。

十七、住房保障支出（类）住房改革支出（款）住房公积金（项）：指按照《住房公积金管理条例》和其他相关规定，由单位及其在职职工以职工工资为缴存基数，分别按照一定比例缴存的长期住房储金。行政单位缴存基数包括国家统一规定的公务员职务工资、级别工资、机关工人岗位工资和技术等级（职务）工资、年终一次性奖金、特殊岗位津贴、规范后发放的工作性津贴和生活性补贴等；事业单位缴存基数包括国家统一规定的岗位工资、薪级工资、绩效工资、特殊岗位津贴等。单位和职工住房公积金缴存比例均不得低于5%，不得高于12%。

十八、住房保障支出（类）住房改革支出（款）提租补贴（项）：指按照国家有关政策规定，自2000 年开始，针对在京中央单位职工因公有住房租金标准提高发放的补贴，中央在京单位按照在编职工人数和离退休人数以及相应职级的补贴标准确定，人均月补贴90元。

十九、住房保障支出（类）住房改革支出（款）购房补贴（项）：是根据《国务院关于进一步深化城镇住房制度改革加快住房建设的通知》（国发[1998]23号）的规定，从1998 年下半年停止实物分房后，房价收入比超过4 倍以上地区对无房和住房未达标职工发放的住房货币化改革补贴资金。中央行政事业单位从2000年开始发放购房补贴资金，地方行政事业单位从1999年陆续开始发放购房补贴资金，企业根据本单位情况自行确定。在京中央单位按照《中共中央办公厅国务院办公厅转发建设部等单位〈关于完善在京中央和国家机关住房制度的若干意见〉的通知》（厅字[2005]8号）规定的标准执行，京外中央单位按照所在地人民政府住房分配货币化改革的政策规定和标准执行。

二十、结余分配：指事业单位按规定提取的职工福利基金、事业基金和缴纳的所得税，以及建设单位按规定应交回的基本建设竣工项目结余资金。

二十一、年末结转和结余：指以前年度预算安排，由于客观原因发生变化无法按原计划实施，需延迟到以后年度按原规定用途继续使用的资金。

二十二、基本支出：为保证机构正常运转，完成日常工作任务而发生的人员支出和公用支出。

二十三、项目支出：指在基本支出之外，为完成特定行政任务和发展目标所发生的支出。

二十四、"三公"经费：纳入中央财政预决算管理的"三公经费"，是指中央部门用财政拨款安排的因公出国（境）费、公务用车购置及运行费和公务接待费。其中，因公出国（境）费反映单位公务出国（境）的住宿费、旅费、伙食补助费、杂费、培训费等支出；公务用车购置及运行费反映单位公务用车购置费及租用费、燃料费、维修费、过路过桥费、保险费、安全奖励费用等支出；公务接待费反映单位按规定开支的各类公务接待（含外宾接待）支出。

二十五、机关运行经费：为保障行政单位（含参照公务员法管理的事业单位）运行用于购买货物和服务的各项资金，包括办公及印刷费、邮电费、差旅费、会议费、福利费、日常维修费、专用材料及一般设备购置费、办公用房水电费、办公用房取暖费、办公用房物业管理费、公务用车运行维护费以及其他费用。

中国作家协会2015年度公开遴选公务员面试公告

按照《2015年中央机关公开遴选和公开选调公务员公告》，现将我会2015年度公开遴选和公开选调公务员面试工作有关事项公告如下：

一、面试人员

根据笔试成绩从高到低的顺序，按照1：5的面试比例确定各职位参加面试人员。

面试考生名单

职位名称	考生姓名	准考证号	性别
创作联络部会员处会员工作岗	吕 游	954311181114	女
	周亚妮	954311272827	女
	章李聪	954335011501	女
	石 鑫	954337013021	女
	孔祥明	954337014510	男
	徐东华	954337023918	女

(按准考证号排序，含并列考生)

二、面试时间地点

面试时间：2015年8月4日上午8：00(8：30以后考生不得入场)，先进行资格复审，而后正式开始面试。

面试地点：北京市朝阳区东土城路25号中国作家协会七楼会议室。乘车路线：乘123或130路公交车，东土城路南口站下车；或乘地铁13号线柳芳站下车向南300米即到。

三、面试人员须知

1、面试资格确认

请考生于2015年7月24日前来电话和发送电子邮件到zuoxierenshibu@126.com进行面试确认。面试确认的邮件标题一律为“×××确认参加遴选面试”，邮件正文应包含考生姓名、准考证号、身份证号、报考职位名称、毕业院校、工作单位、联系电话等，并将本人身份证、准考证、学历学位证书制作成电子文档(扫描或拍摄)在附件中发送。逾期未确认的考生，经进一步核实后，将视为放弃面试资格。有考生放弃面试资格且面试人数不足5人时，按笔试成绩由高到低顺序递补。

2、面试资格复审材料

身份证，准考证，职位要求的学历、学位证书，报名推荐表(盖章)，近期一寸免冠彩照2张(背面标注姓名)。

以上材料在面试时须携带原件。考生提供的证件和材料必须真实、准确，涉及报考资格的材料或信息不实的，取消面试和录用资格。

四、体检

面试结束后根据考生综合成绩，各职位按从高到低的顺序前2名参加体检，费用由我会支付。体检时间为2015年8月5日。

联系电话：010-64221705

中国作家协会人事部

2015年7月21日

第九届茅盾文学奖评奖办公室公告[2015年]第2号

第九届茅盾文学奖评奖委员会经过认真阅读讨论，于2015年8月12日进行第五轮投票，产生了10部提名作品。投票过程在纪律监察组监督下进行，并由北京市方正公证处公证。

现将提名作品予以公示。公示截止期为8月15日。其间，如发现提名作品有不符合《茅盾文学奖评奖条例》的情况，请向评奖办公室反映。

评奖办公室电话：010-88960077转1002

010-64489995(8:00-18:00)

评奖办公室电子邮箱：mdwxj9@sina.com

特此公告。

第九届茅盾文学奖评奖办公室

2015年8月12日

第九届茅盾文学奖提名作品

(以作品出版日期为序)

序号	作品名称	作 者	出版单位	出版日期
1	《生命册》	李佩甫	作家出版社	2012年3月
2	《江南三部曲》	格非	上海文艺出版社	2012年4月
3	《北去来辞》	林白	北京出版社	2013年1月
4	《繁花》	金宇澄	上海文艺出版社	2013年3月
5	《这边风景》	王蒙	花城出版社	2013年4月
6	《黄雀记》	苏童	作家出版社	2013年8月
7	《喀拉布风暴》	红柯	重庆出版社	2013年9月
8	《耶路撒冷》	徐则臣	北京十月文艺出版社	2014年3月
9	《吾血吾土》	范稳	北京十月文艺出版社	2014年10月
10	《活着之上》	阎真	湖南文艺出版社	2014年12月

关于增补中国作家协会诗歌委员会组成人员的公告

中国作家协会书记处日前研究决定，增补中国作家协会诗歌委员会组成人员，现予公布。

中国作家协会

2015年11月23日

中国作家协会诗歌委员会增补名单

(委员按姓氏笔画为序)

主　任：叶延滨

委　员：李　琦　　荣　荣　　耿占春　　高　兴

关于中国作家协会网络文学委员会组成人员的公告

中国作家协会书记处日前研究决定了中国作家协会网络文学委员会组成人员，现予公布。

中国作家协会

2015年11月23日

中国作家协会网络文学委员会名单

(委员按姓氏笔画为序)

主　任：陈崎嵘

副主任：陈　村　胡殷红　欧阳友权　童之磊　吴文辉

委　员：马　季　马文运　王　朔　王　祥　卢　菁　冯　振　刘旭东
许　斌　杨　克　杨　晨　张　威　张丽丽　邵燕君　肖惊鸿
栗　洋　夏　烈　徐彩霞　曹启文　傅晨舟　谢思鹏　魏立军

2015年中国作家协会公告

赵夏点 辑录

中国作家协会公报（2015年第1号）

中国作家协会公报

（2015年第1号）

中国作家协会少数民族文学发展工程办公室收到2015年度少数民族文学重点作品扶持项目推荐选题211个。经过专家论证和书记处审核，确定扶持 项目98个。其中，民族语文作品25个，汉语文作品73个，包括小说38个、散文13个、诗歌13个、报告文学4个、儿童文学1个、理论评论专项4个。现 予公布。

中国作家协会

2015年5月8日

附：中国作家协会2015年度少数民族文学重点作品扶持项目篇目

中国作家协会2015年度少数民族文学重点作品扶持项目篇目

(排序不分先后)

民族语文作品

作品拟题	申报人	创作语种
迟到的月亮	巴图吉日嘎拉（蒙古族）	蒙古语
在那难以到达的地方	白金声（蒙古族）	蒙古语
感觉的诗学	铁军（蒙古族）	蒙古语
草原深处	锡林巴特尔（蒙古族）	蒙古语
喧腾的哈吉尔河	照日格（蒙古族）	蒙古语
江格尔奇	科木吉勒（蒙古族）	蒙古语
幻化成秘镜	艾・尼玛次仁（藏族）	藏语
追梦人	藏顶・塔杰（藏族）	藏语
我在路上	华毛（藏族）	藏语
情缘	才加（藏族）	藏语
黑色的日子	德吉卓玛（蒙古族）	藏语
春潮	于苏甫江・克义木（维吾尔族）	维吾尔语
与羊共舞的人	吐尔孙拜格・义布拉因（维吾尔族）	维吾尔语
情泉	吐尔逊・买买提（维吾尔族）	维吾尔语
故乡	买提斯力木・买提卡司木（维吾尔族）	维吾尔语
415号宿舍	吾买尔江・斯地克（维吾尔族）	维吾尔语
寻找	阿不拉・依沙克（维吾尔族）	维吾尔语
根	努尔古丽・艾拜（维吾尔族）	维吾尔语
从阿勒泰到喜马拉雅山	肯杰别克・扎尔合木（哈萨克族）	哈萨克语
寂静的阿克坤盖	巴哈尔・别尔德别克（哈萨克族）	哈萨克语
很久很久以前	阿勒玛古力・居玛江（哈萨克族）	哈萨克语
现代喜剧	杰恩斯・热斯汉（哈萨克族）	哈萨克语
河水真的想流淌吗	权善子（朝鲜族）	朝鲜语
新中国成立后朝鲜族诗歌中的民族特征的演变过程研究	金京勋（朝鲜族）	朝鲜语
温暖的火塘	阿克鸠射（彝族）	彝语

小　说

作品拟题	申报人
功勋树	杨勇（满族）
雪域将军	讴阳北方（回族）
草原的天边	海德才（蒙古族）
午夜落	于晓威（满族）
响窑	叶雪松（满族）
孤城落日	周建新（满族）
穿越台风季	钟而赞（畲族）
城关	崔浩新（回族）
湘西黄昏	黄标(土家族)、钟吉青（土家族）
战火烧到家门口	蒋文智（苗族）
湘西童年	刘大程（苗族）
完美策划	钟二毛（瑶族）
蛊惑	陶青林（苗族）
度界	冯昱（瑶族）
白天黑夜	杨仕芳 （侗族）
红石矶	陈谊军（壮族）
公猴战绩	周耒（壮族）
穿过密林	赵先平（壮族）
朱雀是个什么样儿	朱雀（土家族）
抢滩	钟良义（土家族）
山谷神	余瑞昭（羌族）
阿曲河	阿郎（藏族）
大瓦山	税清静（汉族）、沙玛阿依（彝族）
凤凰池	李家禄（苗族）
半生	乔丽（傣族）
洱海祭	杨义龙（白族）
独克宗	央今拉姆（藏族）
101景颇突击队员	沙红英（景颇族）
天歌	段海珍（彝族）
归去来	严英秀（藏族）
瓦蓝青稞	李卓玛（土族）
故乡	秋加才仁（藏族）
折花战刀	冶生福（回族）
我是妖	索南才让（蒙古族）
黄河从咱身边过	王兴国（回族）
北盘江畔布依人	王杰（布依族）
大东乡	丁颜（东乡族）
望郎	龚爱民（土家族）

散　文

作品拟题	申报人
神奇的孤品——北大荒文化大写意	吴继善（满族）
天空下的麦菜岭	钟秀华（畲族）
即将消逝的古村落	姚筱琼（苗族）
穿过圩场	罗南（壮族）
二十四节气	安元奎（土家族）
让歌声飞越千年	何林超（布依族）
梯田养育的山村	艾吉（哈尼族）
云南表情	李智红（彝族）
张家大哥	叶广芩（满族）
长河梦圆	冯岩（东乡族）
举意的文字	敏玉林（回族）
笔尖上的青藏	道帏多吉（藏族）
南方河流	廖莲婷（壮族）

诗　歌

作品拟题	申报人
葫芦架下	胡卫民（满族）
时光层叠	陆少平（壮族）
茶马古道记	何永飞（白族）
迁徙之辞	张伟锋（佤族）
白青稞	仁谦才华（藏族）
风雅岷州	闫守忠（回族）
去山阿者歌	马占祥（回族）
芦笙吹响的地方	姚瑶（侗族）
春风谣	王志国（藏族）
母语的边疆	苏忠明（锡伯族）
大夏河畔	扎西才让（藏族）
珠巴洛	单增曲措（藏族）
油城，在新丝路前行	顾伟（锡伯族）

报告文学

作品拟题	申报人
歌从三峡来	邓毅（土家族）
抗争百年顽疾	顺定强（羌族）、何俊（汉族）
纳家户儿女	纳莺萍（回族）
云雾中的中缅边境	李贵明（傈僳族）

儿童文学

作品拟题	申报人
寻找石太阳和石月亮	马瑞翎（回族）

理论评论专项

作品拟题	申报人
与汉字孪生：当代彝族汉语诗歌研究	罗庆春（彝族）
变化：在本土道理与外地风水之间	赵卫峰（白族）
云南8个人口较少民族作家文学综论	黄玲（彝族）
新时期新疆少数民族文学论稿	赛娜·伊尔斯拜克（柯尔克孜族）

中国作家协会公报（2015年第2号）

中国作家协会重点作品扶持办公室共收到2015年度重点作品扶持项目推荐选题451项。经专家论证和书记处审核，确定106项选题入选：长篇小说49项，报告文学、纪实文学29项，诗歌5项，散文9项，理论评论3项，儿童文学1项，网络文学10项。其中“中国梦”主题专项20项，“深入生活，扎根人民”主题专项21项。

现予公布。

中国作家协会

2015年6月3日

附：2015年重点作品扶持项目篇目

2015年重点作品扶持项目篇目

（排序不分先后）

“中国梦”主题专项

长篇小说

《巨树》 李骏虎

《雪乡》 王可心

《精神》 景凤鸣

《祖坟》 李秀生

《红厂三曲》	杨静龙
《故土苍生》	叶绍荣
《杜鹃血》	张锐强
《湿地》	萨　朗
《风雷》	高　翎
《绝响》	界　愚

报告文学、纪实文学、传记文学

《东北抗联女兵》	刘　颖
《走向深蓝——舟山与“海上丝路”》	来　其
《瓷魂——新中国陶瓷科学先驱李国桢人生纪事》	萧根胜
《嫦娥揽月》	陈　新
《南侨机工——南洋华侨机工回国抗战纪实》	黄　尧、黄　蕙
《威海，汉风韩风的门户》	杨机臣
《中国海军：1949–1955》	黄传会
《决战崛起：中国超算强国之路与天河逐梦之旅》	龚盛辉
《谁主沉浮——海军372潜艇战地巡航纪实》	郭富文
《一个新闻记者的情怀》	艾　平

“深入生活，扎根人民”主题专项

长篇小说

《我欲乘风》	滕肖澜
《滹沱河人家》	康志刚
《天地之间》	余　红
《禾木》	张好好
《鲲鹏燕雀》	文　珍
《河缘》	钟　平
《厚土》	王佩飞
《锦绣记》	季栋梁
《不爱红装爱武装》	张慧敏
《黑白男女》	刘庆邦

报告文学、纪实文学、传记文学

《第三种权力》	李　英
《中国大飞机》	刘　斌
《大河上下——黄河的命运》	陈启文
《十年》	邢小俊
《你的乡土 我的村庄》	吉米平阶
《亮剑苍茫大地》	陈国栋、梁守德
《向共和国报告》	蒋　巍
《网络安全英雄》	丁一鹤
《渔灯》	王月鹏

诗　歌

《跟着河流回家》	林　莉

散　文

《远山》	熊　莺

长篇小说

《书巫》	崔曼莉
《在这样的时光》	章　元
《盟军战俘》	戴雁军
《渔童》	赵丽宏
《慈悲》	路　内
《风乐桃花》	李新勇
《蒲寿庚》	林那北
《饭前先喝汤》	须一瓜
《孩子，请跟我一起走》	孙　瑜
《寂静与躁动》	刘继明
《根籁》	田　耳
《我们的爱万山红遍》	朱山坡
《离磬》	曹　永

《梦书：西南联大》	海　男
《最后的库车王》	帕蒂古丽
《守卫者长诗》	肖　勤
《命运》	庞文梓
《一尊来自大阪的金佛像》	张发录
《艺术区》	周李立
《“当代大陆新锐作家系列”》	哲贵等六人
《国耻》	汪卫兴
《匿名》	王安忆
《聋哑时代》	双雪涛
《大金帝国》	熊召政
《迷幻史》	陈楸帆
《洋务运动》	李克定
《声音史》	罗伟章
《买办的女儿》	赵柏田
《金芝》	马　拉

报告文学、纪实文学、传记文学

《重庆大轰炸》	陈启兵
《野蚕国都》	刘国强
《与魔鬼博弈》	张雅文
《李仪祉传》	高　鸿
《1944：龙陵会战》	余　戈
《金声玉振——中国玉器市场考录》	白　描
《一代壶圣——顾景舟传》	徐　风
《西藏1934》	崔保新
《坎坷人生路》	程树榛
《望不见的长城：西南边防变迁路》	王　龙

诗　歌

《巴山情歌》	谢克强
《独龙江》	鲁若迪基

《西藏，西藏》	史映红
《第31届青春诗会诗丛》	第31届青春诗会入选诗人

散　文

《故宫里的艺术史》	祝　勇
《北京：城与年》	宁　肯
《乌蒙山记》	雷平阳
《知是花魂》	徐桂云
《文学的面孔》	胡殷红
《屐痕碎影》	陈喜儒
《红叶归处是秋风》	查　干
《百姓英国》	韩小蕙

儿童文学

《木鼓花谣》	王勇英

理论评论

《80后，怎么办》	杨庆祥
《中国新文学重要版本及手稿研究》	张元珂、崔庆蕾
《当下文学期刊重点作品研究》	郭　艳等

网络文学

《完美世界》	杨振东（辰东）
《斗兽》	周健良（最后的游骑兵）
《天域苍穹》	张荣会（风凌天下）
《剑王朝》	王　辉（无罪）
《医道凰图》	徐彩霞（承九）
《茉香的夏》	李　睿（殷寻）
《北京生存日记》	宋　阳（昭）
《小小冒险王系列》	陈春仁（侠客飞鹰）
《北宋小厨师》	曹一帆（南希北庆）
《近身武王》	吴书剑（未苍）

中国作家协会公报（2015年第3号）

经中国作家协会书记处会议审议批准，2015年发展中国作家协会会员431人。现予公布。

中国作家协会

2015年7月31日

中国作家协会2015年新会员名单（431人）

北京 13人

王早早（女）、吕峥、朱科敏、苏笑嫣（女，蒙古族）、李云龙、张骥良、金薇（金子，女，满族）、周庆荣、周敏（女）、郑桂兰（女，土家族）、贾爱军（女）、黄杨健（一草）、崔蔓莉（崔曼莉，女）

天津 2人

张伯苓、颜廷奎

河北 10人

齐宗弟、李琦（李婍，女）、苗艺、孟领利、贾志英（女）、徐广慧（女）、徐富敏、席立新、董连猛、霍志国

山西 11人

王文才、王宝国、许大雷、李心丽（女）、李朋霞（女）、汪洪（竹宴小生，女）、张玉（女）、陈克海（土家族）、岳占东、蒋淑芬（蒋殊，女）、解贞玲（女）

内蒙古 10人

布和必力格（蒙古族）、包德博信其木格（女，蒙古族）、刘桂林（柳苏）、刘晓欣、齐·恩和（蒙古族）、莫·哈斯苏都（蒙古族）、高荣堂、郭岩君、崔炜、策力格尔（蒙古族）

辽宁 11人

王文军、王正佳、冯忠臣（风萧萧）、刘抚兴、杨春风（沙与沫，女）、沙宪增、张立群、张志友（满族）、郭金龙、韩春燕（女）、程志勇（夜十三）

吉林 3人

王丽君（女）、李书文（女）、李松花（女）

黑龙江 17人

王立宪、王延才、王春伟（王子）、安平（安澜）、孙彦良、李林、李尊秀、邹积慧、汪衍振、张畅（女）、张育新、张喜、赵星龙（胜已）、胡世英、姜淑梅（女）、郭力（女）、康静文（寂小静，女）

上海 16人

丁法章、王若虚、王果、刘志荣、李丹梦（女）、杨逸明、何菲（女）、张书玉（府天，女）、金理、钱根霞（女）、徐培均、徐斌、黄平（满族）、曹伟明、管继平、管新生

江苏 26人

王垄、王辉（无罪）、左卫卫、冯光辉、巩孺萍（女）、朱宏梅（女）、汤成难（女）、汤祥龙、许强、李红梅（女）、李朝润、吴广川、何同彬、沈骊天、陈根生、邵连秀（苏若兮，女）、范继平、胡继风、顾唤华（顾七兮，女）、徐震（天使奥斯卡）、梅静（木青，女）、曹文芳（女）、董晨鹏、储成建、曾一果、潘吉

浙江 22人

丁勤政、王贺文、朱吉荣、朱和风、李虎（天蚕土豆）、李建军、连中福、肖瑞峰、吴敏（但及）、张巧慧（女）、张纯汉、张林华、张敏华、张琼（张忌）、陆士虎、陈光、俞福达、施立松（女）、董利荣、储吉旺、臧军、潘志光

安徽 11人

方雨瑞、吴兰波、何世华、张诗群（女）、张殿权、陈治军、金从华、洪振秋、黄圣凤（女）、黄学红（夭夭，女）、黄晔

福建 9人

于燕青（女）、王永盛、王金煌、刘少雄、苏翔天、李治莹、林雯震（三米深）、钟红英（女，畲族）、蔡伟璇（女）

江西 11人

王彦山、叶青、任振华（夏言冰）、吴素贞（女）、张芸（女）、周亚鹰、周斌（金满）、郭玉芳（简心，女）、常年华、蔡勋、熊国太

山东 21人

王忠友、王威（女）、王焕琦、王韵（女）、王溱、卢戎（女）、白坤峰、任怀强、刘学刚、杨茂栋（苍城子）、张克奇、张栋、张黎艳（雨桦，女）、陈亮（叶萱，女）、陈亮、胡念邦、徐清源（飞天）、郭贵宗、董立涛（女）、解永敏、谭培战

河南 16人

王晓平（女）、牛文丽（女）、齐庆民、李山、李清晓、杨丽娟（女）、张艳庭、张晓芸（女）、张爱萍（萍子，女）、张景、陈宏伟、范子平、赵俊杰、黄陆军、戚富岗、楚天遂

湖北 9人

艾晶晶（匪我思存，女）、伍剑、全雪莲（女）、许玲琴（女）、郑保纯、郭海燕（女）、梁小琳（女）、舒辉波、谢伦国

湖南 20人

王仁才（土家族）、邓杰、刘萧（女，苗族）、刘维、江月卫（苗族）、许艳文（女）、阳剑、张天夫、张建安、张雄文、陈颉（土家族）、林目清、罗丹（女）、郑正辉、赵秋兰（兰心，女）、倪章荣、徐秋良、梁奕、游和平、潘绍东

广东 20人

王国梁、王哲珠（女）、韦驰（壮族）、冯娜（女，白族）、吕程、朱东锷、刘斌、孙良明、杜璞君、李松樟、张元章（唐不遇）、范英妍（女）、周云方、周草（女）、郭冰茹（女）、陶青林（苗族）、黄宇、黄惠波、慈琪（女）、廖群诗（丛林狼）

广西 7人

韦联成（壮族）、林虹（女，瑶族）、罗小凤（女）、赵先平（壮族）、赵亮、莫景春（毛南族）、黄芳（女，壮族）

海南 4人

王姹（女）、杜斌国、郑文秀（黎族）、黄卫（柳下挥）

重庆 3人

刘辰希、姚彬、游睿

四川 16人

汤中骥、李永才、杨宗鸿、邱秋、沈荣均、张德明、赵天秀、贾勇虎、徐肇焕、郭金梅（女）、唐瑞兵、敬洪军、童光辉、普光泉（彝族）、廖小琴（麦子，女）、熊莺（女）

贵州 4人

刘靖林、郑一帆、徐源、曹永

云南 9人

马瑞玲（马瑞翎，女，回族）、朱绍章、刘琼（女）、张伟锋（佤族）、张新祥（傣族）、武德忠、周明全、段爱松、曹先强（阿昌族）

西藏 2人

周韶西、索穷（索琼，藏族）

陕西 12人

丁晨、王卫民、王妹英（女）、邢小俊、李炳智、张炜炜（心中有清荷，女）、周金平（纳兰容若）、周继林（周吉灵）、高安侠（女）、高远、蒲力民、霍林楠

甘肃 8人

王维胜、云宏（孑与2）、申万仓、孙立本、杨天赋、赵兴高、路笛、魏建军

青海 5人

才让扎西（赤桑华，藏族）、龙日·明嘉（藏族）、刘大伟、斯琴夫（蒙古族）、道帷多吉（藏族）

宁夏 3人

刘汉斌、李壮萍（女）、杨富国

新疆 12人

马康健（回族）、毛玉山、巴音巴图（蒙古族）、艾尼瓦尔·吾守尔（维吾尔族）、叶鲁拜·阿布里哈森（哈萨克族）、伊力哈尔江·沙迪克（维吾尔族）、何英（女）、张新生、阿巴斯·莫尼牙孜（维吾尔族）、杰恩斯·热思汉（哈萨克族）、高天龙、黄适远

兵团 1人

魏红花（女）

延边 3人

李玉花（女，朝鲜族）、郑虎元（朝鲜族）、崔东日（朝鲜族）

解放军7人

王昆、田霞（女）、刘跃清、李钢林、张桂柏、陈升（女）、姜念光

石油3人

王勇男、罗基础、金海龙

铁路3人

石玉林、杨天祥、陈茂慧（女）

煤矿5人

吕秀芳（女）、刘亮、李大维、李光蕊（女）、张开平

国土2人

刘能英（女）、梁守德

电力3人

吉建芳（女）、姜鸿琦（满族）、徐祖永

冶金1人

钟钢

水利1人

伍梅（女）

石化1人

尚长文

化工1人

叶建华

公安9人

王晓艳（青蓝格格，女）、牛筱刚、邓醒群、李国强、李晓平（女）、吴何岷（女）、张弛、陈益、徐国志（满族）

金融5人

田秋平、付颀、任光中、刘广云（蒙古族）、张奎

中直41人

马建辉、王志祥、王国平、王颖（女）、王璇（女）、王燕琦、石岳文（回族）、包建民、邢春（女）、朱义（满族）、任宝茹（女）、刘大先、刘代福（刘年）、刘远江、刘涛、刘德濒、严诗喆（女）、苏润娟（女）、杜荣、李宏伟、吴颖丽（女，达斡尔族）、张作民、张健（苗族）、陈艳敏（女）、陈涛、邵璞、林凯旋（女）、侯玮红（女）、饶曙光（土家族）、索亚斌、徐文秀、高小立（女，回族）、高旋（女）、黄皓（女）、常青（女）、彭玉冰（女）、鲁强、普日科（藏族）、曾松亭、管斌、魏雅君（女）

香港1人

李大洲

澳门1人

林玉凤（女）

图书在版编目（CIP）数据

2015年中国当代文学年鉴 / 中国现代文学馆，中国当代文学年鉴中心编．— 南昌 ：百花洲文艺出版社，2016.5
ISBN 978-7-5500-1745-0

Ⅰ．①2… Ⅱ．①中… ②中… Ⅲ．①中国文学－当代文学－2015－年鉴 Ⅳ．①I206.7-54

中国版本图书馆CIP数据核字(2016)第098903号

2015年中国当代文学年鉴

中国现代文学馆
中国当代文学年鉴中心 编

出 版 人　姚雪雪
责任编辑　王俊琴
美术编辑　彭　威
制　　作　黄敏俊
出版发行　百花洲文艺出版社
社　　址　南昌市红谷滩新区世贸路898号博能中心A座20楼
邮　　编　330038
经　　销　全国新华书店
印　　刷　江西千叶彩印有限公司
开　　本　16　　印张　38.5
版　　次　2016年6月第1版第1次印刷
字　　数　750千字
书　　号　ISBN 978-7-5500-1745-0
定　　价　75.00元

赣版权登字 05-2016-140

发行电话　0791-86895108
网　　址　http://www.bhzwy.com
图书若有印装错误，影响阅读，可向承印厂联系调换。